Elegias de Sexto Propércio
Sexti Properti Elegi

EDIÇÃO BILÍNGUE

Organização, tradução, introdução e notas
Guilherme Gontijo Flores

Sexti Properti Elegi
Elegias de Sexto

PROPÉRCIO

EDIÇÃO BILÍNGUE

1ª reimpressão

autêntica C|L|Á|S|S|I|C|A

Copyright da tradução © 2014 Guilherme Gontijo Flores
Copyright © 2014 Autêntica Editora

Todos os direitos reservados pela Autêntica Editora. Nenhuma parte desta publicação poderá ser reproduzida, seja por meios mecânicos, eletrônicos, seja via cópia xerográfica, sem a autorização prévia da Editora.

AUTOR
Sexto Propércio
(c. 50 a.C.-c.15 a.C.)

COORDENADOR DA COLEÇÃO CLÁSSICA,
EDIÇÃO E PREPARAÇÃO
Oséias Silas Ferraz

ORGANIZAÇÃO, TRADUÇÃO,
INTRODUÇÃO E NOTAS
Guilherme Gontijo Flores

REVISÃO DA TRADUÇÃO
Rodrigo Tadeu Gonçalves

REVISÃO
Lúcia Assumpção

CAPA
Diogo Droschi

PROJETO GRÁFICO E DIAGRAMAÇÃO
Conrado Esteves

Dados Internacionais de Catalogação na Publicação (CIP)
(Câmara Brasileira do Livro, SP, Brasil)

Sexto Propércio

Elegias de Sexto Propércio / organização, tradução, introdução e notas Guilherme Gontijo Flores. -- 1. ed.; 1. reimp. -- Belo Horizonte : Autêntica Editora, 2019. -- (Coleção Clássica / coordenador Oséias Ferraz)

Edição bilíngue: português/latim
Bibliografia
ISBN 978-85-8217-395-4

1. Poesia lírica 2. Poesia latina I. Flores, Guilherme Gontijo. II. Ferraz, Oséias. III. Título. IV. Série.

14-00402   CDD-874

Índices para catálogo sistemático:
1. Poesia lírica latina 874

Belo Horizonte
Rua Carlos Turner, 420
Silveira . 31140-520
Belo Horizonte . MG
Tel.: (55 31) 3465 4500

www.grupoautentica.com.br

São Paulo
Av. Paulista, 2.073,
Conjunto Nacional, Horsa I
23º andar . Conj. 2310-2312
Cerqueira César . 01311-940
São Paulo . SP
Tel.: (55 11) 3034 4468

Apresentação da coleção

A Coleção Clássica tem como objetivo publicar textos de literatura – em prosa e verso – e ensaios que, pela qualidade da escrita, aliada à importância do conteúdo, tornaram-se referência para determinado tema ou época. Assim, o conhecimento desses textos é considerado essencial para a compreensão de um momento da história e, ao mesmo tempo, a leitura é garantia de prazer. O leitor fica em dúvida se lê (ou relê) o livro porque precisa ou se precisa porque ele é prazeroso. Ou seja, o texto tornou-se "clássico".

Vários textos "clássicos" são conhecidos como uma referência, mas o acesso a eles nem sempre é fácil, pois muitos estão com suas edições esgotadas ou são inéditos no Brasil. Alguns desses textos comporão esta coleção da Autêntica Editora: livros gregos e latinos, mas também textos escritos em português, castelhano, francês, alemão, inglês e outros idiomas.

As novas traduções da Coleção Clássica – assim como introduções, notas e comentários – são encomendadas a especialistas no autor ou no tema do livro. Algumas traduções antigas, de qualidade notável, serão reeditadas, com aparato crítico atual. No caso de traduções em verso, a maior parte dos textos será publicada em versão bilíngue, o original espelhado com a tradução.

Não se trata de edições "acadêmicas", embora vários de nossos colaboradores sejam professores universitários. Os livros são destinados aos leitores atentos – aqueles que sabem que a fruição de um texto demanda prazeroso esforço –, que desejam ou precisam de um texto clássico em edição acessível, bem cuidada, confiável.

Nosso propósito é publicar livros dedicados ao "desocupado leitor". Não aquele que nada faz (esse nada realiza), mas ao que, em meio a mil projetos de vida, sente a necessidade de buscar o ócio produtivo ou a produção ociosa que é a leitura, o diálogo infinito.

Oséias Ferraz
[coordenador da coleção]

para Nanda e Íris,
matre pulchra filiae pulchriori

Há homens que veem tudo de uma só cor, quase sempre preto. Eu vejo preto, branco, roxo, vermelho, amarelo. Vejo tudo de todas as cores do *arco da velha*. Aquele que vê uma cor só é mais pobre do que aquele que vê as sete cores. O homem que tem uma ideia só sobre um assunto é mais pobre do que aquele que tem duas. Dois valem mais do que um, pelo menos assim me ensinaram.
(Rubens Borba de Moraes)

11	Introdução
19	O estabelecimento do texto
	ELEGIAS DE SEXTO PROPÉRCIO
31	Liber I / Livro I
87	Liber II / Livro II
193	Liber III / Livro III
263	Liber IV / Livro IV
323	Notas às elegias
441	Posfácio: A diversão tradutória
517	Referências
525	Sobre o tradutor

Introdução

1 – Propércio em português

Os quatro livros de elegias que formam toda a obra de Sexto Propércio ocupam uma posição de relevo no conjunto da poesia clássica romana, ao lado das obras de Catulo, Virgílio, Horácio, Tibulo e Ovídio, dentre outros. Seus textos atravessaram dois mil anos de história da literatura ocidental, influenciando figuras luminares da poesia, como Petrarca e Goethe e, já no século XX, Pound e Yeats, para citarmos apenas alguns. Daí já podemos afirmar que a obra de Propércio sempre esteve presente na tradição literária, mas o poeta não tem recebido atenção fora dos círculos acadêmicos e assim, apesar de sua importância, ele permanece um ilustre desconhecido do grande público, junto com vários outros poetas romanos.

No Brasil e em Portugal o caso é ainda mais grave, pois as traduções de Propércio para nossa língua são escassas e, no geral, de difícil acesso. Temos, pelo que pude constatar, as traduções do "Curioso Obscuro", Aires de Gouveia (1.1, 1.2, 1.12, 1.18, 1.19, 2.11, 2.12, 2.15, 3.8, 3.11, 3.12); a de Rebelo Gonçalves (Liv. 1.2); as de Décio Pignatari (2.15, 2.28; 4.8; uma de Péricles Eugênio da Silva Ramos (2.27); a incompleta de Maria Helena da Rocha Pereira (3.9); as de Zélia Almeida Cardoso, junto a Maria da Glória Novak e Willians Shi Cheng Li (1.1, 1.2, 2.15, 2.17, 3.2, 3.3, 3.4, 4.4); quatro de Márcio Thamos (1.1, 1.2, 1.7, 1.12), uma de Fernanda Moura (1.14), duas de Mario Domingues (1.2, 2.6), e, finalmente, a primeira edição completa em português, que só veio a ser lançada em Portugal em 2002.[1]

Vale ressaltar que as traduções do Curioso Obscuro, de Décio Pignatari, Fernanda Moura, Silva Ramos, Márcio Thamos e Rebelo Gonçalves foram feitas com cuidado formal mais apurado que as outras – que, por terem interesse acadêmico, não se voltaram para os detalhes de uma possível recriação poética em português. Faltava para nossa língua uma tradução poética completa de Propércio.

Essa lacuna me motivou a fazer este trabalho. Além da tradução poética integral de Propércio, apresento no Posfácio parte da discussão sobre tradução poética, principalmente diante das questões específicas da poesia elegíaca romana.

As notas e comentários desta edição mostram os principais problemas textuais da tradição manuscrita, além de um breve debate sobre a edição, interpretação e tradução de Propércio. As notas estão num registro intermediário: nem tão principiantes que se deem ao trabalho de explicar, por exemplo, quem

seria Júpiter, Vênus, Ulisses, etc.; nem propriamente um comentário crítico-
-filológico. Elas são de ajuda aos leitores iniciados na poesia em geral e aos
estudantes de poesia romana, ao mesmo tempo em que oferecem algum nível
interpretativo para os problemas propercianos.

2 – Propércio: vida e obra

Sobre a vida de Propércio, temos poucas informações, a maioria derivada da sua própria poesia, o que aumenta o grau de desconfiança sobre esses dados. Porém, se fizéssemos um apanhado, ficaria mais ou menos assim: nascido em torno de 50 a.C. de uma família nobre, Sexto Propércio vem da Úmbria (próximo à atual Assis); devido às guerras civis, sua família perdeu parte das terras, que foram confiscadas por Otaviano e Marco Antônio (cf. as elegias 1.21, 1.22 e 4.1, além de Virgílio, *Bucólicas* 1 e 9), o que levou a família ao empobrecimento, mas não à miséria; se confiarmos ainda em 1.21 e 1.22, sabemos que a família sofreu profundamente com a Guerra da Perúsia, em 41 e 40 a.C. Ao que tudo indica, o poeta perdeu seu pai ainda jovem (4.1), mas recebeu a educação formal da elite, provavelmente em Roma, com o típico objetivo de trabalhar na advocacia. Por fim, ainda jovem ele se voltou para a poesia, e não temos quaisquer dados sobre a existência de carreira profissional desvinculada da escrita.

Em 29 a.C. é publicado seu primeiro livro de elegias (talvez intitulado *Amores*, mas comumente conhecido como *Cynthia monobiblos*), dedicado inteiramente à sua amada Cíntia, e que parece ter feito sucesso imediato. A figura de Cíntia é um grande problema interpretativo, se a considerarmos como amante de Propércio: Apuleio, mais de um século depois da morte do poeta, em *Apologia* 10, afirmaria que sob a máscara de Cíntia estaria velada uma certa jovem romana chamada Hóstia; no entanto, a maioria dos comentadores tende, hoje, a descartar leituras biográficas da elegia romana. E acrescento: mesmo que houvesse uma ou várias mulheres que motivassem a escrita de Propércio, sua artificialidade, seu enquadramento dentro das diversas regras e lugares-comuns do gênero elegíaco, tudo isso aponta para uma autoconsciência literária muito profunda; e assim a biografia estaria, e muito, submetida à poesia, e não o contrário.

Em seguida, entre 26-23 a.C., Propércio publica os livros II e III, talvez sob o patronato de Mecenas. Por fim, o livro IV, talvez sob o patronato do próprio Augusto, sai em cerca de 16 a.C. Na falta de maiores informações, costuma-se assumir que Propércio deve ter falecido por volta de 15 a.C., com cerca de 35 anos.

Sua poesia ganhou fama de obscura, difícil e excessivamente mítica; seu estilo é complexo, e não à toa Ezra Pound identificaria nele uma espécie de precursor da *logopeia*, que, para o poeta americano, só viria a se desenvolver completamente quase dois mil anos depois, com as obras *fin de siècle* de Corbière e Laforgue. Muitas vezes construções inesperadas tomam conta do texto, uma ironia sutil desconstrói expectativas e com frequência deixa o leitor sem base para fazer julgamentos firmes sobre uma possível verdade expressa pelos poemas. Assim, Propércio já foi considerado romântico, político engajado (pró e contra o Império augustano), sincero em suas paixões, artificial na escrita, simbolista *avant la lettre*, modernista romano, entre outros extremos. Para tentar dar algum anteparo ao leitor, vale a pena tecer um pequeno comentário sobre a poesia elegíaca e suas possibilidades como gênero literário.

3 – A elegia como gênero

A história da elegia na Antiguidade é marcada por descontinuidades; não que não tenha sido continuamente escrita ao longo dos séculos, mas sua definição é um grande problema desde suas origens gregas até a época romana. A elegia grega arcaica podia ser definida primariamente pelo seu modo de apresentação: um poema entoado (provavelmente acompanhado por um *aulós*, um instrumento de sopro) e feito com o uso rítmico do dístico elegíaco: um hexâmetro datílico seguido de pentâmetro datílico que formam uma estrofe (cf. Posfácio).

Não há uma temática específica para a elegia arcaica, entre os séculos VII e VI a.C.; nela vemos poemas amorosos, gnômicos, políticos, narrativos, bélicos, etc., muitas vezes ligados a um uso funerário, mas não unicamente. Já no período helenístico (séc. III a.C.), a elegia passa a ser utilizada por poetas como Calímaco de Cirene e Filetas de Cós como veículo para narrativas, no mais das vezes amorosas, de mitos menos conhecidos, e assim a temática amorosa toma boa parte do espaço elegíaco. Simultaneamente, outro gênero floresce: o epigrama, uma espécie de inscrição funerária que com o tempo ganhou *status* literário e a possibilidade de ser escrita ficcionalmente (alguns dos principais nomes do gênero são Meléagro, Calímaco, Leônidas de Tarento e Teócrito, dentre vários outros – a maior coleção do gênero é a *Antologia Palatina*, dividida em 15 livros). O epigrama, na sua brevidade típica, incorporou muito da tradição da poesia amorosa subjetiva, além de também ser escrito em dísticos elegíacos, o que acabou por gerar certa confusão com a própria elegia.

Talvez seja dessa fusão entre a brevidade subjetiva e o complexo desenvolvimento das elegias mais longas e míticas amorosas que a elegia romana surge como uma forma nova. Porém, mesmo esse surgimento em Roma é difícil de definir. Se tivéssemos de apresentar um ponto de origem, diríamos que estariam em dois poemas de Catulo escritos em meados dos anos 50 a.C.: os poemas 65-66 (com uma breve carta de 65 apresentando 66, que por sua vez é uma tradução da *Coma de Berenice* de Calímaco) e o poema 68 (um longo poema subjetivo amoroso, com várias guinadas temáticas para o campo mítico, familiar, na forma de monólogo endereçado ao um amigo confessor). No entanto, é preciso considerar que provavelmente Catulo não compreenderia seus poemas como "elegia erótica romana" tal como nós: enquanto um gênero definido. Os dois poemas parecem ser muito mais resultado de experimentação com formas tradicionais previamente estabelecidas: o epigrama e a elegia dos gregos. Mas Catulo ainda consegue dar notas humorísticas aos poemas, que devem ter outra origem, como a Comédia Nova romana, de Plauto e Terêncio (séc. III e II a.C.); o que faz um pequeno caldeirão de influências resultar em poemas de estruturas bastante complexas.[2]

Pouco depois de Catulo, Cornélio Galo (70-26 a.C.) publicaria seus *Amores*, um livro que não nos chegou – fora 10 versos fragmentários –, em que cantava a sua paixão por Licóris. Embora não possamos afirmar ao certo se o livro apresentaria apenas elegias (e se elas seriam tal como as nossas elegias romanas), ou se teria uma mistura de metros e assuntos. Seja como for, Galo é posteriormente tomado como o fundador da elegia romana como gênero literário novo, diverso do que havia sido produzido pelos gregos. Boa parte do que podemos deduzir de sua poesia está na sua representação como personagem central da décima bucólica de Virgílio, mas não podemos esquecer que Virgílio certamente operou uma série de descaracterizações da obra de Galo para poder inseri-lo dentro do ambiente pastoril das *Bucólicas*.

O que torna ainda mais incrível o desenvolvimento da elegia é seu período minúsculo – pouco mais de meio século – entre seus primeiros esboços com Catulo e seu esgotamento com Ovídio, no início da nossa era. Com essa brevidade, como seria de se esperar, o gênero é bastante específico em suas regras: Catulo e Galo, de algum modo, deram as bases da elegia erótica romana, que podemos resumir grosseiramente assim:

a) uma poesia subjetiva complexa e mais longa do que um epigrama;
b) uma temática prioritariamente amorosa, mas não exclusiva;
c) o uso mais ou menos frequente da mitologia como argumento ilustrativo e alusivo da própria subjetividade expressa nos poemas;
d) uma boa dose de humor e de tópicos derivados da comédia romana.

É com essa base que Tibulo e Propércio vão começar a sua escrita, e que pouco depois Ovídio levará o gênero ao seu esgotamento, seguindo os passos do experimentalismo apresentado pelos poetas anteriores. Uma advertência é importante: quando falo em "experimentalismo", é preciso que o leitor seja sutil – não há nada aqui parecido com as vanguardas experimentais do século XX, ou com a poesia experimental das últimas décadas. A experimentação é aqui feita por pequenas quebras de expectativa, inversões dos lugares-comuns do gênero, fusão de gêneros, etc., de modo a surpreender o leitor sem necessariamente fugir às regras genéricas que configuram a obra. Há um jogo entre cumprir uma série de determinações genéricas e um pequeno espaço de liberdade e originalidade poética. Para se imaginar um pouco dessas determinações genéricas, passo agora a falar de alguns lugares-comuns da elegia.

4 – Características da elegia

A maior parte dos lugares-comuns da elegia está ligada ao modo de representação do amor e da lírica dentro do sistema literário. Em primeiro lugar, a elegia não é um gênero elevado; ela é uma antípoda da épica ou da tragédia, e sua representação do mundo estaria muito mais "baixa" do que a das obras que aspiram ao sublime. A elegia é caracterizada como uma obra de juventude, já que os jovens são mais dados às aventuras amorosas, são mais impetuosos, impacientes, abruptos e – como dizer? – ridículos em suas paixões; ao menos era assim que a maioria dos romanos costumava vê-la. Então como representar essa poesia *quase* baixa? É importante entender que a elegia também não era um gênero efetivamente "baixo": ela praticamente não usa palavrões, não explicita o sexo e se afasta assumidamente da fala popular; e isso tudo a deixa num lugar intermediário: trata-se de poesia refinada, que pode fazer uso de arcaísmos, artificialidade literária, mas que ao mesmo tempo não deve subir demais, nem ser levada muito a sério. Assim, ela apresenta uma série de expressões da fala familiar (*sermo familiaris*) tal como síncopes da escrita adaptadas à fala, uso de diminutivos carinhosos, palavras que não entrariam na épica, etc.; mas nunca chega perto de uma poesia "marginal", ou coisa parecida, pois se mantém sempre como uma poesia aristocrática, um jogo literário de uma elite cultural e monetária.

E como representar esse amor? Aí vão alguns lugares-comuns:

a) *Morbus amoris*: o amor era comumente pensado na Antiguidade como uma espécie de doença da alma, em oposição à razão e ao domínio de si que se poderia/deveria esperar de um cidadão romano das classes mais altas. O indivíduo apaixonado está fora de si, perdeu seu controle, está no limiar da civilidade.

b) *Seruitium amoris*: numa sociedade escravista como a romana, quem não tem o controle de si deve, mais cedo ou mais tarde, ser controlado por outrem. Assim, o homem apaixonado é uma espécie de escravo, um escravo do seu amor, da sua amada, que passa a ser representada simultaneamente como *puella* ("garota", "moça") e como *domina* ("senhora", "dona"), que domina e maltrata o seu escravo amoroso. Aqui há uma clara inversão no jogo patriarcal, e a figura masculina de poder fica feminilizada diante de um amor que a submete.

c) *Exclusus amator*: o amante, submisso ante os desejos da sua *domina*, passa muitas noites em claro diante da sua porta, sentindo-se expulso; porém, como bom apaixonado, ele permanece até a madrugada cantando – isso é o *paraklausithyron*, o canto diante da porta fechada, que tantas vezes deixa o amante numa situação ridícula.

d) *Diues amator*: o amante elegíaco sempre se classifica como pobre (*pauper*, cf. Tibulo 1.1). Isso não quer dizer que ele seja exatamente pobre; *pauper* é o indivíduo que tem bens – até alguns escravos –, ele só é pobre em comparação com a nobreza equestre romana, detentora de muitos bens derivados dos seus cargos públicos e da herança. É comum o poeta elegíaco temer a presença de um ou mais rivais, geralmente representados como mais velhos e mais ricos (daí que seja *diues amator*, um "amante rico"), que podem tentar comprar a jovem com presentes, enquanto o poeta tem apenas a sua poesia e sua fidelidade para oferecer.

e) *Foedus et fides*: o jovem apaixonado cobra de sua amada fidelidade, como se entre eles houvesse um laço oficial; é comum vermos os elegíacos invocando termos jurídicos do casamento para descrever um relacionamento que é exatamente o oposto disso (em Tibulo e em Ovídio, por exemplo, teremos até dicas de como conseguir se encontrar com uma mulher casada sem ser pego em flagrante). A amada é, ironicamente, uma cortesã, uma ex-escrava, ou mesmo uma mulher casada, o que põe em xeque qualquer pretensão séria de laços oficiais para um cidadão romano; e assim a elegia ocupa um lugar claramente imoral no comportamento social, ao mesmo tempo em que os repete e insere dentro desse novo relacionamento.

f) *Magister amoris*: o poeta elegíaco costuma afirmar que sua poesia tem uma função social – ela é capaz de ensinar aos ainda mais jovens sobre como é a vida "de verdade", depois de se apaixonarem; enquanto a alta literatura fica apegada a mitos distantes do cotidiano, a elegia é capaz não só de apresentar o sofrimento amoroso, como de ensinar modos de se amenizar esse sofrimento (cf. 1.7 e 1.9), ou de conseguir a mulher desejada (cf. *Arte de amar* de Ovídio, onde esse *topos* é elevado à categoria de mote para um obra inteira).

g) *Militia amoris*: ainda em contraponto com a cultura bélica romana e com a alta literatura representada pela épica bélica nacional (os *Anais* de Ênio e mais contemporaneamente a *Eneida* de Virgílio), o poeta elegíaco, servil e doente de amor, não quer seguir carreira política, muito menos uma carreira bélica; as suas lutas são travadas na cama, sua milícia é somente a do amor, que por vezes pode até ser representado como um general triunfante (cf. Ovídio *Amores* 1.1 e 1.2).

h) *Recusatio*: o poeta alega ser incapaz de escrever poesia elevada; seu talento, ou mesmo os deuses, exigem que ele faça poesias amorosas; o poeta não tem escolha diante do seu destino.

Esses são alguns dos *topoi* poéticos mais recorrentes, sobretudo nos poemas amorosos; mas não chegam nem perto de esgotar as possibilidades do gênero. Diante disso, nossa questão passa a ser a seguinte: como um poeta consegue atingir algum nível de originalidade dentro de um esquema tão limitado e limitador? Cito alguns exemplos mais notáveis em Propércio: na elegia 1.16, o poeta inverte o paradigma do *exclusus amator* e do *paraklausithyron* fazendo com que não o poeta, mas a própria porta que o impede passe a lamentar sua vida com uma dona vulgar e amantes chatos! Aqui a elegia se desvela com o artefato cômico no cerne do seu próprio *pathos* quando a porta parafraseia a fala de um amante e o que nós temos é uma típica elegia enquadrada pelo lamento de uma porta. Em 4.9, temos um suposto poema etiológico narrando a fundação da Ara Máxima e do seu culto por Hércules, mas a descrição do herói beira o cômico, como um vagabundo pedinte, que se descreve vestido de mulher no passado e acaba sendo violento; com isso, o poema sério e patriótico é pervertido por algumas tópicas da elegia. Em 1.7 e 1.9, contra o poeta épico Pôntico, a típica *recusatio* ganha ares mais violentos, e o que o poeta faz está mais próximo da *renegatio*: ele não apenas alega que não pode fazer poesia elevada, como ainda diz que a poesia elevada não tem serventia; desse modo, a poética amorosa aparece como superior à poesia elevada. Em 4.3, o poema é inteiro feito na boca de uma mulher, Aretusa, na forma de uma carta ao seu marido; uma provável inovação que pode ter sugerido a Ovídio o mote para suas *Heroides*. Em 4.7, Propércio representa Cíntia como um fantasma vindo do mundo dos mortos para reclamar do poeta sua indiferença: a sua fala termina por questionar toda a representação anterior (dos três primeiros livros) dos lugares-comuns do *seruitium amoris*, bem como da possível sinceridade poética dos elegíacos em geral. Em 2.14 e 2.15, vemos Propércio aproveitar sua noite com Cíntia, o que gera outro lugar (menos) comum, o *receptus amans*, o amante recebido (cf. Posfácio), que viria a influenciar a famosa elegia 1.5 dos *Amores* de Ovídio.

5 – Sobre a tradução poética

Junto com a tradução poética vem, incrustada, além da criação, a crítica – uma crítica não somente sobre a obra do autor traduzido, mas também sobre a época do tradutor; uma autocrítica, talvez, dos modos de traduzir e da própria tradução. Essa autocrítica é quase infinita, como infinito pode ser o processo de revisão das traduções, pois "cada tradutor tem amiúde vontade de recomeçar as traduções dos outros, e sempre de recomeçar as próprias" (Aury). E, nesse constante recomeçar, a tradução passa a atuar não só sobre si mesma, mas também sobre o mundo que a cerca, sempre num estado de inacabamento, comum a toda arte.

Não pretendo me deter sobre teoria tradutória nesta Introdução – já há que baste no Posfácio. De qualquer modo, tal como na criação de uma "obra original", as teorias e os dogmas sobre o "como fazer" não devem ter mais importância do que seu resultado: todo método tradutório ou criação literária pode ser válido, pois o que está em jogo, mais do que o método em si, é sua realização técnica e sua capacidade de produzir debate-combate- -reafirmação tanto do texto original como do mundo presente que o cerca. Nesse sentido, Ezra Pound permanece sendo o grande exemplo, a meu ver:

revolucionou a tradução de sua época por experimentação bastante diversa, quase sem passar por uma teoria prescritiva que rechaçasse as outras propostas: a ideia um tanto quanto fixa de *make it new* é, na verdade, apenas uma das facetas tradutórias de Pound, ao longo da sua carreira como poeta, e a sua versatilidade é muito mais interessante do que o *slogan*.

Se ainda tiver valor alguma afirmação antes do próprio texto de Propércio, será a de que, no fim das contas, resta o texto – o texto poético – meu e de Propércio; se não criei mais uma edição latina, por outro lado trouxe mais uma tradução, enfim, mais um Propércio – *quot traductores tot Propertii* ("há tantos tradutores quanto Propércios") – talvez desse um bom chiste. Quanto ao seu resultado, se vai frutificar e render algum debate, se vai entrar e tomar posto na corrente da literatura brasileira, como a poesia properciana o fez, com o consentimento da Fama (*hos inter si me ponere Fama uolet*, "se a Fama me aceitar entre os poetas", 2.34.94), na história das literaturas latina e ocidental, eu realmente não saberia dizer. Isso cabe somente ao leitor, ainda virtual, ainda imaginário, que todo texto carrega. Se vinga, não sei dizer; de qualquer modo, vale a pena,

> Pois se faltarem forças, a audácia merece
> louvor – nas coisas grandes, querer basta!
> (2.10.5-6)

6 – Agradecimentos

Eu não poderia deixar de agradecer a diversas pessoas que leram este trabalho, ao longo dos últimos anos. Se nem todos entram, ao menos gostaria de mencionar alguns: Raimundo Carvalho, Sandra Bianchet, João Angelo Oliva Neto, Rodrigo Gonçalves, Oséias Ferraz, Simone Petry, João Paulo Matedi, Márcio Gouvêa Júnior, Brunno Gonçalves Vieira, Márcio Thamos, Teodoro Rennó Assunção, Andre Vallias, Mario Domingues, Bruno Hanke e George Ramos, que, por compartilharem ideias comigo, bem que merecem aplausos por parte dos meus acertos.

Notas

[1] Aires Nascimento, Maria Cristina Pimentel, Paulo F. Alberto e J. A. Segurado e Campos traduziram, respectivamente, cada um dos quatro livros de elegias.

[2] Os dois melhores estudos em português sobre a gênese do gênero elegíaco em Roma são o trabalho de Paulo Martins (2009), especificamente sobre a elegia, e a recente tese de livre-docência de João Angelo Oliva Neto (2013), sobre a construção dos gêneros literários antigos.

O estabelecimento do texto

Testando o texto: mais um Propércio?

O primeiro passo que absorve qualquer leitor detalhista – um tradutor, por exemplo – das elegias propercianas é a dificuldade na edição do original latino: o estabelecimento do texto de Propércio gerou e ainda gera muitas controvérsias entre os estudiosos. Ao longo dos anos, os editores nunca chegam a um consenso mínimo e fazem diversas alterações nos textos que nos chegaram através de manuscritos: suas intervenções vão de pequenas conjecturas vocabulares à reorganização da ordem dos versos, ao corte de poemas ao meio, ou à união de dois que, *a priori*, estão separados. Essa intensa discordância gerou uma espécie de chiste entre os filólogos: *quot editores tot Propertii*:[1] pois, a cada novo editor, tínhamos um novo Propércio. Isso se deve certamente à tardia e defeituosa transmissão dos manuscritos e também ao próprio estilo do poeta, que em diversas passagens é de difícil compreensão. Heyworth resume a questão na abertura de sua própria edição de 2008: "O texto de Propércio é um dos mais mal transmitidos dentre os autores clássicos latinos; qualquer edição deve, portanto, ser encarada como provisória, uma contribuição para um debate contínuo" (p. vii).

Os problemas editoriais podem ser erros típicos dos copistas, que precisam ser corrigidos, como em 2.32.5 *deportant esseda Tibur*, que aparece como *deportantes sed abitur* no principal manuscrito.[2] Há possibilidade de interpolações, como atesta Butrica, dentre outros pontos, em 2.34, o trecho entre os versos 65-84 (1997, p. 201-2).[3] Há discordância quanto à ordem dos versos em diversas partes, chegando a casos em que dísticos podem saltar não só de um trecho para outro, ou entre poemas, mas mesmo entre livros! A divisão dos poemas também não é consensual, já que o Livro II (o mais problemático) pode ter de 34 a 46 poemas, de acordo com a edição.[4] De fato, parece haver algumas lacunas, e mesmo Barber, numa edição mais conservadora, aponta diversas, como em 2.1.38; 2.9.48; 3.22.36; e 4.2.11; dentre outras. Não obstante a aparente confusão dos manuscritos, há grande número de correções por parte dos estudiosos, que, se muitas vezes acertam numa proposta, na imensa maioria das tentativas apenas atestam mais uma variante sem grande lucro para os estudos. Como se não bastasse o texto físico corrompido, a complexa técnica alusiva de Propércio, em contextos muitas vezes irônicos, ainda gera várias discordâncias sobre a interpretação de diversas passagens, o que faz com que não apenas a edição, como também o que se entende em cada edição varie muito.

Com esse problema inicial sobre a situação da obra de Propércio, a crítica se divide basicamente em dois grupos: o primeiro, que há pouco tempo tinha mais adeptos, tende a ser relativamente conservador em relação à tradição dos manuscritos, sem querer aceitar muitas alterações, a não ser que o texto ao qual temos acesso esteja claramente com problemas. Nessa linha, temos as edições de Barber pela Oxford (1953) e Fedeli pela Teubner (1984), que divergem uma da outra apenas em detalhes, bem como a de Viarre pela Belles Lettres (2007); e alguns estudos, como os de Boucher, Papanghelis, Benediktson e outros. A partir desse tipo de edição, os intérpretes tendem a buscar nas próprias complexidades do texto a sua poeticidade e defendem que Propércio tinha uma técnica de escrita divergente da maioria de seus contemporâneos, com cortes mais abruptos, além de imagens e (por vezes) sintaxe mais ousadas. Ao caracterizar essa linha, devemos ter cuidado com o termo "conservador", pois mesmo nessas edições temos, em média, 600 alterações conjecturais sobre os manuscritos, ou seja, cerca de 15% dos versos teriam problemas, o que já é um número bem alto; nesse sentido, o que poderíamos chamar de "linha conservadora estrita" praticamente não existe no caso de Propércio. Com a defesa de um texto intencionalmente complexo e obscuro de Propércio, os intérpretes dessa linha, se por um lado concordam bastante quanto ao texto, por outro divergem sobre os objetivos da obra: alguns buscam ver nela uma expressão modernista *avant la lettre* (Benediktson), um anti-imperialista (Sullivan) ou uma espécie de pré-rafaelita com tons decadentistas (Papanghelis), etc.

O outro grupo – temos nele a edição de Goold pela Loeb (1990), e a de Heyworth pela Oxford (2008), e estudos de Butrica (1984, 1997) e Hubbard (1975), entre outros – defende que o texto de Propércio seria bastante próximo do de outros poetas augustanos e que, portanto, foi radicalmente alterado por copistas ao longo dos séculos.[5] Desse modo seus defensores propõem uma revisão mais pormenorizada das elegias e atacam o primeiro grupo, afirmando que os "tantos Propércios" de Phillimore estão sendo feitos não na edição, mas na interpretação da obra. Segundo Butrica, a culpa de tamanha divisão entre os intérpretes seria exatamente a utilização de um texto que, por muito conservador, manteria grande número de incoerências e falhas; assim, na tentativa de dar sentido aos problemas textuais dos manuscritos, os críticos do primeiro grupo estariam encontrando praticamente o que quisessem em Propércio (1997, *passim*). Para Butrica, somente por meio de alterações mais radicais[6] sobre o texto manuscrito é que poderíamos restaurar a elegância da elegia properciana.

Chega-se assim a um impasse. Por um lado, os "conservadores" são criticados por defenderem um texto que pode conter muitos problemas e, portanto, caírem numa diversidade de interpretações para a tradição manuscrita, o que nos cria diversos Propércios; por outro, os "restauradores" caem nos riscos (que os "conservadores" criticam) de, querendo corrigir a tradição para dar clareza ao texto, criarem diversas novas edições que não concordariam entre si, o que, por sua vez, nos daria ainda mais Propércios. De qualquer modo, estamos numa espécie de beco sem saída, devido à dificuldade de compreendermos em minúcia como se dava a estética clássica, quais seriam os critérios para se avaliar se uma obra era ou não "obscura" para os romanos. O que nos resta, portanto, é avaliar os manuscritos que nos chegaram, para podermos decidir se vamos corrigi-los ou comentá-los; ou se devemos continuar fazendo sempre um pouco de cada.

A história do texto – manuscritos

Segundo Alessandro Alessandri, as *Elegias* de Propércio haviam sido encontradas em 1440 num celeiro de vinho, sob os tonéis. A hipótese é hoje considerada inaceitável, como aponta Paganelli (1947, p. xxii-iii), pois está comprovado que a obra properciana já era bem conhecida na Europa anteriormente a 1440, uma vez que Petrarca tinha um manuscrito em sua biblioteca. De qualquer modo, tudo indica que Propércio praticamente desapareceu do cânone ocidental

> por cerca de sete séculos, até quase o fim do século XII; ele pode ter sido lido por escritores carolíngeos, como Ermoldo ou Alcuíno, mas o autor medieval mais antigo que com certeza leu Propércio foi John de Salisbury, que morreu em 1180, um pouco antes de **N**, nosso mais velho manuscrito, ter sido copiado (BENEDIKTSON, 1989, p. 117).

Dentre os diversos manuscritos de Propércio,[7] vale citar alguns, que são julgados como os mais importantes na edição:

- **N** (*Guelferbytanus Gudianus lat.224 olim Neapolitanus*): atualmente fica em Wolfenbüttel e está quase completo, só falta um trecho da última elegia (4.11.17-76), devido a um rasgo. Aparentemente foi escrito por três copistas diferentes, possivelmente na Itália, embora não haja certezas quanto a isso. Ele tem esse nome porque foi encontrado em Nápoles por Nicolas Heinsius. Julga-se que não tenha sido escrito antes de 1200, e que apresente correções do século XV-XVI; é considerado pela maioria dos editores como o mais antigo e o melhor dos manuscritos e não apresenta manuscritos numa descendência direta. Imaginamos que tenha sido copiado de um manuscrito desconhecido **X**, que derivaria diretamente de Ω.

- **A** *Leidensis Vossianus lat. 38*: sua datação é dada por Butrica (1984, p. 237) como *circa* 1230-50, enquanto Heyworth amplia para 1230-60 (2008a, p. xi); provavelmente continha a obra completa; acaba em 2.1.63; é provavelmente uma cópia dele que Petrarca (Π, segundo Heyworth) teve em mãos em 1333 (ibid., p. xii). Sua origem diverge de **N** e sequer aponta para um mesmo arquétipo. Como seus descendentes, temos **F, L, P**, além de **B, Q** e outros; podemos imaginar que tenha sido copiado de um outro manuscrito desconhecido **X**, por sua vez derivado de Ω', que derivaria finalmente de Ω.

- F *Laurentianus* ou *Florentinus* plut. 39,49: está em Florença, na biblioteca Laurentianna, datado de cerca de 1380 (e não depois de 1408, data da morte de Collucio Salutati, que o encomendou) e contém muitas correções; é uma cópia do manuscrito de Petrarca Π, descendente de A, o que se conjectura pelos tipos de erros derivados de más leituras de A; ainda assim muito importante a partir de 2.1.64, onde A acaba. Além dos textos de Propércio, ainda constam mais duas obras.

- L *Holkhamicus mis. 36, olim Holkham 333*: datado em 1421, assinado por Johannes Campofregoso; diz-se que foi copiado do manuscrito de Petrarca Π através de um X desconhecido, portanto a mesma origem de F; só começa em 2.21.3. Fica na biblioteca de Oxford.

- P *Parisinus Lat. 7989*: está na Biblioteca Nacional de Paris; contém, além de Propércio, Catulo e Tibulo, a *Cena Trimalchionis* de Petrônio e outros excertos; foi escrito na Itália *circa* 1423, possivelmente para o círculo de Poggio Bracciolini (1380-1459), e apresenta sérias interpolações. Parece ter leituras tomadas de N, o que aponta para a existência de um crítico na sua composição, e não apenas um copista. Talvez possamos também afirmar, com Heyworth, que o manuscrito consultado tenha sido T, e não N.

- T *Vatican. Lat. 3273*: este manuscrito foi reabilitado por Butrica e Heyworth, possivelmente escrito em 1427, pelo poeta Antonio Beccadelli, o Parnomita; derivado de um manuscrito perdido Λ (segundo Heyworth, este seria o manuscrito de Poggio Bracciolini, p.xxviii), ou Ω", segundo Heyworth. De qualquer modo, ele formaria parte de uma terceira família de manuscritos, junto com S; hipótese controversa, mas defendida também por Viarre.

- S *Munique, Universitätsbibliothek Cim. 22*: também derivado de Λ, escrito *circa* 1460-70, provavelmente por Jacopo Bracciolini.

- ς, os *deteriores* ou *recentiores*: algumas das leituras contidas nesses manuscritos são boas, embora, no geral, não tenham o mesmo valor dos anteriores e sejam no geral conjunturas realizadas antes de 1600; seguindo a nomenclatura de Heyworth, eu os chamo de ς. São o *Parisinus Lat. 8233* (*Memmianus* de 1465), o *Vaticanus Urbinas Lat. 645*, o *Vaticanus Reginensis 2120* e o *Salmanticensis 245*.

- Há ainda uma série de manuscritos, de importância mediana que costumam figurar nos aparatos das edições críticas, tais como J K W (segundo Heyworth, derivados do perdido Γ, por sua vez copiado de Λ); M U R (segundo Heyworth, derivados do perdido Υ, por sua vez copiado de Λ); C (copiado de um perdido X, derivado de Λ).

- Há outra série de manuscritos, que chamarei, como Viarre, de D (aparece também como Δ) derivados de P; constando D, V e V⁰; atualmente os editores costumam considerá-los como de pouco valor, embora já tenham sido muito citados por editores de meados século XX, como Butler & Barber e Barber e até Fedeli, em 1984.

- Ω representa concordância da maioria dos manuscritos, o que leva à suposição da existência de um manuscrito Ω. Para maior clareza e simplicidade em minhas notas e citações, tratarei por Ω – seguindo as edições de Viarre e Heyworth – os momentos em que os seguintes manuscritos concordam:

a. **N A F P T S W** do início até 1.2.13;
b. **N A F P T S W** de 1.2.14 até 2.1.63;
c. **N F P T S W** de 2.1.64 até 2.21.2;
d. **N F L P T S W** de 2.21.3 até o 4.11.17; e
e. **M U R F L P T S** de 4.11.18 até o final.

Os pesquisadores tendiam a estabelecer duas grandes famílias para os manuscritos: de um lado, **A**, de onde viria **F** e, por meio de intermediários, **L**, **P** e também **Δ**; do outro, **N**, que parece não derivar em nenhum outro conhecido, embora se perceba sua possível influência em **L P V** e **Vo**. Para Butrica (*apud* GOOLD, 1990, p. 15), é possível supor um manuscrito desconhecido **Ω** como nosso arquétipo perdido, provavelmente do século X. Essa leitura é criticada por Butrica, Heyworth e Viarre; que, para explicar algumas leituras muito diferentes de outros manuscritos, propõem afinal três famílias, em vez de duas. Daí se poderia suspeitar que **N**, **A** e **Λ** provenham, em última instância, de um mesmo arquétipo[8] **Ω**, que talvez já contivesse em si *variae lectiones* (MOYA; ELVIRA, 2001, p. 97) e que os diferentes copistas intervieram de maneiras diferentes sobre suas cópias. Podemos supor que esse arquétipo também deveria também estar em mal estado quando foi copiado – alguns, como Heyworth (2008a, 2008b), argumentam que as folhas teriam saído de seus lugares e parado em pontos errados;[9] Fedeli (2005) julga que simplesmente se tenha perdido um número de folhas – comprometendo uma possível estrutura original de 5 livros, que acabou chegando até nós com o desenho de apenas 4, sendo o livro II o maior problema. Essa talvez seja uma das causas da dificuldade de se estabelecer um texto de Propércio, e, além disso, como já disse, por muito tempo os editores faziam escolhas de maneira excessivamente arbitrária entre os manuscritos e as lições já tradicionais.

> Para complicar ainda mais a situação e no mais das vezes desejando "tornar inteligível", lógica e coerente a mensagem poética, partindo das possíveis perdas de passagens que o texto properciano poderia ter sofrido, ou das transposições que poderiam ter acontecido graças a confusões e erros de copistas, ou de possíveis ou imaginadas perdas, o texto de Propércio foi submetido a um "baile de versos", que não apenas se limitava a trocar de lugar um dístico ou alguns dísticos numa elegia, como a também trasladá-los de uma "elegia" para outra e a até levar uma passagem de um livro para outro; a palma neste "movimento", pela antiguidade e autoridade que se lhe confere, corresponde a Escalígero (Scaliger), e desde seu trabalho,

com maior ou menor liberdade, poucos editores, apoiados em razões de certo modo convincentes, deixaram de aceitar essas mudanças e a até mesmo oferecer as suas próprias (*Ibidem*, p. 99).

História do texto – edições impressas

A edição *princeps* da obra properciana foi publicada em 1472 em Veneza. Logo em 1481 e em 1487, surgem ainda mais duas edições. Já em 1558 e 1569 Muret e Canter, respectivamente, lançam as suas. Em 1577, Escalígero lança uma edição que foi muito aclamada então, com diversas soluções conjecturais marcadas por muitas transposições. Grandes edições aparecem a partir do século XVII; uma em 1604, feita por Claude Morel que une a obra de Propércio às de Catulo e Tibulo, mais diversas notas de dezoito comentadores; outra por Passerat, considerada por Paganelli como uma das melhores; e outra, de Bürmann, de 1780.

Graças aos comentários dessas últimas edições, os estudos sobre Propércio melhoraram muito naquela época, porém a própria edição do texto ainda era muito precária, cheia de arbitrariedades e defeitos. Karl Lachmann então operou uma revolução na maneira de editar as *Elegias*, ao comparar com mais minúcia os manuscritos e eleger dois dentre eles para tomar como base. Sua edição foi publicada em 1816, em Leipzig. Continuando seus estudos, o filólogo fez outra edição em 1829, na qual aparece uma divisão dos poemas em cinco livros, contrariando a tradição manuscrita. Em 1880, em Leipzig, Baehrens lança sua edição, que refuta a divisão de cinco livros de Lachmann e é a primeira a apresentar variantes de **A D F V**, sem dar tanto valor apenas a **N**.

A partir de então, as edições inglesas se tornam mais numerosas, da de Palmer (Dublin, 1880) à de Phillimore (Oxford, 1907), além de Postgate (Londres, 1905) e de Butler (Londres, 1905). Das alemãs, vale citar a de Rothstein (Berlim, 1898), a de Hosius (Leipzig, 1911); uma edição espanhola (Barcelona, 1925) estabelecida por Balcells e Minguez. Quero ressaltar ainda mais seis edições importantes para minha tradução: a de Barber (Oxford, 1933) que consta de diversas variantes; duas de Fedeli (Teubner, 1984; e Francis Cairns, 2005, só do livro II); a de Goold (Loeb, 1990); a de Moya & Elvira (Madri, 2001), com tradução para o espanhol e notas; a de Simone Viarre (Belles Lettres, 2007); e a mais recente, de Heyworth (Oxford, 2008).

Situação atual

Durante minha pesquisa das edições, na busca de escolher uma confiável, à qual eu pudesse me adaptar completamente (como é de praxe no meio acadêmico brasileiro), não consegui me livrar do velho chiste properciano e acabei por chegar a mais uma edição, a mais um Propércio, ainda que com diferenças bem pequenas em relação às minhas bases. Eu me alinho entre os falsos "conservadores" para chegar a uma edição, pois prefiro confiar na reconstituição do possível arquétipo e dali fazer alguns poucos questionamentos sobre sua fidelidade. Penso que, a partir desse ponto já conjectural, entramos num campo de especulações pouco produtivas. No entanto, não deixei de considerar uma série de conjecturas já incorporadas pelas edições mais "renovadoras" de Goold e, sobretudo, da radicalização operada recentemente por Heyworth.

Discordo de Butrica – apesar de seu monumental estudo sobre a tradição dos manuscritos ser até o momento inquestionável, uma verdadeira revolução nos estudos do texto properciano – sobre o trabalho da crítica textual, cujo propósito, para ele, "é resgatar o original do autor, não corrigir uma cópia medieval para um nível meramente aceitável de gramática e sintaxe" (1997, p. 186). Ao contrário, penso que, se não há como chegar ao que seria exatamente o texto original, devemos nos fiar ao que temos e talvez esperar que alguma nova descoberta papirológica resolva alguns problemas. Essa atitude de "restaurar o original do autor" por meio de correções radicais, como as que Butrica, Goold e Heyworth propõem, parte de certa maneira da arrogância de alguns eruditos, que acreditam conhecer muito bem a tradição, a estética e a cultura clássica, a ponto de acharem que sabem como intervir sobre textos para chegar a uma verdade textual utópica; seus argumentos para intervenções literárias estão frequentemente "embasados" por frases como "Propércio não escreveria isso"; ou "não faz sentido uma tal apresentação"; ou "com certeza há uma lacuna"; ou "essa quebra na linha de pensamento é muito abrupta"; ou "essa palavra nunca aparece em Propércio, portanto não pode aparecer nem aqui", etc. De modo similar, supor que um arquétipo, ao qual provavelmente nunca teremos acesso, esteja apinhado de erros (não apenas que contenha alguns erros) e que, portanto, podemos corrigir as suposições que temos dele, é um excesso de confiança em nosso escasso conhecimento. Assim, estando ou não corretas nossas fontes, opto pelo trabalho mais imanente de lidar com a obra material que nos chegou; o que de forma alguma implica que não se podem aceitar diversas conjecturas em momentos-chave, mas sim que devemos ter cuidado em relação a elas e que devemos olhar com mais cuidado o texto properciano, sem tirar da mente que muitas obscuridades para o leitor atual são geradas por sua própria ignorância sobre um mundo que dista em dois mil anos do nosso, e não necessariamente de incompetência poética do autor ou de erros de copistas; em outras palavras, nosso conhecimento linguístico e literário sobre a Antiguidade ainda é – e certamente continuará sendo – a ponta de um iceberg.

Das seis edições que mencionei como principais, sigo, na maior parte das vezes, o texto da Teubner estabelecido por Fedeli, que é mais conservador, tem um grande apego aos manuscritos e faz poucas alterações e transposições. Porém, numa busca de reflexão sobre os problemas do texto, tendo a incorporar parte das intervenções aceitas por outros editores. Como já foi dito, esse pretenso "conservadorismo" não é absolutamente radical, e as diversas correções que estão incorporadas (em momentos em que realmente há um sério problema textual) à maioria das edições atuais não foram descartadas. Vale ressaltar que, numa outra corrente e modo de encarar o texto properciano, as edições de Goold e a de Heyworth, embora extremamente influenciadas por conjecturas e transposições de antigos editores e pelos estudos de Butrica, têm o grande mérito de instigar o estudioso. Por outro lado, como afirma Viarre, muitas vezes elas se arriscam demais a uma "banalização do poeta" (2007, p. xxxvii); assim, em lugar de diversas soluções de editores que não tivessem apoio em manuscritos, preferi muitas vezes a *lectio difficilior* ("a lição mais difícil") nos trechos mais complexos, a não ser que já houvesse uma mínima concordância sobre a correção pelos editores.

Segundo Martin West, são necessários três critérios para avaliar se uma solução editorial é válida, sem entrar no critério específico da necessidade imediatamente apresentada por um problema gritante no texto:

> 1. Deve corresponder em sentido ao que o autor pretendia dizer, na medida em que isso puder ser determinado pelo contexto.
>
> 2. Deve corresponder em linguagem, estilo e quaisquer pontos técnicos relevantes (metro, prosa, ritmo, fuga aos hiatos, etc.) à maneira com que o autor teria expressado esse sentido naturalmente.
>
> 3. Deve ser completamente compatível com o fato de as fontes remanescentes terem o que têm; em outras palavras, deve estar claro como a leitura presumível do original teria sido corrompida por alguma leitura diferente que é transmitida (West, 1973, p. 53).

Assim, a tendência representada pelo exagero de Butrica com a possibilidade de 4.000 versos com problemas textuais jamais se encaixaria nos critérios de West, uma vez que a alteração de praticamente cada verso (ou até mais de uma alteração por verso, retirada de diversas interpolações, e reorganização da ordem dos versos) acabaria com o contexto (critério 1) e reinventaria o estilo do poeta (critério 2) sem prestar atenção no texto que temos diante de nós. Obviamente, uma alteração dessa magnitude não se dá apenas por interesse em compreender a obra, mas por um desejo de ajustá-la à sua própria concepção do que ela deveria ser segundo critérios pouco seguros, como o de que Propércio escreveria como Tibulo, pelo simples fato de que não temos uma comparação opositiva entre os dois.[10] Nesse sentido, Benediktson (1989) defende que um olhar atento e interessado nos poemas de Propércio pode ser capaz de perceber as relações, às vezes não tão claras à primeira vista, entre os trechos de um mesmo poema. Suas conclusões, entretanto, tendem a ver em Propércio uma diferença radical em relação a Tibulo, o que não é exatamente o caso, já que é fácil identificar uma estrutura do que Benediktson chama "fluxo de consciência" artificializada também neste elegíaco.[11] É preciso mais cuidado quanto à nossa tendência bastante difundida de binarização opositora entre dois autores de um mesmo gênero, como indica Deremetz ao tratar de outro caso similar (Plauto e Terêncio): "Também é difícil para os modernos não sucumbir às seduções de uma binaridade cuja eficácia analítica é tão universalmente confirmada" (1995, p. 211). Devemos atentar sempre para o fato de que Propércio e Tibulo se inseriram numa mesma tradição e que, portanto, dividem muitas características, ainda que buscassem de maneiras bastante distintas – mas raramente opostas – novas soluções para dialogar com a tradição e por fim relê-la: ambos poetas têm trechos que passariam por "não-clássicos", bem como estruturas elípticas densas, que dificultam, mas não impedem a leitura de suas elegias.

Assim, a tendência à correção dos manuscritos por meios de propostas sem apoio que não a criatividade e a erudição do editor se dá muitas vezes porque lemos as elegias de Propércio com um viés excessivamente clássico e racional. Entretanto, se nos desapegarmos desses critérios para tentarmos lê-lo numa outra linha, percebemos que a lógica e a estrutura que subjazem à sua poética são menos estabilizadas do que as dos clássicos mais canônicos, pois estes tenderiam a analisar a experiência e depois sintetizá-la numa forma comunicável.

> Mas Propércio, como um autor de fluxo-de-consciência, apresenta a experiência numa forma mais intuitiva. Ele não faz isso evitando a apresentação clássica costumeira de uma progressão lógica de ideias endereçadas a um receptor e escutada pelo leitor, mas ao contrário posiciona o leitor diretamente no fluxo de ideias e percepções associadas, então distorcendo a passagem do tempo. A experiência é transmitida na forma em que ela poderia ter ocorrido ao poeta (embora, é claro, Propércio tenha muito cuidado na apresentação dessa ilusão) (BENEDIKTSON, 1989, p. 50).

Se o lemos dessa maneira como é proposta por Benediktson, as necessidades de intervenções violentas nos manuscritos se tornam bem menores, pois percebemos uma outra estrutura, já não mais exatamente clássica, que funciona com uma lógica interna também bastante rigorosa.

Por outro lado, iria aparentemente contra minha opinião a de West:

> Mais comum é negar a necessidade de correção e defender a parádose a todo custo. Se bons argumentos podem ser produzidos para mostrar que a conjectura está errada (não meramente "desnecessária"), tudo bem. Com muita frequência, entretanto, o defensor só consegue mostrar que não tem sensibilidade para estilo, ou não sabe onde traçar a linha entre o incomum e o impossível; ele pergunta "essas palavras poderiam ser o sentido necessário?" Algumas vezes alguém dispensa uma conjectura com a base de que todos os manuscritos concordam

numa leitura diferente. Como se não pudessem concordar numa leitura falsa, como se não fosse da própria natureza da conjectura partir deles (1973, p. 59).

Entretanto não é esse o caso em Propércio: de forma alguma estou defendendo um apego total aos manuscritos, mas sim reobservando de que jeito uma certa maneira de ler Propércio nos levou a fazer alterações excessivas sobre seu texto. As edições que sigo como "conservadoras" têm em média, como já disse, mais de 600 conjecturas aceitas, e mesmo com minhas dissidências apoiadas em outras edições, o número do Propércio que resulta de minha leitura não deve divergir em muito mais que 100 pontos, o que ainda garante que praticamente 15% a 20% do texto terão acertos com base em conjecturas ausentes dos manuscritos.

Para defender essa leitura, entretanto, não é totalmente necessário destacar Propércio de outros poetas clássicos. Boucher deixa claro que várias estruturas complexas e obscuras da arte properciana são derivadas em maior ou menor grau das *Sátiras* de Horácio e das *Geórgicas* de Virgílio (1965, p. 395-6); num caminho parecido também segue Gordon Williams (1980; 1985, *passim*), que atesta as semelhanças entre a obra horaciana e properciana inclusive na apresentação de obscuridades e alusões complexas, bem como de informações que contam com o complemento de conhecimentos do leitor contemporâneo do poeta. Talvez seja necessário, portanto, realmente observar de que maneira a poesia clássica em geral é muito menos "clássica" do que pensamos, que sua clareza e transparência cristalina são mais um mito do que uma realidade textual; para assim podermos compreender com maior profundidade em que grau Propércio se assemelha e se diferencia de seus contemporâneos nas dificuldades com que seu texto, a partir da tradição manuscrita, se nos apresenta.

Assim, embora possa estar me arriscando um pouco, não pude me ater exclusivamente à edição de Fedeli (em verdade, o próprio Fedeli fez várias alterações no livro II, para sua edição de 2005, em relação à edição completa de 1984). Um dos exemplos de variação foi a utilização de maiúsculas após ponto; outro é a divisão do poema em partes (que não podemos chamar exatamente de estrofe, pois o dístico elegíaco já é uma) por meio de um espaço de linha, com o intuito de facilitar o entendimento do poema a partir de suas mudanças de assunto, essa ideia foi tirada das edições de Moya & Elvira e Goold (deste, segui quase todas as separações). A única alteração que parte apenas de mim, sem respaldo de mais editores, é a postura de sempre tratar os nomes de alguns deuses, como *Amor, Fatum* ou *Mors*, em maiúscula,[12] bem como a palavra *Deus*, por julgar que, para os antigos (mesmo num período de diminuição do fervor religioso entre as camadas mais altas), não seria possível fazer realmente uma subdivisão entre o que designa sentimento, abstração incorporada, conceito caracterizado e o próprio deus: isso só pode acontecer em momentos como o nosso, quando a citação desses deuses se dá apenas por meio de uma literatura distante.¹³

Como resposta às possíveis críticas, alego que sempre me embasei em alguma edição bem reputada, e só fiz uma proposta exclusivamente minha de leitura a partir de uma variante manuscrita que foi deixada de lado pelos editores. Talvez seja melhor dizer que esse novo Propércio, de certo modo de minha lavra, não é realmente meu, mas uma fusão das edições que considerei mais bem trabalhadas, com uma proposta de certo apego aos manuscritos, buscando encontrar sempre, exatamente em meio às obscuridades do texto original, a poética properciana. Nas palavras de Schlegel, "O que me importa não é defender minha tradução, mas aproximá-la da perfeição." (2001, p. 112-3). Ou melhor, não de uma perfeição (que nela não acredito), mas de uma completude em movimento, ou de um inacabamento que se aceita.

Notas

[1] Como ressalta Butrica (1997, p. 176), a frase (de Phillimore, na sua edição de Propércio de 1901) tem sido muito citada fora de seu contexto, pois o *scholar* não está fazendo exatamente uma constatação do que era a situação dos estudos propercianos em sua época, mas sim lamentando o caos a que se poderia chegar, se cada editor se desse ao luxo – como vinha sendo feito desde a edição de Escalígero (1577) – de corrigir cada trecho problemático segundo seu próprio juízo. A frase inteira talvez possa aclarar o sentido: *Sin autem poetae cogitationem suo cuique arbitrio resarcire licet, non interpretari, quot editores tot Propertii* ("Então, se cada um puder apresentar, e não interpretar, a intenção do poeta segundo seu arbítrio, teremos tantos editores quanto Propércios").

[2] Martin West observa que esse é um tipo de erro comum entre os copistas medievais, porque os textos eram escritos na Antiguidade sem a separação das palavras; então, provavelmente, na cópia para um manuscrito com separação entre os termos, o copista que não conhecia bem a obra poderia ver numa palavra a parte de outra e vice-versa; além de também não ter conhecimento geral sobre nomes próprios, como Tíbur, o que o levaria a procurar em seu próprio conhecimento (conscientemente ou não) uma palavra com escrita parecida. No caso, *abitur* é apenas a troca de lugar entre *t* e *b* de *Tibur*, com a junção do *a* final do termo precedente (1973, p. 26-7).

[3] Cito a proposta de Butrica, mas, na prática de minha tradução, não desconsiderei nenhum dos trechos que ele supõe serem interpolados.

[4] Durante certo tempo, seguia-se bastante a proposta de Lachmann de dividir o Livro II, devido ao seu tamanho excessivo. Segundo essa proposta, o livro teria alguma falha na cópia ou sofrera algum estrago casual, o que fez com que o copista não percebesse, durante seu trabalho, que estava unindo dois livros diferentes num só.

[5] Margaret Hubbard traz um interessante argumento: o de que na Antiguidade não temos nenhuma caracterização de Propércio como poeta obscuro, mas sim como *tersus atque elegans* ("terso e elegante", Quintiliano *Inst.* 10.1.93, se subentendermos que, não caracterizando Propércio, ele o iguala em adjetivos a Tibulo; enquanto Ovídio seria *lasciuior* ("mais lascivo"); na caracterização feita por Ovídio, ele seria *blandus* ("suave"), e, na de Marcial, *facundus* ("eloquente"). "A crítica antiga desconhece uma

divergência sobre esse veredito; ela admirava em Propércio não um obscuro mestre das paixões, mas um poeta de refinamento, graça e charme; […] ela é perfeitamente capaz de analisar um movimento abrupto e de dar relevo à eficiência do estilo; e por certo não lhe faltam termos para censurar a obscuridade" (1975, p. 3).

6 Se Boucher se espantava com o fato de que Hosius anotava 1.000 transposições de versos (1965, p. 346), Butrica, por outro lado, aponta que, além de diversas interpolações e transposições (não fica clara a quantidade), seria possível afirmar que pelo menos 2.000 versos teriam problemas textuais, mas que o número de falhas poderia até mesmo ultrapassar 4.000 (!) versos (*ibid.*, p. 182); infelizmente sua morte prematura nos furtou a edição que ele vinha prometendo nos últimos anos de vida.

7 O número total, segundo Goold (1990, p. 23) é de 146; Heyworth aponta 148 ou mais (2008a, p. vii).

8 "Está claro que todos os manuscritos existentes das obras de Propércio descendem de um único exemplar que pode ser reconstruído, na maior parte, com uma dificuldade relativamente baixa. Os editores discordam sobre até que ponto devemos confiar no texto do arquétipo" (BUTRICA, *op. cit.* p. 178).

9 Sobre os dois livros de Heyworth, cf. a excelente resenha de Antonio Ramírez de Verger para a Bryn Mawr (http://bmcr.brynmawr.edu/2009/2009-07-23.html) que pode funcionar como um aprofundamento crítico das minhas reservas ao recente trabalho fundamental de Heyworth.

10 Vale a pena retomar o fato de que também não há uma comparação que aproxime o estilo dos dois, mas apenas o silêncio de Quintiliano sobre Propércio, o que não garante de forma alguma uma semelhança tão grande entre as duas obras.

11 Talvez tenhamos de tomar certo cuidado com o risco de anacronismo em tratar Propércio como "modernista": a lógica de "fluxo de consciência" da literatura do século XX foi marcada, dentre outros fatores, pela revolução psicanalítica e tentou incorporar processos inconscientes à sua proposta estética (o surrealismo talvez seja o melhor exemplo, ao transformar o "fluxo" não em estilo, mas na própria técnica de criação escrita); enquanto na Antiguidade temos de compreender que, no máximo, o "fluxo de consciência" é uma simulação, uma máscara que busca dar maior verossimilhança dramática ao discurso poético e que, como alguns estudiosos da elegia latina (Archibald Day, Georg Luck e Jean-Paul Boucher) apontam, dialoga com a influência do teatro, principalmente da Comédia Nova e do mimo, sobre a poesia elegíaca em geral, e não apenas a de Propércio.

12 A maioria dos editores, Barber entre eles, altera, na medida em que julga (por exemplo, *Amor*) que se está falando do deus personificado, ou apenas do sentimento que ele representa.

13 Como argumento para essas interferências, posso lembrar que toda editoração contemporânea já é, por si, uma alteração bastante significativa em relação ao modo como os antigos liam suas obras, uma vez que separamos palavras e diferenciamos letras maiúsculas de minúsculas, além de organizarmos visualmente a linha a partir de versos e darmos um recuo maior para o início do pentâmetro. Na edição original, o texto poético de Propércio seria visto numa disposição que consideramos típica da prosa.

ELEGIAS DE SEXTO PROPÉRCIO

Liber I / Livro I

1.1

Cynthia prima suis miserum me cepit ocellis,
    contactum nullis ante Cupidinibus.
Tum mihi constantis deiecit lumina fastus
    et caput impositis pressit Amor pedibus,
donec me docuit castas odisse puellas   5
    improbus, et nullo uiuere consilio.
Et mihi iam toto furor hic non deficit anno,
    cum tamen aduersos cogor habere Deos.

Milanion nullos fugiendo, Tulle, labores
    saeuitiam durae contudit Iasidos.   10
Nam modo Partheniis amens errabat in antris,
    ibat et hirsutas ille uidere feras;
ille etiam Hylaei percussus uulnere rami
    saucius Arcadiis rupibus ingemuit.
Ergo uelocem potuit domuisse puellam: 15
    tantum in Amore preces et bene facta ualent.

In me tardus Amor non ullas cogitat artis,
    nec meminit notas, ut prius, ire uias.
At uos, deductae quibus est fallacia Lunae
    et labor in magicis sacra piare focis,   20
en agedum dominae mentem conuertite nostrae,
    et facite illa meo palleat ore magis!
Tunc ego crediderim uobis et sidera et umbras
    posse Cytinaeis ducere carminibus.

Aut uos, qui sero lapsum reuocatis, amici,   25
    quaerite non sani pectoris auxilia.
Fortiter et ferrum saeuos patiemur et ignis,
    sit modo libertas quae uelit ira loqui.
Ferte per extremas gentis et ferte per undas,
    qua non ulla meum femina norit iter.   30

Vos remanete, quibus facili Deus annuit aure,
    sitis et in tuto semper Amore pares.
In me nostra Venus noctes exercet amaras,
    et nullo uacuus tempore defit Amor.
Hoc, moneo, uitate malum: sua quemque moretur   35
    cura, neque assueto mutet Amore locum.
Quod si quis monitis tardas aduerterit auris,
    heu referet quanto uerba dolore mea!

1.1

Cíntia, a primeira, me prendeu com seus olhinhos,
   um coitado intocado por Cupidos.
Então Amor tirou-me a altivez do olhar
   e esmagou minha testa com seus pés
até que me ensinou sem pejo a odiar   5
   moça casta e a viver em desatino.
Já faz um ano que o furor não me abandona
   e ainda sofro os Deuses contra mim.

Milânion, sem fugir das provações, ó Tulo,
   deu fim aos males da cruel Iáside.   10
Quando errava demente em cavernas Partênias
   e com as feras selvagens defrontava-se,
ferido pelo golpe do chifre de Hileu
   gemeu suas dores sobre as rochas Árcades.
Assim pôde domar essa veloz menina: 15
   tanto valem no Amor preces e feitos!

Em mim um lerdo Amor não trama seus ardis,
   nem sabe mais seguir as velhas vias.
Mas vós, que o poder tendes de eclipsar a Lua
   e a arte de imolar em piras mágicas,   20
vamos, mudai o coração de minha dona
   e tornai-a mais pálida que eu!
Então crerei que vós sabeis reger os astros
   e as sombras com encantos Citineus.

Ou vós, que tarde vindes levantar-me, amigos,   25
   buscai auxílio para um peito enfermo.
Com ardor suportarei ferozes ferro e fogo
   para ser livre na expressão da ira.
Levai-me por longínquos povos, pelas ondas,
   onde mulher alguma encontre o rastro.   30

E vós ficai, a quem o Deus é mais atento,
   e sempre partilhai Amor seguro.
A mim a nossa Vênus traz noites amargas,
   e nunca me abandona um vão Amor.
Aconselho, evitai meu mal! Que cada um cuide   35
   do costumeiro Amor sem permutá-lo.
Porém, se alguém não der ouvido ao meu aviso,
   ah! com que dor trará minhas palavras!

1.2

Quid iuuat ornato procedere, uita, capillo
    et tenuis Coa ueste mouere sinus,
aut quid Orontea crinis perfundere murra,
    teque peregrinis uendere muneribus,
naturaeque decus mercato perdere cultu,   5
    nec sinere in propriis membra nitere bonis?
Crede mihi, non ulla tuae est medicina figurae:
    nudus Amor formae non amat artificem.

Aspice quos summittat humus non fossa colores,
    ut ueniant hederae sponte sua melius,   10
surgat et in solis formosius arbutus antris,
    et sciat indocilis currere lympha uias.
Litora natiuis persuadent picta lapillis,
    et uolucres nulla dulcius arte canunt.

Non sic Leucippis succendit Castora Phoebe,   15
    Pollucem cultu non Helaira soror;
non, Idae et cupido quondam discordia Phoebo,
    Eueni patriis filia litoribus;
nec Phrygium falso traxit candore maritum
    auecta externis Hippodamia rotis: 20
sed facies aderat nullis obnoxia gemmis,
    qualis Apelleis est color in tabulis.
Non illis studium uulgo conquirere amantis:
    illis ampla satis forma pudicitia.

Non ego nunc uereor ne sim tibi uilior istis: 25
    uni si qua placet, culta puella sat est;
cum tibi praesertim Phoebus sua carmina donet
    Aoniamque libens Calliopea lyram,
unica nec desit iucundis gratia uerbis,
    omnia quaeque Venus, quaeque Minerua probat.   30
His tu semper eris nostrae gratissima uitae,
    taedia dum miserae sint tibi luxuriae.

1.2

De que vale, querida, o enfeite nos cabelos
    e essa veste de Cós com finas dobras,
inundar os teus cachos com mirra do Orontes,
    vender-te por algum presente exótico,
perder nas compras o teu charme natural,
    vetando o brilho próprio do teu corpo?
Tua figura não precisa de retoques:
    o Amor é nu – não ama os artifícios.

Olha as cores que a terra inculta floresceu,
    nascem melhor as heras sem auxílio,
mais belo cresce o arbusto em grutas solitárias
    e a água sabe seu caminho indócil.
Com suas conchas nativas as praias seduzem
    e sem arte é mais doce o canto da ave.

Leucípia Febe não queimou Castor assim,
    nem Helaíra a Pólux – com enfeites;
nem luta em rio pátrio entre cúpido Febo
    e Idas, de Eveno a filha provocou;
nem foi com falso alvor que fisgou seu esposo
    Hipodâmia levada em carro Frígio:
seu rosto não devia nada para as joias,
    tal como a cor dos painéis de Apeles.
Não desejavam conquistar qualquer amante:
    o seu pudor bastava por beleza.

Não tenho medo de perder para os rivais:
    se a moça agrada um só – já basta, é bela;
sobretudo se Febo te concede os cantos
    e liberal Calíope – a lira Aônia;
se não te falta a graça da agradável fala,
    nem um dos dons de Vênus e Minerva.
Tu serás sempre a mais querida em minha vida,
    se te causarem tédio os tristes luxos.

1.3

Qualis Thesea iacuit cedente carina
    languida desertis Cnosia litoribus;
qualis et accubuit primo Cepheia somno
    libera iam duris cotibus Andromede;
nec minus assiduis Edonis fessa choreis   5
    qualis in herboso concidit Apidano:
talis uisa mihi mollem spirare quietem
    Cynthia non certis nixa caput manibus,
ebria cum multo traherem uestigia Baccho,
    et quaterent sera nocte facem pueri.   10

Hanc ego, nondum etiam sensus deperditus omnis,
    molliter impresso conor adire toro;
et quamuis duplici correptum ardore iuberent
    hac Amor hac Liber, durus uterque Deus,
subiecto leuiter positam temptare lacerto   15
    osculaque admota sumere arma manu,
non tamen ausus eram dominae turbare quietem,
    expertae metuens iurgia saeuitiae;
sed sic intentis haerebam fixus ocellis,
    Argus ut ignotis cornibus Inachidos.   20

Et modo soluebam nostra de fronte corollas
    ponebamque tuis, Cynthia, temporibus;
et modo gaudebam lapsos formare capillos;
    nunc furtiua cauis poma dabam manibus:
omnia quae ingrato largibar munera somno,   25
    munera de prono saepe uoluta sinu;
et quotiens raro duxti suspiria motu,
    obstupui uano credulus auspicio,
ne qua tibi insolitos portarent uisa timores,
    neue quis inuitam cogeret esse suam: 30

donec diuersas praecurrens Luna fenestras,
    Luna moraturis sedula luminibus,
compositos leuibus radiis patefecit ocellos.
    Sic ait in molli fixa toro cubitum:

"Tandem te nostro referens iniuria lecto   35
    alterius clausis expulit e foribus?
Namque ubi longa meae consumpsti tempora noctis,

1.3

Tal como, ao se afastar o barco de Teseu,
  prostrou-se a Cnóssia lânguida na praia;
tal como enfim adormeceu Cefeia Andrômeda
  ao se livrar dos ásperos rochedos;
ou como a Edônide exaurida pelas danças 5
  que desfalece no relvoso Apídano:
assim vi suspirar suavemente e quieta
  Cíntia aninhando a testa nas mãos frágeis.
Eu trazia meus passos bêbados de Baco
  na noite à luz de fâmulos com fachos. 10

Então, sem ter perdido ainda meus sentidos,
  tentei acariciá-la sobre a cama:
e embora Amor e Líber, duríssimos Deuses,
  me comandassem, preso pelo ardor,
a possuí-la ao leito com suave braço, 15
  a beijá-la e depois pegar em armas,
eu não ousava perturbar o seu repouso,
  temendo as crueldades que eu provara;
assim fiquei eu fixo – olhinhos bem atentos –
  como Argos sobre os novos chifres de Io. 20

Mas enquanto eu tirava de mim as guirlandas
  e punha, Cíntia, sobre as tuas têmporas,
enquanto me alegrava em acertar teus cachos
  dando um furtivo fruto às tuas mãos
e ao sono ingrato concedia meus presentes 25
  e os presentes desciam por teu seio
e a cada raro gesto de suspiro teu
  eu congelava crendo em vãos presságios,
que um sonho te trouxesse insólitos temores,
  que um rival te forçasse a ser só dele: 30

eis que a Lua cruzou tua janela entreaberta,
  a Lua cuidadosa em lentas luzes
e alumbrou teus olhinhos com brilho ligeiro.
  Em tua cama fofa assim falaste:

"Por fim a injúria devolveu-te ao nosso leito 35
  depois de te expulsarem de outra porta?
Pois onde consumiste inteira a minha noite,

languidus exactis, ei mihi, sideribus?
O utinam talis perducas, improbe, noctes,
    me miseram qualis semper habere iubes! 40
Nam modo purpureo fallebam stamine somnum,
    rursus et Orpheae carmine, fessa, lyrae;
Interdum leuiter mecum deserta querebar
    externo longas saepe in Amore moras:
dum me iucundis lapsam Sopor impulit alis. 45
    Illa fuit lacrimis ultima cura meis."

chegando exausto quando os astros somem?
Safado! Eu quero que tu sofras noites como
   as que sempre impuseste a uma coitada!   40
Cansada, eu enganava o sono no fio púrpura
   e na lira de Orfeu fiava um canto.
Por vezes, solitária e já sem voz, chorei
   tua demora num Amor alheio,
então Sópor de amáveis asas derrubou-me.   45
   Assim curei por fim as minhas lágrimas."

1.4

Quid mihi tam multas laudando, Basse, puellas
   mutatum domina cogis abire mea?
Quid me non pateris uitae quodcumque sequetur
   hoc magis assueto ducere seruitio?

Tu licet Antiopae formam Nycteidos, et tu   5
   Spartanae referas laudibus Hermionae,
et quascumque tulit formosi temporis aetas;
   Cynthia non illas nomen habere sinat:
nedum, si leuibus fuerit collata figuris,
   inferior duro iudice turpis eat.   10

Haec sed forma mei pars est extrema furoris;
   sunt maiora, quibus, Basse, perire iuuat:
ingenuus color et multis decor artubus et quae
   gaudia sub tacita ducere ueste libet.
Quo magis et nostros contendis soluere Amores,   15
   hoc magis accepta fallit uterque fide.

Non impune feres: sciet haec insana puella
   et tibi non tacitis uocibus hostis erit;
nec tibi me post haec committet Cynthia nec te
   quaeret; erit tanti criminis illa memor,   20
et te circum omnis alias irata puellas
   differet: heu nullo limine carus eris!

Nullas illa suis contemnet fletibus aras,
   et quicumque sacer qualis ubique lapis.
Non ullo grauius temptatur Cynthia damno   25
   quam sibi cum rapto cessat Amore Deus,
praecipue nostro. Maneat sic semper, adoro,
   nec quicquam ex illa quod querar inueniam!

Inuide, tu tandem uoces compesce molestas   [5.1]
   et sine nos cursu, quo sumus, ire pares!

1.4

Por que louvando tantas moças, caro Basso,
  queres que eu mude e deixe minha dona?
Por que tu não suportas que eu prossiga a vida
  na minha costumeira escravidão?

Mesmo que louves a beleza da Nicteide 5
  Antíope ou da Hermíone Espartana,
de todas que nasceram na era das belezas,
  Cíntia não deixará que tenham nome:
mesmo se um duro júri a compara a figuras
  tão finas – nunca sairá por baixo! 10

Porém no meu furor beleza vale pouco;
  por outras coisas, Basso, aceito a Morte:
sua cor pura, a graça, a longa arte e os gozos
  que colho em sua saia silenciosa!
Quanto mais tentas acabar com o nosso Amor, 15
  com mais fidelidade te enganamos.

Não sairás impune! A insana saberá,
  será teu inimigo escandaloso,
então Cíntia não vai me confiar a ti,
  nem procurar-te, ao recordar a ofensa, 20
e irada vai te difamar às outras moças:
  em porta alguma tu serás bem-vindo!

Pois não recusará altares aos seus prantos,
  nem pedras sacras, sejam lá quais forem.
Nenhuma ofensa deixa Cíntia mais aflita 25
  do que, roubado o Amor, faltar-lhe o Deus –
principalmente o meu! Pois seja sempre assim,
  que dela eu nada tenha a reclamar!

Invejoso, controla tuas vis palavras [5.1]
  e deixa-nos seguir na mesma estrada!

1.5

Quid tibi uis, insane? Meos sentire furores? 3
   Infelix, properas ultima nosse mala,
et miser ignotos uestigia ferre per ignis, 5
   et bibere e tota toxica Thessalia.

Non est illa uagis similis collata puellis:
   molliter irasci non solet illa tibi.
Quod si forte tuis non est contraria uotis,
   at tibi curarum milia quanta dabit! 10
Non tibi iam somnos, non illa relinquet ocellos:
   illa feros animis alligat una uiros.

A! mea contemptus quotiens ad limina curres,
   cum tibi singultu fortia uerba cadent
et tremulus maestis orietur fletibus horror 15
   et timor informem ducet in ore notam
et quaecumque uoles fugient tibi uerba querenti,
   nec poteris, qui sis aut ubi, nosse miser!

Tum graue seruitium nostrae cogere puellae
   discere et exclusum quid sit abire domum; 20
nec iam pallorem totiens mirabere nostrum,
   aut cur sim toto corpore nullus ego.
Nec tibi nobilitas poterit succurrere amanti:
   nescit Amor priscis cedere imaginibus.

Quod si parua tuae dederis uestigia culpae, 25
   quam cito de tanto nomine rumor eris!
Non ego tum potero solacia ferre roganti,
   cum mihi nulla mei sit medicina mali;
sed pariter miseri socio cogemur Amore
   alter in alterius mutua flere sinu. 30

Quare, quid possit mea Cynthia, desine, Galle,
   quaerere: non impune illa rogata uenit.

1.5

Insano, o que procuras? Sentir minha fúria? 3
    Para o pior te precipitas, tolo,
arrastando os teus passos entre ocultas brasas, 5
    bebendo todas as poções Tessálicas.

Ela não se compara às jovens levianas,
    nem costuma ser mansa em sua ira.
E ainda que não seja contra os teus desejos,
    ela trará milhares de tormentos! 10
Não deixará teu sono, nem os teus olhinhos:
    sozinha enlaça os feros ao seu gosto.

Desprezado virás (e muito!) ao meu umbral,
    ao cair soluçante tua soberba,
ao brotar do teu pranto um calafrio trêmulo 15
    e o pavor deformar a tua face,
quando as palavras te escaparem, lamentoso,
    sem saber, infeliz, quem és, ou onde!

Aprenderás o peso de servir à moça
    e de ser repelido para casa, 20
já não te espantarás com minha palidez
    ou de que eu seja um nada em tanto corpo.
Nem a nobreza anulará tua paixão:
    o Amor não liga para imagens velhas.

Pois se tu deres poucas pistas do teu crime, 25
    logo serás as cinzas do teu nome!
Não poderei levar-te o alívio que pedires,
    já que o meu próprio mal não tem remédio;
mas igualmente míseros, sócios no Amor,
    nos ombros choraremos mutuamente. 30

Por isso, Galo, não perguntes o que pode
    Cíntia: se for chamada, custa caro.

1.6

Non ego nunc Hadriae uereor mare noscere tecum,
    Tulle, neque Aegaeo ducere uela salo,
cum quo Rhipaeos possim conscendere montis
    ulteriusque domos uadere Memnonias;
sed me complexae remorantur uerba puellae,   5
    mutatoque graues saepe colore preces.

Illa mihi totis argutat noctibus ignis,
    et queritur nullos esse relicta Deos;
illa meam mihi iam se denegat, illa minatur
    quae solet ingrato tristis amica uiro.   10
His ego non horam possum durare querelis:
    a pereat, si quis lentus amare potest!

An mihi sit tanti doctas cognoscere Athenas
    atque Asiae ueteres cernere diuitias,
ut mihi deducta faciat conuicia puppi   15
    Cynthia et insanis ora notet manibus,
osculaque opposito dicat sibi debita uento,
    et nihil infido durius esse uiro?

Tu patrui meritas conare anteire securis
    et uetera oblitis iura refer sociis.   20
Nam tua non aetas umquam cessauit Amori,
    semper at armatae cura fuit patriae;
et tibi non umquam nostros puer iste labores
    afferat et lacrimis omnia nota meis!

Me sine, quem semper uoluit Fortuna iacere,   25
    hanc animam extremae reddere nequitiae.
Multi longinquo periere in Amore libenter,
    in quorum numero me quoque terra tegat.
Non ego sum laudi, non natus idoneus armis:
    hanc me militiam Fata subire uolunt.   30

At tu, seu mollis qua tendit Ionia, seu qua
    Lydia Pactoli tingit arata liquor,
seu pedibus terras seu pontum carpere remis,
    ibis et accepti pars eris imperii.
Tum tibi si qua mei ueniet non immemor hora,   35
    uiuere me duro sidere certus eris.

1.6

Hoje não temo ver contigo o mar Adriático,
    ó Tulo, ou velejar no undoso Egeu,
contigo eu poderia escalar os Rifeus
    e ultrapassar os lares dos Memnônios,
mas ela me retém com palavras, abraços
    e várias graves preces, furta-cor.

Ela repete toda noite o seu ardor
    e abandonada diz que não há Deuses,
ela nega ser minha, ela me ameaça
    qual triste amiga ao seu amante ingrato.
E eu não duro uma hora ouvindo seus lamentos:
    ah! morra quem for mole em seu Amor!

Acaso vale a pena conhecer Atenas
    e ver velhas riquezas Asiáticas,
se quando zarpa o barco, me alardeia insultos
    Cíntia, se arranha o rosto a mão insana,
se diz ao vento oposto que lhe devo beijos
    e que nada é pior que um infiel?

Mas, tu, tenta passar os fasces do teu tio
    e leva as velhas leis aos deslembrados.
Pois tua juventude não tardou no Amor,
    porém sempre cuidou da pátria armada;
que a ti o menino nunca traga o meu sofrer,
    nada do que provei pelos meus prantos!

Deixa-me (que a Fortuna quer me derrubar)
    e que eu me entregue à vida libertina!
Muitos num longo Amor morreram de bom grado:
    que a terra me recubra junto deles.
Eu não nasci com jeito para glória ou armas:
    outra milícia os Fados me impuseram.

Mas quer tu gozes de extensões na branda Jônia,
    campos Lídios tingidos por Pactolo,
ou terras, indo a pé, ou o mar, a remo – irás,
    serás parte do império que te importa.
Então, se por acaso de mim recordares,
    saibas que vivo sob a dura estrela.

1.7

Dum tibi Cadmeae dicuntur, Pontice, Thebae
   armaque fraternae tristia militiae,
atque, ita sim felix, primo contendis Homero
   (sint modo Fata tuis mollia carminibus),
nos, ut consuemus, nostros agitamus Amores   5
   atque aliquid duram quaerimus in dominam;
nec tantum ingenio quantum seruire dolori
   cogor et aetatis tempora dura queri.

Hic mihi conteritur uitae modus, haec mea Fama est,
   hinc cupio nomen carminis ire mei.   10
Me laudent doctae solum placuisse puellae,
   Pontice, et iniustas saepe tulisse minas;
me legat assidue post haec neglectus amator,
   et prosint illi cognita nostra mala.

Te quoque si certo puer hic concusserit arcu   15
   (quam nollim nostros te uiolasse Deos!),
longe castra tibi, longe miser agmina septem
   flebis in aeterno surda iacere situ;
et frustra cupies mollem componere uersum,
   nec tibi subiciet carmina serus Amor.   20
Tum me non humilem mirabere saepe poetam,
   tunc ego Romanis praeferar ingeniis;
nec poterunt iuuenes nostro reticere sepulcro:
   "Ardoris nostri magne poeta, iaces?"

Tu caue nostra tuo contemnas carmina fastu: 25
   saepe uenit magno faenore tardus Amor.

1.7

Enquanto cantas, Pôntico, a Tebas de Cadmo
   e as armas tristes do fraterno exército
e – quem dera fosse eu! – competes com Homero
   (que os Fados sejam leves com teus cantos!);
eu, como de costume, fico em meus Amores   5
   e busco combater a dura dona,
mais escravo da dor do que do meu talento,
   e lamento o infortúnio desta idade.

Assim eu passo a vida, assim é minha Fama,
   aqui desejo a glória do meu canto: 10
louvado – o único que agrada à moça culta
   e aguenta injustas ameaças, Pôntico.
Que amiúde me leia o amante repelido
   e encontre auxílio ao conhecer meus males.

Se o menino certeiro também te flechar   15
   (se ao menos não violasses nossos Deuses!),
dirás adeus quartéis, adeus aos sete exércitos
   que jazem surdos no sepulcro eterno
e em vão desejarás compor suaves versos,
   pois tardo Amor não te dará poemas.   20
Então te espantarás: não sou poeta humilde,
   entre os mais talentosos dos Romanos;
jovens não poderão calar-se ante meu túmulo:
   "Grande poeta do nosso ardor, morreste?"

Evita desprezar meus cantos com orgulho: 25
   o Amor tardio cobra imensos juros.

1.8

Tune igitur demens, nec te mea cura moratur?
    An tibi sum gelida uilior Illyria?
Et tibi iam tanti, quicumquest, iste uidetur,
    ut sine me uento quolibet ire uelis?
Tune audire potes uesani murmura ponti   5
    fortis et in dura naue iacere potes?
Tu pedibus teneris positas fulcire pruinas,
    tu potes insolitas, Cynthia, ferre niues?

O utinam hibernae duplicentur tempora brumae,
    et sit iners tardis nauita Vergiliis,   10
nec tibi Tyrrhena soluatur funis harena,
    neue inimica meas eleuet aura preces   12
et me defixum uacua patiatur in ora   15
    crudelem infesta saepe uocare manu!

Sed quocumque modo de me, periura, mereris,
    sit Galatea tuae non aliena uiae;   18
atque ego non uideam talis subsidere uentos,   13
    cum tibi prouectas auferet unda ratis,   14
ut te, felici praeuecta Ceraunia remo,   19
    accipiat placidis Oricos aequoribus!   20

Nam me non ullae poterunt corrumpere de te
    quin ego, uita, tuo limine uerba querar;
nec me deficiet nautas rogitare citatos:
    "Dicite, quo portu clausa puella mea est?",
et dicam "Licet Artaciis considat in oris,   25
    et licet Hylaeis, illa futura mea est."

Hic erit! Hic iurata manet! Rumpantur iniqui!
    uicimus: assiduas non tulit illa preces.
Falsa licet cupidus deponat gaudia Liuor:
    destitit ire nouas Cynthia nostra uias.   30

Illi carus ego et per me carissima Roma
    dicitur, et sine me dulcia regna negat.
Illa uel angusto mecum requiescere lecto
    et quocumque modo maluit esse mea,
quam sibi dotatae regnum uetus Hippodamiae,   35
    et quas Elis opes apta pararat equis.

1.8

Enlouqueceste? Não te prendem meus carinhos?
    Te importo menos que a Ilíria gélida?
E quem é esse que parece valer tanto,
    que num vento qualquer, sem mim tu segues?
Tu podes escutar o mar insano e múrmure,   5
    podes deitar sem medo em dura barca?
Tu pousarás teus tenros pés sobre a geada,
    tu suportas, ó Cíntia, a estranha neve?

Quero que dobre o tempo da bruma invernal,
    que pare o nauta e atrasem as Vergílias,   10
que a corda não se solte da areia Tirrena,
    nem brisa imiga anule as minhas preces   12
e eu parado, pregado no porto deserto,   15
    ameaçador, gritando que és cruel!

Mas mesmo que mereças mal de mim, perjura,
    que Galateia ampare tua viagem!   18
Não quero ver arrefecerem esses ventos   13
    quando a onda embalar teu barco avante;   14
ao dobrar o Ceráunio com remo seguro,   19
    que as águas calmas do Órico te acolham!   20

Pois nenhuma mulher poderá me impedir
    de lamentar, querida, à tua porta;
nem deixarei de perguntar aos marinheiros:
    "Dizei – que cais retém a amada minha?"
Direi: "Pode estar presa nas margens Artácias,   25
    ou nas Hileias, ela será minha!"

Aqui fica! Jurou ficar! Adeus, rivais!
    Venci! Ela cedeu a tantas súplicas.
Pode a cúpida Inveja depor falsos gozos:
    minha Cíntia largou a nova estrada.   30

Diz que me adora e que por mim adora Roma,
    sem mim renega haver um doce reino.
Prefere repousar comigo em leito estreito
    e ser só minha – não importa como –
a ter por dote um reino, como Hipodamia,   35
    e os bens que em seus corcéis ganhara Élida.

Quamuis magna daret, quamuis maiora daturus,
　　non tamen illa meos fugit auara sinus.
Hanc ego non auro, non Indis flectere conchis,
　　sed potui blandi carminis obsequio. 40

Sunt igitur Musae, neque amanti tardus Apollo,
　　quis ego fretus amo: Cynthia rara mea est!
Nunc mihi summa licet contingere sidera plantis:
　　siue dies seu nox uenerit, illa mea est!
Nec mihi riualis certos subducit Amores: 45
　　ista meam norit gloria canitiem.

Inda que ofertem muito, inda que mais prometam,
    não foge do meu peito por cobiça.
Não a ganhei com ouro ou pérolas da Índia,
    mas com o agrado de um suave canto.   40

Existem Musas! Febo não tarda a quem ama!
    Neles confio – Cíntia rara é minha!
Hoje posso pisar sobre os astros mais altos:
    que venha o dia e a noite – ela é minha!
Não há rival que roube meu Amor seguro: 45
    ah! essa glória vai me ver grisalho.

1.9

Dicebam tibi uenturos, irrisor, Amores,
  nec tibi perpetuo libera uerba fore:
ecce taces supplexque uenis ad iura puellae,
  et tibi nunc quaeuis imperat empta modo.
Non me Chaoniae uincant in Amore columbae   5
  dicere, quos iuuenes quaeque puella domet.
Me dolor et lacrimae merito fecere peritum:
  atque utinam posito dicar Amore rudis!

Quid tibi nunc misero prodest graue dicere carmen
  aut Amphioniae moenia flere lyrae?   10
Plus in Amore ualet Mimnermi uersus Homero:
  carmina mansuetus lenia quaerit Amor.
I, quaeso, et tristis istos sepone libellos,
  et cane quod quaeuis nosse puella uelit!
Quid si non esset facilis tibi copia? Nunc tu   15
  insanus medio flumine quaeris aquam.

Necdum etiam palles, uero nec tangeris igni:
  haec est uenturi prima fauilla mali.
Tum magis Armenias cupies accedere tigris
  et magis infernae uincula nosse rotae,   20
quam pueri totiens arcum sentire medullis
  et nihil iratae posse negare tuae.
Nullus Amor cuiquam facilis ita praebuit alas,
  ut non alterna presserit ille manu.

Nec te decipiat, quod sit satis illa parata: 25
  acrius illa subit, Pontice, si qua tua est;
quippe ubi non liceat uacuos seducere ocellos,
  nec uigilare alio limine cedat Amor.
Qui non ante patet, donec manus attigit ossa:
  quisquis es, assiduas a fuge blanditias!   30
Illis et silices et possint cedere quercus,
  nedum tu possis, spiritus iste leuis.

Quare, si pudor est, quam primum errata fatere:
  dicere quo pereas saepe in Amore leuat.

1.9

Eu te disse, palhaço – Amores chegariam
    e não terias mais palavras livres.
Eis que te calas suplicante sob as leis
    dessa recém-comprada que te impera.
Como as pombas Caônias eu canto no Amor
    que jovens cada moça amansará.
Pranto e dor me tornaram perito por mérito,
    mas antes sem o Amor eu fosse um leigo!

De que vale, infeliz, cantar solene agora
    chorando os muros que fizera Anfíon?
No Amor melhor que Homero é um verso de Mimnermo:
    suaves cantos busca o manso Amor.
Vai, eu te peço, e larga esses tristes livrinhos
    e canta algo que a moça queira ouvir!
O que farás se te faltar assunto? Agora,
    insano, em pleno rio pedes água.

Não estás pálido, não viste ainda o fogo:
    são só fagulhas do teu mal vindouro.
Então preferirás brincar com tigre Armênio
    e na roda infernal acorrentar-te
do que sentir na espinha o arco do menino
    sem poder negar nada à moça irosa.
Nenhum Amor deu asas fáceis para alguém
    sem também o oprimir com a outra mão.

Não acredites se ela parecer disposta –
    mais te consome, Pôntico, ao ser tua:
não poderás correr teus olhos livremente,
    o Amor não deixará que veles outra.
Não podemos senti-lo até que atinja os ossos:
    quem quer que sejas, foge das carícias!
A elas cederiam pedras e carvalhos –
    e tu, sopro ligeiro, mais ainda.

Por fim, se tens pudor, confessa logo os erros:
    contar as dores alivia o Amor.

1.10

O iucunda quies, primo cum testis Amori
   affueram uestris conscius in lacrimis!
O noctem meminisse mihi iucunda uoluptas,
   o quotiens uotis illa uocanda meis,
cum te complexa morientem, Galle, puella   5
   uidimus et longa ducere uerba mora!
Quamuis labentis premeret mihi somnus ocellos
   et mediis caelo Luna ruberet equis,
non tamen a uestro potui secedere lusu:
   tantus in alternis uocibus ardor erat.   10

Sed quoniam non es ueritus concredere nobis,
   accipe commissae munera laetitiae:
non solum uestros didici reticere dolores,
   est quiddam in nobis maius, amice, fide.
Possum ego diuersos iterum coniungere amantis,   15
   et dominae tardas possum aperire fores;
et possum alterius curas sanare recentis,
   nec leuis in uerbis est medicina meis.
Cynthia me docuit, semper quaecumque petenda
   quaeque cauenda forent: non nihil egit Amor.   20

Tu caue ne tristi cupias pugnare puellae,
   neue superba loqui, neue tacere diu;
neu, si quid petiit, ingrata fronte negaris,
   neu tibi pro uano uerba benigna cadant.
Irritata uenit, quando contemnitur illa,   25
   nec meminit iustas ponere laesa minas;
at quo sis humilis magis et subiectus Amori,
   hoc magis effectu saepe fruare bono.
Is poterit felix una remanere puella,
   qui numquam uacuo pectore liber erit.   30

1.10

Ah! mas que alegre paz, quando eu testemunhei
 as lágrimas do teu primeiro Amor!
Ah! recordar tal noite é um prazer alegre
 (ah! como eu a pedia em minhas preces!),
Galo, quando te vi desfalecer no abraço 5
 da tua amada numa longa fala!
O sono me oprimia olhinhos pesados
 e em meio ao céu a Lua reluzia,
porém não pude separar-me do teu jogo,
 tamanho o ardor das vozes alternadas! 10

Mas como não temeste confiar em mim,
 aceita os dons por partilhar teu gozo.
Não aprendi apenas calar tuas dores:
 em mim, amigo, há mais que lealdade.
Eu posso reunir amantes separados 15
 e abro as morosas portas das senhoras,
posso sanar nos outros aflições recentes
 e nas palavras trago um bom remédio.
Cíntia ensinou-me o que podemos pedir sempre
 e o que evitar – o Amor não me deu pouco! 20

Cuidado! Evita a briga quando ela está triste,
 não fales com soberba, nem te cales;
se acaso ela pedir, não vás fechar a cara,
 nem flua em vão a tua fala fácil.
Ela fica irritada quando tu desdenhas; 25
 se ofendes, lança justas ameaças;
mas quanto mais humilde e servil ao Amor,
 melhor tu fruirás – e por mais vezes.
Só pode ser feliz com uma amada apenas
 quem nunca traz no peito a liberdade. 30

1.11

Ecquid te mediis cessantem, Cynthia, Bais,
   qua iacet Herculeis semita litoribus,
et modo Thesproti mirantem subdita regno
   proxima Misenis aequora nobilibus,
nostri cura subit memores a! ducere noctes?   5
   Ecquis in extremo restat Amore locus?
an te nescioquis simulatis ignibus hostis
   sustulit e nostris, Cynthia, carminibus,   8
ut solet amota labi custode puella,   15
   perfida communis nec meminisse Deos?   16

Atque utinam mage te remis confisa minutis   9
   paruula Lucrina cumba moretur aqua,   10
aut teneat clausam tenui Teuthrantis in unda
   alternae facilis cedere lympha manu,
quam uacet alterius blandos audire susurros
   molliter in tacito litore compositam!   14
Non quia perspecta non es mihi cognita Fama,   17
   sed quod in hac omnis parte timetur Amor.
Ignosces igitur, si quid tibi triste libelli
   attulerint nostri: culpa timoris erit.   20

Ei mihi nunc maior carae custodia matris
   aut sine te uitae cura sit ulla meae!
Tu mihi sola domus, tu, Cynthia, sola parentes,
   omnia tu nostrae tempora laetitiae.
Seu tristis ueniam seu contra laetus amicis,   25
   quicquid ero, dicam 'Cynthia causa fuit.'
Tu modo quam primum corruptas desere Baias:
   multis ista dabunt litora discidium,
litora quae fuerant castis inimica puellis:
   a pereant Baiae, crimen Amoris, aquae!   30

1.11

Ah! Cíntia, por acaso repousando em Baias
    na praia onde se estende a senda Hercúlea
enquanto vês o mar submetido a Tesproto
    junto ao famoso cabo dos Misenos,
minhas recordações te invadem pela noite?   5
    Ainda resta espaço para o Amor?
Um fulano qualquer com simulado ardor
    te arrebatou, ó Cíntia, dos meus versos,   8
como faz uma moça afastada do amante,   15
    esquecida dos Deuses comuns, pérfida?   16

Mas antes confiando em remos diminutos,   9
    em Lucrino demore o teu barquinho,   10
ou prenda-te a tranquila onda do Teutrante
    (água que cede fácil a cada mão),
do que possas ouvir sedutores sussurros
    deitada numa praia taciturna!   14
Não é que eu não conheça a comprovada Fama: 17
    em tal lugar se teme todo Amor.
Perdoarás, então, se só tristezas trazem
    meus livrinhos – é culpa do temor!   20

Ai de mim! que não penso nem na mãe querida
    se não te tenho – e pouco importa a vida!
Só tu és lar, só tu, ó Cíntia, pai e mãe,
    tu – todos os momentos de alegria!
Se alegre ou triste eu visitar os meus amigos,   25
    como estiver – direi "a causa é Cíntia".
Mas sai o quanto antes da corrupta Baias:
    tal praia pode separar amantes,
praia inimiga mesmo das moças mais castas.
    Morra, crime do Amor, ó mar de Baias!   30

1.12

Quid mihi desidiae non cessas fingere crimen,
    quod faciat nobis, conscia Roma, moram?
Tam multa illa meo diuisa est milia lecto,
    quantum Hypanis Veneto dissidet Eridano;
nec mihi consuetos amplexu nutrit Amores   5
    Cynthia, nec nostra dulcis in aure sonat.

Olim gratus eram: non illo tempore cuiquam
    contigit ut simili posset amare fide.
Inuidiae fuimus: num me Deus obruit? An quae
    lecta Prometheis diuidit herba iugis?   10

Non sum ego qui fueram: mutat uia longa puellas.
    quantus in exiguo tempore fugit Amor!
Nunc primum longas solus cognoscere noctes
    cogor et ipse meis auribus esse grauis.

Felix, qui potuit praesenti flere puellae   15
    (non nihil aspersis gaudet Amor lacrimis),
aut, si despectus, potuit mutare calores
    (sunt quoque translato gaudia seruitio).
Mi neque amare aliam neque ab hac desistere fas est:
    Cynthia prima fuit, Cynthia finis erit.   20

1.12

Por que não paras de acusar em mim a inércia
    que causa esta demora, Roma cúmplice?
Pois ela agora está tão longe do meu leito
    quanto o Vêneto Erídano do Hípane,
não nutre mais com seu abraço os meus Amores   5
    Cíntia, nem soa doce em meu ouvido.

Eu já fui desejado! ninguém nesse tempo
    sabia amar com tal fidelidade.
Mas veio a Inveja – um Deus me arruinou? A erva
    do monte Prometeico separou-nos?   10

Não sou quem fui: a longa estrada muda as moças.
    Em pouco tempo quanto Amor se foi!
Pela primeira vez suporto longas noites
    sozinho e sou um fardo aos meus ouvidos.

Feliz quem pôde o pranto em presença da amada   15
    (Amor adora o salpicar de lágrimas),
ou desprezado pôde mudar seus ardores
    (há prazer em trocar de escravidão).
Pra mim nefasto é que outra eu ame ou largue desta:
    Cíntia, a primeira – Cíntia será a última.   20

1.13

Tu, quod saepe soles, nostro laetabere casu,
  Galle, quod abrepto solus Amore uacem.
At non ipse tuas imitabor, perfide, uoces:
  fallere te numquam, Galle, puella uelit.
Dum tibi deceptis augetur Fama puellis, 5
  certus et in nullo quaeris Amore moram,
perditus in quadam tardis pallescere curis
  incipis, et primo lapsus abire gradu.
Haec erit illarum contempti poena doloris:
  multarum miseras exiget una uices. 10
Haec tibi uulgaris istos compescet Amores,
  nec noua quaerendo semper amicus eris.

Haec non ego rumore malo, non augure doctus;
  uidi ego: me quaeso teste negare potes?
Vidi ego te toto uinctum languescere collo 15
  et flere iniectis, Galle, diu manibus,
et cupere optatis animam deponere labris,
  et quae deinde meus celat, amice, pudor.
Non ego complexus potui diducere uestros:
  tantus erat demens inter utrosque furor. 20
Non sic Haemonio Salmonida mixtus Enipeo
  Taenarius facili pressit Amore Deus;
nec sic caelestem flagrans Amor Herculis Heben
  sensit ab Oetaeis gaudia prima rogis.

Vna dies omnis potuit praecurrere amantis: 25
  nam tibi non tepidas subdidit illa faces,
nec tibi praeteritos passa est succedere fastus,
  nec sinet abduci: te tuus ardor aget.
Nec mirum, cum sit Ioue digna et proxima Ledae
  et Ledae partu gratior, una tribus; 30
illa sit Inachiis et blandior heroinis,
  illa suis uerbis cogat amare Iouem.

Tu uero quoniam semel es periturus Amore,
  utere: non alio limine dignus eras.
Qui tibi sit felix, quoniam nouus incidit, error; 35
  et quotcumque uoles, una sit ista tibi.

1.13

Tu gostarás de ouvir meu caso, como sempre,
  Galo, pois ando só sem meu Amor.
Mas não imitarei tuas palavras, pérfido:
  nunca uma moça queira te enganar!

Por ora cresce a Fama de burlar as moças   5
  e pedante não paras num Amor;
perdido num sofrer tardio, empalideces,
  no primeiro tropeço te arruínas.
Eis o castigo por desprezo à dor alheia:
  apenas uma cobrará por muitas!   10
Ela regulará teus Amores vulgares,
  nem poderás amar as novidades.

Não descobri pelas más línguas, nem augúrios:
  eu vi – podes negar meu testemunho?
Eu vi que enlanguescias enlaçado ao colo   15
  e então choravas a agarrá-la, Galo,
desejando depor tua alma nos seus lábios:
  o resto, meu amigo, o pudor cala.

Mas eu não consegui separar vosso abraço,
  que imenso era o furor insano em ambos.   20
Nem o Tenário Deus, fundido ao Enipeu,
  teve a Salmônida em Amor tão fácil;
nem com Hebe celeste o ardente Amor de Hércules
  sentiu tanto prazer depois do Eta.

Pois um só dia ultrapassou todos amantes: 25
  ela não atiçou amenos fachos,
não permitiu crescer tua antiga soberba,
  nem deixará que vás – o ardor domina-te!
De fato, é "como Leda" e até "digna de Júpiter",
  "mais bela do que as três filhas de Leda",   30
ela é "mais sedutora que heroína Ináquia",
  ela, ao falar, "faz Júpiter amá-la".

Tu, na verdade, já que vais morrer de Amor,
  goza! Não eras digno de outro umbral.
Seja feliz – que ainda é novo – esse teu erro: 35
  embora queiras muitas, uma é tua.

1.14

Tu licet abiectus Tiberina molliter unda
    Lesbia Mentoreo uina bibas opere,
et modo tam celeres mireris currere lintres
    et modo tam tardas funibus ire ratis;
et nemus omne satas intendat uertice siluas,   5
    urgetur quantis Caucasus arboribus;
non tamen ista meo ualeant contendere Amori:
    nescit Amor magnis cedere diuitiis.

Nam siue optatam mecum trahit illa quietem,
    seu facili totum ducit Amore diem,   10
tum mihi Pactoli ueniunt sub tecta liquores,
    et legitur Rubris gemma sub aequoribus;
tum mihi cessuros spondent mea gaudia reges:
    quae maneant, dum me Fata perire uolent!
Nam quis diuitiis aduerso gaudet Amore?   15
    Nulla mihi tristi praemia sint Venere!

Illa potest magnas heroum infringere uires,
    illa etiam duris mentibus esse dolor:
illa neque Arabium metuit transcendere limen
    nec timet ostrino, Tulle, subire toro,   20
et miserum toto iuuenem uersare cubili:
    quid releuant uariis serica textilibus?
Quae mihi dum placata aderit, non Lyda uerebor
    regna uel Alcinoi munera despicere.

1.14

Mesmo que ocioso às margens do Tibre tu bebas
    vinhos Lésbios nas taças de Mentor,
contemplando a corrida dos barcos velozes
    ou lentas balsas sobre suas cordas,
e que o teu bosque estenda selvas de altas copas   5
    com árvores tão altas quanto o Cáucaso;
ainda assim ao meu Amor não se compara:
    Amor não se rebaixa ante riquezas.

Se desejosa ela repousa no meu peito
    ou passa o dia inteiro em pleno Amor,   10
então vejo em meu lar as águas do Pactolo,
    colhem-se pérolas do Mar Vermelho
e o meu prazer promete a submissão dos reis:
    que assim perdure enquanto os Fados queiram!
Quem goza de riquezas, se é contrário o Amor?   15
    Não quero prêmios que entristecem Vênus!

Ela pode quebrar as forças dos heróis,
    ela atormenta mentes resistentes,
ela não teme ultrapassar umbral Arábico,
    nem se deitar, ó Tulo, em leito púrpura   20
e revirar por toda a cama um pobre jovem:
    que alívio trazem sedas e tecidos?
Mas enquanto ela me atender, desdenho a Lídia,
    desprezo o reino e os dons do rei Alcínoo!

1.15

Saepe ego multa tuae leuitatis dura timebam,
    hac tamen excepta, Cynthia, perfidia.
Aspice me quanto rapiat Fortuna periclo!
    tu tamen in nostro lenta timore uenis;
et potes hesternos manibus componere crinis   5
    et longa faciem quaerere desidia,
nec minus Eois pectus uariare lapillis,
    ut formosa nouo quae parat ire uiro.

At non sic Ithaci digressu mota Calypso
    desertis olim fleuerat aequoribus: 10
multos illa dies incomptis maesta capillis
    sederat, iniusto multa locuta salo,
et quamuis numquam post haec uisura dolebat,
    illa tamen longae conscia laetitiae.
Alphesiboea suos ulta est pro coniuge fratres,   15
    sanguinis et cari uincula rupit Amor.
Nec sic Aesoniden rapientibus anxia uentis
    Hypsipyle uacuo constitit in thalamo:
Hypsipyle nullos post illos sensit Amores,
    ut semel Haemonio tabuit hospitio.   20
Coniugis Euadne miseros elata per ignes
    occidit, Argiuae fama pudicitiae.
Quarum nulla tuos potuit conuertere mores,
    tu quoque uti fieres nobilis historia.

Desine iam reuocare tuis periuria uerbis,   25
    Cynthia, et oblitos parce mouere Deos;
audax a! nimium, nostro dolitura periclo,
    si quid forte mihi durius inciderit!
Multa prius uasto labentur flumina ponto,
    annus et inuersas duxerit ante uices,   30
quam tua sub nostro mutetur pectore cura:
    sis quodcumque uoles, non aliena tamen.
Tam tibi ne uiles isti uideantur ocelli,
    per quos saepe mihi credita perfidia est!
Hos tu iurabas, si quid mentita fuisses,   35
    ut tibi suppositis exciderent manibus:
et contra magnum potes hos attollere Solem?

1.15

Sempre temia o mal das tuas safadezas,
    mas não previ essa perfídia, Cíntia.
Vê a quanto perigo a Fortuna me arrasta!
    Mesmo com meu temor, estás tranquila,
capaz de pentear teus cabelos da véspera 5
    e maquiar sem pressa a tua face,
enquanto ao peito enfeita a joia Oriental,
    como quem se embeleza ao novo amante.

Mas não chorava assim às águas solitárias
    Calipso quando o Ítaco partiu: 10
durante dias, tão descabelada e triste,
    sentou-se a reclamar ao mar injusto,
então por não poder mais vê-lo ela penava,
    porém lembrava as longas alegrias.
Vingou Alfesibeia o esposo nos irmãos 15
    e Amor rompeu os vínculos de sangue.
Aflita pelos ventos a levar o Esônida,
    Hipsípile ficou a sós no tálamo,
Hipsípile depois não teve mais Amores
    e consumiu-se pelo Hemônio hóspede. 20
Na pira fúnebre do seu esposo, Evadne
    morreu – glória da Argiva castidade.
Nenhuma delas pôde mudar tuas maneiras
    para que fosses nobre numa lenda.

Deixa, pois, de insistir perjúrios nas palavras, 25
    Cíntia, e de invocar Deuses desatentos.
Atrevida! por minha causa sofrerás,
    se acaso um mal qualquer me acontecer.
Pois muitos rios inda vão correr do mar
    e o ano há de inverter as estações 30
antes que saia do meu peito o teu carinho:
    sê tudo o que quiseres – menos fria!
Não pareciam ser tão vis os teus olhinhos.
    Por eles confiei na tua perfídia!
Por eles tu juravas que, se era mentira, 35
    deveriam cair nas tuas mãos:
hoje podes voltá-los contra o grande Sol?

Nec tremis admissae conscia nequitiae?
Quis te cogebat multos pallere colores
　et fletum inuitis ducere luminibus? 40
Quis ego nunc pereo, similis moniturus amantis
　o nullis tutum credere blanditiis!

Não temes ao lembrar libertinagens?
Quem empalidecia as tuas tantas cores,
　forçando um falso pranto em teus olhares?　　　　　40
Por eles morro – um conselheiro dos amantes:
　não é seguro crer em tais carícias!

1.16

"Quae fueram magnis olim patefacta triumphis,
  ianua Tarpeiae nota pudicitiae,
cuius inaurati celebrarunt limina currus,
  captorum lacrimis umida supplicibus,
nunc ego, nocturnis potorum saucia rixis, 5
  pulsata indignis saepe queror manibus,
et mihi non desunt turpes pendere corollae
  semper et exclusi signa iacere faces.

Nec possum infamis dominae defendere uoces,
  nobilis obscenis tradita carminibus; 10
nec tamen illa suae reuocatur parcere Famae,
  turpior et saecli uiuere luxuria.
Has inter grauibus cogor deflere querelis,
  supplicis a longis tristior excubiis.
Ille meos numquam patitur requiescere postis, 15
  arguta referens carmina blanditia:

'Ianua uel domina penitus crudelior ipsa,
  quid mihi tam duris clausa taces foribus?
Cur numquam reserata meos admittis Amores,
  nescia furtiuas reddere mota preces? 20
Nullane finis erit nostro concessa dolori,
  turpis et in tepido limine somnus erit?
Me mediae noctes, me sidera plena iacentem,
  frigidaque Eoo me dolet aura gelu. 24

O utinam traiecta caua mea uocula rima 27
  percussas dominae uertat in auriculas!
Sit licet et saxo patientior illa Sicano,
  sit licet et ferro durior et chalybe, 30
non tamen illa suos poterit compescere ocellos,
  surget et inuitis spiritus in lacrimis.
Nunc iacet alterius felici nixa lacerto,
  at mea nocturno uerba cadunt Zephyro.

Sed tu sola mei, tu maxima causa doloris, 35
  uicta meis numquam ianua muneribus, 36
Tu sola humanos numquam miserata dolores 25
  respondes tacitis mutua cardinibus. 26
te non ulla meae laesit petulantia linguae; 37

1.16

"Outrora estive aberta aos maiores triunfos,
    porta famosa por pudor Tarpeio,
cujos umbrais molhados por prantos de dor
    escrava frequentaram carros de ouro;
hoje estragada pelas brigas desses bêbados,   5
    manchada por imundas mãos, me queixo:
em mim não param de pender torpes guirlandas
    e depor fachos – signos da exclusão.

Não posso protegê-la de falas infames,
    eu, uma nobre, entregue a versos sujos!   10
Ela sequer se esforça por largar Fama
    e essa vida mais vil que o luxo atual.
Assim eu falo e choro entre tristes lamentos
    pela vigília desse suplicante.
Ele nunca concede paz aos meus batentes   15
    e canta melodias e carícias.

'Porta, no fundo mais cruel que a própria dona,
    dura por fora, por que tu te calas?
Por que não abres nunca e aceitas meus Amores,
    nunca te importas com as minhas preces?   20
Não se concederá limite à minha dor?
    Terei um sono torpe no umbral tépido?
Enquanto deito, a noite escura, os astros plenos
    e a fria brisa matinal me afligem.   24

Quero que minha fraca fala pelas gretas   27
    possa alcançar o ouvido da senhora!
Mesmo se for mais forte que rocha Sicana,
    mesmo se for mais dura que aço e ferro,   30
nem assim poderá conter os seus olhinhos:
    suspiros surgirão em meio às lágrimas.
Hoje se deita num alegre abraço alheio,
    cai-me a fala no Zéfiro noturno.

Só tu, causa maior de minha dor, só tu,   35
    porta, não te derrotas por presentes!   36
Mas tu, que não tens pena da miséria humana,   25
    respondes no silêncio dos teus gonzos.   26
Não te atinge nenhum insulto em minha língua,   37

quae solet ingrato dicere pota ioco,
ut me tam longa raucum patiare querela
　　sollicitas triuio peruigilare moras. 40
At tibi saepe nouo deduxi carmina uersu,
　　osculaque innixus pressa dedi gradibus.
Ante tuos quotiens uerti me, perfida, postis,
　　debitaque occultis uota tuli manibus!'

Haec ille et si quae miseri nouistis amantes, 45
　　et matutinis obstrepit alitibus.
Sic ego nunc dominae uitiis et semper amantis
　　fletibus aeterna differor inuidia."

    que quando bebe excede nos gracejos,
até que fico rouco em meio ao meu lamento,
    velando longa angústia numa esquina.   40
Mas eu sempre fiei meu canto em verso novo
    e de joelhos teus degraus beijei!
Quantas vezes voltei para os teus sinos, pérfida,
    e furtivo ofertei devidos votos!'

Disse ele tudo o que sabeis, pobres amantes,
    desafinando os pássaros na aurora.
Hoje, entre os vícios da senhora e os prantos desse   45
    amante, a eterna inveja me lacera".

1.17

Et merito, quoniam potui fugisse puellam,
    nunc ego desertas alloquor alcyonas.
Nec mihi Cassiope soluit uisura carinam,
    omniaque ingrato litore uota cadunt.

Quin etiam absenti prosunt tibi, Cynthia, uenti: 5
    aspice, quam saeuas increpat aura minas.
Nullane placatae ueniet Fortuna procellae?
    Haecine parua meum funus harena teget?

Tu tamen in melius saeuas conuerte querelas:
    sat tibi sit poenae nox et iniqua uada.   10
An poteris siccis mea Fata reponere ocellis,
    ossaque nulla tuo nostra tenere sinu?

A pereat, quicumque rates et uela parauit
    primus et inuito gurgite fecit iter!
Nonne fuit leuius dominae peruincere mores   15
    (quamuis dura, tamen rara puella fuit),
quam sic ignotis circumdata litora siluis
    cernere et optatos quaerere Tyndaridas?

Illic si qua meum sepelissent Fata dolorem,
    ultimus et posito staret Amore lapis,   20
illa meo caros donasset funere crinis,
    molliter et tenera poneret ossa rosa;
illa meum extremo clamasset puluere nomen,
    ut mihi non ullo pondere terra foret.

At uos, aequoreae formosa Doride natae,   25
    candida felici soluite uela choro:
si quando uestras labens Amor attigit undas,
    mansuetis socio parcite litoribus.

1.17

E merecidamente, pois fugi da moça,
  converso com alcíones solitárias!
Eu não verei Cassíope libertar meu barco:
  meus votos tombam nesta praia ingrata.

Mesmo que ausente, Cíntia, os ventos te obedecem: 5
  a brisa geme duras ameaças!
Não há Fortuna mais que aplaque a tempestade?
  Esta areinha cobrirá meu corpo?

Ao menos muda a tua queixa a meu favor:
  que baste meu penar por mar e noite!   10
Sepultarás meu Fado com olhinhos secos,
  mesmo sem ter meus ossos junto ao seio?

Morra o primeiro que inventou a vela e a barca
  e construiu caminhos contra o abismo!
Não é melhor vencer os modos da senhora   15
  (mesmo que dura, a nada se compara)
que ver esta floresta circundando a praia
  e procurar apoio nos Tindárides?

Se os Fados enterrassem minha dor por lá,
  pondo uma pedra no finado Amor,   20
ela daria as comas ao meu funeral,
  sepultaria em rosas os meus ossos,
clamaria meu nome à cinza derradeira
  tanto, que a terra em mim não pesaria.

Mas vós, filhas marinhas da formosa Dóris,   25
  no alegre coro libertai as velas:
se Amor no céu voando toca vossas ondas,
  com calmos litorais salvai seu sócio.

1.18

Haec certe deserta loca et taciturna querenti,
    et uacuum Zephyri possidet aura nemus.
Hic licet occultos proferre impune dolores,
    si modo sola queant saxa tenere fidem.
Vnde tuos primum repetam, mea Cynthia, fastus?   5
    Quod mihi das flendi, Cynthia, principium?
Qui modo felicis inter numerabar amantis,
    nunc in Amore tuo cogor habere notam.

Quid tantum merui? Quae te mihi carmina mutant?
    An noua tristitiae causa puella tuae?   10
Sic mihi te referas, leuis, ut non altera nostro
    limine formosos intulit ulla pedes.
Quamuis multa tibi dolor hic meus aspera debet,
    non ita saeua tamen uenerit ira mea,
ut tibi sim merito semper furor, et tua flendo   15
    lumina deiectis turpia sint lacrimis.

An quia parua damus mutato signa colore,
    et non ulla meo clamat in ore fides?
Vos eritis testes, si quos habet arbor Amores,
    fagus et Arcadio pinus amica Deo.   20
A quotiens teneras resonant mea uerba sub umbras,
    scribitur et uestris Cynthia corticibus!
An tua quod peperit nobis iniuria curas?
    Quae solum tacitis cognita sunt foribus.

Omnia consueui timidus perferre superbae   25
    iussa neque arguto facta dolore queri.
Pro quo diuini fontes et frigida rupes
    et datur inculto tramite dura quies;
et quodcumque meae possunt narrare querelae,
    cogor ad argutas dicere solus auis.   30
Sed qualiscumque es, resonent mihi "Cynthia" siluae,
    nec deserta tuo nomine saxa uacent.

1.18

Eis um lugar deserto e discreto aos lamentos,
    neste bosque vazio reina o Zéfiro.
Aqui posso expressar impune a dor oculta,
    se é que as rochas guardam meus segredos.
Por onde principio, ó Cíntia, os teus desprezos?   5
    Que causa dás para o meu pranto, Cíntia?
Há pouco eu me contava entre amantes felizes,
    hoje no teu Amor trago uma mácula.
Que fiz pra mecerer? Que encantos te afastaram?
    Alguma nova moça te entristece?   10
Se for assim, retorna logo! Pois ninguém
    em minha porta pôs seus belos pés.
Mesmo que minha dor te deva mil rudezas,
    não será tão cruel a minha ira
para que assim eu seja a tua fúria e em pranto   15
    as lágrimas deturpem teus olhinhos.

Acaso inda não fico pálido e na boca
    fidelidade já não grita mais?
Se as plantas têm Amores, vós sois testemunhas,
    faia ou pinho, a amiga do Deus Árcade: 20
quantas palavras minhas sob as brandas sombras
    e quanta "Cíntia" inscrita em vossos troncos!
Será que tua injúria gera o meu tormento?
    Só portas silenciosas saberiam.

Medroso acostumei-me a suportar sem gritos   25
    de dor todo o ditame desta dona.
Em troca ganho pedra fria, ásperos montes
    um duro sono em senda abandonada;
e tudo que puder contar em minhas queixas
    devo dizer às aves estridentes.   30
Mas mesmo que assim sejas, selvas soem "Cíntia",
    nem deixe o monte de guardar teu nome.

1.19

Non ego nunc tristis uereor, mea Cynthia, Manis,
    nec moror extremo debita Fata rogo;
sed ne forte tuo careat mihi funus Amore,
    hic timor est ipsis durior exsequiis.
Non adeo leuiter nostris puer haesit ocellis,   5
    ut meus oblito puluis Amore uacet.

Illic Phylacides iucundae coniugis heros
    non potuit caecis immemor esse locis,
sed cupidus falsis attingere gaudia palmis
    Thessalus antiquam uenerat umbra domum.   10
Illic quidquid ero, semper tua dicar imago:
    traicit et Fati litora magnus Amor.

Illic formosae ueniant chorus heroinae,
    quas dedit Argiuis Dardana praeda uiris:
Quarum nulla tua fuerit mihi, Cynthia, forma   15
    Gratior, et (Tellus hoc ita iusta sinat)
quamuis te longae remorentur Fata senectae,
    cara tamen lacrimis ossa futura meis.

Quae tu uiua mea possis sentire fauilla!
    Tum mihi non ullo Mors sit amara loco.   20
Quam uereor, ne te contempto, Cynthia, busto
    abstrahat a nostro puluere iniquus Amor,
cogat et inuitam lacrimas siccare cadentis!
    Flectitur assiduis certa puella minis.

Quare, dum licet, inter nos laetemur amantes: 25
    non satis est ullo tempore longus Amor.

1.19

Hoje não temo, minha Cíntia, os tristes Manes,
 já não me importa o Fado em fogo extremo,
porém, que o teu Amor não venha ao meu enterro –
 eis um medo maior que o das exéquias!
Cupido não pousou tão leve os meus olhinhos, 5
 para que a cinza apague o meu Amor.

Lá nos lugares cegos, nunca se esquecera
 o herói Filácide da linda esposa,
mas pra tocar com falsas mãos o seu prazer
 veio o Tessálio em sombra à casa antiga. 10
Lá, seja como for, eu cantarei teu rosto:
 cruza as margens do Fado um grande Amor.

Lá, podem vir em coro as belas heroínas
 que o Dardâneo botim deu aos Argivos;
porém, nenhuma para mim será mais bela, 15
 ó Cíntia (e assim permita a justa Terra):
mesmo que os Fados tragam-te longa velhice,
 caros serão teus ossos ao meu pranto.

Quero que em vida assim tu sintas minhas cinzas!
 Então não mais seria amarga a Morte. 20
Eu temo que desprezes meu sepulcro, Cíntia,
 que injusto Amor te afaste do meu pó
e te obrigue a secar as lágrimas que caem!
 Mesmo as fiéis se rendem a ameaças.

Enquanto é permitido, então, gozemos juntos! 25
 Não há tempo que baste para o Amor.

1.20

Hoc pro continuo te, Galle, monemus Amore,
    (id tibi ne uacuo defluat ex animo):
saepe imprudenti Fortuna occurrit amanti:
    crudelis Minyis dixerit Ascanius.

Est tibi non infra speciem, non nomine dispar,   5
    Theiodamanteo proximus ardor Hylae:
hunc tu, siue leges Vmbrae sacra flumina siluae,
    siue Aniena tuos tinxerit unda pedes,
siue Gigantei spatiabere litoris ora,
    siue ubicumque uago fluminis hospitio,   10
Nympharum semper cupida defende rapina
    (non minor Ausoniis est Amor Adryasin);
ne tibi sit duros montes et frigida saxa,
    Galle, neque expertos semper adire lacus.

Quae miser ignotis error perpessus in oris   15
    Herculis indomito fleuerat Ascanio.
Namque ferunt olim Pagasae naualibus Argo
    egressam longe Phasidos isse uiam,
et iam praeteritis labentem Athamantidos undis
    Mysorum scopulis applicuisse ratem.   20
Hic manus heroum, placidis ut constitit oris,
    mollia composita litora fronde tegit.
At comes inuicti iuuenis processerat ultra
    raram sepositi quaerere fontis aquam.

Hunc duo sectati fratres, Aquilonia proles   25
    hunc superat Zetes, hunc superat Calais,
oscula suspensis instabant carpere plantis,
    oscula et alterna ferre supina fuga.
Ille sub extrema pendentes ludit in ala
    et uolucres ramo summouet insidias.   30
Iam Pandioniae cessit genus Orithyiae:
    a dolor! ibat Hylas, ibat Hamadryasin.

Hic erat Arganthi Pege sub uertice montis,
    grata domus Nymphis umida Thyniasin,
quam supra nullae pendebant debita curae   35
    roscida desertis poma sub arboribus,
et circum irriguo surgebant lilia prato

1.20

Por teu contínuo Amor eu te aconselho, Galo,
    e que isso não te saia da cabeça!
Fortuna se opõe sempre ao amante imprudente –
    assim diria Ascânio, o mal dos Mínios.

Não tem menor beleza, nem renega o nome: 5
    teu fogo é como o Teodamânteo Hilas.
Se tu segues um rio pelas selvas da Úmbria,
    ou se tinge teus pés a onda Aniena,
se tu passeias pela costa dos Gigantes,
    ou se um rio vagante der refúgio,   10
defende-o sempre contra Ninfas de rapina
    (não é menor o Amor das Hamadríades),
ó Galo, e não terás de andar por duros montes,
    lagos desconhecidos, frias rochas.

Pois Hércules em meio a margens nunca vistas   15
    pôs-se a chorar perante o Ascânio indômito.
Dizem que outrora, quando Argos saiu de Págasa,
    fez um longo percurso rumo ao Fásis,
após ultrapassar as ondas da Atamântide
    nos recifes dos Mísios aportou.   20
Quando os heróis pisaram nessas margens plácidas,
    com folhas transformaram praia em leito,
porém o amigo do invencível jovem longe
    foi buscar água em fontes afastadas.

Dois irmãos o seguiram – proles Aquilônias –   25
    sobre ele vinha Zetes, vinha Cálais,
com pés suspensos cobiçavam colher beijos
    e alçavam alternando ao céu seus beijos.
No entanto ele se esconde embaixo de uma asa
    e com um galho afasta o assédio aéreo.   30
Desiste a raça da Pandiônida Oritia:
    ah dor! foi-se Hilas, foi-se às Hamadríades!

Junto ao topo do monte Arganto estava Pege,
    lar úmido e amado das Tiníades,
onde pendiam sem nenhum cultivo frutos   35
    orvalhados em árvores nativas.
Em volta, sobre o prado irrigado surgiam

candida purpureis mixta papaueribus.
Quae modo decerpens tenero pueriliter ungui
  proposito florem praetulit officio,   40
et modo formosis incumbens nescius undis
  errorem blandis tardat imaginibus.

Tandem haurire parat demissis flumina palmis
  innixus dextro plena trahens umero.
cuius ut accensae Dryades candore puellae   45
  miratae solitos destituere choros
prolapsum et leuiter facili traxere liquore,
  tum sonitum rapto corpore fecit Hylas.
cui procul Alcides iterat responsa; sed illi
  nomen ab extremis fontibus aura refert.   50

His, o Galle, tuos monitus seruabis Amores,
  formosum Nymphis credere uisus Hylan.

      lírios entre as papoulas rubras, brancos.
Colhendo pueril com delicadas unhas,
      ele prefere a flor ao seu ofício,   40
o tolo sobre as belas ondas vai pendendo
      e alonga seu passeio em doce imagem.

Por fim afunda as mãos, procura a água do rio
      e enche o pote que apoia sobre o ombro.
Excitadas por tanta alvura, as jovens Dríades   45
      admiradas deixaram suas danças,
levaram levemente o corpo para a água,
      então, ao ser raptado, gritou Hilas.
O Alcida ao longe insiste em responder, porém
      do monte a brisa só devolve o nome.   50

Com tais conselhos, Galo, guarda os teus Amores,
      pois quase deste às Ninfas o teu Hilas.

1.21

Tu, qui consortem properas euadere casum,
    miles ab Etruscis saucius aggeribus,
quid nostro gemitu turgentia lumina torques?
    Pars ego sum uestrae proxima militiae.
Sic te seruato possint gaudere parentes,   5
    me soror acta tuis sentiat e lacrimis:
Gallum per medios ereptum Caesaris enses
    effugere ignotas non potuisse manus;
et quaecumque super dispersa inuenerit ossa
    montibus Etruscis, haec sciat esse mea.   10

1.21

Tu que tentas fugir de sorte igual à minha,
 ó soldado ferido em frente Etrusca,
por que afastas do meu gemido os olhos túrgidos?
 Eu sou teu companheiro de milícia!
Salva-te! Leva essa alegria para os pais, 5
 e então a irmã perceba no teu pranto
que eu, Galo, ao escapar das espadas de César,
 por mãos desconhecidas pereci;
e se ossos encontrar dispersos pelos montes
 Etruscos, que ela saiba – estes são meus. 10

1.22

Qualis et unde genus, qui sint mihi, Tulle, Penates,
  quaeris pro nostra semper amicitia.
Si Perusina tibi patriae sunt nota sepulcra,
  Italiae duris funera temporibus,
cum Romana suos egit Discordia ciuis   5
  (sed mihi praecipue, puluis Etrusca, dolor,
tu proiecta mei perpessa es membra propinqui,
  tu nullo miseri contegis ossa solo):
proxima supposito contingens Vmbria campo
  me genuit terris fertilis uberibus.   10

1.22

Quais e de onde são, Tulo, meu povo e Penates,
    pronto perguntas, cioso da amizade.
Se conheces as tumbas pátrias da Perúsia,
    os sepulcros da Itália em duros tempos,
quando atacou civis a Discórdia Romana   5
    (porém dóis mais em mim, solo da Etrúria,
que aceitas membros rotos de um parente meu
    e nem sequer recobre os pobres ossos):
perto delas, num vale logo abaixo, a Úmbria
    fecunda em suas terras me nutriu.   10

Liber II / Livro II

2.1

Quaeritis unde mihi totiens scribantur Amores,
   unde meus ueniat mollis in ore liber.
Non haec Calliope, non haec mihi cantat Apollo:
   ingenium nobis ipsa puella facit.
Siue illam Cois fulgentem incedere cerno, 5
   totum de Coa ueste uolumen erit;
seu uidi ad frontem sparsos errare capillos,
   gaudet laudatis ire superba comis;
siue lyrae carmen digitis percussit eburnis,
   miramur, facilis ut premat arte manus; 10
seu compescentis somnum declinat ocellos,
   inuenio causas mille poeta nouas;
seu nuda erepto mecum luctatur amictu,
   tum uero longas condimus Iliadas;
seu quidquid fecit siue est quodcumque locuta, 15
   maxima de nihilo nascitur historia.

Quod mihi si tantum, Maecenas, Fata dedissent,
   ut possem heroas ducere in arma manus,
non ego Titanas canerem, non Ossan Olympo
   impositam, ut caeli Pelion esset iter, 20
nec ueteres Thebas nec Pergama, nomen Homeri,
   Xerxis et imperio bina coisse uada,
regnaue prima Remi aut animos Carthaginis altae,
   Cimbrorumque minas et bene facta Mari:
bellaque resque tui memorarem Caesaris, et tu 25
   Caesare sub magno cura secunda fores.

Nam quotiens Mutinam aut, ciuilia busta, Philippos
   aut canerem Siculae classica bella fugae,
euersosque focos antiquae gentis Etruscae,
   et Ptolomaeei litora capta Phari, 30
aut canerem Aegyptum et Nilum, cum attractus in urbem
   septem captiuis debilis ibat aquis,
aut regum auratis circumdata colla catenis,
   Actiaque in Sacra currere rostra Via;
te mea Musa illis semper contexeret armis, 35
   et sumpta et posita pace fidele caput:
Theseus infernis, superis testatur Achilles,
   hic Ixioniden, ille Menoetiaden.

★★★

2.1

Quereis saber por que eu escrevo meus Amores,
 por que meu livro vem suave aos lábios?
Não é Calíope que dita, nem Apolo –
 quem gera o meu talento é minha amada.
Se a vejo refulgir com seu manto de Cós,   5
 com veste Côa vem o meu volume;
se vejo os cachos revoando sobre a fronte,
 se orgulhará do meu louvor às mechas;
se com dedos ebúrneos toca à lira uns versos,
 admiro as mãos num ágil movimento;   10
se ao sono entrega os seus olhinhos relutantes,
 poeta encontro novas causas, mil;
se livre de seus véus luta comigo nua,
 então componho *Ilíadas* imensas;
se ela faz qualquer coisa ou fala algo qualquer,   15
 do nada nasce uma sublime história.

Ó Mecenas, se os Fados me dessem talento
 de conduzir à guerra as mãos heroicas,
Titãs não cantaria, nem Ossa no Olimpo
 para que Pélion fosse a ponte ao céu,   20
nem Pérgamo, uma glória homérica, nem Tebas,
 nem os mares que Xerxes manda unir,
nem Remo e o velho reino, ou o valor de Cartago,
 nem Mário contra as ameaças Címbrias:
eu lembraria as guerras e atos do teu César   25
 e após César a ti atentaria.

Quando eu cantasse tumbas, Mútina ou Filipos,
 e combates navais da fuga Sícula,
os lares destruídos de antigos Etruscos
 e a Ptolomaica Faros subjugada,   30
quando eu cantasse o Egito e o Nilo em plena Urbe
 com suas sete fontes prisioneiras,
régios pescoços presos por correntes áureas
 e esporões de Ácio pela Via Sacra;
a minha Musa sempre te uniria às armas   35
 como um fiel amigo em paz e guerra:
Teseu no Inferno e Aquiles nos Céus testemunham
 ao filho de Menécio e ao de Ixíon.

★★★

Sed neque Phlegraeos Iouis Enceladique tumultus
   intonat angusto pectore Callimachus,   40
nec mea conueniunt duro praecordia uersu
   Caesaris in Phrygios condere nomen auos.
Nauita de uentis, de tauris narrat arator,
   enumerat miles uulnera, pastor ouis;
nos contra angusto uersamus proelia lecto: 45
   qua pote quisque, in ea conterat arte diem.

Laus in Amore mori: laus altera si datur uno
   posse frui: fruar o solus amore meo!
Si memini, solet illa leuis culpare puellas,
   et totam ex Helena non probat *Iliada*.   50
Seu mihi sunt tangenda nouercae pocula Phaedrae,
   pocula priuigno non nocitura suo,
seu mihi Circaeo pereundum est gramine, siue
   Colchis Iolciacis urat aena focis,
una meos quoniam praedata est femina sensus,   55
   ex hac ducentur funera nostra domo.

Omnis humanos sanat medicina dolores:
   solus Amor morbi non amat artificem.
tarda Philoctetae sanauit crura Machaon,
   Phoenicis Chiron lumina Phillyrides,   60
et Deus exstinctum Cressis Epidaurius herbis
   restituit patriis Androgeona focis,
Mysus et Haemonia iuuenis qua cuspide uulnus
   senserat, hac ipsa cuspide sensit opem.
Hoc si quis uitium poterit mihi demere, solus   65
   Tantaleae poterit tradere poma manu;
dolia uirgineis idem ille repleuerit urnis,
   ne tenera assidua colla grauentur aqua;
idem Caucasia soluet de rupe Promethei
   bracchia et a medio pectore pellet auem.   70

Quandocumque igitur uitam mea Fata reposcent,
   et breue in exiguo marmore nomen ero,
Maecenas, nostrae spes inuidiosa iuuentae,
   et uitae et Morti gloria iusta meae,
si te forte meo ducet uia proxima busto,   75
   esseda caelatis siste Britanna iugis,
taliaque illacrimans mutae iace uerba fauillae:
   "Huic misero Fatum dura puella fuit."

Porém à luta em Flegra entre Encélado e Júpiter
    não troa o peito angusto de Calímaco, 40
nem ao meu âmago convém louvar a César
    com versos rijos, entre os avós Frígios.
De ventos fala o nauta, o lavrador de touros,
    de chagas o soldado, o pastor de anhos;
porém eu verso lutas sobre um leito angusto – 45
    cada um passa o tempo em sua arte.

Glória é morrer de Amor! Outra glória é gozar
    de um só – sozinho eu goze meu Amor!
Se lembro, ela censura as jovens levianas
    e por Helena ela reprova a *Ilíada*. 50
Posso provar os filtros da madrasta Fedra,
    filtros não fazem mal ao enteado,
posso morrer por ervas de Circe, ou queimar
    nos fogos de Iolco em Cólquida caldeira;
se uma mulher apenas me roubou o senso, 55
    sairá deste umbral o meu enterro!

A medicina cura toda a dor dos homens –
    somente Amor não ama o seu remédio.
Macáon melhorou os pés de Filoctetes,
    Quíron Filírida, a visão de Fênix, 60
com as ervas Cretenses o Deus de Epidauro
    ressuscitou Andrógeo em lar paterno
e o jovem Músio que na lança Hemônia a chaga
    sentiu, na mesma lança sente alívio.
Se alguém puder tirar de mim tão triste vício, 65
    frutos pode trazer às mãos de Tântalo
e encher com cântaro os tonéis daquelas virgens
    sem que o pescoço ceda ao peso da água,
Prometeu ele pode libertar do Cáucaso
    e afugentar a ave de seu peito. 70

Por isso, quando o Fado me exigir a vida
    e eu for um parco nome em pouco mármore,
Mecenas, esperança invejável dos jovens,
    justa glória de minha vida e Morte,
se uma estrada levar-te perto do meu túmulo, 75
    freia o carro Bretão de jugo ornado
e em lágrimas diz isto às minhas cinzas mudas:
    "Fado desse infeliz foi dura moça!"

2.2

Liber eram et uacuo meditabar uiuere lecto;
　　at me composita pace fefellit Amor.
Cur haec in terris facies humana moratur?
　　Iuppiter, ignosco pristina furta tua.

Fulua coma est longaeque manus, et maxima toto　　　　5
　　corpore, et incedit uel Ioue digna soror,
aut cum Munychias Pallas spatiatur ad aras,
　　Gorgonis anguiferae pectus operta comis;
qualis et Ischomache Lapithae genus heroine,
　　Centauris medio grata rapina mero;　　　　10
Mercurio et sacris fertur Boebeidos undis
　　uirgineum Brimo composuisse latus.

Cedite iam, diuae, quas pastor uiderat olim
　　Idaeis tunicas ponere uerticibus!
Hanc utinam faciem nolit mutare senectus,　　　　15
　　etsi Cumaeae saecula uatis aget!

2.2

Livre almejei viver sobre um leito vazio,
    porém Amor rompeu a minha paz.
Como inda está na terra essa beleza humana?
    Eu te perdoo os adultérios, Júpiter!

Ruivos são seus cabelos, longas mãos, tem lindo   5
    corpo e caminha como a irmã de Jove,
ou Palas quando vai aos altares Muníquios
    com o peito pleno de Gorgôneas serpes,
como heroína Iscômaca de estirpe Lápita
    é presa fácil aos centauros bêbados,   10
ou Brimo, que nas sacras ondas do Bebeis
    uniu seu corpo virgem a Mercúrio.

Cedei agora, ó Deusas que outrora despidas
    um pastor vira sobre o alto Ida!
Que a velhice não mude a sua beleza, mesmo   15
    que viva os séculos da vate em Cumas!

2.3

"Qui nullam tibi dicebas iam posse nocere;
	haesisti: cecidit spiritus ille tuus!
Vix unum potes, infelix, requiescere mensem,
	et turpis de te iam liber alter erit."
Quaerebam, sicca si posset piscis harena 5
	nec solitus ponto uiuere toruus aper;
aut ego si possem studiis uigilare seueris:
	differtur, numquam tollitur ullus Amor.

Nec me tam facies, quamuis sit candida, cepit
	(lilia non domina sunt magis alba mea; 10
ut Maeotica nix minio si certet Hibero,
	utque rosae puro lacte natant folia),
nec de more comae per leuia colla fluentes,
	non oculi, geminae, sidera nostra, faces,
nec si qua Arabo lucet bombyce puella 15
	(non sum de nihilo blandus amator ego):
quantum quod posito formose saltat Iaccho,
	egit ut euhantis dux Ariadna choros,
et quantum Aeolio cum temptat carmina plectro,
	par Aganippeae ludere docta lyrae; 20
et sua cum antiquae committit scripta Corinnae
	carminaque Errinae non putat aequa suis.

Non tibi nascenti primis, mea uita, diebus
	candidus argutum sternuit omen Amor?
Haec tibi contulerunt caelestia munera diui, 25
	haec tibi ne matrem forte dedisse putes.
Non non humani partus sunt talia dona:
	ista decem menses non peperere bona.
Gloria Romanis una es tu nata puellis;
	Romana accumbes prima puella Ioui. 30
Nec semper nobiscum humana cubilia uises:
	post Helenam haec terris forma secunda redit.

Hac ego nunc mirer si flagrat nostra iuuentus?
	Pulchrius hac fuerat, Troia, perire tibi.
Olim mirabar, quod tanti ad Pergama belli 35
	Europae atque Asiae causa puella fuit:
nunc, Pari, tu sapiens et tu, Menelae, fuisti,
	tu quia poscebas, tu quia lentus eras.

2.3

"Dizias que nenhuma moça te atingia
    e estás preso – caiu tua arrogância!
Foi com custo, infeliz, que descansaste um mês
    e lá vem teu mais novo livro infame."
Quero saber se um peixe vive em plena areia,   5
    ou feroz javali no mar estranho,
ou se num sério estudo eu atravesso as noites:
    adia-se, mas não se tolhe o Amor.

Não me prendeu seu rosto, embora seja branco,
    (lírios não são mais alvos que seus braços: 10
como a neve Meótica no mínio Ibérico,
    ou pétalas de rosa sobre o leite),
nem seu cabelo sempre solto em tenra nuca,
    nem seus olhos, meus astros, fachos gêmeos,
nem o fulgor do seu mamilo em sedas Árabes   15
    (amante eu não me amanso por nonadas);
mas a graça na dança enquanto serve Iaco
    como Ariadne guiando os coros Báquicos,
pelo modo que ensaia um verso em plectro Eólio,
    canções como as da lira de Aganipe,   20
por confrontar seus cantos contra os de Corina
    e Erina – e sempre preferir os seus.

Minha querida, logo depois que nasceste
    Amor não te augurou o espirro agudo?
Os Deuses te ofertaram dons celestiais: 25
    não penses que eles vêm da tua mãe!
Não, não, teus dotes não provêm de um parto humano,
    dez meses não pariram teus talentos.
Nasceste única, glória das jovens Romanas,
    a primeira Romana a unir-se a Júpiter!   30
Nem sempre tu visitarás humano leito:
    depois de Helena, veio tua beleza.

Devo espantar-me só porque que ela abrasa os jovens?
    Mais belo, ó Troia, é perecer por ela.
Espantava-me outrora tanta guerra em Pérgamo   35
    entre Ásia e Europa por mulher causada,
vejo hoje, ó Menelau e Páris – fostes sábios,
    um reclamando, o outro resistindo.

Digna quidem facies, pro qua uel obiret Achilles;
   uel Priamo belli causa probanda fuit. 40
Si quis uult Fama tabulas anteire uetustas,
   hic dominam exemplo ponat in arte meam:
siue illam Hesperiis, siue illam ostendet Eois,
   uret et Eoos, uret et Hesperios.

Por esse rosto morreria mesmo Aquiles
   e Príamo receberia a guerra.   40
Se alguém quer superar em Fama os velhos quadros,
   que tome por modelo a minha dona:
se a mostram para o Ocidente e o Oriente,
   queima Orientais, queima Ocidentais.

2.4

His saltem ut tenear iam finibus! ei mihi, si quis, [3.45]
    Acrius ut moriar, uenerit alter Amor!
Ac ueluti primo taurus detractat aratra,
    post uenit assueto mollis ad arua iugo,
sic primo iuuenes trepidant in Amore feroces,
    dehinc domiti post haec aequa et iniqua ferunt. [3.50]
Turpia perpessus uates est uincla Melampus,
    cognitus Iphicli surripuisse boues;
quem non lucra, magis Pero formosa coegit,
    mox Amythaonia nupta futura domo. [3.54]

Multa prius dominae delicta queraris oportet, 4.1
    saepe roges aliquid, saepe repulsus eas,
et saepe immeritos corrumpas dentibus unguis,
    et crepitum dubio suscitet ira pede!
Nequiquam perfusa meis unguenta capillis, 5
    ibat et expenso planta morata gradu.

Non hic herba ualet, non hic nocturna Cytaeis,
    non Perimedaea gramina cocta manu;
quippe ubi nec causas nec apertos cernimus ictus,
    unde tamen ueniant tot mala caeca uia est; 10
non eget hic medicis, non lectis mollibus aeger,
    huic nullum caeli tempus et aura nocet:
ambulat – et subito mirantur funus amici!
    Sic est incautum, quidquid habetur Amor.
Nam cui non ego sum fallaci praemia uati? 15
    Quae mea non decies somnia uersat anus?

Hostis si quis erit nobis, amet ille puellas:
    gaudeat in puero, si quis amicus erit.
Tranquillo tuta descendis flumine cumba:
    quid tibi tam parui gurgitis unda nocet? 20
Alter saepe uno mutat praecordia uerbo,
    altera uix ipso sanguine mollis erit.

2.4

Quero estar preso em tais fronteiras! Ah! se houver [3.45]
    um novo Amor, quero morrer amargo!
Tal como um touro no começo nega o arado
    e, afeito ao jugo, manso ruma ao prado,
também jovens se agitam rebeldes no Amor,
    mas domados aceitam justo e injusto. [3.50]
Torpe prisão sofreu o adivinho Melampo,
    famoso por roubar o gado de Íficlo:
não foi o lucro que o levou, mas bela Pero
    que se casou na casa de Amitáon. [3.54]

Antes convém que chores os males da amada, 4.1
    que sempre implores, sempre expulso sejas,
que roas com teus dentes unhas inocentes
    e que a ira crepite em pé incerto!
Em vão eu derramei perfume em meus cabelos 5
    e retardei meu passo ponderado.

De nada valem ervas, Citeide noturna,
    nem mesmo o caldeirão de Parimede,
pois se não distinguimos as causas e os golpes,
    turva é a via donde vêm os males. 10
Não é que falte leito ou médico ao doente,
    nenhum clima nem vento lhe faz mal:
passeia e súbito se espantam – está morto!
    Seja o que for, o Amor é imprevisível.
E eu não sou presa fácil para os falsos vates? 15
    As velhinhas não versam os meus sonhos?

Ah! que os meus inimigos amem as mulheres!
    Goze dos moços quem for meu amigo!
Descendo um rio calmo em canoa segura,
    que mal te faz a onda das voragens? 20
Ele muda de ideia numa só palavra,
    mas ela não se aplaca nem com sangue.

2.5

Hoc uerum est, tota te ferri, Cynthia, Roma,
    et non ignota uiuere nequitia?
Haec merui sperare? dabis mihi, perfida, poenas;
    et nobis aliquo, Cynthia, uentus erit.
Inueniam tamen e multis fallacibus unam,   5
    quae fieri nostro carmine nota uelit,
nec mihi tam duris insultet moribus et te
    uellicet: heu sero flebis amata diu!

Nunc est ira recens, nunc est discedere tempus:
    si dolor afuerit, crede, redibit Amor.   10
Non ita Carpathiae uariant Aquilonibus undae,
    nec dubio nubes uertitur atra Noto,
quam facile irati uerbo mutantur amantes:
    dum licet, iniusto subtrahe colla iugo.
Nec tu non aliquid, sed prima nocte, dolebis;   15
    omne in Amore malum, si patiare, leue est.

At tu per dominae Iunonis dulcia iura
    parce tuis animis, uita, nocere mihi.
Non solum taurus ferit uncis cornibus hostem,
    uerum etiam instanti laesa repugnat ouis.   20
Nec tibi periuro scindam de corpore uestis,
    nec mea praeclusas fregerit ira fores,
nec tibi conexos iratus carpere crinis,
    nec duris ausim laedere pollicibus:
rusticus haec aliquis tam turpia proelia quaerat,   25
    cuius non hederae circuiere caput.

Scribam igitur, quod non umquam tua deleat aetas,
    "Cynthia, forma potens; Cynthia, uerba leuis."
Crede mihi, quamuis contemnas murmura famae,
    hic tibi pallori, Cynthia, uersus erit.   30

2.5

Cíntia, é verdade que andas na boca de Roma,
    infame por tua vida libertina?
Eu merecia? Pagarás por isso, pérfida!
    Um vento vai levar-me longe, Cíntia.
Encontrarei alguém em meio às impostoras   5
    que então deseje a glória por meu canto,
que não me insulte com dureza, mas te irrite:
    depois de muito amada hás de chorar!

Agora a ira é nova – é hora de rompermos!
    Se a dor sumir, assomará o Amor.   10
O Áquilo não muda tanto a onda do Cárpato,
    nem tanto o Noto anegra calmas nuvens
quanto uma só palavra ira o amante. É tempo:
    tira o pescoço deste jugo injusto!
Somente na primeira noite sofrerás –   15
    se aceitas, todo mal no Amor é leve.

Mas pelas doces leis de Juno protetora,
    para de me ferir com tanto orgulho!
Não só chifrudo touro ataca os inimigos,
    também o anho ferido a quem o ofende.   20
Não rasgarei as roupas de um corpo perjuro,
    nem minha ira arrombará tuas portas,
nem iroso ousarei desgrenhar teus cabelos,
    nem com meus duros dedos te ferir:
que um roceiro promova esses torpes combates,   25
    sem heras que coroem suas têmporas!

Escrevo o que tua vida nunca apagará:
    "Cíntia tão bela – Cíntia tão volúvel!"
E por mais que desprezes murmúrios da Fama,
    meu verso, Cíntia, vai deixar-te pálida.   30

2.6

Non ita complebant Ephyraeae Laidos aedis,
  ad cuius iacuit Graecia tota fores;
turba Menandreae fuerat nec Thaidos olim
  tanta, in qua populus lusit Erichthonius;
nec quae deletas potuit cormponere Thebas,   5
  Phryne tam multis facta beata uiris.
Quin etiam falsos fingis tibi saepe propinquos,
  oscula nec desunt qui tibi iure ferant.

Me iuuenum pictae facies, me nomina laedunt,
  me tener in cunis et sine uoce puer;   10
me laedet, si multa tibi dabit oscula mater,
  me soror et quando dormit amica simul:
omnia me laedunt: timidus sum (ignosce timori)
  et miser in tunica suspicor esse uirum.

His olim, ut Fama est, uitiis ad proelia uentum est,   15
  his Troiana uides funera principiis;
aspera Centauros eadem dementia iussit
  frangere in aduersum pocula Pirithoum.
Cur exempla petam Graium? Tu criminis auctor
  nutritus duro, Romule, lacte lupae: 20
tu rapere intactas docuisti impune Sabinas:
  per te nunc Romae quidlibet audet Amor.
Felix Admeti coniunx et lectus Ulixis,
  et quaecumque uiri femina limen amat!
Templa Pudicitiae quid opus statuisse puellis,   25
  si cuiuis nuptae quidlibet esse licet?

Quae manus obscenas depinxit prima tabellas
  et posuit casta turpia uisa domo,
illa puellarum ingenuos corrupit ocellos
  nequitiaeque suae noluit esse rudis.   30
A gemat in tenebris, ista qui protulit arte
  orgia sub tacita condita laetitia!
Non istis olim uariabant tecta figuris:
  tum paries nullo crimine pictus erat.

Sed nunc immeritum uelauit aranea fanum   35
  et mala desertos occupat herba Deos.
Quos igitur tibi custodes, quae limina ponam,
  quae numquam supra pes inimicus eat?
Nam nihil inuitae tristis custodia prodest:
  quam peccare pudet, Cynthia, tuta sat est.   40

2.6

Não se encheu tanto o lar da Efireia Laís,
 na porta em que parava toda a Grécia;
nem foi tão grande o antigo bando da Menândrea
 Taís, com quem gozavam Erictônios;
nem Frine, que as ruínas restaurou de Tebas, 5
 enriquecida tinha tantos homens.
Mesmo assim, sempre inventas mais parentes falsos,
 nem falta quem te beije por direito.
Imagens ou menções a jovens me maltratam
 e um bebezinho mudo inda no berço, 10
pois me maltrata a tua mãe quando te beija,
 a irmã e a amiga que contigo dorme.
Tudo maltrata! Temo (perdoa o temor):
 louco, eu só penso em homens sob a saia.
Reza a Fama que a guerra nasce de tais vícios: 15
 eles causaram funerais Troianos
e a loucura forçou Centauros a quebrarem
 taças contra a cabeça de Pirítoo.
Pra que citar os Gregos? Tu tens crimes, Rômulo,
 criado ao duro leite de uma loba: 20
tramaste impune o rapto das virgens Sabinas,
 por tua causa em Roma Amor comanda.
Feliz leito o de Ulisses, a esposa de Admeto
 e a mulher que ama a casa do marido!
Por que as jovens fariam templo à Pudicícia 25
 se as casadas só fazem o que bem querem?
A mão que obscenas telas primeiro pintou
 e pôs em casta casa imagens vis
já corrompeu os nobres olhinhos das jovens
 e apresentou-lhes a libertinagem. 30
Ah! que gema num breu quem revelou com arte
 a orgia oculta nos prazeres mudos!
Outrora tais figuras não ornavam lares,
 nem se pintavam crimes nas paredes.
Hoje, que as teias dominaram templos puros 35
 e a abandonados Deuses cobre o mato,
como é que eu posso impor-te guardas ou portões
 por onde nunca passe um pé rival?
De nada serve a vigilância a quem rejeita:
 só quem peja em pecar, Cíntia, está salva. 40

2.7

Nos uxor numquam, numquam diducet amica: [6.41]
    semper amica mihi, semper et uxor eris.
Gauisa es certe sublatam, Cynthia, legem, 7.1
    qua quondam edicta flemus uterque diu,
ni nos diuideret: quamuis diducere amantis
    non queat inuitos Iuppiter ipse duos.
"At magnus Caesar." Sed magnus Caesar in armis: 5
    deuictae gentes nil in Amore ualent.

Nam citius paterer caput hoc discedere collo
    quam possem nuptae perdere more faces,
aut ego transirem tua limina clausa maritus,
    respiciens udis prodita luminibus. 10
A mea tum qualis caneret tibi tibia somnos,
    tibia, funesta tristior illa tuba!
Vnde mihi patriis gnatos praebere triumphis?
    Nullus de nostro sanguine miles erit.

Quod si uera meae comitarem castra puellae, 15
    non mihi sat magnus Castoris iret equus.
Hinc etenim tantum meruit mea gloria nomen,
    gloria ad hibernos lata Borysthenidas.
Tu mihi sola places: placeam tibi, Cynthia, solus:
    hic erit et patrio nomine pluris Amor. 20

2.7

Nunca uma esposa, nunca amiga há de afastar-nos: [6.41]
   tu serás sempre a amiga, sempre a esposa.
Ah! Cíntia, te alegrou a abolição da lei,   7.1
   cuja promulgação nos fez chorar!
Não nos separaria – nem Júpiter pode
   afastar dois amantes que se adoram.
"Mas grande é César!" Sim, grande é César na guerra: 5
   no Amor povos vencidos nada valem.

Antes me arranquem a cabeça do pescoço
   do que perder nas núpcias minha chama
ou casado passar por teu umbral e ver-te
   traída com meus olhos rasos d'água.   10
Que sonos minha tíbia cantaria a ti,
   tíbia mais triste que a funesta tuba!
Por que ceder meus filhos aos triunfos pátrios?
   Não nascerão soldados do meu sangue.

Mas se me alisto nos quartéis da minha amada,   15
   o corcel de Castor me será pouco.
Daqui decerto a minha glória ganha nome,
   glória que alcança os frios Boristênides.
Só tu me agradas, Cíntia – que só eu te agrade!
   Maior que o nome pátrio é nosso Amor.   20

2.8

Eripitur nobis iam pridem cara puella,
　　et tu me lacrimas fundere, amice, uetas?
Nullae sunt inimicitiae nisi Amoris acerbae:
　　ipsum me iugula, lenior hostis ero.
Possum ego in alterius positam spectare lacerto? 5
　　Nec mea dicetur, quae modo dicta mea est?
Omnia uertuntur: certe uertuntur Amores:
　　uinceris a uictis, haec in Amore rota est.
Magni saepe duces, magni cecidere tyranni,
　　et Thebae steterant altaque Troia fuit. 10
Munera quanta dedi uel qualia carmina feci!
　　Illa tamen numquam ferrea dixit "Amo."

Ergo ego iam multos nimium temerarius annos,
　　improba, qui tulerim teque tuamque domum?
Ecquandone tibi liber sum uisus? An usque 15
　　in nostrum iacies uerba superba caput?

Sic igitur prima moriere aetate, Properti?
　　Sed morere; interitu gaudeat illa tuo!
Exagitet nostros Manis, sectetur et umbras,
　　insultetque rogis, calcet et ossa mea! 20
Quid? Non Antigonae tumulo Boeotius Haemon
　　corruit ipse suo saucius ense latus,
et sua cum miserae permiscuit ossa puellae,
　　qua sine Thebanam noluit ire domum?

Sed non effugies: mecum moriaris oportet; 25
　　hoc eodem ferro stillet uterque cruor.
Quamuis ista mihi Mors est inhonesta futura:
　　Mors inhonesta quidem, tu moriere tamen.

Ille etiam abrepta desertus coniuge Achilles
　　cessare in tectis pertulit arma sua. 30
Viderat ille fuga stratos in litore Achiuos,
　　feruere et Hectorea Dorica castra face;
uiderat informem multa Patroclon harena
　　porrectum et sparsas caede iacere comas,
omnia formosam propter Briseida passus: 35
　　tantus in erepto saeuit Amore dolor.
At postquam sera captiua est reddita poena,
　　fortem illum Haemoniis Hectora traxit equis.
Inferior multo cum sim uel matre uel armis,
　　mirum, si de me iure triumphat Amor? 40

2.8

Tomam de mim a moça há tanto tempo amada
    e tu proíbes o meu pranto, amigo?
Nenhuma inimizade é má – senão do Amor:
    degola-me e serei menos indócil!
Pois eu suporto vê-la no ombro de outro homem?   5
    Já não se diz só minha quem dizia?
Tudo muda e por certo Amores também mudam.
    Eis a roda do Amor – vencidos vencem-te.
Sempre tombam os grandes tiranos e líderes,
    Tebas findou-se e foi-se a magna Troia.   10
Quantos presentes dei, que versos eu compus!
    Mas férrea ela nunca disse "Eu amo".

Então por tantos anos fui tão imprudente
    que te aguentei e à tua casa, ó louca?
Tu pensas que eu fui livre alguma vez? Té quando   15
    vais me jogar na cara a tua soberba?

Tu morrerás na flor da idade então, Propércio?
    Mas morre! E que ela goze com teu fim!
Que atormente meus Manes e persiga as sombras,
    salte na pira e pise nos meus ossos!   20
Quê? Hémon não tombou no túmulo de Antígona,
    ferido e morto pela própria espada,
não misturou seus ossos aos da pobre moça
    sem quem não quis voltar ao lar Tebano?

Mas não escaparás – certo é morrer comigo: 25
    que o mesmo ferro jorre o nosso sangue!
Ainda que essa Morte seja desonrosa,
    em Morte desonrosa morrerás!

Mesmo Aquiles, sozinho ao tomarem-lhe a cônjuge,
    resistiu e deixou no lar as armas.   30
Viu os Aqueus em fuga prostrados na praia
    e Heitor incendiando as tendas Dórias,
viu Pátroclo disforme perecer na areia
    com o cabelo encharcado da matança,
tudo sofreu por causa de Briseida bela: 35
    tanto enfurece a perda de um Amor!
Porém tarde demais, depois que a devolveram,
    puxou Heitor com seus corcéis Hemônios.
Se já sou muito inferior em mãe e em armas,
    qual o espanto se em mim triunfa Amor?   40

2.9

Iste quod est, ego saepe fui: sed fors et in hora
    hoc ipso eiecto carior alter erit.

Penelope poterat bis denos salua per annos
    uiuere, tam multis femina digna procis;
coniugium falsa poterat differre Minerua,   5
    nocturno soluens texta diurna dolo;
uisura et quamuis numquam speraret Ulixem,
    illum exspectando facta remansit anus.
Nec non exanimem amplectens Briseis Achillem
    candida uesana uerberat ora manu;   10
et dominum lauit maerens captiua cruentum,
    appositum flauis in Simoente uadis,
foedauitque comas, et adusti corpus Achilli
    maximaque in parua sustulit ossa manu;
cum tibi nec Peleus aderat nec caerula mater,   15
    Scyria nec uiduo Deidamia toro.
Tunc igitur ueris gaudebat Graecia nuptis,
    tunc etiam caedes inter et arma pudor.

At tu non una potuisti nocte uacare,
    impia, non unum sola manere diem!   20
Quin etiam multo duxistis pocula risu:
    forsitan et de me uerba fuere mala.
Hic etiam petitur, qui te prius ante reliquit:
    di faciant, isto capta fruare uiro!
Haec mihi uota tuam propter suscepta salutem,   25
    cum capite hoc Stygiae iam poterentur aquae,
et lectum flentes circum staremus amici?
    Hic ubi tum, pro di, perfida, quisue fuit?
Quid si longinquos retinerer miles ad Indos,
    aut mea si staret nauis in Oceano?   30

Sed uobis facile est uerba et componere fraudes:
    hoc unum didicit femina semper opus.
Non sic incerto mutantur flamine Syrtes,
    nec folia hiberno tam tremefacta Noto,
quam cito feminea non constat foedus in ira,   35
    siue ea causa grauis, siue ea causa leuis.

Nunc, quoniam ista tibi placuit sententia, cedam:
    tela, precor, pueri, promite acuta magis,

2.9

O que esse é hoje, eu fora outrora, mas com tempo
　　ela o troca por outro mais querido.

Penélope viveu vinte anos intocada,
　　era digna de tantos pretendentes
e adiou seu casório com falsa Minerva   5
　　desfazendo o tecer diurno à noite,
embora não esperasse mais rever Ulisses,
　　esperando ficou – e ficou velha.
Também Briseida ao abraçar Aquiles morto
　　com louca mão feriu seu rosto cândido,   10
lavou o sangue do senhor, cativa aos prantos,
　　junto das áureas ondas do Simoente,
manchou os seus cabelos e do pó de Aquiles
　　a grande ossada ergueu com as mãozinhas:
não te ajudou Peleu, nem tua mãe cerúlea,   15
　　nem Deidamia no viúvo leito.
A Grécia então gozava de esposas sinceras
　　e entre guerra e matança havia pudor.

Mas não pudeste ficar livre uma só noite,
　　ímpia, nem suportaste um dia apenas!   20
Com muito riso em meio às taças vós bebestes,
　　talvez até falando mal de mim.
Tu clamas por aquele que te abandonara.
　　Peço aos Deuses que presa gozes dele!
Foi esse o voto que antes fiz para sanar-te   25
　　quando a água Estígia quis o teu pescoço
e em volta de teu leito, amigos, nós chorávamos?
　　Onde ele estava, ó pérfida, e quem era?
E se eu fosse um soldado preso pelos Indos,
　　se o meu barco estivesse no Oceano?   30

Para vós urdir frases e fraudes é fácil!
　　Uma mulher aprende apenas isso.
Um vento incerto não altera assim as Sirtes,
　　nem o Noto invernal tremula as folhas,
quão presto rompe acordo a ira feminina,   35
　　quer seja grave ou leve a sua causa.

Agora estás bem decidida – vou-me embora.
　　Peço, Amores, lançai mais finos dardos,

figite certantes atque hanc mihi soluite uitam!
    Sanguis erit uobis maxima palma meus.   40
Sidera sunt testes et matutina pruina
    et furtim misero ianua aperta mihi,
te nihil in uita nobis acceptius umquam;
    nunc quoque erit, quamuis sis inimica, nihil;
nec domina ulla meo ponet uestigia lecto: 45
    solus ero, quoniam non licet esse tuum.
Atque utinam, si forte pios eduximus annos,
    ille uir in medio fiat Amore lapis!

                    ★ ★ ★

Non ob regna magis diris cecidere sub armis
    Thebani media non sine matre duces,   50
quam, mihi si media liceat pugnare puella,
    Mortem ego non fugiam Morte subire tua.

                    ★ ★ ★

transpassai-me na luta e livrai-me da vida!
    Meu sangue será vosso maior prêmio.   40
Os astros, a geada matinal e a porta
    aberta ao meu tormento testemunham
que nada me valeu na vida mais que tu:
    e nada vale – mesmo se me odeias.
Em meu leito nenhuma moça deitará: 45
    eu serei só, se teu não posso ser.
E se fui piedoso ao viver os meus anos,
    que o outro em pleno Amor se torne pedra!

        ★ ★ ★

Chefes Tebanos não tombaram por um reino
    com sua mãe em meio a duras armas,   50
mais que eu se então lutar com minha amada ao meio:
    com tua Morte – à Morte então não fujo!

        ★ ★ ★

2.10

Sed tempus lustrare aliis Helicona choreis,
  et campum Haemonio iam dare tempus equo.
Iam libet et fortis memorare ad proelia turmas
  et Romana mei dicere castra ducis.
Quod si deficiant uires, audacia certe   5
  laus erit: in magnis et uoluisse sat est.

Aetas prima canat Veneres, extrema tumultus:
  bella canam, quando scripta puella mea est.
Nunc uolo subducto grauior procedere uultu,
  nunc aliam citharam me mea Musa docet.   10
Surge, anime, ex humili! Iam, carmine, sumite uires!
  Pierides, magni nunc erit oris opus.

Iam negat Euphrates equitem post terga tueri
  Parthorum et Crassos se tenuisse dolet:
India quin, Auguste, tuo dat colla triumpho,   15
  et domus intactae te tremit Arabiae;
et si qua extremis tellus se subtrahit oris,
  sentiat illa tuas postmodo capta manus!

Haec ego castra sequar; uates tua castra canendo
  magnus ero: seruent hunc mihi Fata diem!   20
Ut caput in magnis ubi non est tangere signis,
  ponitur haec imos ante corona pedes;
sic nos nunc, inopes laudis conscendere carmen,
  pauperibus sacris uilia tura damus.
Nondum etiam Ascraeos norunt mea carmina fontis,   25
  sed modo Permessi flumine lauit Amor.

2.10

Mas tempo é de lustrar com outras danças o Hélicon
    e dar os campos ao cavalo Hemônio.
Eu quero recordar as tropas em batalha
    e as barracas Romanas do meu líder.
Pois se faltarem forças, a audácia merece   5
    louvor – nas coisas grandes, querer basta!

Que os jovens cantem Vênus e os velhos a guerra:
    cantarei guerra após a minha amada.
Agora quero andar solene, rosto sério,
    agora a Musa ensina-me outra cítara.   10
Levanta, ó ânimo! Ó meus versos, tomai forças!
    Preciso de sublime voz, Piérides!

O Eufrates nega-se a velar por trás os Partos
    e se arrepende por reter os Crassos.
A Índia dá o pescoço ao teu triunfo, Augusto,   15
    diante de ti já treme a Arábia virgem:
se uma terra se afasta por margens distantes,
    que cativa ela sinta as tuas mãos!

Seguirei teus quartéis, cantando serei grande
    vate – que os Fados guardem esse dia!   20
Quem não alcança a testa da mais alta estátua
    põe a coroa junto aos baixos pés;
assim, se não escalo ao topo do louvor,
    trago incenso vulgar em pobres ritos.
Meu verso ainda não conhece as fontes de Ascra,   25
    mas na água do Permesso o banha Amor.

2.11

Scribant de te alii uel sis ignota licebit:
    laudet, qui sterili semina ponit humo.
Omnia, crede mihi, tecum uno munera lecto
    auferet extremi funeris atra dies;
et tua transibit contemnens ossa uiator,   5
    nec dicet "Cinis hic docta puella fuit."

2.11

Quer outros te descrevam, quer sejas anônima:
 só louve quem semeia em solo estéril!
Crê – todos os teus dons contigo num só leito
 carrega o negro dia das exéquias;
viajantes passarão desprezando os teus ossos, 5
 nem dirão "Esta cinza já foi culta".

2.12

Quicumque ille fuit, puerum qui pinxit Amorem,
    nonne putas miras hunc habuisse manus?
Is primum uidit sine sensu uiuere amantis,
    et leuibus curis magna perire bona.
Idem non frustra uentosas addidit alas,   5
    fecit et humano corde uolare Deum:
scilicet alterna quoniam iactamur in unda,
    nostraque non ullis permanet aura locis.
Et merito hamatis manus est armata sagittis,
    et pharetra ex umero Cnosia utroque iacet: 10
ante ferit quoniam tuti quam cernimus hostem
    nec quisquam ex illo uulnere sanus abit.

In me tela manent, manet et puerilis imago;
    sed certe pennas perdidit ille suas:
euolat heu nostro quoniam de pectore nusquam,   15
    assiduusque meo sanguine bella gerit.
Quid tibi iucundum est siccis habitare medullis?
    Si pudor est, alio traice tela, puer!
Intactos isto satius temptare ueneno:
    non ego, sed tenuis uapulat umbra mea.   20
Quam si perdideris, quis erit qui talia cantet,
    (haec mea Musa leuis gloria magna tua est),
qui caput et digitos et lumina nigra puellae,
    et canat ut soleant molliter ire pedes?

2.12

Quem quer que seja o tal pintor do Amor criança,
  não são as suas mãos maravilhosas?
Foi o primeiro a ver que amantes não têm senso
  e perdem grandes bens por casos leves.
Não foi à toa que pintou asas ligeiras   5
  e fez o Deus voar no peito humano:
é claro! – o vai-e-vem das ondas arremessa-nos
  e em nenhum ponto para a ventania.
Com razão ele empunha setas feito anzol
  e uma aljava de Cnossos jaz nos ombros,   10
pois fere antes de ilesos vermos o inimigo,
  nem há quem saia são de tal ferida.

Fica em mim sua flecha, sua face infantil,
  mas certo ele perdeu as suas asas;
pois ai! não voa para longe do meu peito   15
  e com meu sangue sempre compra guerra.
Por que queres morar em minha espinha seca?
  Se tens pudor, menino, flecha os outros!
Melhor envenenar quem permanece intacto:
  não sou eu – minha sombra é quem apanha.   20
Se a destruíres, quem há de cantar teus temas
  (tua grande glória é minha Musa leve),
quem canta a amada, o rosto, os dedos e olhos negros
  e como são suaves os seus pés?

2.13

Non tot Achaemeniis armatur Itura sagittis
   spicula quot nostro pectore fixit Amor.
Hic me tam gracilis uetuit contemnere Musas,
   iussit et Ascraeum sic habitare nemus,
non ut Pieriae quercus mea uerba sequantur,   5
   aut possim Ismaria ducere ualle feras,
sed magis ut nostro stupefiat Cynthia uersu:
   tunc ego sim Inachio notior arte Lino.

Non ego sum formae tantum mirator honestae,
   nec si qua illustris femina iactat auos: 10
me iuuet in gremio doctae legisse puellae,
   auribus et puris scripta probasse mea.
Haec ubi contigerint, populi confusa ualeto
   fabula: nam domina iudice tutus ero.
Quae si forte bonas ad pacem uerterit auris,   15
   possum inimicitias tunc ego ferre Iouis.

Quandocumque igitur nostros Mors claudet ocellos,
   accipe quae serues funeris acta mei.
Nec mea tunc longa spatietur imagine pompa
   nec tuba sit Fati uana querela mei;   20
nec mihi tunc fulcro sternatur lectus eburno,
   nec sit in Attalico Mors mea nixa toro.
Desit odoriferis ordo mihi lancibus, adsint
   plebei paruae funeris exsequiae.
Sat mea, sat magna est, si tres sint pompa libelli,   25
   quos ego Persephonae maxima dona feram.

Tu uero nudum pectus lacerata sequeris,
   nec fueris nomen lassa uocare meum,
osculaque in gelidis pones suprema labellis,
   cum dabitur Syrio munere plenus onyx.   30
Deinde, ubi suppositus cinerem me fecerit ardor
   accipiat Manis paruula testa meos,
et sit in exiguo laurus super addita busto,
   quae tegat exstincti funeris umbra locum,
et duo sint uersus: QVI NVNC IACET HORRIDA PVLVIS,   35
   VNIVS HIC QVONDAM SERVVS AMORIS ERAT.

Nec minus haec nostri notescet Fama sepulcri,
   quam fuerant Pthii busta cruenta uiri.

2.13

A Itura não tem tantas setas Aquemênias
    quanto os dardos que em mim cravou Amor.
Ele vetou-me desprezar tão magras Musas
    e mandou que eu morasse em bosque Ascreu,
não para que seguissem-me os carvalhos Piérides,   5
    nem feras eu levasse em vales do Ísmaro,
mas pra que Cíntia se encantasse com o meu verso
    e eu fosse mais famoso do que Lino.

Eu não admiro muito a beleza distinta,
    nem se ela evoca os seus avós ilustres: 10
prefiro ler no colo de uma jovem culta
    e testar o meu texto em puro ouvido.
Se assim me suceder – adeus para as fofocas
    do povo! Sigo as leis de minha dona.
 Se ela me der ouvidos e fizer as pazes,   15
    suporto inimizade até de Júpiter.

Por isso, quando a Morte fechar meus olhinhos,
    escuta o que farás no funeral.
Que não se alongue a pompa em desfiles de imagens,
    nem seja a tuba um vão lamento ao Fado;   20
não me estendam num leito com pés de marfim,
    nem brote minha Morte em leito Atálico.
Nada de pratos perfumados, mas que sejam
    breves exéquias, funeral plebeu.
Já basta, basta a imensa pompa de três livros,   25
    meus grandes dons – presentes pra Perséfone.

Dilacerando o peito nu tu seguirás
    sem ter cansaço, a conclamar meu nome,
com teu último beijo nos meus lábios gélidos,
    quando chegar num vaso o unguento Sírio.   30
Depois, assim que a chama transformar-me em cinzas,
    que uma pequena urna guarde os Manes
e plantem um loureiro em meu pequeno túmulo,
    que oferte sombra ao pó da minha pira.
E dois versos: A CINZA HORRENDA QUE ORA JAZ   35
    OUTRORA FORA ESCRAVO DE UM AMOR.

O meu sepulcro não será menor em Fama
    que o cruento túmulo do herói de Ftia.

Tu quoque si quando uenies ad Fata, memento,
    hoc iterum ad lapides cana ueni memores.   40
Interea caue sis nos aspernata sepultos:
    non nihil ad uerum conscia terra sapit.

Atque utinam primis animam me ponere cunis
    iussisset quaeuis de Tribus una Soror!
Nam quo tam dubiae seruetur spiritus horae?   45
    Nestoris est uisus post tria saecla cinis:
cui si longaeuae minuisset fata senectae
    Iliacus Grais miles in aggeribus,
non ille Antilochi uidisset corpus humari,
    diceret aut "O mors, cur mihi sera uenis?"   50

Tu tamen amisso non numquam flebis amico:
    fas est praeteritos semper amare uiros.
Testis, cui niueum quondam percussit Adonem
    uenantem Idalio uertice durus aper;
illis formosum lauisse paludibus; illuc   55
    diceris effusa tu, Venus, isse coma.
Sed frustra mutos reuocabis, Cynthia, Manis:
    nam mea quid poterunt ossa minuta loqui?

Quando também chegares ao teu Fado, lembra
    de vir já velha às pedras da memória.   40
Porém, cuidado! Não desprezes o sepulto:
    a terra sente e sabe das verdades.

E quem me dera uma das Três Irmãs mandasse-me
    depor minha alma no primeiro berço!
Por que salvar o espírito pra hora incerta?   45
    Nestor, após três gerações, é cinzas:
Se algum soldado Ilíaco nas frentes Gregas
    tivesse lhe encurtado a longa idade,
não veria o enterro do corpo de Antíloco
    e não diria "Ó Morte, por que tardas?"   50

Por vezes chorarás pelo amigo perdido:
    é um dever amar os homens mortos.
E testemunha é quem perdera Adônis para
    um javali caçado no alto Idálio –
dizem que o belo tu lavaste junto aos lagos   55
    e os teus cabelos, Vênus, desgrenhaste.
Em vão invocarás meus Manes mudos, Cíntia,
    pois o que falarão meus parcos ossos?

2.14

Non ita Dardanio gauisus Atrida triumpho est,
    cum caderent magnae Laomedontis opes;
nec sic errore exacto laetatus Vlixes,
    cum tetigit carae litora Dulichiae;
nec sic Electra, saluum cum aspexit Oresten,   5
    cuius falsa tenens fleuerat ossa soror;
nec sic, cum incolumem Minois Thesea uidit,
    Daedalium lino cui duce rexit iter,
quanta ego praeterita collegi gaudia nocte:
    immortalis ero, si altera talis erit!   10

At dum demissis supplex ceruicibus ibam,
    dicebar sicco uilior esse lacu.
Nec mihi iam fastus opponere quaerit iniquos,
    nec mihi ploranti lenta sedere potest.
Atque utinam non tam sero mihi nota fuisset   15
    condicio! Cineri nunc medicina datur.
Ante pedes caecis lucebat semita nobis:
    scilicet insano nemo in Amore uidet.
Hoc sensi prodesse magis: contemnite, amantes!
    Sic hodie ueniet, si qua negauit heri.   20

Pulsabant alii frustra dominamque uocabant:
    mecum habuit positum lenta puella caput.
Haec mihi deuictis potior uictoria Parthis,
    haec spolia, haec reges, haec mihi currus erunt.
Magna ego dona tua figam, Cytherea, columna,   25
    taleque sub nostro nomine carmen erit:
HAS PONO ANTE TVAM TIBI, DIVA, PROPERTIVS AEDEM
EXVVIAS, TOTA NOCTE RECEPTVS AMANS.

Nunc a te est, mea lux, ueniatne ad litora nauis
    seruata, an mediis sidat onusta uadis.   30
Quod si forte aliqua nobis mutabere culpa,
    uestibulum iaceam mortuus ante tuum!

2.14

Não gostou tanto o Atrida do triunfo Dardânio
  ao cair o poder de Laomedonte,
nem tanto se alegrou ao fim da errância Ulisses
  quando tocou as margens de Dulíquia,
nem Electra ao saber que estava a salvo Orestes   5
  e que por falsos ossos deplorara,
nem sequer a Minoide ao ver Teseu incólume
  sair do dédalo seguindo um fio;
quanto eu ao coletar prazeres nesta noite:
  e serei imortal se houver mais uma!   10

Mas quando eu cabisbaixo e suplicante vinha,
  me disse que eu não valho um lago seco.
Ela não lança mais em mim o orgulho injusto,
  não mais suporta em paz as minhas preces.
Quem dera eu não tardasse em conhecer tais meios!   15
  Mas o remédio agora é dado às cinzas.
A senda reluzia ante meus pés de cego:
  por certo ninguém vê num louco Amor.
Mas sei o que nos salva – amantes, desprezai!
  Assim, quem negou ontem hoje vem.   20

Em vão outros batiam-lhe à porta e clamavam:
  em paz ela pousava em mim a testa.
Pra mim esta vitória importa mais que os Partos:
  meu espólio, meus reis e carruagens.
Dou grandes dons ao teu umbral, ó Citereia,   25
  e com meu nome assinarei os versos:
ESTAS PRENDAS, Ó DEUSA, DEPONHO EM TEU TEMPLO,
  PROPÉRCIO, O AMANTE ACEITO A NOITE INTEIRA.

Cabe a ti, minha luz, que ao porto o barco chegue
  a salvo, ou que ele encalhe em meio à areia.   30
E se por minha culpa acaso tu mudares,
  que eu caia morto em frente à tua porta!

2.15

O me felicem! O nox mihi candida! Et o tu
  lectule deliciis facte beate meis!
Quam multa apposita narramus uerba lucerna,
  quantaque sublato lumine rixa fuit!
Nam modo nudatis mecum est luctata papillis,   5
  interdum tunica duxit operta moram.
Illa meos somno lapsos patefecit ocellos
  ore suo et dixit "Sicine, lente, iaces?"
Quam uario amplexu mutamus bracchia! Quantum
  oscula sunt labris nostra morata tuis!   10

Non iuuat in caeco Venerem corrumpere motu:
  si nescis, oculi sunt in Amore duces.
Ipse Paris nuda fertur periisse Lacaena,
  cum Menelaeo surgeret e thalamo;
nudus et Endymion Phoebi cepisse sororem   15
  dicitur et nudae concubuisse Deae.
Quod si pertendens animo uestita cubaris,
  scissa ueste meas experiere manus:
quin etiam, si me ulterius prouexerit ira,
  ostendes matri bracchia laesa tuae.   20
Necdum inclinatae prohibent te ludere mammae:
  uiderit haec, si quam iam peperisse pudet.
Dum nos Fata sinunt, oculos satiemus Amore:
  nox tibi longa uenit, nec reditura dies.

Atque utinam haerentis sic nos uincire catena   25
  uelles, ut numquam solueret ulla dies!
Exemplo iunctae tibi sint in Amore columbae,
  masculus et totum femina coniugium.
Errat qui finem uesani quaerit Amoris:
  uerus Amor nullum nouit habere modum.   30
Terra prius falso partu deludet arantis,
  et citius nigros Sol agitabit equos,
fluminaque ad caput incipient reuocare liquores,
  aridus et sicco gurgite piscis erit,
quam possim nostros alio transferre dolores: 35
  huius ero uiuus, mortuus huius ero.

Quod mihi si interdum talis concedere noctes
  illa uelit, uitae longus et annus erit.

2.15

Ó sou feliz! Ó noite radiante! Ó tu,
    leito ditoso graças aos meus gozos!
Que palavras trocadas sob o fogo aceso,
    que imensa luta ao se apagar a luz!
Entre a nudez dos seios combateu comigo   5
    e às vezes resistiu retendo a túnica.
Com seus lábios abriu meus olhinhos de sono
    e me disse "Ah molenga, estás dormindo?"
Como nos abraçamos num enlace! Quanto
    demorou-se em teus lábios o meu beijo!   10

Não quero perder Vênus num mover-se às cegas:
    se não sabes – no Amor olhos são guias.
Dizem que Páris pereceu por ver Lacena
    andar nua no lar de Menelau
e nu dizem que Endímion seduziu a irmã   15
    de Febo e se deitou com a Deusa nua.
Porém se insistes em deitar-te sem despir-te,
    sentirás minha mão rasgar-te a roupa:
e mais – se acaso a ira me levar mais longe,
    tua mãe verá marcas nos teus braços.   20
Peitos caindo ainda não te impedem brincos:
    isso só faz pudor em quem pariu.
Farte-se o olhar no Amor enquanto o Fado assente:
    vem longa noite e o dia já não volta.

Quem dera me quisesses preso por um laço   25
    e nenhum dia ao fim nos desatasse!
Sirvam de exemplo as pombas conjuntas no Amor,
    o macho e a fêmea em união perfeita.
Erra quem busca o fim para um Amor insano:
    o verdadeiro Amor não tem limite.   30
A Terra em falso parto enganará campônios,
    o Sol conduzirá negros corcéis,
os rios volverão suas águas à nascente
    e o peixe estará seco num mar árido,
antes que eu possa transferir as minhas dores: 35
    dela sou vivo – morto serei dela.

Se vez por outra ela me conceder mais noites,
    um ano será muito em minha vida.

Si dabit haec multas, fiam immortalis in illis:
   nocte una quiuis uel Deus esse potest. 40

Qualem si cuncti cuperent decurrere uitam
   et pressi multo membra iacere mero,
non ferrum crudele necque esset bellica nauis,
   nec nostra Actiacum uerteret ossa mare,
nec totiens propriis circum oppugnata triumphis 45
   lassa foret crinis solere Roma suos.
Haec certe merito poterunt laudare minores:
   laeserunt nullos proelia nostra Deos.

Tu modo, dum lucet, fructum ne desere uitae!
   Omnia si dederis oscula, pauca dabis. 50
Ac ueluti folia arentis liquere corollas,
   quae passim calathis strata natare uides,
sic nobis, qui nunc magnum speramus amantes,
   forsitan includet crastina Fata dies.

Se muitas ela der, eu me torno imortal:
    é possível ser Deus por uma noite.   40

Se todos desejassem uma vida assim,
    soltando os membros, vivos pelo vinho,
não haveria cruel ferro ou nave bélica,
    nem o mar Ácio roeria os ossos,
nem farta e sitiada pelos seus triunfos   45
    Roma desgrenharia a cabeleira.
Isto a posteridade louvará por mérito:
    a nossa luta não ofende os Deuses.

Enquanto há luz, não deixes o fruto da vida!
    Se deres todos beijos – darás poucos.   50
Como as folhas que caem das guirlandas secas
    e nadam salpicadas sobre as taças
somos nós; pois se agora tanto suspiramos,
    o amanhã talvez feche nosso Fado.

2.16

Praetor ab Illyricis uenit modo, Cynthia, terris,
  maxima praeda tibi, maxima cura mihi.
Non potuit saxo uitam posuisse Cerauno?
  A, Neptune, tibi qualia dona darem!
Nunc sine me plena fiunt conuiuia mensa,   5
  nunc sine me tota ianua nocte patet.

Quare, si sapis, oblatas ne desere messis
  et stolidum pleno uellere carpe pecus!
Deinde, ubi consumpto restabit munere pauper,
  dic alias iterum nauiget Illyrias!   10
Cynthia non sequitur fascis nec curat honores,
  semper amatorum ponderat una sinus.   12
Semper in Oceanum mittit me quaerere gemmas,   17
  et iubet ex ipsa tollere dona Tyro.   18

Ergo muneribus quiuis mercatur Amorem?   15
  Iuppiter, indigna merce puella perit.   16
Atque utinam Romae nemo esset diues, et ipse   19
  straminea posset dux habitare casa!   20
Numquam uenales essent ad munus amicae,
  atque una fieret cana puella domo;
numquam septenas noctes seiuncta cubares,
  candida tam foedo bracchia fusa uiro:
non quia peccarim (testor te), sed quia uulgo   25
  formosis leuitas semper amica fuit.

Barbarus exutis agitat uestigia lumbis,
  et subito felix nunc mea regna tenet!   28
At tu nunc nostro, Venus, o succurre dolori,   13
  rumpat ut assiduis membra libidinibus!   14
Nullane sedabit nostros iniuria fletus?   31
  An dolor hic uitiis nescit abesse tuis?
Tot iam abiere dies, cum me nec cura theatri
  nec tetigit Campi, nec mea mensa iuuat.
"At pudeat!" Certe, pudeat! Nisi forte, quod aiunt,   35
  turpis Amor surdis auribus esse solet.
Cerne ducem, modo qui fremitu compleuit inani
  Actia damnatis aequora militibus!
Hunc infamis Amor uersis dare terga carinis
  iussit et extremo quaerere in orbe fugam   40

2.16

Há pouco veio o tal pretor da Ilíria, Cíntia:
    é tua presa – e grande aflição minha.
Não podia morrer junto aos montes Ceráunios?
    Ah! Netuno, que dons eu te daria!
Hoje, sem mim, já fazem um farto festim,   5
    hoje, sem mim, a porta se abre à noite.

Se tens malícia, toma a messe que te deram,
    tosa o carneiro tolo – toda a lã!
Depois, quando estiver bem pobre e sem presentes,
    manda ele navegar em outra Ilíria!   10
Cíntia não segue fasces, nem cargos, nem honras,
    mas sempre pesa o bolso dos amantes,   12
sempre me envia ao Oceano atrás de joias   17
    e enfim me exige o púrpura de Tiro.   18

Então qualquer um compra Amores com presentes?   15
    Ó Jove, ela se perde em mau negócio!   16
Ah! se ninguém em Roma fosse rico e mesmo   19
    o general morasse num barraco!   20
Nunca uma amante venderia seus favores,
    mas envelheceria no seu lar;
nunca, sem mim, tu dormirias sete noites
    de alvos braços abertos para um sujo:
não foi porque eu errei (tu sabes) – para o povo   25
    a leviandade sempre leva as belas.

Eis que um bárbaro expõe seus lombos no mercado
    e logo o felizardo tem meu reino!   28
Mas vem, ó Vênus, e socorre a minha dor: 13
    que em meio a tanto gozo ele se exploda!   14
Nenhuma injúria há de pôr fim aos meus lamentos?   31
    Minha dor já não foge dos teus vícios?
Há muitos dias não me importo com teatro
    ou Campo Márcio, nem me agrada a mesa.
"Devia ter pudor!" Certo, pudor! Se apenas   35
    não fosse sempre surdo um torpe Amor.
Mas olha o general que em vão alarde encheu
    todo o Ácio de soldados condenados!
Infame Amor o fez voltar com suas barcas
    e achar refúgio nos confins do mundo   40

(Caesaris haec uirtus et gloria Caesaris haec est:
   illa, qua uicit, condidit arma manu).
Sed quascumque tibi uestis, quoscumque smaragdos,
   quosue dedit flauo lumine chrysolithos,
haec uideam rapidas in uanum ferre procellas: 45
   quae tibi terra, uelim, quae tibi fiat aqua! 46
Aspice quid donis Eriphyla inuenit amaris, 29
   arserit et quantis nupta Creusa malis. 30
Non semper placidus periuros ridet amantis 47
   Iuppiter et surda neglegit aure preces.
Vidisti toto sonitus percurrere caelo,
   fulminaque aetheria desiluisse domo? 50
non haec Pleiades faciunt neque aquosus Orion,
   nec sic de nihilo fulminis ira cadit;
periuras tunc ille solet punire puellas,
   deceptus quoniam fleuit et ipse Deus.

Quare ne tibi sit tanti Sidonia uestis, 55
   ut timeas, quotiens nubilus Auster erit.

(É virtude de César, de César a glória:
   a mesma mão que vence guarda as armas).
Quaisquer que sejam os vestidos, esmeraldas
   ou topázios brilhantes que te deu,
quero vê-los ruir em rápidas procelas: 45
   que alguns se tornem terra – e outros, água!   46
Lembra que amargos mimos colhera Erifile   29
   e em quanto mal ardeu Creúsa noiva.   30
Nem sempre ri tranquilo de amantes perjuros   47
   Júpiter, nem renega ouvido às preces.
Tu não viste um estrondo atravessar o céu,
   raios descendo da morada etérea?   50
Não são as Plêiades, não é o chuvoso Oríon,
   não cai sem causa a ira do trovão:
ele costuma então punir perjuras jovens,
   pois enganado outrora o Deus chorou.

Então não queiras tanto os vestidos de Sídon   55
   pra que não temas o Austro nebuloso!

2.17

Mentiri noctem, promissis ducere amantem,
    hoc erit infectas sanguine habere manus! 2
Nunc iacere e duro corpus iuuat, impia, saxo 13
    sumere et in nostram trita uenena necem. 14
Horum ego sum uates, quotiens desertus amaras 3
    expleui noctes, fractus utroque toro.

Vel tu Tantalea moueare ad flumina sorte, 5
    ut liquor arenti fallat ab ore sitim,
uel tu Sisyphios licet admirere labores,
    difficile ut toto monte uolutet onus,
durius in terris nihil est quod uiuat amante,
    nec, modo si sapias, quod minus esse uelis. 10

Quem modo felicem inuidia admirante ferebant,
    nunc decimo admittor uix ego quoque die, 12
nec licet in triuiis sicca requiescere Luna, 15
    aut per rimosas mittere uerba fores.
Quod quamuis ita sit, dominam mutare cauebo:
    tum flebit, cum in me senserit esse fidem.

2.17

Prometer noite em falso e atrair o amante
    será como sujar as mãos de sangue!   2
Hoje eu quero lançar-me dum rochedo, ó ímpia,   13
    ou consumir venenos e morrer.   14
Nesse assunto sou vate – a sós já provei muitas   3
    noites amargas, arrasado ao leito.

Quer te comova o fim de Tântalo nos rios   5
    onde água engana sua boca seca,
quer te impressione Sísifo que em seu labor
    carrega um grande peso monte acima;
nada na terra é mais cruel que ser amante:
    se fores sábia, é o que não queres ser.   10

Há pouco, com inveja achavam-me feliz,
    hoje, a cada dez dias mal me aceitam,   12
não posso repousar na rua, à Lua árida,   15
    nem falar pelas frestas da tua porta.
Mesmo que seja assim, não mudarei de amada,
    pois vai chorar ao ver que sou fiel.

2.18a

★ ★ ★

Assiduae multis odium peperere querelae:
   frangitur in tacito femina saepe uiro.
Si quid uidisti, semper uidisse negato,
   aut si quid doluit forte, dolere nega!

★ ★ ★

2.18b

★ ★ ★

Quid mea si canis aetas candesceret annis, 5
   et faceret scissas languida ruga genas?
At non Tithoni spernens Aurora senectam
   desertum Eoa passa iacere domo est:
illum saepe suis decedens fouit in ulnis
   quam prius abiunctos sedula lauit equos; 10
illum ad uicinos cum amplexa quiesceret Indos,
   maturos iterum est questa redire dies;
illa Deos currum conscendens dixit iniquos,
   inuitum et terris praestitit officium.
Cui maiora senis Tithoni gaudia uiui, 15
   quam grauis amisso Memnone luctus erat.
Cum sene non puduit talem dormire puellam
   et canae totiens oscula ferre comae.
At tu etiam iuuenem odisti me, perfida, cum sis
   ipsa anus haud longa curua futura die. 20

2.18c

★ ★ ★

Quin ego deminuo curam, quod saepe Cupido
   huic malus esse solet, cui bonus ante fuit.

★ ★ ★

2.18a

★ ★ ★

Frequentes queixas já causaram ódio em muitas:
  quase sempre elas cedem ao que cala.
Se algo tu viste, sempre negarás ter visto,
  se algo dói muito, nega toda a dor!

★ ★ ★

2.18b

★ ★ ★

E se meu viço embranquecer com brancos anos, 5
  se langue ruga me fender a face?
Sem desprezar a idade de Titono, Aurora
  não o deixou dormir a sós no Oriente:
ao sair, sempre o aquecia em seu abraço
  e lavava zelosa os corcéis soltos, 10
ao abraçá-lo, repousando junto aos Indos,
  chorava a pressa em que retorna o dia.
Chamou Deuses de injustos, ao subir no carro,
  e a contragosto trabalhou na terra.
Maior era seu gozo com Titono vivo 15
  do que o pesado luto ao perder Mémnon.
Não se pejava a moça por dormir com um velho
  e tanto lhe beijar as comas brancas.
Mas tu, ó pérfida, me odeias jovem, quando
  tu própria serás velha e curva em breve. 20

2.18c

★ ★ ★

Mitigo esta aflição, pois costuma Cupido
  ser mau para quem antes fora bom.

★ ★ ★

2.18d

Nunc etiam infectos demens imitare Britannos,
    ludis et externo tincta nitore caput?
An si caeruleo quaedam sua tempora fuco   31
    tinxerit, idcirco caerula forma bona est?   32
Vt natura dedit, sic omnis recta figura est: 25
    turpis Romano Belgicus ore color.
Illi sub terris fiant mala multa puellae,
    quae mentita suas uertit inepta comas!

Desine! Mi certe poteris formosa uideri:
    mi formosa sat es, si modo saepe uenis.   30
Cum tibi nec frater nec sit tibi filius ullus,
    frater ego et tibi sim filius unus ego.
Ipse tuus semper tibi sit custodia uultus   35
    nec nimis ornata fronte sedere uelis.
Credam ego narranti, noli committere, Famae:
    et terram rumor transilit et maria.

2.18d

Agora imitas os Bretões pintados, louca,
    querendo brilho estranho na cabeça?
Se uma qualquer se pinta com negro cerúleo,   31
    tudo o que for cerúleo fica bom?   32
Ao natural é que a beleza se revela: 25
    cor Belga arrasa o rosto das Romanas.
Que venha nos Infernos muito mal à tola
    moça que mente e muda seus cabelos!

Para com isso! E poderei te achar mais bela:
    és bela para mim, se vens mais vezes.   30
E como tu não tens nenhum irmão ou filho,
    eu serei teu irmão, teu filho único.
Que o próprio rosto seja sempre a tua guarda,   35
    nem te exponhas com muito enfeite à fronte.
No que disser a Fama eu creio – não tropeces!
    O rumor atravessa terra e mar.

2.19

Etsi me inuito discedis, Cynthia, Roma,
    laetor quod sine me deuia rura coles.
Nullus erit castis iuuenis corruptor in agris,
    qui te blanditiis non sinat esse probam;
nulla neque ante tuas orietur rixa fenestras,   5
    nec tibi clamatae somnus amarus erit.

Sola eris et solos spectabis, Cynthia, montis
    et pecus et finis pauperis agricolae.
Illic te nulli poterunt corrumpere ludi,
    fanaque, peccatis plurima causa tuis;   10
illic assidue tauros spectabis arantis,
    et uitem docta ponere falce comas;
atque ibi rara feres inculto tura sacello,
    haedus ubi agrestis corruet ante focos;
protinus et nuda choreas imitabere sura;   15
    omnia ab externo sint modo tuta uiro.

Ipse ego uenabor: iam nunc me sacra Dianae
    suscipere et Veneris ponere uota iuuat.
Incipiam captare feras et reddere pinu
    cornua et audaces ipse monere canis;   20
non tamen ut uastos ausim temptare leones
    aut celer agrestis comminus ire sues:
haec igitur mihi sit lepores audacia mollis
    excipere et structo fallere auem calamo,
qua formosa suo Clitumnus flumina luco   25
    integit et niueos abluit unda boues.

Tu quotiens aliquid conabere, uita, memento
    uenturum paucis me tibi Luciferis.
Hic me nec solae poterunt auertere siluae,
    nec uaga muscosis flumina fusa iugis,   30
quin ego in assidua mutem tua nomina lingua:
    absenti nemo non nocuisse uelit!

2.19

Partes de Roma, Cíntia, e a contragosto alegro-me:
   melhor morar sem mim em campos ermos.
Não há nas terras castas jovem sedutor
   que com gracejos possa depravar-te,
rixas não surgirão perante a tua janela,   5
   nem um chamado amargará teu sono.

Sozinha tu verás somente os montes, Cíntia,
   gado e cercas de um pobre agricultor.
Lá jogos não conseguirão te corromper
   e os templos não comportam teus pecados,   10
lá tu sempre verás o touro sob o arado
   e a vinha dando a fronde à culta foice,
levarás pouco incenso à ermida deserta
   onde um cabrito tombe em ara agreste
e ao desnudar a coxa imitarás as danças,   15
   desde que fique a salvo de outros homens.

Eu mesmo caçarei! Nos ritos de Diana
   quero largar meu voto feito a Vênus.
Começo capturando feras, dando chifres
   ao pinheiro e amansando cães audazes;   20
não que eu ouse atacar os enormes leões
   ou perseguir os javalis selvagens,
mas peço a audácia de apanhar as frágeis lebres
   e as aves enganar com arapucas
onde Clitumno com seu bosque sacro cobre   25
   os rios e a água banha níveos bois.

Ó minha vida, sempre que tentares algo,
   lembra que em poucos dias chegarei.
Florestas solitárias não me impedirão,
   nem rio errante entre musgosos cimos,   30
de trocar o teu nome com língua incessante,
   pois ninguém pouparia quem se ausenta!

2.20

Quid fles abducta grauius Briseide? Quid fles
　　anxia captiua tristius Andromacha?
Quidue mea de fraude Deos, insana, fatigas?
　　Quid quereris nostram sic cecidisse fidem?
Non tam nocturna uolucris funesta querela　　　　　　　　5
　　Attica Cecropiis obstrepit in foliis,
nec tantum Niobe, bis sex ad busta superba,
　　sollicito lacrimas defluit a Sipylo.

Mi licet aeratis astringant bracchia nodis,
　　sint mea uel Danaes condita membra domo,　　　　　　10
in te ego et aeratas rumpam, mea uita, catenas,
　　ferratam Danaes transiliamque domum.
De te quodcumque, ad surdas mihi dicitur auris:
　　tu modo ne dubita de grauitate mea.
Ossa tibi iuro per matris et ossa parentis　　　　　　　　15
　　(si fallo, cinis heu sit mihi uterque grauis!)
me tibi ad extremas mansurum, uita, tenebras:
　　ambos una fides auferet, una dies.

Quod si nec nomen nec me tua forma teneret,
　　posset seruitium mite tenere tuum.　　　　　　　　　20
Septima iam plenae deducitur orbita Lunae,
　　cum de me et de te compita nulla tacent:
interea nobis non numquam ianua mollis,
　　non numquam lecti copia facta tui.
Nec mihi muneribus nox ulla est empta beatis:　　　　　　25
　　quidquid eram, hoc animi gratia magna tui.
Cum te tam multi peterent, tu me una petisti:
　　possum ego nunc curae non meminisse tuae?

Tum me uel tragicae uexetis Erinyes, et me
　　inferno damnes, Aeace, iudicio,　　　　　　　　　　30
sitque inter Tityi uolucris mea poena iacere,
　　tumque ego Sisyphio saxa labore geram!
Nec tu supplicibus me sis uenerata tabellis:
　　ultima talis erit quae mea prima fides.
Hoc mihi perpetuo ius est, quod solus amator　　　　　　35
　　nec cito desisto nec temere incipio.

2.20

Por que tu choras mais que Briseida? Por que
    choras mais triste que a cativa Andrômaca?
Por que insistes aos Deuses que te engano, louca?
    Por que clamas o fim da lealdade?
Menor estrépito a noturna ave funesta 5
    da Ática faz entre Cecrópias folhas,
nem Níobe, a soberba que deu doze tumbas,
    no Sípilo destila tantas lágrimas.

Mesmo que enlacem brônzeos laços nos meus braços
    ou que me prendam junto ao lar de Dânae, 10
por ti, querida, eu romperei correntes brônzeas
    e transporei o férreo lar de Dânae.
Sou surdo a tudo o que me dizem sobre ti:
    não duvides da minha seriedade.
Eu juro pelos ossos de meu pai e mãe 15
    (se minto – ah! sofra o peso de suas cinzas!),
que serei teu, querida, até a treva extrema:
    iremos num só dia e lealdade.

Se não me retivesse o nome ou a beleza,
    a doce escravidão me reteria. 20
A Lua cheia fez sua sétima volta
    e cada esquina fala só de nós.
A tua porta vez em quando amolecia,
    vez em quando em teu leito eu me fartava.
Nenhuma noite com presentes eu comprei: 25
    tudo que tive foi da tua vontade.
Se muitos te queriam – só tu me quiseste:
    como posso esquecer os teus cuidados?

Se for assim, julgai-me, ó trágicas Erínias,
    podes mandar-me para o Inferno, ó Éaco; 30
que entre as aves de Tício eu sofra meu castigo
    e empurre rochas num labor de Sísifo!
Não me veneres com tabuinhas suplicantes:
    a minha lealdade é sempre a mesma.
Eis minha lei perpétua – sou amante único: 35
    não largo fácil, nem começo às cegas.

2.21

A quantum de me Panthi tibi pagina finxit!
  tantum illi Pantho ne sit amica Venus!
Sed tibi iam uideor Dodona uerior augur?
  Vxorem ille tuus pulcher amator habet!
Tot noctes periere: nihil pudet? Aspice, cantat 5
  liber: tu nimium credula, sola iaces.

Et nunc inter eos tu sermo es, te ille superbus
  dicit se inuito saepe fuisse domi.
Dispeream si quicquam aliud quam gloria de te
  quaeritur: has laudes ille maritus habet. 10
Colchida sic hospes quondam decepit Iason:
  eiecta est, tenuit namque Creusa domum.
Sic a Dulichio iuuene est elusa Calypso:
  uidit amatorem pandere uela suum.

A nimium faciles aurem praebere puellae, 15
  discite desertae non temere esse bonae!
Huic quoque, qui restet, iam pridem quaeritur alter:
  experta in primo, stulta, cauere potes!
Nos quocumque loco, nos omni tempore tecum
  siue aegra pariter siue ualente sumus. 20

2.21

Ah! Panto mente sobre mim em suas páginas!
　　Que Vênus seja hostil a esse Panto!
Não pensas que no oráculo eu venço Dodona?
　　Esse teu belo amante tem mulher!
Tantas noites em vão: não tens pudor? Pois ele   5
　　canta livre e tu crédula – estás só.

Agora estás na boca de todos: vaidoso
　　já diz que a contragosto te acolhia.
Que eu morra, se o que busca em ti não for a glória:
　　que louvores não ganha esse marido!   10
Assim o hóspede Jasão burlou a Cólquide
　　e ela perdeu seu lar para Creúsa.
Calipso foi lograda por jovem Dulíquio
　　e viu o amante dar a vela ao vento.

Mas ah! mocinhas que acreditam facilmente,   15
　　aprendei que a bondosa é abandonada!
Esta há tempos procura alguém que não a deixe:
　　o primeiro provaste, tola – cuida-te!
A qualquer hora e em qualquer lugar contigo,
　　se estás doente ou com saúde, estou.   20

2.22a

Scis here mi multas pariter placuisse puellas;
  scis mihi, Demophoon, multa uenire mala.
Nulla meis frustra lustrantur compita plantis;
  o nimis exitio nata theatra meo,
siue aliqua in molli diducit candida gestu 5
  bracchia, seu uarios incinit ore modos!
Interea nostri quaerunt sibi uulnus ocelli,
  candida non tecto pectore si qua sedet,
siue uagi crines puris in frontibus errant,
  Indica quos medio uertice gemma tenet. 10

Quaeris, Demophoon, cur sim tam mollis in omnis?
  Quod quaeris, 'quare' non habet ullus Amor.
Cur aliquis sacris laniat sua bracchia cultris 15
  et Phrygis insanos caeditur ad numeros?
Vni cuique dedit uitium natura creato:
  mi Fortuna aliquid semper amare dedit.
Me licet et Thamyrae cantoris Fata sequantur,
  numquam ad formosas, inuide, caecus ero. 20

Sed tibi si exilis uideor tenuatus in artus,
  falleris: haud umquam est culta labore Venus.
Percontere licet: saepe est experta puella
  officium tota nocte ualere meum. 24
Quae si forte aliquid uultu mihi dura negarat, 11
  frigida de tota fronte cadebat aqua. 12

Iuppiter Alcmenae geminas requieuerat Arctos, 25
  et caelum noctu bis sine rege fuit;
nec tamen idcirco languens ad fulmina uenit:
  nullus Amor uires eripit ipse suas.
Quid? Cum e complexu Briseidos iret Achilles,
  num fugere minus Thessala tela Phryges? 30
Quid? Ferus Andromachae lecto cum surgeret Hector?
  Bella Mycenaeae non timuere rates?
Illi uel hic classis poterant uel perdere muros:
  hic ego Pelides, hic ferus Hector ego.

Aspice uti caelo modo Sol modo Luna ministret: 35
  sic etiam nobis una puella parum est.
Altera me cupidis teneat foueatque lacertis,
  altera si quando non sinit esse locum;

2.22a

Sabes que muitas me agradaram por igual,
    sabes que sofri muito, Demofoonte.
Nenhuma encruzilhada em vão meus pés cruzaram,
    ó teatros nascidos pra que eu morra,
se num gesto suave ela abre os alvos braços,   5
    ou sua boca entoa vários ritmos!
No entanto meus olhinhos clamam por feridas,
    se a moça alva traz o seio à mostra,
ou se no rosto puro pende seu cabelo
    preso ao alto por uma gema Índica.   10

Perguntas, Demofoonte, por que sou tão terno?
    Perguntas, mas o Amor não tem porquê.
Por que alguém fere os braços com lâminas sacras   15
    ou se mutila ao Frígio som insano?
A cada ser a Natureza dá um vício:
    Fortuna concedeu-me sempre amar.
Mesmo que eu tenha um Fado igual ao cantor Tâmiras,
    nunca, ó invejoso, eu serei cego às belas.   20

Se te pareço fraco em meus franzinos membros,
    te enganas! Não me cansa o culto a Vênus.
Tu podes perguntar – a moça já provou
    que meu trabalho dura a noite inteira.   24
Se uma fazia cara feia ao favorzinho,   11
    em meu rosto escorria um suor frio.   12

Jove parou as duas Ursas para Alcmena   25
    e o céu ficou sem rei por duas noites.
Mas nem por isso retornou cansado aos raios:
    nenhum Amor arranca as próprias forças.
Quê? Quando Aquiles vem do abraço de Briseida,
    os Frígios fogem menos dos Tessálios?   30
Quê? Quando sai Heitor do tálamo de Andrômaca,
    as naus Micenas já não temem guerra?
Ambos podiam destruir frotas e muros:
    aqui eu sou Pelida e Heitor feroz.

Vês que servem ao céu ora o Sol, ora a Lua: 35
    uma só moça é pouco para mim.
Que uma me prenda em quentes braços desejosos,
    se a outra não me deixa estar com ela,

aut si forte irata meo sit facta ministro,
 ut sciat esse aliam, quae uelit esse mea! 40
Nam melius duo defendunt retinacula nauim,
 tutius et geminos anxia mater alit.

2.22b

★ ★ ★

Aut, si es dura, nega: sin es non dura, uenito!
 Quid iuuat haec nullo ponere uerba loco?
Hic unus dolor est ex omnibus acer amanti, 45
 speranti subito si qua uenire negat.
Quanta illum toto uersant suspiria lecto,
 cum recipi, quem non nouerit ille, putat!
Et rursus puerum quaerendo audita fatigat,
 quem, quae scire timet, quaerere Fata iubet. 50

★ ★ ★

ou caso se enfureça com escravos meus,
    assim já sabe que outra quer ser minha!   40
Pois dois laços protegem melhor o navio,
    com mais calma a mãe tensa cria gêmeos.

2.22b

★ ★ ★

Se fores dura, nega; se não fores – vem!
    De que vale falar para as paredes?
De todas, eis a maior dor para um amante: 45
    se a que ele espera súbito se nega.
Quantos suspiros o reviram pelo leito
    ao pensar que ela hospeda algum estranho!
Sem parar, cansa o escravo e pede mais notícias:
    pergunta o Fado que temia ouvir.   50

★ ★ ★

2.23

Cui fugienda fuit indocti semita uulgi,
  ipsa petita lacu nunc mihi dulcis aqua est.

Ingenuus quisquam alterius dat munera seruo,
  ut promissa suae uerba ferat dominae?
Et quaerit totiens "Quaenam nunc porticus illam   5
  integit?" et "Campo quo mouet illa pedes?",
deinde ubi pertuleris, quos dicit fama labores
  Herculis, ut scribat "Muneris ecquid habes?",
cernere uti possis uultum custodis amari,
  captus et immunda saepe latere casa?   10
Quam care semel in toto nox uertitur anno!
  A pereant, si quos ianua clausa iuuat!

Contra, reiecto quae libera uadit amictu,
  custodum et nullo saepta timore, placet.
Cui saepe immundo Sacra conteritur Via socco,   15
  nec sinit esse moram, si quis adire uelit.
Differet haec numquam, nec poscet garrula, quod te
  astrictus ploret saepe dedisse pater,
nec dicet "Timeo, propera iam surgere, quaeso:
  infelix! hodie uir mihi rure uenit."   20
Et quas Euphrates et quas mihi misit Orontes,
  me iuerint: nolim furta pudica tori.
Libertas quoniam nulli iam restat amanti:
  nullus liber erit, si quis amare uolet.

"Tu loqueris, cum sis iam noto fabula libro   [24.1]
  et tua sit toto Cynthia lecta Foro?"
Cui non his uerbis aspergat tempora sudor?
  Aut pudor ingenuis, aut reticendus Amor.
Quod si tam facilis spiraret Cynthia nobis,   [24.5]
  non ego nequitiae dicerer esse caput,
nec sic per totam infamis traducerer urbem,
  urerer et quamuis, non mihi uerba darem.
quare ne tibi sit mirum me quaerere uilis:
  parcius infamant: num tibi causa leuis?   [24.10]

2.23

Eu, que fugia às sendas desse povo inculto,
   hoje acho doce a água da cisterna.

Os homens livres presenteiam servo alheio
   para levar promessas à senhora?
Então perguntam "Em que pórtico ela está?   5
   Onde passeia? Está no Campo Márcio?"
e depois que suportas trabalhos Hercúleos
   ela responde "Tens algum presente?"
para então dar de cara com guardiões amargos
   e entrar em choça imunda, se te pegam?   10
Como sai cara uma só noite no ano inteiro!
   Morra quem ama a porta aferrolhada!

Eu gosto é da que segue livre, sem seus véus,
   nem se cobre de medo por seus guardas,
que trota a Via Sacra com tamanco imundo,   15
   sem enrolar aqueles que a procuram,
nunca adia os encontros, nunca exige algo
   que o pai sovina não te queira dar,
nem diz "Por favor, anda logo, eu tenho medo:
   ai de mim! Meu marido vem do campo!"   20
Eu prefiro as que Orontes e Eufrates me enviam,
   sem mais furtos pudicos sobre o leito.
Já que nenhum amante alcança a liberdade,
   ninguém é livre se quiser amar.

"Assim tu falas, quando és tema de teu livro   [24.1]
   e tua *Cíntia* é lida em todo o Foro?"
Ao ouvir tais palavras, quem não sua frio?
   Ou o nobre tem pudor, ou cala Amor.
Se Cíntia suspirasse tão fácil por mim,   [24.5]
   não me chamavam "rei dos libertinos",
eu não seria infame por toda a cidade
   e embora ardesse, eu não me enganaria.
Portanto não te espante que eu deseje as vis:
   desonram menos – meu motivo é leve?   [24.10]

***

Et modo pauonis caudae flabella superbae
   et manibus durae frigus habere pilae,
et cupit interdum talos me poscere eburnos,
   quaeque nitent Sacra uilia dona Via.
A peream, si me ista mouent dispendia, sed me   [24.15]
   fallaci dominae iam pudet esse iocum!

***

Ela quer leques só de cauda de pavão
   e esfriar as mãos em bolas de cristal,
quer que louco eu procure dados de marfim
   e os presentes mais vis da Via Sacra.
Que eu morra se me importa o gasto! Mas me pejo 24.15]
   por ser joguete dessa enganadora.

2.24

Hoc erat in primis quod me gaudere iubebas?
  Tam te formosam non pudet esse leuem?
Vna aut altera nox nondum est in Amore peracta,
  et dicor lecto iam grauis esse tuo.   20
Me modo laudabas et carmina nostra legebas:
  ille tuus pennas tam cito uertit Amor?   22
Dura est quae multis simulatum fingit Amorem,   47
  et se plus uni si qua parare potest.   48

Contendat mecum ingenio, contendat et arte,   23
  in primis una discat amare domo:
si libitum tibi erit, Lernaeas pugnet ad hydras   25
  et tibi ab Hesperio mala dracone ferat,
taetra uenena libens et naufragus ebibat undas,
  et numquam pro te deneget esse miser
(quos utinam in nobis, uita, experiare labores!):
  iam tibi de timidis iste proteruus erit,   30
qui nunc se in tumidum iactando uenit honorem:
  discidium uobis proximus annus erit!
At me non aetas mutabit tota Sibyllae,
  non labor Alcidae, non niger ille dies.

Tu mea compones et dices "Ossa, Properti,   35
  haec tua sunt? Eheu tu mihi certus eras,
certus eras eheu, quamuis nec sanguine auito
  nobilis et quamuis non ita diues eras."
Nil ego non patiar, numquam me iniuria mutat:
  ferre ego formosam nullum onus esse puto.   40
Credo ego non paucos ista periisse figura,
  credo ego sed multos non habuisse fidem.
Paruo dilexit spatio Minoida Theseus,
  Phyllida Demophoon, hospes uterque malus.
Iam tibi Iasonia nota est Medea carina   45
  et modo seruato sola relicta uiro.   46

Noli nobilibus, noli te ecferre beatis: 49
  uix uenit, extremo qui legat ossa die.   50
Hi tibi nos erimus: sed tu potius precor ut me
  demissis plangas pectora nuda comis.

2.24

Então por isso tu mandavas que eu sorrisse?
    Não tens vergonha – bela e leviana?
De Amor nós mal tivemos uma ou duas noites,
    mas dizem que sou um fardo no teu leito.   20
Há pouco me louvavas, lias os meus versos:
    bateu asas tão cedo o teu Amor?   22
Cruel é aquela que finge falso Amor a muitos   47
    e assim se enfeita para mais de um.   48

Que ele concorra em arte ou talento comigo   23
    e enfim aprenda a amar num lar apenas:
se te agrada, que lute contra Hidras de Lerna,   25
    que ele traga as maçãs da Serpe Hespéria,
que sorva com prazer venenos e ondas, náufrago,
    nem se negue a sofrer em teu favor
(querida, quem me dera provar tais trabalhos!):
    aos teus olhos o macho há de ser frouxo!   30
Agora ele se gaba e empola a própria honra:
    no ano que vem virá o teu divórcio!
Mas nem a idade da Sibila há de mudar-me,
    nem as lidas do Alcida ou negro dia.

Por fim me enterrarás dizendo: "Ah! esses ossos   35
    são teus, Propércio? Ah! foste-me fiel,
foste fiel, ah! mesmo sem ter sangue nobre
    e antigo, mesmo sem maior riqueza."
Sofro de tudo e nunca uma injúria me muda:
    peso não sinto em suportar a bela.   40
Por tal beleza creio que muitos morreram,
    creio, porém, que fiéis foram poucos.
Teseu por pouco tempo amou filha de Minos
    e Demofoonte a Fílis – dois maus hóspedes.
De Medeia já sabes que seguiu Jasão   45
    e abandonada foi após salvá-lo.   46

Não queiras teu enterro entre ricos e nobres: 49
    é duro achar quem colha ao fim teus ossos.   50
Esse sou eu! Mas peço que antes me lamentes
    com seios nus, com teus cabelos soltos.

2.25

Vnica nata meo, pulcherrima cura, dolori,
  excludi quoniam sors mea saepe fuit,
ista meis fiet notissima forma libellis,
  Calue, tua uenia, pace, Catulle, tua.
Miles depositis annosus secubat armis, 5
  grandaeuique negant ducere aratra boues,
putris et in uacua requiescit nauis harena,
  et uetus in templo bellica parma uacat:
at me ab Amore tuo deducet nulla senectus,
  siue ego Tithonus siue ego Nestor ero. 10

Nonne fuit satius duro seruire tyranno
  et gemere in tauro, saeue Perille, tuo?
Gorgonis et satius fuit obdurescere uultu,
  Caucasias etiam si pateremur auis.
Sed tamen obsistam! Teritur robigine mucro 15
  ferreus et paruo saepe liquore silex;
at nullo dominae teritur sub crimine amator:
  restat et immerita sustinet aure minas.
Ultro contemptus rogat, et peccasse fatetur
  laesus, et inuitis ipse redit pedibus. 20

Tu quoque, qui pleno fastus assumis Amore,
  credule, nulla diu femina pondus habet.
An quisquam in mediis persoluit uota procellis,
  cum saepe in portu fracta carina natet?
Aut prius infecto deposcit praemia cursu, 25
  septima quam metam triuerit axe rota?
Mendaces ludunt flatus in Amore secundi:
  si qua uenit sero, magna ruina uenit.

Tu tamen interea, quamuis te diligat illa,
  in tacito cohibe gaudia clausa sinu. 30
Namque in Amore suo semper sua maxima cuique
  nescio quo pacto uerba nocere solent.
Quamuis te persaepe uocet, semel ire memento:
  inuidiam quod habet, non solet esse diu.
At si saecla forent antiqua his grata puellis, 35
  essem ego quod nunc tu: tempore uincor ego.
Non tamen ista meos mutabunt saecula mores:
  unus quisque sua nouerit ire uia.

2.25

Belíssima aflição, nasceste pra que eu sofra,
  pois meu destino é sempre o da exclusão!
Tua beleza será famosa em meus livrinhos –
  com vossa permissão, Catulo e Calvo.
Depondo a arma aposenta-se o velho soldado, 5
  o boi decrépito renega o arado,
a nau repousa podre na praia deserta
  e jaz no templo o antigo escudo bélico;
mas nenhuma velhice arranca o teu Amor,
  nem se eu fosse um Titono ou um Nestor. 10

Não foi melhor servir um tirano impiedoso
  e gemer no teu touro, audaz Perilo?
Não foi melhor petrificar-se frente à Górgona
  e suportar Caucasianas aves?
Mas eu resistirei! Ferrugem gasta o gládio, 15
  água pouca e constante rói as rochas,
mas crime algum desgastaria o bom amante
  que inocente persiste entre ameaças.
Negado, implora, assume a falta, se ofendido,
  e inda regressa contra os próprios pés. 20

Tu, porém, te envaideces de um Amor completo.
  Tolo! Nenhuma moça tem constância!
Por acaso alguém cumpre a promessa às procelas,
  se o barco estilhaçado atinge o porto?
Ou pede os prêmios antes de acabar a prova, 25
  antes que a roda roce sete metas?
Zombam no Amor falazes ventos favoráveis:
  desgraça que vem tarde vem maior.

Tu, nesse tempo, até se ela gostar de ti,
  prende no peito mudo as alegrias. 30
Não sei por quê, porém no Amor pomposas frases
  só costumam ferir quem as profere.
Se ela te chama sempre, vai uma vez só:
  o que provoca inveja dura pouco.
Se os velhos tempos agradassem nossas jovens, 35
  como tu eu seria – vence a época!
Tempos modernos não hão de mudar meus modos:
  que cada um encontre seu caminho.

At, uos qui officia in multos reuocatis Amores,
    quantus sic cruciat lumina uestra dolor!   40
Vidistis pleno teneram candore puellam,
    uidistis fuscam: ducit uterque color.
Vidistis quandam Argiua prodire figura,
    uidistis nostras: utraque forma rapit.
Illaque plebeio uel sit sandycis amictu: 45
    haec atque illa mali uulneris una uia est.
Cum satis una tuis insomnia portet ocellis,
    una sat est cuiuis femina multa mala.

Porém vós que atentais para Amores diversos,
    quanta dor atormenta vossos olhos!   40
Vistes a moça delicada e muito branca,
    vistes a negra – agradam ambas cores.
Vistes passar aquela de beleza Argiva,
    vistes as nossas – ambas arrebatam.
Se ela veste algum manto escarlate ou plebeu,   45
    é uma só estrada à perdição.
Se uma só moça traz insônia aos teus olhinhos,
    bastam os males de uma só mulher.

2.26a

Vidi te in somnis fracta, mea uita, carina
    Ionio lassas ducere rore manus,
et quaecumque in me fueras mentita fateri,
    nec iam umore grauis tollere posse comas,
qualem purpureis agitatam fluctibus Hellen,   5
    aurea quam molli tergore uexit ouis.

Quam timui, ne forte tuum mare nomen haberet,
    teque tua labens nauita fleret aqua!
Quae tum ego Neptuno, quae tum cum Castore fratri,
    quaeque tibi excepi, iam Dea, Leucothoe!   10

At tu uix primas extollens gurgite palmas
    saepe meum nomen iam peritura uocas.
Quod si forte tuos uidisset Glaucus ocellos,
    esses Ionii facta puella maris,
et tibi ob inuidiam Nereides increpitarent,   15
    candida Nesaee, caerula Cymothoe.

Sed tibi subsidio delphinum currere uidi,
    qui, puto, Arioniam uexerat ante lyram.
Iamque ego conabar summo me mittere saxo,
    cum mihi discussit talia uisa metus.   20

2.26b

Nunc admirentur quod tam mihi pulchra puella
    seruiat et tota dicar in urbe potens!
Non, si gaza Midae redeant et flumina Croesi,
    dicat "De nostro surge, poeta, toro."
Nam mea cum recitat, dicit se odisse beatos: 25
    carmina tam sancte nulla puella colit.

Multum in Amore fides, multum constantia prodest:
    qui dare multa potest, multa et amare potest.

★ ★ ★

2.26c

Heu, mare per longum mea cogitet ire puella!
    Hanc sequar et fidos una aget aura duos.   30

2.26a

Te vi num sonho, amada, num barco em pedaços,
  movendo as mãos cansadas no mar Jônio
e confessavas as mentiras sobre mim,
  e a cabeça encharcada te afundava,
como impelida por ondas purpúreas foi Hele, 5
  que áureo carneiro carregou no dorso.

Como temi que o mar recebesse o teu nome
  e um marujo chorasse em tuas águas!
Quantas promessas fiz a Castor e ao irmão,
  a Netuno e a ti, Leucótoe Deusa! 10

Mas erguendo com esforço os teus dedos do abismo,
  quase morta invocavas o meu nome.
Se por acaso Glauco visse os teus olhinhos,
  serias uma Ninfa do mar Jônio
e por inveja ofenderiam-te as Nereidas: 15
  a cerúlea Cimótoe e a alva Neseia.

Porém vi que um golfinho vinha em teu auxílio:
  igual ao que levara a lira a Aríon.
Estava a ponto de lançar-me de um rochedo
  quando o medo afastou-me tais visões. 20

2.26b

Agora admirem-se com minha bela escrava
  e que a cidade me ache poderoso!
Nem se lhe dessem rios de Creso e ouro de Midas,
  diria "Sai, poeta, do meu leito!"
Pois quando me recita, diz que odeia os ricos: 25
  nenhuma moça é tão devota aos versos.

No Amor muito auxiliam constância e lealdade:
  quem muito pode dar, muito há de amar.

⋆ ⋆ ⋆

2.26c

Ah! minha amada quer vagar no vasto mar!
  Eu sigo – e o vento leve este casal. 30

Unum litus erit sopitis unaque tecto
    arbor et ex una saepe bibemus aqua;
et tabula una duos poterit componere amantis,
    prora cubile mihi seu mihi puppis erit.

Omnia perpetiar: saeuus licet urgeat Eurus; 35
    uelaque in incertum frigidus Auster agat;
quicumque et uenti miserum uexastis Vlixem
    et Danaum Euboico litore mille ratis;
et qui mouistis duo litora, cum rudis Argus
    dux erat ignoto missa columba mari. 40
Illa meis tantum non umquam desit ocellis,
    incendat nauem Iuppiter ipse licet.
Certe isdem nudi pariter iactabimur oris,
    me licet unda ferat, te modo terra tegat.

Sed non Neptunus tanto crudelis Amori, 45
    Neptunus fratri par in Amore Ioui:
testis Amymone, latices dum ferret, in aruis
    compressa, et Lernae pulsa tridente palus.
quam Deus amplexu uotum persoluit, at illi
    aurea diuinas urna profudit aquas. 50

Crudelem et Borean rapta Orithyia negabit:
    hic Deus et terras et maria alta domat
crede mihi, nobis mitescet Scylla, nec umquam
    alternante uacans uasta Charybdis aqua;
ipsaque sidera erunt nullis obscura tenebris, 55
    purus et Orion, purus et Haedus erit.

Quod mihi si ponenda tuo sit corpore uita,
    exitus hic nobis non inhonestus erit.

Uma só praia de repouso, uma só árvore
  de teto e a mesma água beberemos;
uma só prancha há de unir os dois amantes,
  minha cama seria proa ou popa.

Tudo suportarei! Que ataque o duro Euro, 35
  que o Austro leve a vela rumo ao risco;
ó ventos todos, que afligistes pobre Ulisses
  e as mil naus Dânaes pela praia Eubeia,
vós que margens movestes enquanto uma pomba
  guiava a rude Argo em mar ignoto! 40
Mas se ela nunca se afastar dos meus olhinhos,
  Jove até pode incendiar meu barco.
Decerto aportaremos nus na mesma praia:
  se a terra te cobrir – aceito as ondas.

Com tanto Amor, Netuno não será cruel – 45
  Netuno é como Júpiter no Amor,
e a prova é Amimone, presa ao buscar água,
  e o lago que o tridente fez em Lerna;
ao abraçá-la o Deus cumpriu sua promessa:
  verteu da urna áurea divas águas. 50

E Oritia não há de reclamar de Bóreas,
  porque esse Deus domina terra e mar.
Confia – calma Cila quedará, Caríbdis
  amansará seu vasto turbilhão
e os astros não se ofuscarão em meio às trevas: 55
  Oríon e Cabrito hão de brilhar.

Pois se devo deixar junto ao teu corpo a vida,
  esse fim não seria desonroso.

2.27

At uos incertam, mortales, funeris horam
    quaeritis, et qua sit Mors aditura uia!
Quaeritis et caelo, Phoenicum inuenta, sereno,
    quae sit stella homini commoda quaeque mala!

Seu pedibus Parthos sequimur seu classe Britannos,   5
    et maris et terrae caeca pericla uiae;
rursus et obiectum fles tu caput esse tumultu
    cum Mauors dubias miscet utrimque manus;
praeterea domibus flammam domibusque ruinas,
    neu subeant labris pocula nigra tuis.   10

Solus amans nouit, quando periturus et a qua
    morte, neque hic Boreae flabra neque arma timet.
Iam licet et Stygia sedeat sub harundine remex,
    cernat et infernae tristia uela ratis:
si modo clamantis reuocauerit aura puellae,   15
    concessum nulla lege redibit iter.

2.27

Mas vós, mortais, quereis saber a hora incerta
   do fim e por que via vem a Morte!
Quereis saber, como um Fenício em céu sereno,
   se a estrela é favorável ou funesta!

Seguimos os Bretões num barco – a pé, os Partos,   5
   seguimos risco cego em terra e mar;
na volta tu lamentas tantas sedições
   e Mavorte mistura as mãos incertas,
também temes que o fogo arrase nossos lares
   ou que toquem teus lábios negras taças.   10

Somente o amante sabe quando há de morrer
   e a Morte: armas e Bóreas não receia.
Mesmo a remar, sentado sob a vara Estígia,
   vendo a barca infernal de tristes velas,
se uma brisa da voz amada o convocar,   15
   regressará na senda proibida.

2.28

Iuppiter, affectae tandem miserere puellae!
　　Tam formosa tuum mortua crimen erit.
Venit enim tempus, quo torridus aestuat aer,
　　incipit et sicco feruere terra Cane.
Sed non tam ardoris culpa est neque crimina caeli　　　　5
　　quam totiens sanctos non habuisse Deos.
Hoc perdit miseras, hoc perdidit ante puellas:
　　quidquid iurarunt, uentus et unda rapit.

Num sibi collatam doluit Venus? Illa peraeque
　　prae se formosis inuidiosa Dea est.　　　　　　　　10
An contempta tibi Iunonis templa Pelasgae?
　　Palladis aut oculos ausa negare bonos?
Semper, formosae, non nostis parcere uerbis.
　　Hoc tibi lingua nocens, hoc tibi forma dedit.
Sed tibi uexatae per multa pericula uitae　　　　　　　15
　　extremo ueniet mollior hora die.

Io uersa caput primos mugiuerat annos:
　　nunc Dea, quae Nili flumina uacca bibit.
Ino etiam prima terris aetate uagata est:
　　hanc miser implorat nauita Leucothoen.　　　　　　20
Andromede monstris fuerat deuota marinis:
　　haec eadem Persei nobilis uxor erat.
Callisto Arcadios errauerat ursa per agros:
　　haec nocturna suo sidere uela regit.

Quod si forte tibi properarint Fata quietem,　　　　　　25
　　ipsa sepultura facta beata tua,
narrabis Semelae, quo sis formosa periclo,
　　credet et illa, suo docta puella malo;
et tibi Maeonias omnis heroidas inter
　　primus erit nulla non tribuente locus.　　　　　　　30
Nunc, utcumque potes, Fato gere saucia morem:
　　et Deus et durus uertitur ipse dies.　　　　　　　　32

Deficiunt magico torti sub carmine rhombi,　　　　　　35
　　et iacet exstincto laurus adusta foco;
et iam Luna negat totiens descendere caelo,
　　nigraque funestum concinit omen auis.
Vna ratis Fati nostros portabit Amores
　　caerula ad infernos uelificata lacus.　　　　　　　　40

2.28

Jove, tem compaixão de uma jovem doente!
  Se alguém tão bela morre, a culpa é tua.
Chegou o tempo em que o ar tórrido nos queima
  e na aridez do Cão a terra ferve.
Porém não é do céu, nem do calor a culpa: 5
  ela nunca louvava os santos Deuses.
Eis o que perde e já perdeu as pobres jovens:
  o que elas juram vai-se em vento e onda.

A Vênus foste comparada? É que ela inveja
  as moças que lhe ofuscam a beleza. 10
Tu desprezaste os templos de Juno Pelasga?
  Tu negaste ser belo o olhar de Palas?
Mulheres belas, não sabeis medir palavras!
  Eis o teu mal – beleza e língua afiada.
Mesmo que em vida tantos perigos te aflijam, 15
  terás no dia extremo alegre instante.

Io, a cabeça transformada, só mugia
  e a novilha do Nilo agora é Deusa.
Ino vagava sobre a terra quando jovem
  e o pobre nauta clama por Leucótoe. 20
Andrômeda ofertaram a monstros marinhos,
  depois foi nobre esposa de Perseu.
Calisto em forma de ursa errava em campos Árcades:
  seu astro à noite agora guia as velas.

Se por acaso o Fado apressa o teu repouso, 25
  beata por tua própria sepultura,
teus perigos de bela narrarás a Sêmele
  e ela, culta de males, há de crer.
Tu sentarás à frente de heroínas Meônias –
  nenhuma delas negará teu posto. 30
Mas hoje, enferma, aceita o Fado como podes:
  o Deus e o duro dia também mudam. 32

Falham os rombos retorcidos por encantos, 35
  o louro jaz queimado em fogo extinto,
do céu a Lua nega-se a descer mais vezes
  e aves negras entoam mau augúrio.
Um só barco do Fado leva o nosso Amor:
  cerúlea nau nos lagos infernais. 40

Si non unius, quaeso, miserere duorum!
  uiuam, si uiuet; si cadet illa, cadam.
Pro quibus optatis sacro me carmine damno:
  scribam ego PER MAGNVM EST SALVA PVELLA IOVEM;
ante tuosque pedes illa ipsa operata sedebit, 45
  narrabitque sedens longa pericla sua. 46
Hoc tibi uel poterit coniunx ignoscere Iuno: 33
  frangitur et Iuno, si qua puella perit. 34
Et tua, Persephone, maneat clementia, nec tu, 47
  Persephonae coniunx, saeuior esse uelis.

Sunt apud infernos tot milia formosarum:
  pulchra sit in superis, si licet, una locis! 50
Vobiscum Antiope, uobiscum candida Tyro,
  uobiscum Europe nec proba Pasiphae,
et quot Creta tulit uetus et quot Achaia formas,
  et Thebae et Priami diruta regna senis:
et quaecumque erat in numero Romana puella, 55
  occidit: has omnis ignis auarus habet.

Nec forma aeternum aut cuiquam est Fortuna perennis:
  longius aut propius Mors sua quemque manet.
Tu quoniam es, mea lux, magno dimissa periclo,
  munera Dianae debita redde choros, 60
redde etiam excubias diuae nunc, ante iuuencae;
  uotiuas noctes et mihi solue decem!

Tem compaixão por dois, se um só não te comove!
   Vivo, se ela viver – se morrer, morro!
Com estes votos me condeno ao sacro canto,
   escreverei – FOI SALVA POR GRÃO JOVE
e ela a teus pés há de sentar com sacrifícios,   45
   na longa narração dos seus perigos.   46
Isso até Juno, tua esposa, perdoaria: 33
   se a jovem morre, Juno se comove.   34
E que tua clemência perdure, Perséfone,   47
   nem tu, marido, sejas mais cruel!

De mulheres bonitas o Inferno está cheio:
   deixai na terra ao menos uma bela!   50
Convosco estão Antíope e a branca Tiro,
   convosco, Europa e ímproba Pasífae;
as beldades que Creta e Acaia geraram,
   os reinados de Príamo e de Tebas
e todas as Romanas que estavam no rol   55
   morreram, presas por um fogo avaro.

Ninguém terá beleza nem Fortuna eterna
   e cedo ou tarde a Morte chega a todos.
Ó minha luz, se hoje estás livre do perigo,
   oferta as danças que a Diana deves,   60
à divina novilha oferta tu vigílias
   e paga-me as dez noites prometidas!

2.29a

Hesterna, mea lux, cum potus nocte uagarer,
    nec me seruorum duceret ulla manus,
obuia nescio quot pueri mihi turba minuta
    uenerat (hos uetuit me numerare timor);
quorum alii faculas, alii retinere sagittas,   5
    pars etiam uisa est uincla parare mihi.
Sed nudi fuerant. Quorum lasciuior unus,
    "Arripite hunc," inquit, "nam bene nostis eum
hic erat, hunc mulier nobis irata locauit."
    Dixit, et in collo iam mihi nodus erat.   10

Hic alter iubet in medium propellere, at alter,
    "Intereat, qui nos non putat esse Deos!
Haec te non meritum totas exspectat in horas;
    at tu nescio quas quaeris, inepte, foris.
Quae cum Sidoniae nocturna ligamina mitrae   15
    soluerit atque oculos mouerit illa grauis,
afflabunt tibi non Arabum de gramine odores,
    sed quos ipse suis fecit Amor manibus.
Parcite iam, fratres, iam certos spondet Amores;
    et iam ad mandatam uenimus ecce domum."   20

Atque ita mi iniecto dixerunt rursus amictu:
    "I nunc et noctes disce manere domi!"

2.29b

Mane erat, et uolui si sola quiesceret illa
    uisere: at in lecto Cynthia sola fuit.
Obstipui: non illa mihi formosior umquam   25
    uisa, neque ostrina cum fuit in tunica,
ibat et hinc castae narratum somnia Vestae,
    neu sibi neue mihi quae nocitura forent.
Talis uisa mihi somno dimissa recenti.
    Heu quantum per se candida forma ualet!   30

"Quid tu matutinus," ait "speculator amicae?
    Me similem uestris moribus esse putas?
Non ego tam facilis: sat erit mihi cognitus unus,
    uel tu uel si quis uerior esse potest.

2.29a

Noite passada, ó minha luz, vagando bêbado
    longe das mãos da minha escolta escrava,
vi um bando diminuto – inúmeros meninos,
    pois o medo me fez perder as contas:
alguns tinham tochinhas, outros tinham setas   5
    e acho que alguns queriam me amarrar.
Estavam nus. Um deles, o mais descarado,
    disse "Agarrai-o! Bem o conheceis:
por ele a moça furiosa contratou-nos."
    Mal falava – eis um laço em meu pescoço!   10

Um manda "Empurra para o centro!" e outro diz:
    "Morra quem pensa que não somos Deuses!
Tu não mereces: ela te espera faz tempo,
    enquanto esgueiras, tolo, em outras portas.
Quando os laços noturnos da mitra Sidônia   15
    ela soltar e abrir os seus olhinhos,
não sentirás mais os perfumes das Arábias:
    só os do Amor, que os fez com as próprias mãos.
Poupai-o, irmãos! Agora ele promete Amores
    e à casa contratante já chegamos."   20
Depois de devolver meu manto enfim disseram:
    "Vê se aprende a passar a noite em casa!"

2.29b

Madrugada, e eu quis saber se ela dormia
    a sós – mas Cíntia estava só no leito.
Fiquei pasmo! Ela nunca pareceu tão bela!   25
    Nem quando usava a túnica purpúrea
e saía a contar seu sonho à casta Vesta
    para que não pudesse nos ferir:
assim me pareceu, quando saiu do sono.
    Como brilha a beleza sem adorno!   30

"Por que, madrugador, espionar a amiga?
    Pensas que acaso tenho os teus costumes?
Não sou fácil – contento-me com um homem só,
    quer sejas tu, ou outro mais sincero.

Apparent non ulla toro uestigia presso,   35
   signa uolutantis nec iacuisse duos.
Aspice ut in toto nullus mihi corpore surgat
   spiritus admisso notus adulterio."
Dixit et opposita propellens sauia dextra
   prosilit in laxa nixa pedem solea.   40
Sic ego tam sancti custos excludor Amoris:
   ex illo felix nox mihi nulla fuit.

Não há nenhuma marca em minha cama lisa, 35
    nem sinais de um casal se revirando.
Observa como nada no meu corpo exala
    o famoso perfume do adultério."
Enquanto ela falava e a mão negava beijos,
    calçou num salto uma sandália frouxa. 40
Eu fui expulso, o guardião de um sacro Amor,
    e não tive mais noites de alegria.

2.30a

Num tu, dure, paras Phrygias nunc ire per undas 19
   et petere Hyrcani litora rauca maris, 20
spargere et alterna communis caede Penatis 21
   et ferre ad patrios praemia dira Lares? 22

Quo fugis a demens? Nulla est fuga: tu licet usque 1
   ad Tanain fugias, usque sequetur Amor.
Non si Pegaseo uecteris in aere dorso,
   nec tibi si Persei mouerit ala pedes,
uel si te sectae rapiant talaribus aurae, 5
   nil tibi Mercurii proderit alta uia.
Instat semper Amor supra caput, instat amanti,
   et grauis ipse super libera colla sedet.
Excubat ille acer custos et tollere numquam
   te patietur humo lumina capta semel. 10

★ ★ ★

Et iam si pecces, Deus exorabilis ille est
   si modo praesentis uiderit esse preces.

2.30b

Ista senes licet accusent conuiuia duri:
   nos modo propositum, uita, teramus iter!
Illorum antiquis onerentur legibus aures: 15
   hic locus est in quo, tibia docta, sones,
quae non iure uado Maeandri iacta natasti,
   turpia cum faceret Palladis ora tumor. 18

Vna contentum pudeat me uiuere amica? 23
   Hoc si crimen erit, crimen Amoris erit.
Mi nemo obiciat! Libeat tibi, Cynthia, mecum 25
   rorida muscosis antra tenere iugis.
Illic aspicies scopulis haerere Sorores
   et canere antiqui dulcia furta Iouis,
ut Semela est combustus, ut est deperditus Io,
   denique ut ad Troiae tecta uolarit auis. 30
Quod si nemo exstat qui uicerit Alitis arma,
   communis culpae cur reus unus agor?

2.30a

Homem cruel, agora vais por ondas Frígias 19
    rumo à selvagem praia em mar Hircânio 20
para espargir matança mútua nos Penates 21
    e aos pátrios Lares levar prêmios hórridos? 22

Aonde foges, louco? Não há fuga! Podes 1
    fugir ao Tánais, mas te segue o Amor.
Nem pelo ar, se montas no dorso de Pégaso,
    nem se a asa de Perseu mover teus pés,
não servem ares recortados por talares, 5
    nem mesmo a alta estrada de Mercúrio.

Amor ataca sobre a fronte, ataca o amante,
    é o grande fardo dos pescoços livres,
o mordaz guardião vigia e nunca deixa
    alçar do solo o teu olhar cativo. 10

★ ★ ★

Porém se pecas, é um Deus que se comove,
    desde que veja prece imediata.

2.30b

Deixa que duros velhos ralhem nossas festas,
    querida, se seguirmos nossa estrada!
Que pesem seus ouvidos de antiquadas leis: 15
    aqui tu soarás, ó culta flauta
que injustamente entrou nas águas do Meandro
    quando se inflara a face de Minerva. 18

É vergonha viver com uma amiga apenas? 23
    Se for um crime, o crime é só do Amor!
Que ninguém me censure! E que tu queiras, Cíntia, 25
    viver comigo em grutas orvalhadas.
Tu verás que as Irmãs paradas nos penhascos
    cantam Jove e seus doces adultérios:
ao se perder por Io, ao se abrasar por Sêmele
    e ao voar sobre Troia como um pássaro. 30
Pois se ninguém venceu as armas desse Alado,
    por que só eu sou réu de toda a culpa?

Nec tu Virginibus reuerentia moueris ora:
    hic quoque non nescit quid sit amare chorus,
si tamen Oeagri quaedam compressa figura   35
    Bistoniis olim rupibus accubuit.
Hic ubi te prima statuent in parte choreae,
    et medius docta cuspide Bacchus erit,
tum capiti sacros patiar pendere corymbos:
    nam sine te nostrum non ualet ingenium.   40

Tu não infamarás as faces dessas Virgens,
   pois esse coro sabe o que é amar:
uma delas, insana com a imagem de Eagro, 35
   deitou-se sobre as rochas da Bistônia.
Quando enfim te puserem à frente da dança
   e ao centro Baco erguer seu douto tirso,
aceitarei em minha fronte as sacras heras:
   sem ti, de nada vale o meu talento. 40

2.31

Quaeris, cur ueniam tibi tardior? Aurea Phoebi
 porticus a magno Caesare aperta fuit.
Tanta erat in speciem, Poenis digesta columnis,
 inter quas Danai femina turba senis.
Hic equidem Phoebo uisus mihi pulchrior ipso 5
 marmoreus tacita carmen hiare lyra;
atque aram circum steterant armenta Myronis,
 quattuor artificis, uiuida signa, boues.

Tum medium claro surgebat marmore templum,
 et patria Phoebo carius Ortygia, 10
in quo Solis erat supra fastigia currus
 et ualuae, Libyci nobile dentis opus:
altera deiectos Parnasi uertice Gallos,
 altera maerebat funera Tantalidos.
Deinde inter matrem Deus ipse interque sororem 15
 Pythius in longa carmina ueste sonat.

2.31

Queres saber por que me atraso? O magno César
  a Febo dedicou um áureo pórtico.
Eram de encher os olhos as colunas Púnicas
  onde as filhas do velho Dânao ficam.
Ali, mais belo do que o próprio Febo, um mármore   5
  parecia cantar sem som de lira
e ao redor desse altar se erguia a grei de Míron,
  estátuas vivas, quatro bois do artista.

No centro, em puro mármore reluz o templo
  mais caro a Febo do que pátria Ortígia: 10
sobre o frontão se encontra o Sol na carruagem;
  portas – fina obra num marfim da Líbia:
uma os Gauleses rechaçados do Parnaso
  chora e a outra – os lutos da Tantálide.
Por fim, entre a irmã e a mãe, o próprio Deus   15
  Pítio com longo traje entoa um canto.

2.32

Qui uidet, is peccat: qui te non uiderit ergo,
    non cupiet: facti lumina crimen habent.
Nam quid Praenestis dubias, o Cynthia, sortis,
    quid petis Aeaei moenia Telegoni?
Cur ita te Herculeum deportant esseda Tibur? 5
    Appia cur totiens te Via Lanuuium?
Hoc utinam spatiere loco, quodcumque uacabis,
    Cynthia! Sed tibi me credere turba uetat,
cum uidet accensis deuotam currere taedis
    in nemus et Triuiae lumina ferre Deae. 10

Scilicet umbrosis sordet Pompeia columnis
    porticus, aulaeis nobilis Attalicis,
et platanis creber pariter surgentibus ordo,
    flumina sopito quaeque Marone cadunt,
et, leuiter Nymphis tota crepitantibus orbe, 15
    cum subito Triton ore refundit aquam.

Falleris, ista tui furtum uia monstrat Amoris:
    non urbem, demens, lumina nostra fugis!
Nil agis, insidias in me componis inanis,
    tendis iners docto retia nota mihi. 20
Sed de me minus est: Famae iactura pudicae
    tanta tibi miserae, quanta meretur, erit.
Nuper enim de te nostras maledixit ad auris
    rumor, et in tota non bonus urbe fuit.

Sed tu non debes inimicae cedere linguae: 25
    semper formosis fabula poena fuit.
Non tua deprenso damnata est Fama ueneno:
    testis eris puras, Phoebe, uidere manus.
Sin autem longo nox una aut altera lusu
    consumpta est, non me crimina parua mouent. 30

Tyndaris externo patriam mutauit Amore,
    et sine decreto uiua reducta domum est.
Ipsa Venus fertur corrupta libidine Martis,
    nec minus in caelo semper honesta fuit.
Quamuis Ida Deam pastorem dicat amasse 35
    atque inter pecudes accubuisse Deam,
hoc et Hamadryadum spectauit turba sororum
    Silenique senes et pater ipse chori;

2.32

Quem vê já peca, então quem não te vê por fim
    não te deseja – o crime está nos olhos.
Que pedes, Cíntia, às dúbias sortes de Prenestes
    e aos muros de Telégono de Eeia?
Por que os coches te levam para a Hercúlea Tíbur?   5
    Por que vais na Via Ápia até Lanúvio?
Quem dera aqui passasses se sobrasse tempo,
    Cíntia! O povo não deixa acreditar
que como uma devota corres, facho aceso,
    levando luz no bosque à Deusa Trívia.   10

De nada valem vigas do átrio de Pompeu,
    famoso por Atálicos tapetes,
nem plátanos enfileirados e alinhados,
    ou rios a cair do quieto Máron,
nem, num círculo, o leve crepitar das Ninfas   15
    quando Tritão da boca esparge a água.

Tu te enganas! Eu sinto a traição do Amor:
    foges dos olhos, louca, e não da urbe!
E perdes tempo em vãs insídias contra mim:
    as redes que mal lanças eu conheço.   20
Não é por mim: cairá a Fama de pudica,
    será como mereces – miserável!
Maldizendo-te, há pouco veio aos meus ouvidos
    um infame rumor por toda Roma.

Mas não deves ceder às línguas inimigas: 25
    fofocas sempre punem as mais belas.
Não foi ferida por veneno a tua Fama:
    tu testemunhas, Febo, essas mãos puras.
Se consumiu alguma noite em longos jogos,
    suas pequenas faltas não me afetam.   30

Por Amor a Tindárida trocou de pátria,
    porém voltou ao lar – impune e viva.
Contam que a própria Vênus se perdeu por Marte,
    mas sempre a respeitaram os celestes,
mesmo que o Ida afirme que essa Deusa amou   35
    seu pastor e deitou-se entre os rebanhos
e tudo tenham visto um bando de Hamadríades,
    velhos Silenos junto o pai do coro,

cum quibus Idaeo legisti poma sub antro,
   supposita excipiens, Nai, caduca manu.   40
An quisquam in tanto stuprorum examine quaerit
   "Cur haec tam diues? Quis dedit? Vnde dedit?"
O nimium nostro felicem tempore Romam,
   si contra mores una puella facit!
Haec eadem ante illam impune et Lesbia fecit: 45
   quae sequitur, certe est inuidiosa minus.
Qui quaerit Tatios ueteres durosque Sabinos,
   hic posuit nostra nuper in urbe pedem.

Tu prius et fluctus poteris siccare marinos,
   altaque mortali deligere astra manu,   50
quam facere, ut nostrae nolint peccare puellae:
   hic mos Saturno regna tenente fuit.
At cum Deucalionis aquae fluxere per orbem,
   et post antiquas Deucalionis aquas,
dic mihi, quis potuit lectum seruare pudicum,   55
   quae Dea cum solo uiuere sola Deo?
Vxorem quondam magni Minois, ut aiunt,
   corrupit torui candida forma bouis;
nec minus aerato Danae circumdata muro
   non potuit magno casta negare Ioui.   60
Quod si tu Graias, si tu es imitata Latinas,
   semper uiue meo libera iudicio!

com quem maçãs colheste sob uma caverna
    quase caindo em tuas mãos, ó Náiade.   40
Acaso ante tamanha infâmia alguém diria
    "Por que é tão rica? Quem lhe deu? De onde?"?
Já ficarás feliz em nosso tempo, ó Roma,
    se uma moça negar os teus costumes!
Bem antes dela Lésbia agia impunemente: 45
    quem hoje a segue é menos odiosa.
Quem busca antigos Tácios e duros Sabinos
    mais tarde pôs seu pé nesta cidade.

É mais fácil secar todas águas marinhas
    e altos astros colher com mão mortal   50
do que impedir as nossas jovens de pecar:
    tal costume é do tempo de Saturno.
Mas veio ao mundo as águas de Deucalião;
    e após Deucalião e antigas águas,
me diz então – quem conservou seu leito puro?   55
    Ou que Deusa viveu com um Deus apenas?
Contam que a bela alvura de um touro feroz
    seduziu a mulher do grande Minos
e que Dânae, cercada por muros de bronze,
    casta não pôde se negar a Júpiter.   60
Portanto se imitaste as gregas e as latinas,
    por mim, quero que vivas sempre livre!

2.33a

Tristia iam redeunt iterum sollemnia nobis:
   Cynthia iam noctes est operata decem.
Atque utinam pereant, Nilo quae sacra tepente
   misit matronis Inachis Ausoniis!

Quae Dea tam cupidos totiens diuisit amantis,   5
   quaecumque illa fuit, semper amara fuit.
Tu certe Iouis occultis in Amoribus, Io,
   sensisti multas quid sit inire uias,
cum te iussit habere puellam cornua Iuno
   et pecoris duro perdere uerba sono.   10
A quotiens quernis laesisti frondibus ora,
   mandisti et stabulis arbuta pasta tuis!
An, quoniam agrestem detraxit ab ore figuram
   Iuppiter, idcirco facta superba Dea es?
An tibi non satis est fuscis Aegyptus alumnis?   15
   Cur tibi tam longa Roma petita uia?
Quidue tibi prodest uiduas dormire puellas?
   Sed tibi, crede mihi, cornua rursus erunt,
aut nos e nostra te, saeua, fugabimus urbe:
   cum Tiberi Nilo gratia nulla fuit.   20

At tu, quae nostro, nimium pia, causa dolori es,
   noctibus his uacui, ter faciamus iter.

2.33b

Non audis et uerba sinis me fundere, cum iam
   flectant Icarii sidera tarda boues.
Lenta bibis: mediae nequeunt te frangere noctes.   25
   An nondum est talos mittere lassa manus?

A pereat, quicumque meracas repperit uuas
   corrupitque bonas nectare primus aquas!
Icare, Cecropiis merito iugulate colonis,
   pampineus nosti quam sit amarus odor!   30
Tuque o Eurytion uino Centaure peristi,
   nec non Ismario tu, Polypheme, mero.
Vino forma perit, uino corrumpitur aetas,
   uino saepe suum nescit amica uirum.

2.33a

Mais uma vez os tristes rituais retornam:
   Cíntia fez oferendas por dez noites.
E eu peço que pereça o culto que a Inácide
   do morno Nilo trouxe à dama Ausônia!

Uma Deusa que afasta o amante apaixonado,　　　　　5
   seja quem for, só pode ser amarga.
Por certo num furtivo Amor de Jove, ó Io,
   soubeste o que é vagar por muitas vias,
quando inda jovem os teus chifres impôs Juno,
   modificando a fala num mugido.　　　　　　　　10
Como feriste a face em folhas de carvalho
   e ruminaste o pasto dos estábulos!
Mal tirou de teu rosto essa forma ferina
   Jove, tu já ficaste tão soberba?
Não bastavam os filhos morenos do Egito?　　　　　15
   Por que trilhar a longa estrada a Roma?
De que te serve a moça em sono de viúva?
   Escuta! Os chifres logo voltarão,
ou nós te expulsaremos da cidade, ó cruel!
   O Tibre e o Nilo nunca se acertaram!　　　　　　20

E tu que és minha dor com tanta piedade,
   ao fim das noites nós daremos três.

2.33b

Nem ouves – deixas que eu destile vãs palavras
   enquanto Icários bois declinam astros.
Bebes tranquila e a meia-noite não te vence.　　　　25
   A mão não cansa de lançar os dados?

Ah! morra aquele que inventou as uvas puras
   e corrompeu com néctar a água limpa!
Mereceste o teu fim, Icário, entre os Cecrópios,
   pois conheceste o amargo odor da vinha!　　　　30
E tu, Centauro Eurícion, morreste por vinho,
   tu, Polifemo, pelo mero Ismário.
Vinho mata a beleza, mata a juventude,
   com vinho a amiga não conhece o amado.

Me miserum, ut multo nihil est mutata Lyaeo! 35
 Iam bibe: formosa es: nil tibi uina nocent!
Cum tua praependent demissae in pocula sertae,
 et mea deducta carmina uoce legis,
largius effuso madeat tibi mensa Falerno,
 spumet et aurato mollius in calice.! 40

2.33c

★ ★ ★

Semper in absentis felicior aestus amantis: 43
 eleuat assiduos copia longa uiros. 44
Nulla tamen lecto recipit se sola libenter: 41
 est quiddam, quod uos quaerere cogat Amor. 42

Ai de mim! Nem Lieu altera a sua face!   35
   Vai, bebe! És bela e vinhos não te afetam!
Quando as guirlandas soltas pendem sobre as taças
   e com voz trêmula tu lês meus versos,
que tua mesa inunde de farto Falerno
   e que ele espume suave em áureo cálice.   40

2.33c

★ ★ ★

O ardor é mais feliz se amantes estão longe: 43
   longa fartura arrasa os mais frequentes.   44
Nenhuma moça gosta de deitar sozinha: 41
   há algo para onde o Amor impele.   42

2.34

Cur quisquam faciem dominae iam credat Amori?
   Sic erepta mihi paene puella mea est.
Expertus dico, nemo est in Amore fidelis:
   formosam raro non sibi quisque petit.
Polluit ille Deus cognatos, soluit amicos 5
   et bene concordis tristia ad arma uocat.
Hospes in hospitium Menelao uenit adulter:
   Colchis et ignotum nempe secuta uirum est.

Lynceu, tune meam potuisti, perfide, curam
   tangere? Nonne tuae tum cecidere manus? 10
Quid si non constans illa et tam certa fuisset?
   Posses in tanto uiuere flagitio?

Tu mihi uel ferro pectus uel perde ueneno:
   a domina tantum te modo tolle mea!
Te socium uitae, te corporis esse licebit, 15
   te dominum admitto rebus, amice, meis:
lecto te solum, lecto te deprecor uno:
   riualem possum non ego ferre Iouem.
Ipse meae solus, quod nil est, aemulor umbrae,
   stultus, quod stulto saepe timore tremo. 20

Vna tamen causa est, cur crimina tanta remitto,
   errabant multo quod tua uerba mero.
Sed numquam uitae fallet me ruga seuerae:
   omnes iam norunt quam sit amare bonum.

Lynceus ipse meus seros insanit Amores! 25
   Serum te nostros laetor adire Deos.
Quid tua Socraticis tibi nunc sapientia libris
   proderit aut rerum dicere posse uias?
Aut quid Erechthei tibi prosunt carmina lecta?
   Nil iuuat in magno uester Amore senex. 30
Tu satius memorem Musis imitere Philitan
   et non inflati Somnia Callimachi.

Nam cursus licet Aetoli referas Acheloi,
   fluxerit ut magno fractus Amore liquor,
atque etiam ut Phrygio fallax Maeandria campo 35
   errat et ipsa suas decipit unda uias,

2.34

Alguém confia a face da dona ao Amor?
    Assim quase perdi minha menina.
Falo porque provei – no Amor não há fiéis:
    raro o rapaz que não deseja a bela.
O Deus separa amigos, profana parentes,   5
    convoca às tristes armas os concordes:
Menelau hospedou aquele hóspede adúltero
    e a Cólquide seguiu um estrangeiro.

Ah! pérfido Linceu, ousaste tocar minha
    querida? E não caíram tuas mãos?   10
E se ela não me fosse fiel com firmeza?
    Tu viverias nessa imensa mácula?

Pega espada ou veneno, acaba com meu peito,
    mas fica longe dessa minha dona!
Podes ser sócio em minha vida, em meu cadáver,   15
    podes até ser dono dos meus bens,
porém de um leito, só de um leito eu te esconjuro:
    como rival nem Júpiter tolero.
A sós tenho ciúme até da minha sombra,
    sou tolo e sempre tremo em temor tolo.   20

Mas só perdoarei por um motivo o crime:
    se o vinho desandou a tua fala.
Não me venhas com rugas de severidade:
    todos já sabem como amar é bom.

O meu Linceu enlouqueceu de Amor tardio!   25
    Inda que tarde – aceitas os meus Deuses!
De que valeu a sapiência dos Socráticos,
    ou explicar que rumo têm as coisas?
De que valeu ter lido os versos do Erecteu?
    Num grande Amor teu velho não ajuda.   30
É melhor imitar as Musas de Filetas
    e os sonhos desinflados de Calímaco.

Podes cantar o curso do Aqueloo Etólio
    e suas águas vencidas pelo Amor,
ou como a enganadora onda do Meandro   35
    em campo Frígio esconde o seu caminho,

qualis et Adrasti fuerit uocalis Arion,
    tristis ad Archemori funera uictor equus,
Amphiaraeae nil prosint tibi Fata quadrigae
    aut Capanei magno grata ruina Ioui.   40
Desine et Aeschyleo componere uerba coturno,
    desine, et ad mollis membra resolue choros!

Incipe iam angusto uersus includere torno,
    inque tuos ignis, dure poeta, ueni!
Tu non Antimacho, non tutior ibis Homero: 45
    despicit et magnos recta puella Deos.   46
Harum nulla solet rationem quaerere mundi,   51
    nec cur fraternis Luna laboret equis,   52
nec si post Stygias aliquid restabimus undas,   53
    nec si consulto fulmina missa tonent.   54

Sed non ante graui taurus succumbit aratro,   47
    cornua quam ualidis haeserit in laqueis,   48
nec tu iam duros per te patieris Amores: 49
    trux tamen a nobis ante domandus eris.   50
Aspice me, cui parua domi Fortuna relicta est,   55
    nullus et antiquo Marte triumphus aui,
ut regnem mixtas inter conuiua puellas
    hoc ego, quo tibi nunc eleuor, ingenio!

Me iuuet hesternis positum languere corollis,
    quem tetigit iactu certus ad ossa Deus;   60
Actia Vergilium custodis litora Phoebi,
    Caesaris et fortis dicere posse ratis,
qui nunc Aeneae Troiani suscitat arma
    iactaque Lauinis moenia litoribus.
Cedite Romani scriptores, cedite Grai!   65
    Nescio quid maius nascitur Iliade.

Tu canis umbrosi subter pineta Galaesi
    Thyrsin et attritis Daphnin harundinibus,
utque decem possint corrumpere mala puellas
    missus et impressis haedus ab uberibus.   70
Felix, qui uilis pomis mercaris Amores!
    Huic licet ingratae Tityrus ipse canat.
Felix intactum Corydon qui temptat Alexin
    agricolae domini carpere delicias!

como Aríon, cavalo falante de Adrasto,
    venceu nos funerais do triste Arquémoro:
não serve o Fado da quadriga de Anfiarau,
    nem Capaneu morrendo aos pés de Júpiter.   40
Deixa, pois, de compor no coturno de Ésquilo!
    Deixa! E acalma o corpo em doces danças!

Começa a concentrar teu verso em torno estreito
    e vem, rude poeta, aos teus ardores!
Não terás segurança em Homero ou Antímaco: 45
    uma bela mulher desdenha os Deuses.   46
Nenhuma moça indaga as razões do universo: 51
    por que o corcel do Sol apaga a Lua,   52
nem se algo restará depois da onda Estígia,   53
    nem se é por ordens que trovões retroam.   54

Porém o touro não sucumbe ao grave arado   47
    antes que um laço forte prenda os chifres –   48
tu não suportarás a sós cruéis Amores: 49
    como és feroz, eu tenho que domar-te.   50
Olha pra mim! Ganhei pouca Fortuna em casa,   55
    sem triunfos de avô num velho Marte,
mas nos banquetes reino em meio a várias jovens
    com o talento que agora tu rejeitas!

Desejo descansar nas guirlandas da véspera,
    pego nos ossos pelo Deus certeiro,   60
e que Virgílio cante o mar Ácio de Febo
    guardião junto às fortes naus de César:
ele recorda as armas do Troiano Eneias
    e os muros feitos em Lavínias praias.
Cedei, poetas Gregos, Romanos, cedei!   65
    Pois nasce um não-sei-quê maior que a *Ilíada*.

Tu cantas no pinhal umbroso do Galeso
    Tírsis e Dáfnis entre flautas gastas,
ou como dez maçãs seduzem uma jovem
    e um cabrito afastado enquanto mama.   70
Feliz, com tais maçãs compraste Amor barato!
    Se for ingrata, Títiro lhe canta.
Feliz Córidon! Quase colhe o puro Aléxis,
    delícias de seu dono agricultor!

Quamuis ille sua lassus requiescat auena, 75
  laudatur facilis inter Hamadryadas.

Tu canis Ascraei ueteris praecepta poetae,
  quo seges in campo, quo uiret uua iugo.
Tale facis carmen docta testudine quale
  Cynthius impositis temperat articulis. 80
Non tamen haec ulli uenient ingrata legenti,
  siue in Amore rudis siue peritus erit.
Nec minor hic animis aut sim minor ore, canorus
  anseris indocto carmine cessit olor.

Haec quoque perfecto ludebat Iasone Varro, 85
  Varro Leucadiae maxima flamma suae;
haec quoque lasciui cantarunt scripta Catulli,
  Lesbia quis ipsa notior est Helena;
haec etiam docti confessa est pagina Calui,
  cum caneret miserae funera Quintiliae. 90
et modo formosa quam multa Lycoride Gallus
  mortuus inferna uulnera lauit aqua!

Cynthia quin uiuet uersu laudata Properti,
  hos inter si me ponere Fama uolet.

E ainda que repouse cansado da avena, 75
  tem louvor entre afáveis Hamadríades.

Tu cantas os preceitos do poeta Ascreu:
  que campo serve ao trigo e monte à uva.
Com culta lira tu compões um canto igual
  ao que o Cíntio modula entre seus dedos. 80
Essas coisas agradam a qualquer leitor,
  seja perito ou leigo nos Amores.
E nada devo em tom ou vigor: o canoro
  cisne cedeu seu canto ao rude ganso.

Com tais coisas Varrão, findo o Jasão, brincava, 85
  Varrão em puro fogo por Leucádia;
tais coisas canta o texto obsceno de Catulo
  e Lésbia é mais famosa do que Helena;
tais coisas confessava a página de Calvo
  quando cantava exéquias de Quintília; 90
e quantas chagas por Licóris bela Galo
  lavou há pouco em águas infernais!

Cíntia vive louvada em versos de Propércio,
  se a Fama me aceitar entre os poetas.

Liber III / Livro III

3.1

Callimachi Manes et Coi sacra Philitae,
   in uestrum, quaeso, me sinite ire nemus.
Primus ego ingredior puro de fonte sacerdos
   Itala per Graios orgia ferre choros.
Dicite, quo pariter carmen tenuastis in antro?   5
   Quoue pede ingressi? Quamue bibistis aquam?

A ualeat, Phoebum quicumque moratur in armis!
   Exactus tenui pumice uersus eat,
quo me Fama leuat terra sublimis, et a me
   nata coronatis Musa triumphat equis,   10
et mecum in curru parui uectantur Amores,
   scriptorumque meas turba secuta rotas.
Quid frustra immissis mecum certatis habenis?
   Non datur ad Musas currere lata uia.

Multi, Roma, tuas laudes annalibus addent,   15
   qui finem imperii Bactra futura canent;
sed, quod pace legas, opus hoc de monte Sororum
   detulit intacta pagina nostra uia.
Mollia, Pegasides, date uestro serta poetae:
   non faciet capiti dura corona meo.   20

At mihi quod uiuo detraxerit inuida turba,
   post obitum duplici faenore reddet Honos;
omnia post obitum fingit maiora uetustas:
   maius ab exsequiis nomen in ora uenit.

Nam quis equo pulsas abiegno nosceret arces,   25
   fluminaque Haemonio comminus isse uiro,
Idaeum Simoenta Iouis cum prole Scamandro,
   Hectora per campos ter maculasse rotas?
Deiphobumque Helenumque et Polydamanta et in armis
   qualemcumque Parim uix sua nosset humus.   30
Exiguo sermone fores nunc, Ilion, et tu
   Troia bis Oetaei numine capta dei.

Nec non ille tui casus memorator Homerus
   posteritate suum crescere sensit opus.
Meque inter seros laudabit Roma nepotes: 35
   illum post cineres auguror ipse diem.
Ne mea contempto lapis indicet ossa sepulcro
   prouisum est Lycio uota probante Deo.

3.1

Calímaco e teus Manes, cultos de Filetas
    de Cós, deixai-me entrar em vosso bosque!
Primeiro sacerdote, eu vim da fonte pura
    levando à dança Grega orgias Ítalas.
Em que gruta afinastes juntos vosso canto?   5
    Entrastes com que pé? Que água bebestes?

Adeus a quem retém o nosso Febo em armas!
    Quero polir meu verso em pedra-pomes,
nele a Fama me leva aos céus e minha Musa
    triunfa sobre os seus corcéis floridos,   10
vêm comigo num carro uns pequenos Amores
    e um bando de escritores segue as rodas.
Por que sem rédeas competis comigo em vão?
    Por larga estrada não se chega às Musas.

Muitos, Roma, hão de pôr nos Anais os teus feitos   15
    e hão de cantar os teus confins em Bactros,
mas em tempos em paz, do monte das Irmãs
    por via intacta veio minha página.
Dai ao poeta leves guirlandas, Pegásides!
    Dura coroa não me cabe à testa.   20

Mas se o bando invejoso me roubar em vida,
    depois de morto a Honra paga os juros;
depois da Morte o tempo torna tudo enorme:
    após o enterro um nome enche a boca.

Pois quem conheceria o cavalo de abeto,   25
    os rios que lutaram contra o Hemônio,
o Ideu Simoente, a prole de Jove, o Escamandro
    e Heitor três vezes sujo pelas rodas?
Polidamante, Heleno, Deífobo e Páris –
    nem sua pátria os reconheceria!   30
Hoje darias pouco assunto, Ílion e Troia
    bidestruída pelo Deus do Eta.

Mesmo o famoso Homero que cantou-te a queda
    só viu crescer a obra com os anos
e tarde Roma há de louvar-me entre seus netos: 35
    prevejo o grande dia – e serei cinzas.
Que pedra alguma indique a cova desprezível:
    o Deus Lício prevê e aprova os votos.

3.2

Carminis interea nostri redeamus in orbem,
    gaudeat in solito tacta puella sono.
Orphea detinuisse feras et concita dicunt
    flumina Threicia sustinuisse lyra;
saxa Cithaeronis Thebanam agitata per artem   5
    sponte sua in muri membra coisse ferunt;
quin etiam, Polypheme, fera Galatea sub Aetna
    ad tua rorantis carmina flexit equos:
miremur, nobis et Baccho et Apolline dextro,
    turba puellarum si mea uerba colit?   10

Quod non Taenariis domus est mihi fulta columnis,
    nec camera auratas inter eburna trabes,
nec mea Phaeacas aequant pomaria siluas,
    non operosa rigat Marcius antra liquor;
at Musae comites et carmina cara legenti,   15
    nec defessa choris Calliopea meis.
Fortunata, meo si qua est celebrata libello!
    Carmina erunt formae tot monumenta tuae.

Nam neque pyramidum sumptus ad sidera ducti,
    nec Iouis Elei caelum imitata domus,   20
nec Mausolei diues fortuna sepulcri
    Mortis ab extrema condicione uacant.
Aut illis flamma aut imber subducet honores,
    annorum aut tacito pondere uicta ruent.
At non ingenio quaesitum nomen ab aeuo   25
    excidet: ingenio stat sine Morte decus.

3.2

Mas voltemos agora à roda dos meus versos
   e goze a moça com meu som insólito.

Dizem que Orfeu deteve feras e velozes
   rios parou com sua lira Trácia,
graças à arte Tebana as pedras do Citéron   5
   andaram e num muro se moldaram,
e no Etna, ó Polifemo, Galateia trouxe
   seus corcéis orvalhantes aos teus cantos:
devo admirar se, tendo ao lado Baco e Apolo,
   tantas moças cultivam meu cantar?   10

Eu não tenho coluna Tenária em meu lar,
   nem tetos de marfim com áureas vigas,
meu pomar não se iguala às florestas Feácias,
   nem tenho uma água Márcia em minhas grutas,
porém meu canto agrada e as Musas são amigas: 15
   Calíope não se cansa em minhas danças.
Feliz daquela que eu louvar em meu livrinho!
   Meu canto é monumento à tua beleza!

Pois nem pirâmides que atingem as estrelas,
   nem lar de Jove Eleu que imita o céu,   20
nem as riquezas do sepulcro de Mausolo
   fogem à condição final da Morte.
Chuvas ou chamas dão um fim à sua glória:
   tombam no peso tácito dos anos.
Mas o renome ganho com talento nunca   25
   passa – o talento em glória não tem Morte.

3.3

Visus eram molli recubans Heliconis in umbra,
    Bellerophontei qua fluit umor equi,
reges, Alba, tuos et regum facta tuorum,
    tantum operis, neruis hiscere posse meis;
paruaque iam magnis admoram fontibus ora 5
    unde pater sitiens Ennius ante bibit,
et cecinit Curios fratres et Horatia pila,
    regiaque Aemilia uecta tropaea rate,
uictricisque moras Fabii pugnamque sinistram
    Cannensem et uersos ad pia uota Deos, 10
Hannibalemque Lares Romana sede fugantis,
    anseris et tutum uoce fuisse Iouem;
cum me Castalia speculans ex arbore Phoebus
    sic ait aurata nixus ad antra lyra:

"Quid tibi cum tali, demens, est flumine? Quis te 15
    carminis heroi tangere iussit opus?
Non hinc ulla tibi speranda est fama, Properti:
    mollia sunt paruis prata terenda rotis;
ut tuus in scamno iactetur saepe libellus,
    quem legat exspectans sola puella uirum. 20
Cur tua praescriptos euecta est pagina gyros?
    Non est ingenii cumba grauanda tui.
Alter remus aquas alter tibi radat harenas,
    tutus eris: medio maxima turba mari est."
Dixerat, et plectro sedem mihi monstrat eburno, 25
    quo noua muscoso semita facta solo est.

Hic erat affixis uiridis spelunca lapillis,
    pendebantque cauis tympana pumicibus,
orgia Musarum et Sileni patris imago
    fictilis et calami, Pan Tegeaee, tui; 30
et Veneris dominae uolucres, mea turba, columbae
    tingunt Gorgoneo punica rostra lacu;
diuersaeque nouem sortitae rura Puellae
    exercent teneras in sua dona manus:
haec hederas legit in thyrsos, haec carmina neruis 35
    aptat, at illa manu texit utraque rosam.
E quarum numero me contigit una Dearum
    (ut reor a facie, Calliopea fuit):

3.3

Sonhei que me sentava à suave sombra do Hélicon,
    lá deságua o corcel Belerofônteo;
Alba, os teus reis e os feitos dos teus reis – que obra! –
    eu podia entoar em minhas cordas;
levei à fonte caudalosa os leves lábios,   5
    onde o pai Ênio então matava a sede
cantando os irmãos Cúrios, os dardos Horácios
    e na barca de Emílio os troféus régios,
o atraso vencedor de Fábio, a infausta luta
    em Canas (Deuses contra votos pios),   10
os Lares pondo Aníbal em fuga de Roma
    e Jove salvo pela voz dos gansos,
quando Febo, me olhando entre árvores Castálias
    numa gruta, com a áurea lira disse:

"Demente, o que tu fazes neste rio? Quem   15
    te mandou retumbar um canto heroico?
Daqui não deves esperar, Propércio, a Fama:
    que a roda suave trilhe em leves prados,
para que o teu livrinho sempre encontre um banco
    e o leia a moça enquanto espera o amante.   20
Por que saiu do tom prescrito a tua página?
    Não excedas a barca do talento!
Um remo na água e outro inda na areia – a salvo:
    em pleno mar se turva a imensa turba."
E com seu plectro de marfim ele apontou   25
    no musgo onde nascera a nova senda.

Ali havia uma gruta encravada de gemas,
    nas rochas côncavas pendiam tímpanos,
as orgias das Musas, a imagem do pai
    Sileno e a tua flauta, ó Pã Tegeu,   30
e eis que o meu bando – as pombas da senhora Vênus –
    vermelha os bicos no Gorgôneo lago;
com áreas sorteadas vejo nove Moças
    preparando os seus dons com tenras mãos:
uma colhe hera para o tirso, outra adapta   35
    à corda um canto e aquela tece rosas.
Ali no meio uma das Deusas me tocou
    e pela face achei que era Calíope:

"Contentus niueis semper uectabere cycnis,
   nec te fortis equi ducet ad arma sonus.   40
Nil tibi sit rauco praeconia classica cornu
   flare, nec Aonium tingere Marte nemus;
aut quibus in campis Mariano proelia signo
   stent et Teutonicas Roma refringat opes,
barbarus aut Sueuo perfusus sanguine Rhenus   45
   saucia maerenti corpora uectet aqua.
Quippe coronatos alienum ad limen amantes
   nocturnaeque canes ebria signa morae,
ut per te clausas sciat excantare puellas,
   qui uolet austeros arte ferire uiros."   50
talia Calliope, lymphisque a fonte petitis
   ora Philitea nostra rigauit aqua.

"Tu gostarás da condução dos níveos cisnes:
    relinchos não te levarão às armas.   40
Não chorarás nas ruidosas trompas bélicas,
    nem mancharás com Marte o bosque Aônio,
não cantarás bandeiras, nem quartéis de Mário,
    ou Roma a destruir forças Teutônicas,
nem o bárbaro Reno com sangue Suevo   45
    levando na água triste corpos rotos.
Cantarás noutra porta amantes coroados
    e os rastros ébrios da noturna espera,
para que então contigo encante as jovens presas
    quem quiser enganar maridos sérios."   50
Assim falou Calíope e remexendo a fonte
    molhou meu lábio em águas de Filetas.

3.4

Arma Deus Caesar dites meditatur ad Indos,
    et freta gemmiferi findere classe maris.
Magna, Quiris, merces: parat ultima terra triumphos;
    Tigris et Euphrates sub tua iura fluent;
sera, sed Ausoniis ueniet prouincia uirgis; 5
    assuescent Latio Partha tropaea Ioui.
Ite agite, expertae bello, date lintea, prorae,
    et solitum, armigeri, ducite munus, equi!
Omina fausta cano. Crassos clademque piate!
    Ite et Romanae consulite historiae! 10

Mars pater, et sacrae fatalia lumina Vestae,
    ante meos obitus sit precor illa dies,
qua uideam spoliis oneratos Caesaris axis,
    ad uulgi plausus saepe resistere equos,
inque sinu carae nixus spectare puellae 15
    incipiam et titulis oppida capta legam,
tela fugacis equi et bracati militis arcus,
    et subter captos arma sedere duces!
Ipsa tuam serua prolem, Venus: hoc sit in aeuum,
    cernis ab Aenea quod superesse caput. 20

Praeda sit haec illis, quorum meruere labores:
    mi sat erit Sacra plaudere posse Via.

3.4

Guerra o Deus César trama contra os ricos Indos,
   quer sulcar com a armada o mar gemífero.
Grandes prêmios, Quirite! Triunfos vêm de longe:
   fluirão sob tuas leis Tigre e Eufrates,
tardia vem à verga Ausônia essa província,   5
   troféus Partos virão ao Lácio Jove.
Ide, ide, dai vela aos bélicos navios;
   corcéis, trazei o costumeiro espólio!
Eu canto bons augúrios: vingai Crassos, perdas!
   Ide e cuidai da história dos Romanos!   10

Pai Marte e luz do Fado da sagrada Vesta,
   rogo que antes da Morte venha o dia
em que verei despojos no carro de César,
   corcéis parados para o aplauso público
e eu fique a olhar no colo de minha querida,   15
   lendo o nome dos povos capturados,
a flecha do fugaz corcel, o arco inimigo
   e as armas capturadas com seus líderes!
Vênus, conserva a tua prole! E para sempre
   viva a progênie que provém de Eneias!   20

Ganhem butins aqueles que melhor merecem:
   eu prefiro aplaudir na Via Sacra.

3.5

Pacis Amor Deus est, pacem ueneramur amantes:
    stant mihi cum domina proelia dura mea.
Nec tamen inuiso pectus mihi carpitur auro,
    nec bibit e gemma diuite nostra sitis,
nec mihi mille iugis Campania pinguis aratur, 5
    nec mixta aera paro clade, Corinthe, tua.

O prima infelix fingenti terra Prometheo!
    Ille parum caute pectoris egit opus.
Corpora disponens mentem non uidit in arte:
    recta animi primum debuit esse uia. 10
Nunc maris in tantum uento iactamur, et hostem
    quaerimus atque armis nectimus arma noua.

Haud ullas portabis opes Acherontis ad undas,
    nudus at inferna, stulte, uehere rate.
Victor cum uicto pariter miscetur in umbris: 15
    consule cum Mario, capte Iugurtha, sedes.
Lydus Dulichio non distat Croesus ab Iro:
    optima Mors, carpta quae uenit ante die.

Me iuuat in prima coluisse Helicona iuuenta
    Musarumque choris implicuisse manus; 20
me iuuat et multo mentem uincire Lyaeo,
    et caput in uerna semper habere rosa.

Atque ubi iam Venerem grauis interceperit aetas,
    sparserit et nigras alba senecta comas,
tum mihi naturae libeat perdiscere mores, 25
    quis Deus hanc mundi temperet arte domum,
qua uenit exoriens, qua deficit, unde coactis
    cornibus in plenum menstrua Luna redit,
unde salo superant uenti, quid flamine captet
    Eurus, et in nubes unde perennis aqua; 30
sit uentura dies mundi quae subruat arces,
    purpureus pluuias cur bibit arcus aquas,
aut cur Perrhaebi tremuere cacumina Pindi,
    Solis et atratis luxerit orbis equis;
cur serus uersare boues et plaustra Bootes, 35
    Pleiadum spisso cur coit igne chorus,

3.5

Amor é Deus da paz – à paz nós veneramos:
  com minha dona eu travo duras lutas,
porém o ouro odioso não me prende o peito,
  nem sorve em ricas joias minha sede,
não tenho mil alqueires arando a Campânia, 5
  nem busco bronze no teu pó, Corinto.

Triste terra a que outrora Prometeu moldara!
  Ele fez sem cautela o coração.
Ao preparar os corpos não previu a mente:
  antes devia impor a via da alma. 10
Hoje o vento nos lança ao vasto mar, buscamos
  o inimigo, enlaçando arma em arma.

Tolo, não levarás riqueza ao Aqueronte:
  é desnudo que irás à nau do Inferno.
Vencedor e vencido se enlaçam nas sombras: 15
  o cativo Jugurta e o cônsul Mário,
não dista Lídio de Dulíquio, Creso de Iro:
  melhor é a Morte após colher o dia.

Gosto de cultivar a juventude no Hélicon
  e nas danças das Musas dar as mãos, 20
gosto de atar a mente com muito Lieu
  e ter rosas vernais por sobre a fronte.

Assim que a grave idade agravar minha Vênus
  e a alva velhice salpicar meus cachos,
então quero aprender as leis da natureza: 25
  que sábio Deus governa o lar do mundo,
onde nasce, onde some e por que todo mês
  a Lua junta os chifres e vem cheia,
por que no mar os ventos vencem, o que Euro
  quer pegar, como a água chega às nuvens; 30
se um dia vem que arrase alcáçares do mundo,
  por que o arco-íris bebe água das chuvas,
por que os cimos do Pindo Perrebo tremeram
  e o Sol fez luto sobre os seus corcéis,
por que atrasado Bootes gira carro e bois 35
  e em fogo espesso as Plêiades se aninham,

curue suos fines altum non exeat aequor,
　　plenus et in partes quattuor annus eat;

sub terris sint iura Deum et tormenta Gigantum,
　　Tisiphones atro si furit angue caput, 40
aut Alcmaeoniae Furiae aut ieiunia Phinei,
　　num rota, num scopuli, num sitis inter aquas,
num tribus infernum custodit faucibus antrum
　　Cerberus, et Tityo iugera pauca nouem,
an ficta in miseras descendit fabula gentis, 45
　　et timor haud ultra quam rogus esse potest.

Exitus hic uitae superest mihi: uos, quibus arma
　　grata magis, Crassi signa referte domum!

por que mar alto não transpassa seus limites
    e o ano se divide em quatro partes;

se há leis divinas, ou castigos aos Gigantes
    e fúria nas serpentes de Tisífone,   40
se há Fúrias de Alcméon, jejuns de Fineu,
    se há roda, rocha e sede em meio às águas,
se guarda o antro infernal com três gargantas Cérbero
    e se Tício detém suas nove geiras,
ou se não passa de uma farsa para o povo   45
    e nada há por temer após a pira.

Eis a minha velhice – e vós que amais as armas,
    as insígnias de Crasso ao lar volvei!

3.6

Dic mihi de nostra quae sentis uera puella:
    sic tibi sint dominae, Lygdame, dempta iuga.
Num me laetitia tumefactum fallis inani,
    haec referens, quae me credere uelle putas?
Omnis enim debet sine uano nuntius esse,   5
    maioremque metu seruus habere fidem.
Nunc mihi, si qua tenes, ab origine dicere prima
    incipe: suspensis auribus ista bibam.

Sicin eam incomptis uidisti flere capillis?
    Illius ex oculis multa cadebat aqua?   10
Nec speculum strato uidisti, Lygdame, lecto   11
    scriniaque ad lecti clausa iacere pedes   14
ac maestam teneris uestem pendere lacertis?   13
    Ornabat niueas nullane gemma manus?   12
Tristis erat domus, et tristes sua pensa ministrae   15
    carpebant, medio nebat et ipsa loco,
umidaque impressa siccabat lumina lana,
    rettulit et querulo iurgia nostra sono?

"Haec te teste mihi promissa est, Lygdame, merces?
    Est poena et seruo rumpere teste fidem.   20
Ille potest nullo miseram me linquere facto,
    et qualem nolo dicere habere domi!
Gaudet me uacuo solam tabescere lecto:
    si placet, insultet, Lygdame, Morte mea!
Non me moribus illa, sed herbis improba uicit: 25
    staminea rhombi ducitur ille rota.

Illum turgentis sanie portenta rubetae
    et lecta exsuctis anguibus ossa trahunt
et strigis inuentae per busta iacentia plumae
    cinctaque funesto lanea uitta uiro.   30
Si non uana canunt mea somnia, Lygdame, testor,
    poena erit ante meos sera sed ampla pedes,
putris et in uacuo texetur aranea lecto:
    noctibus illorum dormiet ipsa Venus."

Quae tibi si ueris animis est questa puella,   35
    hac eadem rursus, Lygdame, curre uia,

3.6

Diz de verdade o que escutaste da menina
    e os jugos da senhora cairão, Lígdamo.
Tu não me enganas se inflas de alegrias vãs
    dizendo o que achas que desejo ouvir.
Mensageiros não devem vir de mãos vazias   5
    e o servo temeroso é mais fiel.
Agora se tens algo pra contar, começa
    do início – eu beberei de ouvido atento.

Tu viste a dona então chorar descabelada?
    Dos seus olhos corriam muitas águas?   10
Não viste o espelho sobre o leito liso, Lígdamo?   11
    Nem maquiagem junto aos pés da cama?   14
Pendiam nos seus braços roupas para o luto?   13
    Nenhuma joia as níveas mãos ornava?   12
Triste era o lar e tristes serviçais seguiam   15
    seus trabalhos? No meio ela tecia
e sobre a lã secava os seus olhinhos úmidos
    relembrando em lamento as nossas brigas?

"São estes bens que o viste prometer-me, Lígdamo?
    Se o servo as viu – castigo ao infiel!   20
Ele quer me deixar, uma pobre inocente,
    e diz que tem (sem nomes) outra em casa!
Ele gosta que eu sofra sozinha em meu leito:
    se quer, que insulte minha Morte, Lígdamo!
A safada venceu nas ervas – não no charme: 25
    com fio e roda, o rombo é que o controla.

Portentos de uma rã envenenada o arrastam,
    ossos colhidos de serpentes secas,
pluma de Estrige achada em piras apagadas
    e fitas de lã presas num defunto.   30
Lígdamo, se o meu sonho em vão não canta, vejo
    castigo ante meus pés – tardio, imenso:
imunda aranha tecerá no leito vago
    e Vênus dormirá nas suas noites."

Se minha amada reclamou sinceramente,   35
    corre de volta a mesma estrada, Lígdamo,

et mea cum multis lacrimis mandata reporta,
    iram, non fraudes esse in Amore meo,
me quoque consimili impositum torquerier igni:
    iurabo bis sex integer esse dies.   40
Quod mihi si e tanto felix concordia bello
    exstiterit, per me, Lygdame, liber eris.

e leva esta mensagem encharcada de lágrimas:
    não há mentira em meu Amor – só ira!
No mesmo fogo eu me contorço, eu também sofro
    e juro que estou casto há doze dias.   40
E se eu firmar de tanta guerra uma concórdia,
    da minha parte, Lígdamo, estás livre.

3.7

Ergo sollicitae tu causa, Pecunia, uitae!
   Per te immaturum Mortis adimus iter;
tu uitiis hominum crudelia pabula praebes;
   semina curarum de capite orta tuo.

Tu Paetum ad Pharios tendentem lintea portus   5
   obruis insano terque quaterque mari.
Nam dum te sequitur, primo miser excidit aeuo
   et noua longinquis piscibus esca natat.
Et mater non iusta piae dare debita terrae
   nec pote cognatos inter humare rogos,   10
sed tua nunc uolucres astant super ossa marinae,
   nunc tibi pro tumulo Carpathium omne mare est.

Infelix Aquilo, raptae timor Orithyiae,
   quae spolia ex illo tanta fuere tibi?
Aut quidnam fracta gaudes, Neptune, carina?   15
   Portabat sanctos alueus ille uiros.
Paete, quid aetatem numeras? Quid cara natanti
   mater in ore tibi est? Non habet unda Deos.   18
Sunt Agamemnonias testantia litora curas,   21
   quae notat Argynni poena Athamantiadae.
Hoc iuuene amisso classem non soluit Atrides,
   pro qua mactata est Iphigenia mora.

Reddite corpus, aquae! Posita est in gurgite uita;   25
   Paetum sponte tua, uilis harena, tegas;
et quotiens Paeti transibit nauta sepulcrum,
   dicat "Et audaci tu timor esse potes."
Ite, ratis curuas et leti texite causas:
   ista per humanas Mors uenit acta manus.   30
Terra parum fuerat, fatis adiecimus undas:
   Fortunae miseras auximus arte uias.
Ancora te teneat, quem non tenuere Penates?
   Quid meritum dicas, cui sua terra parum est?

Ventorum est, quodcumque paras: haud ulla carina   35
   consenuit, fallit portus et ipse fidem.   36
Nam tibi nocturnis ad saxa ligata procellis   19
   omnia detrito uincula fune cadunt.   20
Natura insidians pontum substrauit auaris: 37
   ut tibi succedat, uix semel esse potest.

3.7

Então és tu, Pecúnia, a causa de aflições!
    Por ti seguimos jovens para Morte:
ergues pastos cruéis para os vícios dos homens,
    sementes do tormento há no teu rosto!
Tu sepultaste Peto velejando a Faros 5
    três, quatro vezes sob o mar insano.
Ao te seguir, coitado, perde o próprio viço,
    serve de estranho prato para os peixes.
A mãe não pode devolvê-lo à pia terra,
    nem enterrá-lo em piras da família; 10
agora aves marinhas pousam nos teus ossos
    e a tua tumba é todo o mar de Cárpatos.

Ó Áquilo, terror e rapto de Oritia,
    que imenso espólio arrebataste dele?
Qual o prazer, Netuno, de arruinar as naus? 15
    Essa barca portava homens honrados.
Pra que contar a idade, Peto, e conclamar
    por tua mãe? As ondas não têm Deuses. 18
O infame litoral de Argino Atamantíade 21
    testemunha os tormentos de Agamêmnon:
por sua perda, o Atrida não zarpou a frota
    cujo atraso imolou pobre Ifigênia.

Devolve o corpo, ó água! A vida jaz no abismo. 25
    Areia, cobre Peto por completo!
Pois quando um nauta atravessar o seu sepulcro
    dirá "Até no audaz tu metes medo!"
Ide, curvai as naus e perdição tecei!
    Foi mão humana que causou tal Morte. 30
Não basta a terra e aos Fados nós trouxemos ondas:
    com arte abrimos rotas da Fortuna.
Penates não te prendem – prenderia a âncora?
    Que mereces, se a terra não bastava?

Tudo que tentas é do vento: nenhum barco 35
    envelhece – e eis que o porto atraiçoa. 36
Pois, rompidas no atrito, as amarras das pedras 19
    em procelas noturnas se soltaram. 20
Natureza ardilosa aumenta o mar do avaro 37
    e a sorte vem no máximo uma vez.

Saxa triumphalis fregere Capherea puppes,
    naufraga cum uasto Graecia tracta salo est.   40
Paulatim socium iacturam fleuit Vlixes,
    in mare cui soliti non ualuere doli.

Quod si contentus patrio boue uerteret agros,
    uerbaque duxisset pondus habere mea,
uiueret ante suos dulcis conuiua Penates,   45
    pauper, at in terra nil nisi fleret opes   46
et thyo thalamo aut Oricia terebintho   49
    effultum pluma uersicolore caput.   50

Non tulit et Paetus, stridorem audire procellae   47
    et duro teneras laedere fune manus;   48
huic fluctus uiuo radicitus abstulit ungues: 51
    et miser inuisam traxit hiatus aquam;
hunc paruo ferri uidit nox improba ligno,
    Paetus ut occideret, tot coiere mala.

Flens tamen extremis dedit haec mandata querelis   55
    cum moribunda niger clauderet ora liquor:
"Di maris Aegaei, quos sunt penes aequora, uenti,
    et quaecumque meum degrauat unda caput,
quo rapitis miseros primae lanuginis annos?
    Attulimus longas in freta uestra comas.   60
A miser alcyonum scopulis affligar acutis!
    In me caeruleo fuscina sumpta Deo est!
At saltem Italiae regionibus euehat aestus:
    hoc de me sat erit si modo matris erit."
Subtrahit haec fantem torta uertigine fluctus;   65
    ultima quae Paeto uoxque diesque fuit.

O centum aequoreae Nereo genitore puellae,
    et tu materno tracta dolore Theti;
uos decuit lasso supponere bracchia mento:
    non poterat uestras ille grauare manus.   70

At tu, saeue Aquilo, numquam mea uela uidebis:
    ante fores dominae condar oportet iners.

Rochas de Cafareu quebraram grandes barcas
   quando a vaga tomou a Grécia náufraga 40
e Ulisses lastimou perder seus companheiros,
   pois no mar nada valem seus ardis.

Se alegre arasse o campo com seus bois paternos,
   se concedesse um peso aos meus conselhos,
vivo estaria – um comensal com seus Penates – 45
   e em terra choraria só pobreza 46
por não pousar a testa em plumas furta-cor, 49
   camas de cedro ou terebintos Óricos. 50

Peto não suportou o estrondo tempestivo 47
   nem ferir a mão tenra em dura amarra; 48
inda vivo, a maré arranca suas unhas, 51
   engasga de água a boca miserável
e a noite infesta o vê boiar sobre uma tábua:
   para matá-lo foram muitos males!

Em pleno pranto, lança a súplica final 55
   com lábios moribundos de água negra:
"Deuses do mar Egeu que governais as águas,
   ventos e ondas que oprimem meu pescoço,
aonde levais a barba rala, os poucos anos?
   Eu trago a cabeleira às vossas vagas. 60
Miserável me esmago entre rochas de alcíones!
   O Deus cerúleo ataca com tridente!
Que ao menos a maré me arraste a terras Ítalas:
   basta que chegue um resto à minha mãe!"
O fluxo imerge a fala à fúria da vertigem: 65
   último dia, última voz de Peto.

Ó cem filhas aquáticas do pai Nereu
   e tu que a dor materna arrasta, ó Tétis,
devíeis apoiar seu queixo fatigado:
   ele não pesaria em vossas mãos. 70

Mas nunca verás minha vela, ó cruel Áquilo:
   inerte hei de jazer na porta amada.

3.8

Dulcis ad hesternas fuerat mihi rixa lucernas
   uocis et insanae tot maledicta tuae. 2
Tu uero nostros audax inuade capillos 5
   et mea formosis unguibus ora nota,
tu minitare oculos subiecta exurere flamma,
   fac mea rescisso pectora nuda sinu! 8
Cum furibunda mero mensam propellis et in me 3
   proicis insana cymbia plena manu, 4
nimirum ueri dantur mihi signa caloris: 9
   nam sine Amore graui femina nulla dolet. 10

Quae mulier rabida iactat conuicia lingua,
   haec Veneris magnae uoluitur ante pedes.
Custodum gregibus circa se stipat euntem,
   seu sequitur medias, Maenas ut icta, uias,
seu timidam crebro dementia somnia terrent, 15
   seu miseram in tabula picta puella mouet,
his ego tormentis animi sum uerus haruspex,
   has didici certo saepe in Amore notas.
Non est certa fides, quam non in iurgia uertas:
   hostibus eueniat lenta puella meis! 20

In morso aequales uideant mea uulnera collo:
   me doceat liuor mecum habuisse meam.
Aut in Amore dolere uolo aut audire dolentem,
   siue meas lacrimas siue uidere tuas,
tecta superciliis si quando uerba remittis, 25
   aut tua cum digitis scripta silenda notas.
Odi ego quos numquam pungunt suspiria somnos:
   semper in irata pallidus esse uelim.

Dulcior ignis erat Paridi, cum Graia per arma
   Tyndaridi poterat gaudia ferre suae: 30
dum uincunt Danai, dum restat barbarus Hector,
   ille Helenae in gremio maxima bella gerit.
Aut tecum aut pro te mihi cum riualibus arma
   semper erunt: in te pax mihi nulla placet.
Gaude, quod nulla est aeque formosa! Doleres, 35
   si qua foret: nunc sis iure superba licet!

At tibi, qui nostro nexisti retia lecto,
   sit socer aeternum nec sine matre domus!
Cui nunc si qua data est furandae copia noctis,
   offensa illa mihi, non tibi amica, dedit. 40

3.8

Ontem foi doce a luta à luz das lamparinas
   e os insultos da tua voz insana.   2
Vem, pois, sem medo e salta sobre os meus cabelos,   5
   marca meus lábios com tuas unhas lindas,
vem e ameaça arder meus olhos sobre as chamas,
   rasga-me a veste e me desnuda o peito!   8
Quando doida de vinho derrubas a mesa   3
   e louca lanças taças sobre mim,   4
eu sei que são sinais de um verdadeiro ardor: 9
   sem a sina do Amor mulher não sofre.   10

Pois se a mulher atira injúrias – língua irosa –
   logo se prostra aos pés da grande Vênus.
Se passeia cercada pela grei de guardas
   ou cruza as ruas num furor de Mênade,
se amiúde se aterra com sonhos sandeus   15
   ou sofre ao ver um quadro de outra moça,
nesses tormentos sou arúspice certeiro:
   conheço as marcas certas de um Amor.
Incerta é lealdade se não surgem brigas:
   ao inimigo entrego as moças mansas!   20

Que amigos vejam as mordidas no pescoço
   e as feridas confirmem que ela é minha.
No Amor quero sofrer ou escutar quem sofra,
   ver minhas lágrimas ou ver as tuas;
se armas frases secretas com as sobrancelhas   25
   ou escreves com o dedo o que se cala.
Odeio os sonhos intocados por suspiros:
   quero estar sempre pálido em tua fúria.

O fogo era mais doce a Páris se gozava,
   nas lutas contra os Gregos, da Tindárida: 30
os Dânaos vencem – bárbaro, resiste Heitor
   e no abraço de Helena o irmão peleja!
Eu sempre lutarei contigo ou com rivais
   por ti – a paz contigo não me apraz.
Alegra-te! Ninguém é tão bela! Se fosse,   35
   sofrerias – é justa a tua soberba!

E a ti, que entrelaçaste redes no meu leito,
   desejo um sogro eterno e mãe no lar!
Se ela te deu a chance de roubar a noite,
   deu por raiva de mim – não por te amar!   40

3.9

Maecenas, eques Etrusco de sanguine regum,
    intra Fortunam qui cupis esse tuam,
quid me scribendi tam uastum mittis in aequor?
    Non sunt apta meae grandia uela rati.
Turpe est, quod nequeas, capiti committere pondus   5
    et pressum inflexo mox dare terga genu.
Omnia non pariter rerum sunt omnibus apta,
    palma nec ex aequo ducitur ulla iugo.

Gloria Lysippo est animosa effingere signa;
    exactis Calamis se mihi iactat equis;   10
in Veneris tabula summam sibi poscit Apelles;
    Parrhasius parua uindicat arte locum;
argumenta magis sunt Mentoris addita formae;
    at Myos exiguum flectit acanthus iter;
Phidiacus signo se Iuppiter ornat eburno;   15
    Praxitelen propria uendit ab urbe lapis.
Est quibus Eleae concurrit palma quadrigae,
    est quibus in celeris gloria nata pedes;
hic satus ad pacem, hic castrensibus utilis armis:
    naturae sequitur semina quisque suae.   20

At tua, Maecenas, uitae praecepta recepi,
    cogor et exemplis te superare tuis.
Cum tibi Romano dominas in honore securis
    et liceat medio ponere iura foro,
uel tibi Medorum pugnacis ire per hastas   25
    atque onerare tuam fixa per arma domum,
et tibi ad effectum uires det Caesar et omni
    tempore tam faciles insinuentur opes,
parcis et in tenuis humilem te colligis umbras:
    uelorum plenos subtrahis ipse sinus.   30
Crede mihi, magnos aequabunt ista Camillos
    iudicia, et uenies tu quoque in ora uirum,
Caesaris et Famae uestigia iuncta tenebis:
    Maecenatis erunt uera tropaea fides.

Non ego uelifera tumidum mare findo carina: 35
    tuta sub exiguo flumine nostra mora est.
Non flebo in cineres arcem sedisse paternos
    Cadmi nec septem proelia clade pari;

3.9

Ó Mecenas equestre, régio sangue Etrusco,
    que desejas apenas tua Fortuna,
por que pretendes que eu escreva um vasto mar?
    Grandes velas não cabem no meu barco.
É vergonhoso impor-se um peso além da conta   5
    e, dobrando os joelhos, dar as costas.
Nem tudo cabe bem a todos igualmente,
    nem vem dos mesmos cimos cada palma.

Moldar estátua viva é glória de Lisipo,
    Cálamis diz fazer corcéis perfeitos,   10
por sua Vênus Apeles clama primazia,
    Parrásio preferiu as minimálias,
Mentor tem as mais belas cenas de conjunto
    e o acanto de Mis tem curso breve,
se enfeita de marfim o Júpiter de Fídias   15
    e Praxíteles molda o pátrio mármore.
Há quem apanhe a palma da quadriga em Élide,
    quem tenha glória por seus pés velozes,
um nasceu para a paz e o outro para as armas:
    cada um segue a própria natureza.   20

Mas ouvi teus preceitos de vida, Mecenas,
    e quero te vencer nos teus exemplos.
Magistrado Romano com grandes secures,
    poderias ditar as leis no Foro
ou avançar por belicosas lanças Medas   25
    e com espólios entulhar teu lar:
César daria homens para o feito e a todo
    instante chegariam mais riquezas.
Mas humilde te poupas, segues pobres sombras
    e recolhes tu mesmo as velas amplas.   30
Crê em mim! Essa escolha te iguala aos Camilos
    e na boca dos homens tu revoas,
deixarás tua marca na Fama de César:
    os troféus de Mecenas – lealdade.

Não sulco o mar insano sobre um barco a vela: 35
    seguro é demorar-me num riacho.
Não choro a cidadela de Cadmo nas cinzas
    paternas com suas sete iguais matanças,

nec referam Scaeas et Pergama, Apollinis arces,
    et Danaum decimo uere redisse ratis,   40
moenia cum Graio Neptunia pressit aratro
    uictor Palladiae ligneus artis equus.
Inter Callimachi sat erit placuisse libellos
    et cecinisse modis, Dore poeta, tuis.
Haec urant pueros, haec urant scripta puellas   45
    meque Deum clament et mihi sacra ferant!

Te duce uel Iouis arma canam caeloque minantem
    Coeum et Phlegraeis Oromedonta iugis;
celsaque Romanis decerpta palatia tauris
    ordiar et caeso moenia firma Remo,   50
eductosque pares siluestri ex ubere reges,
    crescet et ingenium sub tua iussa meum;
prosequar et currus utroque ab litore ouantis,
    Parthorum astutae tela remissa fugae,
claustraque Pelusi Romano subruta ferro,   55
    Antonique grauis in sua Fata manus.

Mollis tu coeptae fautor cape lora iuuentae,
    dexteraque immissis da mihi signa rotis.
Hoc mihi, Maecenas, laudis concedis, et a te est
    quod ferar in partis ipse fuisse tuas.   60

nem fortalezas, Ceia e Pérgamo, de Apolo
 e as naus Dânaes após dez primaveras, 40
quando o cavalo de madeira – arte de Palas –
 com o arado arrasou Netúnios muros.
Basta agradar junto aos livrinhos de Calímaco
 e ao teu modo cantar, poeta Dório.
Que estes textos inflamem moças e rapazes: 45
 que me proclamem Deus e prestem culto!

Se me lideras, louvo armas de Jove e o ataque
 de Ceu ao céu e Oromedonte em Flegra:
parto do Palatino, pasto ao bois Romanos,
 e da muralha erguida ao morrer Remo, 50
dos gêmeos reis criados por tetas silvestres –
 ao teu comando cresce o meu talento!
Prossigo em carros que triunfam noutras costas,
 em dardos soltos pelo Parto em fuga,
o alcácer de Pelúsio sob gládio Romano 55
 e as mãos de Antônio – um peso ao próprio Fado.

Patrono amável do meu viço, toma as rédeas
 e ao meu carro veloz dá bons sinais!
Se me concedes essa glória, ó Mecenas,
 um dia irão dizer que fui dos teus. 60

3.10

Mirabar, quidnam risissent mane Camenae,
    ante meum stantes Sole rubente torum.
Natalis nostrae signum misere puellae
    et manibus faustos ter crepuere sonos.
Transeat hic sine nube dies, stent aere uenti,   5
    ponat et in sicco molliter unda minas.
Aspiciam nullos hodierna luce dolentis,
    et Niobae lacrimas supprimat ipse lapis;
alcyonum positis requiescant ora querelis;
    increpet absumptum nec sua mater Itym.   10

Tuque, o cara mihi, felicibus edita pennis,
    surge et poscentis iusta precare Deos.
Ac primum pura somnum tibi discute lympha,
    et nitidas presso pollice finge comas:
dein qua primum oculos cepisti ueste Properti   15
    indue, nec uacuum flore relinque caput;
et pete, qua polles, ut sit tibi forma perennis,
    inque meum semper stent tua regna caput.

Inde coronatas ubi ture piaueris aras,
    luxerit et tota flamma secunda domo,   20
sit mensae ratio, noxque inter pocula currat,
    et crocino naris murreus ungat onyx,
tibia nocturnis succumbat rauca choreis,
    et sint nequitiae libera uerba tuae,
dulciaque ingratos adimant conuiuia somnos,   25
    publica uicinae perstrepat aura uiae.
Sit sors et nobis talorum interprete iactu,
    quem grauius pennis uerberet ille puer.

Cum fuerit multis exacta trientibus hora,
    noctis et instituet sacra ministra Venus,   30
annua soluamus thalamo sollemnia nostro,
    natalisque tui sic peragamus iter.

3.10

Que espanto! De manhã sorriam as Camenas
    junto ao meu leito, ao vermelhar do Sol?
Assinalavam que era aniversário dela,
    batendo palmas – bom sinal – três vezes.

Sumam as nuvens, pare o vento em pleno ar
    e que o mar pouse na areia as ameaças!
Não quero ver nenhum lamento à luz do dia:
    que a pedra oprima as lágrimas de Níobe,
que o bico das alcíones deixe de queixumes,
    nem grite a mãe por Ítis devorado.

Tu, minha amada que nasceste em bom augúrio,
    levanta e reza – assim demandam os Deuses.
Pra começar, sacode o sono na água pura,
    penteia os teus cabelos luzidios,
põe depois o vestido em que prendeste os olhos
    de Propércio (nem falte flor à fronte)
e pede que a beleza, teu poder, não morra:
    teu reino impere sobre a minha fronte.

Após purgares com incenso o altar florido
    e iluminar teu lar propícia chama,
que a mente esteja à mesa, em copos corra a noite
    e que açafrão perfume o nosso olfato,
que se enrouqueça a flauta em danças noite afora
    e que tu fales tuas safadezas,
sim, que nos furte ao sono ingrato a doce festa,
    retumbe a todos o ar da rua ao lado.
Será na sorte – um lance de dados declare
    quem o menino alado açoitará.

Quando chegar a hora gasta em muitos copos
    e Vênus começar noturnos cultos,
cumpramos sobre a cama os ritos anuais
    até o fim no teu aniversário.

3.11

Quid mirare, meam si uersat femina uitam
    et trahit addictum sub sua iura uirum,
criminaque ignaui capitis mihi turpia fingis,
    quod nequeam fracto rumpere uincla iugo?
Ventorum melius praesagit nauita motus,   5
    uulneribus didicit miles habere metum.
Ista ego praeterita iactaui uerba iuuenta:
    tu nunc exemplo disce timere meo.

Colchis flagrantis adamantina sub iuga tauros
    egit et armigera proelia seuit humo,   10
custodisque feros clausit serpentis hiatus,
    iret ut Aesonias aurea lana domos.
Ausa ferox ab equo quondam oppugnare sagittis
    Maeotis Danaum Penthesilea ratis;
aurea cui postquam nudauit cassida frontem,   15
    uicit uictorem candida forma uirum.
Omphale in tantum formae processit honorem,
    Lydia Gygaeo tincta puella lacu,
ut, qui pacato statuisset in orbe columnas,
    tam dura traheret mollia pensa manu.   20
Persarum statuit Babylona Semiramis urbem,
    ut solidum cocto tolleret aggere opus,
et duo in aduersum mitti per moenia currus
    nec possent tacto stringere ab axe latus;
duxit et Euphraten medium, quam condidit, arcis,   25
    iussit et imperio subdere Bactra caput.
Nam quid ego heroas, quid raptem in crimina Diuos?
    Iuppiter infamat seque suamque domum.

Quid, modo quae nostris opprobria nexerit armis,
    et (famulos inter femina trita suos!)   30
coniugii obsceni pretium Romana poposcit
    moenia et addictos in sua regna Patres?
Noxia Alexandria, dolis aptissima tellus,
    et totiens nostro Memphi cruenta malo,
tres tua Pompeio detraxit harena triumphos!   35
    Tollet nulla dies hanc tibi, Roma, notam.
Issent Phlegraeo melius tibi funera campo,
    uel tua si socero colla daturus eras.

3.11

Te espanta que uma moça me revire a vida
   e arraste um homem sob as suas leis?
E ainda inventas de acusar-me covardia,
   porque não rompo os laços do meu jugo?
Marinheiro prevê melhor a mó dos ventos, 5
   soldado aprende o medo nas feridas.
Quando era jovem, proferia essas palavras:
   aprende agora o medo em meu exemplo!

A Cólquide prendeu com aço ardentes touros,
   semeou guerras numa terra armígera, 10
selou a boca da serpente guardiã
   e trouxe o velocino ao lar de Éson.
Outrora em seu corcel ousou flechar naus Dânaes
   Pentesileia, uma feroz Meótide:
depois do elmo dourado desnudar seu rosto, 15
   venceu sua beleza ao vencedor.
Ônfale, a jovem Lídia do lago de Giges,
   ganhou tanto renome por ser bela,
que o construtor das vigas para a paz do mundo
   fiou suave com suas mãos pesadas. 20
Semíramis não só fundou a Babilônia
   moldando do ladrilho a massa sólida
(pelo muro podiam se lançar dois carros
   sem nem sequer tocarem os seus eixos)
e conduziu o Eufrates pela cidadela, 25
   como exigiu a capital de Bactros.
Mas por que teimo em acusar heróis e Deuses?
   Jove já traz desonra à própria casa.

E essa que há pouco trouxe opróbrio às nossas armas?
   Uma mulher servida entre seus servos 30
quis num casório infame as muralhas de Roma
   e a total submissão dos senadores?
Danosa Alexandria, ó terra dada aos dolos,
   ó Mênfis, tão sangrenta às nossas custas,
tua areia tomou de Pompeu três triunfos! 35
   Tu nunca sanarás tal mancha, ó Roma.
Melhor seria então morrer no campo em Flegra
   ou ceder teu pescoço para o sogro!

Scilicet incesti meretrix regina Canopi,
    una Philippeo sanguine adusta nota,   40
ausa Ioui nostro latrantem opponere Anubim,
    et Tiberim Nili cogere ferre minas,
Romanamque tubam crepitanti pellere sistro,
    baridos et contis rostra Liburna sequi,
foedaque Tarpeio conopia tendere saxo,   45
    iura dare et statuas inter et arma Mari!
Quid nunc Tarquinii fractas iuuat esse securis,
    nomine quem simili uita superba notat,
si mulier patienda fuit? Cape, Roma, triumphum
    et longum Augusto salua precare diem!   50
Fugisti tamen in timidi uaga flumina Nili:
    accepere tuae Romula uincla manus.
Bracchia spectasti sacris admorsa colubris,
    et trahere occultum membra soporis iter.
"Non hoc, Roma, fui tanto tibi ciue uerenda!"   55
    dixerat assiduo lingua sepulta mero.

Septem urbs alta iugis, toto quae praesidet orbi,
    femineo timuit territa Marte minas.   58
Haec di condiderant, haec di quoque moenia seruant: 65
    uix timeat saluo Caesare Roma Iouem.   66
Nunc ubi Scipiadae classes, ubi signa Camilli,   67
    aut modo Pompeia, Bospore, capta manu?   68
Hannibalis spolia et uicti monumenta Syphacis   59
    et Pyrrhi ad nostros gloria fracta pedes?   60
Curtius expletis statuit monumenta lacunis,
    at Decius misso proelia rupit equo,
Coclitis abscissos testatur semita pontis,
    est cui cognomen coruus habere dedit: 64
Leucadius uersas acies memorabit Apollo: 69
    tantum operis belli sustulit una dies.   70

At tu, siue petes portus seu, nauita, linques,
    Caesaris in toto sis memor Ionio.

Mas, ó rainha puta do Canopo impuro,
    mancha maior ao sangue de Felipe,   40
que a Jove ousaste impor o vil ladrar de Anúbis,
    forçar o Tibre a suportar o Nilo,
trocar tuba Romana pelo som do sistro
    e perseguir com báride as liburnas,
armar mosqueiro horrível na rocha Tarpeia   45
    e entre estátuas de Mário ditar leis!
De que valeu quebrar secures de Tarquínio,
    cuja vida soberba mancha o nome,
e aguentar tal mulher? Toma os triunfos, Roma,
    e a salvo implora longa vida a Augusto!   50
Quando fugiste às ondas do medroso Nilo
    tuas mãos levavam os grilhões de Rômulo.
Viste os braços mordidos por serpentes sacras,
    teus membros absorvendo a sonolência.
"Se tens tal cidadão, ó Roma, não me temas!",   55
    disse a língua enterrada pelo vinho.

A urbe que dos sete montes rege o mundo
    temia os riscos de um femíneo Marte.   58
Deuses ergueram nossos muros e hoje os guardam: 65
    César vai bem, Roma só teme a Jove.   66
Onde os Cipíades, as bandeiras de Camilo   67
    e os teus, vencidos por Pompeu, ó Bósforo?   68
Onde o espólio de Aníbal, os troféus de Sífax   59
    ou as glórias de Pirro aos nossos pés?   60
Cúrcio fez monumentos por fechar o abismo,
    Décio com seu cavalo ardeu na luta,
o caminho de Cocles marca o fim da ponte
    e outro ganhou dum corvo o próprio nome: 64
Leucádio Apolo há de cantar a linha em fuga: 69
    um só dia de guerra findou tudo.   70

Mas tu, nauta, quer busques ou deixes o porto,
    sobre o Jônico, lembra-te de César.

3.12

Postume, plorantem potuisti linquere Gallam,
    miles et Augusti fortia signa sequi?
Tantine ulla fuit spoliati gloria Parthi,
    ne faceres Galla multa rogante tua?
Si fas est, omnes pariter pereatis auari, 5
    et quisquis fido praetulit arma toro!
Tu tamen iniecta tectus, uesane, lacerna
    potabis galea fessus Araxis aquam.

Illa quidem interea Fama tabescet inani,
    haec tua ne uirtus fiat amara tibi, 10
neue tua Medae laetentur caede sagittae,
    ferreus aurato neu cataphractus equo,
neue aliquid de te flendum referatur in urna:
    sic redeunt, illis qui cecidere locis.

Ter quater in casta felix, o Postume, Galla! 15
    moribus his alia coniuge dignus eras.
Quid faciet nullo munita puella timore,
    cum sit luxuriae Roma magistra suae?
Sed securus eas: Gallam non munera uincent,
    duritiaeque tuae non erit illa memor. 20
Nam quocumque die saluum te Fata remittent,
    pendebit collo Galla pudica tuo.

Postumus alter erit miranda coniuge Ulixes:
    non illi longae tot nocuere morae,
castra decem annorum et Ciconum Mors, Ismara capta 25
    exustaeque tuae nox, Polypheme, genae
et Circae fraudes lotosque herbaeque tenaces,
    Scyllaque et alternas scissa Charybdis aquas,
Lampeties Ithacis ueribus mugisse iuuencos
    (pauerat hos Phoebo filia Lampetie), 30
et thalamum Aeaeae flentis fugisse puellae,
    totque hiemis noctes totque natasse dies,
nigrantisque domos animarum intrasse silentum,
    Sirenum surdo remige adisse lacus,
et ueteres arcus leto renouasse procorum, 35
    errorisque sui sic statuisse modum.

Nec frustra, quia casta domi persederat uxor.
    Vincit Penelopes Aelia Galla fidem.

3.12

Póstumo, como ousaste entristecer tua Gala
    para seguir Augusto e sua insígnia?
Será tamanha a glória espoliar os Partos
    enquanto Gala implora que não partas?
Se não blasfemo: morram todos os avaros   5
    que preferem a guerra ao leito fiel!
Mas, ó louco, coberto num capote e exausto
    tu beberás na gálea a água do Araxes.

E ela vai derreter-se pela falsa Fama,
    temendo ser-te amarga a valentia,   10
ou que se alegre a flecha Meda ao te ferir,
    ou malhado guerreiro em corcel áureo,
ou que te tragam numa urna, para os prantos:
    assim retorna quem tombou por lá.

Feliz três, quatro vezes pela casta Gala!   15
    Mas bem que merecias outra esposa.
Sem proteção do medo, o que faria a jovem,
    se Roma é professora da luxúria?
Mas vai tranquilo: Gala não cede aos presentes,
    nem pensará nas tuas asperezas.   20
Pois no dia em que o Fado devolver-te a salvo,
    pudica pulará no teu pescoço.

Póstumo pela esposa há de ser outro Ulisses:
    longas demoras não lhe fazem mal!
Dez anos, prisão de Ísmaros, Morte dos Cícones   25
    e a noite que te ardeu, ó Polifemo,
farsas de Circe, lotos e ervas que o retinham,
    Cila e Caríbdis no vai-e-vem das águas
e em Ítaca, no espeto, o berro dos bezerros
    que Lampécia criou, filha de Febo.   30
Ele fugiu do leito da chorosa Eeia,
    nadou dias e noites invernais,
foi às negras moradas das almas silentes,
    foi com remeiros surdos às Sereias
e renovou seu arco contra os pretendentes: 35
    assim ele deu fim à sua errância.

Não foi em vão – no lar a esposa estava casta.
    Mais fiel que Penélope é Élia Gala.

3.13

Quaeritis, unde auidis nox sit pretiosa puellis,
  et Venere exhaustae damna querantur opes.
Certa quidem tantis causa et manifesta ruinis:
  luxuriae nimium libera facta uia est.
Inda cauis aurum mittit formica metallis,   5
  et uenit e Rubro concha Erycina salo,
et Tyros ostrinos praebet Cadmea colores,
  cinnamon et multi cultor odoris Arabs.

Haec etiam clausas expugnant arma pudicas
  quaeque gerunt fastus, Icarioti, tuos.   10
Matrona incedit census induta nepotum
  et spolia opprobrii nostra per ora trahit.
Nulla est poscendi, nulla est reuerentia dandi,
  aut si qua est, pretio tollitur ipsa mora.

Felix Eois lex funeris una maritis,   15
  quos Aurora suis rubra colorat equis!
Namque ubi mortifero iacta est fax ultima lecto,
  uxorum fusis stat pia turba comis,
et certamen habent leti, quae uiua sequatur
  coniugium: pudor est non licuisse mori.   20
Ardent uictrices et flammae pectora praebent,
  imponuntque suis ora perusta uiris.
Hoc genus infidum nuptarum, hic nulla puella
  nec fida Euadne nec pia Penelope.

Felix agrestum quondam pacata iuuentus,   25
  diuitiae quorum messis et arbor erant!
Illis munus erat decussa Cydonia ramo,
  et dare puniceis plena canistra rubis,
nunc uiolas tondere manu, nunc mixta referre
  lilia uimineos lucida per calathos,   30
et portare suis uestitas frondibus uuas
  aut uariam plumae uersicoloris auem.

His tum blanditiis furtiua per antra puellae
  oscula siluicolis empta dedere uiris.
Hinnulei pellis stratos operibat amantes,   35
  altaque natiuo creuerat herba toro,
pinus et incumbens lentas circumdabat umbras;
  nec fuerat nudas poena uidere Deas.

3.13

Por que é tão cara a noite com meninas ávidas
  e os bens deploram tanto gasto em Vênus?
É clara e certa a causa de tantas ruínas:
  é muito fácil a via da luxúria.
A formiga Indiana tira ouro das minas, 5
  do Mar Vermelho vem a concha de Érix,
quem mais produz ostrino é a Cadmeia Tiro
  e o cultor Árabe – a canela olente.

São armas que conquistam pudicas trancadas
  e vencem teu desdém, Icariótide. 10
A matrona desfila as posses dos playboys
  e esfrega o vil espólio em nossa cara.
Nenhum receio de pedir, nenhum de dar:
  se houver, o preço apaga a inibição.

Antes o enterro de um marido Oriental 15
  que a rubra Aurora tinge em seus cavalos!
Pois ao lançar-se o facho sobre o leito fúnebre,
  erguem-se esposas, bando escabelado,
numa luta fatal para ver quem segue o esposo
  viva – vergonha é não se dar à Morte! 20
Ardem as vencedoras, dão seu peito às chamas
  com os lábios queimados nos seus homens.
Mas que raça infiel de noivas! Nós não temos
  pia Penélope ou fiel Evadne.

Feliz no campo a calma e antiga juventude 25
  cuja riqueza era colheita e árvore!
O marmelo arrancado ao galho era um presente,
  dar cestos cheios com amoras rubras,
colher violetas ou trazer lírios brilhantes
  misturados em cestas de madeira, 30
levar uvas vestidas por suas próprias parras
  ou uma ave de penas coloridas.

Por tais mimos nas grutas as moças vendiam
  beijo furtivo aos homens das florestas.
Couros de corça recobriam os amantes, 35
  ervas formavam leitos naturais
e com sombra suave o pinheiro os cercava
  sem punição por verem Deusas nuas.

Corniger Arcadii uacuam pastoris in aulam
    dux aries saturas ipse reduxit oues.   40
Dique Deaeque omnes, quibus est tutela per agros,
    praebebant uestri uerba benigna foci:
"Et leporem, quicumque uenis, uenaberis, hospes,
    et si forte meo tramite quaeris, auem:
et me Pana tibi comitem de rupe uocato,   45
    siue petes calamo praemia, siue cane."

At nunc desertis cessant sacraria lucis:
    aurum omnes uicta iam pietate colunt.
Auro pulsa fides, auro uenalia iura,
    aurum lex sequitur, mox sine lege pudor.   50

Torrida sacrilegum testantur limina Brennum,
    dum petit intonsi Pythia regna dei:
at mox laurigero concussus uertice diras
    Gallica Parnasus sparsit in arma niues.
Te scelus accepto Thracis Polymestoris auro   55
    nutrit in hospitio non, Polydore, pio.
Tu quoque ut auratos gereres, Eriphyla, lacertos,
    delapsis nusquam est Amphiaraus equis.

Proloquar (atque utinam patriae sim uerus haruspex!):
    frangitur ipsa suis Roma superba bonis.   60
Certa loquor, sed nulla fides; neque enim Ilia quondam
    uerax Pergameis maenas habenda malis.
Sola Parim Phrygiae fatum componere, sola
    fallacem Troiae serpere dixit equum.
Ille furor patriae fuit utilis, ille parenti: 65
    experta est ueros irrita lingua Deos.

Um carneiro cornígero então conduzia
    ovelhas fartas ao pastor da Arcádia.   40
Todos Deuses e Deusas que regem os campos
    sobre vossos altares davam bênçãos:
"Quem quer que sejas, anda, estranho, caça lebre
    e aves, se em meu caminho tu quiseres;
do abismo chama Pã, serei teu companheiro   45
    quer pretendas caçar com cães ou canas."

Hoje no bosque o santuário está vazio:
    finda a piedade, todos louvam o ouro.
Ouro compra a justiça, ouro expulsa a lealdade,
    a lei segue e sem lei – adeus pudor!   50

O umbral queimado lembra o sacrílego Breno
    tomando o reino Pítio ao Deus intonso:
porém, ao balançar seus louros, o Parnaso
    lançou neve nefasta às armas Gálicas.
O vil Polimestor da Trácia, ao ganhar ouro,   55
    te alimenta impiamente, ó Polidoro.
Tu também, Erifila, por dourar teus braços
    Anfiarau caiu do seu cavalo.

Eis que proclamo (e seja um bom profeta à pátria!):
    Roma soberba entre seus bens se arrasa.   60
Falo certo e não creem – nem viram que era Mênade
    a Ília que predisse o mal de Pérgamo.
Só ela viu que Páris trouxe o Fado à Frígia
    e enganador cavalo entrava em Troia.
O seu furor seria bom ao pai e à pátria   65
    e a língua em vão provou verazes Deuses.

3.14

Multa tuae, Sparte, miramur iura palaestrae,
    sed mage uirginei tot bona gymnasii,
quod non infamis exercet corpore ludos
    inter luctantis nuda puella uiros,
cum pila uelocis fallit per bracchia iactus,   5
    increpat et uersi clauis adunca trochi,
puluerulentaque ad extremas stat femina metas,
    et patitur duro uulnera pancratio:
nunc ligat ad caestum gaudentia bracchia loris,
    missile nunc disci pondus in orbe rotat,   10
et modo Taygeti, crinis aspersa pruina,   15
    sectatur patrios per iuga longa canes: 16
gyrum pulsat equis, niueum latus ense reuincit,   11
    uirgineumque cauo protegit aere caput,
qualis Amazonidum nudatis bellica mammis
    Thermodontiacis turba lauatur aquis;   14
qualis et Eurotae Pollux et Castor harenis,   17
    hic uictor pugnis, ille futurus equis,
inter quos Helene nudis capere arma papillis
    fertur nec fratres erubuisse Deos.   20

Lex igitur Spartana uetat secedere amantis,
    et licet in triuiis ad latus esse suae,
nec timor aut ulla est clausae tutela puellae,
    nec grauis austeri poena cauenda uiri.
Nullo praemisso de rebus tute loquaris   25
    ipse tuis: longae nulla repulsa morae.
Nec Tyriae uestes errantia lumina fallunt,
    est neque odoratae cura molesta comae.

At nostra ingenti uadit circumdata turba,
    nec digitum angusta est inseruisse uia.   30
Nec quae sit facies nec quae sint uerba rogandi
    inuenias: caecum uersat amator iter.

Quod si iura fores pugnasque imitata Laconum,
    carior hoc esses tu mihi, Roma, bono.

3.14

Admiro as tuas várias leis de esporte, Esparta,
    sobretudo o ginásio feminino,
pois exercita sem infâmia o próprio corpo
    entre os homens lutando a jovem nua,
quando, ao lançar veloz, a bola ilude o braço 5
    e a haste em gancho ecoa a cada volta,
a moça para empoeirada ao fim da meta
    ou sofre os golpes do cruel pancrácio,
com couro agora prende à luva o punho alegre,
    gira o pesado disco de lançar, 10
também com a geada em seus cabelos segue 15
    os cães pátrios nos cimos do Taígeto, 16
num corcel toca a pista – espada em pele nívea – 11
    e à fronte virginal guarda com bronze,
como o tropel de seios nus das Amazonas
    que se banham no rio Termodonte, 14
como Castor e Pólux na areia do Eurotas, 17
    um aprendiz em soco, outro em cavalos:
dizem que Helena com mamilo à mostra armava-se
    e não pejavam seus irmão divinos. 20

Lei Espartana veta que amantes se afastem
    e prevê que na rua saiam juntos,
não há tutela nem temor que tranque as moças,
    nem medo de um marido mais severo.
Sem mensageiros, podes falar o que pensas: 25
    ninguém te expulsa após a longa espera.
Vestes da Tíria não enganam o olho errante,
    nem há o chato perfumar dos cachos.

Mas aqui um bando imenso segue minha amada,
    não sobra espaço nem pra pôr um dedo; 30
nem sabes com que cara ou palavras rogá-la:
    o amante segue cego o seu caminho.

Ah! se imitasses leis e lutas dos Lacônios!
    Com tais bens, Roma, mais eu te amaria.

3.15

Sic ego non ullos iam norim in Amore tumultus,
    nec ueniat sine te nox uigilanda mihi!
Vt mihi praetexti pudor est releuatus amictus
    et data libertas noscere Amoris iter,
illa rudis animos per noctes conscia primas   5
    imbuit, heu nullis capta Lycinna datis!
Tertius (haud multo minus est) cum ducitur annus,
    uix memini nobis uerba coisse decem.
Cuncta tuus sepeliuit Amor, nec femina post te
    ulla dedit collo dulcia uincla meo.   10

Testis erit Dirce tam sero crimine saeua,
    Nycteos Antiopen accubuisse Lyco.
A quotiens pulchros uulsit regina capillos,
    molliaque immitis fixit in ora manus!
A quotiens famulam pensis onerauit iniquis,   15
    et caput in dura ponere iussit humo!
Saepe illam immundis passa est habitare tenebris,
    uilem ieiunae saepe negauit aquam.

Iuppiter, Antiopae nusquam succurris habenti
    tot mala? Corrumpit dura catena manus.   20
Si Deus es, tibi turpe tuam seruire puellam:
    inuocet Antiope quem nisi uincta Iouem?
Sola tamen, quaecumque aderant in corpore uires,
    regalis manicas rupit utraque manu.
Inde Cithaeronis timido pede currit in arces.   25
    Nox erat, et sparso triste cubile gelu.

Saepe uago Asopi sonitu permota fluentis
    credebat dominae pone uenire pedes.
Et durum Zethum et lacrimis Amphiona mollem
    experta est stabulis mater abacta suis.   30
Ac ueluti magnos cum ponunt aequora motus,
    Eurus et aduersus desinit ire Notos,
litore sic tacito sonitus rarescit harenae,
    sic cadit inflexo lapsa puella genu.

Sera, tamen pietas: natis est cognitus error.   35
    Digne Iouis natos qui tueare senex!
Tu reddis pueris matrem, puerique trahendam
    uinxerunt Dircen sub trucis ora bouis.

3.15

Que eu nunca mais conheça os tormentos do Amor,
    nem passe a noite em claro sem teu corpo!
Quando o pudor da toga pretexta caiu
    e os caminhos do Amor ficaram livres,
ela instruiu meu peito ingênuo nas primeiras   5
    noites – Licina, presa sem ter prêmios!
Mas três (não muito menos) anos se passaram:
    mal lembro se trocamos dez palavras.
O teu Amor sepulta tudo e depois disso
    ninguém deu doce laço em meu pescoço.   10

E Dirce atesta, louca pelo crime antigo
    de Antíope Nicteide amar seu Lico:
como arrancou seus belos cachos a rainha
    e à dócil face trouxe a mão feroz!
Como onerava a serva com tarefa injusta   15
    e no chão duro a fez colar a face!
Muito deixou que ela dormisse em treva imunda
    e à sua sede muito negou água.

Tu não socorres, Jove, toda a dor de Antíope?
    Duras correntes roem suas mãos!   20
Se és Deus, a servidão da amada te envergonha:
    a quem Antíope invoca, senão Júpiter?
Porém a sós, juntando as forças do seu corpo,
    com as próprias mãos rompeu régios grilhões.
Então correu num passo medroso ao Citéron   25
    e à noite o triste leito era só gelo.

Amiúde assustada pelos sons do Asopo
    pensava ouvir por trás os pés da dona.
Longe de casa a mãe sentiu por entre lágrimas
    que Zeto era mais duro e Anfíon dócil.   30
Porém, tal como o mar também amansa as ondas,
    o Euro para de se opor aos Notos
e na praia rareia o ruído da areia,
    a moça desabou em seus joelhos.

Piedade, inda que tarda! Os filhos veem seu erro.   35
    Grande velho velou o lar de Jove!
Tu devolveste a mãe aos moços e eles prendem
    Dirce arrastada por um boi selvagem.

Antiope, cognosce Iouem: tibi gloria Dirce
 ducitur in multis Mortem habitura locis. 40
Prata cruentantur Zethi, uictorque canebat
 paeana Amphion rupe, Aracynthe, tua.

At tu non meritam parcas uexare Lycinnam:
 nescit uestra ruens ira referre pedem.
Fabula nulla tuas de nobis concitet auris: 45
 te solam et lignis funeris ustus amem.

Antíope, aceita Jove! Por tua glória, Dirce
    é conduzida à Morte em tantas partes.   40
Sangram prados de Zeto e o vencedor Anfíon
    canta um peã, Aracinto, em tua pedra.

Ah! não perturbes mais Licina sem motivo!
    A ira feminina não desiste.
Nenhum boato sobre mim te abata o ouvido.   45
    Mesmo queimado à pira eu te amarei!

3.16

Nox media, et dominae mihi uenit epistula nostrae:
    Tibure me missa iussit adesse mora,
candida qua geminas ostendunt culmina turris
    et cadit in patulos Nympha Aniena lacus.
Quid faciam? Obductis committam mene tenebris, 5
    ut timeam audaces in mea membra manus?
At si distulero haec nostro mandata timore,
    nocturno fletus saeuior hoste mihi.
Peccaram semel, et totum sum pulsus in annum:
    in me mansuetas non habet illa manus. 10

Nec tamen est quisquam, sacros qui laedat amantis:
    Scironis media sic licet ire uia.
Quisquis amator erit, Scythicis licet ambulet oris,
    nemo adeo ut feriat barbarus esse uolet. 14
Sanguine tam paruo quis enim spargatur amantis 19
    improbus, et cuius sit comes ipsa Venus. 20
Luna ministrat iter, demonstrant astra salebras, 15
    ipse Amor accensas praecutit ante faces,
saeua canum rabies morsus auertit hiantis:
    huic generi quouis tempore tuta uia est. 18

Quod si certa meos sequerentur funera casus, 21
    tali Mors pretio uel sit emenda mihi.
Afferet haec unguenta mihi sertisque sepulcrum
    ornabit custos ad mea busta sedens.
Di faciant, mea ne terra locet ossa frequenti, 25
    qua facit assiduo tramite uulgus iter!
Post Mortem tumuli sic infamantur amantum.
    Me tegat arborea deuia terra coma,
aut humer ignotae cumulis uallatus harenae:
    non iuuat in media nomen habere uia. 30

3.16

À meia noite a minha dona manda cartas:
  manda que sem demora eu venha a Tíbur,
onde os cimos fulgentes mostram torres gêmeas
  e a Ninfa do Ânio cai por largos lagos.
O que farei? Entrego-me às trevas cerradas,   5
  temendo ousadas mãos no meu pescoço?
Pois, se por medo atraso em atender as ordens,
  seu pranto é mais cruel do que um bandido.
Eu já falhei e fui banido um ano inteiro:
  comigo as suas mãos não são tão mansas.   10

Mas não há quem maltrate os sagrados amantes:
  pela estrada de Círon eles passam.
Quem ama pode andar pelas praias da Cítia:
  ninguém há de feri-lo feito um bárbaro.   14
Pois que perverso verteria o frágil sangue   19
  do amante, se até Vênus o acompanha?   20
Lua indica o caminho, astros mostram buracos,   15
  o próprio Amor chacoalha um facho aceso
e mesmo um cão raivoso afasta suas dentadas:
  a todo instante a estrada está segura.   18

Mas se à aventura segue – é certo – o funeral,   21
  por esse preço eu compraria a Morte!
Ela trará perfume e enfeitará com flores
  meu sepulcro, sentada junto às cinzas.
Deuses, poupai meus ossos de onde há movimento   25
  num caminho apinhado pelo povo!
É assim que se infama a tumba de quem ama.
  Cubram-me folhas de árvores num ermo,
ou que me esconda alguma areia ignorada:
  eu não quero meu nome numa estrada.   30

3.17

Nunc, o Bacche, tuis humiles aduoluimur aris:
   da mihi pacato uela secunda, pater!
Tu potes insanae Veneris compescere fastus,
   curarumque tuo fit medicina mero.
Per te iunguntur, per te soluuntur amantes: 5
   tu uitium ex animo dilue, Bacche, meo!

Te quoque enim non esse rudem testatur in astris
   lyncibus ad caelum uecta Ariadna tuis.
Hoc mihi, quod ueteres custodit in ossibus ignis,
   funera sanabunt aut tua uina malum. 10
Semper enim uacuos nox sobria torquet amantis,
   spesque timorque animos uersat utroque modo.

Quod si, Bacche, tuis per feruida tempora donis
   accersitus erit somnus in ossa mea,
ipse seram uites pangamque ex ordine collis, 15
   quos carpant nullae me uigilante ferae,
dum modo purpureo spument mihi dolia musto,
   et noua pressantis inquinet uua pedes.
Quod superest uitae per te et tua cornua uiuam,
   uirtutisque tuae, Bacche, poeta ferar. 20

Dicam ego maternos Aetnaeo fulmine partus,
   Indica Nysaeis arma fugata choris,
uesanumque noua nequiquam in uite Lycurgum,
   Pentheos in triplices funera grata greges,
curuaque Tyrrhenos delphinum corpora nautas 25
   in uada pampinea desiluisse rate,
et tibi per mediam bene olentia flumina Diam,
   unde tuum potant Naxia turba merum.

Candida laxatis onerato colla corymbis
   cinget Bassaricas Lydia mitra comas, 30
leuis odorato ceruix manabit oliuo
   et feries nudos ueste fluente pedes.
Mollia Dircaeae pulsabunt tympana Thebae,
   capripedes calamo Panes hiante canent,
uertice turrigero iuxta Dea magna Cybebe 35
   tundet ad Idaeos cymbala rauca choros.

Ante fores templi, cratere antistes et auro
   libatum fundens in tua sacra merum,

3.17

Agora, ó Baco, humilde ao teu altar me prostro:
   dá-me a paz de propícias velas, pai!
Sabes sanar o orgulho insano de uma Vênus,
   teu mosto remedia as aflições.
Por ti se uniu quem ama e se apartou por ti: 5
   Baco, lava o meu peito deste vício!

Alçada ao céu pelos teus linces, Ariadne
   viu que inexperiente tu não és.
Sim, o enterro ou teu vinho há de curar o mal
   que nos meus ossos guarda a velha chama.   10
Pois sempre a noite sóbria incita amantes sós:
   turba-se o peito de esperança e medo.

Se com teus dons, ó Baco, ardendo sobre a têmpora
   o sono assediar-me na medula,
plantarei vinhas e colinas em fileiras   15
   que fera alguma arranca, se vigio,
desde que a taça espume com teu mosto púrpura
   e a uva nova pinte o pé que a pisa.
O que restar da vida por teu corno eu vivo:
   serei poeta dos teus feitos, Baco!   20

Canto o parto materno num raio do Etna,
   armas Indas fugindo às danças Nísias,
Licurgo louco em vão contra uma estranha vinha,
   Penteu morto, a alegria de três greis,
nautas Tirrenos, curvos corpos de golfinhos   25
   que saltam da sua nau de parra às ondas.
Em teu louvor há rios olentes em Dia
   onde teu mosto bebe o povo Náxio.

Com alvo colo cheio de corimbos soltos
   a mitra há de cingir cachos Bassáricos   30
e a leve nuca há de exalar azeite olente
   com pé desnudo em veste esvoaçante.
Tebas de Dirce há de bater tambor lascivo,
   tocar no cálamo seu Pãs caprípedes,
coroada de torres, Cibebe há de usar   35
   rouco címbalo em danças sobre o Ida.

Em frente ao templo um vaso de ouro há de verter
   vinho da libação nas oferendas.

Haec ego non humili referam memoranda cothurno,
    qualis Pindarico spiritus ore tonat: 40
tu modo seruitio uacuum me siste superbo,
    atque hoc sollicitum uince Sopore caput.

Recordarei teus feitos sem coturno humilde
   e cantarei a inspiração Pindárica!   40
Mas me liberta da soberba solidão
   e com Sópor consome a mente inquieta!

3.18

Clausus ab umbroso qua ludit pontus Auerno,
    fumida Baiarum stagna tepentis aquae,
qua iacet et Troiae tubicen Misenus harena
    et sonat Herculeo structa labore uia,
hic ubi, mortalis dexter cum quaereret urbes,   5
    cymbala Thebano concrepuere Deo
(at nunc inuisae magno cum crimine Baiae,
    quis Deus in uestra constitit hostis aqua?),
hic pressus Stygias uultum demisit in undas,
    errat et inferno spiritus ille lacu.   10

Quid genus aut uirtus aut optima profuit illi
    mater, et amplexum Caesaris esse focos?
Aut modo tam pleno fluitantia uela theatro,
    et per maturas omnia gesta manus?
Occidit, et misero steterat uicesimus annus: 15
    tot bona tam paruo clausit in orbe dies.
I nunc, tolle animos et tecum finge triumphos,
    stantiaque in plausum tota theatra iuuent;
Attalicas supera uestis, atque omnia Magnis
    gemmea sint Ludis: ignibus ista dabis.   20

Sed tamen huc omnes, huc primus et ultimus ordo:
    est mala, sed cunctis ista terenda uia est.
Exoranda canis tria sunt latrantia colla,
    scandenda est torui publica cumba senis.
Ille licet ferro cautus se condat et aere,   25
    Mors tamen inclusum protrahit inde caput.
Nirea non facies, non uis exemit Achillem,
    Croesum aut, Pactoli quas parit umor, opes.
Hic olim ignaros luctus populauit Achiuos,
    Atridae magno cum stetit alter Amor.   30

At tibi nauta, pias hominum qui traicit umbras,
    huc animae portet corpus inane suae:
qua Siculae uictor telluris Claudius et qua
    Caesar, ab humana cessit in astra uia.

3.18

Onde o mar brinca preso pelo umbroso Averno,
    lagos de Baias, águas fumegantes,
na areia onde Miseno jaz, clarim de Troia,
    e soa a estrada do trabalho Hercúleo,
aqui onde, ao passar por cidades mortais,   5
    os címbalos louvaram Deus Tebano
(Baias, hoje odiosa por teu grande crime,
    que Deus maligno mora em tuas águas?):
aqui ele afundou a face em onda Estígia
    e no lago infernal divaga o espírito.   10

De que valeu a estirpe, a virtude, a melhor
    das mães ou abraçar o lar de César?
Ou toldos flutuantes no teatro cheio
    e tudo o que fizera a mão tão jovem?
Morreu fadado aos vinte anos, miserável,   15
    e o tempo enclausurou as alegrias.
Mas vai, inventa os teus triunfos e ergue o ânimo,
    aproveita os aplausos do teatro,
supera a veste Atálica e traz tuas gemas
    aos Grandes Jogos – tudo é dado ao fogo!   20

Aqui vêm todos, última e primeira classe:
    é dura a estrada e todos vão pisá-la.
Devem rogar ao cão que ladra por três bocas
    e entrar na barca pública do velho.
Pode um mais cauto se ocultar em ferro e ouro,   25
    porém a Morte alcança o seu pescoço.
Beleza não livrou Nireu, nem força a Aquiles,
    nem mesmo as ondas do Pactolo a Creso.
Tal luto devastara os ignaros Aqueus:
    custou-lhes caro o novo Amor do Atrida.   30

Mas o nauta que traz a sombra de homens pios
    leva seu corpo desprovido de alma.
Como César e Cláudio, senhor da Sicília,
    ela se alçou da via humana aos astros.

3.19

Obicitur totiens a te mihi nostra libido:
   crede mihi, uobis imperat ista magis.
Vos, ubi contempti rupistis frena pudoris,
   nescitis captae mentis habere modum.

Flamma per incensas citius sedetur aristas,   5
   fluminaque ad fontis sint reditura caput
et placidum Syrtes portum et bona litora nautis
   praebeat hospitio saeua Malea suo,
quam possit uestros quisquam reprehendere cursus
   et rabidae stimulos frangere nequitiae.   10

Testis, Cretaei fastus quae passa iuuenci
   induit abiegnae cornua falsa bouis;
testis Thessalico flagrans Salmonis Enipeo,
   quae uoluit liquido tota subire Deo.
Crimen et illa fuit, patria succensa senecta   15
   arboris in frondes condita Myrrha nouae.

Nam quid Medeae referam, quo tempore matris
   iram natorum caede piauit Amor?
Quidue Clytaemestrae, propter quam tota Mycenis
   infamis stupro stat Pelopea domus?   20
Tuque, o, Minoa uenumdata, Scylla, figura
   tondes purpurea regna paterna coma.

Hanc igitur dotem uirgo desponderat hosti!
   Nise, tuas portas fraude reclusit Amor.
At uos, innuptae, felicius urite taedas: 25
   pendet Cretaea tracta puella rate.
Non tamen immerito! Minos sedet arbiter Orci:
   uictor erat quamuis, aequus in hoste fuit.

3.19

Em mim sempre criticas a nossa luxúria,
    mas acredita – em vós é que ela impera!
Vós, quando desprezais as rédeas do pudor,
    perdeis todo o limite da loucura.

Mais presto apagaria o fogo das espigas   5
    e o rio voltaria à cabeceira,
Sirtes dariam porto calmo aos marinheiros
    e seria Maleia hospitaleira,
antes que alguém possa conter vossos caminhos:
    romper ferrões da fúria libertina.   10

Exemplo é quem sofreu desdém de um touro em Creta,
    vaca de pau vestindo falsos chifres;
outro exemplo, ao queimar por Enipeu Tessálico,
    quis entrar no Deus líquido a Salmônida.
Um crime! Ardendo pela velhice paterna   15
    Mirra virou folhagem de uma árvore.

Que direi de Medeia, se Amor aplacou
    a ira de uma mãe que mata os filhos?
E Clitemnestra, se por ela o lar de Pélops
    permanece manchado de adultério?   20
E tu, Cila, vendida à beleza de Minos,
    cortaste o pátrio reino, a coma púrpura!

A virgem prometeu seu dote ao inimigo!
    Por fraude Amor abriu-te as portas, Niso.
Queimai, solteiras, com mais sorte os vossos fachos!   25
    Pende a moça arrastada em nau Cretense.
Não é sem mérito que Minos julga no Orco:
    foi vencedor, mas justo ao inimigo.

3.20

Credis eum iam posse tuae meminisse figurae,
    uidisti a lecto quem dare uela tuo?
Durus, qui lucro potuit mutare puellam!
    Tantine, ut lacrimes, Africa tota fuit?

At tu, stulta, Deos, tu fingis inania uerba: 5
    forsitan ille alio pectus Amore terat.
Est tibi forma potens, sunt castae Palladis artes,
    splendidaque a docto Fama refulget auo,
fortunata domus, modo sit tibi fidus amicus!
    Fidus ero: in nostros curre, puella, toros!   10

Tu quoque, qui aestiuos spatiosius exigis ignis,
    Phoebe, moraturae contrahe lucis iter.
Nox mihi prima uenit! Primae da tempora nocti!
    Longius in primo, Luna, morare toro.   14

Quam multae ante meis cedent sermonibus horae,   19
    dulcia quam nobis concitet arma Venus!   20
Foedera sunt ponenda prius signandaque iura   15
    et scribenda mihi lex in Amore nouo.
Haec Amor ipse suo constringet pignora signo:
    testis sidereae torta corona Deae.

Namque ubi non certo uincitur foedere lectus,   21
    non habet ultores nox uigilanda Deos,
et quibus imposuit, soluit mox uincla libido:
    contineant nobis omina prima fidem.

Ergo, qui tacta sic foedera ruperit ara,   25
    pollueritque nouo sacra marita toro,
illi sint quicumque solent in Amore dolores,
    et caput argutae praebeat historiae;
nec flenti dominae patefiant nocte fenestrae:
    semper amet, fructu semper Amoris egens.   30

3.20

Tu achas que ele ainda pensa em tua beleza,
   se já o viste dar velas do teu leito?
Cruel quem troca sua amada pelo lucro!
   E a África? Valia as tuas lágrimas?

Mas tola inventas Deuses e palavras vãs –   5
   e ele talvez se esgota noutro Amor!
Tu és tão bela e tens de Palas casta as artes,
   refulge a Fama de teu culto avô:
rico é teu lar, se tens um amigo fiel!
   Serei fiel – vem ao meu leito, moça!   10

E tu que sempre amplias as flamas estivas,
   ó Febo, encurta a luz que se delonga.
Chega a primeira noite! À noite eu peço tempo!
   Alonga, ó Lua, este primeiro leito!   14

E quantas horas passaremos na conversa   19
   até que às doces armas venha Vênus!   20
Antes convém tecer um pacto, selar cláusulas,   15
   firmar a lei para este novo Amor.
E o próprio Amor dará seu selo às garantias,
   como a coroa da sidérea Deusa.

Pois se o leito se firma sobre um pacto incerto,   21
   vigílias não têm Deuses vingadores
e os laços que o desejo impôs logo desatam:
   que dure a lealdade dos augúrios!

Então se alguém quebrou seu pacto sobre o altar,   25
   se manchou noutro leito o matrimônio,
que ele sofra de Amor as mais frequentes dores,
   ceda o pescoço às falas mais ferinas,
que se feche a janela da amada ao seu pranto:
   sempre ame, sempre sem gozar do Amor!   30

3.21

Magnum iter ad doctas proficisci cogor Athenas
    ut me longa graui soluat Amore uia.
Crescit enim assidue spectando cura puellae:
    ipse alimenta sibi maxima praebet Amor.
Omnia sunt temptata mihi, quacumque fugari   5
    posset: at exsomnis me premit ipse Deus.
Vix tamen aut semel admittit, cum saepe negarit:
    seu uenit, extremo dormit amicta toro.

Vnum erit auxilium: mutatis Cynthia terris
    quantum oculis, animo tam procul ibit Amor.   10
Nunc agite, o socii, propellite in aequora nauem,
    remorumque pares ducite sorte uices,
iungiteque extremo felicia lintea malo:
    iam liquidum nautis aura secundat iter.
Romanae turres et uos ualeatis, amici,   15
    qualiscumque mihi tuque, puella, uale!

Ergo ego nunc rudis Hadriaci uehar aequoris hospes,
    cogar et undisonos nunc prece adire Deos.
Deinde per Ionium uectus cum fessa Lechaeo
    sedarit placida uela phaselus aqua,   20
quod superest, sufferre, pedes, properate laborem,
    Isthmos qua terris arcet utrumque mare.
Inde ubi Piraei capient me litora portus,
    scandam ego Theseae bracchia longa uiae.

Illic uel stadiis animum emendare Platonis   25
    incipiam aut hortis, docte Epicure, tuis;
persequar aut studium linguae, Demosthenis arma,
    librorumque tuos, munde Menandre, sales;
aut certe tabulae capient mea lumina pictae,
    siue ebore exactae, seu magis aere, manus.   30

Aut spatia annorum et longa interualla profundi
    lenibunt tacito uulnera nostra sinu:
seu moriar, Fato, non turpi fractus Amore;
    atque erit illa mihi Mortis honesta dies.

3.21

Devo seguir a longa estrada à culta Atenas
    pra que a viagem apague um grave Amor!
Pois quanto mais a vejo mais aumenta a ânsia:
    todo o Amor se alimenta de si mesmo.
Tentei tudo que pude para pô-lo em fuga,
    porém o Deus insone ainda ataca.
Ela mal me recebe, sempre me renega:
    se vem, dorme vestida ali no canto.

Um remédio – mudar de terras, manter Cíntia
    longe dos olhos quão do peito Amor.
Vamos, lançai o barco ao mar, meus companheiros,
    tirai na sorte os pares de remeiros,
levai ao alto mastro as velas venturosas!
    A brisa favorece a via aquática.
Adeus, torres Romanas, amigos, adeus,
    adeus, moça, apesar do que me fazes!

Assim, leigo que sou, rumarei pelo Adriático,
    terei de achar na prece um Deus undíssono.
Quando, ao passar o Jônio, em Lequeu de águas plácidas
    meu barco der descanso às fartas velas,
apressai-vos, meus pés, a suportar o resto
    onde o Istmo separa um mar do outro.
Se o porto de Pireu às margens me acolher,
    subo os muros da estrada de Teseu.

Nos passos de Platão corrigirei o espírito,
    ou pelos teus jardins, culto Epicuro,
eu seguirei a língua, arma de Demóstenes,
    e o sal, sutil Menandro, dos teus livros,
ou por certo pinturas prenderão meus olhos
    e mãos perfeitas de marfim ou bronze.

Por fim o largo abismo e o passar dos anos
    calarão esta chaga no meu peito
e eu morrerei por Fado – não por torpe Amor:
    será honroso o dia dessa Morte.

3.22

Frigida tam multos placuit tibi Cyzicus annos,
   Tulle, Propontiaca qua fluit isthmos aqua,
Dindymis et sacra fabricata e uite Cybebe,
   raptorisque tulit quae uia Ditis equos?
Si te forte iuuant Helles Athamantidos urbes, 5
   nec desiderio, Tulle, mouere meo,
si tibi olorigeri uisenda est ora Caystri, 15
   et qua serpentes temperat unda uias; 16
tu licet aspicias caelum omne Atlanta gerentem,
   sectaque Persea Phorcidos ora manu,
Geryonis stabula et luctantum in puluere signa
   Herculis Antaeique, Hesperidumque choros; 10
tuque tuo Colchum propellas remige Phasim,
   Peliacaeque trabis totum iter ipse legas,
qua rudis Argoa natat inter saxa columba
   in faciem prorae pinus adacta nouae; 14
omnia Romanae cedent miracula terrae: 17
   natura hic posuit, quidquid ubique fuit.

Armis apta magis tellus quam commoda noxae:
   Famam, Roma, tuae non pudet historiae. 20
Nam quantum ferro tantum pietate potentes
   stamus: uictricis temperat ira manus.

Hic Anio Tiburne fluis, Clitumnus ab Vmbro
   tramite, et aeternum Marcius umor opus,
Albanus lacus et foliis Nemorensis abundans, 25
   potaque Pollucis Nympha salubris equo.

At non squamoso labuntur uentre cerastae,
   Itala portentis nec furit unda nouis,
non hic Andromedae resonant pro matre catenae,
   nec tremis Ausonias, Phoebe fugate, dapes, 30
nec cuiquam absentes arserunt in caput ignes
   exitium nato matre mouente suo,
Penthea non saeuae uenantur in arbore Bacchae,
   nec soluit Danaas subdita cerua ratis,
cornua nec ualuit curuare in paelice Iuno 35
   aut faciem turpi dedecorare boue;

★ ★ ★

3.22

Por muitos anos te aprazia a fria Cízico,
  ó Tulo, no istmo de ondas Propontíacas,
a Díndime Cibebe feita em sacra vinha
  e o caminho de Dite estuprador?

Se gostas das cidades da Atamântide Hele, 5
  se não te toca, Tulo, a minha falta,
se queres ver as margens de císneas do Caístro 15
  e as ondas sobre vias serpentinas; 16
mesmo que encares Atlas sustentando o céu
  e na mão de Perseu a face Fórcide,
Gerião e seus celeiros, os sinais da luta
  entre Hércules e Anteu e a dança Hespéride, 10
que vás com teus remeiros ao Fásis na Cólquida
  e sigas no teu curso a nau Pelíaca,
onde entre as rochas nada junto à pomba de Argos
  um pinho transformado em proa inédita: 14
tudo cede aos milagres do solo Romano, 17
  que em natureza oferta o bom de tudo.

Esta terra é mais dada às armas do que aos danos:
  não peja à Fama o teu passado, ó Roma. 20
Pois, seja em ferro, seja em fé, nós somos fortes:
  na mão que vence, a ira se modera.

Aqui, ó Ânio e Tíbur, ó Clitumno Úmbrio,
  fluístes – e a água Márcia, obra imortal,
o lago Albano, o Nemos repleto de folhas 25
  e a Ninfa que sanou o corcel de Pólux.

Mas não surgem cerastas de ventre escamoso,
  não ruge em novo monstro a onda Itálica,
nem por culpa materna soam grilhões de Andrômeda,
  não foges, Febo, dos festins Ausônios, 30
nem se abrasaram contra alguém distantes fogos
  quando uma mãe tramava o fim do filho,
Bacantes cruéis não caçam Penteu numa árvore,
  nem uma cerva solta as naus dos Dânaos,
nem Juno recurvou os cornos de uma amante 35
  ou deformou-lhe a face em vil novilha;

★ ★ ★

arboreasque cruces Sinis, et non hospita Grais
    saxa et curuatas in sua fata trabes.

Haec tibi, Tulle, parens, haec est pulcherrima sedes,
    hic tibi pro digna gente petendus honos, 40
hic tibi ad eloquium ciues, hic ampla nepotum
    spes et uenturae coniugis aptus Amor.

Sínis e as árvores em cruz na rocha inóspita
   aos gregos, feitas para o próprio Fado.

Ó Tulo, eis tua mãe, a morada mais bela,
   deves buscar um cargo à tua altura;   40
aqui terás ouvinte, a esperança de netos
   e na futura esposa, um grande Amor.

3.23

Ergo tam doctae nobis periere tabellae,
   scripta quibus pariter tot periere bona!
Has quondam nostris manibus detriuerat usus,
   qui non signatas iussit habere fidem.
Illae iam sine me norant placare puellas   5
   et quaedam sine me uerba diserta loqui.
Non illas fixum caras effecerat aurum:
   uulgari buxo sordida cera fuit.
Qualescumque mihi semper mansere fideles,
   semper et effectus promeruere bonos.   10

Forsitan haec illis fuerunt mandata tabellis:
   "Irascor quoniam es, lente, moratus heri.
An tibi nescio quae uisa est formosior? An tu
   non bona de nobis crimina ficta iacis?"
Aut dixit: "Venies hodie, cessabimus una: 15
   hospitium tota nocte parauit Amor."
Et quaecumque uolens reperit non stulta puella,
   garrula cum blandis ducitur hora dolis.
Me miserum, his aliquis rationem scribit auarus
   et ponit duras inter ephemeridas!   20

Quas si quis mihi rettulerit, donabitur auro:
   quis pro diuitiis ligna retenta uelit?
I puer, et citus haec aliqua propone columna,
   et dominum Esquiliis scribe habitare tuum.

3.23

Então perdi minhas cultíssimas tabuinhas
    e quantos textos bons assim perdi?
No passado as gastei com tanto manuseio
    que mesmo sem meu selo davam fé.
Sem mim elas sabiam aplacar as moças,   5
    sem mim falavam só palavras dóceis.
E nunca foram caras com enfeites de ouro,
    mas de buxo banal com cera pobre.
Ah! fossem como fossem, fiéis sempre me foram
    e sempre conseguiram bons efeitos.   10

E quem sabe as mensagens das minhas tabuinhas?
    "Que raiva, preguiçoso! Ontem tardaste!
Acaso a fulaninha é mais bonita? Acaso
    difamas falsos crimes contra mim?"
Ou quem sabe: "Vem hoje e juntos deitaremos: 15
    Amor te hospedará por toda a noite."
Se a moça não for tola, de tudo ela inventa
    quando se passa a fala em doces dolos.
Ai de mim! Um sovina anota cada conta
    e as confundiu na contabilidade!   20

Se alguém me devolver, eu pagarei com ouro!
    Quem prefere madeira a ter dinheiro?
Vai, meu escravo, e prega nalguma coluna:
    diz que o teu dono mora no Esquilino.

3.24-25

Falsa est ista tuae, mulier, fiducia formae,
  olim oculis nimium facta superba meis.
Noster Amor talis tribuit tibi, Cynthia, laudes:
  uersibus insignem te pudet esse meis.
Mixtam te uaria laudaui saepe figura, 5
  cum, quod non esses, esse putaret Amor;
et color est totiens roseo collatus Eoo,
  cum tibi quaesitus candor in ore foret:

quod mihi non patrii poterant auertere amici,
  eluere aut uasto Thessala saga mari, 10
haec ego nunc ferro, nunc igne coactus, et ipsa
  naufragus Aegaea uera fatebor aqua,
correptus saeuo Veneris torrebar aeno;
  uinctus eram uersas in mea terga manus.
Ecce coronatae portum tetigere carinae, 15
  traiectae Syrtes, ancora iacta mihi est.

Nunc demum uasto fessi respiscimus aestu,
  uulneraque ad sanum nunc coiere mea.
Mens Bona, si qua Dea es, tua me in sacraria dono!
  Exciderunt surdo tot mea uota Ioui. 20
Risus eram positis inter conuiuia mensis, [25.1]
  et de me poterat quilibet esse loquax.
Quinque tibi potui seruire fideliter annos:
  ungue meam morso saepe querere fidem.

Nil moueor lacrimis: ista sum captus ab arte; [25.5]
  semper ab insidiis, Cynthia, flere soles.
Flebo ego discedens, sed fletum iniuria uincit:
  tu bene conueniens non sinis ire iugum.
Limina iam nostris ualeant lacrimantia uerbis,
  nec tamen irata ianua fracta manu. [25.10]

At te celatis aetas grauis urgeat annis,
  et ueniat formae ruga sinistra tuae!
Vellere tum cupias albos a stirpe capillos,
  iam speculo rugas increpitante tibi,
exclusa inque uicem fastus patiare superbos, [25.15]
  et quae fecisti facta queraris anus!
Has tibi fatalis cecinit mea pagina diras:
  euentum formae disce timere tuae!

3.24-25

Falsa, mulher, é a confiança em tua beleza,
   assoberbada pelos meus olhares.
Foi meu Amor, ó Cíntia, quem te fez louvores:
   sinto pudor por te afamar em versos.
Muitas vezes louvei teu encontro de encantos,   5
   quando Amor via em ti o que não eras:
eu comparava tua cor à rósea Aurora –
   e o brilho do teu rosto era artifício!

Nenhum parente, amigo pôde me afastar,
   nem me lavou no mar maga Tessálica;   10
pois ora ferro e ora fogo me forçavam,
   eu naufraguei no Egeu e assim confesso:
queimava preso ao caldeirão cruel de Vênus
   e tinha as mãos atadas pelas costas.
Mas eis que o barco coroado chega ao porto   15
   e após passar as Sirtes lanço âncora.

Agora volto a mim, exausto de calor,
   minhas feridas fecham, cicatrizam.
Boa Mente – se és mesmo Deusa, a ti me entrego!
   Jove não deu ouvidos aos meus votos.   20
Riam de mim ao pôr as mesas nos banquetes   [25.1]
   e chacota fazia quem quisesse.
Pude servir-te fielmente em cinco anos:
   fiel tu me querias, roendo as unhas.

Teu pranto pouco importa – assim tu me prendias: [25.5]
   teu choro é sempre de mentira, Cíntia!
Choro ao partir, mas tua injúria vence o choro:
   não permites o bem do nosso laço.
Adeus umbrais em pranto por minhas palavras,
   porta que o punho em fúria não quebrou!   [25.10]

Que a velhice sopese a idade que renegas,
   brote uma ruga horrível no teu rosto!
Que arranques teus cabelos brancos na raiz
   enquanto o espelho te estardalha as rugas,
que tu suportes, rechaçada, outras soberbas   [25.15]
   e chores, velha, os feitos que fizeste!
São maldições que a minha página cantou:
   saibas temer o fim da tua beleza!

Liber IV / Livro IV

4.1

<PROPERTIUS>

"Hoc, quodcumque uides, hospes, qua maxima Roma est,
    ante Phrygem Aenean collis et herba fuit;
atque ubi Nauali stant sacra Palatia Phoebo,
    Euandri profugae concubuere boues.
Fictilibus creuere deis haec aurea templa,   5
    nec fuit opprobrio facta sine arte casa;
Tarpeiusque Pater nuda de rupe tonabat,
    et Tiberis nostris aduena bubus erat.
Qua gradibus domus ista Remi se sustulit, olim
    unus erat fratrum maxima regna focus.   10
Curia, praetexto quae nunc nitet alta senatu,
    pellitos habuit, rustica corda, Patres.
Bucina cogebat priscos ad uerba Quiritis:
    centum illi in prati saepe senatus erat.
Nec sinuosa cauo pendebant uela theatro,   15
    pulpita sollemnis non oluere crocos.

Nulli cura fuit externos quaerere diuos,
    cum tremeret patrio pendula turba sacro,
annuaque accenso celebrare Parilia faeno,
    qualia nunc curto lustra nouantur equo.   20
Vesta coronatis pauper gaudebat asellis,
    ducebant macrae uilia sacra boues.
Parua saginati lustrabant compita porci,
    pastor et ad calamos exta litabat ouis.
Verbera pellitus saetosa mouebat arator,   25
    unde licens Fabius sacra Lupercus habet.
Nec rudis infestis miles radiabat in armis:
    miscebant usta proelia nuda sude.

Prima galeritus posuit praetoria Lycmon,
    magnaque pars Tatio rerum erat inter ouis.   30
Hinc Tities Ramnesque uiri Luceresque Soloni,
    quattuor hinc albos Romulus egit equos.
Quippe suburbanae parua minus urbe Bouillae
    et, qui nunc nulli, maxima turba Gabi.
Et stetit Alba potens, albae suis omine nata,   35
    tunc ubi Fidenas longa erat isse uia.

4.1

\<PROPÉRCIO\>

"Tudo o que vês, estranho, nesta imensa Roma
 foi morro e mato antes do Frígio Eneias
e onde a Febo Naval se sagra o Palatino
 deitava o gado do exilado Evandro.
Ergueram-se áureos templos a Deuses de barro   5
 sem ofensa por ser cabana tosca,
da rocha nua o Pai Tarpeio retroava
 e para os bois o Tibre era estrangeiro.
Onde se encontra o excelso lar de Remo, outrora
 na lareira era o reino dos irmãos.   10
A Cúria que refulge em togas do senado
 tinha rudes anciões vestindo peles.
A trompa convocava os Quirites à fala:
 com cem deles no prado – eis o senado.
Não pendiam os toldos no teatro côncavo,   15
 nem de açafrão se perfumava o palco.

Ninguém pensava em procurar um Deus externo
 quando o povo tremia em ritos pátrios,
mas sim sagrar Parílias vendo o feno em fogo
 e assim hoje um corcel relustra o pasto.   20
A humilde Vesta amava asninhos coroados,
 vacas magras levavam pobre andor.
Gordos porcos lustravam os menores cômpitos,
 pastor trazia ovelha, ao som do cálamo.
Vestindo peles, lavrador vibrava o açoite,   25
 donde Luperco teve o rito ousado.
Rude soldado não luzia em arma infausta:
 com paus semiqueimados combatiam.

Lícmon, com o seu elmo, inaugurou o Pretório
 e os grandes bens de Tácio eram ovelhas.   30
São daqui Tícies, Ramnes, de Solônio os Lúceres,
 daqui, os quatro alvos corcéis de Rômulo.
Bovilas é subúrbio, pois Roma cresceu,
 e Gábios, grande povo, agora é nada.
Forte foi Alba, feita ao verem a alva porca,   35
 e até Fidenas era longa a estrada.

Nil patrium nisi nomen habet Romanus alumnus:
   sanguinis altricem non putet esse lupam.

Huc melius profugos misisti, Troia, Penatis;
   heu quali uecta est Dardana puppis aue! 40
am bene spondebant tunc omina, quod nihil illos
   laeserat abiegni uenter apertus equi,
cum pater in nati trepidus ceruice pependit,
   et uerita est umeros urere flamma pios.
Tunc animi uenere Deci Brutique secures, 45
   uexit et ipsa sui Caesaris arma Venus,
arma resurgentis portans uictricia Troiae:
   felix terra tuos cepit, Iule, Deos,
si modo Auernalis tremulae cortina Sibyllae
   dixit Auentino rura pianda Remo, 50
aut si Pergameae sero rata carmina uatis
   longaeuum ad Priami uera fuere caput:
"Vertite equum, Danai! Male uincitis! Ilia tellus
   uiuet, et huic cineri Iuppiter arma dabit."

Optima nutricum nostris lupa Martia rebus, 55
   qualia creuerunt moenia lacte tuo!
Moenia namque pio coner disponere uersu:
   ei mihi, quod nostro est paruus in ore sonus!
Sed tamen exiguo quodcumque e pectore riui
   fluxerit, hoc patriae seruiet omne meae. 60
Ennius hirsuta cingat sua dicta corona:
   mi folia ex hedera porrige, Bacche, tua,
ut nostris tumefacta superbiat Vmbria libris,
   Vmbria Romani patria Callimachi!
Scandentis quisquis cernit de uallibus arces, 65
   ingenio muros aestimet ille meo!
Roma, faue, tibi surgit opus, date candida, ciues,
   omina, et inceptis dextera cantet auis!
Sacra diesque canam et cognomina prisca locorum:
   has meus ad metas sudet oportet equus." 70

<HOROS>

"Quo ruis imprudens? Fuge dicere Fata, Properti!
   Non sunt a dextro condita fila colo.
Accersis lacrimas cantans, auersus Apollo:
   poscis ab inuita uerba pigenda lyra.

Hoje um Romano tem dos pais somente o nome:
   não pensa em loba que aleitou seu sangue.

Bom foi mandares prófugos Penates, Troia!
   E com que auspícios veio a nau Dardânea! 40
Que bons augúrios, pois que não os arrasara
   o ventre do cavalo de madeira,
quando às costas do filho pendia o pai trêmulo
   e o fogo não queimava os ombros pios.
Veio o ânimo de Décio, as secures de Bruto 45
   e Vênus trouxe as armas de seu César,
as armas vencedoras de uma nova Troia:
   feliz terra acolheu teus Deuses, Iulo,
se a trípode Avernal da trépida Sibila
   previu Remo purgando o Aventino, 50
ou se já tarde os cantos da vate de Pérgamo
   foram reais para o longevo Príamo:
"Fora o cavalo, Dânaos! Venceis em vão! Ílion
   vive e Jove dará armas às cinzas."

Nossa melhor nutriz fora a loba de Marte! 55
   Que muralhas cresceram com teu leite!
Muralhas tentarei dispor num verso pio.
   Ai de mim! Que som fraco em minha boca!
Mas se brotar um rio deste peito exíguo,
   servirá minha pátria por inteiro. 60
Que Ênio cinja seus cantos de áspera coroa;
   ó Baco, estende as folhas de tua hera!
E que se orgulhe a Úmbria, inflada por meus livros!
   Úmbria, a pátria do Calímaco Romano!
Quem vir as altas cidadelas sobre os vales, 65
   que estime os muros pelo meu talento!
Ó Roma, ajuda, a obra é tua; cidadãos,
   dai-me augúrio! E a ave cante ao meu começo!
Ritos e dias canto e seus antigos nomes:
   que meu cavalo sue nessas metas!" 70

\<HÓROS\>

"Aonde vais? Deixa os Fados de lado, Propércio!
   Teu fio não vem de um rolo auspicioso.
Cantando atrais só lágrimas, vais contra Apolo:
   buscas remorso numa lira adversa.

Certa feram certis auctoribus, aut ego uates 75
    nescius aerata signa mouere pila.
Me creat Archytae suboles Babylonius Orops
    Horon, et a proauo ducta Conone domus.
Di mihi sunt testes non degenerasse propinquos,
    inque meis libris nil prius esse fide. 80
Nunc pretium fecere Deos et fallitur auro
    Iuppiter. Obliquae signa iterata rotae,
felicesque Iouis stellas Martisque rapaces
    et graue Saturni sidus in omne caput;
quid moueant Pisces animosaque signa Leonis, 85
    lotus et Hesperia quid Capricornus aqua.
Dicam: "Troia cades, et Troica Roma resurges";
    et maris et terrae candida regna canam.

Dixi ego, cum geminos produceret Arria natos
    (illa dabat natis arma uetante Deo): 90
non posse ad patrios sua pila referre Penatis:
    nempe meam firmant nunc duo busta fidem.
Quippe Lupercus, equi dum saucia protegit ora,
    heu sibi prolapso non bene cauit equo;
Gallus at, in castris dum credita signa tuetur, 95
    concidit ante aquilae rostra cruenta suae:
fatales pueri, duo funera matris auarae!
    Vera, sed inuito, contigit ista fides.

Idem ego, cum Cinarae traheret Lucina dolores,
    et facerent uteri pondera lenta moram, 100
"Iunonis facito uotum impetrabile" dixi:
    illa parit: libris est data palma meis!
Hoc neque harenosum Libyci Iouis explicat antrum,
    aut sibi commissos fibra locuta Deos,
aut si quis motas cornicis senserit alas, 105
    umbraue quae magicis mortua prodit aquis:
aspicienda uia est caeli uerusque per astra
    trames, et ab zonis quinque petenda fides.

Exemplum graue erit Calchas: namque Aulide soluit
    ille bene haerentis ad pia saxa ratis; 110
idem Agamemnoniae ferrum ceruice puellae
    tinxit, et Atrides uela cruenta dedit;
nec rediere tamen Danai: tu diruta fletum
    supprime et Euboicos respice, Troia, sinus!

Falo firme com firme autoridade, ou não 75
   sou vate e vejo em bola brônzea os signos!
Gerou-me o Babilônio Órope, de Arquitas:
   eu sou Hóros, do lar do velho Cônon.
Deuses são testemunhas: não fujo à família,
   nada em meus livros vale mais que o vero. 80
Hoje dão preço aos Deuses e até Jove aceita
   o ouro: os signos numa roda eclíptica,
o mau astro de Marte, o astro feliz de Júpiter,
   o de Saturno, a todos tão penoso,
o que traz Peixes e Leão, signo animoso, 85
   e Capricórnio sobre a água Hespéria.
Direi: "Caíste, Troia! E nasces, Roma Troica!",
   reinos por terra e mar eu cantarei.

Pois eu disse, quando Árria enviava seus gêmeos
   (um Deus vetou, mas ela armou seus filhos) 90
que não trariam lanças aos pátrios Penates
   e agora as duas tumbas me confirmam.
Luperco, ao proteger a cara do cavalo,
   não se cuidou da queda do animal
e Galo, ao vigiar bandeiras pelo campo, 95
   caiu sangrando sob o bico da águia:
moços marcados, funerais da mãe avara!
   A contragosto fez-se a profecia.

Quando Lucina prolongava a dor de Cínara
   e o peso no seu ventre demorava, 100
eu disse: "Faz a Juno um voto suscetível!"
   Pariu! Mais um troféu para os meus livros!
Não nos revela o antro de Júpiter Líbio,
   ou as entranhas que comentam Deuses,
nem quem anota o bater-asas de uma gralha, 105
   ou sombra morta vinda de águas mágicas:
deves olhar a via ao céu, o atalho aos astros
   e buscar a verdade em cinco zonas.

Calcas é bom exemplo, pois soltara em Áulis
   as naus bem presas nos rochedos pios, 110
tingindo o seu punhal na filha de Agamêmnon,
   para o Atrida lançar com sangue as velas,
e os Dânaos não voltaram. Reprime o teu pranto,
   Troia arrasada, e encara a costa Eubeia!

Nauplius ultores sub noctem porrigit ignis, 115
    et natat exuuiis Graecia pressa suis.
Victor Oiliade, rape nunc et dilige uatem,
    quam uetat auelli ueste Minerua sua!

Hactenus historiae: nunc ad tua deuehar astra;
    incipe tu lacrimis aequus adesse nouis. 120
Vmbria te notis antiqua Penatibus edit
    (mentior? an patriae tangitur ora tuae?),
qua nebulosa cauo rorat Meuania campo,
    et lacus aestiuis intepet Vmber aquis,
scandentisque Asis consurgit uertice murus, 125
    murus ab ingenio notior ille tuo.
Ossaque legisti non illa aetate legenda
    patris et in tenuis cogeris ipse Lares:
nam tua cum multi uersarent rura iuuenci,
    abstulit excultas pertica tristis opes. 130
Mox ubi bulla rudi dimissa est aurea collo,
    matris et ante Deos libera sumpta toga,
tum tibi pauca suo de carmine dictat Apollo
    et uetat insano uerba tonare Foro.

'At tu finge elegos, fallax opus: haec tua castra! – 135
    Scribat ut exemplo cetera turba tuo.
Militiam Veneris blandis patiere sub armis,
    et Veneris Pueris utilis hostis eris.
Nam tibi uictrices quascumque labore parasti,
    eludet palmas una puella tuas: 140
et bene cum fixum mento decusseris uncum,
    nil erit hoc: rostro te premet ansa tuo.
Illius arbitrio noctem lucemque uidebis:
    gutta quoque ex oculis non nisi iussa cadet.
Nec mille excubiae nec te signata iuuabunt 145
    limina: persuasae fallere rima sat est.'

Nunc tua uel mediis puppis luctetur in undis,
    uel licet armatis hostis inermis eas,
uel tremefacta cauum tellus diducat hiatum:
    octipedis Cancri terga sinistra time!" 150

Náuplio acendeu à noite as chamas vingadoras 115
    e a Grécia nada em meio aos seus despojos.
Anda, ó Oilida vencedor, viola a vate
    que Minerva proíbe ser despida.

Chega de história! Agora volto-me aos teus astros:
    prepara-te sem medo para as lágrimas. 120
Gerou-te a velha Úmbria de nobres Penates
    (minto? ou acerto as margens da tua pátria?),
onde a Mevânia nebulosa orvalha o campo
    e de água estiva abrasa o Úmbrio lago
e no alto da escarpada Assis se erguera um muro, 125
    muro famoso pelo teu talento.
Colheste os ossos de teu pai no tempo errado,
    foste forçado a ter humildes Lares,
pois se antes muitos bois aravam tua messe,
    triste estaca tomou a terra fértil. 130
Tiraram de teu jovem colo a bula áurea
    e ante os Deuses da mãe tomaste a toga,
então vem te ditar uns versos seus, Apolo,
    e te proíbe a fala em Foro insano.

'Forja elegia, obra enganosa: eis teu quartel! 135
    Que a turba escreva e siga teu exemplo.
Com doces armas tu militarás por Vênus,
    como inimigo útil dos seus Filhos.
Todas as palmas que alcançares com suor
    uma só moça arrasará brincando: 140
mesmo que arranques esse gancho do teu queixo,
    é vão – o anzol te fisga pelo bico!
Aos mandos dela tu verás a noite e o dia:
    sem ordens, não cairá nem uma lágrima.
Não servirão mil guardas, nem portas seladas: 145
    basta uma fenda para te enganar.'

Agora, quer teu barco lute em meio às ondas,
    quer vás inerme ao inimigo armado,
quer se abra a terra trêmula em profundo abismo:
    teme a coroa octópode de Câncer." 150

4.2

Qui mirare meas tot in uno corpore formas,
  accipe Vertumni signa paterna dei.
Tuscus ego Tuscis orior, nec paenitet inter
  proelia Volsinios deseruisse focos.
Haec me turba iuuat, nec templo laetor eburno: 5
  Romanum satis est posse uidere Forum.

Hac quondam Tiberinus iter faciebat, et aiunt
  remorum auditos per uada pulsa sonos:
at postquam ille suis stagnum concessit alumnis,
  Vertumnus uerso dicor ab amne Deus.   10
Seu, quia uertentis fructum praecerpimus anni,
  Vertumni rursus creditur esse sacrum.
Prima mihi uariat liuentibus uua racemis,
  et coma lactenti spicea fruge tumet;
hic dulcis cerasos, hic autumnalia pruna   15
  cernis et aestiuo mora rubere die;
insitor hic soluit pomosa uota corona,
  cum pirus inuito stipite mala tulit.

Mendax Fama, noces: alius mihi nominis index:
  de se narranti tu modo crede Deo!   20
Opportuna mea est cunctis natura figuris:
  in quamcumque uoles uerte, decorus ero.
Indue me Cois, fiam non dura puella:
  meque uirum sumpta quis neget esse toga?
Da falcem et torto frontem mihi comprime faeno: 25
  iurabis nostra gramina secta manu.

Arma tuli quondam et, memini, laudabar in illis:
  corbis in imposito pondere messor eram.
Sobrius ad lites: at cum est imposta corona,
  clamabis capiti uina subisse meo.   30
Cinge caput mitra, speciem furabor Iacchi;
  furabor Phoebi, si modo plectra dabis.

Cassibus impositis uenor: sed harundine sumpta
  fautor plumoso sum Deus aucupio.
Est etiam aurigae species Vertumnus et eius   35
  traicit alterno qui leue pondus equo.
Sub petaso piscis calamo praedabor, et ibo
  mundus demissis institor in tunicis.

4.2

Se te espantas com tantas formas neste corpo,
   toma os sinais paternos de Vertumno.
Eu sou Estrusco, vim de Estruscos, sem pudor
   por ter largado em guerra o lar Volsínio.
Este povo me apraz, não quero um templo ebúrneo: 5
   ver o Foro Romano já me basta.

Aqui passava outrora o rio Tibre e dizem
   que ouviam sons de remos contra as ondas,
depois que ele cedeu seu charco aos descendentes,
   o rio reverteu – virei Vertumno;   10
ou porque colho o fruto a cada ano versado,
   e daí vem o culto ao Deus Vertumno.
Por minha causa a uva adorna os cachos púrpuras
   e a semente leitosa enfuna a espiga;
tu vês doces cerejas, a ameixa outonal   15
   e a amora avermelhar num dia estivo;
com coroas de fruta o semeador faz votos:
   pereiras dão maçãs, contra seus troncos.

Me ofendes, falsa Fama! O nome é de outra causa:
   agora atenta ao Deus que se apresenta!   20
Vai bem com toda a forma a minha natureza:
   no que me converteres serei belo.
Põe-me em vestes de Cós, que viro moça fina:
   quem nega que de toga eu seja um homem?
Dá-me uma foice, cinge-me de feno a fronte   25
   e dirás que esta mão segava os campos.

Tomei armas há tempos, lembro – e fui louvado;
   fui ceifador com meu pesado cesto.
No tribunal, sou sóbrio; se me pões coroas,
   dirás que o vinho sobe-me à cabeça.   30
Cinge com mitra, e furto a aparência de Iaco;
   furto a de Febo, se ganhar um plectro.

Caço, se tenho redes, mas se pego a flecha,
   serei patrono da plumosa caça.
Vertumno tem também forma de auriga: ele   35
   sustenta um ágil peso nos cavalos.
Com um chapéu, eu fisgo peixes pelo cálamo
   e viro um vendedor, com longa a túnica.

Pastor me ad baculum possum curuare uel idem
    sirpiculis medio puluere ferre rosam.   40
Nam quid ego adiciam, de quo mihi maxima Fama est,
    hortorum in manibus dona probata meis?
Caeruleus cucumis tumidoque cucurbita uentre
    me notat et iunco brassica uincta leui;
nec flos ullus hiat pratis, quin ille decenter   45
    impositus fronti langueat ante meae.
At mihi, quod formas unus uertebar in omnis,
    nomen ab euentu patria lingua dedit.

Et tu, Roma, meis tribuisti praemia Tuscis,
    (unde hodie Vicus nomina Tuscus habet),   50
tempore quo sociis uenit Lycomedius armis
    atque Sabina feri contudit arma Tati.
Vidi ego labentis acies et tela caduca,
    atque hostis turpi terga dedisse fugae.
Sed facias, diuum Sator, ut Romana per aeuum   55
    transeat ante meos turba togata pedes.

Sex superant uersus: te, qui ad uadimonia curris,
    non moror: haec spatiis ultima creta meis.
STIPES ACERNVS ERAM, PROPERANTI FALCE DOLATVS,
    ANTE NVMAM GRATA PAVPER IN VRBE DEVS.   60
AT TIBI, MAMVRRI, FORMAE CAELATOR AENAE,
    TELLVS ARTIFICES NE TERAT OSCA MANVS,
QVI ME TAM DOCILIS POTVISTI FVNDERE IN VSVS.
    VNVM OPVS EST, OPERI NON DATVR VNVS HONOS.

Pastor, sei me curvar sobre o cajado, sei
    levar rosas em cesto empoeirado. 40
E por que acrescentar, se é minha maior Fama,
    que o melhor dos jardins eu tenho à mão?
Pepino verde, abóbora de ventre inchado
    e couve presa ao junco são meus marcos;
nenhuma flor abre no prado, sem que a ponham 45
    em minha fronte e murche docemente.
E como em toda forma eu me converto, omnímodo,
    este nome me deu a língua pátria.

E tu recompensaste os meus Etruscos, Roma
    (pois daí vem o nome "Rua Estrusca"), 50
quando vieram Licomédios com o exército
    tombando as armas do ferino Tácio.
Eu vi linhas perdidas, dardos despencando
    e inimigos em torpe retirada.
Mas faz, Semeador dos Deuses, com que sempre 55
    passem Romanos aos meus pés – de toga!

Mais seis versos! A ti, correndo ao tribunal,
    não prendo: eis minha linha de chegada:
FUI TRONCO DE ÁCER, TALHO APRESSADO DE FOICE,
    DEUS POBRE DA URBE AMADA DO REI NUMA. 60
QUE A TERRA OSCA NÃO TE ESTRAGUE AS MÃOS DE ARTISTA,
    MAMÚRRIO, Ó ESCULTOR DA FORMA EM BRONZE
QUE PÔDE ME FUNDIR EM TÃO VERSÁTEIS MODOS.
    UMA SÓ OBRA – E MAIS DO QUE UMA HONRA.

4.3

Haec Arethusa suo mittit mandata Lycotae,
    cum totiens absis, si potes esse meus.
Si qua tamen tibi lecturo pars oblita derit,
    haec erit e lacrimis facta litura meis;
aut si qua incerto fallet te littera tractu, 5
    signa meae dextrae iam morientis erunt.

Te modo uiderunt iteratos Bactra per ortus,
    te modo munito Neuricus hostis equo,
hibernique Getae pictoque Britannia curru
    ustus et Eoa decolor Indus aqua. 10

Haecne marita fides et pactae iam mihi noctes,
    cum rudis urgenti bracchia uicta dedi?
Quae mihi deductae fax omen praetulit, illa
    traxit ab euerso lumina nigra rogo;
et Stygio sum sparsa lacu, nec recta capillis 15
    uitta data est: nupsi non comitante Deo.

Omnibus heu portis pendent mea noxia uota:
    texitur haec castris quarta lacerna tuis.
Occidat, immerita qui carpsit ab arbore uallum
    et struxit querulas rauca per ossa tubas, 20
dignior obliquo funem qui torqueat Ocno,
    aeternusque tuam pascat, aselle, famem!

Dic mihi, num teneros urit lorica lacertos?
    Num grauis imbellis atterit hasta manus?
Haec noceant potius, quam dentibus ulla puella 25
    det mihi plorandas per tua colla notas!
Diceris et macie uultum tenuasse: sed opto
    e desiderio sit color iste meo.

At mihi cum noctes induxit uesper amaras,
    si qua relicta iacent, osculor arma tua; 30
tum queror in toto non sidere pallia lecto,
    lucis et auctores non dare carmen auis, 32
Craugidos et catulae uox est mihi grata querentis: 55
    illa tui partem uindicat una toro. 56

Noctibus hibernis castrensia pensa laboro 33
    et Tyria in chlamydas uellera secta tuas;

4.3

Manda Aretusa esta missiva ao seu Licotas,
    se em tanta ausência ainda fores meu.
Se alguma parte do que leres vem borrada,
    serão rasuras feitas pelas lágrimas;
se o traço incerto de uma letra te confunde,   5
    é sinal de que a destra desfalece.

No frequentado Leste, já te viram Bactros
    e o Nêurico inimigo em seu corcel,
Bretanha em carro colorido, os Getas gélidos
    e Indo moreno em águas do Oriente.   10

É essa a fidelidade, as noites prometidas,
    quando ingênua entreguei-me ao teu ardor?
O facho que augurou a marcha nupcial
    trouxe a luz negra de uma pira extinta;
banhei-me em lago Estígio, sem fita propícia   15
    em meus cachos – casei-me sem o Deus.

Em cada porta pendem meus nocivos votos:
    já fiz a quarta manta em tuas campanhas.
Morra quem fez estacas de árvore inocente
    e de ossos roucos lamentosas trompas,   20
que ele torça mais cordas que o recurvo Ocno
    e sempre mate a tua fome, asninho!

Diz – a armadura não te fere os tenros braços?
    A lança não tritura as mãos imbeles?
Antes tais danos do que os dentes de uma moça   25
    no teu pescoço, em marcas deploráveis.
Dizem que tens o rosto macilento e pálido:
    peço que sejam cores de saudade!

Mas como Vésper trouxe-me noites amargas,
    eu beijo as tuas armas que ficaram;   30
queixo que a colcha não me cobre a cama inteira
    e as aves matutinas já não cantam;   32
me alegra a triste voz da cadelinha Cráugide: 55
    só ela pede parte do teu leito.   56

Noites de inverno, teço roupas militares   33
    e lãs Tírias tosadas pra tuas clâmides;

et disco, qua parte fluat uincendus Araxes, 35
    quot sine aqua Parthus milia currat equus;
cogor et e tabula pictos ediscere mundos,
    qualis et haec docti sit positura dei,
quae tellus sit lenta gelu, quae putris ab aestu,
    uentus in Italiam qui bene uela ferat. 40
Assidet una soror, curis et pallida nutrix
    peierat hiberni temporis esse moras.

Felix Hippolyte! Nuda tulit arma papilla
    et texit galea barbara molle caput.
Romanis utinam patuissent castra puellis! 45
    Essem militiae sarcina fida tuae,
nec me tardarent Scythiae iuga, cum Pater altas
    astrictam in glaciem frigore uertit aquas.

Omnis Amor magnus, sed aperto in coniuge maior:
    hanc Venus, ut uiuat, uentilat ipsa facem. 50
Nam mihi quo Poenis nunc purpura fulgeat ostris
    crystallusque meas ornet aquosa manus?

Omnia surda tacent, rarisque assueta kalendis
    uix aperit clausos una puella Lares; 54
flore sacella tego, uerbenis compita uelo, 57
    et crepat ad ueteres herba Sabina focos.
Siue in finitimo gemuit stans noctua tigno,
    seu uoluit tangi parca lucerna mero, 60
illa dies hornis caedem denuntiat agnis,
    succinctique calent ad noua lucra popae.

Ne, precor, ascensis tanti sit gloria Bactris,
    raptaue odorato carbasa lina duci,
plumbea cum tortae sparguntur pondera fundae, 65
    subdolus et uersis increpat arcus equis!
Sed (tua sic domitis Parthae telluris alumnis
    pura triumphantis hasta sequatur equos)
incorrupta mei conserua foedera lecti!
    Hac ego te sola lege redisse uelim: 70
armaque cum tulero portae uotiua Capenae,
    subscribam SALVO SALVA PUELLA VIRO.

aprendo aonde corre o Araxes que tu vences, 35
    quanto aguenta sem água um corcel Parto,
me esforço em aprender os mundos sobre um mapa
    e qual arranjo um culto Deus lhes deu,
qual terra é podre no calor, no frio infértil,
    que vento leva a vela rumo à Itália. 40
Minha irmã me acompanha e a ama preocupada
    perjura que a demora é do mau tempo.

Feliz Hipólita! Mamilos nus entre armas,
    na bela fronte usava a gálea bárbara.
Quem dera o exército se abrisse às jovens Ítalas! 45
    Seria um fiel fardo em tua milícia
e os jugos Cítios não me reteriam quando
    o Pai converte em gelo as águas fundas.

Pois grande é todo Amor – maior junto ao marido:
    é Vênus quem aviva nossa chama. 50
De que me vale o brilho das conchas Fenícias
    e ter cristal translúcido nas mãos?

Surdo silêncio, e nas calendas, por costume,
    sozinha a moça a custo abre os seus Lares; 54
cubro os templos com flor, tranço verbena em cômpitos 57
    e em velho altar crepita erva Sabina.
Se numa cerca próxima a coruja geme,
    ou pede vinho o frágil candeeiro, 60
esse dia anuncia a oferenda de ovelhas
    e os barcas ardem pelos novos ganhos.

Peço – não vejas muita glória em vencer Bactros
    e arrancar vestes de um fragrante líder,
quando o giro da funda espalha vários chumbos 65
    e zumbe o arco à fuga dos cavalos!
Mas (dominada a Pártia, possa a tua lança
    seguir sem ferro a marcha do triunfo!)
conserva intacto o pacto feito em minha cama!
    Quero que voltes nessas condições. 70
Quando eu levar tuas armas em voto a Capena,
    inscrevo: SALVA POR MARIDO SALVO.

4.4

Tarpeium nemus et Tarpeiae turpe sepulcrum
   fabor et antiqui limina capta Iouis.

Lucus erat felix hederoso conditus antro,
   multaque natiuis obstrepit arbor aquis,
Siluani ramosa domus, quo dulcis ab aestu   5
   fistula poturas ire iubebat ouis.
Hunc Tatius fontem uallo praecingit acerno,
   fidaque suggesta castra coronat humo

(quid tum Roma fuit, tubicen uicina Curetis
   cum quateret lento murmure saxa Iouis.   10
atque ubi nunc terris dicuntur iura subactis,
   stabant Romano pila Sabina Foro?
Murus erant montes: ubi nunc est Curia, saepta;
   bellicus ex illo fonte bibebat equus).

Hinc Tarpeia Deae fontem libauit: at illi   15
   urgebat medium fictilis urna caput.
Et satis una malae potuit Mors esse puellae,
   quae uoluit flammas fallere, Vesta, tuas?
Vidit harenosis Tatium proludere campis
   pictaque per flauas arma leuare iubas: 20
obstipuit regis facie et regalibus armis,
   interque oblitas excidit urna manus.

Saepe illa immeritae causata est omina Lunae
   et sibi tingendas dixit in amne comas:
saepe tulit blandis argentea lilia Nymphis,   25
   Romula ne faciem laederet hasta Tati.
Dumque subit primo Capitolia nubila fumo,
   rettulit hirsutis bracchia secta rubis,
et sua Tarpeia residens ita fleuit ab arce
   uulnera, uicino non patienda Ioui: 30

"Ignes castrorum et Tatiae praetoria turmae
   et formosa oculis arma Sabina meis,
o utinam ad uestros sedeam captiua Penatis,
   dum captiua mei conspicer arma Tati!
Romani montes, et montibus addita Roma,   35
   et ualeat probro Vesta pudenda meo:

4.4

Tarpeio bosque, a torpe cova de Tarpeia
    canto – e a conquista dos portões de Júpiter.
Havia fértil bosque numa gruta de heras:
    o arvoredo ecoava a água nascente,
frondoso lar onde Silvano ao som da flauta   5
    chamava ovelhas a beber no estio.
Mas Tácio com estacas de ácer cerca a fonte
    e mura o seu quartel com barro firme.
(O que era Roma então, quando a trompa de Cures
    tremia, em longo som, rochas de Júpiter   10
onde hoje ditam leis às terras dominadas,
    no Foro, e em Roma havia hastes Sabinas?
Os montes eram muro, a Cúria era um curral,
    na fonte bélicos corcéis bebiam.)

É dali que Tarpeia libava sua Deusa   15
    com ânfora de argila na cabeça.
Mas basta uma só Morte para a moça infame
    que quis atraiçoar teu fogo, ó Vesta?
Ela viu Tácio exercitar-se sobre a areia,
    de armas ornadas sob loura crina: 20
pasmou perante rosto régio e régias armas
    e das mãos distraídas cai-lhe a ânfora.

Forjou vários augúrios da Lua inocente
    para lavar no rio os seus cabelos,
vários lírios argênteos levou para as Ninfas   25
    pra não tocar em Tácio a lança Rômula.
Subindo o Capitólio em brumas de fumaça,
    feriu seu braço o espinho da amoreira,
e assim chorava no alto da Rocha Tarpeia
    as chagas que nem Jove aguentaria: 30

"Ó fogueiras dos campos, ó pretórios Tácios
    e armas Sabinas, belas aos meus olhos,
quem dera ser cativa dos vossos Penates
    e ver cativa a arma do meu Tácio!
Romanos montes, tu, por sobre os montes, Roma,   35
    e Vesta, a quem meu crime peja – adeus!

ille equus, ille meos in castra reponet Amores,
    cui Tatius dextras collocat ipse iubas!

Quid mirum patrios Scyllam secuisse capillos,
    candidaque in saeuos inguina uersa canis? 40
Prodita quid mirum fraterni cornua monstri,
    cum patuit lecto stamine torta uia?
Quantum ego sum Ausoniis crimen factura puellis,
    improba uirgineo lecta ministra foco!
Pallados exstinctos si quis mirabitur ignis, 45
    ignoscat: lacrimis spargitur ara meis.

Cras, ut rumor ait, tota potabitur urbe:
    tu cape spinosi rorida terga iugi!
Lubrica tota uia est et perfida: quippe tacentis
    fallaci celat limite semper aquas. 50
O utinam magicae nossem cantamina Musae!
    Haec quoque formoso lingua tulisset opem.
Te toga picta decet, non quem sine matris honore
    nutrit inhumanae dura papilla lupae.

Dic, hospes, pariamne tua regina sub aula? 55
    Dos tibi non humilis prodita Roma uenit.
Si minus, at raptae ne sint impune Sabinae:
    me rape et alterna lege repende uices!
Commissas acies ego possum soluere nupta:
    uos medium palla foedus inite mea! 60
Adde, Hymenaee, modos! Tubicen fera murmura conde!
    Credite, uestra meus molliet arma torus.

Et iam quarta canit uenturam bucina lucem,
    ipsaque in Oceanum sidera lapsa cadunt.
Experiar somnum, de te mihi somnia quaeram: 65
    fac uenias oculis umbra benigna meis."

Dixit, et incerto permisit bracchia somno,
    nescia se furiis accubuisse nouis.
Nam Vesta, Iliacae felix tutela fauillae,
    culpam alit et plures condit in ossa faces. 70
Illa furit, qualis celerem prope Thermodonta
    Strymonis abscisso pectus aperta sinu.

Vrbi festus erat (dixere Parilia patres),
    hic primus coepit moenibus esse dies,

Esse cavalo leva ao campo os meus Amores
    e Tácio acaricia as suas crinas!
Qual o espanto, se Cila corta as cãs paternas
    e as alvas ancas viram cães ferozes?   40
Ou se ao trair os chifres do irmão monstruoso,
    curvo caminho abriu-se por um fio?
Que imensa mancha às moças da Ausônia eu trarei,
    cruel ministra eleita ao fogo virgem!
Quem se espantar com o fogo apagado de Palas,   45
    perdoe-me: espargi o altar de lágrimas.

Disseram que amanhã é dia de beber:
    segue a serra espinhosa pelo orvalho!
Periga escorregar no atalho, pois esconde
    água silente em sendas enganosas.   50
Ah! se eu soubesse os cantos de uma Musa mágica!
    A língua ajudaria ao belo moço.
Convém-te o púrpura! Sem mãe, não te nutriu
    a dura teta da inumana loba.

Diz – eu rainha hei de parir no teu palácio?   55
    Como bom dote eu traio e entrego Roma.
E que não fique impune o rapto das Sabinas:
    toma-me e paga pela mesma moeda!
Pois como noiva evitarei esse combate:
    com meu manto de esposa firmem pactos!   60
Mais música, Himeneu! Trompista, sem zumbidos!
    Crede – meu leito amansa as vossas armas.

Já o quarto clarim nos canta a luz vindoura
    e estrelas escorregam no Oceano.
Eu tentarei sonhar os meus sonhos contigo: 65
    vem, ó sombra benévola aos meus olhos!"

Então lançou seus braços para um sono inquieto,
    sem saber que deitava em novas Fúrias.
Pois Vesta, a boa guardiã da cinza Ilíaca,
    nutre a culpa e arde os fachos nos seus ossos.   70
Delira enfim que rasga a veste sobre os seios
    como Estrimônide no Termodonte.

Roma festeja (antigos chamavam Parílias),
    era o primeiro dia das muralhas:

annua pastorum conuiuia, lusus in urbe,   75
   cum pagana madent fercula diuitiis,
cumque super raros faeni flammantis aceruos
   traicit immundos ebria turba pedes.
Romulus excubias decreuit in otia solui
   atque intermissa castra silere tuba.   80

Hoc Tarpeia suum tempus rata conuenit hostem:
   pacta ligat, pactis ipsa futura comes.
Mons erat ascensu dubius festoque remissus
   nec mora, uocalis occupat ense canis.
Omnia praebebant somnos: sed Iuppiter unus   85
   decreuit poenis inuigilare suis.
Prodiderat portaeque fidem patriamque iacentem,
   nubendique petit, quem uelit ipse, diem.

At Tatius (neque enim sceleri dedit hostis honorem)
   "Nube" ait "et regni scande cubile mei!"   90
dixit, et ingestis comitum super obruit armis.
   Haec, uirgo, officiis dos erat apta tuis.

A duce Tarpeia mons est cognomen adeptus:
   o uigil, iniustae praemia sortis habes.

a ceia dos pastores e jogos em Roma, 75
    quando os pratos campônios têm fartura,
quando aos raros montículos de feno em flama
    o povo ébrio lança os pés imundos.
Rômulo decretou descanso aos sentinelas
    e silêncio no campo à tuba bélica. 80

Tarpeia pensa "É hora!" e encontra o inimigo:
    faz pactos a futura companheira.
Pelo escarpado em festa não havia guardas.
    Sem demora ela corta a voz dos cães.
Tudo chamava aos sonhos e somente Júpiter 85
    velava para sua punição.
Traindo a fiel porta e a pátria adormecida,
    só perguntava o dia do casório.

Mas Tácio (pois nem inimigo honrou tal crime)
    disse "Vai, casa e sobe ao leito régio!" 90
e a esmagou com as armas dos seus companheiros:
    um dote mais que merecido, ó virgem.

O monte traz o nome de Tarpeia, a guia,
    e o teu prêmio, ó vigia, é sorte injusta!

4.5

Terra tuum spinis obducat, lena, sepulcrum,
  et tua, quod non uis, sentiat umbra sitim;
nec sedeant cineri Manes, et Cerberus ultor
  turpia ieiuno terreat ossa sono!

Docta uel Hippolytum Veneri mollire negantem, 5
  concordique toro pessima semper auis,
Penelopen quoque neglecto rumore mariti
  nubere lasciuo cogeret Antinoo.
Illa uelit, poterit magnes non ducere ferrum,
  et uolucris nidis esse nouerca suis. 10
Quippe et, Collinas ad fossam mouerit herbas,
  stantia currenti diluerentur aqua.
Audax cantatae leges imponere Lunae
  et sua nocturno fallere terga lupo,
posset ut intentos astu caecare maritos, 15
  cornicum immeritas eruit ungue genas;
consuluitque striges nostro de sanguine, et in me
  hippomanes fetae semina legit equae.
Exorabat opus uerbis, ceu blanda perurens
  saxosamque ferat sedula lympha uiam: 20

"Si te Eoa lecta lapis iuuat aurea ripa
  et quae sub Tyria concha superbit aqua,
Eurypylisue placet Coae textura Mineruae,
  sectaque ab Attalicis putria signa toris,
seu quae palmiferae mittunt uenalia Thebae, 25
  murreaque in Parthis pocula cocta focis;
sperne fidem, prouolue Deos, mendacia uincant,
  frange et damnosae iura Pudicitiae!
Et simulare uirum pretium facit: utere causis!
  Maior dilata nocte recurret Amor. 30

Si tibi forte comas uexauerit, utilis ira:
  post modo mercata pace premendus erit.
Denique ubi amplexu Venerem promiseris empto,
  fac simules puros Isidis esse dies.
Ingerat Aprilis Hyale tibi, tundat Omichle 35
  natalem Mais Idibus esse tuum.
Supplex ille sedet: posita tu scribe cathedra
  quidlibet; has artis si pauet ille, tenes!

4.5

Que a terra lance espinho em tua tumba, ó lena,
  e a tua sombra sinta dura sede,
que os Manes não repousem, que Cérbero ultor
  ladre faminto e assuste os ossos vis!
Capaz de amolecer Hipólito pra Vênus   5
  (um terrível augúrio ao leito alegre),
faria até Penélope esquecer o esposo
  pra se casar com o lascivo Antínoo.
Quando ela quer, o ímã não atrai o ferro
  e as aves são madrastas sobre os ninhos.   10
Por certo, se levasse à fossa ervas Colinas,
  sólidos solveriam feito um rio.
Pois audaz dita leis para a Lua encantada
  e se disfarça de noturno lobo,
para poder cegar na astúcia o esposo esperto,   15
  tira os olhos de gralhas inocentes,
a Estriges entregou meu sangue e contra mim
  colheu hipômanes de uma égua prenhe.
Rezava por sucesso, como a água mole
  em pedra dura fura seu caminho: 20

"Se gostas do ouro achado em margem Oriental
  ou da soberba concha de águas Tírias,
das vestes de Minerva, lá da Cós de Eurípilo,
  da podre estátua de algum leito Atálico,
dos produtos que oferta a palmífera Tebas   25
  e das taças de murra em fornos Partos;
larga a lealdade, deixa os Deuses, reine o ardil,
  quebra as leis da danosa Pudicícia!
Fingir marido aumenta o preço – arma pretextos!
  O Amor aumenta, se adiar a noite.   30

Se ele arrancar os teus cabelos, usa da ira:
  negociando a paz, o espremerás.
Se num bem pago abraço prometeres Vênus,
  finge que é dia de abstinência a Ísis.
Que Híale te relembre Abril e insista Omicle   35
  que fazes teu aniversário em Maio.
Suplicante ele senta e tu num banco escreve
  qualquer coisa: se teme ardis – é teu!

Semper habe morsus circa tua colla recentis,
    dentibus alterius quos putet esse datos. 40

Nec te Medeae delectent probra sequacis
    (nempe tulit fastus ausa rogare prior),
sed potius mundi Thais pretiosa Menandri,
    cum ferit astutos comica moecha Getas.
In mores te uerte uiri: si cantica iactat, 45
    i comes et uoces ebria iunge tuas.
Ianitor ad dantis uigilet: si pulsat inanis,
    surdus in obductam somniet usque seram.
Nec tibi displiceat miles non factus Amori,
    nauta nec attrita si ferat aera manu, 50
aut quorum titulus per barbara colla pependit,
    cretati medio cum saluere foro.

Aurum spectato, non quae manus afferat aurum!
    Versibus auditis quid nisi uerba feres?
'Quid iuuat ornato procedere, uita, capillo 55
    et tenuis Coa ueste mouere sinus?'
Qui uersus, Coae dederit nec munera uestis,
    istius tibi sit surda sine aere lyra.
Dum uernat sanguis, dum rugis integer annus,
    utere, ne quid cras libet ab ore dies! 60
Vidi ego odorati uictura rosaria Paesti
    sub matutino cocta iacere Noto."
His animum nostrae dum uersat Acanthis amicae,
    per tenues ossa sunt numerata cutes.

Sed cape torquatae, Venus o regina, columbae 65
    ob meritum ante tuos guttura secta focos!
Vidi ego rugoso tussim concrescere collo,
    sputaque per dentis ire cruenta cauos,
atque animam in tegetes putrem exspirare paternas:
    horruit algenti pergula curua foco. 70
Exsequiae fuerint rari furtiua capilli
    uincula et immundo pallida mitra situ,
et canis, in nostros nimis experrecta dolores,
    cum fallenda meo pollice clatra forent.

Sit tumulus lenae curto uetus amphora collo: 75
    urgeat hunc supra uis, caprifice, tua.
Quisquis amas, scabris hoc bustum caedite saxis,
    mixtaque cum saxis addite uerba mala!

Mostra sempre mordidas novas no pescoço
    e que ele pense vir dum dente alheio.   40

Não imites fiel Medeia em suas críticas
    (ousou ser a primeira e desprezaram-na),
mas somente a Taís do elegante Menandro:
    a puta cômica fisgou os Getas.
Adapta-te ao amante! Se ele cantarola,   45
    companheira de copo, cantes junto.
Que o porteiro vigie quem dá: sem presentes,
    que reste mudo e sonhe junto à tranca!
Não rejeites soldados sem jeito no Amor,
    ou nautas, se têm bronze em mãos calosas,   50
nem bárbaros que trazem letreiros no peito,
    sujos de cal, pulando pelo Foro.

Atenta ao ouro – não à mão que traz o ouro!
    Ouviste os versos... mas só traz palavras?
'De que vale, querida, o enfeite nos cabelos   55
    e essa veste de Cós com finas dobras?'
Se ele só traz o verso, sem vestes de Cós,
    trata a lira sem verba feito muda.
Enquanto estás sem rugas e o sangue floresce,
    goza, porque amanhã desflora o rosto!   60
Eu vi rosais inteiros da fragrante Pesto
    murcharem sob o Noto matinal."
E enquanto assim Acântis versa à minha amiga
    contam-se os ossos sob a pele fina!

Porém, Vênus rainha, aceita em teus altares   65
    esta pomba torcaz que imolo em graças!
Eu vi crescer a tosse em pescoço rugoso,
    sangrento escarro entre seus dentes raros
e entre as colchas paternas vai-se a alma pútrida:
    resfria o fogo, treme o parco abrigo.   70
De exéquias tenha laços roubados no ralo
    cabelo, a mitra ruça de imundície
e a cadela desperta, que me dedurou
    quando tentei ludibriar a tranca.

Que o túmulo da lena seja um vaso roto: 75
    peço, ó figueira, que tua força o oprima.
E vós, que amais, lançai na tumba porcas pedras
    e junto às pedras caiam maldições!

4.6

Sacra facit uates: sint ora fauentia sacris,
    et cadat ante meos icta iuuenca focos.
Serta Philiteis certet Romana corymbis,
    et Cyrenaeas urna ministret aquas.
Costum molle date et blandi mihi turis honores,   5
    terque focum circa laneus orbis eat.
Spargite me lymphis, carmenque recentibus aris
    tibia Mygdoniis libet eburna cadis.
Ite procul fraudes, alio sint aere noxae:
    pura nouum uati laurea mollit iter.   10

Musa, Palatini referemus Apollinis aedem:
    res est, Calliope, digna fauore tuo.
Caesaris in nomen ducuntur carmina: Caesar
    dum canitur, quaeso, Iuppiter ipse uaces!

Est Phoebi fugiens Athamana ad litora portus,   15
    qua sinus Ioniae murmura condit aquae,
Actia Iuleae pelagus monumenta carinae,
    nautarum uotis non operosa uia.
Huc mundi coiere manus: stetit aequore moles
    pinea, nec remis aequa fauebat auis.   20
Altera classis erat Teucro damnata Quirino,
    pilaque femineae turpiter acta manu:
hinc Augusta ratis plenis Iouis omine uelis,
    signaque iam Patriae uincere docta suae.

Tandem aciem geminos Nereus lunarat in arcus,   25
    armorum et radiis icta tremebat aqua,
cum Phoebus linquens stantem se uindice Delon
    (nam tulit iratos mobilis ante Notos)
astitit Augusti puppim super, et noua flamma
    luxit in obliquam ter sinuata facem.   30
Non ille attulerat crinis in colla solutos
    aut testudineae carmen inerme lyrae,
sed quali aspexit Pelopeum Agamemnona uultu,
    egessitque auidis Dorica castra rogis,
aut quali flexos soluit Pythona per orbis   35
    serpentem, imbelles quem timuere lyrae.

4.6

Ritos consagra o vate – silêncio no rito!
    Que tombe uma novilha em meus altares.
Vem guirlanda Romana em heras de Filetas
    e que a urna verta as águas de Cirene.
Dai-me costo agradável e suave incenso,   5
    que a lã rodeie o meu altar três vezes.
Banhai-me em linfa! E que nas aras flauta ebúrnea
    sorva o canto das ânforas Migdônias.
Pra longe, fraudes! Fazei males noutros ares!
    Puro louro abre ao vate novas vias.   10

Musa, eu falo do templo a Apolo Palatino,
    obra digna do teu favor, Calíope.
César eu louvo no meu canto e enquanto a César
    canto eu te peço, ó Júpiter – escuta-me!

Há um porto de Febo em margens Atamanes   15
    onde o golfo murmura em águas Jônias
e o mar Ácio se faz monumento às naus Júlias:
    via fácil aos votos dos marujos.
Lá colidiram mundos – um pinhal nas ondas,
    de augúrios desiguais por cada remo.   20
Uma esquadra fadada por Teucro Quirino
    tinha lanças sem honra em mão femínea,
e aqui na Augusta nave, as velas vêm com Jove,
    insígnias vencedoras pela pátria.

Nereu lunara em arcos gêmeos cada frota,   25
    tremia a água ao reluzir das armas,
quando Febo, deixando Delos mais estável
    (a ilha móvel sofrera o Noto insano),
veio à barca de Augusto e uma estranha flama
    luziu três vezes sobre o facho oblíquo.   30
Não trazia nos ombros seus cabelos soltos,
    nem cânticos pacíficos na lira,
mas na forma em que viu Pelópida Agamêmnon
    e em fero fogo ardeu os campos Dóricos,
em que soltou os curvos anéis da serpente   35
    Píton que amedrontava a lira imbele.

Mox ait "O Longa mundi seruator ab Alba,
    Auguste, Hectoreis cognite maior auis,
uince mari: iam terra tua est: tibi militat arcus
    et fauet ex umeris hoc onus omne meis.   40
Solue metu patriam, quae nunc te uindice freta
    imposuit prorae publica uota tuae.
Quam nisi defendes, murorum Romulus augur
    ire Palatinas non bene uidit auis.

En nimium remis audent prope: turpe Latinis   45
    principe te fluctus regia uela pati!
Nec te, quod classis centenis remiget alis,
    terreat (inuito labitur illa mari),
quodque uehunt prorae Centaurica saxa minantis
    (tigna caua et pictos experiere metus).   50
Frangit et attollit uires in milite causa;
    quae nisi iusta subest, excutit arma pudor.
Tempus adest, committe ratis! Ego temporis auctor
    ducam laurigera Iulia rostra manu."

Dixerat, et pharetrae pondus consumit in arcus: 55
    proxima post arcus Caesaris hasta fuit.
Vincit Roma fide Phoebi: dat femina poenas:
    sceptra per Ionias fracta uehuntur aquas.
At pater Idalio miratur Caesar ab astro:
    "Sum Deus; est nostri sanguinis ista fides."   60
Prosequitur cantu Triton, omnesque marinae
    plauserunt circa libera signa Deae.

Illa petit Nilum cumba male nixa fugaci,
    hoc unum, iusso non moritura die.
Di melius! quantus mulier foret una triumphus,   65
    ductus erat per quas ante Iugurtha uias!
Actius hinc traxit Phoebus monumenta, quod eius
    una decem uicit missa sagitta ratis.

Bella satis cecini: citharam iam poscit Apollo
    uictor et ad placidos exuit arma choros.   70
Candida nunc molli subeant conuiuia luco;
    blanditiaeque fluant per mea colla rosae,
uinaque fundantur prelis elisa Falernis,
    perluat nostras spica Cilissa comas.

E disse: "Ó salvador da terra de Alba Longa,
   Augusto, mais famoso que os Heitôreos,
vence no mar, que a terra é tua! O arco ajuda,
   favorece-te o peso nos meus ombros.   40
Salva do medo a pátria (pois em ti confia)
   e lança os votos sobre a tua proa!
Se tu perderes – Rômulo, o áugure dos muros,
   não soube ler as aves Palatinas.

Os remos se aproximam. Que vergonha ao Lácio   45
   sob o teu principado essa rainha!
Se aquela esquadra vem com centenas de barcas,
   não tenhas medo – o mar não quer que avancem.
Nem se a proa temível traz pedras centáuricas:
   são só pavor pintado – ocas madeiras.   50
A causa tira ou traz as forças do soldado:
   quando injusta, a vergonha tolhe as armas.
É hora, guia a esquadra! E eu, que preparo tudo,
   com louro à mão conduzirei os Júlios."

Então armou no arco o peso em sua aljava   55
   e após seu arco a lança vem de César.
Roma pune a mulher – venceu por fé em Febo:
   quebrado, o cetro vaga em águas Jônias.
O pai César admira do alto do astro Idálio:
   "Sou Deus! Eis uma prova do meu sangue!"   60
Tritão segue cantando e as Deusas marinhas
   aplaudem os sinais da liberdade.

Ela fica no barco, em vão, e foge ao Nilo
   só para não morrer no dia imposto.
Que prêmio essa mulher seria, ó grandes Deuses,   65
   se trilhasse o caminho de Jugurta!
Assim Febo Ácio recebeu seus monumentos,
   pois um só dardo seu venceu dez barcos.

Muito cantei de guerra: Apolo exige a cítara –
   vencedor, troca as armas pela dança.   70
Que alvos banquetes venham ao bosque suave
   e carícias de rosas ao pescoço,
que se derrame o vinho do lagar Falerno
   e o Cilício açafrão me inunde as comas!

Ingenium potis irritet Musa poetis: 75
    Bacche, soles Phoebo fertilis esse tuo.
Ille paludosos memoret seruire Sycambros,
    Cepheam hic Meroen fuscaque regna canat,
hic referat sero confessum foedere Parthum:
    "Reddat signa Remi, mox dabit ipse sua: 80
siue aliquid pharetris Augustus parcet Eois,
    differat in pueros ista tropaea suos.
Gaude, Crasse, nigras si quid sapis inter harenas:
    ire per Euphraten ad tua busta licet."

Sic noctem patera, sic ducam carmine, donec 85
    iniciat radios in mea uina dies!

Que a Musa inspire o engenho dos poetas bêbados: 75
    Baco, és sempre fecundo com teu Febo.
Que um cante a servidão dos pântanos Sicambros
    e outro – Méroe Cefeia e os reinos negros,
e ainda outro – o Parto preso em tardo pacto:
    "Hoje insígnias de Remo; em breve, as suas: 80
se agora Augusto poupa à aljava Oriental,
    é que reserva aos filhos seu troféu.
Se entre as areias ainda pensas, Crasso, alegra-te!
    Já podem ver no Eufrates o teu túmulo."

Assim conduzirei a noite em copo e canto, 85
    até que no meu vinho raie o dia.

4.7

Sunt aliquid Manes: letum non omnia finit,
    luridaque exstinctos effugit umbra rogos.
Cynthia namque meo uisa est incumbere fulcro,
    murmur ad extremae nuper humata uiae,
cum mihi somnus ab exsequiis penderet Amoris,   5
    et quererer lecti frigida regna mei.
Eosdem habuit secum quibus est elata capillos,
    eosdem oculos; lateri uestis adusta fuit,
et solitum digito beryllon adederat ignis,
    summaque Lethaeus triuerat ora liquor.   10
Spirantisque animos et uocem misit: at illi
    pollicibus fragiles increpuere manus:

"Perfide nec cuiquam melior sperande puellae,
    in te iam uires somnus habere potest?
Iamne tibi exciderunt uigilacis furta Suburae   15
    et mea nocturnis trita fenestra dolis,
per quam demisso quotiens tibi fune pependi,
    alterna ueniens in tua colla manu?
Saepe Venus triuio commissa, et pectore mixto
    fecerunt tepidas pallia nostra uias.   20
Foederis heu taciti, cuius fallacia uerba
    non audituri diripuere Noti.

At mihi non oculos quisquam inclamauit euntis:
    unum impetrassem te reuocante diem:
nec crepuit fissa me propter harundine custos,   25
    laesit et obiectum tegula curta caput.
Denique quis nostro curuum te funere uidit,
    atram quis lacrimis incaluisse togam?
Si piguit portas ultra procedere, at illuc
    iussisses lectum lentius ire meum.   30
Cur uentos non ipse rogis, ingrate, petisti?
    Cur nardo flammae non oluere meae?
Hoc etiam graue erat, nulla mercede hyacinthos
    inicere et fracto busta piare cado.

Lygdamus uratur – candescat lamina uernae –   35
    sensi ego, cum insidiis pallida uina bibi –
ut Nomas – arcanas tollat uersuta saliuas;
    dicet damnatas ignea testa manus.

4.7

Manes existem! Ao morrer, nem tudo finda:
   da fraca pira foge a sombra pálida.
Pois Cíntia apareceu na minha cabeceira
   (fora enterrada ao múrmur de uma estrada),
quando eu, sonhando ao fim do velório do Amor,   5
   chorava o reino gélido em meu leito.
Tinha os mesmos cabelos de quando a levaram,
   o mesmo olhar – na anca ardera a túnica,
o fogo corroera o seu anel querido
   e a água do Letes desbotou seu rosto.   10
Ainda tinha o alento e a voz tão viva, mas
   rangia o dedo nas mãozinhas frágeis.

"Ah pérfido, de quem nada de bom se espera!
   O sono já tem forças sobre ti?
Morreram os prazeres da Subura insone   15
   e da janela gasta a ardis noturnos,
por onde tantas vezes pendurei na corda
   por uma e outra mão, até teu colo?
Na encruzilhada Vênus vinha e, unindo os corpos,
   nosso manto mantinha a estrada quente.   20
Elo secreto, cujas palavras falazes
   os Notos surdos logo dispersaram.

Só que ninguém chorou o opaco dos meus olhos:
   clamasses – e eu teria mais um dia!
Eu não tive um vigia que brandisse a cana   25
   e uma telha rachou a minha testa.
Alguém te viu curvado no meu funeral
   mornando a toga negra em meio às lágrimas?
Se não querias passar pelos portões, ao menos
   mandasses o meu féretro ir mais lento!   30
Por que não invocaste o vento ao fogo, ingrato?
   Por que faltava nardo às minhas flamas?
Sairia tão caro trazer uns jacintos
   e purgar minha tumba com um cântaro?

Queimem Lígdamo, acendam brasas para o servo!   35
   Eu sei do vinho pálido de insídias!
Mesmo que a astuta Nômade esconda os arcanos,
   o ferro em brasa encontra as mãos culpadas.

Quae modo per uilis inspecta est publica noctes,
    haec nunc aurata cyclade signat humum;   40
et grauiora rependit iniquis pensa quasillis,
    garrula de facie si qua locuta mea est;
nostraque quod Petale tulit ad monumenta coronas,
    codicis immundi uincula sentit anus;
caeditur et Lalage tortis suspensa capillis,   45
    per nomen quoniam est ausa rogare meum.
Te patiente meae conflauit imaginis aurum,
    ardente e nostro dotem habitura rogo.

Non tamen insector, quamuis mereare, Properti:
    longa mea in libris regna fuere tuis.   50
Iuro ego Fatorum nulli reuolubile carmen,
    tergeminusque canis sic mihi molle sonet,
me seruasse fidem. si fallo, uipera nostris
    sibilet in tumulis et super ossa cubet.

Nam gemina est sedes turpem sortita per amnem,   55
    turbaque diuersa remigat omnis aqua.
Vna Clytaemestrae stuprum uel adultera Cressae
    portat mentitae lignea monstra bouis.
Ecce coronato pars altera rapta phaselo,
    mulcet ubi Elysias aura beata rosas,   60
qua numerosa fides, quaque aera rotunda Cybebes
    mitratisque sonant Lydia plectra choris.
Andromedeque et Hypermestre sine fraude maritae
    narrant historiae tempora nota suae:
haec sua maternis queritur liuere catenis   65
    bracchia nec meritas frigida saxa manus;
narrat Hypermestre magnum ausas esse sorores,
    in scelus hoc animum non ualuisse suum.
Sic Mortis lacrimis uitae sancimus Amores:
    celo ego perfidiae crimina multa tuae.   70

Sed tibi nunc mandata damus, si forte moueris,
    si te non totum Chloridos herba tenet:
nutrix in tremulis ne quid desideret annis
    Parthenie: potuit, nec tibi auara fuit.
Deliciaeque meae Latris, cui nomen ab usu est,   75
    ne speculum dominae porrigat illa nouae.
Et quoscumque meo fecisti nomine uersus,
    ure mihi: laudes desine habere meas!

Quem víamos vender barata noite há pouco
    agora marca o chão com vestes de ouro 40
e compensa com lã os cestinhos imensos
    se alguém tagarelar sobre o meu rosto:
Pétale, por levar coroas ao meu túmulo,
    amarraram num tronco imundo a velha;
Lálage foi surrada e presa nos cabelos, 45
    porque uma vez ousou clamar meu nome.
E tu deixaste a outra fundir minha imagem
    e ter um dote em minha pira ardente.

Mas não me zango – e bem que mereces – Propércio:
    meu reinado foi longo nos teus livros. 50
Eu juro pelo canto imutável dos Fados
    (e o cão trigêmeo soe-me suave!)
que fui fiel. Se minto, quero que uma víbora
    sibile em meu sepulcro sobre os ossos.

No rio horrível dois lugares são possíveis; 55
    todo o bando perpassa águas opostas.
Uma carrega o mal de Clitemnestra e a vaca,
    monstro de pau da infiel Cretense;
a outra parte é levada num batel florido:
    lá, amena brisa afaga a rosa Elísia, 60
polimétrica lira, bronzes de Cibebe
    e plectro Lídio soa em dança e mitra.
Adrômeda e Hipermestra, esposas sem pecado,
    contam casos famosos – sua história:
uma lamenta os braços lívidos nos grilhos 65
    maternos e a mão pura em rochas gélidas,
conta Hipermestra o mal que ousaram as irmãs –
    seu ânimo não serve para o crime.
Nós firmamos o Amor da vida em prantos mortos.
    porém tuas perfídias – sempre as calo. 70

Mas se tu te comoves, mando estas missivas,
    se erva de Clóris não te doma inteiro:
que nada falte à minha ama velha e trêmula:
    Partênie pôde, mas não foi avara.
Minha delícia, Látride, nome do emprego, 75
    não pegue espelhos para a nova dona.
E cada verso que fizeste com meu nome,
    queima: não queiras ter a minha glória!

Pone hederam tumulo, mihi quae praegnante corymbo
    mollia contortis alliget ossa comis.   80
Ramosis Anio qua pomifer incubat aruis,
    et numquam Herculeo numine pallet ebur,
hic carmen media dignum me scribe columna,
    sed breue, quod currens uector ab urbe legat:
HIC TIBVRTINA IACET AVREA CYNTHIA TERRA: 85
    ACCESSIT RIPAE LAVS, ANIENE, TVAE.

Nec tu sperne piis uenientia somnia portis:
    cum pia uenerunt somnia, pondus habent.
Nocte uagae ferimur, nox clausas liberat umbras,
    errat et abiecta Cerberus ipse sera.   90
Luce iubent leges Lethaea ad stagna reuerti:
    nos uehimur, uectum nauta recenset onus.
Nunc te possideant aliae: mox sola tenebo:
    mecum eris, et mixtis ossibus ossa teram."

Haec postquam querula mecum sub lite peregit,   95
    inter complexus excidit umbra meos.

Planta hera a minha tumba e, ao crescer o cacho,
   sua cabeleira enredará meus ossos. 80
E onde em ramoso campo estende-se o Ânio fértil,
   nem o marfim, por Hércules, descora;
inscreve na coluna um canto que eu mereça;
   curto, pra que o Romano passe e leia:
AQUI JAZ ÁUREA CÍNTIA EM TERRA TIBURTINA: 85
   MAIS UMA GLÓRIA ÀS TUAS MARGENS, ÂNIO.

Aceita os sonhos vindos pelas portas pias:
   se os sonhos forem pios, têm seu peso.
De noite, eu vago – a noite solta as sombras presas;
   caída a tranca, vaga o próprio Cérbero. 90
De dia, a lei do além nos lança ao Letes, pântanos:
   somos presos e o nauta conta a cota.
Hoje és de outras – logo tu serás só meu!
   Contigo roçarei ossos nos ossos."

Depois de terminar as queixas e lamentos, 95
   esvaneceu-se a sombra nos meus braços.

4.8

Disce, quid Esquilias hac nocte fugarit aquosas,
    cum uicina nouis turba cucurrit agris.

Lanuuium annosi uetus est tutela draconis,
    hic, ubi tam rarae non perit hora morae,
qua sacer abripitur caeco descensus hiatu,   5
    qua penetrat (uirgo, tale iter omne caue!)
ieiuni serpentis honos, cum pabula poscit
    annua et ex ima sibila torquet humo.
Talia demissae pallent ad sacra puellae,
    cum tenera anguino raditur ore manus.   10
Ille sibi admotas a uirgine corripit escas:
    uirginis in palmis ipsa canistra tremunt.
Si fuerint castae, redeunt in colla parentum,
    clamantque agricolae "Fertilis annus erit."

Huc mea detonsis auecta est Cynthia mannis: 15
    causa fuit Iuno, sed mage causa Venus.
Appia, dic quaeso, quantum te teste triumphum
    egerit effusis per tua saxa rotis!
Turpis in arcana sonuit cum rixa taberna;
    si sine me, Famae non sine labe meae!   20
Spectaclum ipsa sedens primo temone pependit,
    ausa per impuros frena mouere iocos.
Serica nam taceo uulsi carpenta nepotis
    atque armillatos colla Molossa canis,
qui dabit immundae uenalia fata saginae,   25
    uincet ubi erasas barba pudenda genas.

Cum fieret nostro totiens iniuria lecto,
    mutato uolui castra mouere toro.
Phyllis Auentinae quaedam est uicina Dianae,
    sobria grata parum: cum bibit, omne decet.   30
Altera Tarpeios est inter Teia lucos,
    candida, sed potae non satis unus erit.
His ego constitui noctem lenire uocatis,
    et Venere ignota furta nouare mea.

Vnus erat tribus in secreta lectulus herba.   35
    Quaeris concubitus? Inter utramque fui.

4.8

Escuta essa do alvoroço no Esquilino
   ontem à noite junto aos Jardins Novos.

Lanúvio é lar antigo de uma velha serpe:
   não é perda de tempo uma visita
até o sacro atalho pela fenda cega
   onde penetra (virgem, tem cuidado!)
a oferenda anual para o dragão faminto
   que a devora e sibila pela terra.
Tal rito empalidece a moça encarregada,
   se às tenras mãos ataca a boca réptil.
Ele arranca o alimento que a virgem trouxer
   e os cestos tremem na mãozinha virgem.
Se forem castas, voltam ao colo dos pais
   e os lavradores gritam "Ano fértil!".

Cíntia foi para lá com seus pôneis tosados:
   diz que é por Juno — na verdade, é Vênus.
Mas fala, ó Via Ápia, do enorme triunfo
   com que passou a roda em tuas pedras!
Seu embate indecente ecoou na taberna —
   sem mim, mas não sem mancha à minha Fama!
Sentada à ponta do timão, dava espetáculos,
   batia a rédea entre gracejos porcos.
E a carruagem sedosa dum riquinho frágil
   com cães molossos em coleiras caras,
que se dará à engorda dos gladiadores
   quando a barba sujar o seu rostinho?

Enquanto lançava injúria em nosso leito,
   eu levantei da cama o acampamento.
Fílis, vizinha de Diana no Aventino,
   sóbria é sem graça — bebe e topa tudo.
A outra, Teia, veio dos bosques Tarpeios,
   tão branca, mas quer todos quando bêbada.
Chamei as duas para aliviar a noite
   e renovar meu gozo em outra Vênus.

Éramos três num leito sobre relva ao longe.
   Com quem deitei? Ficava em meio às duas.

Lygdamus ad cyathos, uitrique aestiua supellex
    et Methymnaei Graeca saliua meri.
Miletus tibicen erat, crotalistria Byblis
    (haec facilis spargi munda sine arte rosa),   40
Magnus et ipse suos breuiter concretus in artus
    iactabat truncas ad caua buxa manus.

Sed neque suppletis constabat flamma lucernis,
    reccidit inque suos mensa supina pedes.
Me quoque per talos Venerem quaerente secundam   45
    semper damnosi subsiluere canes.
Cantabant surdo, nudabant pectora caeco:
    Lanuuii ad portas, ei mihi, totus eram.
Cum subito rauci sonuerunt cardine postes,
    et leuia ad primos murmura facta Laris.   50

Nec mora, cum totas resupinat Cynthia ualuas,
    non operosa comis, sed furibunda decens.
Pocula mi digitos inter cecidere remissos,
    palluerantque ipso labra soluta mero.
Fulminat illa oculis et quantum femina saeuit,   55
    spectaclum capta nec minus urbe fuit.
Phyllidos iratos in uultum conicit unguis:
    territa "Vicini" Teia clamat "aquam!".
Lumina sopitos turbant elata Quiritis,
    omnis et insana semita nocte sonat.   60
Illas direptisque comis tunicisque solutis
    excipit obscurae prima taberna uiae.

Cynthia gaudet in exuuiis uictrixque recurrit
    et mea peruersa sauciat ora manu,
imponitque notam collo morsuque cruentat,   65
    praecipueque oculos, qui meruere, ferit.
Atque ubi iam nostris lassauit bracchia plagis,
    Lygdamus ad plutei fulcra sinistra latens
eruitur, Geniumque meum prostratus adorat.
    Lygdame, nil potui: tecum ego captus eram.   70

Supplicibus palmis tum demum ad foedera ueni,
    cum uix tangendos praebuit illa pedes,
atque ait "Admissae si uis me ignoscere culpae,
    accipe, quae nostrae formula legis erit.

Lígdamo traz as taças, vidros de verão,
   e o sabor Grego em vinhos de Metimna.
Mileto toca a flauta, Bíblis traz seus crótalos
   (numa chuva de pétalas de rosas),   40
o próprio Magno, encolhido em seus membrinhos,
   lançava à flauta curva as curtas mãos.

Já vacilava a chama nas lucernas cheias
   e a mesinha caiu de pés pra cima.
Joguei os dados procurando alguma Vênus,   45
   mas só saíam os malditos cães.
Cantavam para um surdo, nuas para um cego:
   eu estava em Lanúvio por inteiro!
Mas súbito, no canto, soam gonzos roucos
   e dos Lares provêm leves ruídos.   50

E não demora, Cíntia derruba os batentes,
   descabelada e bela em sua ira.
Despencaram os copos de meus dedos fracos
   e o meu lábio de vinho ficou pálido.
Fulmina-me com os olhos – fúria feminina –   55
   num show maior que a queda de uma urbe.
Lançou sua unha irada na face de Fílis
   e amedrontada, Teia berrou "Fogo!".
A gritaria turba o sono dos Quirites
   e em todo o bairro ecoa a noite insana.   60
Cabelo arrepelado, túnicas rasgadas,
   elas fogem a um bar na rua escura.

Cíntia gosta do espólio, volta vencedora,
   bate em meu rosto com a mão perversa,
com os seus dentes deixa sangue em meu pescoço   65
   e fere enfim meu olhos criminosos.
Assim que os braços já se cansam de surrar-me,
   traz Lígdamo detrás da cabeceira
e prostrado por terra ele implora meu Gênio.
   Desculpa, Lígdamo. Eu também fui preso!   70

Então fui suplicar-lhe e assegurei as pazes,
   a custo ela deixou tocar-lhe os pés;
disse: "Se queres que eu perdoe a falta feita
   aceita as leis da minha condição.

Tu neque Pompeia spatiabere cultus in umbra, 75
　　nec cum lasciuum sternet harena Forum.
Colla caue inflectas ad summum obliqua theatrum,
　　aut lectica tuae se det aperta morae.
Lygdamus in primis, omnis mihi causa querelae,
　　ueneat et pedibus uincula bina trahat." 80

Indixit legem; respondi ego "Legibus utar".
　　Riserat imperio facta superba dato.
Dein, quemcumque locum externae tetigere puellae,
　　suffiit, at pura limina tergit aqua,
imperat et totas iterum mutare lucernas, 85
　　terque meum tetigit sulpuris igne caput.
Atque ita mutato per singula pallia lecto
　　despondi, et toto soluimus arma toro.

Não te vás elegante às sombras de Pompeu, 75
  nem quando a areia cobre o Foro em festa.
Não vires teu pescoço ao topo do teatro,
  nem pares para uma liteira aberta.
E Lígdamo, que foi a causa desta briga:
  acorrenta os dois pés e põe à venda." 80

Ditou a lei e respondi: "Eu sigo as leis."
  Ela sorri, soberba em seu império.
Depois perfuma tudo que as duas tocaram,
  asperge de água pura o meu umbral
e ordena que eu renove o óleo das lucernas: 85
  três vezes toca enxofre em minha testa.
Assim, mudados um por um nossos lençóis,
  cedi e desarmamo-nos no leito.

4.9

Amphitryoniades qua tempestate iuuencos
    egerat a stabulis, o Erythea, tuis,
uenit ad inuictos pecorosa Palatia montis,
    et statuit fessos, fessus et ipse, boues,
qua Velabra suo stagnabant flumine quaque   5
    nauta per urbanas uelificabat aquas.
Sed non infido manserunt hospite Caco
    incolumis: furto polluit ille Iouem.
Incola Cacus erat, metuendo raptor ab antro,
    per tria partitos qui dabat ora sonos.   10

Hic, ne certa forent manifestae signa rapinae,
    auersos cauda traxit in antra boues;
nec sine teste Deo: furem sonuere iuuenci,
    furis et implacidas diruit ira fores.
Maenalio iacuit pulsus tria tempora ramo   15
    Cacus, et Alcides sic ait: "Ite, boues,
Herculis ite boues, nostrae labor ultime clauae,
    bis mihi quaesiti, bis mea praeda, boues,
aruaque mugitu sancite Bouaria longo:
    nobile erit Romae pascua uestra Forum."   20

Dixerat, et sicco torquet sitis ora palato,
    terraque non ullas feta ministrat aquas.
Sed procul inclusas audit ridere puellas,
    lucus ubi umbroso fecerat orbe nemus,
femineae loca clausa Deae fontesque piandos   25
    impune et nullis sacra retecta uiris.
Deuia puniceae uelabant limina uittae,
    putris odorato luxerat igne casa,
populus et longis ornabat frondibus aedem,
    multaque cantantis umbra tegebat auis.   30

Huc ruit in siccam congesta puluere barbam,
    et iacit ante fores uerba minora Deo:
"Vos precor, o luci sacro quae luditis antro,
    pandite defessis hospita fana uiris.
Fontis egens erro circum antra sonantia lymphis;   35
    et caua succepto flumine palma sat est.
Audistisne aliquem, tergo qui sustulit orbem?
    Ille ego sum: Alciden terra recepta uocat.

4.9

O Anfitriônida, no tempo em que furtou
   os bois do teu estábulo, Eriteia,
veio ao Palátio, monte invicto com seu gado,
   e ali cansado descansou seus bois,
onde o Velabro estanca a correnteza, onde   5
   o nauta velejava em água urbana.
Não passaram incólumes por Caco, o falso
   anfitrião que ultrajou com furtos Jove.
Caco morava ali – ladrão num lar temível –
   e de três bocas vinha a sua fala.   10

Pra não deixar sinais visíveis da rapina,
   pelo rabo levou à gruta os bois,
mas Deus o viu: o gado delatou o larápio
   e a ira derribou sua porta implácida.
Ferido em três cabeças por bastão Menálio,   15
   Caco cai – diz o Alcida: "Ide, bois,
ó bois Hercúleos, ide, ó meu labor final,
   duas vezes procurados, presos bois,
santificai mugindo estes Campos Boários:
   tereis por pasto o nobre Foro em Roma!"   20

Mas logo seu palato seco sofre a sede
   e as terras férteis não lhe ofertam água.
Ouviu ao longe um riso, moças escondidas
   onde o bosque formava umbroso círculo
entre as fontes lustrais de uma femínea Deusa: 25
   ritos que nenhum homem pode ver.
Laços purpúreos cercam solitário umbral,
   brilha a velha cabana em fogo olente,
um choupo adorna o templo com folhas compridas
   e aves canoras cobre a vasta sombra.   30

Corre pra lá com barba seca e empoeirada
   e às portas pede, humilde para um Deus:
"A vós, brincando neste sacro bosque, imploro:
   dai aos homens cansados hospedagem!
Vago a buscar o som das águas de uma fonte,   35
   basta-me encher a palma na corrente.
Vós conheceis quem leva o mundo sobre os ombros?
   Sou ele – a terra salva o chama Alcida.

Quis facta Herculeae non audit fortia clauae
    et numquam ad uastas irrita tela feras,   40
atque uni Stygias homini luxisse tenebras?
    Accipite: haec fesso uix mihi terra patet.
Quodsi Iunoni sacrum faceretis amarae,
    non clausisset aquas ipsa nouerca suas.
Sin aliquem uultusque meus saetaeque leonis   45
    terrent et Libyco sole perusta coma,
idem ego Sidonia feci seruilia palla
    officia et Lydo pensa diurna colo,
mollis et hirsutum cepit mihi fascia pectus,
    et manibus duris apta puella fui."   50

Talibus Alcides; at talibus alma sacerdos
    puniceo canas stamine uincta comas:
"Parce oculis, hospes, lucoque abscede uerendo;
    cede agedum et tuta limina linque fuga.
Interdicta uiris metuenda lege piatur   55
    quae se summota uindicat ara casa.
Magno Tiresias aspexit Pallada uates,
    fortia dum posita Gorgone membra lauat.
Di tibi dent alios fontis: haec lympha puellis
    auia secreti limitis una fluit."   60

Sic anus: ille umeris postis concussit opacos,
    nec tulit iratam ianua clausa sitim.
At postquam exhausto iam flumine uicerat aestum,
    ponit uix siccis tristia iura labris:
"Angulus hic mundi nunc me mea Fata trahentem   65
    accipit: haec fesso uix mihi terra patet.
Maxima quae gregibus deuota est Ara repertis,
    ara per has" inquit "maxima facta manus,
haec nullis umquam pateat ueneranda puellis,
    Herculis aeternum nec sit inulta sitis."   70

Hunc, quoniam manibus purgatum sanxerat orbem,   73
    sic Sancum Tatiae composuere Cures.   74
Sancte pater salue, cui iam fauet aspera Iuno: 71
    Sance, uelis libro dexter inesse meo.   72

Quem não conhece a clava Hercúlea, os fortes feitos,
   os dardos que não falham sobre as feras   40
e o único pra quem luzira a treva Estígia?
   Acolhei-me! Ao cansaço a terra abraça.
Mesmo se fosse um sacrifício à amarga Juno,
   nem a madrasta negaria água.
Se vos assusta o rosto, a juba de leão   45
   ou cabelos tostados no sol Líbio,
também prestei servis serviços sob um manto
   Sidônio e fiei lã na roca Lídia,
suave cinta tive em peito cabeludo
   e com mãos rudes fui jeitosa moça!"   50

Assim findou e assim a alma sacerdotisa
   falou com alva coma em laço púrpura:
"Baixa os olhos, estranho, e larga o sacro bosque,
   deixa em fuga tranquila estes umbrais.
Pois lei temível veta aos homens venerar   55
   na cabana e nas aras protegidas.
Tirésias pagou caro, o vate que viu Palas
   lavando o corpo após largar a Górgona.
Que os Deuses te deem fontes – esta água oculta
   corre perene apenas para moças."   60

Ele bateu seu ombro no batente escuro
   e a porta não suporta a sede irada.
Após secar o rio e vencer o calor
   mal seca o lábio e lança tristes leis:
"Este canto do mundo a mim, que levo os Fados,   65
   acolheu-me! Ao cansaço a terra abraça.
Por encontrar meu gado, consagro a Ara Máxima,
   máxima ara ergui com minhas mãos,
que nunca vai se abrir aos louvores das moças:
   pra sempre há de vingar a sede Hercúlea!"   70

Àquele que com as mãos santificara o mundo   73
   a Tácia Cures cultuou por Sanco.   74
Santo pai nosso, salve! Pois Juno te ajuda,   71
   ó Sanco, entra e protege o meu livrinho!   72

4.10

Nunc Iouis incipiam causas aperire Feretri
   armaque de ducibus trina recepta tribus.
Magnum iter ascendo, sed dat mihi gloria uires:
   non iuuat e facili lecta corona iugo.
Imbuis exemplum primae tu, Romule, palmae   5
   huius, et exuuiis plenus ab hoste redis,
tempore quo portas Caeninum Acrona petentem
   uictor in euersum cuspide fundis equum.
Acron Herculeus Caenina ductor ab arce,
   Roma, tuis quondam finibus horror erat!   10
Hic spolia ex umeris ausus sperare Quirini
   ipse dedit, sed non sanguine sicca suo.
Hunc uidet ante cauas librantem spicula turris
   Romulus et uotis occupat ante ratis:
"Iuppiter, haec hodie tibi uictima corruet Acron."   15
   Vouerat, et spolium corruit ille Ioui.
Vrbis uirtutisque parens sic uincere sueuit,
   qui tulit a parco frigida castra Lare.
Idem eques et frenis, idem fuit aptus aratris,
   et galea hirsuta compta lupina iuba.   20
Picta neque inducto fulgebat parma pyropo:
   praebebant caesi baltea lenta boues.

Cossus at insequitur Veientis caede Tolumni,
   uincere cum Veios posse laboris erat;
necdum ultra Tiberim belli sonus, ultima praeda   25
   Nomentum et captae iugera terna Corae.
Heu Veii ueteres! Et uos tum regna fuistis,
   et uestro posita est aurea sella foro:
nunc intra muros pastoris bucina lenti
   cantat, et in uestris ossibus arua metunt.   30
Forte super portae dux Veiens astitit arcem
   colloquiumque sua fretus ab urbe dedit:
dumque aries murum cornu pulsabat aeno,
   uinea qua ductum longa tegebat opus,
Cossus ait "Forti melius concurrere campo."   35
   Nec mora fit, plano sistit uterque gradum.
Di Latias iuuere manus, desecta Tolumni
   ceruix Romanos sanguine lauit equos.

4.10

Agora exponho as causas de Jove Ferétrio
   e as três armas tomadas de três líderes.
Subo um longo caminho, a glória me dá forças:
   não quero a flor colhida em serras fáceis.

Dás o primeiro exemplo da vitória, Rômulo,   5
   e voltas com despojos do inimigo:
junto aos portões tu vences o Cenino Ácron,
   com teu dardo o derrubas do cavalo.
Ácron, o condutor Hercúleo de Cenina,
   fora o terror de tuas fronteiras, Roma!   10
Ousava espoliar os ombros de Quirino,
   mas foi espólio com seu próprio sangue.
Rômulo o vê lançando setas ante as torres
   côncavas e antecipa-se com votos:
"Júpiter, Ácron cairá por tua vítima!"   15
   e após o voto o espólio cai por Jove.
Vencer virou costume ao pai da pátria e honra:
   veio de humilde Lar aos quartéis frígidos.
Hábil em rédeas e corcéis, hábil no arado:
   pele de lobo cobre a sua gálea.   20
E não brilhava a parma feita com piropo:
   fez seu talim de touros imolados.

Cosso o sucede pela morte de Tolumno,
   quando vencer os Veios fora um marco;
não ia o som da guerra além do Tibre e os últimos   25
   eram Nomento e Cora – de três jeiras.
Ah velha Veios! Foste outrora um grande reino
   e no teu Foro havia assentos áureos,
hoje em teus muros toca a buzina do lento
   pastor e ceifam campos em teus ossos.   30
Decerto o rei parou na torre dos portões
   a discursar confiante na cidade,
e enquanto bate o brônzeo aríete no muro
   por onde se encobria seu trabalho,
Cosso clama: "O valente luta em campo aberto!".   35
   Sem demora se põem de pé no plano.
Deus serve o Lácio – e o pescoço decepado
   de Tolumno banhou corcéis Romanos.

Claudius Eridano traiectos arcuit hostis,
   Belgica cum uasti parma relata ducis 40
Virdomari. Genus hic Brenno iactabat ab ipso,
   mobilis e rectis fundere gaesa rotis.
Illi uirgatas maculanti sanguine bracas
   torquis ab incisa decidit unca gula.

Nunc spolia in templo tria condita: causa Feretri, 45
   omine quod certo dux ferit ense ducem;
seu quia uicta suis umeris haec arma ferebant,
   hinc Feretri dicta est ara superba Iouis.

Cláudio venceu as hostes que vinham do Erídano
    e trouxe a parma Belga de seu líder   40
Virdomaro, que achava ser prole de Breno,
    veloz lançando dardos sobre as rodas.
Mas ao manchar de sangue suas bragas listradas,
    cai-lhe o torque do colo degolado.

Hoje no templo há três espólios – é Ferétrio: 45
    por seu augúrio um líder fere o outro,
ou porque levam armas vencidas no féretro,
    chamam Ferétrio o sumo altar de Jove.

4.11

Desine, Paulle, meum lacrimis urgere sepulcrum:
    panditur ad nullas ianua nigra preces;
cum semel infernas intrarunt funera leges,
    non exorando stant adamante uiae.
Te licet orantem fuscae Deus audiat aulae: 5
    nempe tuas lacrimas litora surda bibent.
Vota mouent superos: ubi portitor aera recepit,
    obserat herbosos lurida porta rogos.
Sic maestae cecinere tubae, cum subdita nostrum
    detraheret lecto fax inimica caput. 10

Quid mihi coniugium Paulli, quid currus auorum
    profuit aut Famae pignora tanta meae?
Non minus immitis habuit Cornelia Parcas:
    en sum, quod digitis quinque legatur, onus.
Damnatae noctes et uos, uada lenta, paludes, 15
    et quaecumque meos implicat unda pedes,
immatura licet, tamen huc non noxia ueni:
    nec precor hic umbrae mollia iura meae.

At si quis posita iudex sedet Aeacus urna,
    is mea sortita iudicet ossa pila: 20
assideant fratres, iuxta et Minoida sellam
    Eumenidum intento turba seuera Foro.
Sisyphe, mole uaces; taceant Ixionis orbes,
    fallax Tantaleo corripere ore liquor;
Cerberus et nullas hodie petat improbus umbras, 25
    et iaceat tacita laxa catena sera.
Ipsa loquor pro me: si fallo, poena Sororum
    infelix umeros urgeat urna meos.

Si cui Fama fuit per auita tropaea decori,
    aera Numantinos nostra loquuntur auos: 30
altera materni hos exaequat turba Libones
    et domus est titulis utraque fulta suis.
Mox, ubi iam facibus cessit praetexta maritis,
    uinxit et acceptas altera uitta comas,
iungor, Paulle, tuo sic discessura cubili, 35
    ut lapide hoc uni nupta fuisse legar.

Testor maiorum cineres tibi, Roma, colendos,
    sub quorum titulis, Africa, tunsa iaces,

4.11

Deixa de choro, Paulo, sobre o meu sepulcro:
   a porta negra nunca se abre às preces!
Uma vez que o cortejo adentra as leis do Inferno,
   a estrada é de adamante inexorável.
Do palácio sombrio um Deus pode te ouvir,   5
   mas surdas margens sorverão teu pranto.
Votos movem os Céus; mas se o barqueiro é pago,
   pálida porta sela a tumba herbosa.
Cantaram tristes tubas e o facho inimigo
   por sob o leito carregou meu corpo.   10

De que valeu casar com Paulo, o carro arcaico
   e estes grandes penhores para Fama?
Pois nem assim Cornélia encontra dóceis Parcas
   e hoje o meu peso cabe numa mão.
Ó noites condenadas, pântanos, paludes,   15
   ou qualquer onda que me cerque os pés!
Eu cheguei verde, mas não trago mancha alguma,
   nem peço que a sentença seja leve.

Se um Éaco com a sua urna é quem me julga
   que ele julgue os meus ossos sorteados: 20
que venham seus irmãos, venha ao trono de Minos
   a multidão de Eumênides no Foro!
Cala, ó roda de Ixíon; deixa a rocha, ó Sísifo;
   água enganosa, aceita ser de Tântalo;
que Cérbero cruel não ladre às sombras hoje;   25
   caia a corrente e a tranca silencie!
Eu falarei por mim! Se minto, que em meus ombros
   pese um cântaro – a pena das Irmãs.

Se alguém tem Fama por troféus antepassados,
   nossos bronzes recordam a Numância,   30
mas os Libões maternos também se igualaram:
   as duas casas mostram a nobreza.
Cedo eu cedi a toga ao fachos nupciais
   e outro laço enlaçou os meus cabelos,
juntei-me ao leito, Paulo, e agora me separo.   35
   Na lápide lerão – fui só de um homem.

Juro nas cinzas dos avós que honraste, Roma,
   e cujos feitos te feriram, África,

et Persen proaui stimulat dum pectus Achille
    qui tumidas proauo fregit Achille domos,   40
me neque censurae legem mollisse nec ulla
    labe mea nostros erubuisse focos.
Non fuit exuuiis tantis Cornelia damnum:
    quin et erat magnae pars imitanda domus.

Nec mea mutata est aetas, sine crimine tota est: 45
    uiximus insignes inter utramque facem.
Mi natura dedit leges a sanguine ductas,
    nec possis melior iudicis esse metu.
Quamlibet austeras de me ferat urna tabellas:
    turpior assessu non erit ulla meo,   50
uel tu, quae tardam mouisti fune Cybeben,
    Claudia, turritae rara ministra Deae,
uel cuius, sacros cum Vesta reposceret ignis,
    exhibuit uiuos carbasus alba focos.

Nec te, dulce caput, mater Scribonia, laesi: 55
    in me mutatum quid nisi Fata uelis?
Maternis laudor lacrimis Vrbisque querelis,
    defensa et gemitu Caesaris ossa mea.
Ille sua nata dignam uixisse sororem
    increpat, et lacrimas uidimus ire Deo.   60

Et tamen emerui generosos uestis honores
    nec mea de sterili facta rapina domo.
Tu, Lepide, et tu, Paulle, meum post fata leuamen,
    condita sunt uestra lumina nostra manu.
Vidimus et fratrem sellam geminasse curulem;   65
    consule quo facto tempore rapta soror.
Filia, tu specimen censurae nata paternae,
    fac teneas unum nos imitata uirum.
Et serie fulcite genus: mihi cumba uolenti
    soluitur aucturis tot mea Fata meis.   70
Haec est feminei merces extrema triumphi,
    laudat ubi emeritum libera Fama torum.

Nunc tibi commendo communia pignora natos:
    haec cura et cineri spirat inusta meo.
Fungere maternis uicibus, pater: illa meorum   75
    omnis erit collo turba ferenda tuo.
Oscula cum dederis tua flentibus, adice matris:
    tota domus coepit nunc onus esse tuum.

por Perses, que incitado pelo avô Aquiles,
   o grande lar de Aquiles afundou: 40
que eu nunca aliviei a lei do meu censor,
   nem manchei de vergonha a nossa estirpe.
Cornélia não desmereceu tamanho espólio,
   mas foi exemplo mesmo em nobre lar.

Nada mudou na idade – eu me guardei, sem crime: 45
   entre os dois fachos tive vida insigne.
A natureza deu-me leis que estão no sangue
   e o medo à ordem não melhoraria.
Pode a urna julgar-me com qualquer critério,
   ninguém terá pudor de aproximar-se: 50
nem tu, que numa corda puxaste Cibebe,
   ó Cláudia, excelsa serva à Deusa em torres;
nem tu, que, quando a Vesta perdeu sacras chamas,
   com branca veste reviveste o fogo.

Nem a ti, doce mãe Escribônia, ofendi: 55
   nalgo queres que eu mude fora o Fado?
Honram-me as lágrimas maternas e Romanas,
   guarda meus ossos o chorar de César.
Ele lamenta a irmã mais digna de sua filha:
   vemos correr a lágrima de um Deus. 60

Eu fiz por merecer as honras desta estola:
   não fui roubada de algum lar estéril.
Tu, Lépido, e tu, Paulo – alívios de além-tumba –,
   em vossa mão é que cerrei meus olhos.
Vi meu irmão por duas vezes de curul, 65
   mas perdeu sua irmã quando era cônsul.
Filha, nasceste um símbolo do pai censor:
   imita-me e terás um só marido.
Mantende a estirpe! Sem pesar, adentro a barca
   com tantos para prolongar meus Fados. 70
E o último prêmio de um triunfo feminino:
   que além do leito alcance a Fama pública!

Eu te confio os filhos, o penhor comum:
   esta aflição persiste em minhas cinzas.
É bom que sejas mãe, ó pai, pois teu pescoço 75
   terá que suportar a minha prole.
Se choram, acrescenta ao teu beijo o da mãe,
   pois hoje a casa inteira pesa em ti.

Et si quid doliturus eris, sine testibus illis!
  Cum uenient, siccis oscula falle genis! 80
Sat tibi sint noctes, quas de me, Paulle, fatiges,
  somniaque in faciem credita saepe meam:
atque ubi secreto nostra ad simulacra loqueris,
  ut responsurae singula uerba iace.
Seu tamen aduersum mutarit ianua lectum, 85
  sederit et nostro cauta nouerca toro,
coniugium, pueri, laudate et ferte paternum:
  capta dabit uestris moribus illa manus;
nec matrem laudate nimis: collata priori
  uertet in offensas libera uerba suas. 90
Seu memor ille mea contentus manserit umbra
  et tanti cineres duxerit esse meos,
discite uenturam iam nunc lenire senectam,
  caelibis ad curas nec uacet ulla uia.
Quod mihi detractum est, uestros accedat ad annos: 95
  prole mea Paullum sic iuuet esse senem.
Et bene habet: numquam mater lugubria sumpsi;
  uenit in exsequias tota caterua meas.

Causa perorata est. Flentes me surgite, testes,
  dum pretium uitae grata rependit humus. 100
Moribus et caelum patuit: sim digna merendo,
  cuius honoratis ossa uehantur auis.

Se lamentares, que eles nunca testemunhem!
    Disfarça o beijo – sem molhar teu rosto! 80

Bastam as noites, Paulo, que sofres por mim
    e os sonhos em que sempre vês meu rosto:
quando falares em segredo à minha imagem,
    lança a palavra e espera por resposta.

Se um novo tálamo for posto em frente à porta 85
    e ao meu leito vier uma madrasta,
louvai, meus filhos, o paterno matrimônio
    e ela vai se render aos vossos modos;
não me louveis demais, pois se for comparada,
    pode tomar agrados por ofensas. 90
Mas se ele preferir lembrar da minha sombra
    e achar que valem tanto as minhas cinzas,
sabei aliviar a velhice por vir:
    livrai-lhe a solidão das aflições!
Que à vossa idade assome o que me foi tomado 95
    e a minha prole alegre o velho Paulo.
Foi bom, pois não vesti-me do luto materno
    e veio um batalhão ao meu enterro.

Caso encerrado! Erguei-vos, testemunhas, prantos,
    enquanto a terra paga o meu valor. 100
O céu se abriu aos nobres! que eu por fim mereça
    juntar meus ossos aos avós honrados!

Notas às elegias

Notas ao Livro I

Este primeiro livro, ao que tudo indica, foi publicado em torno de 29 a.C. (VIARRE, 2007, p. xii), e é composto por 20 elegias, além de dois epigramas finais. A figura da amada Cíntia é praticamente ubíqua, mesmo quando inominada, já que, como anunciado desde o princípio, ela é o centro temático, e apenas os três últimos poemas escapam à sua presença. Podemos perceber um poeta ainda jovem, o que se pode auferir pela estilística métrica (cerca de 40% dos pentâmetros terminam em polissílabos, enquanto nos outros três livros esse número cai drasticamente para 14% no livro II, 5% no terceiro e 2% no quarto). Embora alguns estudiosos julguem que os epigramas finais possam ser obras anteriores apenas adicionadas ao livro, penso que façam parte intrínseca de sua estrutura, o que se pode inferir pela presença circular do destinatário Tulo em 1.1 e 1.22. Dada a ausência de Mecenas neste primeiro livro, podemos supor, ainda que sem garantias, que o próprio Tulo seja o patrono (CAIRNS, 2006, propõe que Cornélio Galo fosse outro patrono).

Apesar de ser o livro menos ousado de Propércio, tanto em temática quanto em linguagem, ainda assim podemos observar uma grande *poikilia*, ou variedade, como na apresentação temática de 1.1; na metapoesia transfigurada em vaidade feminina de 1.2; na hiperbólica Cíntia adormecida em 1.3; nos debates contra outros poetas, como o jâmbico Basso de 1.4, ou o épico Pôntico de 1.7 e 1.9; no contra-*paraklausithyron* (canto diante da porta fechada) pronunciado pela própria porta em 1.16; na narrativa mítica homoerótica de 1.20; e nos epigramas de conteúdo político de 1.21 e 22.

Na edição do texto, sigo sobretudo Fedeli (1994). Indico nas notas os pontos em que houver divergência de edição.

1.1 – Poema de abertura, com fortes tons programáticos para o resto do livro, desde a invocação a Cíntia, passando pela nomeação de Tulo até os lugares comuns da elegia (cf. Introdução), tais como a descrição do amor como doença e a possibilidade de ensinamento amoroso ao fim da elegia. Poderíamos estruturar o poema em três partes: a) loucura amorosa, vv. 1-18; b) impossibilidade da cura, vv. 19-34; e c) aviso aos leitores, vv. 35-38.

vv. 1-4: Essa abertura evoca um epigrama de Meléagro, *Anth. Pal.* 12.101:

Τόν με Πόθοις τρωτον π στέρνοισι Μυΐσκος
   μμασι τοξεύσας τοτ' βόησεν πος·
"Τν θρασν ελον γώ· τ δ' π' φρύσι κενο φρύαγμα
   σκηπτροφόρου σοφίας νίδε ποσσ πατ."
τ δ', σον μπνεύσας, τόδ' φην· "Φίλε κορε, τί θαμβες;
   κατν π' Ολύμπου Ζνα καθελεν ρως."

Meu peito intacto por Amores flechou Muísco
   com seus olhinhos e depois bradou:
"Tomei esse guerreiro! Sobre o seu orgulho
   de imperioso sábio pisoteei!"
Sem ar eu respondi: "Por que te espantas, moço?
   Amor já derrubara Zeus do Olimpo!"

v. 1: *Cynthia* é a primeira palavra do primeiro livro, anunciando o tema principal a ser cantado: a mulher amada. Esse recurso de se abrir com uma palavra significativa vem desde Homero (μνιν, "a ira", abre a *Ilíada*, enquanto a *Odisseia* se abre com "o homem", νδρα), e também aparece, por exemplo, em Virgílio, na *Eneida* (*arma uirumque*, "as armas e o homem"). O nome da amada é uma alusão poética a Diana (deusa Cíntia, nascida perto do monte Cinto) ou ao seu irmão Apolo (deus Cíntio, pelo mesmo motivo), mais provavelmente a este por sua relação estreita com a arte poética. Em 3.15 veremos o poeta reconhecer que a afirmação da prioridade de Cíntia era falsa, o que gera grande ironia sobre este primeiro poema.

v. 2: Cupidos funciona aqui tanto como referência aos deuses amorosos quanto a "desejos", seu significado literal.

v. 6: Difícil saber quem é "moça casta" (no plural *castas puellas*). Heyworth julga serem as Musas, e que Propércio ficou afastado delas por causa do Amor durante um ano, ou seja, não escreveu poesias. Da minha parte, penso que também implica as moças "de família" casadas, e que, mesmo com a referência às Musas, a ambiguidade é funcional dentro do contexto.

vv. 9-15: Propércio alude ao mito arcádico de Milânion e Atalanta (filha de Iasos, daí Iáside), em que esta é uma caçadora veloz. Na versão mais famosa, é Hipomenes quem ganha Atalanta numa corrida com a ajuda de três maçãs de ouro que lhe haviam sido dadas por Afrodite. O monte Partênio situa-se entre a Arcádia e a Argólida. Curiosamente, a luta contra centauros aparece apenas em Propércio e Ovídio *A.A.* 2.185. Hileu é um dos Centauros da Arcádia que tentaram assediar Atalanta.

v. 9: Tulo (talvez o sobrinho de L. Volcácio Tulo, cônsul em 33 a.C.) é o suposto patrono de Propércio neste livro (segundo CAIRNS, 2006), junto com o poeta Galo; a ele é dedicado o primeiro e o último poema, além de 1.6 e 1.14.

vv. 11-12: Talvez depois deste verso haja uma lacuna de dois versos (como propusera Housman e aceita Heyworth), mas, por falta de maiores evidências e pelo entendimento do texto latino, deixo de lado tal hipótese. Cf. problema similar em 1.11.4; 2.24.11; e 3.14.15.

vv. 19-24: Propércio dirige-se às feiticeiras em busca de ajuda. O uso de feitiçaria para fins amorosos é bastante recorrente na poesia (cf. Teócrito, Virgílio, Tibulo, Ovídio). Mais adiante ele fala com seus amigos e depois com os amantes felizes, fazendo uma tríade de apelações.

v. 23: Sigo aqui a edição de Heyworth, com a conjectura de Jeverus de *amnes* (rios), presente em Ω, para *umbras* (as sombras dos mortos), que mais se encaixa na descrição de feiticeiras e no contexto encantatório da sedução amorosa.

v. 34: Citineu é adjetivo relativo a Citina, uma cidade da Tessália, região famosa na Antiguidade em relação à feitiçaria.

1.2 – A temática da *beleza natural* X *beleza artificial/cosmética* já aparece em Platão (*Gorg.* 456b), Xenofonte (*Oecon.* 10.2-13), Plauto (*Most.* 288-292), Tibulo 1.8, dentre outros; no entanto Propércio leva a temática para a metapoesia, na medida em que, por meio de Cíntia, poderia defender uma poesia igualmente mais singela e delicada em contraposição à típica ornamentação de gêneros mais elevados, como a épica e a tragédia.

vv. 1-2: Estes versos reaparecem citados pelo próprio Propércio em 4.5.55-56, segundo a maioria dos manuscritos. Alguns editores desconfiam da sua autenticidade no quarto livro.

v. 2: A veste de Cós era uma seda muito fina, quase transparente e amiúde tingida de carmesim. Além da erotização da veste, creio que haja uma alusão à poesia de Filetas de Cós, poeta grego que tem influência assumida na poesia de Propércio. Nas palavras de Heyworth (2009, p. 12), "a veste de Cíntia torna-se a própria matéria da elegia".

v. 4: Orontes é um rio da Síria, que representa a região donde vinham os perfumes árabes.

v. 9: Sigo *non fossa*, conjectura de Allen adotada por Heyworth, no lugar de *formosa*, Ω.

vv. 15-24: Uma série de exemplos mitológicos. O grupo, além da afinidade entre belezas naturais, trata também de uma série de seduções que resultaram em violência entre os amantes e parentes paternos: a) Febe e Helaíra, com sua sedução de Castor e Pólux, levaram Castor à morte junto com dois de seus próprios primos (Teócrito, *Id.* 22); b) Eveno, depois de não conseguir salvar sua filha Marpessa das mãos de Idas, suicidou-se, para então tornar-se um rio; depois ela foi também cortejada por Apolo, e uma luta se fez sobre o rio que era o pai; por fim, Júpiter deu a Marpessa a escolha, e ela preferiu Idas, por ser mortal; c) Enomau, rei de Pisa e pai de Hipodamia, foi morto à traição numa corrida contra o pretendente Pélops da Frígia; a cena é sugerida em latim por *falso traxit* e *rotis*.

v. 22: Apeles foi um pintor grego do séc. V-IV a.C., famoso pela beleza de suas cores, que postumamente foram intensificadas com mais brilho.

v. 24: Heyworth propõe uma interessante leitura, ainda que contestável: *illis ampla nimis forma pudicitiae* ("eram belas demais pra castidade").

v. 25: Alguns editores julgam que seria possível haver uma lacuna depois deste verso; de qualquer modo, o sentido me parece bastante claro.

vv. 27-30: Cíntia é representada aqui como *puella docta*, uma mulher culta com erudição, tema frequente do epigrama helenístico, da poesia de Catulo e da elegia romana — a amada é também uma parceira no mundo dos livros e da poesia.

v. 28: Calíope é a mais famosa das nove Musas, representando muitas vezes (mas não apenas) a poesia épica e por vezes, a lírica.

1.3 — O poema muito se assemelha a um epigrama posterior de Paulo Silenciário (*Anth. Pal.* 5.275). Talvez os dois se baseiem numa fonte em comum, ou, menos provavelmente, Silenciário poderia imitar Propércio:

Δειελιν χαρίεσσα Μενεκρατς κχυτος πν
  κετο περ κροτάφους πχυν λιξαμένη.
τολμήσας δ' πέβην λεχέων περ· ς δ κελεύθου
  μισυ Κυπριδίης νυον σπασίως,
πας ξ πνοιο διέγρετο, χερσ δ λευκας
  κράατος μετέρου πσαν τιλλε κόμην·
μαρναμένης δ τ λοιπν νύσσαμεν ργον ρωτος,
  δ' ποπιμπλαμένη δάκρυσιν επε τάδε·
"Σχέτλιε, νν μν ρεξας, τοι φίλον, πι πουλν
  πολλάκι σς παλάμης χρυσν πωμοσάμην·
οχόμενος δ' λλην ποκόλπιον εθς λίξεις·
  στ γρ πλήστου Κύπριδος ργατίναι."

Bela Menécratis à tarde adormecia
  enquanto aninha as têmporas no braço.
Ousado entrei na cama e a metade da estrada
  do Cíprio gozo alegre eu já cumpria,
quando a criança acordou do sono e as mãos brancas
  tentaram arrancar os meus cabelos,
mas por fim realizamos um amor briguento.
  Ela, emprenhada em lágrimas, me disse:
"Monstro! Tomaste o que querias e que eu tanto
  negava ao ver teu ouro sobre as mãos.
Logo me largas, aninhando outra em teu peito:
  sois serviçais da Cípria insaciável!"

vv. 1-6: A sequência de símiles da abertura dá um tom grandioso ao poema, que se desfaz na fala de Cíntia. A Cnóssia é Ariadne (Cnosso é a pátria de seu pai

Minos), ao ser abandonada por Teseu depois de o ter salvo do Minotauro; Andrômeda é Cefeia por ser filha de Cefeu, rei da Etiópia, que foi castigada por Netuno depois de sua mãe, Cassíope, se considerar mais bela que as Nereides, assim foi ofertada a um monstro marinho, mas foi salva por Perseu; e as Edônides eram uma tribo da Trácia, muito associados ao culto a Baco: há várias representações de uma bacante dormindo enquanto um Sátiro se aproxima para estuprá-la. Como de praxe, os exemplos mitológicos nunca são meros adornos: se por um lado todos dão sinais claros da figura de Cíntia, por outro, insinuam leituras da posição de Propércio: como Baco, ou um Sátiro, ele pode estar lascivo sobre uma bacante; como Teseu, aos olhos de Cíntia, ele pode ser o homem que a abandona; por fim, ironicamente, ele poderia ser como o herói Perseu que vai salvar Andrômeda. O rio Apídano é afluente do Peneu, na Tessália.

v. 13: Líber é outro nome para Baco.

vv. 19-20: Júpiter tivera um caso com Io, mas fora descoberto por Juno. A deusa vingativa mandou Argos (uma criatura de cem olhos) vigiar Io transformada numa novilha, até que Mercúrio, enviado por Júpiter, o matou e libertou Io, que depois teria vagado muito até tornar-se uma deusa no Egito, em geral associada a Ísis. O mito de Io aparece com muita frequência em Propércio (Cf. 2.28, 2.30, 2.33 e 3.22), mas também em Ovídio *Met.* 1.583-750. Em latim ela aparece como Inácide, por ser filha de Ínaco.

v. 24: A maçã simboliza uma oferta de amor na Antiguidade (cf. CATULO, 65.19-24).

v. 41-6: A atitude de espera de Cíntia assemelha-se à de Penélope na *Odisseia* 1. 363-4, quando derrama lágrimas de saudade por Odisseu, mas por fim é vencida pelo sono. Essa figuração é contrária à representação mais frequente da amada como uma *saeua domina*, a senhora cruel que abusa do poeta apaixonado.

v. 42: A comparação com Orfeu (que perdeu sua amada Eurídice) não é gratuita, mas reforça a solidão de Cíntia.

1.4 – O poeta Basso, nomeado apenas neste poema, é provavelmente uma figura real (talvez autor de poesia jâmbica e invectiva), bem como Pôntico, pois ambos aparecem também em Ovídio, *Tristia* 4.10.47 (*Ponticus heroo, Bassus quoque clarus iambis*) como amigos de juventude do poeta. É provável que esta elegia forme um diálogo com a obra desse Basso, mas só poderíamos especular, por exemplo, sobre como ele ridicularizaria Cíntia para Propércio.

vv. 5-6: Antíope, filha de Nicteu, fora amada por Júpiter e dera à luz Anfíon (cf. nota a 3.15.11-42). Hermíone é a filha de Helena e Menelau que fora disputada por Neoptólemo e Orestes.

v. 14: Sigo a leitura *ducere* (conduzir, tomar) de ς, no lugar de *dicere* (dizer, cantar), de Ω. Uma conjectura interessante é *discere* (aprender), de Heinsius.

v. 24: Provável referência ao culto das pedras, pertencente à religião popular romana e bastante proeminente na celebração das *Terminalia*, em 23 de fevereiro.

v. 27: Sigo *nostro* de Ω, no lugar de *nostri*, de ς.

vv. [5.1-2]. Este dístico aparece na tradição manuscrita como o início da próxima elegia, mas, pela temática e pela caracterização (*inuide*) do interlocutor, se encaixa melhor no fim deste poema, posição defendida por Heyworth e Enk.

1.5 – v. 5: A temática do fogo escondido sob as cinzas é um lugar comum que aparece em Calímaco (*Ep.* 44.1-2 [*Anth. Pal.* 12.139.1-2]) e Horácio (*Od.* 2.1.7-8).
    v. 6: A Tessália era uma região famosa por suas magias e poções.
    v. 8: Optei por *solet* (de Ω) a *sciet* de ç.
    v. 14: Não se pode deixar de notar a semelhança com Tibulo 2.6.12: *excutiunt clausae fortia uerba fores* ("trancas abatem as palavras fortes").
    v. 24: As casas nobres costumavam ter em seus átrios retratos ou bustos de seus antepassados, que recebiam honras religiosas.
    v. 30: Cf. Meléagro *Anth. Pal.* 12.72.5-6:

> καὐτὸς Ἔρωτος
> ἕλκος ἔχων ἐπὶ σοῖς δάκρυσι δακρυχέω
>
> E ele pelo Amor
> ferido já pranteia no teu pranto.

vv. 31-2: Neste poema, ao contrário do normal, o destinatário só é nomeado no último dístico. Dada a temática amorosa compartilhada, talvez possa se tratar do poeta elegíaco Cornélio Galo, mas não há confirmação, e além disso, ele não era nobre nem jovem como Propércio, também poderia ser Élio Galo (o irmão de Gala, em 3.12, cf. notas ao poema), mas é difícil definir. De qualquer modo, dificilmente seria o mesmo Galo de 1.21.

1.6 – Esta elegia é um *propemptikon* (um poema de despedida e bons augúrios a um amigo que vai viajar) dedicado ao Tulo que aparece no poema de abertura e fechamento do livro; sua construção genérica é bastante complexa, como demonstra Cairns (1972, p. 1-16). No decorrer da elegia, percebemos um jogo de contrastes incompatíveis entre a vida do homem de ação e política, representado por Tulo (*seruitium armorum*), e a do amante elegíaco, que é Propércio (*seruitium amoris*).
    v. 3: Os montes Rifeus simbolizam os limites setentrionais, bem com a Etiópia simboliza os meridionais.
    v. 4: Mêmnon foi um rei etíope, filho de Aurora e Titono, que lutou do lado dos troianos e foi morto por Aquiles; Aurora, entretanto, garantiu-lhe a imortalidade, transformando-o em pássaro, chamado Memnônides.
    v. 19: É provável que o tio de Tulo seja L. Volcácio Tulo, cônsul com Augusto em 33 a.C. e procônsul da Ásia em 30-29 a.C. Os fasces são símbolos do poder consular.

v. 20: Referência à primeira legislação, que Pompeu estabeleceu sobre a Ásia, mas que esta, sob o comando de Marco Antônio, teria parado de obedecer. Em 27 a.C., Augusto estabeleceria reformas administrativas na região.

v. 32: Pactolo é um rio da Lídia, famoso por suas areias auríferas e em geral ligado à figura do rei Creso.

1.7 – Esta elegia dirigida ao poeta épico Pôntico (que teria escrito uma *Tebaida*, cuja referência aparece também em Ovídio, *Am.* 2.18 e *Trist.* 4.10.47-8) dialoga com 1.9, onde vemos que as profecias de Propércio se cumprem. Não obstante, o poema 1.8, que gera um intervalo entre os dois, já foi indicado como configurador de uma tríade entre as elegias 7-8-9, bem representados por Aires. Nascimento como "a poesia amorosa não deve ser tida em menor conta (7); o seu desprezo leva a resultados funestos (8); a poesia amorosa tem uma função moderadora (9)" (2002, p. 279). Vale notar como a tópica da utilidade da poesia entra na defesa da elegia contra a épica praticada por Pôntico, o que leva o poema à proposta da elegia como modo de vida.

v. 2: O fraterno exército nos remete ao combate entre os irmãos Etéocles e Polinices, filhos de Édipo, pelo poder de Tebas, principal assunto dos *Sete contra Tebas* de Ésquilo e também da *Tebaida* na versão de Estácio.

v. 3: Propércio pode referir-se ao fato de que a mais antiga *Tebaida* era, na Antiguidade, atribuída a Homero, junto com outros poemas do Ciclo Épico de que só nos restaram fragmentos.

v. 16: Fedeli considera o *locus deperditus* (texto corrompido). Sigo *quam nolim nostros te uiolasse deos* da edição de Heyworth, bem como sua proposta de leitura para o verso, em vez de *quod nolim nostros euiolasse deos* de Fedeli.

v. 14: Sigo a proposta de leitura de Heyworth, que torna a fala dos jovens uma pergunta. Nessa leitura, podemos pensar que a pergunta revela descrença na morte física de um grande poeta, que Propércio se tornaria ao seu próprio ver. O que faz bastante sentido, uma vez que o poema trata tanto de ética amorosa X ética bélica quanto de superioridade genérica entre elegia e épica.

v. 26: A temática do amor tardio que causa mais sofrimento aparece também em Tibulo 1.2.87-8 e Ovídio, *Her.* 4.19.

1.8 – Esta elegia começa abruptamente, como várias outras, e se constrói como um *skhetliasmos* (protesto contra viagem) a Cíntia, que foge com um rival, mas que depois se torna ironicamente um *propemptikon* (um desejo de boa viagem). Também tece um diálogo com 2.16, quando o mesmo rival retorna da Ilíria, identificado como um pretor, portanto um homem de vida pública e detentor de bens – o típico rival do amante elegíaco.

vv. 7-8: A semelhança entre estes versos e os de Virgílio, *Buc.* 10.23-4 (*tua cura Lycoris / perque niues alium perque horrida castra secuta est?* ("Tua paixão Licóris

/ por entre neve e guerra segue um outro?") e 10.49 (*a tibi ne teneras glacies* [...] *secet aspera plantas* ("que áspero gelo não te corte os frágeis pés") faz cogitar que os dois trechos sejam imitação da poesia de Cornélio Galo, fundador da elegia erótica romana.

v. 10: As Vergílias são as Plêiades, cujo aparecimento, em 16 de abril, anunciava a chegada a primavera, a melhor estação para a navegação.

vv. 13-14: Sigo a conjectura de Carutti e transponho o dístico para depois do verso 18.

v. 18: Galateia é a mais famosa das Nereidas, deusas do mar, filhas de Nereu.

vv. 19-20: Ceráunio é um perigoso promontório da Acroceráunia, na costa de Epiro; Órico é um porto da Ilíria, nas margens do Epiro.

vv. 25-26: Sigo *Artaciis*, de Palmer, no lugar de *Atraciis*, de ς. A interpretação mais comum é a de Artácia como uma região distante, bem como a Hileia, que ficaria na Cítia. Heyworth aponta ainda para o fato de que Propércio cita os Ceráunios e Óricos (dois pontos que aparecem na viagem de volta dos argonautas, Apolônio de Rodes *Arg.* 4.1214-5), enquanto a Artácia (1.957) aparece na ida, além da Hileia (4.524), que seria um povo da Ilíria. Nesse caso, as referências a pontos distantes também seriam uma referência literária, que remetem a uma viagem de ida e volta, fato que se realiza dentro da elegia properciana a partir dos versos seguintes, com a desistência de Cíntia.

v. 27: Alguns editores (Butler & Barber, Barber, Goold, Heyworth) começam aqui outra elegia. Sigo a edição de Fedeli e de Moya & Elvira, pela unidade do poema; vendo na mudança brusca um movimento retórico estrutural do poema que lhe dá um tom dramático.

vv. 35-6: Hipodamia era filha de Enomau, rei de Pisa na Élida, e esposa e Pélops.

v. 36: Sigo a conjectura de Phillimore, incorporada por Heyworth, de *apta* no lugar de *ante*.

v. 40: A referência à elegia como *blandum carmen* ("suave canto") retoma o debate apresentado nos poemas 1.7 e 1.9, dirigidos a Pôntico.

1.9 – O poema é clara continuidade de 1.7, após o intervalo de 1.8, de modo que os três formam um pequeno conjunto em que vemos as ameaças de Propércio ao gênero épico (1.7); seu próprio risco de falhar, mas resultando no sucesso de manter Cíntia (1.8), representando seus poderes como poeta elegíaco; e a derrota final de Pôntico, agora apaixonado por uma escrava, ou prostituta (1.9), incapaz de continuar sua carreira de poeta épico, mas também incapaz de iniciar uma poesia elegíaca, por já ser tarde demais. Vitorioso, Propércio inicia seu trabalho de *magister amoris*.

v. 3: Sigo a proposta de Heyworth, *taces* no lugar de *iaces*, de Ω. Heyworth justifica ser improvável a sequência *iaces* seguida de *uenis*; mas o que me convence é o fato de que Pôntico agora deve se calar. Fato que é revelado por sua incapacidade de fazer poesia, agora que está apaixonado.

vv. 5-6: A Caônia era uma região do Epiro, mas a referência específica é a Dodona, onde havia um oráculo de Zeus, que se realizava por meio do auspício de pombas. Vale recordar que as sacerdotisas também recebiam o nome de pombas (*columbae*).

v. 4: Há duas leituras para *modo empta*, como notam Butler & Barber, que tentei manter quanto pude. Trata-se a) de uma escrava "recém-comprada"; ou b) de uma prostituta, que até então estava à venda.

v. 8: Anfíon é o bardo mítico que teria construído a muralha de Tebas apenas com o poder de sua lira, com a qual ele guiava as pedras. Em 1.7.2 (cf. nota), vimos que Pôntico escrevia uma *Tebaida*.

v. 11: Mimnermo é um poeta elegíaco grego arcaico, com temática amorosa e sobre a juventude. Aqui Propércio usa-o para fazer uma oposição fundamental entre elegia e épica, atestando a superioridade daquela sobre esta, bem como sua brevidade: mais valeria apenas um verso de Mimnermo do que toda a obra de Homero.

v. 13: Sigo a conjectura de Heinsius (incorporada por Barber, Moya & Elvira, Goold e Heyworth), *depone* no lugar de *compone*, de Ω.

vv. 15-16: "Pedir água no meio do rio" é um provérbio grego muito citado pelos romanos como sinal de loucura, mas aqui também tem a conotação metafórica do rio caudaloso simbolizar a poesia épica.

v. 20: Ixíon fora preso por Júpiter a uma roda cercada de serpentes, sempre a rodar, no mundo dos mortos, porque tentara estuprar Juno.

v. 28: Sigo *limine*, conjectura de Heinsius (adotada por Barber, Goold e Heyworth), no lugar de *nomine*, de Ω.

vv. 31-2: Heyworth considera o dístico espúrio, mas seu argumento me parece fraco.

1.10 – Aqui Propércio comemora uma noite de amor de seu amigo Galo com outra mulher, ao contrário dos ataques de 1.5, quando Galo estaria interessado em Cíntia. Propércio mais uma vez dá conselhos da *ars amandi* ("arte de amar") que aprendeu com Cíntia, e notamos, com ironia, que a principal lição é ser submisso. Cabe notar que os 10 primeiros versos desta elegia têm grandes semelhanças com outro epigrama de Paulo Silenciário, *Anth. Palat.* 5.255, e também este caso não sabemos se ele imita Propércio, ou se ambos estão voltados para uma fonte comum. De qualquer modo, Propércio logo transforma o poema num triunfo da confissão e da amizade.

> Εἶδον ἐγὼ ποθέοντας· ὑπ' ἀτλήτοιο δὲ λύσσης
>   δηρὸν ἐν ἀλλήλοις χείλεα πηξάμενοι,
> οὐ κόρον εἶχον ἔρωτος ἀφειδέος· ἱέμενοι δέ,
>   εἰ θέμις, ἀλλήλων δύμεναι ἐς κραδίην,
> ἀμφασίης ὅσον ὅσσον ὑπεπρήυνον ἀνάγκην
>   ἀλλήλων μαλακοῖς φάρεσιν ἑσσάμενοι.

καί ῥ' ὁ μὲν ἦν Ἀχιλῆι πανείκελος, οἷος ἐκεῖνος
   τῶν Λυκομηδείων ἔνδον ἔην θαλάμων·
κούρη δ' ἀργυφέης ἐπιγουνίδος ἄχρι χιτῶνα
   ζωσαμένη Φοίβης εἶδος ἀπεπλάσατο.
καὶ πάλιν ἠρήρειστο τὰ χείλεα· γυιοβόρον γὰρ
   εἶχον ἀλωφήτου λιμὸν ἐρωμανίης.
ῥεῖά τις ἡμερίδος στελέχη δύο σύμπλοκα λύσει,
   στρεπτά, πολυχρονίῳ πλέγματι συμφυέα,
ἢ κείνους φιλέοντας, ὑπ' ἀντιπόροισί τ' ἀγοστοῖς
   ὑγρὰ περιπλέγδην ἄψεα δησαμένους.
τρὶς μάκαρ, ὃς τοίοισι, φίλη, δεσμοῖσιν ἑλίχθη,
   τρὶς μάκαρ· ἀλλ' ἡμεῖς ἄνδιχα καιόμεθα.

Eu vi os desejantes que em fúria indomável
   longamente premiam os seus lábios,
sem saciar o Amor inclemente, ansiosos,
   de entrar nos corações– se isso é possível –,
pra aplacar a gentil premência do silêncio
   trocavam entre si as leves roupas.
Assim, ele mais parecia Aquiles quando
   em meio aos tálamos de Licomedes;
e com o manto roçando seu joelho argênteo,
   ela era como Febe – a própria imagem!
Uniram novamente os lábios, pois a fome
   de louco Amor detinha-lhes os membros.
Antes soltar dois galhos de vinha enlaçados,
   congênitos, há muito emaranhados,
do que esses dois beijando de braços conjuntos,
   aprisionados num suave abraço.
Feliz três vezes quem for preso em tais correntes,
   Feliz três vezes! Mas de longe ardemos...

v. 4: Concordo com a interpretação proposta por Heyworth, de que o verso faz referência às muitas preces passadas de Propércio para que tal noite acontecesse; ao contrário de todos os tradutores a que tive acesso, que leem este verso com um sentido futuro.

v. 10: Para além de evocar a sexualidade, as "vozes alternadas" fazem referência à própria estrutura em dísticos da poesia elegíaca.

1.11 – O poema se passa em Baias, um balneário de águas termais junto de Cumas, na baía de Nápoles, na costa da Campânia, muito frequentado pelos romanos, famoso por seu luxo (Cf. HORÁCIO, *Ep.* 1.1.83; MARCIAL, 6.42.7), que é interpretado por Propércio como local que incentiva os prazeres amorosos de

Cíntia, que lá está sozinha. Assim, segue-se uma grande exploração da imaginação ciumenta, que explode nos versos 23-4, em que Cíntia é posta acima dos valores de piedade familiar do poeta.

v. 2-3: Uma margem de terra apenas separava o lago Lucrino do mar (ele foi ligado ao Averno e ao mar por Agripa, em 37 a.C., o que deu origem ao Porto Júlio); diziam ter sido um caminho desbravado por Hércules quando levava o gado de Gerião, daí a senda hercúlea. O reino de Tesproto é referência ao Epiro, com águas que iam até a Campânia (o que gera problemas de distância geográfica que Moya & Elvira tentam explicar, p. 191, n. 267), onde havia o promontório de Miseno; no entanto a Miseno referenciada deve ser a população vizinha, como afirma Fedeli.

vv. 4-5: Heyworth crê que haja uma lacuna aqui, mas a hipótese (sobretudo se comparamos com 1.1.11-12, em que problema similar aparece) me parece pouco provável.

v. 11: Teutrante era rei da Mísia; seu povo colonizou Cumas, por isso a referência erudita.

vv. 15-16: Sigo Housman, que propôs que este dístico fosse transposto para logo após o verso 8; conjectura aceita por Goold, Viarre e Heyworth.

v. 21: Sigo a leitura de Heyworth, a mais próxima dos manuscritos.

vv. 23-4: Cf. Homero, *Ilíada*, 6.429-30.

Εκτορ ἀτὰρ σύ μοί ἐσσι πατὴρ καὶ πότνια μήτηρ
ἠδὲ κασίγνητος, σὺ δέ μοι θαλερὸς παρακοίτης·

Heitor, agora és pai, és minha mãe querida,
és meu irmão e amante ardente em minha cama.

1.12 – Alguns manuscritos unem esta elegia à anterior, mas entre os editores há um consenso de mantê-las separadas, apesar da união temática, e lê-las como complementares; tais como 1.7 e 1.9, com a temática épica contra Pôntico, ou os dois epigramas finais (1.21 e 1.22). Nesse sentido, a elegia segue a temática da viagem de Cíntia, agora do ponto de vista solitário de Propércio, em Roma.

v. 2: Este verso é uma tortura para os editores (embora nenhum o considere um *locus deperditus*): Butler & Barber e Barber optam por ler *conscia Roma* (de Ω) como vocativo, sendo que Roma criticaria o poeta por sua *desidia* ("inércia" ou "indolência") decorrente da paixão, mas tem a fraqueza de tornar Roma o destinatário do poema; Fedeli e Viarre inserem (por uma conjectura de Krafert) *Pontice*, o mesmo Pôntico de 1.7 e 1.9 como vocativo (mas o poema não tece relações fortes com a épica ou com as duas elegias anteriores), uma solução apressada; Moya & Elvira fazem *conscia Roma* o sujeito da oração, sendo a própria Roma a culpada pela indolência ou demora do poeta (outra solução pouco coerente, já que aqui se insistiria que Roma é a culpa de Propércio não acompanhar Cíntia na sua viagem); por fim, Goold e Heyworth optam por *Cynthia* como sujeito e *Roma* como vocativo, uma solução que faz sentido em relação ao poema, mas que cria um choque pelo novo aparecimento do nome *Cynthia* (de ς) já no verso 6. Por isso, e pelo desejo de tentar compreender o texto da tradição, fico com a edição de Barber e Butler & Barber, que além de tudo faz bastante sentido, na medida em que Propércio recebe um reproche de Roma por sua vida desregrada e apolítica ligada à paixão por Cíntia. Nenhum dos editores comenta um jogo de palavras surpreendente do texto pela sobreposição de *Roma moram* em que podemos ler o famoso palíndromo *RomAmor* por sobreposição mas ao mesmo tempo ligado à palavra *moram*, a demora, a lerdeza gerada pela paixão amorosa: em resumo, o jogo resume em si a tensão típica da poesia elegíaca em relação à moral tradicional romana.

v. 4: O Hípane deve ser o mesmo rio mencionado por Ovídio, numa parte da Cítia, junto ao Mar Negro (provavelmente o atual Kuban); enquanto o Erídano é o atual rio Pó, associado aos limites do Ocidente, que deságua no Adriático, e é chamado vêneto por passar na região de Venécia (Veneza ainda não existia). Talvez o trecho faça referência a Virgílio, *Georg.* 4.370-4, o que resultaria numa geografia mítica um pouco diversa.

v. 10: O monte Prometeico é o Cáucaso, local junto à pátria de Medeia, portanto ligado a ideias de bruxaria.

v. 15: Talvez uma paródia de Virgílio, *Georg.* 2.490: *felix qui potuit rerum cognoscere causas* ("feliz quem pôde conhecer causas das coisas"), que por sua vez ecoa *De rerum natura* (*Da natureza das coisas*) de Lucrécio. Se assim for, o *cognoscere* do verso 13 desta elegia já anunciaria a alusão.

v. 19: O termo *fas* é de difícil tradução e há quem use "fás" em português. *Fas* é o que está permitido por leis divinas; nas tradução, para criar um jogo etimológico, usei "nefasto".

v. 20: O eco 1.1.1 é claro em latim *Cynthia prima*, coroado pelo extremo *Cynthia finis erit*; em português mantive a mesma construção.

1.13 – Esta elegia traça um diálogo com 1.5 e com 1.10, além do epigrama de Paulo Silenciário (Cf. nota a 1.10). Novamente (como contra Pôntico), Propércio triunfa com suas predições e faz o papel de *magister amoris*.

v. 6: A paronomásia entre *amore moram* sugere mais do que jogo formal: o que Galo recusa é a demora num amor, que é seu constituinte elegíaco, como já apresentado em 1.12.2.

v. 14: Aqui a referência a 1.10 é explícita.

v. 17: A temática da passagem da alma pelo beijo aparece num epigrama atribuído a Platão (*Anth. Pal.* 5.78):

Τὴν ψυχήν, Ἀγάθωνα φιλῶν, ἐπὶ χείλεσιν ἔσχον·
ἦλθε γὰρ ἡ τλήμων ὡς διαβεσομένη.

Nos lábios tinha a minha alma ao beijar Ágaton;
    partiu, coitada – quis atravessá-lo.

vv. 21-4: Referência ao mito de Netuno (Tenário por ter um templo no promontório de Tênaro), que, disfarçado do rio Enipeu (um rio da Tessália, daí o adjetivo "hemônio"), por quem se apaixonara Tiro (filha de Salmoneu), conseguiu ter o amor da jovem, sem que esta percebesse que estava sendo enganada; da união nasceram Pélias e Neleu. Hércules, depois de morrer no vulcão Etna, foi imortalizado e casou-se com Hebe, deusa da juventude, numa apoteose. Os dois mitos têm referência ao logro: no caso de Netuno é óbvio; no de Hércules, um pouco menos – Hércules morre porque Dejanira (sua esposa, a quem ele não dava mais atenção) levou até ele uma túnica envenenada com o sangue do centauro Nesso, enquanto pensava que teria o poder mágico de fazê-lo se apaixonar de novo por ela; curiosamente, nos dois casos, quem engana a mulher termina bem, ou com o gozo almejado (Netuno), ou numa apoteose com uma nova esposa (Hércules).

vv. 29-32: Sigo a edição de Barber e de Heyworth, *digna et* (de Ω), ao invés da correção *dignae*, de Heinsius, adotada por Fedeli. Além disso também sigo proposta de leitura proposta por Heyworth (2007b, p. 63), pois creio que as várias caracterizações da amada de Galo bem poderiam estar entre aspas, sugerindo que Propércio estaria repetindo (talvez até com ironia) as palavras do amigo apaixonado.

vv. 29-30: Leda era uma mulher por quem Júpiter se apaixonou e seduziu na forma de um cisne; ela teve três filhas: Helena (com Júpiter), Clitemnestra e Timandra (com Tíndaro). Curiosamente, todas são símbolos do logro feminino: Leda traiu seu marido, Tíndaro, com Júpiter; Helena fugiu com Páris e abandonou Menelau; Clitemnestra assassinou o próprio marido, Agamêmnon (filho de Pélops); e Timandra teria se deixado raptar por Fileu, embora fosse casada com Équemo.

v. 31: O adjetivo "ináquia" aqui tem o sentido amplo de "grega". Provável referência às Danaides, cinquenta filhas de Dânao, que seduziram e mataram os seus primos na noite de núpcias (exceto uma delas, Hipermestra). O termo "heroína" (*heroinis*) talvez seja neologismo de Propércio.

v. 36: Sigo *quotcumque*, conjectura de Fruterius aceita por Goold, Viarre e Heyworth, no lugar de *quodcumque* (presente em ς), por fazer mais sentido com o todo do poema: o desejo de Galo por muitas mulheres e sua oposição a um amor.

1.14 – Elegia dedicada a Tulo, que aparece em 1.1, 1.6 e 1.22. A temática central aqui é a oposição entre amor e riquezas, representados respectivamente pela poesia elegíaca e pela vida política do possível patrono de Propércio.

v. 2: Lesbos, ilha do mar Egeu (onde viveram os poetas Safo e Alceu), famosa por seus vinhos; Mentor foi um famoso cinzelador do séc. IV a.C., mais renomado entre os romanos que entre os gregos.

v. 5: Sigo a conjectura de Barber, utilizada por Heyworth, *altas tibi tendat*, no lugar de *satas intendat*, preferida pelos outros editores.

v. 11: Sobre o Pactolo, cf. nota a 1.6.32.

v. 17-24: O texto emula um hino a Vênus, atribuindo-lhe poderes e invocando sua atenção.

vv. 19-20: Os árabes eram imaginados pelos romanos sempre como ostensivos com suas riquezas. Talvez se faça menção à ônix, pedra muito comum na região, e que Plínio (*Nat. Hist.* 36.59) considera um bem exclusivo da Arábia.

v. 23: Sigo a conjectura de Markland, incorporada por Heyworth, *Lyda*, por *ulla*, de Ω. A Lídia entraria aqui como retomada geográfica do Pactolo, bem como dos interesses de Tulo por poder sobre a Ásia (Cf. 1.6). Além disso, um trecho similar em 1.6.31-2; e em Tibulo 3.7.198-9, *non mihi regna / Lydia potiora sint* ("que os reinos / Lídios não me interessem").

v. 24: Alcínoo é o rei dos Feácios, que acolheu Odisseu (*Od.* 8.392 ss.) e também os argonautas (Apolônio de Rodes *Arg.*, 4. 982 ss.) com muitos dons, como era o costume com os hóspedes; celebrado por um grande palácio e jardins anexos.

1.15 – v. 3: Muitos comentadores interpretam o verso como sinal de uma doença em Propércio, ou de uma viagem marítima; mas creio que a mera ausência de Cíntia (seu abandono) já serviria para explicar *periclo*.

7-24: A série de exemplos míticos revela uma fina ironia. Ao fim da série, vemos (vv. 23-4) que as figuras femininas deveriam alterar o comportamento infiel de Cíntia; porém quem mais se identifica com elas é o poeta; então aqui a inversão de papéis típica da elegia é patente: todas, por um lado, representam a fidelidade que Cíntia deveria ter; por outro, estão todas abandonadas, como Propércio. Cabe notar também que não se trata de uma só resolução, mas de uma variação sobre o amor: Calipso lamenta, mas se conforta com a alegria que teve; Alfesibeia, mesmo abandonada, mata os irmãos por amor ao ex-marido; Hipsípile tem um filho, mas nunca mais tem outro homem (até porque vive numa ilha de mulheres) e definha de amor; Evadne suicida-se logo após perder o marido. Há um movimento do ativo para o passivo (e positivo negativo) formando um quadrado de opostos: recordar, assassinar, definhar, morrer, como resultados da paixão amorosa.

7-14: Referência a *Odisseia* 5.203 ss., onde Calipso não chora, mas até auxilia o ítaco (Odisseu, rei de Ítaca). Porém, também Ovídio, *Ars amatoria*, 2.125-43, apresenta uma figuração similar e de gosto alexandrino.

vv. 13-14: Sigo a pontuação proposta por Heyworth.

vv. 15-16: Alfesibeia (ou Arsínoe, em outros textos) teria sido abandonada pelo marido Alcméon, que pretendia casar-se com Calírroe. Por isso, os irmãos de Alfesibeia o teriam assassinado. Na versão conhecida do mito, os filhos de Alcméon e Calírroe vingam a morte do pai; mas, na versão de Propércio (não conhecemos outra fonte com esse desfecho), é a própria Alfesibeia que se vinga contra os irmãos pela morte do seu amado. A posição do dístico é muito problemática, sobretudo pelo fato de Alfesibeia ser a única assassina em meio a três mulheres inocentes: Butler & Barber, Barber, Fedeli e Goold optam por inseri-lo após o verso 22, seguindo a conjectura de Lachmann; Heyworth considera-o espúrio. No entanto, sigo Moya & Elvira e Viarre, que preferem mantê-lo onde está, por julgar que Propércio esteja construindo uma imagem não necessariamente uniforme de respostas ao amor. Cf. a nota aos versos 7-24.

17-20: O esônida (também o hemônio) é Jasão, que passou pela ilha de Lemnos quando buscava o velocino de ouro. Segundo o mito, ele teria ficado com os argonautas por um tempo na ilha, onde foi amante da rainha Hipsípile (Cf. Apolônio de Rodes, *Arg.* 1.608-909).

21-22: Evadne, esposa de Capaneu (um dos sete contra Tebas), lançou-se sobre a própria pira em chamas do marido (Cf. 3.13-23-4).

v. 26: O termo *oblitos* tem aqui o sentido de "esquecidos", o que implicaria o descumprimento da promessa por esquecimento. Achei melhor "desatentos", com sua temática divina.

vv. 29-30: Sigo a pontuação de Viarre e Moya & Elvira, a partir da tradição manuscrita, apoiando-me numa construção similar em Virgílio (*Ecl.* 1.63, *nostro labatur pectore*), como ablativo separativo, sem necessidade de nenhuma emenda.

vv. 41-2: Sigo a pontuação de Viarre e Goold.

1.16 – Esta elegia é um *paraklausithyron* (poema diante da porta fechada) invertido: aqui é a porta que lamenta o seu destino por servir uma senhora impudica e ter de suportar seus amantes. A chave cômica de leitura das elegias torna-se clara, por termos um ponto de vista externo ao do amante, que é tratado como ridículo, muito similar aos jovens apaixonados das comédias de Plauto (Cf. *Curc.* 147-55). A autoironia chega ao auge quando a porta começa a citar as palavras de um amante fazendo um *paraklausithyron*, trecho que ocupa mais de metade do poema.

v. 2: "Tarpeio" pode apenas fazer referência ao Capitólio (*Mons Tarpeius*), onde havia o templo das vestais (sacerdotisas com voto de castidade), ou à *gens Tarpeia*, que tinha um palácio junto ao altar da Pudicícia. Porém, o nome não deixa de invocar uma profunda ironia, já que Tarpeia, uma antiga heroína romana, uma vestal, teria traído a pátria por amor a Tácio, o general sabino que comandava as tropas inimigas (Cf. 4.4), símbolo portanto da impudicícia. Alguns editores (Goold, Heyworth) seguem uma conjectura, *patriciae*, de Phillimore; mas creio ser uma tentativa infundada de garantir univocidade ao texto properciano e evitar suas ambiguidades inerentes.

v. 9: Sigo *uoces*, conjectura de Housman incorporada por Goold e Heyworth, no lugar de *noctes*, de Ω. Se a conjectura estiver correta, *infamis uoces* ("falas infames") seria a própria definição de elegia.

vv. 11-12: Heyworth, seguindo a conjectura de Lachmann, exclui o dístico.

v. 24: *Eoo*, que aparece no original, é a estrela da manhã, por isso simboliza a alvorada. Prossi traduz *Eoo aura gelu* por "fria brisa matinal".

v. 29: A rocha sicana (da Sicília) poderia ser lava ou talvez ágata.

v. 36: Tibulo, 1.5.67-8, *nec uerbis uicta patescit / ianua* ("nem vencida pelas palavras abre-se / a porta").

v. 38: Fedeli e Barber consideram *irato dicere tota loco* um *locus deperditus*. Há diversas conjecturas.

v. 41: Talvez um eco de Virgílio, *Ecl.* 6.5, *deductum dicere carmen* ("fazer um canto refinado"), de matriz calimaqueana.

v. 42: Sigo a conjectura de Alton, incorporada por Goold e Heyworth, *innixus pressa*, no lugar de *impressis nixa*, de Ω. A tradição manuscrita soa estranha, e a mera inversão dos termos já resulta numa boa versão.

vv. 43-4: A temática religiosa de ofertar votos recorda o passado da porta num tom irônico, já que o amante aqui desdiz duas das suas premissas: 1) que não ofenderia a porta (vv. 37-8); e 2) que não conseguia vencer a porta (vv. 19, 25, 36); aqui os votos são, portanto, para conseguir sua noite de sexo. Nessa chave de leitura, os vv. 41-2 também entram na temática da veneração, com o entoar de cantos e os beijos ajoelhados, um *impudicitiae sacerdocium*.

v. 46: Nas traduções que consultei, todos tendem a traduzir *differor inuidia* por "sou caluniada/difamada pela inveja/despeito/ódio", ou similares. Entretanto, *inuidia* pode significar "indignação" ou "frustração", enquanto *differor* (na passiva), seguido de ablativo pode ser interpretado por "ser abalado" ou "ser dilacerado". Nesse sentido, *differor inuidia* aponta para o início da elegia: a porta agora é dilacerada pela inveja (indignação) que ela própria sente dos seus tempos áureos porque hoje está presa entre sua senhora e o amante.

1.17 – Esta elegia é um *propemptikon* ao reverso: o poeta pede para retornar a salvo de sua viagem. Francis Cairns (1972, p. 59-68) o compara a Tibulo 1.3 e o considera um *epibaterios logos* (discurso para embarque). Talvez esta elegia aponte para 1.15, mas também está em relação com 1.18 e 1.19, com sua temática do afastamento.

v. 1: Este poema, como outros tantos de Propércio, começa abruptamente, dando a sensação de que algo se perdeu.

v. 2: O mito de Alcíone conta que ela teria se transformado no pássaro marinho de tanto lamentar a morte do marido, Ceíce, numa tempestade marítima (Ovídio, *Met.* 9.410 ss.).

v. 3: Cassíope (Cassiopeia) é interpretada pela maioria dos críticos como um porto da Córcira, ligado ao mito de Cassiopeia. Heyworth atenta para o fato de que é mais provável que se trate da constelação de Cassiopeia, o que reforçaria o intuito do poeta de sair de Roma com o barco quando a constelação estiver visível, e o tempo calmo (ao contrário da maioria, que interpreta esta elegia como já resultado de um naufrágio): assim, Propércio estaria ainda a salvo, o que explica o pedido por ventos no fim do poema. No entanto, discordando da maioria dos críticos e também de Heyworth, eu creio que Propércio se põe aqui numa praia distante depois de ter fugido de Cíntia, mas agora com o intuito de retornar a Roma (Cf. *fugisse*, v. 1; *illic*, v. 19), só que, preso pelo mau tempo, tem medo de entrar no barco (nesse sentido, este poema poderia ser resultado do perigo anunciado em 1.16.3, o que explicaria a abertura abrupta como retomada; embora isso não seja certo). Desse modo, a temática da constelação serviria ao intuito geral da elegia, além de gerar uma *Ringkomposition* (composição em anel) com a invocação das Nereidas no final. Quanto à edição, sigo a proposta de Barber, incorporada por Heyworth, *soluit*, no lugar de *solito*, de Ω; mas persisto com *uisura* adotado pela maioria dos editores, interpretando-o no sentido depoente: Cassíope não estará visível por causa do mau tempo.

v. 13: A condenação por inventar a navegação é recorrente na literatura latina. Cf. Horácio *Od*. 1.3.9; Ovídio *Am*. 2.11.1 e 2.16.10, tema que já aparece em Eurípides, *Med*. 1-8.

v. 18: Os tindárides são os Dióscuros Castor e Pólux, filhos de Tíndaro, cujas estrelas, procuradas pelos navegantes, eram sinal do fim da tempestade; também eram identificados com o que hoje chamamos fogo-de-santelmo.

vv. 21-3: Desde a tradição homérica (Cf. *Il*. 23.141; Ovídio, *Her*. 11.116), havia o costume de lançar os cabelos na tumba do marido; também de salpicar rosas sobre a urna (Cf. JUVENAL, 7.207-8), exagerado na versão properciana de "por (ou sepultar) os ossos sob pétalas de rosas". Por fim, o clamor repetido aparece no ritual da *conclamatio*.

v. 25: As filhas de Dóris são as Nereidas, divindades marinhas ligadas à navegação.

1.18 – Talvez esta elegia imite a narrativa poética de Acôncio apaixonado por Cidipe, escrita por Calímaco (frags. 67-75 Alessio); mas Gordon Williams (1985 p. 766 ss.) defende a originalidade do poema; também Nascimento (2002, p. 296) apresenta como o poema tem uma "estrutura judicial de defesa", com *captatio beneuolentiae* (1-4); *narratio* (5-8), acusações seguidas de defesas (9-22), *confirmatio* (23-30) e *conclusio* (31-2). Em geral, podemos ver muitos ecos de temática bucólica. Também podemos sentir alguns ecos da elegia anterior: naquela víamos o poeta diante de uma floresta desconhecida (1.17.18), a conversar com pássaros (1.17.2); aqui os dois contextos se repetem, e Propércio aproveitaria o espaço bucólico e solitário para fazer suas queixas amorosas. Por certo, há uma ironia entre o desejo de segredo e o fato de ser uma elegia publicada.

v. 5: Cf. Teócrito, 2.64-5 νῦν δὴ μώνα ἐοῖσα πόθεν τὸν ἔρωτα δακρύσω; / ἐκ τίνος ἄρξωμαι; ("Agora que estou só, como pranteio o Amor? / Por onde começar?")

vv. 19-20: Cf. Aristeneto, *ep*. 1.10, ὦ φίλτατα δένδρα... ἆρα κἂν ὑμῖν ἐστὶν οὗτος ὁ ἔρως ("ó caríssimas árvores [...], se existe amor para vós), parafraseando Calímaco. Para além do eco calimaqueano, Camps também faz uma interessante leitura: *habet arbor Amores* teria um sentido metapoético, em que se pergunta se as árvores (poesia pastoril) também contêm poesia amorosa (*Amores* é o provável título do livro de elegias de Galo, bem como de Ovídio). Nesse caso, Propércio apontaria ao mesmo tempo para as *Bucólicas* de Virgílio.

v. 20: O deus Arcádio é Pã, que preside os bosques e está presente em alguns mitos em que se apaixona por uma ninfa; no caso, há alusão à história da ninfa Pítis, que foi transformada no pinheiro, mas não conhecemos uma história sobre a faia; nesse caso, a alusão a Virgílio (*Ecl.* 1.1, *sub tegmine fagi*, "sob a copa da faia") pode ser a solução.

vv. 22: Em Virgílio, *Ecl.* 10.52-4, é o elegíaco Galo quem escreve seus amores nos troncos. Também, Acôncio, em Calímaco, *Aetia*, frag. 73 Alessio:

ἀλλ' ἐνὶ δὴ φλοιοῖσι κεκομμένα τόσσα φέροιτε
γράμματα, Κυδίππην ὅσσ' ἐρέουσι καλήν.

Porém nas cascas tu bem podes entalhar
letras que dizem que Cidipe é bela.

v. 23: Heyworth atesta haver uma lacuna após este verso, por causa da presença de neutro plural aparentemente incoerente em 24. No entanto, se comparamos a Terêncio, *Hau.* 876-7, e Cícero, *Fam.* 2.8.2, temos outros casos semelhantes.

v. 27: Sigo a conjectura de Heinsius adotada por Heyworth, *dumosi montes*, no lugar de *diuini fontes*, que pouco fazem sentido se considerarmos que o dístico faz a descrição de um *locus horridus* por oposição ao *locus amoenus* típico das bucólicas (Cf. 1.20.13, onde aparece uma imagem similar).

v. 31: Eco de Virgílio, *Ecl.* 1.5, *formonsam resonare doces Amaryllida siluas* ("ensinas selva a ressoar bela Amarílis").

1.19 – Esta elegia – a última do livro consagrada a Cíntia, já com os amantes reconciliados – traça um paralelo com 1.6, dedicada a Tulo, já que ambas são marcadas pelo início *non ego nunc* [...] *uereor*; assim temos dois polos fundamentais deste livro: amizade e amor. A construção argumentativa do poema é baseada na ideia de um amor além da morte, mas sua pretensão, como demonstra o último dístico, é a exaltação da vida (o *carpe diem*) que se deve aproveitar.

v. 1: Os Manes são as sombras dos mortos, em certos pontos similar à nossa ideia contemporânea de fantasmas, mas que poderiam receber culto na Antiguidade.

vv. 5-6: Retomada da temática apresentada nos versos iniciais de 1.1. A ideia é a de que o amor, que entra pelos olhos e atinge a medula, não sairia nem depois da morte, após a tradicional cremação do corpo.

vv. 7-10: Alusão ao mito de Protesilau, nascido em Fílace, cidade da Tessália. Logo depois de desposar Laodamia, partiu para a guerra de Troia e foi o primeiro a morrer, assim que desembarcou. Ao saber do fato, Laodamia pediu aos deuses para rever o marido, nem que por alguns instantes, e o mesmo havia pedido Protesilau no Hades; o pedido foi concedido, mas, ao acabar o encontro, Laodamia suicidou-se. Na versão mais famosa, Protesilau teria retomado a forma humana durante o encontro, mas Propércio aqui o pinta como mera sombra.

vv. 13-14: Alusão às heroínas troianas, entregues aos gregos no fim da guerra de Troia. Segundo o mito, elas ficariam cantando e dançando nos Campos Elísios.

v. 16: Terra (*Tellus*) aqui é representada como deusa dos mortos.

1.20 – Esta elegia, com uma inesperada narrativa mitológica dentro da série do primeiro livro, também é singular na poesia properciana por sua temática homoerótica (mais recorrente, por exemplo, em Tibulo). As fontes para a história de Hilas são, talvez, Apolônio de Rodes, *Arg.* 1.1207 ss.; e Teócrito, *Id.* 13; também *Id.* 11, sobre o Ciclope, onde a temática do preceito ao amigo por meio de um longo exemplo mítico apresenta temática amorosa. Aqui Propércio aconselha ao amigo Galo (o mesmo de 1.5, 1.10 e 1.13) que tome cuidado com seu Hilas (um escravo, ou nome poético), para que não lhe aconteça o mesmo que com o Hilas mitológico.

v. 4: Os mínios são os argonautas, na maior parte descendentes das filhas de Mínias, rei da Tessália. O Ascânio é um rio cujas Ninfas teriam carregado Hilas, segundo Antonio Liberal, 26; Propércio alude a esta versão, mas mantém a fonte de Pege (ou Pegas), como em Apolônio de Rodes.

vv. 5-6: Propércio insinua que o amado do amigo teria o mesmo nome de Hilas, filho de Teodamante, que Hércules assassinara.

v. 8-9: O Ânio é um rio que desce dos montes sabinos e deságua no Tibre. As margens dos Gigantes são os Campos de Flegra, junto à costa norte de Nápoles (aparente referência a Baias), onde teria havido a Gigantomaquia.

v. 12: O termo em latim é *Adryasin*, provável referência às Hamadríades, ninfas das árvores, mas que talvez pudessem ser associadas também a fontes (Cf. *Anth. Pal.* 6.189, e o *Culex* pseudo-virgiliano, v. 95).

v. 7: Sigo a conjectura *Vmbrae sacra* de Heoufft, incorporada por Heyworth, no lugar de *umbrosae*, de Ω; a conjectura de Richmond (aceita por Goold), *Vmbrae rate* também parece interessante.

v. 9: *Gigantei* de ς, por *Gigantea* de Ω.

v. 11: *cupida rapina* de ς, ao invés de *cupidas rapinas* de Ω.

v. 17-8: *Argo* de ς, por *Argon* de Ω. Os argonautas partiram de Págasa, um porto na Tessália (Cf. APOLÔNIO DE RODES *Arg.* 1.238). O Fásis é um rio da Cólquida que deságua no Mar Negro.

v. 19: A Atamântide é Hele, filha de Atamante, que deu seu nome ao Helesponto, onde morrera, quando caiu do carneiro com o velocino de ouro.

v. 20: Referência à Mísia, uma região da Ásia Menor próxima à Bitínia.

v. 27: Sigo *plantis* de ς, ao invés de *palmis*, de Ω.

v. 25: Filhos do Áquilo (ou Aquilão, ou o Bóreas grego), o vento Norte. Esta versão da lenda só aparece em Propércio.

v. 31: Oritia é uma ninfa filha de Erecteu, neta de Pândion, rei mítico de Atenas, e foi levada por Bóreas, com quem teve os dois filhos, Zetes e Cálais (Cf. Ovídio, *Met.* 6.711 e Higino, *Fab.* 14).

vv. 33-4: O Arganto fica ao norte do Golfo de Cio. Pege parece ser retomado de *Pégai* que aparece em Apolônio de Rodes, *Arg.* 1.1222, em grego tem o significado de "fontes". As Tiníades são as ninfas da Tínia, junto à Bitínia.

v. 49: Alcida é Hércules, neto de Alceu. A conjectura *Alcides ter 'Hyla' respondet* ("o Alcida responde 'Hilas!' por três vezes"), de Fontein, com base em Teócrito 13.58, seria também muito interessante. A temática do eco aparece também na *Eneida* 6.43-4 e em Valério Flaco, *Arg.* 3.596-7.

v. 51: *Amores* aqui não deixa de ecoar o livro homônimo de Galo. Heyworth julga haver uma lacuna de dois versos logo após 51, mas a proposta é pouco justificável.

1.21 – Elegia controversa (mais caracterizável como um epigrama), em que um soldado, Galo (não deve se tratar do Galo das elegias anteriores, nem do que aparece em 4.1.95), a ponto de morrer, dirige-se a um companheiro de armas. A referência histórica sobre o cerco da Perúsia, ocorrido entre 41-40 a.C., evoca a guerra entre Otaviano e Lúcio Antônio, que resultou na derrota deste último, a cujo exército, ao que tudo indica, se aliara à família de Propércio. Há certa semelhança entre esse epigrama funerário ainda em vida e a fala de Polidoro, *Eneida* 3.41-6. A estrutura do poema é, portanto, a de um epitáfio, com a diferença de que aqui quem fala não é o típico defunto, mas um moribundo (ou o espírito de um morto), Galo, vítima das guerras civis romanas que teria tomado o partido de Antônio.

Em relação ao epigrama seguinte, este funciona como um epigrama funerário para um parente, cujo cadáver nunca fora encontrado, e que portanto nunca recebera as honras fúnebres. Se for assim, todo o poema é uma imaginação, e não precisaríamos decidir se se trataria de uma inscrição, de um moribundo, ou de um fantasma; nem sobre a identidade real do soldado ferido que levaria as notícias, pois se parte do pressuposto que este soldado nunca chegou ao seu objetivo.

v. 6: A irmã, *soror*, em questão não é especificada. Não sabemos se é irmã de Galo ou do interlocutor. As interpretações, à luz do próximo epigrama, se dividem entre o que creem que Galo seria um tio de Propércio (assim a irmã de Galo seria mãe de Propércio, que seria filho do interlocutor), ou o próprio pai do poeta (nesse caso, irmã do interlocutor e casada com Galo). Vale atentar para o fato de que o termo *propinquus*, que aparece 1.22.7, eliminaria a hipótese de ser o pai do poeta; creio, por fim, que podemos assumir que se trate do parente, mas que não temos como inferir o nível do parentesco, nem mesmo a existência do interlocutor, já que a mensagem não chegará (Cf. nota 1.22.6-7).

v. 7-8: O César em questão é Otaviano (adotado por Júlio César, ele passou a usar o nome de Gaio Júlio César Otaviano), que depois será nomeado Augusto. Vale notar que, no verso 8, a morte é provavelmente por um bando de salteadores, e não a guerra; embora possamos imaginar um grupo de soldados da parte de César envolvidos em tal caso.

v. 6: Sigo a conjectura de La Penna, *me*, incorporada por Heyworth, embora *haec*, conjectura de Beroaldo utilizada por Goold, também seja interessante. Heyworth também supõe que a irmã seja nomeada como *Acca* (conjectura de Escalígero), no lugar de *acta*, mas a hipótese é um tanto quanto forçada.

v. 10: Galo pede um funeral e que depois retornem para buscar seus ossos, ou melhor (um tom patético tipicamente properciano), quaisquer ossos, já que não saberão mais de quem são.

1.22 – Esta última elegia (ou epigrama) retoma a anterior ao recordar o cerco da Perúsia (vv. 3-4) e a morte de um parente de Propércio (vv. 7-8); o que leva os estudiosos a buscarem uma identidade (Cf. nota 1.21.6). Este poema também funciona como assinatura (*sphragís*) do livro, como também vemos nas *Geórgicas* de Virgílio, *Epístolas* I de Horácio, *Arte de amar* de Ovídio, dentre outros.

v. 1: Tulo é o destinatário final, o que fecha o círculo iniciado com sua dedicatória na primeira elegia. Esse fato é geralmente interpretado como claro sinal de que Tulo seria o patrono de Propércio; embora Francis Cairns (2006) apresente a sugestiva hipótese de que Galo (o poeta elegíaco), que aparece em quatro elegias, também seria patrono, o que resultaria em duas figuras importantes. Os Penates são os deuses protetores da família: cada uma tinha os seus.

v. 2: O nome de Propércio estaria assinado anagramaticamente, ao gosto dos estudos de Saussure, como observa Heyworth (embora atribua a nota a outra pessoa cujo nome não recorda): *quaeris PRO nostra semPER amiciTIa*. Recriei do seguinte modo "PROnto PERguntas, CIOso da amizade."

v. 3-5: Diz-se que, com a derrota da Perúsia, apenas os senadores e cavaleiros foram mortos, enquanto o resto teria sido poupado. No entanto, também temos a descrição de que tais senadores e cavaleiros teriam sido sacrificados num altar por ordens de Otaviano, e também que a cidade foi devastada.

vv. 6-7: Inevitável pensar que aqui se trate do Galo mencionado em 1.21.6. Notável também que daqui se pode deduzir que o pedido da elegia anterior não se cumpriu, já que os ossos desse parente nunca foram encontrados para que se realizasse um digno funeral. Nesse caso, o epigrama funerário de 1.21 é uma criação de Propércio, na ausência de uma tumba que pudesse abrigar os ossos do parente.

v. 10: O termo *uberibus* traz também a conotação de "seios", o que evoca a feminilização da Úmbria, como terra que nutre com sua fertilidade o poeta: na tradução optei pelo verbo "nutriu", que ecoa o trabalho de nutriz.

Notas ao Livro II

Neste segundo livro, publicado entre 26 e 25 a.C. (VIARRE, 2007, p. xii), Propércio já se encontra no círculo de Mecenas, que aparece como destinatário da elegia de abertura; assim, não é de se espantar que a figura de Augusto apareça, por exemplo, em 2.10; ou o interesse em cantar o templo de Apolo Palatino, em 2.31, talvez encomendado pelo *princeps* em pessoa. No entanto, a temática amorosa, com a presença constante de Cíntia, permanece, bem como o estilo notadamente metapoético, enquanto começa a ser mais variada do que no livro I.

Quanto ao texto, este livro apresenta sérios problemas de transmissão, e muitos (pelo menos desde Lachmann, em 1816) já consideraram que se trataria originalmente de dois livros fundidos em um, divididos em 2A e 2B; o que se poderia deduzir por seu tamanho com poucos precedentes na poesia antiga: 34 elegias, distribuídas em 1362 versos, que só são superados pelo livro V de Lucrécio, que apresenta 1455 versos. Lachmann acreditava que um terceiro livro começaria em 2.10; e mais recentemente Goold (1990) e Heyworth (1992) defenderam 2.13 como a primeira do suposto terceiro livro, bem como Fedeli (2005) insistiu em 2.12, sobretudo com o argumento dos versos 2.13.25-6, em que o poeta afirma levar três livros quando morrer. Ambas as propostas têm problemas, já que com tais divisões 2A se mostra muito pequeno (menos de 400 versos), ao passo que 2B beiraria os mil versos; nesse caso, é provável que 2A esteja corrompido também da totalidade de seus poemas. A conclusão seria que estamos diante de um texto mutilado que depois teria sido arranjado por copista (talvez erudito) que, ciente dos defeitos do manuscrito que tinha em mãos, o unificou como podia (Heyworth acredita que com inserções e deslocamentos severos; Fedeli defende que por uniões forçadas): em resumo, mesmo que a proposta de divisão do livro seja maioria, ela não é unívoca entre os seus defensores.

Gordon Williams (1968), na esteira dos unitários, criticou a tradição derivada de Lachmann e apresentou um bom contra-argumento: a possibilidade de uma construção pré-estabelecida de três livros, como é, por exemplo, o caso das *Odes* de Horácio; por isso Propércio estaria anunciando ainda no livro II a existência de três livros; assim Williams considera a divisão de Lachmann um grande desserviço ao estudo properciano. Williams, no entanto, segundo Fedeli (2005), estaria esquecendo o fato de que Propércio não dedicaria o livro I a Tulo e os livros II e III a Mecenas, se tivessem sido todos escritos com um plano unitário; outro fator importante é a mudança estilística que acontece no texto, com a preferência por palavras dissilábicas no fechamento do pentâmetro, enquanto no livro I temos muitas palavras com três ou mais sílabas. Além disso, para além dos problemas de divisão do livro, temos também uma confusão entre os manuscritos quanto à divisão dos poemas, o que gera discórdia sobre o número total de elegias, bem como de seus respectivos começos e encerramentos.

Com isso, ficamos com mais perguntas do que respostas. Assim, para esta tradução, sigo a conjectura da existência de dois livros, mas me mantenho cético sobre como operar a divisão. Embora, como Fedeli, Heyworth e Goold, eu também esteja convencido de que a possibilidade é alta, mantenho uma apresentação unitária do livro, bem como divisão tradicional dos poemas, pois "parece sem dúvida preferível continuar a seguir a numeração tradicional" (FEDELI, 2005, p. 21) para evitar maiores confusões; até porque julgo impossível dizer com segurança onde terminaria ou começaria cada um dos dois livros, ou se uma grande parte de um deles se perdeu, já que o livro também é breve para conter dois livros inteiros.

Sigo o texto de Fedeli (2005), posterior à sua edição completa pela Teubner (1994). Na nova edição, apenas do segundo livro, o italiano faz diversas alterações editoriais e insiste no caráter provisório das edições propercianas. Indico nas notas os pontos em que houver divergência. Também apresento, para que se possa ter uma ideia das divergências editoriais, algumas das alterações mais radicais da nova edição da Oxford, feita por Heyworth, que é ainda mais idiossincrática neste livro.

2.1 – Esta elegia de abertura dedicada a Mecenas, seu provável novo patrono (Cf. nota a 3.9, sobre os problemas dessa caracterização), é programática na sua *recusatio* de temas épicos em nome da vida e da poesia amorosa (com grandes ecos de 1.7, contra Pôntico, mas num tom mais leve); essa recusa à épica não é temporária, já que o amor perdura até depois da morte. Daí a renegação de Calíope ou Apolo como entidades responsáveis pela inspiração e talento poéticos: é a própria Cíntia quem inspira a elegia. Assim, o poeta faz um típico excurso com todos os assuntos que poderia cantar, caso não estivesse apaixonado. Neles entram temas míticos, a história de Roma e os feitos de Augusto; por oposição à tradição grandiosa, Propércio alia-se ao projeto alexandrino da poesia de Calímaco. Por fim, o poeta retoma o lugar comum da elegia e imagina sua morte por amor.

v. 1: O termo *Amores* pode designar o nome do livro, como os de Cornélio Galo e de Ovídio. Butrica (1996) afirma que os três últimos livros de Propércio eram também conhecidos como *Amores*. Esta abertura faz referência ao sucesso alcançado pelo livro I.

v. 3: Calíope, desde Hesíodo (*Theo.* 71), passando por Calímaco (frag. 75.76-7 Pfeiffer) é uma guia das Musas, ligada à poesia épica; e Apolo (Cf. Calímaco frag. 1.22-3 Pfeiffer), além de ser o deus da poesia e da música, era também o deus particular de Augusto.

v. 4: Essa afirmação pode ser uma originalidade properciana; mas talvez derive de Galo, a julgar por Marcial 8.73.6: *ingenium Galli pulchra Lycoris erat* ("o talento de Galo foi Licóris bela").

vv. 5-16: O poeta faz um digressão sobre sua poética e seus vários temas: roupas finas e alusão a Fileta de Cós (5-6); os cabelos enfeitados, talvez eco da

Coma Berenices de Calímaco traduzida por Catulo (7-8); a amada como uma *puella docta*, moça culta (9-10); o sono da amada e o projeto etiológico (11-12); *rixa amoris*, a batalha amorosa (13-14); e o resumo: tudo que Cíntia faz ou fala gera poesia (15-16).

vv. 5-6: A veste de Cós e provável referência ao poeta Filetas de Cós Cf. nota a 1.2.2. Sigo *cerno*, conjectura de Leo incorporada por Heyworth e elogiada por Fedeli (embora não impressa no texto), no lugar de *cogis*, que faz pouquíssimo sentido.

v. 12: O termo "causas" invoca o projeto etiológico da poesia calimaqueana, bem como seu livro *Aetia* (*As causas*).

vv. 15-16: Butrica pretendia excluir este dístico, mas os argumentos não convencem.

v. 19-20: Recusa da poesia mítica, com referências à Titanomaquia, batalha dos deuses olímpicos contra os titãs, e à Gigantomaquia, contra os gigantes Oto e Efialtes, que empilharam o monte Ossa sobre o Olimpo, e o Pélion sobre o Ossa.

vv. 21: Recusa da poesia heroica de uma *Tebaida* (guerra entre Etéocles e Polinices, filhos de Édipo), ou a uma nova *Ilíada*, com alusão a Pérgamo, nome da cidadela de Troia.

vv. 22-24: Recusa da poesia histórica: a segunda Guerra Médica, quando Xerxes (rei persa), em 484 a.C, manda construir um canal no monte Atos para evitar o naufrágio da sua frota; Remo, irmão de Rômulo, invoca a fundação de Roma; alusão às Guerra Púnicas entre romanos e cartaginenses, que duraram mais de um século; e às vitórias do general Mário sobre os teutões (102 a.C.) e os cimbros (101 a.C.) ao norte da Itália.

25-36: Desejo de cantar os feitos de Otaviano (Augusto): (v. 27) em 43 a.C. Com a derrota de Marco Antônio na batalha de Mútina (atual Modena) contra Bruto, um dos assassinos de Júlio César, ele e Otaviano começaram uma sociedade com o intuito de derrotar os republicanos; na batalha de Filipos, em 42 a.C., unidos eles derrotaram Bruto e Cássio; em 36 a.C. (v. 28) Agripa venceu a batalha naval de Náulocos, na Sicília, contra Sexto Pompeu, filho de Pompeu Magno; (v. 29) em, 41 a.C. guerra da Perúsia (Cf. 1.21 e 1.22), uma cidade da Etrúria; (v. 30) submissão do Egito e derrota de Marco Antônio e Cleópatra em 31 a.C., pelas forças de Otaviano, na batalha do Ácio, que deu fim às guerra civis (a referência é a ilha de Faros na entrada do porto de Alexandria); (31-34) triplo triunfo realizado por Otaviano em 29 a.C., pela Via Sacra em Roma, depois de dominar o Egito (simbolizado aqui pelo rio Nilo e o seu delta, composto de sete braços), a Dalmácia, e pela batalha do Ácio.

vv. 37-8: Dois símbolos de amizade que exemplificariam a relação entre Augusto e Mecenas apresentada em 25-6: Teseu e Pirítoo (filho de Ixíon), que acompanhou o amigo na sua descida ao Hades, para raptar Prosérpina; e Aquiles e Pátroclo (filho de Menécio). Heyworth exclui o dístico, e Goold acrescenta 3.9.33-4 logo após 38; mas prefiro pensar, como a maioria dos editores desde Housman, que haja uma lacuna entre 38 e 39, que torna a passagem pouco compreensível.

v. 39: Nova referência à Gigantomaquia, em que Encélado foi fulminado por Júpiter. A temática da Gigantomaquia foi cara aos romanos como símbolo da dominação dos povos bárbaros, o que ligaria novamente o assunto aos feitos de Augusto.

v. 40: Calímaco de Cirene (Cf. frag. 1 Pfeiffer), poeta alexandrino do século III a.C., é o símbolo de uma poesia mais "enxuta" e bem trabalhada. Em 4.1.64 Propércio se proclama o "Calímaco romano". O adjetivo *angusto* aqui não é gratuito, mas sim um eco irônico do nome de Augusto, adotado por Otaviano a partir de 27 a.C, que entra em choque com o verbo *intonat*, que conota o trovão de Júpiter. Basta observar o frag. 1, vv. 19-20 de Calímaco:

μηδ' ἀπ' ἐμεῦ διφᾶτε μέγα ψοφέουσαν ἀοιδήν
τίκτεσθαι· βροντᾶν οὐκ ἐμόν ἀλλὰ Διός.'

nem procureis em mim um canto retumbante,
  que o trovão não é meu: pertence a Zeus.

vv. 41-42: Recusa a cantar as origens de Augusto: a *gens Iulia* é descendente de Iulo, filho de Eneias, vindo da Frígia (Troia). Talvez uma alusão ao plano da *Eneida*, de Virgílio, ainda em processo de composição, como aparece também em 2.34.

v. 45: O mesmo adjetivo *angusto* reaparece aqui, em outro momento crucial da poética properciana, dessa vez a temática amorosa.

v. 49-50: Ironicamente, Cíntia aparece no papel de crítico literário a censurar a leviandade de Helena, na *Ilíada*, o mesmo tema que dá movimento à poesia elegíaca. Goold e Heyworth consideram o dístico espúrio.

51-4: Feitiços amorosos: Fedra, mulher de Teseu, apaixonada pelo enteado Hipólito, teria usado filtros amorosos para seduzi-lo (versão que só aparece em Propércio); Circe transformou os companheiros e Odisseu em animais; Odisseu escapou com uma planta mágica dada por Hermes e depois teve um caso com a feiticeira; por fim, Medeia (filha de Eetes, rei da Cólquida), ao chegar a Iolco com Jasão, convenceu as filhas do rei Pélia a fazerem-no em pedaços e o cozerem sob a farsa de que assim poderiam rejuvenescê-lo.

v. 58: Fedeli julga o termo *morbi* problemático, mas não vejo motivos para tanto.

59-64: As curas milagrosas da medicina: (v. 59) Macáon, filho de Esculápio (deus da medicina), curou a chaga incurável de Filoctetes; (v. 60) Quíron, o centauro, filho de Fílira, curou a cegueira de Fênix, amigo de Aquiles; (61-2) o deus de Epidauro é Esculápio, que tinha um santuário nesse local; ele ressuscitou Andrógeo (apenas na versão de Propércio), um grande atleta; (63-4) Télefo, rei da Mísia, depois de ser ferido pela lança de Aquiles (nascido na Hemônia), só poderia ser curado da ferida pelo toque da mesma lança.

65-70: Os condenados no Orco, que, como o poeta, não terão salvação: Tântalo, por seus vários crimes de impiedade, foi condenado a passar fome e sede eternas, sempre que esticasse as mãos para buscar frutos ou água, eles sairiam do seu alcance; as Danaides (Cf. nota a 1.13.31), foram condenadas a encher de água um tonel sem fundo; Prometeu, por ter roubado o fogo dos deuses, foi condenado a ficar preso no alto do Cáucaso, enquanto uma ave a cada dia vinha comer o seu fígado, que durante a noite se regenerava para ser comido outra vez.

v. 76: Os gauleses e bretões utilizavam o *essedum*, um carro de guerra muito veloz, que depois foi adaptado pelos romanos como carro de passeio.

2.2 – vv. 1-2: Cf. Tibulo 1.5.1-2.

Asper eram et bene discidium me ferre loquebar:
  at mihi nunc longe gloria fortis abest.

Áspero fui, dizia suportar a ausência,
  mas hoje já não tenho a forte glória.

v. 2: A partir de Escalígero, Heyworth julga haver uma lacuna após o verso 2, ou que o dístico pertença a outra elegia.

vv. 3-12: A beleza de Cíntia faz Propércio recordar os adultérios de Júpiter, porque sua beleza seria comparável à de três deusas: à de Juno, irmã e esposa de Jove (v. 6); à de Minerva em seus altares, com a cabeça da Górgona Medusa em seu escudo (vv. 7-8); e à de Brimo, outro nome para Prosérpina ou Hécate, que teria negado Mercúrio, mas depois teve três filhas com ele (vv. 11-12). Mas também à de uma mulher mitológica Isômaca (mais comumente Hipodamia, nos outros textos), que teria sido a causa da guerra entre os centauros e os lápitas (vv. 9-10). Por um lado, temos duas deusas ligadas a Júpiter: sua esposa e sua filha; por outro, duas figuras que, por sua beleza, sofreram tentativas de violência sexual. Por esse motivo, tal como Barber, Fedeli e Viarre (dentre outros), creio que todos os dísticos formem uma imagem de gosto properciano e que não devem ser considerados interpolações.

v. 7: Sigo *Munychias*, de ς, no lugar de *Dulichias*, de Ω. Muníquios tem o sentido de "áticos", referentes ao templo de Palas em Atenas.

vv. 9-10: Heyworth considera este dístico deslocado, talvez pertencente a outra elegia. Goold, segundo conjectura de Richardson, transpõe 9-12 para depois de 2.29.28.

vv. 11-12: Brimo está conectada à região de Feras, na Tessália, onde fica o lago Bebeis, e aparece por vezes como mãe de filhos de Mercúrio. Heyworth considera este dístico deslocado, talvez pertencente a outra elegia. No verso 11, sigo *sacris*, de ς (incorporada por Viarre e Heyworth), no lugar de *satis*, de Ω.

v. 13: Goold e Heyworth apresentam uma lacuna entre os atuais versos 8 e 13, que poderia compará-la a Vênus, depois retomada em 13-14 com Juno e Minerva.

vv. 13-14: As três deusas são Juno, Minerva e Vênus, que participaram do julgamento de Páris para saberem quem era a mais bela, o que resultou na vitória de Vênus; segundo Propércio, as três estariam nuas, o que faz sentido, se pensarmos que a disputa era acirrada. É interessante notar que Vênus esteve ausente das comparações em 3-12, mas que sua aparição agora, que permanece sem ser nomeada, seguida de derrota perante Cíntia, gera o clímax do poema.

v. 16: No mito, a Sibila de Cumas teria vivido mais de 700 anos quando Eneias a consultou.

2.3 – Esta elegia é transmitida pela maioria dos códices com uma unidade de 54 versos; porém costuma ser dividida em duas (2.3a e 2.3b) pela maioria dos editores a partir do verso 45 (Fedeli, Viarre), enquanto Heyworth considera 2.3b parte de outra(s) elegia(s) fragmentária(s); há quem julgue 2.3b o início de 2.4 (Goold); e por fim, os que consideram esta elegia integral com as partes a e b (Barber, Moya & Elvira). Dessas propostas, seguirei a de Goold, que me parece a mais interessante; ao passo que a posição de unificar a elegia é pouquíssimo provável, a julgar pelo seu final mítico pouco comum na estrutura da poesia properciana.

Fedeli considera que as três primeiras elegias formam um ciclo unitário e programático que abriria o segundo livro de Propércio; aqui o poeta encerraria sua abertura com tons míticos sobre Cíntia ao mesmo tempo em que, numa refinada *recusatio*, subverte o modelo épico dado por Homero, por causa da sua prerrogativa elegíaca encontrada na figura de Helena.

vv. 1-4: Estes versos iniciais são a fala ficcional de um crítico de Propércio, que dão o mote para a defesa da vida e da poesia elegíaca. Eles ecoam 2.2.1-2, com o retorno amoroso apesar da tentativa de fuga do poeta, mas também o próprio Propércio a Galo em 1.13.5-8; assim, seu retorno a Cíntia é também seu retorno à elegia, neste livro II.

v. 10: Sigo *sunt* de T, no lugar de *sint*, que consta na maioria dos manuscritos.

vv. 11-12: Heyworth considera o dístico espúrio; Goold o transfere para depois de 16.

v. 11: A lagoa Meótis (atual mar de Azov) fica na Cítia, e o mínio, ou vermelhão, era usado para produzir tintas, proveniente das minas de Sisapo, na Bética, e daí provém o adjetivo híbero.

vv. 17-22: Cíntia é aqui caracterizada como *puella docta*, moça culta: ela dança, toca lira e canta, além de compor.

vv. 17-18: Iaco é uma divindade guia utilizada nos mistérios de Elêusis, que aqui indica outro nome para o deus Baco e por metonímia designa o próprio vinho. O dístico alude ao mito de Ariadne, que, depois de ser abandonada por Teseu em Naxos, foi amada por Baco; por isso ela seria a guia do coro de bacantes, que gritam *euhoe*, que explica o termo *euhantis* do original.

vv. 19-20: O plectro é uma espécie de palheta de marfim para se tocar a lira. Eólio é referência geográfica à poesia de Alceu e Safo, enquanto Aganipe é uma fonte do Hélicon consagrada às Musas.

vv. 21-22: Corina é uma poetisa lírica de Tânagra, na Beócia, contemporânea de Píndaro, enquanto Erina é outra poetisa que floresceu em 330 a.C.: ambas foram consideradas por Antípatro (*Anth. Pal.* 9.26) parte das nove musas humanas. Fedeli considera v. 22 irremediavelmente corrompido. Há diversas conjecturas, e optei por seguir *Erinnae* (também *-es*) de ς, por conjectura de Beroaldo, no lugar de *quiuis* de Ω; essa leitura é seguida por Goold, Viarre e Heyworth.

v. 24: O espirro era tomado pelos romanos como um sinal de bom augúrio.

v. 24: São os dez meses lunares, que duram um gestação.

vv. 41-2: Cíntia, agora parte de uma nova *Ilíada* elegíaca, pode ser tema de pinturas e afrescos. Podemos também pensar, mais pragmaticamente, que as mulheres mais belas seriam as convocadas como modelos das pinturas de heroínas e deusas.

vv. 43-4: Podem ecoar um dístico famoso do elegíaco Cornélio Galo que não nos teria chegado. Basta compará-lo a dois trechos similares de Ovídio que parecem ser imitação de um mesmo original, *Ars.* 537 e, mais notável, *Am.* 1.15.29-30:

> *Gallus et Hesperiis et Gallus notus Eosin,*
> *Et sua cum Gallo nota Lycoris erit.*

Galo entre Ocidentais, Galo entre Orientais
Galo será famoso com Licóris.

vv. 45-6: Aqui julgam começar 2.3b Fedeli e Viarre, enquanto Goold inicia 2.4. A proposta mais radical é a de Heyworth, que considera este dístico como separado tanto da elegia precedente quanto da sequência 47-50, que por sua vez também é considerada em separado da sua sequência em 51-54!

2.4 – O texto se encontra em mal estado. Heyworth considera [45-6], [47-50], [51-4], 1-4, 5-6, 7-16 e 17-22 como sete partes separadas originárias de elegias diversas; e Fedeli considera [45-54] um todo que se derivaria de uma elegia cujo resto se perdeu. Embora considere o texto de difícil resolução, fico com a solução de Goold, que une 2.3.45-54 ao que foi transmitido pela maioria dos manuscritos como 2.4.

vv. [3.45-54]: Estes são os versos finais de 2.3 (que também poderiam ser considerados 2.3b), mas que, seguindo a proposta já aceita por Lachmann, Rothstein, Enk e Luck, também incorporada por Goold (a partir da *editio Aldina* de 1502), transfiro para este início por julgar que é possível estabelecer uma nova unidade de sentido, embora guarde certo receio e considere muito possível que pudéssemos considerá-la um fragmento, que poderíamos chamar de 2.3b, como fazem Fedeli e Viarre.

vv. [45-6]: Sigo o texto de Heyworth, *ei mihi*, conjectura de Lachmann, no lugar de *aut mihi*, de Ω, bem como sua pontuação. O dístico seria conectável ao fim da elegia anterior; na medida em que deseja estar entre os orientais e ocidentais que ardem pela beleza de Cíntia.

vv. [3.52-4]: Biante e Melampo, dois irmãos, filhos de Amitáon, roubaram o gado de Íficlo, porque Neleu, pai de Pero, moça por quem Biante estava apaixonado, havia exigido esses animais em troca da mão de sua filha. Durante o roubo, Melampo foi preso e só foi liberto depois de um ano, por ter revelado seus dons proféticos. Na versão de Propércio, Melampo também estaria apaixonado por Pero, ou então apenas Melampo, e não Biante, como nas outras versões do mito (Cf. HOMERO *Od.* 11.287 e ss. e 15.225-238). Um dos principais motivos para não considerar este dístico um fim de elegia é o fato de que Propércio não termina nenhum de seus poemas com um *exemplum* mítico.

v. 4: *dubio pede* ("pé incerto") tem interpretação variada; poderia ser descrição da incerteza amorosa, depois de um momento de ira, mas também uma alusão à própria poesia, com o pé (metro) do verso inquieto.

vv. 7-8: Citeide é uma mulher da Cólquida, referência provável à feiticeira Medeia. Perimede é outra feiticeira que aparece em Teócrito *Id.* 2.14-16, ligada a Medeia, Fedeli observa que talvez seja, de fato, um nome para Medeia vindo da tradição Homérica (*Il.* 11.740, onde vemos Agamede).

vv. 11-12: É o topos de *morbus amoris*, o amor como doença da alma.

vv. 15-16: Mantenho a posição original do dístico, como Moya & Elvira e Heyworth, ao passo que Fedeli, Viarre e Goold transferem-no para depois do verso 9.

vv. 17-22: A rara temática pederástica só aparece aqui e em 1.20, em Propércio. Em Tibulo o tema é mais recorrente em 1.8 e 1.9.

2.5 – Uma elegia de rompimento, mas de tom submisso, que prepara terreno para o último poema do livro III, que anunciaria o *discidium* final. Na revolta, o poeta recusa a violência e por fim utiliza a outra possibilidade da poesia: além de imortalizar por elogios, ela também imortaliza as invectivas. Nesse sentido, a elegia traça semelhanças com Catulo 8, com seu tom jâmbico e estilo arquiloqueano.

v. 1: Há uma pequena ambiguidade em *ferri*, que pode ser compreendido como "ser lavada", "vagar", de modo que Cíntia estaria cedendo a todos os amantes; e no sentido de "ser falada", na medida em que sua conduta gerou rumores.

vv. 10-11: Este dístico aparece numa parede de Pompeia escrito à mão. O Cárpato ficava entre a ilha de Rodes e Creta, no mar Egeu. O Áquilo é o vento Norte, e o Noto o vento Sul.

vv. 14-16: Há uma dúvida entre os comentadores se Propércio fala consigo ou com Cíntia nestes três versos. Mantive a ambiguidade na tradução.

v. 17: Juno é a deusa que presidia os laços conjugais. A ironia está no fato (típico da elegia) de o poeta exigir da amada um tipo de fidelidade que não procede no relacionamento descrito, já que não se trata de um casamento. O "corpo perjuro" do verso 21 é exata retomada da infidelidade de Cíntia, com relação às leis de Juno. Vale lembrar também que cada mulher tinha sua Juno pessoal, como um equivalente ao *genius* de cada homem, uma espécie de nume protetor.

v. 18: Sigo a conjectura de Heyworth, *mihi*, no lugar de *tibi* de Ω.

vv. 21-4: Há certa similaridade com Tibulo 1.10.61-2:

Sit satis e membris tenuem rescindere vestem,
  Sit satis ornatus dissoluisse comae.

Baste arrancar as tênues vestes de teus membros
  baste estragar o ornado dos cabelos.

Mas também com Ovídio, *Ars amatoria* 3.565-72.

v. 25-6: Levando em conta a similaridade temática dos últimos quatro versos, é muito possível que este dístico seja uma crítica sutil à elegia pastoral de Tibulo. Aqui o rústico (roceiro) é considerado incapaz de fazer poesia, por isso não tem hera (consagrada a Baco) em suas têmporas.

v. 26: *circuiere*, por *circumiere*, sem alteração do sentido.

2.6 – vv. 1-6: Laís, Taís e Frine foram três das mais famosas prostitutas gregas. Laís morou em Éfira (antigo nome de Corinto) no séc. V a.C., e seu nome também foi o de várias outras cortesãs; Taís, que se tornou personagem nas peças de Menandro e protótipo da *meretrix*, foi amante de Alexandre o Grande, mas depois da sua morte casou-se com Ptolomeu I; Frine, nascida em Téspias, na Beócia, famosa por ter sido a modelo da célebre estátua de Afrodite feita por Praxíteles, ganhou seu dinheiro entre os atenienses (Erictônio foi um rei mítico de Atenas) e ofereceu dinheiro para a reconstrução da muralha de Tebas, depois que foi destruída por Alexandre, com a condição de que haveria uma inscrição revelando seu apoio, mas os tebanos recusaram.

v. 8: Apenas os familiares tinham o direito ao beijo (*ius osculi*). Essa tradição remonta, ao que tudo indica, ao período em que as mulheres não podiam beber vinho; assim, com o beijo na boca, os homens poderiam saber se qualquer mulher da família estaria cometendo uma infração dessa lei.

v. 14: Heyworth incorpora a conjectura de Ribbeck de que haja uma lacuna depois deste dístico.

v. 16-20: Propércio justifica a guerra de Troia por um crime moral de Páris e Helena. Sobre a guerra entre os centauros e os lápitas, cf. nota a 2.2.3-12.

vv. 21-2: Diz a lenda que os romanos não tinham mulheres; por isso Rômulo, depois de tentar em vão realizar casamentos com as cidades vizinhas, organizou uma grande festa com o intuito de sequestrar as jovens sabinas; com o sequestro, iniciou-se uma grande guerra, que só teve fim com a intervenção das raptadas, que demonstraram desejo de manter seu casamento com os romanos.

vv. 23-4: Alceste, esposa de Admeto, propôs-se a morrer em seu lugar. Penélope, esposa de Ulisses (Odisseu), é o símbolo da fidelidade feminina.

v. 25-6: Cf. Tito Lívio 10.23.6 e Juvenal 6.308. Havia dois templos, *Pudicitiae Patriciae* no foro, e *Pudicitiae Plebeiae* em *Vicus Longus*.

vv. 31-2: O termo "orgia", aqui, tem o sentido técnico dos mistérios ligados ao culto de Baco. Propércio parece fazer uma piada com a ironia entre haver tantas imagens eróticas nas casas patrocinadas por Augusto e o programa político moralista do *princeps*. Como nota Heyworth, a ironia fica ainda mais forte com a sequência temática da elegia seguinte, com as leis maritais de Augusto.

vv. 33-4: Podemos pensar prioritariamente nos afrescos com temas dos raptos de Júpiter, ou de sátiros e faunos, além de outros deuses. Mas também sabemos dos temais mais explícitos que aparecem em Pompeia e Herculano.

v. 35: Augusto (*Res gestae* 4.17) afirma ter restaurado 82 templos abandonados ou em mal estado. Sigo a conjectura *nunc* (Heinsius) *immeritum* (Luck), incorporada por Heyworth, no lugar de *non immerito* de Ω.

vv. 41-2: Este dístico tem muito maior conexão com a temática da elegia seguinte; por isso, sigo as edições de Goold e Viarre, que fazem dele a abertura de 2.7. Heyworth prefere deslocá-lo para depois de 2.7.6, enquanto Fedeli o mantém no fim de 2.6.

2.7 – Esta elegia faz referência a uma lei que não conhecemos senão por meio de Propércio. Os estudiosos discutem sobre o que seria: talvez uma lei votada em 28 a.C. e logo depois abolida por descontentamento público; um projeto de lei abandonado por causa de uma oposição senatorial; uma lei desconhecida, aplicada pelos triúnviros e abolida depois por Augusto em 28 a.C.? De qualquer modo, pela temática da elegia, é possível que a lei estabelecesse uma coerção ao casamento sobre os membros do senado e da ordem equestre (como posteriormente fariam a fracassada *lex Iulia de maritandis ordinibus* de 18 a.C, também abolida, e a *lex Iulia et Papia Poppaea* de 9 d.C.), com a imposição de uma multa a quem não se casasse.

O mote da lei leva Propércio a defender seu amor fora do casamento, o que problematiza a questão sobre o estatuto de Cíntia. Embora ela seja representada como uma *meretrix* (cortesã), ela por vezes parece ser uma *matrona* (mulher casada) ou uma *libertina* (ex-escrava): a tentativa de solucionar essa incoerência só serve se acreditarmos numa Cíntia real que é representada pelos poemas. A possível existência de uma mulher amada por Propércio não implica que ele não pudesse variar sua descrição de acordo com os *topoi* do gênero elegíaco; e, no caso da impossibilidade de casamento, as três hipóteses (*meretrix*, *matrona*, *libertina*) mantêm a questão em aberto, já que um homem da classe de Propércio não deveria se casar com uma ex-escrava, muito menos com uma prostituta.

A relação elegíaca, portanto, é de oposição à política e à moral, já que o poeta não quer um casamento e filhos, mas apresenta seu amor como acima do nome pátrio; essa recusa da moral romana e ironia com o poder de Augusto, no entanto, não precisam ser levadas tão a sério, já que Augusto compreenderia as regras do gênero literário e perceberia que, por mais que contrária a alguma lei, esse tipo de elegia subversiva não chegaria a representar um caráter revolucionário perigoso.

vv. [6.41]: Sigo a conjectura *diducet* de Lachmann (incorporada por Heyworth) no lugar de *deducet* de ç. *Seducet*, conjectura de Birth incorporada por Goold e Viarre, também é interessante.

vv. 6-7: A tíbia era um instrumento de sopro utilizado em casamentos e nos poemas dedicados às amadas (talvez numa relação com as origens gregas da elegia, recitada ao som de flauta). Em contraposição, a tuba era tocada como trombeta de guerra e também nos funerais (Cp. 2.13.20 e 4.11.9).

v. 16: O cavalo de Castor (irmão de Pólux e filho de Júpiter) é Cílaro.

v. 18: O rio Borístenes (atual Dniepre) e o povo Boristênide que ali habita simbolizam os longínquos confins do império e, portanto, os talentos bélicos de Augusto, por oposição à vida privada da elegia.

2.8 – Muitos editores acreditam que esta elegia tenha sérios problemas textuais: Butler & Barber, por exemplo, creem que se trate de três poemas (1-10, 11-28 e 29-40). Sigo as edições de Fedeli e Goold, que insistem na unidade do que nos chegou pela tradição manuscrita. Nessa leitura unitária, teríamos uma construção quiástica dividida em séries de 12-4-8-4-12 versos, sendo que a primeira e quinta estrofes (de 12 versos) estariam dirigidas a um amigo anônimo, a segunda e a quarta (de 4 versos) a Cíntia, e a terceira central (de 8 versos) a si próprio.

vv. 7-8: Heyworth considera estes versos espúrios.

v. 10: Tebas foi devastada pelos epígonos (depois da famosa guerra dos sete contra Tebas), tema de uma epopeia grega arcaica atribuída a Homero. Os temas de Tebas e de Troia serão retomados nos dois exemplos míticos de Hémon e Aquiles, mais adiante. Heyworth apresenta uma lacuna após este verso.

vv. 11-16: Heyworth, seguindo a proposta de Lachmann, aceita por Butler & Barber, vê nestes versos parte de outra elegia.

v. 19: Sobre os Manes, cf. nota a 2.13.32.

vv. 21-4: Hémon era filho de Creonte, noivo de Antígona. Quando esta foi emparedada viva como punição por ter enterrado seu irmão Polinices contra as leis de Tebas, Hémon suicidou-se. O mito é manipulado para a cena do assassinato nos próximos versos, quando Propércio pensa em primeiro matar Cíntia para depois se suicidar sobre seu corpo, como fizera Hémon.

vv. 29-39: Mais uma vez, Propércio manipula o mito e afirma que Aquiles (filho da ninfa Tétis) teria se revoltado pela tomada de Briseida por Agamêmnon (causa da sua ira, na *Ilíada*) por motivos amorosos. Por recusar-se a lutar ao lado dos gregos, Aquiles acaba por ver seu caro amigo Pátroclo morrer em batalha.

2.9 – Esta elegia retoma a temática da traição apresentada em 2.8, bem como seus exemplos homéricos. Aqui Propércio se volta para o triângulo amoroso entre o poeta, Cíntia e o rival anônimo. Fedeli edita esta elegia como 2.9a, entre os versos 1-48, e 9b, um fragmento constituído pelos versos 49-52. Preferi editar 49-52 como fragmento do mesmo poema.

v. 3: A construção *bis denos* em latim evoca as duas séries de dez anos: uma para a guerra de Troia, e outra para o retorno de Ulisses.

v. 6: Minerva é patrona das tecelãs e aqui designa por metonímia a mortalha que Penélope tecia pela manhã e destecia durante a noite, para enganar os pretendentes, pois afirmara que só se casaria depois de terminar de tecer a mortalha para seu sogro, Laertes.

v. 12: O Simoente é um afluente do Escamandro, um rio de Troia.

v. 13: Sigo a proposta de Heyworth, *adusti*, no lugar de *tanti*, de Ω.

vv. 15-16: Na ausência do pai Peleu, da mãe Tétis e da suposta esposa Deidamia (já que no mito homérico Aquiles não teria se casado com ela, mas apenas tido o filho Neoptólemo), é Briseida quem presta honras funerais a Aquiles. Heyworth, seguindo a proposta de Carutti, considera o dístico espúrio.

vv. 29-30: A maioria dos editores mais recentes apresenta este dístico logo depois do verso 20.

v. 33: As Sirtes eram areias movediças localizadas junto a Cartago e Cirene, na costa norte da África, e eram muito famosas pelos naufrágios.

vv. 37-40: Heyworth considera que estes dois dísticos façam parte de outra elegia. A temática é muito similar a Posidipo, *Anth. Pal.* 12.45:

Ναὶ ναὶ βάλλετ', Ἔρωτες· ἐγὼ σκοπὸς εἷς ἅμα πολλοῖς
   κεῖμαι. μὴ φείσησθ', ἄφρονες· ἢν γὰρ ἐμὲ
νικήσητ', ὀνομαστοὶ ἐν ἀθανάτοισιν ἔσεσθε
   τοξόται ὡς μεγάλης δεσπόται ἰοδόκης.

Sim, sim, flechai-me, Amores – sou um contra muitos! –,
   não me poupeis, insanos: se vencerdes,
vós sereis nomeados entre os imortais
   arqueiros donos duma grande aljava.

vv. 47-8: O dístico funciona muito bem como encerramento de elegia, com uma cena de metamorfose cômica do rival, que se torna pedra em pleno coito.

vv. 49-52: A maioria dos editores (Fedeli, Goold, Viarre, Heyworth) considera estes quatro versos finais como um fragmento de outra elegia. Se não for esse o caso, ao menos haverá uma lacuna depois de v. 48, como conjecturara Lachmann. Creio, como a maioria, que os dois dísticos não fazem parte de 2.9, e julgo que a hipótese de uma grande lacuna no livro 2A poderia estar neste trecho, com a justificativa de perda de algumas folhas do manuscrito.

vv. 49-50: Referência ao combate entre os irmãos Etéocles e Polinices, filhos de Édipo e Jocasta, pelo reino de Tebas. No duelo, ambos os irmãos morreram, depois do suicídio de Jocasta. Na versão de Propércio, a mãe está no meio da batalha, talvez tentando apartar os irmãos combatentes; nesse caso, Cíntia também estaria no meio da batalha entre Propércio e o rival. O termo *tua* em latim (v. 52) parece, portanto, referir à morte do rival, assim Propércio morreria em batalha junto com seu inimigo pelo amor de Cíntia.

2.10 – Lachmann propôs que começássemos o livro 2B nesta elegia. Já Heyworth considera que aqui acabaria 2A, com a promessa de no próximo livro tratar de temas mais elevados, como os feitos de Augusto. A promessa de mudança de gênero e de matéria poética (quer consideremos 2.11 o começo de um novo livro ou não) é logo abandonada em 2.12, quando o poeta retorna à sua prática amorosa. A elegia já foi considerada uma *recusatio*, mas tem um tom muito mais leve; e talvez a possamos considerar como *recusatio* apenas pelo tom irônico dos versos finais. Neste sentido, a posição de Propércio é similar à do elegíaco Galo na Bucólica 10 de Virgílio: depois de prometer uma poesia não elegíaca, ele não suporta o novo gênero e acaba por retornar ao tema amoroso e se reconhecer como vencido pelo Amor.

v. 1: O Hélicon é um monte da Beócia, seria a morada das Musas segundo Hesíodo (*Theogonia*, vv. 1-4), e essa temática será importante no desenvolvimento desta elegia. A dança (lustro) é uma imagem da criação poética ligada à música e ao ritmo. Alguns editores, como Goold, Viarre e Heyworth, apresentam uma lacuna antes do início da elegia por suporem esta abertura muito abrupta. Junto a Fedeli, creio que essa abertura funciona, como outras de Propércio, com a impressão de que já estamos pela metade. Outro argumento para evitar a lacuna é o encerramento, no dístico 25-6, que forma uma composição em anel, retomando a temática hesiódica do primeiro verso.

v. 2: Hemônia é a Tessália, região que tinha fama, dentre outras coisas, por seu cavalos; são da Hemônia Aquiles e seus cavalos. Dar campo aos cavalos da Tessália significa, aqui, buscar uma poesia de tom épico.

vv. 5-6: Cp. Ovídio, *ex Pont*. 3.4.79: *ut desint uires tamen est laudanda uoluntas* ("Se faltam forças, o desejo inda é louvável")

vv. 7-8: Propércio aqui se refere à ideia de que elegia é um gênero para jovens (primeira idade), enquanto a épica seria adequada a homens mais maduros, ou mesmo velhos (última idade).

v. 12: As Piérides são as Musas nascidas na Piéria, na Tessália.

v. 14: Os partos eram famosos por uma tática bélica de fugir com seus cavalos ao mesmo tempo em que, montados de costas, continuavam a flechar seus inimigos. O general romano e triúnviro Marco Licínio Crasso e seu filho

Públio Crasso morreram na batalha de Carras contra os partos em 53 a.C., fato que foi um marco negativo nas campanhas romanas (Cf. HORÁCIO, *Odes* 1.12.53-4; 1.35.30-2; e 3.5.1-8). As insígnias só foram retomadas em 20 a.C., por meio de um tratado de paz negociado por Augusto.

v. 15: O vocativo *Auguste* confirma que esta elegia foi composta depois de Otaviano receber seu novo nome em 16 de janeiro de 27 a.C. Houve uma embaixada da Índia, em 26 ou 25 a.C., que entrou em contato com Augusto quando ele estava na Hispânia.

v. 16: A campanha contra a Arábia, realizada por Élio Galo, prefeito do Egito, em 25 a.C. terminou num fiasco.

v. 17: A terra não nomeada talvez seja a Britânia, já que em 26 a.C. Augusto preparou uma campanha contra essa região, mas não a realizou porque teve de abafar os conflitos na Hispânia.

v. 20: O vate é uma espécie de poeta e profeta. O conceito, que passou por um período de desprezo, volta a ser valorizado por poetas do período de Augusto, tais como Horácio e Virgílio.

vv. 25-6: Esta cena final ecoa Virgílio, *Bucólicas* 6.64 e ss., quando o poeta elegíaco Cornélio Galo recebe a flauta de Hesíodo e é banhado no Permesso, rio que corre nas base do Hélicon e é convidado a subir o monte (o que configura o tom menor da poesia amorosa, por oposição às fontes de Ascra, que simbolizam a épica hesiódica a que Galo estaria ascendendo). Ascra é a pátria de Hesíodo.

2.11 – Fedeli considera esta elegia, em forma de epigrama, como o encerramento de 2A, pelo fato de retomar ainda o tema do *discidium* amoroso e prometer novas poesias de tom mais sério, contrário à elegia. Os manuscritos F e P ligam esta elegia à precedente, mas prefiro considerá-la como parte separada, ainda que ligada ao tema do abandono da temática elegíaca. Alguns editores, como Heyworth e Goold, consideram que todo este trecho seja parte de uma elegia maior que se perdeu. Parece-me, contudo, que funciona muito bem, sobretudo se pensarmos num poema de encerramento para 2A, tal como os dois epigramas (1.21 e 1.22) que encerram o livro I.

vv. 5-6: Os túmulos costumavam ficar nas estradas, junto às principais vias de acesso às cidades. Daí o costume grego de escrever epigramas funerários (que depois tornam-se temas ficcionais literários, como é o caso desta elegia) em que o túmulo interpela um viajante, ou um estranho qualquer que passa diante dele.

v. 6: Cíntia é aqui descrita mais uma vez como *docta puella*, mas nem isso será recordado se ela não fizer parte da poesia de Propércio. Assim, a ameaça do poeta é o simples esquecimento.

2.12 – A temática da descrição do Amor, segundo Quintiliano (*Inst. Or.* 2.4.26) era um dos exercícios retóricos mais comuns entre os romanos; nele, o aluno teria de justificar as características escolhidas. Esse tipo de exercício não deixa de invocar o *Banquete* de Platão, com suas várias descrições do Amor. O mesmo tema aparece em Eubulo, citado por Ateneu 13.562; em Cornuto (*Theologiae Graecae compendium*, cap. 25); Mosco, Ἔρως δραπέτης 1; Meléagro, *Anth. Pal.* 5.176 e 5.177, 5.179, 5.198, 5.212, 5.214; Asclepíades, *Anth. Pal* 12.46; Árquias, *Anth. Pal.* 5.58 e 5.98; e Posidipo, *Anth. Pal.* 12.45.

Goold admira "a beleza sem falhas de 2.12, a melhor lírica do poeta", que Fedeli considera ser a elegia de abertura de 2B. De qualquer modo, seja esta uma nova elegia apenas, ou o começo de 2B, está claro que o poema nega os dois anteriores 2.10 e 2.11, que anunciavam o fim da temática amorosa.

v. 5: Em Virgílio, *Eneida* 12.848, também lemos *uentosasque addidit alas* para descrever as *Dirae*, que, como nota Viarre (p. 188, n. 252), seria um eco imitando Propércio.

v. 7: O Amor é como uma tempestade, esse lugar comum é chamado *nauigium amoris*. No entanto, Propércio inova, pois vemos que, ao contrário da maioria das descrições, o deus está pousado dentro do amante, e não voando (vv. 14-17).

v. 10: Cnosso é uma cidade de Creta, famosa por seus arqueiros.

v. 18: Sigo *tela puer*, de ς, no lugar de *tela tua*, de Ω (Cf. Ovídio, *Ars am.* 3.375 ss.).

2.13 – Butler & Barber, Barber e Fedeli dividem esta elegia em 2.13a (vv. 1-16) e 2.13b (vv. 17-58). Mas sigo a interpretação de Goold, Viarre e Heyworth, que defendem a unidade do poema. Heyworth ainda o considera (e Viarre o segue) como poema de abertura de 2B, graças ao seu tom programático, com ecos calimaqueanos e a referência à *Morte de Adônis* de Bíon.

v. 1: Itura é a terra dos itureus, um povo famoso por seus arqueiros (Cf. Virgílio, *Geo.* 2.448, e Cícero, *Phil.* 2.112). Aquemênias é sinônimo de persas, porque Aquêmenes foi o primeiro rei da Pérsia (cf. Heródoto, 1.125). A tradição manuscrita apresenta *armatur etrusca*, que os editores em consenso consideram uma falha de transmissão; o próprio Fedeli considera o trecho um *locus deperditus*. Sigo, portanto, *armatur Itura,* conjectura de Pontano incorporada por Heyworth.

v. 3-4: As musas magras (*graciles*) ecoam a μοῦσα λεπταλέη de Calímaco (frag. 1 Pfeiffer), bem como o *deductum carmen* (canto refinado) de Virgílio, *Bucólicas* 6.5. O bosque Ascreu é nova referência a Ascra, pátria de Hesíodo. A tradição hesiódica passada pela poesia de Calímaco é recorrente na poesia de Propércio.

vv. 5-6: Feitos realizados por Orfeu, fez com que as árvores da Piéria (na Tessália), bem como animais selvagens, o seguissem, apenas pelo som encantado da sua lira, até o Ísmaro, uma montanha da Trácia.

v. 8: Lino é outro poeta mítico, como Orfeu; filho de Apolo. *Inachio* é o mesmo que argivo, pois Ínaco fora o primeiro rei de Argos.

vv. 16: Aqui Butler & Barber, Barber e Fedeli terminam 2.13a, enquanto alguns editores, como Goold e Heyworth julgam haver uma lacuna. Sigo a edição de Viarre, que defende a unidade (sem lacunas) do poema.

vv. 17-26: Notável como a descrição das exigências para o funeral também funcionam como uma poética elegíaca, uma escolha pela simplicidade em contraposição ao ornado da poesia elevada.

v. 19-20: As imagens (*imagines*) eram máscaras dos antepassados feitas de cera, que acompanhavam o cortejo fúnebre do seu familiar. Era costume contratar atores que utilizavam as máscaras e faziam mimos durante o cortejo. A tuba, como já dito, era um instrumento típico nos funerais.

v. 22: Leito atálico era símbolo de riqueza, por Átalo III, último rei de Pérgamo, no século II a.C., teria inventado o bordado com fios de ouro. O adjetivo atálico serve como sinônimo de riqueza.

v. 25-6: Essa indicação de três livros é um dos argumentos para divisão do livro 2 em A e B, pois neste poema já estaríamos lendo o terceiro livro publicado por Propércio. Perséfone era a rainha do mundo dos mortos.

v. 30: Referência aos unguentos e à mirra que eram espargidos sobre o corpo antes da cremação.

v. 32: Os Manes são os espíritos dos mortos, sobretudo dos antepassados.

vv. 33-4: O normal era um cipreste, mas o loureiro é símbolo de Apolo e da poesia.

v. 38: Aquiles nasceu em Ftia. Sobre sua tumba Neoptólemo teria sacrificado Políxena, por isso o adjetivo "cruento" (Cf. Ovídio, *Met*. 13.439 ss.).

vv. 43-4: As três irmãs são Átropo, Cloto e Láquesis: as Parcas, deusas que teciam o destino.

v. 46-50: Nestor, rei de Pilos, personagem que aparece na *Ilíada*. Sua velhice era tema famoso. Seu filho, Antíloco, amigo de Aquiles, foi morto na guerra de Troia por Heitor, Páris, ou Mêmnon, dependendo da variante do mito (cf. *Il*. 1.250-2).

v. 48: *Gallicus Iliacis miles*, de Ω, é outro *locus deperditus*. Como Fedeli se recusa a escolher uma conjectura, fico com a de Hertzberg, incorporada por Heyworth, *Iliacus Grais miles*.

v. 49: Sigo *ille*, de Ω, ao invés da conjectura *aut*, de Müller, aceita pela maioria.

vv. 51-6: Alusão ao mito em que Vênus teria se apaixonado pelo pastor Adônis, que foi morto por um javali selvagem. Do seu sangue teria surgido a roseira, e das lágrimas da deusa, a anêmona. O poema de Bíon, *A morte de Adônis*, parece ser a principal referência. Idálio é um monte em Chipre, ilha consagrada a Vênus.

v. 55: Sigo *lauisse*, de ς, ao invés da correção de Bergk, *formosus iacuisse*.

v. 58: Sigo *quid* de F T P S W, no lugar de *qui*, de N (na verdade, Heyworth até demonstra que o entendimento de *qui* em N seja devido a má leitura de editores antigos).

2.14 – Esta elegia, numa estrutura formal similar à de 1.3, começa com um tom elevadíssimo, ao recuperar temas épicos e trágicos para compará-los à vitória sexual do poeta. A partir da sua noite de amor com Cíntia, Propércio assume o papel de *praeceptor amoris* e ensina seus leitores sobre a arte da sedução, ao mesmo tempo em que se compara a um general vitorioso que apresenta o seu triunfo. Esta elegia está ligada à próxima e pode ter sido uma influência para Ovídio, *Amores* 2.12.

v. 2: Laomedonte foi rei de Troia, pai de Príamo. O Atrida deve ser Menelau, filho de Atreu, um dos líderes dos gregos na guerra de Troia. Dárdano foi um antepassado dos troianos, daí que eles sejam chamados de Dardânios.

v. 4: Dulíquio (a forma feminina só aparece em Propércio) é, em Homero, uma das ilhas em torno da Ítaca, terra de Odisseu (Ulisses), aqui indicando sua pátria por metonímia.

v. 7: A Minoide é Ariadne, filha do rei Minos, que auxiliou Teseu a matar o minotauro e sair do labirinto construído por Dédalo.

v. 10: A tópica da imortalidade através do amor aparece em outros autores, como em Rufino (*Anth. Pal.* 5.94.3):

Ὄμματ' ἔχεις Ἥρης, Μελίτη, τὰς χεῖρας Ἀθήνης,
  τοὺς μαζοὺς Παφίης, τὰ σφυρὰ τῆς Θέτιδος.
εὐδαίμων ὁ βλέπων σε, τρισόλβιος ὅστις ἀκούει,
  ἡμίθεος δ' ὁ φιλῶν, ἀθάνατος δ' ὁ γαμῶν.

Mélita: tens os olhos de Hera, as mãos de Atena,
  seios de Páfia e calcanhar de Tétis.
Feliz é quem te vê; abençoado, se ouve;
  se beija, um semideus; um deus, se casa.

vv. 11-12: Sigo as edições de Barber, Moya & Elvira e Heyworth, que mantêm a posição dos dísticos, enquanto Fedeli, Goold e Viarre preferem apresentar os versos 11-12 depois de 14.

v. 12: Parece ter sido uma expressão proverbial de Roma.

vv. 21-22: Aqui, com a entrada do poeta no quarto da amada, ele ironicamente nos informa dos outros amantes que agora passam pela situação do *paraklausithyron*, diante da porta fechada durante a noite.

vv. 23-4: Como já foi dito, em 53 a.C. Crasso foi derrotado pelos partos na batalha de Carras, de modo que a retomada de seus estandartes de guerra passou a ser uma questão de honra para os romanos. Por isso Propércio compara seu triunfo amoroso com o típico triunfo bélico: um desfile em que o general vitorioso apresentava os seus espólios de guerra e os reis vencidos enquanto acenava do alto da sua carruagem.

v. 25: Num triunfo típico, era costume o general ofertar sua coroa a Júpiter por agradecimento. Aqui Propércio parodia a cena agradecendo à deusa do amor. Vênus aparece como Citereia porque era cultuada na ilha de Citera.

v. 29-30: O *topos* da barca do amor é muito recorrente na elegia. Pode imitar Meléagro, *Anth. Pal.* 12.167:

Χειμέριον μὲν πνεῦμα· φέρει δ' ἐπὶ σοί με, Μυΐσκε,
ἁρπαστὸν κώμοις ὁ γλυκύδακρυς Ἔρως.
χειμαίνει δὲ βαρὺς πνεύσας Πόθος, ἀλλά μ' ἐς ὅρμον
δέξαι, τὸν ναύτην Κύπριδος ἐν πελάγει.

A tempestade chega, Muísco, e a ti me leva
   arrebatado o Amor dulciplangente.
Tempestuoso sopra o meu desejo, mas
   ancora o nauta sobre o mar de Chipre.

2.15 – Esta elegia retoma a temática da noite amorosa apresentada em 2.14 e desenvolve o papel da visão na vida sexual. Este poema, que pode ter servido de modelo para *Amores* 1.5 de Ovídio (a única outra elegia romana que trata de um bom resultado amoroso e que também tem ênfase na nudez da mulher amada), é comentado no Posfácio.

v. 1: A marca da noite como *candida* pode ser uma referência ao costume romano de marcar os dias mais felizes com uma pedra branca.

vv. 7-10: Heyworth transpõe os dois dísticos para depois do verso 2.

v. 14: Lacena é Helena, nascida na Lacedemônia, em Esparta. O rapto de Helena por Páris é o motivo central da guerra de Troia. Não há nenhuma cena literária na Antiguidade semelhante a essa descrição de Propércio, mas temos o exemplar de um vaso de Ruvo, com uma representação similar.

v. 15: Endímion teria seduzido Selene, a Lua, irmão do Sol (aqui identificado com Febo). O mito explica que, sempre que Selene se encontrava com Endímion, era tempo de Lua nova, o que justificaria o seu desaparecimento do céu (Cf. Ovídio, *Amores* 1.13-43-4).

v. 20: Esta cena de violência aparece com certa frequência na elegia (Cf. Ovídio, *Amores* 1.7).

vv. 27-8: As pombas, pássaros ligados a Vênus, eram na Antiguidade um símbolo da fidelidade conjugal.

vv. 39-40: Heyworth, segundo a conjectura de Günther, considera este dístico espúrio.

vv. 41-8: Aqui se faz um contraponto importantíssimo na poética de Propércio. A vida elegíaca, por mais que pareça amoral perante os olhos dos homens de estado, seria mais correta do que as ambições e as guerras, como as guerras civis que terminaram com a batalha do Ácio, em 31 a.C., entre as forças de Otaviano e as de Marco Antônio e Cleópatra, que teve como resultado a morte de diversos cidadãos romanos.

v. 46: A imagem de Roma descabelada evoca o costume ritual das mulheres desgrenharem seus cabelos nos funerais dos parentes.

v. 50: Cf. Catulo 5 e 7.

vv. 51-4: As guirlandas feitas de flores eram usadas pelos convivas de um banquete.

2.16 – Esta elegia talvez retome 1.8, com a figura do rival na Ilíria, um *diues amator* que também investe sobre Cíntia e que agora retorna a Roma. A partir desse retorno, Propércio reflete sobre a venalidade das relações amorosas e termina por avisar a Cíntia sobre os castigos que Júpiter pode lançar sobre ela, devido à sua conduta interesseira. A edição deste poema é bastante complicada, e há pouco consenso. Sigo Fedeli, que faz o deslocamento de alguns dísticos de modo muito similar a Goold e Viarre; enquanto Heyworth faz uma intervenção radical, com a divisão de 2.16 em dois poemas, a inserção de uma lacuna, o apagamento de um dístico e o deslocamento de número maior de versos. Barber e Moya & Elvira mantêm a ordem dos versos tal como aparecem na tradição manuscrita.

v. 3: Os Ceráunios são uma cadeia montanhosa, que forma um promontório, Acroceráunio, entre o Epiro e a Ilíria.

v. 6: Heyworth considera haver uma lacuna depois deste verso.

vv. 9-10: Propércio faz referência ao enriquecimento tão comum entre os governadores em províncias distantes, por meio de impostos sobre os povos subjugados.

v. 11: As fasces são uma espécie de machadinha (feita de um feixe de varetas amarrados) carregada pelos litores romanos e que simbolizavam seu poder.

v. 12: No original, *sinus* é uma dobra na toga, na altura do peito, onde se costumava guardar dinheiro.

vv. 15: Heyworth começa aqui uma nova elegia 16b.

vv. 17-18: O Oceano aqui deve ser o Mar Vermelho, ou talvez o Golfo Pérsico. Tiro é uma cidade fenícia famosa por sua púrpura utilizada como tingimento.

vv. 21: Alusão à *Casa Romuli*, uma cabana preservada sobre o monte Palatino, que simbolizava a vida humilde dos princípios de Roma.

vv. 27-8: Dístico muito disputado pelos comentadores. A descrição do novo amante de Cíntia como um ex-escravo posto à venda, que depois ganhou dinheiro e cargos, leva Heyworth, por exemplo, a crer que se trate de uma outra elegia, já que é incoerente um pretor ter sido um escravo. Creio, no entanto, como a maioria dos editores, que se trata de um hipérbole de Propércio, que não deve ser tomada ao pé da letra. A justificativa poderia se dar pelo comportamento bárbaro do rival e também pelo fato de ele voltar de longe para Roma (ele era um bárbaro em relação ao reino amoroso de Propércio); do mesmo modo, não precisamos entender o rival como especificamente um pretor: os versos 11 e 12, por exemplo, indicam mais proximidade com a ideia de um magistrado, ou mesmo um litor, e o que mais importa é sua descrição como um rival rico, capaz de comprar o amor de Cíntia.

Esse tipo de intervenção pretensamente racionalista com método lógico de analisar poesia, como o de Heyworth aqui, me parece ser incapaz por vezes de compreender uma lógica poética, uma *ratio* de construção da poesia.

vv. 29-30: Dois mitos que funcionam como exemplos dos riscos dos presentes. 1) Erifila, para ganhar o colar e o vestido dos casamento de Harmonia, convenceu seu marido Anfiarau a participar da guerra dos Sete contra Tebas, onde este morreu; também enviou seu filho Alcméon à guerra dos Epígonos. Alcméon retornou e matou a própria mãe e consagrou o vestido e o colar ao templo de Delfos. 2) Creúsa, a filha de Creonte, era a jovem com quem Jasão pretendia se casar, após abandonar Medeia. Esta, entretanto, enviou-lhe como presente de casamento um manto e uma coroa envenenados que a mataram dolorosamente.

v. 34: O Campo Márcio (ou Campo de Marte) era o local favorito para a prática de exercícios entre os romanos. O manuscrito P apresenta uma variante interessante, incorporada por Heyworth: *Musa* para *mensa*; mas podemos pensar que o Amor faz com que o poeta perca todo interesse por acontecimentos públicos (teatro), exercícios e também por uma boa alimentação; ao passo que o sofrimento amoroso não inibe a poesia (Musa), mas ao contrário a produz (Cf. Catulo 50.9: *ut nec me miserum cibus iuuaret,* "ai de mim, que nem quero mais comer").

vv. 37-42: O general mencionado é Marco Antônio, que, junto com Cleópatra, travou a batalha do Ácio, em 31 a.C., contra Otaviano (depois Augusto César). Depois da derrota, os dois fugiram para Alexandria. Segundo o costume da *damnatio memoriae*, os seus nomes não são sequer mencionados.

vv. 41-2: Heyworth considera este dístico espúrio.

vv. 49-52: O raio e o trovão são símbolos do poder de Júpiter (e não podemos deixar de recordar a insistente relação que os poetas traçaram entre Augusto e Júpiter). O mito narra que as Plêiades eram as sete filhas de Atlas, que foram perseguidas por Oríon, um gigante da Beócia, durante cinco anos. Júpiter transformou-os em duas constelações, cujo desaparecimento, no final de outubro, anunciava o período de chuvas.

vv. 53-4: Não se conhece um caso em que Júpiter tenha sido enganado por uma perjura. Os comentadores costumam interpretar esse trecho como referência a Sinope, que ao receber de Júpiter o direito de pedir o que quisesse, escolheu manter sua virgindade, o que logrou o deus dos seus desejos.

v. 55: Sídon, como Tiro, era uma cidade fenícia famosa por sua púrpura e suas roupas.

v. 56: O Austro é o vento Sul. O mesmo que o Noto (nome grego), citado em 2.5.12.

2.17 – Esta elegia constitui um *paraklausithyron*. Alguns editores pretendem que ela seja parte de 2.18, ou que esteja fragmentada. Heyworth considera esta elegia como três fragmentos diversos (1-2+3-4; 5-10; e 11-18).

vv. 5-8: Sobre Tântalo, cf. nota a 2.1.65-70. Sísifo foi condenado a sempre empurrar morro acima, no mundo dos mortos, uma pedra que caía ao chegar no topo, para ser novamente empurrada: isso serviu como punição por ter realizado muitas fraudes, inclusive contra os deuses.

vv. 13-14: Heyworth, a partir da conjectura de Günther, considera o dístico espúrio. Barber, seguindo Lachmann, o posiciona após o v .16. Seguindo a tradição de Housman, prefiro, como Fedeli, Goold e Viarre, posicioná-lo após o verso 2.

2.18 – Esta elegia é tematicamente muito fragmentada, o que levou diversos editores à tentativa de resolver o problema por meio de cortes, ou conjecturas de lacunas. Dos editores que pude consultar, apenas Moya & Elvira tentam ler o poema inteiro sem maiores intervenções; mas o resultado é mais fragmentário do que se pode ver nas outras elegias propercianas. Sigo a edição de Fedeli, que desdobra o poema em quatro partes fragmentárias, 2.18a, 2.18b, 2.18c, 2.18d; numa solução quase idêntica às de Goold e Viarre.

v. 3: Difícil identificar o interlocutor; poderia ser o próprio poeta, ou mesmo uma segunda pessoa genérica. Fico com a segunda dessas opções, crendo que aqui Propércio estaria ocupando a posição de preceptor amoroso.

v. 5: Cf. Tibulo 1.10.43: *liceatque caput candescere canis* ("possa a cabeça encanecer nas cãs").

vv. 7-18: Aurora, apaixonada pelo mortal Titono, irmão de Príamo, filho de Laomedonte, teria pedido a Zeus (Júpiter) para que seu amado fosse imortal. Esqueceu-se, entretanto, de pedir pela eterna juventude, e Titono, imortal, teve uma longa decadência. Na versão mais comum, depois de definhar só lhe restava a voz; por fim transformou-se numa cigarra, e Aurora o renegou. Na versão de Propércio, o amor persiste, como contraponto ao descaso de Cíntia. Mémnon, filho de Aurora e Titono, morreu pelas mãos de Aquiles na guerra de Troia. Aurora então conseguiu também a imortalidade para o filho, mas ao chorar de luto gerou o orvalho matinal.

v. 20: Sigo Goold, que considera que aqui acabe 2.18b, enquanto para Fedeli falta ainda um fechamento.

vv. 21-22: Este dístico não se liga a nenhum dos outros fragmentos, por isso fica como 2.18c.

v. 23-4: Sabemos que os bretões pintavam seus rostos de azul para as batalhas, segundo César (*De bell. Gall.* 5.14.2).

v. 26: A "cor belga" (*Belgicus color*) era um tipo de sabão utilizado para tingir os cabelos que, com o tempo, foi moda entre as romanas (Cf. PLÍNIO, *HN* 28.191 e MARCIAL 14.26 e 27).

v. 30: Heyworth insere uma lacuna depois deste verso.

vv. 33-4: Este dístico ecoa 1.11.23-4. Heyworth considera como outro fragmento.

v. 35: Sigo a conjectura de Goold, *uultus*, no lugar de *lectus* de Ω e de *cultus*, outra conjectura incorporada por Fedeli.

vv. 37-8: Heyworth considera ser ainda outro fragmento.

v. 36: O verbo *sedere* no contexto invoca a acepção utilizada para designar as prostitutas que costumavam se sentar (*sedere*) enfeitadas para atrair clientes

(Cf. MARCIAL, 6.66.2 *quales in media sedent Subura* "que se assentam no meio de Subura"), mas também a mulher que se senta no teatro, um espaço caro à sedução elegíaca (Cf. PROPÉRCIO 2.22.8).

2.19 – O tema pastoril desta elegia, tão incomum na poesia de Propércio, dialoga com os versos de Tibulo (sobretudo 2.3, embora não saibamos certo qual delas foi escrita primeiro) num tom irônico. Aqui Propércio apresenta Cíntia no espaço idealizado do campo como lugar da moral, ao mesmo tempo em que se imagina um rústico (de modo similar a Galo na Bucólica 10 de Virgílio), mas numa cena que tende mais para o cômico.

vv. 9-10: Os jogos devem ser os *ludi circenses* ou *scaenici* típicos de Roma. Ao mesmo tempo, Propércio alude ao imaginário de se usarem os templos como desculpas para encontros amorosos furtivos (Cf. Ovídio, *Ars am.* 1.41-262).

v. 18: Diana, deusa caçadora, também é aqui evocada por sua virgindade, em oposição a Vênus, deusa do amor.

v. 25: O Clitumno é um rio da Úmbria, pátria de Propércio, uma região famosa por seus bois brancos.

v. 28: O termo *Luciferis* (lúcifer) em latim faz referência à estrela-da-manhã, Vênus, e neste trecho indica os dias, por metonímia.

v. 31: Sigo *mutem* de Ω, no lugar de *metuam*, conjectura de Jacop incorporada por Fedeli, Goold e Heyworth. Nesse sentido, trocar incessantemente o nome da amada seria uma espécie de superstição para afastar o mau-olhado, ideia que se confirma no verso final.

2.20 – vv. 1-2: Briseida, escrava de Aquiles tomada por Agamêmnon, o que gerou a ira do herói, e aqui o pranto da escrava arrebatada (Cf. OVÍDIO, *Heroides* 3.15). Andrômaca, esposa de Heitor, tornou-se escrava ao fim da guerra de Troia, perdeu seu filho Astíanax e foi butim de Neoptólemo, filho de Aquiles.

vv. 5-6: Procne foi estuprada por seu cunhado Tereu, marido de sua irmã Filomela. Para que Procne não revelasse o crime, Tereu cortou sua língua, mas ela fez uma tecelagem que informou sua irmã de tudo. Assim, Filomela matou seu próprio filho, Ítis, despedaçou-o e serviu-o como comida para o marido, como vingança. Por fim, todos foram transformados em aves, e Filomela tornou-se o rouxinol, que em seu canto lamentaria a morte do filho. Ela é ática por ser descendente de Pandíon, rei de Atenas; e as folhas são cecrópias devido ao fato de o primeiro rei de Atenas ter sido Cécrops.

vv. 7-8: Níobe, filha de Tântalo, tinha 12 filhos e gabou-se diante de Latona, mãe de Febo e Diana, que só tinha 2. Febo vingou a ofensa e matou todos os 12 filhos de Níobe, que desesperada de chorar tornou-se uma rocha (o monte Sípilo, na Lídia), cuja nascente seria resultado de seu choro.

9-12: Dânae, filha de Acrísio, rei de Argos. Ao ouvir que nasceria um filho de Dânae e que este o mataria, Acrísio prendeu-a num aposento de bronze;

porém Júpiter entrou no local sob a forma de uma chuva de ouro e seduziu Dânae. Acrísio, para evitar o neto, mandou a filha grávida para o alto-mar, mas Dânae foi salva e seu filho, Perseu, nasceu. Anos mais tarde, ele quis conhecer o avô; este, amedrontado, fugiu para Larissa. Lá, enquanto assistia aos jogos foi por morto por acidente por um disco que Perseu lançou, sem sequer saber que estava próximo do avô.

v. 10: Como Viarre, sigo *mea*, de Ω, ao invés da conjectura de Santen, *tua*, aceita pela maioria dos editores.

vv. 21-2: O dístico insinua que se teriam passado sete meses desde a publicação do primeiro livro de elegias.

v. 28: Sigo *nunc curae*, conjectura de Suringar incorporada por Goold e Heyworth, no lugar de *naturae*, de Ω, que Fedeli segue, mas sem confiança.

vv. 29-30: As Erínias, ou Eumênides (Fúrias entre os romanos), eram as deusas encarregadas de expiar os crimes familiares, que aparecem em muitas tragédias gregas, tais como *Orestes*, *Coéforas* e *Eumênides*. Éaco, filho de Júpiter e pai de Peleu, foi eleito juiz dos mortos devido à sua justiça (Cf. PLATÃO, *Górgias* 523e), e é representado ao lado de uma urna, donde sorteava o nome do próximo morto a ser julgado. Junto com ele também estavam Minos e Radamanto.

vv. 31-2: Tício era um gigante, rei de Gaia, que tentou estuprar Latona (ou Leto), mas foi fulminado por um raio de Júpiter e condenado a um castigo eterno: enquanto ficava preso no Hades, duas águias (ou abutres ou serpentes, noutras versões) comiam seu fígado, que renascia para de novo ser devorado (*Odisseia* 11.576-81 e LUCRÉCIO, 3.984 e ss.). Sobre Sísifo, cf. nota a 2.17.5-8. No verso 31 sigo a conjectura de Heyworth, *sitque ... iacere*, no lugar de *atque uagetur*, de Ω.

v. 33: As tabuinhas eram pequenos quadriláteros de madeira, cobertos com cera, utilizados para a escrita com estiletes, serviam para a troca de cartas, como se pode entender por aqui (Cf. 3.23).

vv. 35-6: Heyworth, seguindo a conjectura de Jacob, considera o dístico espúrio.

2.21 – O rival, Panto, é uma figura fictícia (um nome não-romano), ou então um pseudônimo de origem grega. Sabemos de um Panto, sacerdote de Apolo, que aparece na *Eneida* 2.318-19. As mudanças bruscas de ânimo no poeta fazem com que alguns comentadores, como Lefevère e Fedeli, considerem que esta elegia tenha relação com Catulo 85; mas não podemos deixar de considerar a ironia e o possível sarcasmo que predominam por todo o poema.

v. 1: Panto aparece como um escritor, muito provavelmente de poesia. Daí poderíamos inferir que sua persona estaria fazendo versos de calúnia sobre Propércio, talvez em versos elegíacos; daí temos dúvidas: a esposa (v. 4) implica a escrita de epitalâmios? O termo *sermo* (v. 7) implicaria sátiras? Os exemplos míticos de Ulisses e Jasão indicariam épica ou tragédia? Não há consenso na resposta, e Panto poderia mesmo ser apenas um personagem de Propércio. Heyworth considera ainda a hipótese de ligá-lo a Ovídio (embora as datas dificultem a tentativa), ou de se tratar de uma elegia em homenagem ao casamento de um amigo, mas num tom cômico. Sigo a pontuação proposta por Heyworth.

v. 3: Dodona era uma cidade grega, em Epiro, que tinha um famoso oráculo. Se considerarmos o Panto da *Eneida*, talvez haja uma ironia: aqui é Propércio que tem o dom da profecia.

vv. 11-12: Referência ao mito de Medeia (que nasceu na Cólquida) e foi abandonada por Jasão, que pretendia se casar com a jovem Creúsa, filha do rei Creonte, em Corinto.

vv. 13-14: Cf. *Odisseia* 5.160-224. O termo Dulíquio é referente à ilha de Dulíquio, próxima a Ítaca (Cf. nota a 2.14.4).

v. 17: Sigo *restet*, de Ω, no lugar de *restat*, de ς.

2.22 – Nesta elegia dedicada a Demofoonte (outro pseudônimo grego) e que provavelmente serviu de fonte para Ovídio, *Amores* 2.4, Propércio dá uma guinada em sua temática; do topos da fidelidade (*fides*), vamos para o desejo por todas, do "coitado intocado por Cupidos" (1.1.2) chegamos à confissão de alguém que já gostou de muitas: Propércio aqui está livre do *seruitium amoris*. A temática está prefigurada nos dois poemas anteriores, por causa da quebra de fidelidade por parte de Cíntia, bem como pelo tom de ironia. Mais uma elegia que apresenta problemas textuais: ao menos a partir do verso 43, temos a sensação de que voltamos a lidar com a aflição do poeta elegíaco que não consegue ter sua amada. A maioria dos editores divide em 2.22a e 2.22b (que estariam em estado fragmentário), e esta é a leitura que sigo, embora fique tentado a cogitar uma unidade para o poema, como fazem Moya & Elvira, com a presença de uma lacuna depois do verso 42 (nesse caso, a série final seria uma retomada à antiga posição, coisa que acontece com frequência na poesia properciana). Heyworth, como sempre, desmembra o que seria 2.22a em duas elegias, além de inserir duas lacunas, e considerar a existência de dois fragmentos (vv. 41-50, e vv. 11-12).

v. 2: Segundo o mito, Demofoonte, filho de Teseu, teria abandonado Fílis, que de tristeza tornou-se uma árvore. Embora seja um pseudônimo, a relação entre o mito e o tema da elegia não é gratuito. Sobre sua identificação, podemos relacionar com o poeta Tusco, citado por Ovídio como um elegíaco que cantava seu amor por uma certa Fílis, embora isso não seja certo.

v. 4: Mais uma vez o teatro aparece como local para a sedução (Cf. 2.19.10).

v. 11: Paulo Alberto (NASCIMENTO *et al.*, 2002, p. 340) afirma que *aliquid* tem um sentido sexual, por isso traduzo por "favorzinho".

vv. 11-12: Sigo a proposta de Camps, incorporada por Goold e Viarre, de transferir este dístico para depois de v. 23.

vv. 15-16: Referência ao culto de Cibebe (ou Cíbele), deusa frígia cujos sacerdotes costumavam golpear seus próprios braços e realizar uma autocastração ritual durante o êxtase. O culto de Cibebe ganhou muita força entre os romanos, embora fosse visto com receio pelas classes dominantes (Cf. CATULO 63).

vv. 19-20: Tâmiras foi um poeta trácio que, por ter se gabado demais dos seus dotes poéticos, que seriam superiores aos das Musas, foi cegado por elas.

vv. 25-8: Júpiter apaixonou-se por Alcmena, esposa de Anfitrião. Quando este saiu para a guerra, Júpiter disfarçou-se de Anfitrião e passou a noite com Alcmena; mas, para prolongar o seu prazer, o deus mandou que as Ursas Maior e Menor parassem e assim duplicou o tempo da noite. Dessa união nasceu Hércules. O tema já havia sido tomado pela comédia (Cf. Plauto, *Anfitrião*).

vv. 29-34: Frígios são os troianos, os gregos são tessálios e micênios, porque Agamêmnon era rei de Micenas. O Pelida é Aquiles, filho de Peleu. Fedeli considera o dístico 33-34 espúrio, mas prefiro considerá-lo properciano, tal como faz a maioria dos editores.

v. 35: Heyworth começa aqui outra elegia constituída por vv. 35-40, lacuna, vv. 41-2, lacuna, 21-34: uma proposta no mínimo instigante.

v. 39: Fedeli desconfia de *ministro*, mas o mantém no texto; Goold e Viarre optam por *cubili*, mas sigo Heyworth, que confia na tradição de *ministro*, de Ω.

v. 48: Este verso é considerado *locus deperditus*. Como bem lembram Moya & Elvira (2001, p. 326-7, n. 475), na tradição manuscrita ele já apresenta uma série de variantes, como *cum/cur, quem/quae/quam, nouerit/uenerit, ille/illa/ipse, putat/uetat*, além de várias conjecturas. Só como exemplo, cito algumas soluções: *quae non uenerit, ipse uetat* (Barber); *quem non nouerit ille, putat* (Fedeli e Moya & Elvira); *quasi non nouerit, ill uetat* (Goold e Viarre); *quae non uenerit ipsa uetat* (Heyworth). Sigo a leitura de Fedeli, porque julgo que os próximos versos (49-50) indicam a presença de um rival que possa estar com Cíntia.

v. 50: Outro verso problemático (não aparece em N e apresenta muitas variantes entre os manuscritos), eis algumas soluções: *quarere Fata* (Barber, Fedeli, Moya & Elvira), *dicere Fata* (Butler & Barber), *promere furta* (Goold), *dicere plura* (Viarre e Heyworth). Sigo Fedeli, embora nenhuma solução pareça definitiva.

2.23 – Seguindo o assunto iniciado nas elegias anteriores, agora Propércio diz preferir o comércio com prostitutas (temática que também aparece em Horácio, *Sátiras* 1.2) por ser mais seguro e causar menos embaraço social do que frequentar mulheres casadas e ser fiel a uma só amante.

vv. 1-2: Estes versos ecoam o epigrama 28 de Calímaco.

Ἐχθαίρω τὸ ποίημα τὸ κυκλικόν, οὐδὲ κελεύθῳ
  χαίρω, τίς πολλοὺς ὧδε καὶ ὧδε φέρει·
μισέω καὶ περίφοιτον ἐρώμενον, οὐδ' ἀπὸ κρήνης
  πίνω· σικχαίνω πάντα τὰ δημόσια.
Λυσανίη, σὺ δὲ ναίχι καλὸς καλός – ἀλλὰ πρὶν εἰπεῖν
  τοῦτο σαφῶς, Ἠχώ φησί τις· ' ἄλλος ἔχει.'

Eu odeio o poema cíclico e não gosto
   de estradas que carregam todo o povo,
tenho horror ao amante grudento e não bebo
   em cisternas – desprezo o popular.
Lisânias, sim, és belo, belo; porém, antes
   de Eco dizê-lo, um fala: "elo que peca."

v. 6: Ver nota a 2.16.34.

vv. 9: Depois de tanto esforço, o amante pode acabar se deparando com os famigerados guardas (*custodes*) da mulher casada, *topos* recorrente da elegia.

v. 21: O rios Eufrates e Orontes ficam na Síria e simbolizam as regiões mais orientais do império, donde vinham prostitutas famosas por seu gosto exótico.

v. 24: Tiro a solução poética em português de Décio Pignatari (2007, p. 256). Heyworth apresenta uma conjectura ousada, mas que merece ser citada: *liber erit, uilis si quis amare uolet* ("livre será quem quer amar as vis"). Fedeli termina a elegia aqui.

vv. [24.1-16]: Goold e Heyworth juntam ao final desta elegia os 10 primeiros (Goold) ou 16 primeiros versos (Heyworth) de 2.24. Sigo a proposta de Heyworth, por entender que a interpelação, longe de começar uma nova elegia, diz respeito à fala incoerente de Propércio em relação às suas outras elegias, sobretudo o livro I anteriormente publicado; os versos seguintes logo retomam a temática das prostitutas. Fedeli e Viarre consideram os versos 1-10 a elegia 2.24a (ou melhor, um epigrama) completa.

vv. [24.11-16]: Goold faz uma proposta também interessante: inserir estes versos depois de 2.23.12. Fedeli e Viarre consideram que seja um fragmento final de 2.24b.

vv. [24.12-13]: Eram modos exóticos, e um tanto quanto fúteis, de amenizar o calor do verão em Roma.

vv. [24-14-15]: A Via Sacra, além de ser uma região em que havia prostitutas, também tinha um intenso comércio popular.

vv. [24.8]: Sigo a conjectura de Palmer, *non mihi*, incorporada por Goold e Heyworth, no lugar de *nomine*, de Ω, aceito por Fedeli e Viarre, dentre outros.

2.24 – Nesta elegia, o poeta prefere atacar o seu rival (rico e nobre) em vez de investir na sedução. A série de exemplos míticos serve para demonstrar como os heróis, nobres por excelência, enganaram suas amadas, coisa que o poeta elegíaco nunca faria: aqui está mais uma vez a defesa da *fides*.

v. 17: Como já disse, segui a proposta de Heyworth de juntar os primeiros 16 versos desta elegia ao final 2.23. Fedeli considera que vv. 1-10 seriam parte de 2.24a, e vv. 11-16 de 2.24b.

v. 22: Heyworth apresenta uma lacuna depois deste verso.

vv. 25-34: Alusão aos trabalhos de Hércules, aqui especificamente matar a Hidra de Lerna e roubar a maçã do Jardim das Hespérides, guardado por um dragão. O Alcida é Hércules, neto de Alceu.

v. 33: A Sibila teria pedido a Apolo para ter em anos de vida quanto houvesse de grãos de areia em sua mão. Esqueceu-se, entretanto, de pedir também a juventude e amargou uma velhice infindável (Cf. Ovídio *Met.* 14.130-53).

v. 35: Sigo *tu mea*, de Ω, aceita por Barber e Heyworth, no lugar das conjecturas *tu me*, ou *tum me*.

v. 36: Sigo a pontuação de Barber, Moya & Elvira e Heyworth, com uma interrogação.

vv. 43-6: Três mitos de abandono das mulheres. Teseu, depois de ser salvo pelo fio de Ariadne, deixou-a numa praia, abandonada (Cf. Catulo 64). Demofoonte, filho de Teseu e Fedra, foi acolhido e amado por Fílis, mas partiu para Atenas prometendo voltar, coisa que nunca fez, o que levou a jovem ao suicídio, depois ela se transformou na amendoeira. O mito de Jasão e Medeia já é bastante conhecido.

v. 45: Sigo *nota est Medea*, de Ω, tal como Barber, Moya & Elvira e Viarre. Fedeli edita *uecta est Medea*, proposta de Heinsius.

vv. 47-8: Heyworth considera este dístico um fragmento de outra elegia. Fedeli, Goold e Viarre transpõem o dístico para depois do verso 22.

v. 49: A conjectura de Shackleton Bailey incorporada por Fedeli tem duas acepções: *ecfero* pode significar aqui "ter orgulho" dos nobres, mas numa leitura mais forte poderíamos ver também a acepção de "enterrar-se", que anuncia os versos seguintes. Por isso minha tradução como "não queiras teu enterro". Devemos entender que dificilmente um nobre ou rico romano, mesmo que amante de Cíntia, apareceria no seu enterro de *meretrix*: Propércio seria aquele que não teria um tal pudor.

2.25 – Apesar das diversas apóstrofes a várias figuras (Cíntia, Catulo e Calvo, Perilo, e o amante feliz), esta elegia é considerada unitária pela grande maioria dos editores. O final também teria servido de modelo a Ovídio, *Amores* 2.4.

v. 4: Licínio Calvo, que cantava sua falecida esposa Quintília, e Catulo, com sua amante Lésbia, são dois poetas amorosos do círculo dos neotéricos, de meados do século I a.C., uma geração antes da de Propércio e por este emulada.

v. 8: Seguindo o costume de se oferecer o instrumento de trabalho como ex-voto, após a aposentadoria.

v. 10: Nestor e Titono, já citados, são dois paradigmas da velhice prolongada e ativa.

vv. 11-12: Perilo foi um escultor ateniense, que, sob as ordens do tirano agrigentino Fálaris, construiu um touro de bronze, onde se poderia prender e assar pessoas vivas. Ironicamente, Perilo foi a primeira pessoa a perecer em seu próprio invento, quando reclamou um pagamento por sua obra.

vv. 13-14: Cf. notas a 2.2.3-12 e 2.1.65-70.

v. 26: Convém lembrar que a meta não é a chegada, mas uma marca para delimitar o ponto da curva numa corrida, o local mais perigoso, já que é lá que a roda poderia bater, caso a curva fosse mal feita.

vv. 31-2: Heyworth considera o dístico espúrio.

v. 35: Sigo a conjectura *antiqua his grata*, de Dousa, incorporada por Heyworth, no lugar de *antiquis grata*, de Ω.

v. 36: A saber, arrogante, ou autoconfiante nos amores das mulheres.

v. 40: Sigo *uestra*, de **T, S, Y** e **C**, incorporada por Moya & Elvira e Heyworth, no lugar de *nostra*, de **N, Π** e **Γ**.

vv. 43: Heyworth apresenta uma lacuna após este verso.

vv. 41-4: Mantenho todos os *uidistis* de Ω, no lugar da emenda *uidisti*, de Camps, incorporada por Goold e Fedeli.

2.26 – A elegia é comumente dividida em três pela maioria dos editores, com duas elegias completas (2.26a e 2.26c) e um fragmento 2.26b. O próprio Fedeli, no entanto, já a havia editado como uma apenas; tática que, embora arriscada, é ainda possível.

vv. 5-6: Hele, a filha de Atamante, fugiu junto com seu irmão Frixo de sua madrasta Ino, que os queria matar. Os dois foram auxiliados por um carneiro com velocino de ouro, capaz de voar; no entanto, durante a viagem, Hele caiu do carneiro e se afogou no mar, no local que ficou conhecido depois como Helesponto, em sua homenagem.

vv. 9-10: Leucótoe é o nome de Ino depois de transformada numa divindade marinha. Por ter criado Dioniso junto com seu marido Atamante, depois da morte de Sêmele, Hera enlouqueceu ambos, que acabaram por matar seus filhos. Ino, desesperada, lançou-se ao mar com o cadáver do filho e tornou-se por fim uma deusa que auxilia os marujos nas tempestades, tal como Castor e Pólux (Cf. Ovídio, *Met.* 4.539 ss.).

vv. 13-16: Glauco era um pescador que, depois de comer uma planta mágica, tornou-se uma divindade marinha, com o dom da profecia. Ele foi o construtor de Argos, o barco que levou os argonautas em sua viagem (Cf. Ovídio, *Met.* 13.904 ss.). As nereidas são ninfas filhas de Nereu e presidem sobre as águas.

vv. 17-18: Aríon é um poeta lírico (e mítico) do século VII a.C., da ilha de Lesbos. Uma história conta que, ao retornar para sua pátria num barco, ele foi lançado ao mar pelos marinheiros que o queriam roubar, mas foi salvo por um golfinho que se encantou por sua poesia (Cf. Ovídio, *Fastos* 2.79-118).

v. 23: Dois reis famosos por sua riqueza: Midas, rei da Frígia, teria sofrido porque tudo quanto tocada tornava-se ouro; e Creso era rei da Lídia, pátria em que corria o Pactolo, um rio aurífero. Sigo a conjectura de Palmer incorporada por Heyworth, *gaza Midae*; enquanto Fedeli e Goold editam *iam Gygae* (também interessante), já que *Cambysae*, de Ω, não se enquadra no tema.

vv. 27-8: Heyworth considera o dístico espúrio.

vv. 35-38: Euro é o vento Sudeste, e Austro o vento Sul. Os dânaos são os gregos, que na viagem para Troia sofreram um naufrágio nas margens da Eubeia, perto do promontório de Cafareu.

vv. 39-40: Referência às Simplégades (ou Rochas Ciâneas, Cf. APOLÔNIO DE RODES, *Arg.*, 2.549-606), duas ilhas que bloqueavam o Bósforo e se batiam sempre que alguém tentava passar por elas. Os argonautas lançaram uma pomba; quando ela passou, as rochas se uniram para tentar esmagá-la, e, quando se afastaram, o barco pode passar com segurança. No verso 39, sigo *rudis Argus* de ς, no lugar de *ratis Argo*, de Ω.

v. 47-50: Em Lerna, uma cidade da Argólida, Amimone, a mando de seu pai Dânao, foi procurar água; enquanto tentava achar, foi atacada por um Sátiro, mas se salvou ao fazer uma invocação a Netuno. Depois de salvá-la, entretanto, o deus se apaixonou por ela e, em troca do seu amor, gerou uma fonte ao bater seu tridente numa rocha (Cf. HIGINO, *Fab.* 169).

vv. 51-6: Bóreas é o vento Norte (Áquilo, ou Aquilão entre os romanos). Ele se apaixonou por Oritia, filha de Erecteu, e a raptou (Cf. OVÍDIO, *Met.* 4.675-721). Cila e Caríbdis são dois monstros marinhos que aparecem na *Odisseia*. Oríon e Cabrito (também Cocheiro ou Auriga) são duas constelações que anunciam o período de tempestades quando desaparecem do céu. No verso 51, sigo *negabit*, conjectura de Levineio adotada por Heyworth, no lugar de *negauit*, de Ω.

2.27 – A partir da temática da morte, Propércio passa por uma discussão sobre as tentativas de descobrir o futuro, similar a Horácio *Carm.* 1.11, e termina por fazer uma crítica às guerras romanas, sobretudo civis. Em contraposição, o amante sabe como e quando vai morrer, além de que pode viver seu amor além da morte. Heyworth considera esta breve elegia como um fragmento, mas creio, como a maioria dos editores, que se trate de um poema completo.

v. 3: A astrologia greco-romana era derivada dos fenícios, ou dos caldeus.

v. 6: Sigo *terrae*, de Ω, no lugar de *terrent*, de Phillimore.

v. 9: Heyworth apresenta uma lacuna depois deste verso.

vv. 13-14: O Estige é um rio da região dos mortos, que pode ser atravessado pelo espírito quando se paga uma taxa a Caronte, o barqueiro.

vv. 15-16: Cf. Catulo 3.11-12 e Filetas, frag. 6 Powell:

αστραπὸν εἰς Ἀΐδαο
ἤνυσα, τὴν οὔπω τις ἐναντίον ἤλθεν ὁδίτης.

    a via ao Hades
eu dominei, da qual ninguém jamais voltou.

2.28 – Esta elegia talvez retome 2.9.27, onde se apresenta uma doença de Cíntia, e 2.16, onde já vemos os riscos que ela corre por ser perjura. Já se tentou subdividi-la em dois ou mesmo três poemas diversos, mas é quase um consenso recente editá-la como única, apesar dos hiatos temporais que ela apresenta. O poema pode ser compreendido como *soteria*, uma composição pela saúde de alguém, tal como pseudo-Tibulo 3.10 e Ovídio, *Am.* 2.13, que parecem tomar a elegia de Propércio como modelo.

v. 4: Constelação, cujo astro mais famoso é Sírio, que brilhava mais no verão, o que fazia os antigos crerem ser a constelação uma das causas do aquecimento; daí o nome canícula.

vv. 7-8: Cf. Catulo 70.3-4. Heyworth duvida da autoria deste dístico, mas não chega a deletá-lo, como na maioria dos casos.

vv. 11-2: Pelasga significa argiva, relativa de Argos, cidade que prestava um culto tradicional a Hera/Juno. Palas, entre os romanos, era famosa por seus olhos entre o cinza e o verde, motivo pelo qual era zombada entre as outras deusas.

vv. 17-24: Série de exemplos míticos com mulheres que foram compensadas depois de passarem por grandes perigos. Io, depois de ser amada por Júpiter e descoberta por Juno, foi transformada numa novilha pelo pai dos deuses; Juno descobriu o truque, e depois de uma pequena reviravolta, Io percorreu grande parte do mundo até chegar ao Egito e retomar sua antiga forma, antes de ser adorada como Ísis. Sobre Leucótoe, cf. nota a 2.26.9-10. Andrômeda, filha de Cassiopeia, depois de se vangloriar por seu mais bela que as nereidas, foi punida por Netuno com um monstro marinho que devastou sua cidade e a exigia por presa; Perseu por fim a salvou e se casou com a jovem. A ninfa Calisto concebeu Árcade (patrono da Arcádia) de Júpiter, mas foi transformada por Júpiter numa ursa, para evitar a fúria de Juno; errou até morrer, quando transformou-se na Ursa Maior.

vv. 21-2: Heyworth e Fedeli consideram o dístico espúrio, porque Andrômeda pouco se encaixaria na série de mulheres com grandes momentos finais de divinização.

v. 26: Sigo a conjectura de Markland, *ipsa sepultura facta beata tua*, incorporada por Goold, Viarre e Heyworth, no lugar de *illa sepulturae Fata beata tuae*, de Ω.

vv. 27-8: Sêmele, filha de Cadmo e Harmonia, foi amada por Júpiter. Juno, por ciúme, incentivou que ela pedisse para ver Júpiter em todo seu esplendor; ao fazê-lo prometer um favor, Sêmele pediu para vê-lo como era e foi fulminada assim que o deus cumpriu sua promessa.

v. 29: Havia uma ideia difundida que Homero teria nascido na Meônia (Lídia), daí que sejam as heroínas homéricas.

vv. 33-34: Transponho este dístico para depois de 46, como Goold, Viarre e Heyworth, enquanto Fedeli transpõe para depois do verso 42.

v. 35-8: O rombo era uma espécie de fuso de madeira, que deveria girar enquanto se pronunciava palavras mágicas (Cf. 3.6.26 e Teócrito, *Id*. 2). A calma das folhas pode indicar um mau presságio (Cf. Tibulo 2.5.81). Produzir eclipse e entender agouros também fazia parte das capacidades das bruxas.

vv. 39-40: Fedeli posiciona este dístico depois do verso 42; porém sigo a tradição manuscrita, com o apoio da maioria dos editores.

vv. 47-8: Perséfone é a deusa dos mortos, esposa de Plutão, que rege sobre o Orco. No verso 47, sigo a correção *et*, de Heyworth, no lugar de *haec* de Ω.

vv. 51-2: Antíope foi amada por Júpiter; Tiro, por Netuno. Europa foi amada por Júpiter na forma de um touro, que a levou para Creta. Pasífae, esposa de Minos, se apaixonou por um touro branco e convenceu, depois de muito recusada pelo animal, que Dédalo construísse um simulacro de vaca, onde ela entrou e conseguiu o amor do touro; desse acontecimento nasceu o minotauro.

vv. 57-8: Heyworth considera o dístico espúrio.

v. 61-2: O culto de Ísis tinha crescido em Roma, do séc. II a.C. até o tempo de Propércio, e era muito praticado por mulheres. Sabemos que parte do ritual constava de abstinência sexual por cerca de dez dias. Propércio pede para si o contrário: dez noites de sexo!

2.29 – Propércio é abordado por uma gangue de meninos (entenda-se Cupidos), que o ameaçam, por causa do seu comportamento infiel em relação a Cíntia. A temática, tal como 1.3, serve também para questionar o tradicional estatuto do poeta elegíaco como alguém abusado por uma amada cruel: nos poemas em questão, é Propércio quem incorpora a figura insensível e criticável do relacionamento; depois, amanhece; o poeta chega à casa de Cíntia e vê que ela dorme sozinha, esperando por ele; ao acordar, no entanto, ela o repele, irritada por ter sido objeto de desconfiança. Esta elegia é comumente dividida em 2.29a (vv. 1-22), o ataque noturno, e 2.29b (vv. 23-42), o lar de Cíntia: os dois poemas, de qualquer modo, criam uma unidade temática baseada na interação entre dois acontecimentos inter-relacionados.

vv. 5-6: Como destaca Fedeli, a partir de Cairns, a descrição dos meninos invoca a cena da perseguição a um escravo que escapou (*fugitiuus*), aqui Propércio; enquanto Cíntia seria a sua senhora (*domina*), ao pé da letra: está explicitado o conceito de *seruitium amoris*, a escravidão do amor. Os Amores são então caçadores de fugitivos (*fugitiuarii*).

v. 8: Sigo *nam*, de **A**, no lugar de *iam*, de **N**.

v. 23: Os ς separam aqui a elegia, enquanto Ω mantém a unidade. Sigo, como a maioria, a leitura de ς.

vv. 27-8: Vesta era a deusa protetora do lar, para quem Cíntia relata seus pesadelos no intuito apotropaico de afastá-los. Goold insere 2.2.9-12 depois do verso 28, enquanto Heyworth aponta a existência de uma lacuna de um dístico.

v. 38: Sigo *notus* de Ω, no lugar da correção *motus*, de Marcílio, incorporada por Fedeli e Heyworth.

v. 41: Propércio cria um paradoxo dentro do *topos* elegíaco. O guardião é quem protege a mulher de supostos amantes, enquanto estes ficam expulsos, do lado de fora da casa, diante da porta da amada. Aqui o poeta é, ao mesmo tempo, o guardião de um amor e o amante expulso.

2.30 – Tal como fica aqui editada a elegia, sigo a tendência da maioria dos editores em dividi-la em dois poemas distintos. No primeiro, Propércio faz a recorrente oposição entre a sangrenta vida política e a vida elegíaca, afirmando que o Amor alcança mesmo quem não se dedica a ele. No segundo, temos a temática da defesa da vida elegíaca como, de certo modo, íntegra e a da necessidade da amada para a poesia amorosa; por isso Cíntia é convocada à sua poesia. Nesse sentido, mesmo que consideremos duas elegias distintas (como aqui faço), é possível notar uma ligação entre as duas.

v. 1: Sem o deslocamento dos versos 19-22, *demens* na abertura do poema costuma ser lido como a figura de Cíntia, no feminino; no entanto, julgo pela temática que ainda assim seria melhor considerar o interlocutor como um homem; Fedeli cogita que possa ser o próprio poeta.

v. 2: O Tánais é um rio da Cítia (atual Don) que separa a Ásia da Europa. Para uma ideia contrária a essa, cf. 3.21.

vv. 3-6: Pégaso é o cavalo alado de Perseu, que nasceu do sangue da Medusa; Perseu também ganhara de Mercúrio um par de sandálias aladas para conseguir vencer a Medusa; e o próprio Mercúrio é sempre descrito com um par de sandálias aladas, para comunicar as mensagens dos deuses.

v. 13-14: O dístico ecoa Catulo 5.1-3. Fedeli acredita haver uma lacuna antes do verso 13, onde estaria o começo da elegia 2.30b.

vv. 16-18: Palas (Minerva) inventou uma flauta para tocar para os deuses; mas Vênus e Juno zombaram das bochechas que se inchavam enquanto soprava; então Minerva, depois de se ver no espelho, lançou a flauta na água. Na versão de Propércio, Minerva lança no rio Meandro, que corta a Ásia Menor.

vv. 19-22: O dístico pode ter uma função programática de recusa da épica, ou da vida bélica implicada pela vida pública romana. Praticamente todos os editores consideram os dois dísticos como uma interpolação (Butler & Barber, Barber, Fedeli, Viarre, Heyworth), e apenas Moya & Elvira o mantêm em sua posição tradicional, sem questionamento; porém decidi seguir a edição de Goold, único que tenta utilizá-lo na abertura da elegia (seguindo a conjectura de Carutti), com pequenas emendas.

vv. 19-20: As ondas frígias são o Helesponto (mas podem indicar os troianos e, portanto, uma guerra civil, já que os romanos se criam descendentes do troiano Eneias), e o mar Hircano é o mar Cáspio.

vv. 21-2: Os Penates e os Lares, divindades do lar e da família (com pequenos oratórios no átrio de cada casa), bem como da pátria, aqui estariam maculados por uma guerra civil (simbolizando aqui fratricídio). A qual das guerras civis romanas Propércio alude é difícil saber.

v. 27: As irmãs são as nove Musas, que poderiam habitar o monte Hélicon ou o Parnaso. Elas aparecem também indicadas como "virgens" (v. 33) e como um coro (34).

vv. 29-30: Série de raptos cometidos por Júpiter. Sobre Sêmele e Io, cf. respectivamente as notas 2.27-28 e 2.27-17-24. Júpiter sobrevoou Troia para raptar o jovem menino Ganimedes, que se tornou um escanção dos deuses no Olimpo.

vv. 31-2: Fedeli transpõe este dístico para depois do verso 24, mas não vejo motivo.

vv. 35-6: Eagro foi um rei da Bistônia (cidade da Trácia), por quem uma das musas (Calíope ou Polímnia) se apaixonou e com quem teve um filho, o poeta Orfeu.

vv. 37-40: Cíntia aparece então como uma espécie de décima musa, que ainda por cima toma a frente do coro. A aparição de Baco é importante por sua relação com a criação poética, que é simbolizada por seu tirso entrelaçado de hera.

2.31 – Aqui temos a descrição do Pórtico de Apolo Palatino (também conhecido como Apolo Ácio, ou Naval), que foi prometido depois da vitória sobre Sexto Pompeu (filho de Pompeu Magno) na batalha de Náuloco e foi inaugurado por Otaviano em 28 a.C. (um ano antes de se tornar Augusto), com uma biblioteca que se tornou bastante importante nos anos subsequentes. Interessante notar como a inauguração, gerada por um fator político, faz Propércio se atrasar para o seu encontro com Cíntia; daí a justificativa que envolve o poema, que se torna um louvor ao deus da poesia, mas também a Augusto. Horácio, *Odes* 1.31 também comemora a fundação do edifício; Cf. ainda Suetônio, *Aug.* 29.

v. 2: O jogo da relação entre *porticus a magno* por um instante dá a entender que possa se tratar do Pórtico de Pompeu Magno, inaugurado em 55 a.C.; mas logo temos o termo César, que explicita ironicamente o adjetivo: *magno Caesare*.

v. 3: O mármore do norte da África (Púnico) era um pouco amarelado; famoso na Antiguidade; ele cria uma contraposição ao mármore branco, de Carrara, do resto do templo (Cf. Plínio, *História natural* 36.49).

v. 4: Sobre Danaides, cf. nota a 1.13.31; Ovídio (*Trist.* 3.1.60-2) nos informa que Dânao também estava representado nesse conjunto de 51 estátuas. Heyworth apresenta uma lacuna depois deste verso.

v. 7: Míron foi um famoso escultor ateniense do séc. V a.C. que teria sido louvado pela estátua de uma vaca, que teria chegado a Roma (Cf. Plínio, *História natural* 34.57).

v. 10: Ortígia é outro nome para a ilha Delos, onde teria nascido Apolo.

vv. 13-14: Os gauleses, liderados por Breno, tentaram invadir o templo de Delfos em 278 a.C. Sobre a Tantálide Níobe, cf. nota a 2.20.7-8.

vv. 15-16: A mãe de Apolo é Latona (ou Leto) e sua irmã é Diana (Ártemis); seu epíteto de Pítio vem do fato de ter matado a serpente Píton, que atormentava a região de Delfos. A maioria dos manuscritos apresenta esta elegia ligada à próxima. A descrição de duas estátuas de Apolo intriga muitos críticos, que não chegam a um consenso sobre a realidade da informação. Fedeli considera haver uma lacuna depois deste verso. Heyworth e Goold unem a elegia 32 à 31. Sigo as edições de Butler & Barber, Barber e Viarre, que consideram a elegia completa na sua descrição, sem uni-la à subsequente.

2.32 – Esta elegia retoma parte da temática apresentada na anterior, a saber, o espaço dos templos, que aqui funcionam para os encontros entre amantes; além dos templos, temos vários outros lugares que podem servir para tais encontros furtivos, e Propércio demonstra que sabe muito bem o que as ausências de Cíntia significam. Se lermos a elegia anterior à luz desta, podemos imaginar que Propércio está acobertando um encontro erótico que teria acontecido no templo de Apolo. Fedeli aponta também para a visibilidade dos exercícios de retórica (*controversiae*) e para algumas temáticas jurídicas ao longo da elegia.

vv. 1-2: Viarre desloca o dístico para depois do verso 10. Goold e Heyworth adiantam os vv. 7-10 para o começo da elegia e a unem com a precedente. Sigo a ordem transmitida.

v. 3: Trata-se do oráculo da Fortuna Primigênia, em Preneste, atual Palestrina. Cf. Cícero. *De div.* 2.85.

v. 4: Telégono era o filho de Odisseu e Circe (habitante da ilha de Eeia), conhecido como fundador de Túsculo, atual Frascati.

v. 5: Em Tíbur (atual Tivoli) também havia um famoso templo a Hércules Victor (Cf. 4.7.82); era uma área ao nordeste de Roma, onde os cidadãos mais ricos tinham casas de campo, tais como César, Salústio, Mecenas, Horácio, etc. A estrada que levava a Tíbur era a Via Tiburtina.

v. 6: A Via Ápia conduzia até a cidade de Lanúvio, que sabemos, por 4.8, que é uma cidade ligada a Cíntia. Em Lanúvio havia um famoso templo a Juno Salvadora, e numa gruta ali perto havia um estranho ritual, ligado aos cultos à Terra (Cf. 3.6.4-14).

v. 10: A Trívia é Diana, deusa das encruzilhadas (*trivia*, em latim). A referência é também ao bosque de Diana Nemorense, que fica próximo da Arívia.

vv. 11-12: O Pórtico de Pompeu, inaugurado em 55 a.C., ficava próximo ao Campo de Marte, era um lugar muito frequentado em passeios e caminhadas e tinha um teatro em seu anexo.

vv. 13-14: Referência a uma fonte que representava Máron, personagem companheiro de Dioniso que ofertou o vinho com que Odisseu embebedou o Ciclope para cegá-lo; Máron era representado como um velho bêbado e cambaleante.

v. 16: Outra fonte, em que Tritão jorrava água por sua boca.

v. 23: Sigo *maledixit*, conjectura de Scheidewin incorporada por Goold e Viarre, no lugar de *me laedit*, de Ω, e da conjectura *peruenit* editada por Fedeli.

v. 24: Cf. Tibulo 3.20.

v. 28: Febo aqui é o Sol, que tudo vê e tudo sabe.

v. 31: A Tindárida é Helena, que abandonou seu marido Menelau e fugiu com Páris.

vv. 33-4: Vênus tinha um caso com Marte, apesar de ser casada com Vulcano; este, ao descobrir o logro, armou uma armadilha para pegá-los em flagrante e assim envergonhou a deusa diante dos outros olímpicos (Cf. *Odisseia* 8.266 e ss.).

vv. 35-6: Trata-se provavelmente do relacionamento entre Vênus e Anquises, donde nasceu Eneias. Os manuscritos apresentam o termo *Parim* onde se lê *deam*, no verso 35: nesse caso a alusão seria ao amor entre Páris e Enone.

vv. 37-40: As Hamadríades são ninfas dos bosques, associadas a uma árvore específica; Sileno era o líder dos sátiros, companheiro de Dioniso, também representado como um velho bêbado. A Náiade aqui referida não está identificada, mas é uma ninfa da água.

v. 45: Lésbia, a figura cantada por Catulo, persona fundamental para a criação das mulheres elegíacas.

v. 47: Tito Tácio foi o rei dos sabinos, povo que guerreou contra os romanos depois que estes raptaram suas mulheres com o intuito de casar. Eles simbolizam a antiga moralidade sexual romana, que Propércio alega estar em decadência.

v. 50: Os reinos de Saturno são referência à Idade de Ouro.

vv. 53-4: Houve um dilúvio provocado por Júpiter, para eliminar a raça humana, que agia de modo muito impiedoso; apenas dois idosos, Deucalião e Pirra, teriam sobrevivido, dando continuidade à raça humana.

vv. 57-8: Trata-se de Pasífae; cf. nota 2.28.51-2. Sobre Dânae, cf. nota a 2.20.9-12.

v. 62: No original latino *libera* tem dois sentidos: livre das censuras do poeta, mas também livre de pudores; tentei manter esses dois sentidos em português.

2.33 – Parece-me que a tradição manuscrita nos apresenta aqui unidas duas elegias com temas bastante distintos. A maioria dos editores pensa assim: 2.33a (vv. 1-22) trata dos cultos de Ísis (como em 2.28) e do costume de dedicar-lhe noites de abstinência sexual; um costume contrário aos ideais do poeta elegíaco. Em 2.33b (vv. 23-40) temos Cíntia como uma ébria, resistente aos efeitos do álcool, e as críticas do poeta, que logo se abrandam numa cena de banquete em que os dois se encontram. Por fim, os últimos quatro versos da elegia (41-44) são pouco conectados com o resto, o que leva a crer que se trate de um fragmento de outra elegia.

vv. 1-4: Sobre Ísis, cf. nota a 2.28.61-2, e sobre sua relação com Io, cf. 2.28.17-24. Ovídio em *Amores* 3.10 trata de modo similar dos cultos a Ceres. Ausônia é o mesmo que romana.

v. 6: Ísis era um deusa de muitas identidades e nomes, *deae multinominis* (APULEIO, *Asno de ouro,* 10.22.6)

vv. 7-12: A maioria das versões do mito afirma que Jove transformara Io em novilha, para protegê-la; aqui Propércio alude a uma versão em que Juno a teria transformado.

v. 20: Propércio toma parte do grupo romano que via com maus olhos os cultos orientais, como o de Ísis. Sabemos que desde o tempo de Sula há tentativas de expulsão do culto de Ísis e que Augusto também fez a mesma tentativa, em vão.

v. 21: Sigo a conjectura de Housman incorporada por Heyworth e Goold, *pia causa*, no lugar de *placata*, de Ω.

v. 23: No original há um jogo entre *fundere uerba* (derramar palavras) e o alcoolismo de Cíntia (tema da elegia), que recriei em "destilar palavras".

v. 24: A descrição da constelação de Bootes, ou Boieiro, está um pouco equivocada: os astros dos bois não foram catasterizados. De qualquer modo, a cena representa o fim da noite, já que a constelação sobe rápido, mas demora muito para desaparecer.

vv. 27-8: O vinho na Antiguidade tinha uma concentração alcoólica muito maior que a dos vinhos atuais; por isso, era costume dissolvê-lo em água e adoçá-lo com mel. O mero é o vinho puro, que embriagava rapidamente.

vv. 29-32: Série de mitos ligados aos infortúnios do vinho. Icário aprendeu com Dioniso como fazer o vinho e o ofereceu a alguns pastores atenienses (Cécrops foi o primeiro rei de Atenas); estes, ao ficarem bêbados, pensaram ter sido envenenados por Icário e o mataram. Icário, então, tornou-se a constelação de Boieiro, ou Bootes (Cf. HIGINO, fábula 130). Eurícion foi o primeiro dos Centauros a tentar violar Hipodamia, nas suas bodas com Pirítoo, o que causou a famosa batalha entre Centauros e Lápitas (Cf. OVÍDIO, *Metamorfoses*, 12.219-21). Na *Odisseia* (9.347 e ss.), Odisseu, preso na gruta do Ciclope, no Ísmaro, ao sul da Trácia, consegue derrotá-lo depois de o embriagar com vinho que recebera de Máron (Cf. nota 2.32.13-14).

v. 35: Lieu é um dos epítetos de Baco, derivado do grego, significa "libertador".

v. 37: Cf. nota a 2.15.51-4.

v. 39: Falerno era uma região da Campânia famosa por seus vinhos.

vv. 41-44: Heyworth sugeriu a separação destes versos, considerando-os fragmentos de outras elegias; a proposta é seguida por Goold e Viarre. Fedeli considera que se trate do fechamento de uma elegia maior.

2.34 – Esta complexa elegia é uma das mais difíceis e estudadas do *corpus* properciano. O poema se inicia com uma apóstrofe a Linceu, que teria o caráter de um grave crítico romano, moralista (talvez um poeta); no entanto descobrimos depois que ele também cedeu ao Amor e tentou roubar Cíntia de Propércio (vv. 1-24). Daí o poema inicia seu conteúdo metapoético, e Propércio se apresenta como preceptor elegíaco para Linceu (vv. 25-58); para assim formular uma discussão com a obra de Virgílio, aqui representado como expoente da épica augustana, mas convertido em poeta amoroso pelos olhos de Propércio, o que acaba por terminar numa lista de poeta eróticos romanos que culmina com a inserção de Propércio e sua amada, Cíntia (vv. 59-94). Alguns manuscritos importantes unem esta elegia à anterior, mas é consenso dos editores separá-las. Além disso, alguns editores já tentaram também separar 34 em 2.34a e 2.34b, mas sigo pela unidade do poema.

vv. 7-8: Alusões respectivamente a Páris e Jasão. A Cólquide é Medeia, nascida na Cólquida. No verso 8, sigo a conjectura *nempe*, de Housman, no lugar de *nonne*, de Ω.

v. 9: Difícil saber se Linceu seria uma persona para encobrir um poeta real. Houve quem dissesse se tratar do poeta Lúcio Vário Rufo, pela suposta alusão às suas obras nos versos 33-41 e também pelo fato de ter sido o editor póstumo da *Eneida* de Virgílio.

vv. 15-16: Sigo *socium ... dominum*, de Ω, ao invés da correção *dominum ... socium*, de Cornelissen.

v. 18: Cf. 2.13.16

v. 29: O texto é incerto, e a palavra *erechti*, que aparece na maioria dos manuscritos, não convence à maioria dos editores. Ainda assim, na falta de uma solução convincente, fico com a tradição manuscrita. Seu sentido, tal como traduzo, é "erecteu", ou seja, ateniense; mas quem seria o velho ateniense é difícil afirmar ao certo: poderia ser Ésquilo (o que mais me atrai), Epicuro, ou mesmo Homero. Outras propostas são *Aratei*, numa alusão ao poeta helenístico Arato, que escreveu uma obra poética intitulada *Fenômenos*, sobre os astros; mas sua filiação alexandrina com a poética de Calímaco torna-o um candidato um pouco estranho. Outra possibilidade seria *Lucretei*, o poeta Lucrécio, que escreveu *Da natureza das coisas*, mas como a listagem é apenas de poetas gregos, ele fica pouco enquadrado dentro do grupo. Por último, uma hipótese mais interessante, mas ainda assim discutível, *Cretaei*, uma alusão ao poeta Epimênides de Creta, do séc. VI a.C., que teria escrito uma *Teogonia*.

vv. 31-2: As referência a Filetas e Calímaco demonstram outra vez a filiação da poesia de Propércio com as propostas alexandrinas de uma poesia refinada e minuciosa. Os "Sonhos" de Calímaco fazem alusão a uma cena de sonho logo na abertura dos seus *Aetia*.

vv. 33-40: Propércio deprecia temas épicos como uma Heracleida (com a luta de Héracles e Aqueloo pelo amor de Dejanira, cf. OVÍDIO, *Met.* 9.1-88), ou os Sete contra Tebas; mas simultaneamente aponta temáticas que possam ser incorporadas pela tradição elegíaca. O Meandro é um rio da Ásia Menor com um curso irregular e sinuoso. Adrasto foi o único sobrevivente dos Sete contra Tebas; alusão aos Jogos Nemeus, originados com a morte de Arquêmoro (também Ofeltes), filho do rei da Nemeia, celebrados durante a excursão dos Sete contra Tebas; Aríon ganhou a corrida montado por Polinices. Anfiarau foi engolido pela terra durante a batalha diante de Tebas; e Capaneu foi fulminado por um raio de Júpiter depois de se vangloriar de não necessitar dos deuses.

v. 39: Sigo a edição de Heyworth, *Amphiaraeae nil*, no lugar de *non amphiarea* de Ω.

v. 41: O coturno é o calçado típico da tragédia, expressa aqui na figura de Ésquilo.

v. 43: O leito estreito no qual se deve enquadrar o pensamento é o dístico elegíaco.

v. 45: Homero e Antímaco representam a épica, ao mesmo tempo apaixonados (segundo se dizia) respectivamente por Penélope e Lide. Antímaco também representa a épica empolada e de mau gosto.

v. 51-4: Uma série de temáticas naturais: a explicação para o desaparecimento da Lua durante o dia; a vida após a morte (Cf. nota 2.27.13-14); a existência de uma divindade (Júpiter) que comande os trovões, ou se não passa de um fenômeno natural.

vv. 59-66: O trecho está impregnado de alusões à *Eneida* (embora esta ainda estivesse em fase de composição, podemos imaginar que o círculo de poetas próximos a Virgílio tivesse acesso ao desenvolvimento da obra), com sua narrativa sobre Eneias e as primeiras guerras no Lácio. Cf. *Aen.* 8.675-713; 11.785; 1.258-9.; 3.280; 7.44-5 e sobretudo 1.1-3; além da bucólica 4.5.

vv. 67-76: Alusões às *Bucólicas* virgilianas, compostas como imitação de Teócrito.

v. 61: O mar Ácio tem interesse para Augusto, que venceu a batalha contra Marco Antônio e Cleópatra em 31 a.C., num local próximo ao templo de Apolo.

v. 67-68: O Galeso é um rio da Calábria, que dá um contexto pastoril que anuncia os nomes dos pastores que aparecem nas *Bucólicas* de Virgílio (embora esse rio não seja citado por Virgílio): Títiro, no v. 72 (bucólica 1); Córidon e Aléxis no v. 73 (bucólica 2); bem como os que aparecem em Teócrito: Dáfnis e Tírsis, v. 68 (idílio 1).

v. 76: Cf. nota a 2.32.37-40.

vv. 77-80: Alusão às *Geórgicas*, imitação de Hesíodo (ou poeta de Ascra), sobretudo dos *Trabalhos e dias*.

v. 80: Apolo nasceu na base do monte Cinto, em Delos, daí que seja Cíntio.

vv. 83-4: Heyworth considera o dístico espúrio. Passagem muito discutida, com clara referência a Virgílio, *Bucólicas* 9.35-6, em que o mantuano faz um chiste com o nome de Ânser (*anser* em latim significa "ganso"), um poeta erótico que lhe era contemporâneo. Segui a proposta de Alfonsi incorporada por Moya & Elvira por julgar que a sua ironia e a inversão da proposta virgiliana se adequa bastante ao tom properciano; mas cito aqui, por julgar também interessante, a conjectura mais aceita, com uma tradução:

nec minor hic animis, ut sit minor ore, canorus
    anseris indocto carmine cessite olor

e sem dever em tom ou vigor, o canoro
    cisne não cede o canto ao rude ganso.

vv. 85-92: Propércio faz um breve cânone da poesia amorosa em Roma, que depois reaparecerá em Ovídio, *Tristes* 2. A série está mais ligada à temática amorosa do que à produção de dísticos elegíacos, já que alguns deles também escreveram lírica. Varrão Atacino (ou de Átax), traduziu *Argonautica* de Apolônio de Rodes (daí o Jasão mencionado) e também escreveu poemas amorosos dedicados a Leucádia; Calvo cantou sua esposa Quintília; Cornélio Galo, fundador da elegia erótica romana, teria cantado sua amada Citéris sob o pseudônimo de Licóris; Galo suicidou-se em 26 a.C., depois de cair das graças de Augusto, quando era prefeito no Egito: é interessante notar como, apesar do problema político ligado ao nome de Galo, Propércio e Ovídio não hesitam em citá-lo.

Notas ao Livro III

O livro III (mais provavelmente o quarto livro de Propércio, como foi comentado nas notas ao livro II) foi publicado em torno de 23 a.C. Depois de ter desenvolvido bastante a temática amorosa nos primeiros livros, de sua fama como poeta elegíaco de Cíntia estar estabelecida, Propércio apresenta uma maior variedade temática, com certo experimentalismo genérico, o que explica o interesse de Ezra Pound, na sua *Homage to Sextus Propertius*, sobretudo pelo livro III: referências homéricas (3.1, 3.12); à épica de Ênio (3.3); à tragédia (3.15); um hino a Baco (3.17); críticas políticas à ganância da guerra (3.4, 3.5, 3.7, 3.12); poesias sobre a luxúria (3.13); sobre a nudez arcaica (3.15); sobre as relações entre homens e mulheres (3.11, 3.19). Ao mesmo tempo, ainda vemos elegias ao modo das anteriores, com sua temática amorosa em torno de Cíntia: 3.6, 3.8, 3.10 e 3.16. O mais marcante, nessa variedade desapegada da elegia estritamente erótica, é que ela nos prepara para o rompimento com Cíntia no último poema (3.24-25), que em grande parte ecoa a abertura de 1.1.

Aqui nós vemos mais uma vez a preponderância do patronato de Mecenas, mas há ainda muitas questões levantadas sobre os problemas éticos e políticos do império, o que implica uma certa liberdade poética para expressar pontos de vista menos ortodoxos. É claro que isso não implica uma crítica virulenta ao governo de Augusto, mas, por meio do uso frequente da ironia, a poesia properciana mantém sempre um viés crítico.

Os problemas textuais, embora ainda muitos, são menores em relação aos do livro II; como texto de base, utilizo a edição de Fedeli (1984), indicando quaisquer alterações.

3.1 – Esta elegia de abertura, ligada às duas subsequentes, é programática desde o experimento do verso inicial e logo se desenvolve como uma *recusatio*. É comum que obras literárias da Antiguidade tenham preocupação com a primeira palavra de um livro – μνιν (ira), na *Ilíada*; νδρα (homem) na *Odisseia*; *arma uirumque* (as armas e o homem) na *Eneida*; *Cynthia prima* (Cíntia, a primeira), no primeiro livro de Propércio). Aqui, a primeira palavra é estranhamente o nome de outro poeta: Calímaco. Daí já temos a filiação literária com os poetas alexandrinos exposta desde o primeiro verso do primeiro poema do livro, talvez acima da própria Cíntia, como já dito. A elegia traça diálogos com obras importantes: *Da natureza das coisas* de Lucrécio (1.117-9, 4.1-5); *Geórgicas* de Virgílio (2.173-6 e 3.8-18); e *Odes* de Horácio (3.30).

vv. 1-2: A invocação serve para ligar Propércio aos dois poetas, ao mesmo tempo em que cria um contexto religioso propício para a definição do poeta como vate (o que associa uma função sacerdotal). Os Manes são os espíritos dos falecidos; e os ritos podem invocar a celebração de heróis mortos, mas ao mesmo tempo podem indicar a própria poesia (cf. Virgílio, *Geo.* 2.475-6). O bosque termina de criar o contexto, já que era sempre considerado um lugar sagrado, sobretudo em relação à poesia (cf. Horácio, *Odes* 1.1.29-32; Ovídio, *Amores* 3.1.1-2).

vv. 3-4: Propércio aqui se apresenta como um *inuentor* e sacerdote (Cf. Horácio, *Odes* 3.1.3, *Musarum sacerdos*). Não precisamos, necessariamente, levar a afirmação a sério, já que é um *topos* recorrente da poesia augustana (Cf. Horácio, *Odes* 2.20 e 3.30; Ovídio, *Met.*15.146-7; Virgílio, *Geo.* 3.40-1). O dístico também ecoa *Geórgicas* 2.175-6. A temática da fonte de água pura como referência poética remete a Calímaco, *Hino a Apolo*, vv. 110-12.

vv. 5-6: A gruta era associada à poesia ao menos desde Píndaro (*Píticas*, 6.49), mas também aparece em Catulo, Horácio, Ovídio, dentre outros. Quanto às outras perguntas: era uma superstição antiga entrar com o pé direito; beber da água aqui tem conotação poética, ao invocar as fontes como inspiração.

vv. 7-8: Por oposição à épica, que retém o deus da poesia (Febo) entre armas, Propércio quer um verso mais refinado, numa clara alusão à programática de Calímaco na abertura dos seus *Aetia* (frag. 1 Pfeiffer, vv. 23-4) e à bucólica 6, vv. 3-5.

vv. 9-12: A temática dos triunfos é recorrente na poesia augusta. A representação da Fama alada aparece já em Teógnis (frag. 237-9); os corcéis coroados de flores aparecem com frequência nos triunfos; aqui os Amores aparecem como se fossem filhos dos generais, que também desfilavam nos triunfos bélicos, com os pais.

vv. 13-14: Nova alusão ao prólogo dos *Aetia*, de Calímaco, bem como ao seu epigrama 28 (cf. nota a 2.23.1-2), com a metáfora do carro e da estrada. No verso 13, sigo *immissis mecum*, proposta de Aurato incorporada por Goold, Viarre e Heyworth.

vv. 15-16: A referência aos anais não deixaria de invocar a épica de Ênio, intitulada *Anais*, com a temática da glória romana por seus feitos bélicos. Bactros, na Pártia, é aludida como um dos confins do império em expansão (Cf. 3.11.21); como sabemos que os partos fizeram um tratado de paz em 20 a.C., podemos com segurança datar a elegia como anterior ao tratado.

vv. 17-18: O Hélicon é monte das irmãs Musas. Mais uma alusão ao frag. 1 Pfeiffer, de Calímaco, como no verso 14; cf. também Lucrécio fazendo referência a Ênio, 1.117-9.

vv. 19-20: As Musas são Pegásides por estarem ligadas à fonte de Hipocrene, que teria surgido de um coice do Pégaso, o cavalo alado de Belerofonte. Há uma oposição entre os adjetivos *mollia* e *dura*, com sentido metapoético, representando a oposição entre elegia e épica (Cf. 2.34.43-44).

vv. 21-22: A temática da inveja aparece em Hesíodo (*Trabalhos e dias* 26) e também retomada por Calímaco (frag. 1 Pfeiffer, vv. 17-18).

v. 24: Alusão a Virgílio *Geórgicas* 3.9 e ao epitáfio de Ênio:

Aspicite, o ciues, senis Enni imaginis forman.
hic uestrum panxit maxima facta patrum.
nemo me lacrimis decoret nec funera fletu
faxit. cur? uolito uiuos per ora uirum.

Vede, ó concidadãos, a imagem do velho Ênio.
Ele informou os grandes feitos dos avós.
Ninguém enfeite o funeral com suas lágrimas.
Por quê? Eu voo vivo na boca dos homens.

vv. 25-34: A série de versos remete a Teócrito, 16.48-50 e é também retomada por Ovídio, *Arte de amar* 3.413-14. O cavalo de abeto é o cavalo de Troia, com a designação do tipo de madeira (*Eneida* 2.16), talvez também uma alusão à versão do mito que afirma que o cavalo de madeira teria sido usado não como um presente, mas como um aríete de guerra. O Hemônio é Aquiles, que combateu os dois rios (*Ilíada* 21.211-382), que descem do monte Ida, e arrastou o cadáver de Heitor (*Il.* 22.401-41). Os quatro outros heróis são todos troianos. Ílion é o nome da cidadela de Troia, que foi devastada duas vezes por Héracles (que aqui aparece como deus do Eta, devido à sua morte e apoteose): na primeira, ainda em vida, ele exigia o pagamento do rei Laomedonte por ter matado um monstro marinho; na segunda, já divinizado, Filoctetes usava o seu antigo arco.

v. 34: A cena da deusa Fama crescendo após a morte é similar à de Horácio, 3.30.7-8.

vv. 37-8: A elegia termina retomando, em uma estrutura cíclica, a referência a Calímaco (frag. 1 Pfeiffer, vv. 21-22). O deus Lício é Apolo, patrono da poesia, que recebe esse epíteto por ter um templo em Pátaros, na Lícia.

3.2 – A temática da imortalidade atingida através da poesia, aqui anunciada como poesia de amor, retoma o assunto apresentado na elegia de abertura, com um diálogo intenso com a ode 3.30 de Horácio.

v. 2: Neste verso, segui uma leitura pouco usual pelas vias de Ezra Pound, em *Homage to Sextus Propertius*. No seu intuito de ressaltar a *logopoeia* da poesia properciana, Pound verteu o verso da seguinte maneira: *And the devirginated young ladies will enjoy them / when they have got over the strangeness*. Nesse sentido, Pound tentar retomar o duplo sentido de *tacta*: que serve tanto para "comovida" quanto para "tocada", no sentido de oposição a *intacta* (virgem); além disso, ele lê a expressão *in solito* (que a maioria dos editores preferem) como o seu oposto, *insolito* (versão que, embora conste e L e N, nenhum dos editores a que tive acesso preferiu), de modo a reforçar a ambiguidade sonora da frase, dando mais ênfase ao sentido inesperado das palavras. Com sua leitura radical, Pound revela o texto latino, mas não tenta recriar a ambiguidade em sua própria língua. Assim, na minha tradução, tento aclarar a conotação sexual usando o termo "goze", que implica o "ter prazer com algo" ou "ter um orgasmo". Ao mesmo tempo, preferi a leitura *insolito*, pois creio que faz mais sentido em relação ao contexto do poema e ao projeto elegíaco properciano.

Se tomamos como modelo o famoso epigrama 28 de Calímaco (*Ant. Pal. XII, 43*), fica mais clara a intenção do poeta romano. No epigrama, Calímaco, seguindo seu próprio projeto, declara que não gosta do poema cíclico, nem dos caminhos muito trilhados. Do mesmo modo, Propércio parece fazer uma alusão nos dois primeiros versos desta elegia: no primeiro, *orbem* pode ser compreendido como uma oposição irônica ao cíclico, o que demonstraria também, mas num campo da alusão, que o Calímaco romano também despreza a poesia cíclica. Já no segundo verso (pouquíssimo estudado pelos acadêmicos quanto às suas ambiguidades e problemas), *insolito* retomaria a vontade de trilhar novos caminhos (a originalidade romana, nos termos com que Gordon Williams a apresenta), por demarcar que seu som é novo, estranho, insólito; o que faz muito mais sentido do que afirmar que seria um som costumeiro, ou simplesmente afirmar que a moça se acostumaria ao som.

De qualquer modo, a preposição *in*, no caso gramatical em questão, não seria necessária para a sintaxe, o que nos leva a crer ainda mais que seria um caso em que teria a função de prefixo negativo (a não ser que Propércio, numa complexidade ainda maior, buscasse uma ambiguidade sonora entre o costumeiro e o insólito, deixando a cargo do leitor/auditor a escolha quanto ao sentido, já que as letras não estavam separadas na grafia romana original).

vv. 3-10: A série implica uma relação entre duas ideias de *carmen*: canto (poema) e encanto (feitiço). Elas são representadas pelo mito de Orfeu, que guiava animais e plantas com sua lira (um tema caro aos augustanos, cf. VIRGÍLIO, *Geo.* 4.453-527; Hor. *Odes* 1.12.8-12; OVÍDIO *Met.* 11.1-84); de Anfíon, que construiu a muralha de Tebas com o som da sua lira, perto do rio Citéron; e de Polifemo, que, apesar de ser um terrível ciclope, conseguiu seduzir a ninfa Galateia (uma versão que não consta antes de Propércio, bem diversa das de TEÓCRITO, *Id.* 11, e de OVÍDIO, *Met.* 13.759-897). Por fim, Propércio se apresenta como acompanhado pelos dois deuses da poesia: Baco, representando a inspiração (HORÁCIO, *Odes* 2.19, 3.2, 3.25; OVÍDIO, *Tristes* 5.3), e Apolo representando a técnica.

v. 5: Sigo *Thebanam*, conjectura de Heinsius adotada por Goold, Viarre e Heyworth, no lugar de *Thebas*, de Ω.

vv. 11-14: A temática da pobreza do poeta vem da lírica grega (Arquíloco frag. 19 W.; Baquílides, frag. 21 Snell), mas participa da poesia romana. Cf. Horácio *Odes* 2.18, 3.16; Tibulo 1.1. O Ténaro é um promontório da Lacônia, cujo mármore era muito famoso; a ilha de Feaces é um lugar mitológico de pomares que produziam sem cultivo humano; o Aqueduto Márcio, fundado em 144 a.C. por Q. Márcio Rex, foi restaurado por Agripa, levava água do

Ânio até Roma, por um percurso de mais de 90 quilômetros; por fim, as grutas mencionadas são uma construção artificial, como a famosa *Domus Aurea* de Nero, de muitos anos depois.

v. 16: Calíope é a Musa patrona da poesia lírica.

vv. 19-22: Uma série representando as grandes construções, todas propensas à morte. As pirâmides do Egito também são mencionadas em Horácio 3.30, com o mesmo propósito (aliás, vários temas retomam a lírica final das *Odes*):

> *Exegi monumentum aere perennius*
> *regalique situ pyramidum altius,*
> *quod non imber edax, non Aquilo inpotens*
> *possit diruere aut innumerabilis*
> *annorum series et fuga temporum.* 5
> *Non omnis moriar multaque pars mei*
> *uitabit Libitinam; usque ego postera*
> *crescam laude recens, dum Capitolium*
> *scandet cum tacita uirgine pontifex.*
> *Dicar, qua uiolens obstrepit Aufidus* 10
> *et qua pauper aquae Daunus agrestium*
> *regnauit populorum, ex humili potens*
> *princeps Aeolium carmen ad Italos*
> *deduxisse modos. Sume superbiam*
> *quaesitam meritis et mihi Delphica* 15
> *lauro cinge uolens, Melpomene, comam.*

Mais perene que o bronze, um monumento ergui,
e maior que o pilar entre as pirâmides;
nem a chuva mordaz e o Áquilo em desrazão
poderão destruir, nem mesmo a série
que sem número segue, e anos que vão correr. 5
Eu não morro de todo: em grande parte não
tocarei Libitina, eu crescerei além,
sempre novo em louvor, se ao Capitólio
o pontífice vier com virgem tácita.
Terei fama onde rui o Áufido ríspido, 10
e onde Dauno reinou nos povos áridos
e sofreu da escassez; fraco eu firmei razão,
o primeiro a trazer um canto Eólico
sobre Itálicos tons. Esta soberba, eis,
aceita, eu mereci, com louro Délfico 15
poderás me cingir: vem, ó Melpômene.

O templo de Júpiter em Olímpia, na Élida, era o mais famoso da Antiguidade, onde estava a estátua esculpida por Fídias, uma das sete maravilhas do mundo; o Mausoléu era um monumento em Halicarnasso dedicado a Mausolo, rei da Cária. Em contraposição à mortalidade dessas construções (tal como em Horácio), Propércio apresenta a imortalidade da poesia, um tema derivado pelo menos de Píndaro, *Píticas* 6.10-18.

v. 24: Sigo *tacito*, conjectura de Eldik incorporada por Goold e Heyworth, no lugar de *ictu*, de Ω.

3.3 – Esta elegia é uma típica *recusatio*. Propércio se imagina bebendo na fonte de Ênio, ou seja, procurando poesia épica, capaz de tratar das grandes batalhas da história de Roma; no entanto, é advertido por duas divindades, Apolo e Calíope, a seguir sua poética menor, a elegia amorosa. A tópica do sonho, aqui apresentada, remonta pelo menos a Hesíodo (*Teogonia*, 22-34), passando pelos poetas helenísticos, sobretudo Calímaco, em seus *Aetia* (frag. 2 Pfeiffer), logo depois do prólogo aos Telquines. Em Roma a temática já havia sido usada por Ênio na abertura dos *Anais* (frag. 5 Warmington), Horácio, *Sátiras* 1.10.31-7, e *Odes* 2.19.

v. 1: O termo *recubans*, no original, pode ser uma alusão a *Bucólicas* 1.1: *Tityre, tu patulae recubans sub tegmine fagi* ("Títiro, tu sentado embaixo da ampla faia" tradução Raimundo Carvalho). O Hélicon é o monte das Musas já citado por Hesíodo (*Teogonia* 1).

v. 2: O cavalo de Belerofonte é Pégaso, e aqui a referência é à fonte de Hipocrene, nascida de um coice do cavalo e consagrada às Musas. No original, *umor* pode significar tanto "água" quanto "urina"; tentei recriar a sutileza dessa ambiguidade fazendo o cavalo "desaguar" ali.

vv. 3-4: Alba Longa foi a cidade fundada por Iulo, filho de Eneias. É dela que nascem Rômulo e Remo, os irmãos que mais tarde fundariam Roma. Outro tom cômico: *hiscere*, no original, significa abrir a boca sem fazer um som, praticamente um bocejo. É o que acontece no poema: Propércio abre a boca para ensaiar uma épica, mas é calado e retorna à elegia.

v. 5: Sigo *iam*, conjectura de Guyet, no lugar de *tam*, de Ω.

vv. 6-12: Todos os temas aqui apresentados devem ter aparecido nos *Anais* de Ênio, fundador da épica hexamétrica romana (contando a história de Roma de sua fundação até o presente, *circa* 170 a.C.). A batalha entre os trigêmeos Horácios e Curiácios (Lívio 1.24-25), para decidir as batalhas entre Roma e Alba Longa; com a vitória dos Horácios, Roma recebeu o título da vitória, ao invés de realizar uma grande batalha. Lúcio Emílio Regilo venceu uma importante batalha contra Antíoco III em 190 a.C. (Lívio, 40.52); não seria a de Paulo Emílio, em 168 a.C., porque Ênio falecera um ano antes. Quinto Fábio Máximo Cunctator foi famoso por adiar as batalhas contra Aníbal, na Segunda Guerra Púnica, o que ajudou Roma a se estabilizar. Aníbal realizou uma vitória arrasadora sobre os romanos em 216 a.C., na Batalha de Canas (Lívio 22.36), daí que os deuses estejam contra os pios (leia-se romanos). Aníbal foi derrotado em 211 a.C. (Lívio 26.7), já nos portões de Roma, que Propércio atribui como resultado da intervenção dos Lares, divindades protetoras do lar e da família. Por fim, em 387 a.C., os gauleses tentaram invadir Roma, mas os gansos do templo de Júpiter, no Capitólio, denunciaram a invasão aos guardiões, que conseguiram salvar a cidade (Lívio 5.47).

vv. 13-24: A intervenção de Apolo alude a pelo menos duas obras: o prólogo dos *Aetia*, de Calímaco (frag. 1 Pfeiffer), e a bucólica 6 de Virgílio (Cf. também Horácio *Odes* 4.15 e Ovídio *Arte de amar* 2.493 e ss.). A fonte da Castália, junto ao monte Parnaso, também era dedicada às Musas.

v. 17: Sigo *hinc*, conjectura de Heinsius, no lugar de *hic*, de Ω.

vv. 27-38: A descrição da gruta como fonte poética retoma 3.1.1-6. Os tímpanos são pequenos pratos de metal para serem tocados durante as danças; as orgias das Musas evocam suas danças e seus mistérios; Sileno, como já dito, é representado como um companheiro ébrio de Baco, junto com Pã (de Tegeia, cidade da Arcádia) ele dá um tom pastoril e mais sagrado à descrição poética, o que remonta mais uma vez a Hesíodo e Virgílio (por exemplo Virgílio, *Geo*. 1.16-18). Sobre as pombas, cf. nota a 2.15.27-8. O lago Gorgôneo é uma nova referência à fonte de Hipocrene, pois o Pégaso nasceu do sangue da Medusa (uma das Górgonas), depois que Perseu a matou. Sobre Calíope, cf. nota a 1.2.28; aqui Propércio joga com a etimologia do seu nome καλλός (belo) ὄψις (rosto).

vv. 39-40: Os cisnes eram representados como puxando o carro de Vênus (por metonímia a poesia amorosa); por contraposição, os cavalos representam a poesia bélica.

vv. 41-6: Temática bélica típica do gênero épico. A Aônia é a Beócia (região onde fica o Hélicon). Mário venceu os teutões em 102 a.C. e os cimbros em 101; a derrota dos suevos é provavelmente a de 29 a.C., para o general romano Gaio Carinas. Fedeli argumenta que poderia ser a vitória de César sobre Ariovisto, nas margens do rio Reno, em 58 a.C.

v. 48: Sigo a conjectura de Heyworth, incorporada por Goold, *morae*, no lugar de *fugae*, de Ω, por julgar que expresse melhor a temática do *paraklausithyron*.

v. 52: A elegia se fecha (ao mesmo tempo em que fecha a seção inicial dos três primeiros poemas) com uma nova referência à poética refinada de Filetas de Cós.

3.4 – Embora as elegias anteriores tenham um ciclo um tanto quanto fechado, esta e a próxima dão continuidade ao conteúdo programático que abre o livro III. É importante atentar que 3.4 e 3.5 traçam também uma série de oposições entre poesia amorosa e os problemas bélicos do império romano dominado por Augusto. Esta elegia faz um grande louvor aos feitos recentes de Augusto ao modo de um *propemptikon*, ao mesmo tempo em que retrata o poeta ironicamente afastado dos interesses, deitado no colo de Cíntia. Há algumas similaridades com Horácio *Odes* 4.2.33-52 e Virgílio, *Eneida* 8.714-28, nas referências aos triunfos de Augusto.

vv. 1-2: Sabemos que Augusto chegou a planejar uma campanha contra os partos ("indos" aqui representa apenas o oriente), mas que nunca chegou a realizá-la. O "mar gemífero" pode ser o oceano Índico, o Mar Vermelho ou o Golfo Pérsico. A abertura bélica contrasta significativamente com a poética apresentada pelo conselho de Apolo em 3.3. É possível que a abertura *Arma deus Caesar* ecoe, de algum modo *Arma uirumque cano* (abertura da *Eneida*), em que o homem (*uirum*) é o ascendente de Augusto.

vv. 3-4: Quirite é o cidadão romano, pela designação do nome de Rômulo depois de sua apoteose: Quirino. Tigre e Eufrates são dois rios importantes da Pártia e da Armênia. No verso 3, sigo a conjectura *Quiris*, de Wistrand, no lugar de *uiri* de Ω.

vv. 5-6: A "verga Ausônia" é referência aos fasces romanos, símbolo do poder dos litores; em 19 a.C. Augusto recebeu vitaliciamente 12 fasces. Há referência aqui ao templo de Júpiter Ferétrio, onde se depositavam os espólios de guerra (tema da elegia 4.10).

vv. 9-10: Sobre a perda das insígnias de Crasso, cf. nota a 2.10.14.

vv. 11-20: Propércio agora se imagina observando um típico triunfo romano, em que o general apresenta o resultado das suas vitórias.

v. 11: Vesta representa o fogo doméstico; as vestais eram sacerdotisas virgens incumbidas de manter o culto à deusa. Augusto fundou um templo a Vesta no Palatino em 12 a.C., no seu período de pontífice máximo. Para além disso, o mito romano dizia que Rômulo e Remo tinham nascido do estupro de uma Vestal pelo deus Marte.

v. 13: Heyworth marca uma lacuna depois deste verso. Goold transfere para cá o verso 18, depois o 17, então prossegue o poema. Creio que, embora a sequência seja um pouco abrupta, não seja mais do que outras de Propércio.

v. 14: Cf. Ovídio, *Trist.* 4.2.53-4.

v. 18: Heyworth marca outra lacuna depois deste verso.

v. 19: Augusto, adotado por Júlio César, passou a dividir também sua suposta ascendência em Eneias, filho de Vênus, uma temática fundamental para a *Eneida* de Virgílio. Sua família, descendente de Iulo (filho de Eneias) é a *gens Iulia*.

v. 22: A Via Sacra, que ligava o Foro ao Capitólio, era a rua mais utilizada para os triunfos. Sigo *mi*, de ς, no lugar de *me*, de Ω.

3.5 – O desenvolvimento interligado desta elegia com a anterior nos faz talvez atribuir-lhe uma construção irônica. As divindades de César e de Amor estão simetricamente opostas: um está ligado à guerra, à vida pública e à épica; o outro, à vida privada, amorosa, à elegia. Na argumentação por uma vida contra a ganância (simbolizada pela guerra), o poeta imagina um mundo dos mortos sem diferenças. A elegia ainda retoma 2.10 e 2.13 com a mesma ideia de promessa de poemas a Augusto, pouco adiante renegada em nome da poesia amorosa.

vv. 1-2: Por contraposição à guerra, do poema anterior, o poeta se entrega à milícia amorosa, que venera a paz. Há ainda um jogo com o verbo *ueneror*, que ecoa a deusa *Venus*.

vv. 3-6: O amante não tem cobiça em suas batalhas amorosas.

v. 6: Quando Corinto foi sitiada pelos romanos, em 144 a.C., durante o incêndio da cidade, muito bronze se derreteu junto com ouro e prata. Sigo *mixta*, conjectura de Ruhnken incorporada por Goold e Heyworth, no lugar de *miser*, de Ω.

vv. 7-12: O mito de Prometeu é primeiro narrado por Hesíodo (*Teogonia* vv. 506-16), onde ele rouba o fogo dos deuses. Em Propércio, ele aparece como tendo moldado o ser humano a partir do barro (APOLODORO 1.7.1; PAUSÂNIAS 10.4.3; HORÁCIO *Odes* 1.16.13-16).

v. 9: *parum caute* ("sem cautela") é um provável jogo etimológico com o nome de Prometeu (do grego, *pro* + *méthis*, "aquele que tem astúcia antes").

vv. 13-17: A temática da igualdade na morte é recorrente na crítica aos costumes. O Aqueronte é um dos rios do Hades.

v. 15: Sigo *uicto* (Willis)... *miscetur* (Housman), no lugar de *uictis miscebitur*, de Ω.

vv. 16-17: Jugurta, rei da Numídia, foi um grande inimigo de Roma até ser derrotado por Mário (SALÚSTIO, *De bello jugurthino*), em 105 a.C., durante seu consulado (curiosamente eles já haviam sido companheiros durante o cerco da Numância). Creso foi um riquíssimo rei da Lídia (no séc. VI a.C.), e Iro é o mendigo que aparece na *Odisseia*, canto 18, representado como Dulíquio, por ser este o nome de uma ilha próxima a Ítaca.

v. 18: Sigo *carpta* (Baehren) ... *ante* (Helm), conjecturas incorporadas por Goold e Heyworth, no lugar de *Parca* ... *acta*, de Ω. Nessa leitura, temos um eco verbal do *carpe diem* (HORÁCIO, *Odes* 1.11.8) em *carpta die*.

vv. 19-21: Sigo *me iuuat* nos dois dísticos, ao invés de *me iuuet*, de Bürger, incorporada por Fedeli. Sobre Lieu, cf. nota a 2.33.35. No verso 21 há um chiste entre Lieu ("o libertador" em grego, epíteto de Baco) e o verbo *uincire* ("atar").

vv. 23-38: Estes versos apresentam uma série de temáticas filosóficas recorrentes na Antiguidade (fenômenos naturais, que aparecem sobretudo nas obras de Lucrécio e Arato), e são inseridos na elegia para explicitar a relação entre juventude e elegia/vida amorosa, por contraposição a velhice e sabedoria/filosofia (Cf. 2.34.51-9). A série ecoa Virgílio, *Georg.* 2.475-82, e um epigrama de Filodemo de Gádara (*Anth. Pal.* 5.112):

> Ἠράσθην· τίς δ' οὐχί; κεκώμακα· τίς δ' ἀμύθετος
>   κώμων; ἀλλ' ἐμάνην· ἐκ τίνος; οὐχὶ θεοῦ;
> ἐρρίφθω· πολιὴ γὰρ ἐπείγεται ἀντὶ μελαίνης
>   θρὶξ ἤδη, συνετῆς ἄγγελος ἡλικίης.
> καὶ παίζειν ὅτε καιρός, ἐπαίξαμεν· ἡνίκα καὶ νῦν
>   οὐκέτι, λωϊτέρης φροντίδος ἁψόμεθα.

> Amei – quem não? Louvei – quem não sabe os mistérios
>   do louvor? Eu surtei, por quem? Um deus?
> Adeus! As cãs agora invadem meus cabelos
>   negros: as sábias núncias da prudência.

No tempo de brincar, brinquei; hoje acabou-se:
abraçarei mais sérios pensamentos.

Ovídio depois, em *Tristes* 4.8.2, retomaria a temática.

vv. 29-32: Sobre Euro, cf. nota a 2.26-35-38. Sobre a ideia de o arco-íris sorver água, cf. Virgílio, *Georg.* 1.380, Tibulo, 1.4.44 e Ovídio, *Met.* 1.271.

vv. 33-8: O Pindo é uma serra que separa a Tessália, a Macedônia e o Epiro; aqui aparece como Perrebo, por relação com o povo que habitava a região. Os corcéis negros do Sol representam o eclipse solar (Lucrécio, 5.751 e ss.). Sobre Bootes, cf. nota a 2.33.24. As Plêiades são uma constelação de sete estrelas, representando as sete filhas de Atlas (OVÍDIO, *Fastos* 4.169-75).

vv. 39-46: Agora a temática filosófica se detém no que haveria após a morte, com uma série de mitos sobre os castigos no Orco. Tisífone é uma das três Fúrias (Erínias gregas), em geral representada com cabelos de serpente. Fineu, rei mítico da Trácia, foi castigado (os motivos variam conforme a versão) com a cegueira e o dom da profecia e era cercado por Harpias, que tomavam e conspurcavam todos os seus alimentos (Cf. APOLÔNIO DE RODES, *Arg.*, 2.178 e ss.). Alcméon, filho de Anfiarau, vingou a morte do pai matando a mãe, Erifila, e passou a ser perseguido pelas Fúrias (como Orestes). Os suplícios representados por "roda, rocha e sede em meio às águas" são, respectivamente os de Ixíon (cf. nota a 1.9.20), Sísifo (Cf. nota a 2.17.5-8) e Tântalo (Cf. nota a 2.1.65-70). Por fim, Tício (Cf. nota a 2.20.32-3); os casos de Fineu e Alcméon não costumam aparecer no mundo dos mortos.

v. 39: Sigo *Gigantum*, de ΠΛ, no lugar de *nocentum*, de Lobeck, aceito por Fedeli.

vv. 45-6: Talvez ecoe Lucrécio, *De rerum natura* 1.62-5.

vv. 47-8: Sobre a perda das insígnias de Crasso, cf. nota a 2.10.14. Este verso retoma da elegia anterior os versos 9 e 10.

3.6 – Esta elegia, que costuma ser comparada com um trecho do *Heautontimorumenos* de Terêncio (vv. 267-309), ou ao *Eunuchus* (vv. 1-80), tem uma construção refinada. Propércio faz um monólogo em que inclui a mensagem trazida pelo escravo Lígdamo e, dentro dela, as supostas falas de Cíntia, o que produz um tom dramático cômico e, ao mesmo tempo, recheado de *pathos*.

v. 1: O mesmo escravo Lígdamo aparece também em 4.7 e 4.8. Curiosamente é também o nome de um dos poetas elegíacos do *corpus Tibullianum* (elegias 3.1-6). O nome deriva do grego λύγδην ("soluçando", ou "suspirando", advérbio), o que remonta ao caráter elegíaco de lamento.

vv. 3-4: Heyworth transpõe o dístico para depois de v. 12; Goold, para depois de v. 8.

v. 6: Sigo a conjectura de Muretus, *metu*, no lugar de *timens*, de Ω.

v. 13: Heyworth apresenta uma lacuna antes deste verso.

v. 14: *Scrinia* é uma espécie de caixinha; aqui ela poderia guardar os poemas de Propércio, ou maquiagem. Optei pela segunda interpretação, por julgá-la mais próxima do contexto geral.

vv. 15-16: A descrição de Cíntia como matrona é muito próxima da que encontramos da casta Lucrécia em Tito Lívio, 1.57.9.

v. 26: Sobre rombo, cf. nota a 2.28.35-8. A temática da feitiçaria também é bem expostas em Teócrito, *Id.* 2, Horácio, *Epodos* 5, e em Lucrécio, 4.452 e ss.

v. 27: Sigo *sanie*, conjectura de Heinsius incorporada por Goold e Heyworth, no lugar do redundante *ranae*, de Ω.

v. 29: A estrige (*strix*) é um pássaro noturno semelhante à coruja, ligado a maus agouros pelos antigos. Também é imaginado como capaz de chupar o sangue de humanos e de outras vítimas (Cf. Ovídio, *Fastos* 6.130-9; *Met.* 7.269-71).

v. 30: Sigo *uiro*, de Ω (como Moya & Elvira e Viarre), no lugar da frequente conjectura *toro*, de Heinsius.

v. 34: Cf. Tibulo 1.5.39-40.

v. 41: Concórdia implica uma temática épica, e também designa uma deusa a quem os romanos erigiram vários templos depois da *discordia ciuilis* (guerra civil).

v. 42: Viarre aponta para a possibilidade de uma troca de papéis entre Lígdamo, que será liberto, e Propércio, que poderá ser o escravo amoroso de Cíntia, um imagem que também aparece em Ovídio, *Amores* 1.6.47 (*dummodo sic, in me durae transite catenae*, "e assim, duras correntes, vinde a mim").

3.7 – Esta elegia funciona ao mesmo tempo como uma invectiva contra a ganância e como um epicédio para Peto. É alterada de modo radical pelos editores, que operam uma série de transposições de versos. Com isso em mente é que Goold (1990, p. 20) afirma: "O caos de 3.7 excede o de todos os outros poemas de Propércio". Dada a variedade de soluções (que implicam resultados bastante diversos), preferi seguir a edição de Simone Viarre (2007), que apresenta pouquíssimas transposições, baseadas num artigo de Liberman sobre o assunto (1996). A temática da morte no mar graças à ambição, ou com o mar resultando por túmulo aparece em muitos autores, como Leônidas de Tarento (*Anth. Pal.* 7.266, 273 e 736) e Glauco (*Atnh. Pal.* 7.285). Na verdade, se buscarmos no livro VII da *Antologia palatina*, encontraremos cerca de 80 epigramas com essa temática, sobretudo nos ciclos 263-79, 282-94, 494-506 e 582-7 e também em Posidipo (93 a-b).

v. 1: *Pecunia* é por vezes divinizada entre os antigos, por isso traduzo com letra maiúscula (Cf. e.g. Horácio, *Epist.* 1.6.37 e Juvenal 1.113), e tal como aparece na edição com comentários de Heyworth & Morwood (2011).

v. 4: A imagem é similar à do nascimento de Minerva da cabeça de Júpiter.

v. 5: O nome Peto (*Paetus*) era comum em Roma: temos cônsules (dos anos 337, 286, 201, 198 e 167 a.C.), um amigo de Cícero (*Ad fam.* 9.15-26), dentre outros. Isso leva os editores a suporem um acontecimento real por trás do poema; infelizmente, não sabemos de mais nada sobre quem poderia ser o Peto em questão. Faros era a ilha onde ficava o Farol de Alexandria, muito ligada à navegação comercial.

vv. 9-10: Os romanos acreditavam que os mortos que não recebessem ao menos três punhados de terra acabariam vagando sem descanso sobre a terra.

v. 12-14: Cárpatos é uma ilha entre Rodes e o Mar Egeu. Sobre Oritia, cf. nota a 1.20.31.

vv. 21-24: Agamêmnon se apaixonou por Argino, neto de Atamante, rei de Tebas, enquanto organizada a frota que iria para Troia; assim, quando o jovem morreu no rio Cefiso, Agamêmnon adiou a partida e depois, para apaziguar os ventos (depois do atraso) ordenou que se sacrificasse a sua própria filha, Ifigênia. A versão é similar à que aparece em Ateneu 13.603d. No verso 22, sigo *Athamantiadae*, conjectura de Hertzberg, incorporada por Goold e Heyworth, no lugar de *minantis aquae*, de Ω. Heyworth e Giardina desconfiam da autoridade destes dois dísticos, enquanto Goold também desconfia dos versos 23-24.

v. 25: Sigo a conjectura *aqua*, de Damsté, incorporada por Goold, Viarre e Heyworth, no lugar de *humo*, de Ω.

v. 39: Cafareu é um promontório no sudeste da Eubeia. Foi nesse ponto que Náuplio, rei da Eubeia, afundou parte da frota grega, quando esta retornava de Troia, para vingar a morte de seu filho Palamedes, por culpa de Odisseu (Cf. APOLODORO 7.7-11, OVÍDIO, *Met.* 14.472-3).

vv. 43-6: Por oposição, Peto poderia ter se contentado com suas heranças e cuidado da terra, como um típico romano (HORÁCIO, *Epodos* 2; *Odes* 1.1; TIBULO 1.1). Os Penates são os deuses protetores da casa. Nesta cena, temos uma figuração da piedade religiosa que leva Peto a prestar oferendas rituais antes das refeições.

v. 47: Sigo a conjectura *et* de Heyworth, no lugar de *haec*, de N.

v. 49: Terebentino é um tipo de madeira exótica muito procurada na Antiguidade por causa da sua resina. O porto de Órico ficava na Macedônia (VIRGÍLIO, *Eneida* 10.136). Sigo a conjectura *et* de Liberman, no lugar de *sed*, de Ω.

v. 60: Sigo a conjectura *comas*, de Oudendorp, incorporada por Goold, Viarre e Heyworth, no lugar de *manus*, de Ω. A "cabeleira" (*longas comas*) indica a juventude de Peto, que ainda nem teria passado pelo ritual de maturidade romana, que envolvia o corte do cabelo.

vv. 61-62: A alcíone é uma ave marinha, similar ao albatroz, famosa por seu lamento. Cf. nota a 1.17.2. O Deus cerúleo é Netuno.

vv. 67-8: As filhas de Nereu com Dóris são as Nereidas, divindades marítimas. Tétis, mãe de Aquiles (daí seu sofrimento materno), é uma delas.

vv. 71-2: Por oposição à vida gananciosa, a vida elegíaca é marcada pela inércia, pela indolência. Nesse sentido, o verbo *condo* (que traduzo por "jazer") não implica a morte, mas a própria imobilidade, talvez o ato de se esconder.

3.8 – A partir do paradoxo inicial, do prazer entre brigas, Propércio desenvolve uma teoria amorosa bastante funcional dentro do enquadramento do amor como um *pathos* irracional da alma. Por fim, de modo um tanto quanto inesperado, aparece a figura de um rival, provável assunto da rixa que dá início ao poema. Há uma aparente retomada de 2.15.

vv. 3-4: Sigo a proposta de Heyworth, também incorporada por Goold e Viarre, de transpor o dístico para depois do verso 8.

v. 13: Sigo a conjectura *grege seu,* de Heinsius, incorporada por Goold e Viarre, no lugar de *gregibus*, de Ω.

v. 14: As mênades faziam louvor a Baco, marcado por movimentos desvairados, sem roupas, durante a noite (Cf. 1.3.6 e 3.13.62).

v. 17: Os (h)arúspices eram sacerdotes de origem etrusca especializados na vidência através das vísceras de vítimas sacrificiais.

vv. 21-2: Cf. Tibulo 1.6.13. O termo latino *aequales* também é traduzível (no contexto) como "rivais".

vv. 25-6: Heyworth considera o dístico espúrio. Ele tem semelhanças com Tibulo 1.6.19-20 e 1.8.1.

vv. 29-32: A Tindárida é Helena, filha de Tíndaro. Os dânaos são os gregos, e Heitor está por bárbaro provavelmente por ser um não-grego (Heyworth prefere a conjectura *Dardanus*). A cena relembrada por Propércio é da *Ilíada* 3.421-61, interpretando Páris como um ideal elegíaco, em contraposição ao mundo bélico, com uma imagem que se resume na *militia amoris*.

vv. 35-6: Heyworth considera o dístico espúrio.

vv. 37: A primeira imagem pode evocar a armadilha feita por Vulcano para prender sua esposa Vênus, em pleno adultério com Marte (*Odisseia* 8.266 e ss.). O pentâmetro parece muito ligado à tópica da comédia, apesar de não ser utilizado no drama.

3.9 – Elegia dedicada a Mecenas, que retoma a *recusatio* de 2.1, mas dessa vez estabelecendo uma linha argumentativa que usa da própria vida de Mecenas (que recusava as magistraturas, cf. Tácito, *Anais* 3.30) como defesa para o modo elegíaco; o elo entre os dois é também a *fides*, Mecenas a Augusto, e Propércio a Cíntia. Este é o único poema dedicado a ele dentro do livro III, e o único outro dedicado a Mecenas é 2.1; o que leva Heyworth e Morwood a fazerem uma importante consideração: "Este poema está no certe de um debate controverso: seria Mecenas, num sentido mais sério, o patrono de Propércio, ou seria 3.9 (e 2.1) uma rejeição de qualquer proximidade que tivesse sido (ou pudesse ser) tentada pelo ministro de Augusto?". Em primeiro lugar, não há evidência externa de um relacionamento entre os dois, ao contrário dos casos de Virgílio (a partir das biografias antigas e das *Sátiras* de Horácio) e de Horácio (da biografia, citando poesias de Mecenas e as palavras dirigidas a Augusto no testamento de Mecenas: "faça por Horácio Flaco como se fosse por mim"). O problema não se resolve, e, apesar de certa tendência minha para a leitura mais irônica, cito também a obra de Cairns (2006), em que Mecenas é tomado como patrono, sem maiores problemas.

v. 1: Abertura muito similar à de Horácio, em suas *Odes* 1.1.1, marcando seu estatuto como esquestre e sua ascendência etrusca.

v. 6: A expressão "dar as costas" (*terga dare*) pode ser compreendida como a de submissão (Cf. Sêneca, *Édipo* 86, *Agamêmnon* 871).

vv. 7-8: Sigo *ulla* de Ω, no lugar de *una* de ς.

vv. 9-16: Temos aqui uma lista de artistas segundo sua especialidade (Cf. Ovídio *Pont.* 4.1.29-36, com o mesmo número de versos). Lisipo de Sícion foi escultor de bronze (*c.* 370-15 a.C.) de Alexandre o Grande; Cálamis esculpiu em mármore, bronze e ouro entre 470 e 450 a.C.; Apeles de Éfeso foi o mais famoso pintor do tempo de Alexandre, e sua Afrodite era considerada a pintura mais famosa da Antiguidade; Parrásio de Éfeso (*c.* 470-400 a.C.) ficou famoso pelos contornos de suas figuras; Mentor (séc. IV) era um gravador em prata; e Mis (séc. V) também (o acanto é tema comum a ambos); Fídias foi um escultor no tempo de Péricles, entre 465-425 a.C., foi o autor da famosa estátua de Zeus em Olímpia, uma das sete maravilhas; por fim, Praxíteles (*c.* 375-330) esculpia em mármore e bronze.

v. 17: Olímpia, onde se celebravam os jogos olímpicos, fica na Élide.

v. 23: Sobre as secures (ou fasces), cf. nota a 2.16.11.

v. 25: É mais provável que por medos devamos compreender os asiáticos em geral, e não o povo específico.

v. 31: Há dois Camilos bastante famosos: Marco Fúrio Camilo, tribuno consular, cinco vezes *dictator*, que derrotou os gauleses em 390 a.C.; e Lúcio Fúrio Camilo, cônsul em 349 a.C., que também derrotou ataques gauleses.

v. 32: Referência ao epitáfio do poeta épico Ênio, cf. nota a 3.1.24. Cf. Virgílio *Georg.* 3.9.

vv. 36-7: Referência aos Epígonos, descendentes dos Sete contra Tebas, que retomaram as batalhas, mas dessa vez conseguiram invadir a cidade fundada por Cadmo: a temática é bem cara à épica, cf. nota a 1.7.2 e a 2.8.10. No verso 36, sigo *tuta*, de ς, no lugar de *tota*, de Ω.

vv. 39-42: As Portas Ceias guardavam Troia pelo Leste, e Pérgamo era uma das cidadelas da região (depois um forte centro cultural nos séculos III e II a.C., daí uma referência a Apolo, bem como por sua construção das muralhas de Troia). Netuno também ajudou na construção da muralha.

v. 44: Sobre Calímaco e Filetas, cf. nota a 1.2.2 e 2.34-31-2. Optei por *Dore*, proposta de Beroaldo, em lugar de aceitar proposições como *Coe* (referindo-se a Filetas de Cós), pois *Dore* também serve para Filetas (Cós fica na Dória), além de explicar melhor a situação atual dos manuscritos, que apresenta *dure* (portanto, seria uma pequena alteração na escrita), que não faz muito sentido, a não ser que Propércio esteja sendo irônico – o que não é comum quando se trata dos poetas helenísticos.

vv. 47-56: Propércio, numa típica construção da *recusatio* lista os temas míticos e históricos que poderia cantar, caso Mecenas o guiasse. O ablativo absoluto *te duce* é de uma ambiguidade pouco notada entre os comentadores e não marcada por nenhum dos tradutores: pode significar tanto "se você guiar" quanto "se você for um general (*dux*)"; este sentido aparece, por exemplo, em Horácio, *Odes* 1.2.52 (sobre Augusto) e 1.6.4 (sobre Agripa). Dentro do contexto, a ambiguidade é funcional, já que Propércio insiste no fato de Mecenas não ter seguido a carreira de estadista ou general; tal como o poeta, o patrono também se dedica mais à vida artística e privada.

v. 48: Ceu, pai de Latona, era um dos Titãs que foram derrotados na Titanomaquia. Sigo *Oromedonta* de Ω, no lugar da conjectura de Hemsterhusius *Eurymedonta*. Eurimedonte é um gigante que aparece na *Odisseia* 7.58, é o líder dos Gigantes, na Gigantomaquia; mas creio, como Heyworth, que Propércio esteja fazendo referência também ao monte Oromedonte, que aparece como também nomeável como Eurimedonte em Teócrito 7.46. Talvez a tradição seguida por Propércio também indicasse a figuração do gigante, para além da referência ao monte.

vv. 49-51: Alguns editores invertem a posição dos versos 49 e 51 (proposta de Peiper), para deixá-los em ordem cronológica; julgo, no entanto, que a transposição seja desnecessária, já que vemos várias outras listagens em Propércio que não seguem qualquer cronologia. A temática é resumida com os gêmeos amamentados pela loba (Rômulo e Remo), a morte de Remo causada por seu irmão e uma imagem arcaica do Palatino, ainda rural.

vv. 55-6: Pelúsio era uma fortaleza na foz do rio Nilo, rendida a Augusto em 30 a.C., num período próximo ao suicídio de Marco Antônio, após a batalha do Ácio em 31. Este é o único verso de Propércio em que ele é nomeado, embora seja mencionado em outros trechos.

3.10 – Esta elegia é uma *genethliakon*, ou *carmen natale*, uma poesia que celebra o aniversário, um gênero bastante comum (e.g. Tibulo 1.7, 2.2, 3.11 e 3.12; Ovídio *Tristes* 3.13, 5.5; Horácio *Odes* 4.11). Aqui Propércio celebra o aniversário da amada, com uma festa elegíaca que, é claro, termina na própria consumação do Amor. Curiosamente, a divindade protetora de cada mulher (Juno, que funciona como o Gênio para os homens, como uma espécie de anjo da guarda) não é sequer mencionada.

v. 1: As Camenas são divindades femininas ligadas, arcaicamente, às fontes. No entanto, pelo menos desde a *Odyssia* (tradução da *Odisseia*) de Lívio Andronico, elas são uma espécie de Musas romanas: *Virum mihi, Camena, insece versutum,* "Conta para mim, ó Camena, sobre o homem ardiloso". A comemoração do nascimento era tipicamente itálica, talvez por isso a escolha das divindades com um gosto mais romano. A tradição apresenta *misissent*, e a maioria dos editores (inclusive Fedeli) prefere a conjectura *uisissent* de Guyet; sigo, no entanto a conjectura de Passerat, incorporada por Heyworth, *risissent*.

v. 6: Sigo *minas*, de **F** e **T**, no lugar de *minax*, de Ω.

vv. 7-10: Sobre Níobe, cf. nota a 2.20.7-8; sobre alcíones, cf. nota a 1.17.2; sobre Ítis, cf. nota a 2.20.5-6. A passagem imita Calímaco, *Hino a Apolo*, vv. 17-24:

εὐφημεῖτ' ἀίοντες ἐπ' Ἀπόλλωνος ἀοιδῆι.
εὐφημεῖ καὶ πόντος, ὅτε κλείουσιν ἀοιδοί
ἢ κίθαριν ἢ τόξα, Λυκωρέος ἔντεα Φοίβου.
οὐδὲ Θέτις Ἀχιλῆα κινύρεται αἴλινα μήτηρ,
ὁππόθ' ἰὴ παιῆον ἰὴ παιῆον ἀκούσηι.
καὶ μὲν ὁ δακρυόεις ἀναβάλλεται ἄλγεα πέτρος,
ὅστις ἐνὶ Φρυγίηι διερὸς λίθος ἐστήρικται,
μάρμαρον ἀντὶ γυναικὸς ὀιζυρόν τι χανούσης.

Silenciai ouvintes ao canto de Apolo!
Silencia-se o mar, quando os aedos cantam
armas de Febo Licoreu: o arco e a cítara.
Nem Tétis, triste mãe, deplora o seu Aquiles,
quando ela escuta "hié peán, hié peán";
e a pedra lacrimosa suspende suas dores,
um úmido rochedo que fica na Frígia,
um mármore que foi uma mulher aos prantos.

vv. 15-16: Claro eco de 1.1.1.

v. 28: O menino alado é Cupido/Amor. Sigo *grauius*, conjectura de Guyet aceita por Goold, Viarre e Heyworth, no lugar de *grauibus*, de Ω.

3.11 – Poema de construção bastante complexa: da temática inicial, como resposta a uma crítica por sua indolência, ligada ao *seruitium amoris* (tema de 1.12), Propércio se engaja numa enumeração que acaba por desaguar na discussão política; por fim, o poeta se descreve numa posição similar (porém muito menos perigosa) que a de Marco Antônio em relação a Cleópatra: ambos, derrotados por Augusto na batalha do Ácio, suicidaram-se pouco tempo depois. O eixo comparativo Propércio/Antônio e Cíntia/Cleópatra deixa a imagem geral confusa: teríamos aqui um poema que denuncia a própria falsidade da elegia, enquanto abraça a política de Augusto; ou uma irônica aproximação de Antônio, com críticas veladas a Augusto? No caso de considerarmos o poema pró-Augusto, poderíamos supor que tenha sido escrito em 24 a.C., na celebração dos primeiros jogos quinquenais (*ludi quinquenales*) inaugurados em 28 a.C. para a comemoração da vitória na batalha do Ácio.

v. 1: A abertura "espantada" (*Quid mirare*) desta elegia retoma a anterior (*mirabar*), mas o tema logo se mostra bastante diverso.

vv. 5-6: Heyworth considera o dístico espúrio. Sigo *uentorum ... motus*, conjectura de Camps incorporada por Viarre, no lugar de *uenturam Mortem*, de Ω.

vv. 9-26: Aqui temos uma longa enumeração de figuras femininas detentoras de poder: sobre Medeia cf. também nota a 2.1.51-54; Pentesileia foi uma das Amazonas, que batalhou em Troia e foi morta por Aquiles, que se apaixonou por ela assim que retirou o elmo e viu sua beleza (Cf. APOLODORO 5.1-2, PROCLO, *Crestomatia* 2); está ligada a Meótides, que é uma lagoa (atual mar de Azov); Ônfale, rainha da Lídia, teria recebido os serviços de Hércules por três anos, como escravo (cf. APOLODORO 2.6.3), o Giges é um lago da Lídia, e as colunas de Hércules ficavam no Estreito de Gibraltar; por fim, Semíramis (historicamente Sammu-ramat, séc. IX a.C.), rainha de Nínive, reconstruiu a Babilônia (cf. HERÓDOTO 1.184); Bactros era a capital de Bactriana (região dos persas, considerada um futuro limite do império romano).

vv. 29-32: As críticas à moral e à sexualidade fazem parte da propaganda de Augusto, e.g. Horácio *Odes* 1.37 e *Epodos* 9.13-14. O "casório infame" é com Marco Antônio (em Horácio, ele nem é mencionado), que, mesmo casado com Otávia (irmã de Augusto), manteve um relacionamento com Cleópatra, que se desenvolveu ainda mais depois que ele deteve o poder da África, na partilha do segundo triunvirato. No verso 31, sigo *coniugii*, conjectura de Passerat, no lugar de *coniugis*, de Ω. No verso 32 eu imprimo a interrogação, que Fedeli deixa de lado.

vv. 33-8: Propércio refere-se ao assassinato de Pompeu, à traição, logo que chegou às costas do Egito. Sabemos que em 50 a.C. ele teria ficado doente em Nápoles (próximo aos Campos Flegreus), então o poeta supõe que teria sido melhor morrer de doença do que de um modo vergonhoso, depois de ser derrotado por César em 48 a.C., na batalha da Farsália (havia um vale Flegreu em Farsália; nesse caso, o melhor seria morrer em batalha). Seus três triunfos seriam pela sua vitória na África contra os inimigos de Sula, contra Sertório e contra Mitridates. Por fim, o sogro mencionado é o próprio Júlio César, que havia concedido a mão de sua filha Júlia a Pompeu, durante a paz do primeiro triunvirato. No verso 35, sigo *tua*, conjectura de Hoeufft incorporada por Heyworth, no lugar de *ubi*, de Ω.

vv. 39-40: Canopo era uma cidade próxima a Alexandria, em geral associada a Cleópatra (Cf. OVÍDIO, *Met.* 15.827-8 e Lucano, *Farsália* 10.64). Cleópatra era descendente de Ptolomeu I Sóter, um dos generais de Alexandre Magno, filho de Filipe da Macedônia; daí que, por relação política, ela entre como descendente de Filipe, embora não haja relação sanguínea. Sigo a proposta de Heyworth de interpretar este verso e sua sequência como um vocativo a Cleópatra, formulação facilmente autorizada pelo texto.

v. 41: Anúbis é o deus egípcio representado com a cabeça de um chacal, filho de Osíris. A representação da guerra entre as forças de Antônio e Cleópatra contra as de Augusto tal como um embate entre os deuses romanos e egípcios também aparece em Virgílio, *Eneida* 8.698-700, no escudo de Eneias, o que pode representar um dos interesses da política de Augusto, para encobrir o fato de que se tratava de uma guerra interna, civil.

vv. 43-4: O sistro era um instrumento musical egípcio ligado ao culto de Ísis. O *baris* é um barco egípcio (Cf. HERÓDOTO 2.96), enquanto as liburnas eram barcos velozes usados pelos liburnianos, no norte do Adriático. Os dois tipos de barcos estiveram presentes na batalha do Ácio.

vv. 45-6: Sobre a Rocha Tarpeia, cf. 4.4. Sobre Mário, cf. notas a 2.122-24, 3.3.41-6 e 3.5.16-17. Uma imagem similar de Cleópatra ditando leis também aparece em Horácio, *Odes* 1.37.6 e ss. e Ovídio, *Met*. 15.827-8.

vv. 47-8: Tarquínio, o Soberbo, foi o último rei de Roma, expulso depois que seu filho estuprou Lucrécia (Cf. TITO LÍVIO 1.49), o que deu origem à República. Sobre as secures (ou fasces) cf. nota a 2.16.11.

vv. 49-50: Em 29 a.C. Augusto (ainda Otaviano) realizou seu triplo triunfo e foi considerado o salvador da pátria.

vv. 53-6: O suicídio de Cleópatra foi realizado, segundo os próprios romanos, por meio de veneno de cobra. A representação de Cleópatra como viciada na bebida coincide com Horácio, *Odes* 1.37. Sigo *spectasti*, conjectura de Markland incorporada por Goold e Heyworth, no lugar de *spectaui*, de Ω.

v. 58: Este verso não está presente no manuscrito **N** (o mais antigo), o que gera muitas disputas editoriais. A versão que imprimo é a de Barber, Fedeli, Moya & Elvira e Viarre. Heyworth considera haver uma lacuna irreparável.

vv. 61-4: Temos agora exemplos de sacrifício pessoal (*deuotio*) de heróis romanos. Sobre o Lago Cúrcio, temos três versões: em 362 a.C. Caio Marco Cúrcio teria se lançado com seu cavalo sobre uma depressão formada no meio do Foro de Roma como um sacrifício para que este se fechasse. Assim, o lago que ali se formou levaria o seu nome. A segunda diz que um certo Mécio Cúrcio teria caído, sem querer, durante uma batalha contra os sabinos, no tempo de Rômulo. A última versão faz referência a Gaio Cúrcio, cônsul de 445 a.C., que teria mandado encher a depressão, causada por um raio. Três Décios morreram pela pátria: Públio Décio Mure, contra os latinos em 338 a.C.; seu filho, contra os samnitas em 295 a.C.; e o neto, contra Pirro, em 279 a.C. Horácio Cocles defendeu Roma contra a invasão de Porsena, enquanto seus companheiros destruíam uma ponte que levava à cidade (TITO LÍVIO, 2.10). Marco Valério recebeu o nome de Corvino depois de ser auxiliado por um corvo nas batalhas contra os gauleses (TITO LÍVIO, 7.26).

vv. 65-8: Fedeli transpõe apenas 67-8 para depois de 58, mas optei por seguir a maioria dos editores a transpor ambos os dísticos.

vv. 67-8 e 59-60: Propércio faz uma pequena divagação sobre o valor romano, citando grandes feitos dos generais. As Cipíades (*Scipiadae*, termo arcaico) são as armadas sob o comando de Públio Cornélio Cipião, conhecido como o Africano, que foi o maior general da Segunda Guerra Púnica, vencida em 202 a.C. Sobre Camilo, cf. nota a 3.9.31. Pompeu Magno derrotou Mitridates, rei do Ponto (onde fica Bósforo Cimério) em 64-63 a.C. Sobre Aníbal, cf. nota a 3.3.6-12. Sífax, rei da Numídia, uniu-se aos romanos contra Cartago, depois tentou administrar uma amizade com as duas cidades e por fim foi morto por Cipião Africano em 201 a.C. Pirro, rei de Epiro, auxiliou Tarento contra os romanos, mas foi derrotado em 275 a.C.; junto com Aníbal, é um dos mais famosos inimigos de Roma.

v. 69: Apolo tinha um templo na ilha de Leucádia, de frente para o promontório do Ácio, onde ocorreu a batalha entre as forças de Augusto e Cleópatra/Antônio, em 2 de setembro de 31 a.C. Augusto, sobretudo depois da sua vitória, passou a tomar Apolo como seu deus particular, renovando seus templos em diversas partes.

vv. 71-72: Aqui César Augusto aparece divinizado, como memória de sua vitória. Cabe lembrar que a batalha do Ácio foi uma batalha naval realizada no mar Jônico.

3.12 – Esta elegia é um *propemptikon*, um poema que deseja boa viagem, mas fundido à tópica elegíaca do repúdio à guerra. O Póstumo desta elegia pode ser Caio Propércio Póstumo, um parente do poeta, que foi senador e cônsul, provavelmente o mesmo Póstumo tratado por Horácio, *Odes* 2.14 (que também é representado como odisseico). Élia Gala é, por certo, a irmã do segundo prefeito do Egito, Élio Galo (embora a tradição manuscrita nos apresente o termo *laelia*, no último verso, que costuma ser corrigido por *Aelia*). Se for o caso, trata-se talvez do mesmo Galo que aparece em algumas elegias do livro I (Cf. nota a 1.5.29-30). A elegia também traça um diálogo com Horácio, *Odes* 3.7, e aponta para o livro IV, elegia 3.

v. 3: Nunca houve uma campanha contra os partos; sabemos apenas que em 22 Augusto foi para o Oriente e conseguiu uma paz acordada em 20 a.C. (Cf. 3.4 e notas).

v. 8: O Araxes é um rio (atual Aras) que deságua no Mar Cáspio, muito importante como rota comercial. Creio que haja um trocadilho entre o nome da amada (*Galla*) e o elmo onde Póstumo vai beber (*galea*); cf. Tibulo 2.6.7-8.

vv. 13-14: Cf. Ésquilo, *Agamêmnon*, 433-6.

vv. 25-36: No resumo da *Odisseia*, como é típico em Propércio, não há interesse em se apresentar uma ordem cronológica: Ísmaros e os cícones (*Od.* 9.38-81); Polifemo (*Od.* 9); Circe (*Od.* 13); lotófagos (*Od.* 9); Cila e Caríbdis (*Od.* 12); Lampécia (*Od.* 12); a Eeia é Calipso (*Od.* 5), que mora na ilha de Ea, segundo uma tradição pós-homérica (essa interferência faz parte do jogo erudito de poesia, ao gosto alexandrino); a catábase ao Hades (*Od.* 11); a morte dos pretendentes (*Od.* 22).

v. 25: Sigo a conjectura *mors* (de ς) ... *capta* (Fontein), no lugar de *mons* ... *Calpe*, de Ω. Com isso, temos uma referência provável a *Odisseia* 9.39-40.

No entanto, se aceitamos Calpe, temos uma variação, em que Propércio sai da temática estritamente odisseica e amplia as viagens de Odisseu.

v. 26: Sigo *nox*, conjectura de Hight, no lugar de *mox*, de Ω.

3.13 – A crítica à cobiça retoma o tema apresentado na elegia anterior e o desenvolve de modo mais centrado na política de compra e venda sexual, num estilo que se aproxima da diatribe. O tema é um lugar comum da elegia; cf. Propércio 1.2, 2.18; Tibulo 2.4; e Ovídio *Amores* 1.8 e 1.10. A representação do campo como um lugar mais puro já apareceu em 2.19. Dentro deste livro, as críticas estão mais explicitamente ligadas à política, como se pode depreender por comparação a 3.4, 3.5 e 3.12. Apesar das críticas, no entanto, é difícil decidir sobre o tom geral do poema: estaríamos diante de uma crítica social séria, com implicações políticas? Ou a própria visão do poeta elegíaco como vate, poeta e profeta, seria uma linha de leitura por paródia?

vv. 5-8: Aqui temos uma lista de presentes exóticos capazes de seduzir uma mulher. Sobre a formiga indiana, cf. Heródoto 3.102, Plínio *NH* 11.111 e Calímaco frag. 202 Pfeiffer. A concha (aqui interessante por sua pérolas) aparece aqui como de Érix pelo fato de estar ligada ao nascimento de Vênus, que tinha um templo em Érix (daí Vênus Ericina), o que por fim gera uma breve etiologia. Tiro, donde provinha o púrpura, é designada como Cadmeia por ser a pátria de Cadmo. No verso 8 a tradição apresenta *pastor*, seguido por Fedeli, mas pouquíssimo convincente. Os outros editores seguem diversas conjecturas: fico com *cultor*, de Fontein e Liberman, incorporada por Viarre, uma vez que aponta para uma passagem similar de Tibulo 3.8.18; sobre a canela, cf. Plínio *NH* 11.111.

v. 10: A Icariótide é a filha de Icário, Penélope, símbolo da castidade feminina.

vv. 15-22: Sobre os funerais da Índia, cf. Valério Máximo 2.6.14 e Cícero, *Tusculanas* 5.78.

v. 24: Sobre Evadne, cf. nota a 1.15.7-25.

vv. 27-30: Cf. Teócrito 3.10 e Virgílio *Bucólicas* 2.44-8.

v. 35: Sigo *stratos*, conjectura de Baehrens, no lugar de *totos*, de Ω, que Fedeli considera um *locus deperditus*.

v. 38: Referência ao mito de Actéon, que, por ter visto Diana nua enquanto se banhava, foi castigado pela deusa e devorado por seus próprios cães de caça (Cf. Ovídio, *Met.* 3.138 e ss.). No entanto também pode ser a Tirésias, que teria perdido a visão por ver Minerva nua (Cf. Calímaco, *Hymn.* 5); ou mesmo Páris, que julgou as deusas nuas (Juno, Minerva e Vênus), e acabou pagando com a ruína de Troia.

v. 39: Sigo *Arcadii*, conjectura de Hertzberg aceita por Goold, Heyworth e Viarre, ao invés de *atque dei*, de Ω, e de *Idaei*, seguido por Fedeli.

vv. 43-6: Clara imitação de um epigrama de Leônidas de Tarento (*Anth. Pal.* 9.337):

Εὐάγρει, λαγόθηρα, καὶ εἰ πετεεινὰ διώκων
ἰξευτὴς ἥκεις τοῦθ' ὑπὸ δισσὸν ὄρος,
κἀμὲ τὸν ὑληωρὸν ἀπὸ κρημνοῖο βόασον
Πᾶνα· συναγρεύω καὶ κυσὶ καὶ καλάμοις.

Vai, caçador de lebres, ou passarinheiro,
   se aqui passares entre estes dois montes,
grita por mim do abismo, o vigia do bosque,
   sou Pã: contigo caço a cães e canas.

vv. 51-8: Exemplos da cobiça autodestrutiva. Sobre Breno, cf. nota a 2.31-13-14. Sobre Erifila e Anfiarau, cf. nota a 2.16.29-30, embora nesta versão o interesse por ouro possa ser uma contaminação com versões do mito de Tarpeia. Polimestor recebeu Polidoro, filho de Príamo, como protegido durante a guerra de Troia; porém, por cobiça pelas riquezas do jovem, matou-o (Cf. a abertura de *Hécuba* de Eurípides e *Eneida* 3.49-57, que talvez esteja evocada pelo adjetivo *pio*, tão costumeiro para Eneias).

vv. 59-65: A Ília é Cassandra (relativo de Ílion, de Troia), cujas profecias não receberam atenção do seus compatriotas, embora fossem verdadeiras (cf. *Eneida* 2.246-7). Sobre mênades, cf. nota a 3.8.14, que aqui estão associadas ao dom da previdência.

v. 59: O termo *uerus* gera disputa: estaria Propércio desejando o fim de Roma? Por esse motivo, Heyworth retoma a conjectura *falsus*, para que o poeta deseja estar errado em suas previsões. No entanto, a temática de Roma arruinada por seus excessos é uma recorrente entre os romanos do tempo de Propércio (cf. e.g. os riscos apresentados por Horácio em *Epod.* 16.2, *Epod.* 17 e nas odes cívicas, 3.1-6)

3.14 – Esta elegia, centrada no elogio da nudez feminina em Esparta, parece, de algum modo, dar continuidade à crítica sobre os costumes romanos (tal como 3.13, com as mulheres indianas, por contraposição); porém aqui o que é visto como ideal é considerado amoral e libertino pela sociedade romana: assim, a retomada do poema anterior também se dá por incoerência moral/amoral, o que gera uma construção irônica. Nós sabemos por Suetônio, *Vida de Augusto* (43-45), que o *princeps* incentivou a retomada de jogos, mas as mulheres não podiam ficar junto aos homens.

v. 1: A *palaestra* era um espaço público ou privado reservado para os exercícios e combates: optei pelo mais abstrato e comunicativo "esportes". Sabemos que em Esparta a *palaestra* era utilizada por todos os sexos.

v. 6: O nome Licina é derivado de "lobo" (λύκος) em grego. Se levarmos em consideração que *lupa* ("loba" em latim) também pode designar uma prostituta, poderíamos ter um sinal da persona de Licina. No entanto seu nome ainda ecoa o próprio nome de Lico, do mito; e a relação entre Dirce/Antíope nos levaria a crer, por simetria, que Licina poderia ser uma escrava de Cíntia. De qualquer modo, nada garante a existência de Licina, cujo nome pode ser apenas jogo literário; e Heyworth ainda aponta a relação com Licênion, a figura feminina de *Dáfnis e Cloé*, supondo a possibilidade de que o nome em Propércio fosse *Lycaena*, e não *Lycinna*.

v. 8: O pancrácio era uma espécie de luta em que se poderia usar pés e mãos, além dos golpes corporais, com a proibição de mordidas – talvez possamos dizer que se assemelhe ao nosso vale-tudo.

v. 9: Em latim o termo *caestum* indica um tipo de tira de metal para ser colocada nos punhos, feito uma luva de boxe.

vv. 13-14: As amazonas são o grupo de guerreiras mulheres que aparece na *Ilíada* 3.189 e 6.186, representadas como próximas ao rio Termodonte, na Ásia Menor; cf. também nota a 3.11.926

vv. 15-16: O Taígeto é uma cordilheira próxima a Esparta, seus cães são famosos para a caça (Cf. VIRGÍLIO, *Georg.* 3.44). Como a maioria dos editores (Fedeli incluso), transferi o dístico para depois do verso 10; Heyworth, no entanto, mantém-no no seu lugar e apresenta uma lacuna de um dístico logo na sequência.

v. 17-20: O Eurotas é o rio que passa por Esparta. Convém lembrar que Helena era espartana, irmã de Castor e Pólux, filhos de Tíndaro e Leda (Cf. *Ilíada* 3.237-44, *Odisseia* 11.300-4), e em geral representados como respectivamente peritos nas lutas e nos corcéis. A nudez de Helena era proverbial (Cf. Ovídio, *Heroides* 16.151-2)

v. 31: Sigo *sit* de **P**, no lugar de *sint* de Ω.

v. 34: A Lacônia, situada ao sul do Peloponeso, é a região em que ficava Esparta.

3.15 – Esta elegia nos faz retornar a 1.1 de modo irônico: se lá Propércio anunciava que Cíntia era a primeira, descobrimos aqui que o poeta mentia – Licina (uma escrava de Cíntia?) foi seu amor de juventude. A revelação tardia, ao que tudo indica, gera ciúmes em Cíntia, e isso faz com que o poeta recorra ao mito de Dirce e Antíope como modo de explicitar o conselho de temperança à sua amada, o que torna o poema também muito similar a 1.20, na sua estrutura.

v. 3: A perda da toga pretexta ocorria entre os 15 e 16 anos e simbolizava a transição para a maturidade, quando o jovem passava a usar a toga viril e dedicava suas antigas vestes aos deuses Lares. A tradição apresenta o improvável *uelatus*; Fedeli e Viarre optam pela conjectura *sublatus*; eu sigo *releuatus* de Fontein (como Goold e Heyworth) que me parece paleograficamente mais provável, ao mesmo tempo em que cumpre o sentido à risca.

vv. 11-42: O mito de Propércio coincide com as versões que aparecem em Eurípides, *Antíope* (que está em fragmentos), Apolodoro 3.5.5 e Higino, *Fab.* 8. Antíope, filha de Nicteu (daí Nicteide) e sobrinha de Lico (na *Odisseia*, ela aparece como filha de Asopo, 11.260-2). Ela concebe dois filhos de Júpiter, Zeto e Anfíon, e depois de fugir para Sícion acaba por se casar com Epafo. No entanto, Lico invade Sícion, mata Epafo e leva Antíope de volta para Tebas, onde a toma por esposa por certo tempo, até abandoná-la para se casar com Dirce. Nessa situação, em algumas versões do mito, Dirce maltrata Antíope, até que esta foge; e anos depois seus dois filhos castigam Dirce e Lico pelo sofrimento de sua mãe. Nós sabemos que uma cópia da estátua de Dirce atada ao touro, esculpida por Apolônio e Taurisco de Trales, chegou a Roma no tempo de Propércio (cf. Plínio, *NH* 36.34), hoje conhecido como o Touro de Farnese, no Museu de Nápoles.

v. 11: Sigo a conjectura *sero*, de Phillimore, no lugar de *uero*, de Ω.

v. 25: O Citéron é uma montanha da Beócia.

v. 27: Asopo é um rio da Beócia. Sigo *uago*, de ς, no lugar de *uaga*, de Ω.

v. 32: Sobre Euro e Noto (Austro), cf. nota a 2.26.35-8. Sigo *et* (Keil) ... *aduersus* (Postgate), no lugar de *sub... aduerso*, de N.

v. 33: Sigo *tum* de Libermann, no lugar de *sic* de Ω.

v. 36: O velho aqui mencionado é o pastor que cuidou de Anfíon e Zeto, depois que foram afastados da mãe.

v. 42: O Aracinto é outra montanha da Beócia. O peã é um canto em louvor a Apolo (vale lembrar, deus pessoal de Augusto), e o verso talvez evoque Virgílio, *Bucólicas* 2.24.

vv. 43-45: Há muita discussão sobre estes dois dísticos finais e sua função. Goold e Heyworth resolvem com deslocamentos diversos. Sigo, no entanto, com Fedeli e Viarre, a tradição manuscrita. O fato de se tratar de uma elegia similar a 1.20 seria um bom argumento para a manutenção desses dois dísticos como encerramento.

3.16 – Esta brilhante elegia, traduzida por Ezra Pound na sua *Homage to Sextus Propertius*, é um grande jogo sobre a realização do amor; nas palavras de Goold, "o poema deriva muito de seu charme do alegre ar de completa irrealidade: não devemos, é claro, levá-lo a sério".

v. 1-4: Sobre Tíbur, cf. nota 2.32.5. O rio Ânio (moderno Aniene) é um afluente do Tibre que forma diversas cascatas em Tíbur, um ponto turístico da região.

vv. 5-6: Cf. Tibulo 1.2.6 e vv. 23-26; Ovídio *Amores* 1.6.14.

vv. 11-14: A temática do amante protegido é recorrente (cf. Tibulo 1.2; Horácio, *Odes* 1.22; Ovídio, *Amores* 1.6), já aparece na *Anthologia Palatina* (e.g. 5.213, de Posidipo) e em Filodemo de Gádara (*Anth. Pal.* 5.25):

Ὁσσάκι Κυδίλλης ὑποκόλπιος, εἴτε κατ' ἦμαρ
    εἴτ' ἀποτολμήσας ἤλυθον ἑσπέριος,
οἶδ', ὅτι πὰρ κρημνὸν τέμνω πόρον, οἶδ', ὅτι ῥιπτῶ
    πάντα κύβον κεφαλῆς αἰὲν ὕπερθεν ἐμῆς.
ἀλλὰ τί μοι πλέον ἔστ'; ἦ γὰρ θρασὺς ἠδ', ὅταν ἕλκῃ,
    πάντοτ' Ἔρως ἀρχὴν οὐδ' ὄναρ οἶδε φόβου.

Sempre que estou no abraço de Cidile, seja
   de dia, seja aventurando a noite,
sei que atravesso um precipício, sei que arrisco
   a cada vez quebrar minha cabeça.
Mas que me importa? Eu sou ousado, Amor me arrasta:
   não sente nem a sombra do temor.

v. 12: Círon é um salteador mítico, que atacava a estrada que ligava Atenas a Mégara, até que foi morto por Teseu (APOLODORO 1.2-3).

vv. 13-14: O dístico foi preservado por um graffiti pompeiano CIL 4.1950 (incorporada pelos editores mais recentes) apresenta a variante *feriat*, no lugar de *noceat* de Ω. A Cítia era famosa pela violência.

v. 16: Sigo *praecutit*, conjectura de Guyet incorporada por Goold e Viarre, no lugar de *percutit*, de Ω.

vv. 19-20: Sigo a proposta de Struchtmeyer, incorporada por Goold, Viarre e Heyworth, de deslocar o dístico para depois do verso 14. No verso 20, sigo a conjectura de Palmer, incorporada por Goold e Viarre, *et cuius sit*, no lugar de *exclusis fit*, de Ω, considerada por Fedeli como um *locus deperditus*.

v. 22: Sigo *tali* de ς, no lugar de *talis*, de Ω.

vv. 25-6: Sigo a conjectura de Richmond, aceita pela maioria dos editores, de transferir o dístico para depois do verso 36.

3.17 – Esta elegia é um hino clético (que pede um favor) a Baco (Cf. HORÁCIO *Odes* 2.19 e 3.25), um ditirambo, não tanto pelos seus poderes como deus do vinho e da inspiração poética, quanto pela sua capacidade de apaziguar os tormentos amorosos (TIBULO 1.2): o vinho é um *remedium amoris*, remédio contra o amor. Dentro da estrutura hínica, podemos identificar a invocação, com a descrição dos poderes míticos do deus (vv. 1-20); a seção mítica (21-28) e ritual (29-36); e o encerramento com o pedido (37-42). O poema pode ser a base para Ovídio, *Fastos* 3.713-90, sobre os *Liberalia*.

vv. 1-6: Baco é invocado como alívio às dores amorosas (Cf. vários poemas de Anacreonte, Tibulo 1.2, Meléagro *Anth. Pal.* 12.49).

v. 2: Sigo *pacato*, de Ω, no lugar de *pacatus*, conjectura de Aurato seguida por Fedeli.

vv. 7-8: Ariadne, depois de amada por Dioniso, foi transformada numa constelação, Coroa Boreal (Cf. OVÍDIO, *Met.* 8.177-82). As linces são os animais que puxam o carro de Baco.

v. 17: Sigo *spument*, de ς, no lugar do problemático *numen* de Ω; Fedeli opta pela conjectura *tumeant*.

vv. 21-28: Dentro da estrutura hínica, Propércio apresenta alguns dos mitos relacionados ao deus. Baco nasceu de Sêmele (Cf. nota a 2.28.27-8) e Júpiter (deus do trovão, é o próprio trovão, que era representado como feito no Etna, por Vulcano). Nisa é o monte em que Baco foi escondido por Hermes da fúria de Juno (Ovídio *Met.* 3.313-5), daí que ele possa ser designado como Nísio; sabemos do mito em que Dioniso vai à Índia e debanda exércitos. Licurgo, rei mítico da Trácia, contestou a rito de Baco (Ovídio, *Met.* 4.22-3), então o deus o enlouqueceu até que matou o próprio filho enquanto pensava ser um cacho de uvas (Apolodoro, 3.5.1). Penteu, rei de Tebas, também se opôs ao culto dionisíaco (*Bacantes* de Eurípides); depois, disfarçado de mulher para espreitar sua mãe e outras tebanas enlouquecidas por Baco, foi descoberto e estraçalhado por sua própria mãe, que levou sua cabeça até a cidade, pensando que se tratava de um leão: os três grupos de mênades eram chefiados por Agave (sua mãe), Ino e Antônoe. Baco também foi atacado por marinheiros, quando estava disfarçado de um jovem, que o venderam como escravo; porém Dioniso transformou os remos do navio em serpentes, a madeira em videiras e os nautas em golfinhos (cf. *Hymn. Hom.* 7; Ovídio *Met.* 4.23-4). Em Dia (nome menos comum de Naxos) teriam brotado rios de vinho, no casamento entre Baco e Ariadne (Cf. Sêneca, *Édipo* 503).

v. 28: Sigo *Diam,* conjectura de Palmer incorporada pelos editores mais recentes, no lugar de *Naxon*, de Ω.

vv. 29-36: Agora o poeta se volta para a celebração do rito. O bassárico é um tipo de túnica larga usada nos cultos dionisíacos proveniente de Bássaros. Sêmele, mãe de Dioniso, era de Tebas, cidade de Dirce (Cf. nota a 2.15.11-42). Cibebe (ou Cíbele) é uma deusa frígia, onde se situa o monte Ida, famoso por cultos à deusa; ela teria acolhido Baco, tinha seu culto ligado ao dionisíaco e era em geral representada com uma coroa de torres na cabeça (seu culto é tema de Catulo 63).

vv. 39-40: Aqui Propércio promete elevar seu tom poético, comparando-se à lírica coral de Píndaro (sobre a emulação de Píndaro é famosa a ode 4.2 de Horácio).

3.18 – Esta elegia é um epicédio (poema fúnebre) para Cláudio Marcelo, que morreu em 23 a.C., aos 19 anos, sobrinho, genro e filho adotivo de Augusto, que o preparava para ser seu sucessor. Sua morte foi tão súbita e triste para o *princeps* que sabemos que quando Virgílio leu o trecho da *Eneida* que também fazia referência ao acontecimento (6.861-87), Otávia, mãe de Marcelo e irmã de Augusto, teria desmaiado. Em sua honra foi construído o Teatro de Marcelo, que ainda perdura, e o Pórtico de Marcelo, desaparecido. O tema de sua morte também aparece em Sêneca (*Consolação a Márcia* 2.3-5)

Curiosamente, dentro do poema em louvor a Marcelo, também temos uma crítica à busca por riquezas e poder, que o levaram à morte por naufrágio próximo a Baias. Além disso, o ponto de entrada do poema é o litoral já apresentado antes pelo próprio poeta (1.11) como um local conveniente aos amores secretos.

vv. 2-6: Sobre Baias, cf. 1.11, poema e notas. Miseno, um dos companheiros de Eneias, morreu junto ao promontório que recebeu seu nome. Sobre o trabalho hercúleo, cf. nota a 2.11.2-3. O deus tebano é Baco (a julgarmos pelos címbalos, presentes em seus cultos), mas talvez seja também uma referência ao próprio Hércules.

v. 8: Barber e Heyworth apresentam uma lacuna depois deste verso e supõem que aqui o nome fosse mencionado, já que a tradição manuscrita não apresenta um só verso em que ele seja diretamente referido.

vv. 9-10: O Estige é um rio do Orco, a imagem é condensada pelo fato de junto ao lago Lucrino estar também o Averno (suposta descida ao mundo infernal). No verso 10, sigo *inferno*, conjectura de Housman, no lugar de *in uestro*, de Ω.

vv. 11-14: Quando morreu, Marcelo tinha alcançado o cargo de edil, um dos primeiros no *cursus honorum* romano, e além disso tinha realizado jogos teatrais que obtiveram grande sucesso. No verso 14, sigo *maturas*, conjectura de Barber incorporada por Heyworth, no lugar de *maternas*, de Ω.

v. 19: Sobre a veste atálica, cf. nota a 2.13.22.

v. 23-24: Cérbero, o cão de guarda do Inferno, que tinha três cabeças. O velho é Caronte, que guiava a barca cheia de almas para o Orco.

vv. 25-6: Referência provável a Acrísio, cf. nota a 2.20.9-12.

vv. 27-30: Nireu era um dos gregos mais belos (*Ilíada* 2.673 e ss.); Aquiles, o mais forte. Creso, um rei da Lídia, foi símbolo de riqueza, representado pelo ouro do rio Pactolo, que passa pela região. Agamêmnon (o atrida), ao recusar devolver Criseida para o pai (o sacerdote de Apolo, Crises), acabou causando uma peste que matou vários dos aqueus (gregos).

vv. 29-30: Este dístico problemático é considerado por Barber e Heyworth como espúrio, mas, como Fedeli e Viarre, sigo a tradição manuscrita. Goold o transfere para depois de 2.6.16.

v. 31: Sigo *traicit*, conjectura de Paley incorporada por Goold, Viarre e Heyworth, no lugar de *traicis*, de Ω.

v. 32: Sigo *portet*, de ς, no lugar de *portent*, de Ω. E mantenho *huc* de Ω, embora Fedeli prefira a conjectura *hoc*.

vv. 33-34: O Cláudio em questão é provavelmente Marco Cláudio Marcelo, antepassado de Marcelo, que foi cinco vezes cônsul, entre os anos 222 e 208 a.C., famoso por sua vitórias contra os gauleses e sobre a Siracusa (Sicília). A outra referência é ao funeral de Júlio César, em 44 a.C., quando um cometa apareceu por sete dias, e os romanos entenderam como um sinal da divinização do ex-ditador (Cf. Ovídio, *Met.* 15.844 e ss.).

3.19 – O poema funciona com a pressuposição de um diálogo fictício. Em resposta a uma suposta crítica à libido masculina, Propércio responde com esta elegia que trata do recorrente tema retórico da paixão feminina, descrita sempre como irracional e muitas vezes nefasta. Construção similar aparece, por exemplo, em Ovídio, *Arte de amar*, 1.281-2:

Parcior in nobis nec tam furiosa libido;
  Legitimum finem flamma uirilis habet.

Nossa libido é menos furiosa, é calma;
   nosso fogo viril tem fins legítimos.

vv. 15-16: Heyworth transfere o dístico para depois do verso 20.

vv. 5-10: Série de *adynata* ou *impossibilia*, coisas impossíveis em contraposição à mudança de temperamento feminino. A imagem do rio que retornar à cabeceira remonta a Eurípides, *Medeia* 410, o que já prepara terreno para os vv. 17-18.

vv. 7-8: Sobre as Sirtes, cf. nota 2.9.33. Maleia é um promontório da Lacônia famoso por seus piratas e seu clima tempestuoso.

vv. 11-28: Série de exemplos míticos: Pasífae (Cf. nota a 2.28.51-2), Tiro (Cf. nota a 1.13.21-4), Mirra, Medeia (Cf. nota a 2.1.51-4), Clitemnestra (Cf. nota a 1.13.29-30) e por fim Cila. Mirra (ou Esmirna), sem saber, apaixonou-se por seu pai (Cíniras, ou Tísias, dependendo da versão) e dele teve um filho, Adônis; por fim foi transformada na mirra (Cf. Ovídio, *Met.* 10.489-98, teria sido tema de um epílio de Hélvio Cina frags. 7-10 Hollis). Cila, filha do rei Niso de Mégara, apaixonou-se por Minos, rei de Creta, quando este invadiu sua pátria por vingança pela morte de seu filho Androgeu; em nome desse amor, Cila cortou os cabelos púrpura do pai, que o tornavam invencível, o que resultou na tomada da cidade. Minos, no entanto, ao saber da traição a seu favor, mandou castigar a jovem prendendo-a num barco (até que ela se transformou na garça, cf. Ovídio *Met.* 8.1-151), daí que ele seja considerado justo e passe a ocupar o lugar de um dos juízes do mundo infernal (imagem que já aparece desde *Odisseia* 11.568-71). Sua figuração final é um reforço ainda maior sobre o controle das paixões entre homens e mulheres: enquanto Cila se abrasa e trai o pai e a pátria, Minos é capaz de dar a devida punição, mesmo que o ato traidor punido lhe tenha sido útil.

3.20 – Esta elegia retoma uma série de trechos anteriores de Propércio, referidos a Cíntia, quando aqui podem indicar sua sedução (1.8; 1.6.13 e ss.; 2.21.18; 2.5.28; 3.10.17; e 1.2.30), o que levou muitos comentadores a supor que a mulher indicada aqui seja Cíntia. No entanto, as referências ao avô erudito (*doctus auus*, v. 8, por contraponto ao desprezo por antepassados apresentado por Propércio em 2.13.10-11), à África e a uma primeira noite de amor parecem indicar outra mulher. Se for esse o caso, a série de retomadas do poeta é um processo de profunda autoironia com a próprio *fides* elegíaca: o poeta usa quase as mesmas expressões para seduzir qualquer mulher. A ironia torna-se ainda mais aprofundada com a exigência de votos sinceros que marca a segunda metade do poema. Há também um diálogo com 3.12, em que Póstumo abandona a esposa para viajar. Heyworth & Morwood ainda aventam a possibilidade de essa trama irônica ter influenciado Ovídio em *Amores* 2.7 e 2.8, já que na primeira elegia ele nega a Corina que tenha Cípasse por amante, e na segunda ele pergunta a Cípasse como Corina descobriu o caso.

v. 5: Aparente eco do *stulta* que aparece em 2.21.17-18.

v. 7: O verso ecoa 2.5.28 e a descrição dos dons. E também 1.1.29-30, quanto aos dons de Palas (Minerva), com seus dotes de tecedeira e de castidade.

v. 8: Se acreditarmos em Apuleio (*Apologia* 10) de que o nome Cíntia encobria o da verdadeira Hóstia, o antepassado aqui citado poderia ser identificado como o poeta épico Hóstio, do séc. II a.C., ou então o ator Quinto Róscio Galo, defendido por Cícero em 80 a.C. (*Pro Roscio Comoedo*). Mas isso só pode ser feito se acreditarmos que esta elegia seja dedicada a Cíntia, apesar de não nomeada.

vv. 11-14: No verão os dias aumentam bastante em Roma, enquanto a noite diminui. O pedido de Propércio ecoa o aumento da noite por Júpiter, no *Anfitrião* de Plauto. Além da provável invasão cômica, pervertendo a leitura do poema amoroso, a comparação com Júpiter (se seguirmos esse caminho) é uma comparação com um deus adúltero – estaria Propércio procurando outra amada? A trama intertextual permite tal leitura, que já antecipa o desfecho do livro III. No verso 13, sigo *da nocti*, conjectura de Palmer incorporada por Goold, Viarre e Heyworth, no lugar de *data noctis*, de Ω.

vv. 15-16: A linguagem contratual remete às *tabulae nuptiales*, ou *sponsales*, em que se fazia o contrato de casamento romano. Sobre esse uso de linguagem contratual, cf. Ovídio, *Heroides* 19 e 20.

v. 17: Sigo *constringet*, conjectura de Beroaldo, no lugar de *constringit*, de Ω.

v. 18: A deusa sidérea é Ariadne, que, como presente de casamento, foi transformada numa constelação por Dioniso, depois de receber uma coroa de Vênus. Mantenho *torta*, de Ω, no lugar da correção *tota*, de Passerat, incorporada por Fedeli.

v. 25: Sigo *tacta sic ... ara*, conjectura de Housman incorporada por Heyworth, no lugar de *pactas in ... aras*, de Ω.

3.21 – As últimas quatro elegias, a partir desta (3.21-24), formam a série final do rompimento com Cíntia, num crescendo. Aqui, Propércio pretende fugir para Atenas, seguindo um *topos* (cf. Teócrito 14.55; Terêncio, *Adelfos* 274-5; *Heaut.* 117; e Ovídio *Rem. Am.* 213-48, e Propércio 1.1.25-30) e desenvolver seu conhecimento mais "sério", viril, longe das paixões da juventude, marcadas pelo gênero elegíaco. Aqui o poeta não busca mais o alívio temporário do vinho (3.17), mas uma cisão definitiva. Na descrição do poema, podemos imaginar o poeta como uma espécie de herói em fuga marítima, enquanto é atormentado por um deus que o persegue – as similaridades com a *Odisseia* e a *Eneida* adicionam certa comicidade à elegia.

v. 6: Sigo *exsomnis*, conjectura de Barber incorporada por Goold e Heyworth, no lugar de *ex omni*, de Ω.

v. 8: Cf. Tibulo 1.6.56: *tecum interposito languida ueste cubet* ("contigo em leve roupa ela se deita").

vv. 17-24: O percurso descrito por Propércio é acurado. A viagem começaria por barco em Brindes (Brindisi), pelo mar Adriático, depois o Jônico, e desembarca em Lequeu (atual Lekhaion), o porto de Corinto. Daí percorre o Istmo por 12 quilômetros até Cêncreas (atual Kenkhreai), outro porto, onde embarca até o Pireu, porto de Atenas. Por fim mais 7 quilômetros a pé, passando pela famosa muralha da cidade, datada do século V a.C., ligada a Teseu por este ser o herói mítico de Atenas.

vv. 25-30: O poeta apresenta alguns interesses da cidade: a filosofia da Academia de Platão e os jardins de Epicuro (comprados pouco tempo antes por Gaio Mêmio, cf. Cícero *Ad fam*. 5.3), dois espaços turísticos de seu tempo. O estudo da retórica, com os textos de Demóstenes (384-22 a.C.), e da Comédia Nova, nas peças de Menandro (*circa* 343-291 a.C.). Talvez a figuração de Menandro seja aqui a mais notável, já que retoma o aspecto cômico da elegia, tão debitário à Comédia Nova romana. Por fim, há o interesse pelas artes plásticas, que poderão capturar seus olhos (numa inversão de 1.1.1) No verso 28, sigo a conjectura *munde*, de Kuinoel, no lugar do repetido *docte*, de Ω.

v. 31: Sigo *aut ... et,* como Heyworth, no lugar de *aut... aut*, de Ω, ou da costumeira correção de Baehrens, *et ... et*.

v. 34: Ecoa 2.8.27. e 2.26.58, sobretudo invertendo a ideia de morte de amor expressa neste último e também de 3.16.22.

3.22 – Esta complexa elegia em forma de *propemptikon* traça um profundo diálogo com louvor à Itália de Virgílio, *Geórgicas* 2.136-76, embora o tema fosse recorrente nos exercícios escolares, segundo Quintiliano 3.7.26, e apareça notavelmente em Horácio, *Odes* 1.7. Mas se nos focalizarmos no trecho virgiliano, veremos a seguinte série comparativa:

Mitos orientais (1-18) = *Georg*. 2.136-42
Louvor à Itália (19-26) = *Georg*. 2.143-50
Monstros míticos (27-38) = *Georg*. 2.151-4
Retomada temática (39-42) = *Georg*. 2.155-76

Williams (1985, p. 433) afirma que "Propércio tentou rivalizar com Virgílio e alcançar, dentro da elegia, um tom de profunda seriedade épica", o que gera um comentário depreciativo, como se a elegia fracassasse em seu intuito; por isso, como Heyworth (2009), prefiro ler o poema como paródia. A retomada de Tulo ecoa 1.1, o que aumenta a sensação de *Ringkomposition* que termina em 3.24-25 com o rompimento com Cíntia.

vv. 1-4: Cízico era uma cidade ao sul da Propôntide (atual mar de Mármara), um importante posto comercial desde o período helenístico. O Díndimo era uma montanha próxima a Cízico, relacionada aos ritos de Cibebe (cf. nota a 3.17.29-36); sabemos que havia uma estátua da deusa entalhada a partir de uma vinha por Argo, cf. Apolônio de Rodes, 1.1117-22. Embora a maior parte das versões indique o rapto de Prosérpina por Plutão (Dite) como acontecido em Hena, Propércio segue uma versão que também ocorre em Apiano, Plutarco e na *Priapeia* 75.110-14, situando o acontecimento em Cízico. No verso 4, sigo *quae*, de ς, no lugar de *quae*, de Ω.

vv. 5-10: Propércio faz uma longa digressão mítica apontando para os extremos do mundo antigo. Sobre Hele cf. nota a 2.26.5-6. O rio Caístro passa pela Lídia e deságua em Éfeso, associado aos cisnes desde Ilíada 2.460-1; o rio de águas serpentinas é o Meandro, que deságua no Egeu junto a Priene. O Titã Atlas, filho de Jápeto e irmão de Prometeu, é representado como sustentando o firmamento em seus ombros nos confins do mundo (ligado à cordilheira africana homônima). Medusa, uma das Górgonas filhas de Fórcis, foi morta por Perseu e era muitas vezes representada como decapitada, com o herói segurando sua cabeça. Gerião era um monstro de três cabeças que morava na ilha de Eriteia; um dos trabalhos de Hércules foi tomar o gado de Gerião, depois de derrotá-lo em combate (Cf. HESÍODO *Teogonia* 287 e ss.; HORÁCIO, *Odes* 2.14.7; e OVÍDIO *Met.* 9.184). Outro inimigo de Hércules foi Anteu, filho de Netuno com a Terra, morto pelo herói quando este rumava para o Jardim das Hespérides (Cf. HIGINO, fábula 31), que ficava o Extremo Ocidente, onde junto com as ninfas ficavam um dragão de cem cabeças e as desejosas maçãs.

vv. 11-14: O poeta fica centrado na narrativa de viagem dos argonautas. A Cólquida (região onde se encontra o rio Fásis) foi o destino final dos heróis na sua busca pelo velocino de ouro; o nome do grupo deriva do barco Argos (o primeiro feito pelos homens), que foi construído com pinheiros do monte Pélion (daí ser Pelíaco). No caminho, os argonautas tiveram que passar pela Simplégades (Cf. nota a 2.26.39-40).

v. 5: Heyworth apresenta uma lacuna depois deste verso.

v. 6: Sigo *nec*, de ς, no lugar de *et*, de Ω. Heyworth apresenta uma lacuna antes deste verso.

vv. 15-16: Sigo a conjectura de Housman, incorporada por Goold, Viarre e Heyworth, de levar o dístico para depois do verso 6. Além disso, sigo a conjectura *si tibi*, de Palmer, no lugar de *et si quae*, de Ω; e a leitura *olorigeri*, ao invés de *Ortygie*, como faz Fedeli. Por fim, no verso 16, sigo *serpentes*, conjectura de Hubbard, no lugar de *septenas*, de Ω.

vv. 23-6: Sobre o Ânio, cf. nota a 1.20.8-9 e 3.16.1-4. Sobre o Clitumno, cf. nota a 2.19.25. Sobre a água Márcia, cf. nota a 3.2.11-14. O lago Albano fica no monte Albano, em Roma, cercado por árvores e cheio de casas de campo. O lago Nemos (atual Nemi) fica na região da Arícia. Havia uma fonte de Juturna, no foro romano, junto ao Palatino, perto do templo de Castor e Pólux; os dois heróis teriam dado de beber aos seus cavalos nessa fonte, após a vitória romana no lago de Regilo, em 496 a.C., com a ajuda dos irmão divinos.

v. 25: Sigo *foliis ... abundans*, conjectura de Housman incorporada por Goold, Viarre e Heyworth, no lugar de *socia ... ab unda*, de Ω.

vv. 27-30: Outra série de mitos e fatos considerados negativos por todo o mundo, mas que não chegam a Roma. As víboras (cerastas) são em geral associadas aos desertos do Egito. Sobre Andrômaca, cf. nota a 1.3.1-6. O festim Ausônio (itálico) não se compara à cena em que Atreu dá a seu irmão Tiestes a carne dos filhos, sem que ele soubesse; diz-se que o Sol (Febo) teria até fugido dessa imagem (Cf. Sêneca, *Tiestes* 776 e ss.).

vv. 31-2: O dístico faz referência ao mito de Meléagro (cf. *Ilíada* 9.529 e ss.). Alteia, mãe de Meléagro, ouvira que seu filho seria salvo por um tição, e por isso o guardou em casa. No entanto, depois que o filho matou os tios em nome do javali da Calidônia, que pretendia presentear a sua amada Atalanta, Alteia jogou o tição no fogo, e assim morreu Meléagro (Cf. Ovídio, *Met.* 8.260-546).

vv. 33-4: Sobre Penteu, cf. nota a 3.17.21-8. Quando as naus gregas ficaram presas no porto, ao partir para Troia, Agamêmnon ouviu do oráculo que teria de sacrificar a sua própria filha, Ifigênia, para acalmar os ventos. O general concorda com o sacrifício, mas nunca fica sabendo que, durante o ritual, Diana salva Ifigênia e em seu lugar deixa uma cerva para ser sacrificada (Cf. Eurípides, *Ifigênia em Táuris* e *Ifigênia em Áulis*).

vv. 35-6: Cf. nota a 1.3.19-20. Após o verso 36, os editores concordam que haja uma lacuna. Heyworth estima vv. 37-8 como espúrios e retira a lacuna, o que é uma boa hipótese. Na lacuna proposta por Heyworth, supõe-se que haveria algo como *non hic inuenias* ("aqui não encontres").

vv. 37-8: Sínis era um gigante mítico que atacava o istmo de Corinto até ser morto por Teseu: ele costumava prender suas vítimas a árvores curvadas, que acabavam por rasgar sua presa, daí a comparação com o suplício romano da cruz (Cf. Ovídio, *Met.* 7.440-2 e Apolodoro 3.16.2). Propércio, no entanto, situa Sínis nas montanhas, como Estrabão 9.1.4. Em todos os mitos, Sínis sofre de Teseu a mesma tortura, daí que as árvores estejam para o próprio Fado.

3.23 – O tema aqui, desenvolvido como se fosse um anúncio público, é a perda das tabuinhas (*tabulae*, cf. nota a 2.20.33). O mesmo tema aparece também em Catulo 42 e em Ovídio, *Amores* 1.12, talvez derivados de Filetas de Cós, embora a questão seja discutível. Outra fonte pode ser traçada rumo às comédias: Plauto, *Báquides* 714-1052, *Gorgulho* 420-37, *Persa* 195-250 e 459-548, e *Pseudolo* 1-102. Se lemos esta elegia dentro da disposição geral do livro, seria possível encontrar nela, como penúltimo poema (ou antepenúltimo, dependendo da edição), uma construção simbólica na perda das tabuletas que antecipa o *discidium* da elegia de encerramento.

A elegia retoma os preceitos programáticos anteriores, já que aqui elas são designadas como cultas (v. 1), cheias de palavras dóceis (v. 6, *diserta*, experientes), ao mesmo tempo em que recusam a riqueza épica (vv. 7-8), enquanto se ligam à vida amorosa do poeta: sua perda é, portanto, uma perda poética e amorosa. Quanto ao seu tratamento como poema de ocasião, creio que, mesmo que sua origem derive de algum fato, ele funciona dentro da progressão do livro e das tópicas recorrentes ao gênero como um metapoema: sabemos que bons textos (*tot bona scripta*) teriam se perdido, mas não sabemos o assunto desses textos, que podem apontar para o "fracasso" elegíaco do encerramento do livro.

v. 11: Sigo *fuerunt*, de Γ, no lugar de *fuerint*, de **N S Y**.

vv. 17-18: Sigo a pontuação proposta por Heyworth, ligando *garrula* com *hora*. Também mantenho a tradição de Ω, *ducitur*, no lugar da constante correção por *dicitur*.

v. 24: O Esquilino era um bairro nobre de Roma. É provável que a casa de Propércio no Esquilino (Cf. 4.8) fosse um presente de Mecenas, que também morava por lá, tal como a de Virgílio (Cf. *Vit. Don.* 13).

3.24-25 – A elegia que encerra este livro (e o ciclo dos três primeiros livros que nos chegaram) com críticas à soberba de Cíntia, por sua confiança na beleza, pode ser considerada uma *renuntiatio amoris*, na linha de Teócrito *Id.* 30; Meléagro *Anth. Pal.* 5.175, 179 e 184; Filodemo *Anth. Pal.* 5.112; Catulo 8 e 11; Tibulo 1.9; e Ovídio *Amores* 3.11.

A tradição manuscrita de **N T S W** separa a elegia em duas, configuração que é seguida por alguns editores (como Barber e Viarre); no entanto, dada a profunda relação entre as duas partes e a grande simetria que o todo guarda com relação a 1.1, inclusive no número idêntico de 38 versos (com uma possível divisão tópica, marcadas aqui em estrofes, de 8-8-8-6-8, com encerramento circular no último verso, que retoma o primeiro), prefiro seguir a tradição unitária de **A F L P**; o que produz uma composição em anel entre o livro I e o livro III, com o início e o encerramento da vida amorosa de Propércio e Cíntia. Dentre os vários temas retomados de 1.1, poderíamos mencionar a referência à feitiçaria, a invocação aos amigos, o tema do naufrágio amoroso e da viagem marítima, o *seruitium amoris*, a porta fechada, as lágrimas diante do umbral, etc.

v. 6: Sigo a conjectura *cum*, de Dousa, incorporada por Heyworth, no lugar de *ut*, de Ω.

vv. 9-10: A Tessália era famosa como uma região propícia à feitiçaria. Heyworth desloca o dístico para depois do verso 14.

vv. 11-12: A imagem de ferro e fogo remete a 1.27-8, com a sua imagem de tortura a escravos, e a cena de naufrágio também evoca o afogamento amoroso. Sigo a pontuação proposta por Heyworth e também sua conjectura *nunc... nunc* no lugar de *non... non*, de Ω; além de manter *haec* de Ω no lugar do costumeiro *hoc* de Foster. No entanto, no verso 12, sigo, quanto ao vocabulário, a edição de Fedeli.

vv. 13-14: A imagem é similar ao boi de Fálaris; cf. nota a 2.25.11-12.

vv. 15-16: Sobre as Sirtes, cf. nota a 2.9.33, lembrando que a metáfora náutica serve para descrever os sofrimentos amorosos. Chegar ao porto é, portanto, sair dessa tempestade, cf. Horácio 1.5

v. 19: Boa Mente (*Mens Bona*), uma deusa cultuada no Capitólio (Ovídio *Fastos* 4.241-6), representando a sensatez, aqui em contraposição à loucura amorosa.

v. 20: Sigo *exciderunt*, de ς, no lugar de *exciderant*, de Ω.

vv. 25.11-18: A tópica da ameaça da velhice, muito recorrente, aparece de modo similar em Tibulo 1.8.45; Horácio *Odes* 1.25; e Catulo 8.

vv. 25.13-14: No verso 14 sigo *iam*, conjectura de Shackleton Bailey incorporada por Goold e Viarre, no lugar de *a*, de Ω. Heyworth considera o dístico espúrio.

Notas ao Livro IV

O último livro é formado de 11 elegias (alguns editores consideram 12, ao dividir a primeira em duas). Sua base é etiológica, um verdadeiro livro de *Aetia* romano, tal como já aponta a autodefinição do poeta como um Calímaco romano (4.1.64); no entanto, a intervenção do astrólogo desvela as duas caras do livro: *fallax opus*, obra enganosa, ao mesmo tempo semiépica, etiológica, e patriótica e contraditoriamente elegíaca, erótica, irônica. A dificuldade de conciliar essas duas facetas radicalizadas nesse último livro levou alguns comentadores a pensar que se tratasse de uma compilação póstuma, o que justificaria a presença dos poemas de Cíntia após o *discidium* de 3.24-25. A meu ver, a unidade complexa do livro comporta inclusive os poemas a Cíntia, assumida aqui como invenção do poeta, que a pode matar e ressuscitar quando bem entende (daí uma série estranha em que Cíntia aparece como fantasma, mas depois como viva), ela também é *fallax opus*. Assim, mesmo que seja uma obra póstuma, podemos supor que tenha sido projetada por Propércio, e não uma mera compilação de restos. A estrutura pode ser vista numa série de alternâncias: 4.1 é bipolar, aponta para o plano etiológico e retoma a importância elegíaca; 4.2 conta a causa da estátua multiforme do deus Vertumno; 4.3 apresenta uma elegia em forma de carta amorosa feminina escrita pela matrona Aretusa; 4.4 mais uma vez mistura os gêneros e explica o mito de Tarpeia à luz do erotismo elegíaco; 4.5 trata da cafetina Acântis (quase anagrama de "Cíntia") com uma jovem não nomeada, talvez a própria Cíntia; 4.6 explica a vitória da batalha do Ácio e a origem do templo de Apolo, enquanto representa o poeta ironicamente celebrando a Baco; 4.7 surpreende com a aparição do fantasma de Cíntia, que cobra a atenção do poeta; 4.8 inverte o programa cronológico e representa Cíntia viva, enquanto Propércio tenta, em vão, esquecê-la; 4.9 conta um mito de Hércules com roupagem humorada; 4.10 explica as origens violentas do culto a Júpiter Ferétrio; e, por fim, 4.11 é uma elegia funeral a Cornélia, em que à própria matrona é dada a fala, numa representação da moral matrimonial.

Quanto a sua datação, é mais complexa, mas podemos imaginar que não foi publicado antes de 16 a.C., já que 4.1, 4.6 e 4.11 fazem referências ao ano em questão; na falta de datas posteriores mencionadas, é costume entre os comentadores assumir a morte de Propércio em 15 a.C., embora não tenhamos mais nada que o confirme. O desaparecimento de Mecenas leva Goold e Cairns, dentre outros, a suporem que o livro tenha sido encomendado pelo próprio Augusto. No entanto, como já foi dito antes, não podemos sequer confirmar a presença de Propércio no círculo de Mecenas, nos livros II e III, embora a hipótese não deva ser descartada. Por outro lado, alguns comentadores viram neste livro não só uma ausência de patriotismo encomendado, mas uma *recusatio* refinadíssima, uma negação ao principado de Augusto. Essa possibilidade de leitura, também não descartável, pode, no entanto, ser um pouco forçada, ao ler o poeta como um "esquerdista" augustano. A melhor saída seria, a meu ver, tentar conviver com a série de incongruências, de inconsistências, e fazer delas uma obra complexa. Nas palavras de Hutchinson, "o quarto livro de Propércio é uma criação espetacular e desconcertante, diferente de toda a poesia augustana" (2006, p. 1). E eu, por fim, acrescentaria: mais dada a um uso irônico da política, do que a um uso político da literatura; mesmo que possamos encontrar uma certa continuidade dentro da descontinuidade estruturante do livro, seu resultado é enigmático, a leitura é mais capaz de produzir questionamentos e desconfortos do que de ofertar alguma resposta unívoca.

Também encontramos muitos problemas textuais e diversas conjecturas possíveis, para além de trechos sem aparente resolução: muitas vezes o verso se mostra ainda mais obscuro que a média dos três livros anteriores. De qualquer modo, como Hutchinson, creio que a transposição de versos seja de pouco auxílio; por isso, continuo seguindo a edição de Fedeli, mas deixo em notas algumas das principais intervenções tanto da edição de Heyworth quanto da de Hutchinson.

4.1 – Esta elegia de abertura (o poema mais longo de Propércio) tem uma construção complexa, marcada por uma inconsistência que anuncia o programa do livro. Os primeiros 70 versos estão na voz do poeta, num monólogo de abertura que anuncia a poesia etiológica de raiz calimaqueana, para descrever o passado glorioso de Roma; ou seja, um abandono da elegia amorosa para o desenvolvimento de uma poesia patriótica mais séria (como veremos em 4.2, 4.4, 4.6, 4.9 e 4.10). No entanto, a partir do verso 71, descobrimos que a fala inicial de Propércio é na verdade um diálogo (e aqui talvez possamos encontrar fórmula já presente nas *Sátiras* de Horácio, onde o poeta também se torna um personagem explícito de diálogos) com o astrólogo estrangeiro Hóros, uma figura provavelmente ficcional.

Hóros é, por sua vez, um personagem muito dúbio: sua caracterização como astrólogo pode invocar alguma simpatia, sobretudo pelo discurso sóbrio e mais racional que o de Propércio (Manílio, por exemplo, escreveu sua obra com base na astrologia grega), mas também alguma desconfiança, já que nas classes mais altas de Roma a astrologia nem sempre era bem-vista. No entanto, se Hóros é dúbio, ele ainda assim corrige a proposta programática de Propércio e reinclui a poética amorosa com o jogo enganoso da elegia (o que aponta, por exemplo para 4.3, 4.4 4.5, 4.7 e 4.8), usando, dentro do seu discurso, a fala do deus Apolo, que por sua vez retoma os poemas de abertura do livro III e o prólogo dos *Aetia* de Calímaco; com tal questionamento, Hóros acaba tornando a própria figura de Propércio também duvidosa. Assim, ao fim do poema, temos um programa poético que abarca aspectos divergentes e contraditórios: de certo modo, dentro do livro IV, Propércio também será Hóros: etiologia patriótica e amorosa terão de conviver poeticamente, sem que se resulte numa síntese harmoniosa. Por fim, creio que essa leitura pouco se altera, caso prefiramos dividir o texto em dois poemas, pois então teremos um díptico programático que se contraria.

vv. 1-2: A abertura do livro tem a aparência de um epigrama que trata com um estrangeiro que passa pela inscrição, mas depois se desvela como uma espécie de apresentação para um estrangeiro (o próprio Hóros?). Sobre as imagens de um passado simples e honrado, cf. Tibulo 2.5; *Eneida* 8; Ovídio, *Fastos* 1.243 e ss., 5.93 e ss.

vv. 3-6: Febo como protetor da esquadra de Otaviano na batalha do Ácio, em 31 a.C. Evandro, antigo rei da Arcádia, teria vindo morar no Lácio e fundado a cidade de Palânteo na região onde depois viria a ser Roma (Cf. Tito Lívio 1.7 e *Eneida* 8, quando Eneias visita Evandro e pede apoio, vemos que sua casa está no monte Palatino). A descrição de Propércio é embasada na ideia de simplicidade rústica antiga, depois alterada pelo poder de Roma; por isso, de cabanas e imagens de barro foram feitos templos de ouro, numa provável alusão às reformas luxuosas promovidas por Augusto.

vv. 7-14: O Pai Tarpeio é Júpiter, que tinha seu templo no Capitólio, mas a imagem já aponta para 4.4. O Tibre passava por Roma, mas aqui Propércio recorda tempos em que a cidade era tão pequena, que o rio ainda parecia ser estrangeiro, já na Etrúria. A casa de Remo pode ser *Domus Augusti*, mas é mais provavelmente referência ao Templo de Quirino (*Aedes Quirini*, mais recente, dedicado por Augusto em 16 a.C.) em contraposição com o que teria sido a verdadeira morada dos gêmeos. É provável, portanto, que Remo aqui esteja por Rômulo, que não caberia no metro. Sobre Quirites, cf. nota a 3.4.3-4. O senado formado por cem senadores seria uma criação de Rômulo.

vv. 15-16: Augusto reformou o teatro de Pompeu, que já estava em uso em 17 a.C., mesmo que ainda que não tivesse sido dedicado.

vv. 17-26: Os deuses importados são referência aos cultos estrangeiros em voga em Roma, como a Magna Mater, ou Ísis, por exemplo. A seguir Propércio menciona uma série de festividades antigas que ainda se realizavam em seu tempo. As Parílias eram os festejos campesinos em homenagem a Pales, deusa dos rebanhos, onde se queimava o feno, numa fogueira, que os pastores costumavam pular: sua data era tradicionalmente 21 de abril, quando também se celebrava o aniversário da fundação de Roma. Em 15 de outubro também era celebrado o ritual de sacrificar um cavalo, que era mutilado em homenagem a Marte, e partes do corpo iam para partes diversas da cidade (embora Dumézil e Hutchinson não identifiquem este cavalo aqui mencionado com o mesmo da festividade de outubro). As festas a Vesta eram realizadas entre 9 e 15 de junho. As Compitálias eram celebradas em diversas datas ao fim do ano agrícola (entre dezembro e janeiro), com altares feitos nas encruzilhadas (*compita*). As Festas Lupercais eram realizadas em 15 de fevereiro, quando os sacerdotes lupercos corriam quase nus (daí que seja ousado, *licens*) e batendo as correias nas mulheres; aquelas que fossem golpeadas ficariam mais férteis: a família Fábio era tradicional no grupo de sacerdotes.

vv. 19-20: Heyworth considera o dístico espúrio e apresenta em seu lugar uma lacuna depois do verso 18.

vv. 29-36: Esta série faz referência aos desenvolvimentos históricos de Roma, sobretudo no período mítico. O pretório era, originalmente, a tenda do general (chamado *praetor*) num quartel militar; Lícmon (do etrusco *Lucumon*) foi um general que ajudou Rômulo na guerra contra os sabinos. Tito Tácio foi o principal general sabino (ver 4.4), com quem depois Rômulo se aliou: desses três generais é que surgiram as três tribos mais antigas de Roma: os ramnes (de Rômulo), os lúcures (de Lícmon, provindos da cidade de Solônio) e os ticienses (de Tácio). Bovilas, Gábios e Fidenas eram três cidades, que, com o crescimento de Roma, foram incorporadas, na Via Ápia, Prenestina e Salária, respectivamente. Em Alba Longa é que nasceram os gêmeos Rômulo e Remo; foi fundada por Ascânio no ponto em que uma porca branca (*alba*) foi vista por Eneias (Cf. *Eneida* 8.41 e ss.); por fim a cidade foi destruída numa guerra contra os romanos.

v. 36: Sigo *tunc ubi*, conjectura de Ritschl, no lugar de *ac tibi*, de Ω.

vv. 37-38: Aqui fica demonstrada a ruptura entre passado e presente: só resta daquele bom tempo o nome. A loba é referência ao animal que teria aleitado os gêmeos Rômulo e Remo, depois de terem sido abandonados. Sigo *putet*, de Ω, no lugar de *pudet*, de **P**, aceito por Fedeli.

vv. 39-44: Estes versos retomam a típica representação da *pietas* na imagem de Eneias fugindo de Troia por ordem divina, carregando seu pai Anquises sobre os ombros, enquanto este trazia as imagens dos penates. Sobre penates, cf. nota a 1.22.1. No verso 41, sigo *illos* (retomando *Penates*), conjectura de Shrader incorporada por Goold, Hutchinson e Heyworth, no lugar de *illam*, de Ω.

vv. 45-6: Propércio se volta para a história um pouco mais recente. Públio Décio Mure ofereceu a vida em troca da vitória romana sobre outros povos do Lácio, em 340 a.C., e assim se lançou sobre os inimigos num ritual conhecido como *deuotio*. Décimo Júnio Bruto foi o líder que derrubou o último rei mítico de Roma, Tarquínio, e deu início à República. Sobre secures, cf. nota a 2.16.11; sobre a filiação de César (aqui Augusto) com Vênus, cf. nota a 3.4.19; é Vênus quem leva as armas de Eneias na *Eneida* 8.608 e ss.

vv. 47-8: Roma é muitas vezes retratada como uma Troia ressurgida, em grande parte o tema da *Eneida*; daí que Roma acolha os deuses de Iulo, filho de Eneias, antepassado dos Césares. A mesma ideia aparece em certas *Odes* de Horácio.

vv. 49-52: A Sibila de Cumas, que habitava perto do lago Averno, faz tal profecia a Eneias, *Eneida* 6; com a previsão do fratricídio entre Rômulo e Remo. A profetisa de Pérgamo (Troia) é Cassandra (Cf. nota a 3.13.59-65), o que talvez seja uma referência ao *Alexandra* do poeta grego Lícofron, já que o *dicam* do verso 87 latino seria tradução de λέξω, a primeira palavra do poema grego.

vv. 61-4: Sobre Ênio, cf. nota a 3.1.15-16 e comentários a 3.3. A hera é a planta consagrada a Baco, que representa a inspiração poética. Sobre a Úmbria, cf. 1.22; sobre as profundas relações entre as poéticas de Propércio e Calímaco, cf. 3.1 e notas.

v. 69: Sigo a tradição *diesque* (como Fedeli e Hutchinson), mas julgo interessante uma conjectura de Sullivan aceita por Goold, Viarre e Heyworth: *deosque*; nesse a caso a tradução seria "Ritos e deuses canto", numa inversão de *arma uirumque cano*, abertura da *Eneida*. No entanto, *diesque*, a meu ver, é mais interessante porque também retoma a tradição hesiódica (*Os trabalhos e os dias*) herdada via Calímaco.

v. 71: Hóros questiona o estatuto de vate defendido por Propércio, por isso nega que possa predizer o futuro, uma especialidade dos astrólogos. A fala de Hóros tem algumas similaridades com o epodo 17 de Horácio e aparece mais como uma intervenção ao final da fala de Propércio do que propriamente como um diálogo (o que negaria o seu papel). Sigo *fuge*, conjectura de Livineio incorporada por Goold e Heyworth, no lugar de *uage*, de Ω. Hutchinson deixa o termo *inter cruces* (símbolo utilizado para indicar pontos onde a dúvida do editor não se resolve).

vv. 75-84: A bola brônzea era um instrumento dos astrólogos, que apresentava os signos inscritos na forma de um planetário (Cf. CÍCERO *De rep.* 1.22). Os nomes Hóros e Órope, provavelmente fictícios, são de clara origem oriental (o que produziria certa desconfiança no leitor romano); enquanto Arquitas e Cônon foram dois astrólogos gregos dos séculos IV e III, respectivamente. É importante lembrar que a astrologia antiga engloba tanto o que hoje chamamos "astrologia" quanto a "astronomia".

vv. 81-3: Heyworth apresenta uma lacuna que começa após *Iuppiter* e termina em *obliquae*.

vv. 87-8: Hutchinson considera o dístico espúrio. Fedeli considera *sepulcra* (de Ω) entre *cruces*; sigo, portanto, *candida regna*, conjectura de Murgia adotada por Heyworth. O verso 87 ecoa *illic fas regna resurgere Troiae* ("é justo que dali ressurja o reino de Troia"), *Eneida* 1.206.

vv. 89-102: A história de Árria e seus filhos só aparece em Propércio: não há consenso que seja real ou fictícia. O mesmo vale para Cínara (embora seu nome grego, típico de cortesã, apareça em Horácio *Odes* 4.1 e 4.13 e *Epístolas* 1.7 e 1.14). Lucina é um epíteto de Juno, na sua função de patrona das parturientes.

vv. 103-8: Aqui temos diversos modos de previsão rejeitados por Hóros: consulta oracular, visão de entranhas de animais, auspícios (por meio de aves), necromancia e hidromancia. O Júpiter Líbio é referência ao templo de Júpiter Ámon, na Líbia. Em contraposição, o caminho está na astrologia, embora as cinco zonas não tenham muita relação com o assunto (Cf. VIRGÍLIO *Georg.* 1.233 e ss.).

vv. 109-18: Aqui Hóros se volta para os mitos gregos. Cf. notas a 3.7.21-4 e 3.7.39; Agamêmnon é o Atrida, filho de Atreu. Oileu é o pai de Ájax Menor (daí Oilida), que estuprou Cassandra no templo de Minerva e foi por isso morto numa tempestade, como castigo (Cf. HIGINO, fábula 106).

vv. 119-34: Hóros se volta para Propércio. A Mevânia é uma pequena cidade da Úmbria, próxima a Assis; mas não resta nenhum vestígio do lago mencionado (sobre a tomada de terras, cf. 1.22 e Virgílio, *Bucólicas* 1 e 9). A bula áurea era um tipo de amuleto usado pelos jovens até que ele assumisse a toga viril: os deuses aqui são apenas maternos para reforçar a ideia da perda do pai. A última imagem representa o porquê de não ter seguido a carreira como advogado, tal como se esperaria. O dístico é considerado espúrio por Hutchinson e Heyworth.

vv. 135-46: Considero que todo o trecho seja a fala de Apolo parafraseada por Hóros, por isso marco as aspas. Os filhos de Vênus são os Cupidos (no plural). Nos versos 139-140, sigo os tempos do futuro: *pararis* de Murgia, e *eludet*, de ς, no lugar de *parasti* e *eludit*, de Ω.

v. 149: Sigo *cauum*, de ς, no lugar de *cauo*, de Ω.

v. 150: A imagem final permanece como um enigma aos estudiosos (talvez com a própria função de imitar uma indicação mística que não deve ser levada a sério), que propõem uma série de explicações: poderia ser o signo de Cíntia, caso acreditemos na sua existência biográfica; a indicação de uma constelação pouco propícia ao casamento; ou mesmo uma indicação de Augusto. A explicação mais interessante encontrei em Heyworth, que lembra a presença de um caranguejo (câncer) no verso de moedas do ano 19 a.C., onde aparecia também Augusto; se aceitarmos tal hipótese, a ambiguidade do verso final apontaria simultaneamente para a constelação, como se poderia esperar de um astrólogo, para o dinheiro, talvez de um rival amoroso mais rico, o que também derivaria da crítica ao dinheiro, que aparece na fala de Hóros, e para a figura de Augusto. Com essa leitura, optei pelo termo "coroa", que tem acepção astrológica e também indica o verso da moeda.

4.2 – Esta elegia em forma de inscrição funciona como etiologia da estátua de Vertumno, um deus etrusco a partir da sua etimologia ligada ao verbo *uerto*, retomando, portanto, o programa apresentado na fala de Propércio em 4.1. A antiga estátua ficava na Rua Etrusca (*Vicus Tuscus*), atrás do templo de Castor, junto ao Foro, e não recebia nenhum culto estatal, e assim se representa como uma estátua de pouco poder, o que garante parte do tom cômico do poema, que forma um contraste com os tons trágicos de 4.11, também e ao modo de inscrição. Alain Deremetz faz uma excelente análise da função metapoética da estátua como descrição do programa elegíaco do livro IV nos moldes de "obra enganosa" e multifacetada (1995, p. 315-49). Heyworth e Goold, em suas edições, fazem uma série de transposições, a meu ver desnecessárias para o texto; por isso sigo a ordem da tradição, tal como Fedeli, Viarre e Hutchinson.

v. 1: Sigo *qui*, conjectura de Heinsius, no lugar de *quid*, Ω

v. 2: Vertumno, de origem etrusca, designado por Varrão, em *De lingua latina* 5.46, como *deus Etruriae princeps* ("o principal deus da Etrúria"); é associado por Ovídio a Pomona, deusa dos pomares (*Met.* 14.622 e ss.), imagem que é desenvolvida a partir do verso 41; ele também é identificado com Voltumna, deus etrusco; com essa ligação aos jardins, sua descrição cômica acaba se assemelhando com as de Priapo (Cf. Tibulo 1.4) e Pã. O jogo etimológico vai ficar ligado ao verbo latino *uerto* ("verter", "virar") e o final, que poderia ser entendido como *amnis* ("rio", no verso 10), *annus* ("ano", no verso 11), ou *omnis* ("todo", no verso 47).

vv. 4-5: Volsínios pode ser duas cidades da Etrúria: *Volsinii ueteres*, que foi destruída pelos romanos em 264 a.C., ou *Volsinii* mais recente, atual Bolsena, que durou mais anos. A guerra também não é clara: pode ser a guerra contra os sabinos, com auxílio dos etruscos, ou a guerra contra os etruscos. No verso 5, sigo *me*, de **P**, no lugar de *mea*, de **N F L**.

v. 9: Referência à drenagem das áreas mais baixas e pantanosas de Roma, conhecida como *Velabrum*. Sigo *stagnum*, conjectura de Housman incorporada por Heyworth, no lugar de *tantum*, de Ω.

vv. 11-12: Sigo *praecerpimus*, conjectura de Fea, no lugar de *praecepimus*, de Ω; e *creditur*, de ς, no lugar de *credidit*, de Ω.

vv. 13-18: Heyworth propõe a transposição destes versos para depois de 42, uma proposta incorporada por Goold.

vv. 21-2: Cf. Tibulo 3.8.13-14:

Talis in aeterno felix Vertumnus Olympo
  mille habet ornatus, mille decanter habit

Assim, feliz Vertumno sobre o Olimpo eterno
  tem mil ornatos, mil que lhe convêm.

v. 23: Sobre veste de Cós, cf. nota a 1.2.2. A representação feminina de Vertumno pode estar ligada a uma interpretação equivocada do nome etrusco *Voltumna* como feminino.

v. 31: Sobre Iaco, cf. nota a 2.3.17-18.

vv. 35-6: Hutchinson considera o dístico espúrio.

v. 48: A língua pátria é o latim, não o etrusco.

vv. 49-56: Aqui podemos interpretar a guerra antes mencionada (vv. 4-5) como aquela contra os sabinos, quando romanos e etruscos se aliaram. Os licomédios recebem esse nome por derivação de Lícmon (*Lucumon*, cf. nota a 4.1.29-36), representam os etruscos. O Semeador dos Deuses é Júpiter.

vv. 51-4: Heyworth transpõe os versos para depois de 47 e ainda cerca os dois dísticos por duas lacunas.

vv. 57-8: Vertumno se dirige ao transeunte, forma muito comum na tradição epigráfica.

vv. 59-64: Se não considerarmos o poema inteiro como um inscrição, certamente os versos finais assim funcionam, com a designação da construção da obra. Numa Pompílio foi o segundo rei (mítico) de Roma. Mamúrrio Vetúrio foi um artesão osco que Numa contratou para fazer onze réplicas de um escudo divino feito de bronze e assim evitar o risco de roubo (Cf. Ovídio *Fastos* 3.259 e ss.).

4.3 – Esta elegia faz grande uso de *prosopopoeia* no sentido retórico, ou seja, assumir um personagem e falar em nome dele (um exercício comum entre os jovens romanos, e que aparece ainda em vários outros poemas deste livro, como em 4.2 e 4.11). Ela tem um diálogo profundo com as *Heroides* de Ovídio, o que apresenta aos estudiosos um problema de datação: teria Propércio escrito primeiramente esta elegia feminina em forma de carta, que depois Ovídio desenvolveria numa obra inteira; ou é Propércio quem imita Ovídio? A questão fica sem resposta, por falta de dados; mas tendo a crer que a elegia mais antiga seja properciana e que Ovídio, ao perceber o potencial do experimento, o desenvolveu nas *Heroides*.

Há uma complexidade na caracterização de Aretusa: por um lado, ela encarna o ideal romano das matronas, demonstra afeto pelo marido tal como se esperaria em momentos de dificuldade (Cf. Cícero, *Fam.* 14.2.2-3) e guarda respeito pelo lar; por outro, seu sentimento é descrito nos moldes da elegia: ela está ardente de amor, sente-se abandonada e em contraponto à lógica bélica do império. Isso me faz pensar (embora não tenha encontrado comentadores que apontem para isso) se não poderíamos ler em Aretusa uma *domina* elegíaca em potencial, sobretudo se pensarmos que, ao ser abandonada pelo marido cívico (mais interessado em ganhos e viagens), ela poderia se tornar vulnerável para um amante elegíaco: essa leitura poderia instigar ainda mais a duplicidade da figura de Aretusa, enquanto apresenta a proto-história da paixão elegíaca: o indivíduo sem amor no casamento.

v. 1: A abertura da elegia é surpreendente, com a estilística formal das cartas romanas (algo como *Artehusa Lycotae suo S.D.*, "Aretusa envia saudações ao seu Licotas"), mas ao mesmo tempo apresentando nomes gregos, que podem funcionar como pseudônimos ("românticos", afirma Goold), ou como ficção. De qualquer modo, o contexto imaginado é tipicamente romano. Os nomes gregos podem invocar algumas referências: Aretusa é uma fonte da Sicília, ligada à poesia; para além disso os nomes Aretusa e Licotas aparecem em Teócrito (1.117 e 5.62, onde aparece *Lykopas*), Virgílio (*Bucólicas* 10.1) e Calpúrnio Sículo (6.26 e 7), o que poderia gerar no leitor uma expectativa bucólica para o casal, que não se cumpre: Hutchinson chega a apontar para o lado programático do livro, em que o pastoral (antigo) chega ao moderno (urbano), que poderia estar expresso nessa quebra de expectativa.

vv. 7-10: Sobre Bactros, cf. nota a 3.1.15-16. Os getas eram um povo que vivia na margem esquerda do rio Danúbio, onde hoje fica a Romênia.

v. 8: O verso apresenta *hericus*, o que gera um sério problema de edição. Fedeli opta por *Neuricus*, conjectura de Jacob; porém há várias outras hipóteses, tais como *sericus* (chinês), *persicus* (persa), *ferreus* (férreo), etc. Sigo Fedeli e interpreto Nêurico como um membro dos neuros, que habitavam a Sarmácia e eram famosos, segundo Tácito (*Hist.* 1.79)

v. 11: A tradição do verso é bastante problemática, e os editores não chegam a um consenso. Sigo, como Viarre, *pactae iam mihi*, de P, no lugar do problemático *parce auia* impresso por Fedeli entre *cruces*.

vv. 11-15: Aretusa faz referência aos rituais do casamento romano, com a presença de fachos acesos e a invocação ao deus Hímen (cf. CATULO 61 e 62). A água estígia faz alusão a um banho ritual preparatório no lago Averno, ou em algum outro local ligado aos mundos inferiores (cf. *Eneida* 7.565 ss. uma dessas ligações entre o mundo infernal e o nosso).

v. 18: O que sugere um afastamento de quatro anos.

vv. 21-2: Ocno é representado no Orco entrelaçando uma corda, enquanto um asno a devora para sempre.

v. 29: Vésper, estrela da tarde (Vênus), está ligada à vida amorosa, é no momento do seu aparecimento que se celebravam as núpcias.

vv. 34-6: Tiro era uma cidade da Fenícia, famosa pela sua lã. O Araxes é um rio da Armênia que deságua no mar Cáspio. Os partos são habitantes da Ásia, a sudeste do mar Cáspio. No verso 34, sigo *chlamydas*, conjectura de Barber, e *tuas*, de Lee, no lugar de *gladios... suos*, de Ω.

v. 40: Heyworth marca uma lacuna depois deste verso e transpõe vv. 41-50 para depois do verso 56.

vv. 43-8: Hipólita era a rainha das Amazonas, representadas com os seios à mostra, para facilitar as batalhas (curioso como o desejo de Aretusa se assemelha ao de Propércio em 3.14). A Cítia fica a noroeste do mar Negro. No verso 48, a tradição apresenta um problemático *affricus...nectit*. Das várias conjecturas, preferi seguir *astrictam* (Schippers)... *uertit* (Morgan), como Goold e Heyworth.

vv. 53-4: Sobre os deuses Lares, cf. 2.30.21-2.

vv. 55-6: Sigo a proposta de Housman e transfiro o dístico para depois do verso 32, como Goold e Viarre. O nome Cráugide é derivado do grego κραυγή (gritaria), o que sugeriria a ideia de um cão de guarda, ou de caça, e não doméstico.

v. 58: É provável que se trate de alguma erva para incenso, usada em ofertas aos deuses.

vv. 59-62: As corujas eram consideradas animais de mau augúrio (Viarre, no entanto, comenta que pode ser o sinal da chegada de alguém). Por outro lado, se o fogo no candeeiro hesitasse, era visto como um bom augúrio, com o costume de se lançarem algumas gotas de vinho sobre ele (Cf. OVÍDIO, *Heroides*

19.151). Os popas eram um tipo mais simples de sacerdote, que costumava levar as vítimas ao altar, para sacrifícios.

vv. 64: Aretusa ironicamente insinua um erotismo bélico entre Licotas e os líderes adversários, como se a guerra instaurasse uma rival ao amor do casal.

v. 66: Sobre essa técnica de guerra, cf. nota a 2.10.14.

vv. 67-71: Referência aos triunfos, quando as lanças eram exibidas sem o ferro da ponta. A sequência também autoriza uma leitura em clave erótica para a lança sem ferro (*hasta* tem significado de falo em *Priapeia* 43): que Licotas não tenha outros amores. A Porta Capena era uma das entradas de Roma, na Via Ápia. Por ela se iniciavam os triunfos dos generais.

v. 72: Sigo *salua*, conjectura de Burman incorporada por Heyworth, no lugar de *grata*, de Ω.

4.4 – Esta elegia etiológica apresenta a causa do nome da Rocha Tarpeia, uma parte do Capitólio. É provável que a motivação do poema esteja ligada a moedas feitas na época, que apresentavam a morte de Tarpeia (18 a.C.). Porém mais importante é perceber que, enquanto a maioria dos historiadores representam Tarpeia como traidora por cobiça (cf. Lívio 1.10), Propércio prefere apresentar sua causa como o amor. Com esse mote, a tópica da elegia amorosa invade o poema patriótico, tal como na figura anterior de Aretusa, e é quase impossível não termos alguma simpatia pela vilã do poema, mesmo que o narrador sempre a apresente como ímpia, merecedora do castigo que recebe. Por fim, a elegia não cumpre um mero papel moralizador, nem uma definição trágica do amor de Tarpeia, mas transita entre os dois polos, ao mesmo tempo em que funde o gênero etiológico e amoroso numa construção híbrida de tom e tema.

vv. 1-2: O bosque mencionado fica aos pés da Rocha Tarpeia, daí derivando o seu nome. Os portões de Júpiter são o Templo de Júpiter Capitolino, o mais importante de Roma. Por contraposição aos nomes gregos do início da elegia anterior, esta se marca em território e história romanos.

vv. 3-8: Goold transfere a série para depois do verso 14; Heyworth faz o mesmo, mas ainda transfere 7-8 para antes do verso 3.

v. 9: Cures era a capital dos Sabinos.

vv. 5-8: Silvano é uma divindade menor romana, ligado às florestas (*siluae*). Sobre Tito Tácio, cf. nota a 4.1.29-36.

vv. 17-18: Hutchinson considera o dístico espúrio. Heyworth o transfere para depois do verso 86.

v. 18: Somente aqui sabemos que Tarpeia era uma vestal, sacerdotisa da deusa Vesta, jurada de virgindade, o que torna ainda mais nefasta a sua paixão. Se inserirmos a figura do pai, Tarpeio, como vigia romano, podemos ler sua impiedade em relação à família, à pátria e aos deuses, nos três níveis fundamentais da *pietas* romana.

v. 34: Duas são as principais escolhas dos editores – o termo *esse*, de Ω (editado Paganelli, Fedeli e Viarre); e *ora*, conjectura Gronovius incorporada por Barber e Moya & Elvira, Goold, Hutchinson e Heyworth, que se configura como o texto mais aceito hoje. A primeira escolha é problemática porque implica a leitura no sentido passivo de *conspicer*, embora o verbo seja atestado como depoente; enquanto a segunda é uma conjectura que acaba por simplificar o sentido. Dessa forma, gostaria de lembrar uma leitura que os editores a que tive acesso descartaram (os mais recentes sequer a imprimem no aparato crítico), mas que é muito sugestiva: *arma*, de ς (**V2 e Vo**). Assim é possível manter o sentido depoente de *conspicer*, o que daria "eu, cativa, vendo a arma do meu Tácio", o que talvez mostre melhor a submissão erótica da cena, já que além de *catiua* ela ainda olharia o objeto fálico, *arma*, de Tácio, sentido que é reforçado pelo possessivo *mei*, implicando uma reciprocidade da posse, ainda que a submissão fique apenas do lado feminino: nesse sentido de reciprocidade, Micaela Janan (2001, p. 82-3) apresenta também a ambiguidade sintática, já que *captiua* poderia também ser lido como adjetivo de *ora* (e a mesma leitura vale para *arma*), o que nos daria uma interpretação ainda mais interessante dos papéis dos gêneros, pois seria lido: "eu visse as armas cativas de meu Tácio", num sentido puramente erótico, já que, para Tarpeia ser escrava, era necessário que Tácio não fosse escravo de Roma. Desse modo, ressurge em meio à pretensa seriedade do poema uma referência a um lugar comum da elegia erótica, o da serva que domina o seu mestre por meio do amor (Cf. 1.9.4, por exemplo). Se tomarmos então a afirmação da ambiguidade sintática do texto e a pensarmos pelo termo *arma*, o erotismo se torna muito mais simbólico, complexo e reverso, provavelmente um artifício que poderia ser usado pela poética de Propércio, que (como Ezra Pound atentava) era o maior exemplo da *logopoeia* na poesia antiga.

vv. 39-42: Dois exemplos míticos em que mulheres traem a família e a pátria em nome do amor. Sobre Cila, cf. nota a 3.19.11-28. Ariadne ajudou Teseu contra o Minotauro (seu irmão por parte de mãe): nos dois casos, Tarpeia não atenta para o fato de que Cila foi morta por Minos depois de trair o pai e que Ariadne foi abandonada por Teseu; ou seja, as duas sofrem traição dos seus amados depois de cumprirem sua traição familiar. É curioso observar como o recurso aos mitos é muito similar ao praticado pela própria *persona* de Propércio. No verso 39, sigo *mirum... secuisse*, de ς, no lugar de *mirum in... saeuisse*, de Ω.

vv. 45-6: O altar de Palas ficava junto com o da Vesta. Havia dentro do templo um fogo que nunca deveria se apagar, sob o risco de punição divina: esse fogo era mantido pelas vestais.

v. 47: Sigo *potabitur*, conjectura de Palmer, no lugar da conjectura *purgabitur*, um pouco mais aceita. A tradição nos apresenta o improvável *pugnabitur*.

v. 51: Dentro da tópica elegíaca, Tarpeia deseja ter poderes de bruxaria para realizar o seu amor.

vv. 53-4: Por contraposição a Rômulo e Remo, que abandonados pela mãe (uma sacerdotisa vestal, como Tarpeia) foram criados por uma loba; por isso Tácio mereceria o púrpura dos reis e, depois, dos generais durante o triunfo.

v. 55: Este verso gera discordância geral entre os editores. Fico com a edição de Hutchinson: *dic, hospes, pariamne tua regina sub aula*, por conjectura de Passerat; no lugar de *sic hospes pariamne tua regina sub aula*, de Ω.

vv. 57-8: A expressão *raptum* e depois *rape me* em latim tem a ambiguidade de significar "rapto" (sequestro), mas também estupro; donde o verbo *rape* em inglês. Mantive no verso 57 a expressão famosa "rapto das Sabinas", mas no imperativo *rape me* preferi "toma-me" por julgar que o verbo tomar assume com mais clareza a implicação sexual do pedido.

v. 59: Sigo *nupta*, conjectura de Lütjohann, no lugar de *nuptae*, de Ω.

v. 61: Himeneu (ou Hímen) é a divindade grega que presidia o casamento.

v. 68: Sigo *se*, conjectura de Jacob aceita por quase todos os editores, no lugar de *uae*, de Ω, mantido por Fedeli.

vv. 71-2: O Termodonte é um rio que deságua no Mar Negro. O Estrímon é um rio da Trácia, próximo à Macedônia. A referência pode relacionar Tarpeia com a Amazônia Pentesileia, em auxílio aos troianos; ou com uma bacante em furor, já que ambas as figurações estão ligadas com a designação de estrimônide. No verso 71, sigo *furit*, conjectura da Baehrens, no lugar de *ruit*, de Ω.

v. 73: Sobre as Parílias, cf. nota a 4.1.17-26.

vv. 83-84: Hutchinson aponta uma lacuna entre os dois versos. Goold transfere o dístico para depois do verso 86.

v. 86: Sigo *suis*, de ς, no lugar de *tuis*, de Ω.

v. 91: As principais variantes do mito apresentam Tarpeia como traidora por cobiça: ela pede de Tácio tudo que os sabinos levavam no braço esquerdo, já que eram famosos por suas joias, mesmo entre os homens. No entanto, na hora de pagar pela ajuda, eles teriam todos lançado seus escudos sobre ela, matando-a esmagada sob peso. Propércio parece invocar essa variante do mito dentro da sua.

v. 94: O vigia pode ser interpretado de modos diversos, como Tarpeio (pai de Tarpeia), que era um vigia e teve seu nome maculado pelos atos da filha; como o próprio monte, que recebeu o nome derivado de um crime impiedoso; como Tarpeia, por ter o infeliz destino de ser uma vestal apaixonada; ou como Júpiter, já que a Rocha Tarpeia fica junto ao Capitólio, consagrado a Júpiter.

4.5 – Nesta elegia a temática amorosa invade o texto, apesar de já ter sido anunciada na fala de Hóros, na carta de Aretusa e no comportamento de Tarpeia; aqui, o texto se volta mais ao universo da *persona* de Propércio, dentro de um contexto de alcoviteiras, que sabemos ter existido no tempo de Augusto, e já havia sido representado nas peças de Plauto (além do *leno* homem, temos as *lenae* na *Asinaria* e na *Cistellaria*), o que gera uma espécie de poema antiamoroso, num mundo regido pela ganância, tal como previra Hóros em 4.1.

Importante notar como mais de metade da elegia é dominada pela fala de Acântis (vv. 21-62, tal como 4.4 pela fala de Tarpeia), que contraria em grande parte a figuração do poeta como um "pobre coitado": ele é mais visto como alguém que não concede os presentes que interessam às mulheres; no fim das contas, de algum modo, a releitura de 1.2 apresentada aqui vê na elegia properciana a argumentação de um avarento que não está disposto a bancar os gostos da amada. Esse processo de autoparódia é profundamente irônico e acaba por deixar o leitor sem uma imagem unívoca do poeta; coisa similar acontece em 4.7, ao vermos que Propércio deu pouco valor à morte de Cíntia. Interessante notar também como Cíntia não é nomeada no poema, e que, portanto, podemos interpretar a interlocutora como uma jovem qualquer do interesse de Propércio. O tema é imitado por Ovídio *Amores* 1.8, e também tem similaridades com Horácio *Epodos* 8 e Tibulo 1.5.

vv. 5-8: Hipólito e Penélope são dois exemplares da castidade masculina e feminina. Antínoo era o principal dos pretendentes na *Odisseia*.

vv. 11-14: As vestais incastas eram enterradas vivas no *Campus Sceleratus*, do lado de fora do Portão Colina (uma retomada da figura de Tarpeia, na elegia anterior?); ervas que ali nasciam teriam poderes mágicos. A figuração das feiticeiras controlando a lua já aparece em 1.1. E creio que devemos entender o "disfarce de lobo" como um artifício mágico: Acântis se torna lobo, e não apenas veste a pele de lobo.

vv. 17-18: Sobre as estriges, cf. nota a 3.6.29. Hipômanes são uma secreção vaginal das éguas prenhas, ou com calor. Eram usados para fazer filtros amorosos (Cf. VIRGÍLIO, *Geórgicas* 3.280 ss.). Plínio argumenta que seja uma espécie de tumor (*NH* 8.165).

vv. 19-20: Um trecho dos mais problemáticos para a edição de Propércio, de modo que há muitas variantes nos manuscritos e ainda mais discordância por parte dos editores: o consenso geral é que se trate de um *locus deperditus*. Segui, focalizado nas opções dadas pelos manuscritos, a leitura de Moya & Elvira: *ferat*, de Ω, *lympha*, do ς, e *perurens*, de **P2**. Quanto à interpretação, creio que não me afasto da de Fedeli ou dos espanhóis: tentei ao meu modo reavivar o tom de ditado popular da comparação latina, que, por sua vez, se assemelha bastante ao nosso "água mole em pedra dura / tanto bate até que fura", tanto na forma quanto no sentido geral. O que se apresentaria aqui, portanto, seria a persistência da *lena* nos seus intuitos. Heyworth aponta uma lacuna entre os versos, o que também seria possível.

v. 21: Outro sério problema: a tradição apresenta o desconhecido *dorozantum* (talvez referência a algum povo). Sigo a conjectura *lecta lapis* de Heyworth.

v. 21-6. Tiro é uma cidade da Fenícia, famosa pela concha múrex, usada na fabricação do púrpura. As vestes de Minerva são referência à tecelagem presidida pela deusa; sobre a veste de Cós (Eurípilo é um rei lendário da cidade), cf. nota a 1.2.2. Sobre o leito atálico, cf. nota a 2.13.22. Tebas, pelo grande número de palmeiras, era até famosa como a cidade de cem portas, no Egito. A Pártia produzia boa parte da murra (um mineral) utilizada na fabricação de taças de luxo. No verso 23, sigo *Eurypylis* (Heinsius) *ue* (Skutsch), incorporadas por Goold, Hutchinson e Heyworth, no lugar de *Eurypylique*, de Ω.

vv. 33-6: Sobre o culto a Ísis, cf. nota a 2.28.61-2. Abril era o mês de Vênus, quando as mulheres, sobretudo nas calendas, veneravam a *Fortuna Virilis* para pedir felicidade em seus relacionamentos, e era comum receberem presentes, tal como no aniversário. No verso 35, sigo *Hyale*, conjectura de Palmer, no lugar de *Iole*, de Ω. Os dois nomes gregos seriam de escravas da jovem.

v. 40: Sigo *dentibus* (Heinsius) *alterius* (**A**), no lugar de *litibus alternis*, de Ω.

vv. 41-44: Aqui temos uma comparação entre a figuração trágica de Medeia, e a versão cômica da prostituta Taís, personagem da peça homônima de Menandro que não chegou até nós, mas se tornou uma figura típica. Getas é um nome típico de escravo nas comédias.

v. 47: Sigo *pulsat*, presente na inscrição pompeiana CIL 4.1894, no lugar de *pulset*, de Ω.

vv. 51-2: Os escravos ficavam com tabuletas em seus pescoços e cal nos pés, para marcar a sua condição; assim eram expostos no mercado, e era normal terem de pular para demonstrar sua habilidade.

vv. 55-6: Este dístico é idêntico a 1.2.1-2, o que apresenta um sério problema editorial: estaria Propércio parodiando a própria obra, que aqui é mencionada por Acântis; ou se trataria de uma interpolação derivada de um comentário na margem do texto? Barber, Hutchinson, Goold, Viarre e Heyworth retiram o dístico do texto; mas preferi seguir Fedeli e Moya & Elvira, que entendem a citação como autoparódia. Esse tipo de referência não seria de todo estranho aos poetas antigos, se recordarmos, por exemplo, que Virgílio escreveu: *omnia vincit Amor* ("a tudo vence o Amor") em *Bucólicas* 10.69, na boca do poeta elegíaco Galo, e depois retorquiu nas *Geórgicas* 1.145-6, com um eco paródico óbvio de *labor omnia uicit / improbus* ("a tudo vence o labor / ímprobo"); ou nas mesmas *Geórgicas*, em seu encerramento, 4.566 (*Tityre, te patulae cecini sub tegmine fagi* "Títiro, eu te cantei debaixo da ampla faia"), o mantuano reescreve *Bucólicas* 1.1 (*Tytire, tu patulae recubans sub tegmine fagi,* "Títiro, tu deitado embaixo da ampla faia"); ou mesmo Horácio, que pode estar respondendo a pergunta *Quando repostum Caeucubum* [...] *bibam?,* "Quando beberei do Cécubo servido?" (*Epodos* 19.1-4) com *Odes* 1.37.1: *Nunc est bibendum* ("Agora convém beber").

vv. 61-2: Pesto é uma cidade situada no sul da Itália, famosa por seus roseirais. Sobre o vento Noto, cf. nota a 2.5.10-11.

v. 63: Apenas aqui sabemos o nome da alcoviteira: o nome grego *Acanthis*, embora fosse um tanto quanto comum, aqui ganha relevo por estar relacionado a espinhos (ἄκανθα), que já aparecem no verso 1. Além disso, seu nome é quase um anagrama do nome de Cíntia (*Cynthia*).

v. 64: Mantenho *tenues... cutes* de Ω (como Moya & Elvira), ao invés de *tenuem cutem*, correção de Jacob incorporada por quase todos os editores (Fedeli incluso), junto com o explicativo *mihi*. Na tradução mantive a ambiguidade gramatical, pois não se sabe ao certo de quem se contam os ossos, se de Propércio ou da *lena*. De qualquer modo, pelo contexto, é mais provável que se trate do próprio poeta, fragilizado pelos encantos de Acântis.

v. 70: Mantenho *curua*, de Ω, no lugar da correção *curta*, incorporada por Fedeli.

v. 71: Sigo *fuerint*, conjectura de Graevius, no lugar de *fuerant*, de Ω.

v. 75-8: A ânfora pode ser uma referência à embriaguez da cafetina, retomando v. 2. Figueira-brava (*caprificus*) é uma planta estéril. Na *Electra* v. 326 ss. de Eurípides, Egisto lança pedras sobre a tumba de Agamêmnon.

4.6 – Esta elegia, que ocupa a posição central do Livro IV, e portanto um lugar de grande relevo na sua arquitetura, retoma 2.31; ela provavelmente foi feita por ocasião dos *Ludi Quinquenales*, em 16 a.C. (ano em que até se prensou uma moeda *APOLLINI ACTIO*, ao Apolo Ácio), apresenta a etiologia para o templo de Apolo Palatino a partir da batalha do Ácio em 31 a.C., entre as forças de Augusto, por um lado, e as de Marco Antônio e Cleópatra, por outro. Augusto dedicou o templo em 28 a.C. a Apolo, adotou-o como divindade pessoal e passou a representá-lo como fator decisivo na batalha naval; daí que Propércio faça uma relação entre o templo e a batalha, assunto que os estudiosos discutem para determinar se se tratou de uma originalidade properciana ou não, sem chegarem a um consenso. Da minha parte, creio que dificilmente os romanos não fariam essa ligação entre a batalha, o deus pessoal de Augusto e a construção do templo; mesmo que já tivesse sido prometido desde 36, após a vitória sobre Sexto Pompeu em Náuloco (os templos poderiam acumular significados). O poema tem muito em comum com a descrição do escudo de Eneias, *Eneida* 8.671-728, e por esse motivo foi muito comparado (em geral, negativamente) com a descrição de Virgílio. Propércio publicou seu quarto livro alguns anos depois da morte de Virgílio e com intuitos diversos do poeta mantuano: a construção é mais multifacetada que a da épica, o tom também é mais variado, mais capaz de incorporar o humor, ao mesmo tempo em que simula um contexto ritual.

Para além da seção etiológica (vv. 1-68), há ainda o problema da parte final (69-86), em que o poeta, depois de uma descrição tão breve, já diz ter cantado o bastante e aparece em grupo, muito mais dedicado a Baco do que a Apolo. Como ler essa bipartição? Tudo indica que não haveria leitura unívoca, e o último verso aponta para isso, com imagem dos raios do sol (Febo) batendo sobre o vinho (Baco), numa síntese impressionante após uma elegia tão complexa.

vv. 1-2: Propércio aqui simula a função de ritual e assume a posição de vate (poeta e profeta) romano. Cf. Calímaco, *Hino a Apolo*, e Horácio *Odes* 3.1.

vv. 3-4: Alusões a Filetas de Cós e Calímaco de Cirene (Cf. notas a 3.1). No verso 3, sigo *serta*, conjectura de Escalígero, no lugar de *cera*, de Ω.

v. 8: Mígdon foi um lendário rei da Frígia, daí que migdônios sejam os frígios.

v. 13: Trata-se de Augusto César, adotado por Júlio César.

v. 15: A Atamânia é uma região de Epiro, em cuja costa se situava o promontório do Ácio, com um golfo que deságua no mar Jônio.

vv. 19-20: Os pinheiros são os navios, já que a batalha do Ácio foi naval.

v. 21-22: Quirino é o nome divinizado de Rômulo. Ele aparece como troiano (teucro) por ser descendente de Eneias. Quem representa as forças romanas é Augusto, por oposição ao exotismo de Antônio e Cleópatra: um recurso recorrente na propaganda de Augusto, para apagar (ou ao menos amenizar) o fato de que se tratava de uma guerra civil. Importante notar como Cleópatra nunca é mencionada, fator derivado da condenação ao esquecimento, comum entre os antigos.

vv. 23-4: As insígnias de Augusto já são vencedoras por terem derrotado as forças de Sexto Pompeu (filho de Pompeu Magno), na batalha de Náuloco, em 36 a.C.

v. 25-8: Nereu é uma divindade marinha, pai das Nereidas: as duas frotas se posicionaram na forma de meia lua. Febo Apolo nasceu na ilha de Delos, que era uma ilha flutuante chamada Ortígia até o momento em que concedeu espaço para o parto de Latona: daí nasceram Febo e Diana, também conhecidos como Délio e Délia, porque Apolo renomeou a ilha como Delos. No verso 28, sigo *ante*, conjectura de Lípsio, no lugar de *unda*, de Ω.

vv. 31-4: Febo é representado como imbele quando toma a lira; mas também aparece como o arqueiro violento. Aqui a ambiguidade está retomada: para o poeta, Apolo leva a lira; para Augusto, leva o seu arco. Agamêmnon, neto de Pélops, sofreu a ira de Apolo por ter desrespeitado o seu sacerdote, Crises (*Ilíada* 1.9 ss.); com isso, o acampamento grego (dórico) passou por uma dura epidemia.

vv. 35-6: Sobre Píton, cf. nota a 2.31.15-16. No verso 36, sigo *quali*, conjectura de Rossberg, no lugar de *qualis*, de Ω.

vv. 43-4: Entenda-se: se Augusto não vencer esta batalha, Roma será dominada e não terá o futuro previsto por seu fundador, Rômulo, quando observou as aves do Palatino.

v. 45: Sigo *en*, de ς, no lugar de *et*, de Ω.

v. 54: Sobre a *gens Iulia*, cf. nota a 2.1.41-2.

v. 59-60: Idálio é um monte na ilha de Chipre, consagrada a Vênus. Sendo César descendente de Vênus, o adjetivo do seu astro marca tanto sua divinização após a morte como sua ascendência divina. Há um problema na sua fala: deveríamos supor, pela divinização de Júlio César, que Augusto César também fosse divino; no entanto, Propércio toca num ponto delicado: Augusto não tem exatamente o mesmo sangue de Júlio, porque era na verdade filho adotivo; difícil, portanto, interpretar como um romano leria essa passagem.

v. 61-2: Tritão é outra divindade marinha, em geral representado com uma trompa; daí que apareça cantando. A "liberdade" era um dos motes da batalha de Augusto, contra uma monarquia de tipo oriental, tal como a do Egito, que poderia dominar Roma.

vv. 65-6: Era costume expor os generais derrotados nos triunfos; tal como Mário fizera com Jugurta (Cf. nota a 3.5.16-17). Como Cleópatra e Antônio fugiram e depois se suicidaram, Augusto não teve tal oportunidade. Dizem que dois bonecos foram levados durante o triunfo tríplice de Augusto, representando o casal derrotado. Nesse sentido, o suicídio é visto como um ato de honra, para evitar a humilhação (Cf. HORÁCIO, *Odes* 1.37).

vv. 67-8: Assim Propércio encerra a parte etiológica do poema, explicando o templo consagrado a Apolo Palatino (o Febo Naval de 4.1.3), em 28 a.C., por Augusto.

v. 73-4: Falerno é uma região da Campânia famosa por seus vinhos. A Cilícia fica na Ásia Menor, próxima a Chipre. No verso 74, sigo *perluat*, conjectura de Morgan, no lugar de *perque lauet*, de Ω.

v. 75: Sigo *potis*, de ς, no lugar de *positis*, de Ω.

v. 77-84: Referências ao domínio romano sob Augusto. O sicambros eram um povo da Germânia, que invadiram a Gália e venceram batalhas contra o general Lólio em 16 a.C., mas logo fizeram um tratado de paz e partiram para as terras além do Reno. Cefeu foi um rei lendário de Méroe, uma região da Etiópia dominada por Públio Petrônio entre os anos 24 e 21 a.C. Sobre os partos e as insígnias de Crasso (aqui representadas como "insígnias de Remo"), cf. nota a 2.10.14. Os filhos de Augusto aqui mencionados são Gaio e Lúcio César, adotados em 17 a.C.

4.7 – Esta elegia faz muitas alusões a *Ilíada* 23.65 ss., quando o fantasma de Pátroclo aparece para Aquiles; mas num tom que, em termos genéricos, mais se assemelharia à comédia, ou ao mimo. Aqui, diferentemente de 4.5, a amada de Propércio é nomeada, sem dúvida: Cíntia retorna e, para nossa surpresa, dos mortos! Suas críticas a Propércio, tal como a fala de Acântis, permitem uma releitura em chave irônica de toda a poesia anterior (livros I-III, como 1.3, 2.29b e 3.6), onde o poeta sempre se apresentava como fiel e sofrendo os ditames de uma Cíntia cruel. Poderíamos perguntar: quem está mentindo, Cíntia, ou Propércio? Sem nunca nos esquecermos que é o próprio Propércio quem nos relata as palavras de Cíntia, que de algum modo se identificam com as de Cornélia em 4.11. Além disso, ele se enquadra no programa etiológico, se considerarmos que apresenta a origem do túmulo de Cíntia e também da inscrição (vv. 85-6); também podemos encará-lo como uma espécie de proêmio central, depois de 4.6, com uma guinada no caminho do livro IV e uma retomada mais explícita da elegia amorosa. O poema pode ter sido imitado por Goethe, *Euphrosyne,* e Théophile Viau, "Je songeais cette nuit que Phillis revenue".

v. 1: Os Manes são as sombras dos mortos, uma espécie de fantasma; esta abertura dá um ar de gravidade ao poema, que pouco a pouco se perde durante os lamentos do fantasma de Cíntia.

v. 2: Sigo *exstinctos*, conjectura de Passerat incorporada por Heyworth, no lugar de *euictos*, de **F L P**.

v. 4: Sobre o túmulos, cf. nota a 2.11.5-6.

v. 10: O Letes é um dos rios infernais; quem se banhar nele esquecerá a vida passada: curiosamente Cíntia ainda retém suas memórias (Cf. PLATÃO, *República* 10).

v. 15: A Subura era um bairro, entre o Esquilino e o Viminal, famosa na vida noturna romana, onde viviam as prostitutas e havia mais tabernas. Sigo *exciderunt*, de ς, no lugar de *exciderant*, de Ω.

v. 19: Sigo *et*, conjectura de Guyet, no lugar de *est*, de Ω.

vv. 23-4: Aparente alusão ao mito de Laodamia e Protesilau; cf. nota a 1.19.7-10.

vv. 25-6: A função de velar o morto brandindo um cano de madeira que fazia um ruído servia para evitar bruxarias sobre os cadáveres (Cf. APULEIO, *Asno de ouro* 2.22 ss.). A imagem da telha da cabeça implica que Cíntia sequer teve uma almofada para encostar a cabeça em seu funeral, um claro sinal do descaso de Propércio.

vv. 35-8: Cíntia faz referência ao costume de torturar os escravos suspeitos de algum crime, para tirar deles a confissão. Aqui ela imagina que foi assassinada numa trama armada por Lígdamo (Cf. 3.6) e Nômade.

v. 37: Sigo *ut*, de ς, no lugar de *aut*, de Ω.

vv. 43-6: Os nomes das escravas são sugestivos: Pétale está ligada à ideia de pétala (πέταλον); e Lálage, aos "murmúrios" (do verbo λαλαγέω): é a causa da punição de cada uma delas.

vv. 47-8: Goold transfere o dístico para depois do verso 40, conjectura de Schradera.

v. 53: O "cão trigêmeo" é Cérbero.

vv. 55-70: No Orco há duas partes: o Tártaro, para os malvados; e os Campos Elísios, para os bondosos (cf. *Eneida* 6). No Tártaro: sobre Clitemnestra, cf. nota a 1.13.29-30; sobre Pasífae, cf. nota a 2.28.51-2. Nos Elísios: sobre Cibebe, cf. nota a 3.17.29-36 e 2.22.15-16; sobre Andrômeda, cf. nota a 1.3.1-6; sobre Hipermestra, cf. nota a 1.13.31 e a 2.31.4.

vv. 71-6: Clóris seria a nova amante de Propércio: o nome invoca a ideia do verde das folhas (χλωρός), aqui conectadas à magia. Látride tem seu nome ligado ao trabalho (λατρεύω). Partênie tem seu nome ligado à juventude feminina (πάρθενος, em grego, é a jovem ainda virgem).

vv. 79-80: Era costume antigo plantar hera nas tumbas, e no contexto elegíaco ela ainda ganha mais força por se ligar ao culto de Baco e, portanto, à inspiração poética.

v. 81: Sobre Ânio, ou Anieno, e Tíbur cf. nota a 1.20.8-9 e 2.32.5. Cf. também Ovídio *Amores* 3.6.46: *Tiburis pomifer arua rigas* ("Frutífero, irrigas os campos de Tíbur").

v. 87: As pias portas são provável alusão aos portões dos sonhos verdadeiros e falsos, que também aparecem na *Ilíada* 19.562 ss., e na *Eneida* 6.893-6; Cíntia é uma visão verdadeira e ao mesmo tempo se representa como piedosa, o que gera ironia no texto.

4.8 – A inversão cronológica apresentada nesta elegia vem como uma surpresa: Cíntia, depois de representada como morta em 4.7, aparece aqui vivíssima (com o adendo de ter sido na noite anterior – *hac nocte*!); vemos Propércio voltar ao seu estado típico de submissão, sem maior sucesso. Diante desse problema, embora alguns editores já tivessem pensado em inverter a ordem das elegias (proposta hoje descartada), poderíamos entender que o poeta aqui desvela a construção da sua poesia como objeto artificial, manipulado e arbitrário: Cíntia é uma criação poética, que vai ou volta quando convém ao poeta; do mesmo modo, o gênero elegíaco amoroso nunca precisa ser abandonado de todo, mas é capaz de invadir e perverter o livro mais patriótico de Propércio.

Se esta elegia por um lado está ligada ao eixo temático da anterior, por outro, apresenta sérias contradições: em primeiro lugar, aqui Propércio mais uma vez se representa como apaixonado, e não como o negligente descrito por Cíntia em 4.7; para além disso, aqui está descumprido o pedido do fantasma (4.7.77-8) de queimar os poemas. Desse modo vemos que, mesmo nas elegias mais próximas (temática e estruturalmente) Propércio faz questão de inserir uma série de inconsistências, que deixam o leitor numa contínua desconfiança quanto ao que se apresenta na leitura.

vv. 1-2: O Esquilino é um bairro nobre de Roma, famoso por ter muitas fontes. Os Jardins Novos foram uma espécie de parque, encomendado por Mecenas, feito a partir de uma antiga área sepulcral (Cf. HORÁCIO, *Sátiras* 1.8.5 ss.).

vv. 3-14: Estes versos preparam o poema para mais uma etiologia, que se desfaz na sequência narrativa de caráter amoroso. Sobre Lanúvio, cf. 3.6 e notas. A serpente é mencionada por Eliano, *De natura animalium* 11.16, com um ritual muito similar ao apresentado por Propércio. A série parece perdida dentro do poema, mas Walin (2009) apresenta uma leitura muito sugestiva, que relaciona a figura de Propércio à das virgens testadas e a de Cíntia à da serpente ritual: nesse caso, a elegia encena alegoricamente o rito, ganhando assim uma leitura etiológica realizada por meio da *uariatio* poética.

vv. 9-10: Goold transfere o dístico para depois do verso 12. No verso 10, sigo *tenera* (ç)... *raditur* (Cornelissen), no lugar de *temere creditur*, de Ω.

vv. 15-16: Juno aqui é referência ao famoso templo em Lanúvio a Juno Salvadora (*Iuno Sospita*); e Vênus encarna os motivos reais de Cíntia: outro amante.

vv. 19-20: Hutchinson e Heyworth consideram o dístico espúrio; Goold transfere-o para depois do verso 2.

v. 22: O fato de ser Cíntia, uma mulher, quem dirige o carro questiona a virilidade do seu amante, como se pode ver em vv. 23-6. Sigo *iocos*, de ς, no lugar de *locos*, de Ω.

vv. 25-6: O jovem amante efeminado, por gastar demais, ainda terá de se vender aos jogos de gladiadores (uma coisa baixíssima do ponto de vista de um romano, mas que de fato acontecia), quando perder a beleza ainda imberbe.

vv. 29-32: Havia um templo consagrado a Diana no monte Aventino. Sobre o bosque Tarpeio, cf. 4.4 e notas. As duas cortesãs são citadas por Goethe nas *Elegias romanas* 14.

v. 38: Metimna era uma cidade da ilha de Lesbos, famosa por seus vinhos.

v. 39: Sigo *Miletus ... Byblis*, conjectura de Palmer incorporada por Goold e Viarre, no lugar de *Nile tuus ... Phillis*, de Ω.

v. 40 Sigo *haec*, de Baehrens, no lugar de *et*, de Ω.

v. 41: Magno é um anão, com um nome irônico, tanto pelo contraste quanto pela retomada da figura política de Pompeu Magno.

vv. 45-6: No jogo de quatro dados, o maior lance possível era chamado "Vênus", e o menor "Cão" (Cf. SUETÔNIO, *Augusto* 71.4). No verso 45, sigo *secundam*, de Palmer, no lugar de *secundos*, de Ω.

v. 54: Sigo *palluerunt*, conjectura de Livineius, no lugar de *palluerant*, de Ω.

v. 58: Sigo *uicini ... aquam*, conjectura de Palmer, no lugar de *uicinas aquas*, de Ω.

v. 59: Sobre Quirites, cf. nota a 3.4.3-4. Sigo *crimina*, de Goold, incorporado por Heyworth, no lugar de *lumina*, de Ω.

vv. 68-9: Sobre Lígdamo, cf. 3.6 e 4.7; sobre Gênio, cf. introdução a 3.10. No verso 69, sigo *prostratus*, de ς, no lugar de *protractus*, de Ω.

vv. 75-80: O Pórtico de Pompeu Magno, com sua colunata que protegia do mau tempo, era muito frequentado pelos amantes, como um ponto de encontro, cf. nota a 2.31.2 e 2.32.11. Quando aconteciam combates de gladiadores no Foro, era comum também dar lugar aos encontros, no meio da multidão; o mesmo acontecia nos teatros, onde as mulheres ocupavam os lugares mais altos (Cf. OVÍDIO, *Amores* 2.7.3).

v. 85: Sigo *lucernas*, de **N**, no lugar de *lacernas*, de **A**.

v. 88: Clara imagem da *militia amoris*. Sigo *despondi*, conjectura de Pucci, no lugar de *respondi*, de Ω.

4.9 – Esta elegia etiológica trata de um tema bem caro ao universo augustano. A figuração de Hércules numa Roma arcaica aparece também em Virgílio, *Eneida* 8.184-305; Ovídio, *Fastos* 1.543-84; Tito Lívio, 1.7; mais tarde, aparece também em Macróbio, *Saturnalia* 1.12.27, com algumas similaridades em relação a Propércio. É possível também traçar alguns ecos de Apolônio de

Rodes, *Arg.* 4.1393-482, quando Héracles aparece sedento e violento no Jardim das Hespérides.

A figuração de Hércules é também, no mínimo, ambígua: ao mesmo tempo em que derrota mais um monstro e tenta satisfazer sua sede sincera (aspectos positivos), ele poderia ser visto como sacrílego, já que desrespeita o culto à *Bona Dea*. Nesse caso, a partir de um sacrilégio arcaico é que, ironicamente, estaria fundado um culto mais recente. Essa ambiguidade poderia estar ligada à importância da Ara Máxima, sob o governo de Augusto, ao mesmo tempo em que sua esposa, Lívia, restaurou e deu funcionalidade ao templo de *Bona Dea*. Por fim, como nota de um possível fator desconcertante: tal como Apolo era um deus pessoal de Augusto, sabemos que Marco Antônio assumia Hércules como um ancestral seu e, portanto, um deus familiar; hoje é difícil saber como a política de Augusto lidava com o imaginário sobre Hércules, ou se sua figuração assumiria qualquer tipo de caráter subversivo num poema como este.

vv. 1-6: Hércules é filho suposto de Anfitrião com Alcmena, embora seja na verdade nascido de Júpiter; o mesmo vale para Alcida, por ser neto putativo de Alceu. Esta elegia acontece quando Hércules está roubando os bois de Gerião, um monstro que mora na ilha mítica de Eriteia, junto à costa da Hispânia. O Palátio é outro nome mais arcaico para o monte Palatino (Cf. VARRÃO, *De lingua latina* 5.53), aqui designado como invicto por ser também lar de Rômulo e de Augusto. E o Velabro é uma zona plana e baixa, pantanosa, entre os montes Palatino e Capitólio; por isso a imagem de um nauta dentro da cidade, nos períodos arcaicos de alagamento, antes da drenagem do espaço.

vv. 7-20: O combate com Caco também é narrado por Virgílio, *Eneida* 8.190 ss., com o intuito etiológico de explicar a fundação da Ara Máxima em Roma. Aqui Propércio aproveita para explicar a origem do *Forum Boarium*, situado no Velabro, próximo à Ara Máxima.

v. 13: O deus pode ser Júpiter, ou mesmo Hércules, que depois será divinizado.

v. 15: A clave de Hércules foi feita com madeira do monte Mênalo, na Arcádia (daí que seja menália) antes de matar o leão da Nemeia.

v. 18: Duas vezes: uma vez de Gerião e outra de Caco. Sigo *quaesiti*, conjectura de Heyworth incorporada por Goold e Viarre, no lugar de *quaesitae*, de Ω.

vv. 21: A partir daqui, Propércio desenvolve outra etiologia para explicar por que o culto realizado na Ara Máxima era interdito às mulheres.

v. 25: A deusa em questão é provavelmente a *Bona Dea*, cujos ritos eram celebrados apenas por mulheres. Ela está ligada também à divindade Fauno (Cf. MACRÓBIO, *Saturnalia* 1.12.27)

v. 32: Hércules ainda não é um deus, mas o verso aponta para sua divinização após a morte.

v. 35: Sigo *circum antra*, conjectura de Burman incorporada pela maioria dos editores, no lugar de *circaque*, de Ω.

v. 37-41: Referências aos trabalhos de Hércules: ao buscar as maçãs do Jardim das Hespérides, ele passou por Atlas (Titã que sustenta a abóbada celeste) e pediu-lhe que colhesse as maçãs. Enquanto Atlas as colhia, Hércules sustentou por certo tempo a abóbada celeste sobre os ombros, e talvez aqui a designação de Alcida também esteja ligada ao termo grego ἀλκή ("força física"). Também Hércules teve de ir ao inferno e trazer o cão Cérbero (por isso a referência ao rio Estige): como vários dos trabalhos dele estão ligados à morte de monstros, ele é representado como um "salvador" da Terra, uma espécie de agente civilizatório.

v. 42: Este verso é idêntico ao 66, o que leva os editores a considerar um dos dois espúrios – mais comumente este. Hutchinson apresenta uma lacuna depois do verso. Diante do problema, sigo, com Moya & Elvira, a leitura dos manuscritos *accipite* (no imperativo plural), o que faz com que este verso não seja idêntico ao 66 (presente do indicativo); mas, ciente do problema, imprimo aqui a conjectura de Phillimore incorporada por Goold: *et gemere abstractum Dite uetante canem* ("latira o cão que eu arrastei de Dite?").

vv. 43-50: Juno é inimiga de Hércules, porque este nasceu de um dos adultérios do seu marido, Júpiter. Temos ainda mais referências aos trabalhos de Hércules: ele matou o leão da Neméia e passou a usar sua pele – assim costuma ser representado. Ao rumar para o Jardim das Hespérides, ele passou pela Líbia (norte da África). Hércules também esteve na Lídia, onde, vestindo-se de mulher (com o manto sidônio = fenício, púrpura), foi uma "escrava" da rainha Ônfale (cf. 3.11.17 ss. e nota): essa ênfase recordada por Hércules talvez soasse cômica para o leitor romano, mas ao mesmo tempo serve para ganhar a simpatia de um bosque exclusivo para mulheres.

vv. 57-8: Tirésias ficou cego por ter visto o banho de Palas (Cf. CALÍMACO, *O Banho de Palas* 57 ss.): a cabeça da Górgona Medusa ficava pregada em seu escudo. Sua figura pode ter sido recordada porque ele também assumiu o corpo feminino e masculino e depois ficou cego por culpa de Juno (Cf. HIGINO *Fab.* 75, OVÍDIO *Met.* 3.320 ss.).

vv. 65-6: Hutchinson considera o dístico espúrio. Fedeli, Goold, Viarre e Heyworth transferem-no para depois do verso 42.

vv. 67-8: Propércio imagina o próprio Hércules fundando a Ara Máxima em louvor a Júpiter, e não algum romano em honra a Hércules.

vv. 71-74: Propércio joga com etimologia, também para explicitar etiologicamente as relações entre o deus sabino Sanco (Cf. VARRÃO, *De lingua latina* 5.66 e Ovídio *Fastos* 6.213 ss.) e o grego Hércules a partir do verbo *sancio* (purificar) e do adjetivo *sanctus* (santo, puro).

vv. 73-4: Hutchinson considera o dístico espúrio.

v. 74: Cures é a capital dos sabinos, donde veio Tácio (Cf. 4.4 e notas).

4.10 – Esta elegia é dedicada à etiologia do templo Júpiter Ferétrio, que foi reformado por Augusto sobre o Capitólio, após um período de abandono (Cf.

Res gestae 19; Tito Lívio 4.20.7). Sempre que um general romano derrotava o líder inimigo em combate, era costume levar os seus despojos (*spolia opima*) como um troféu dedicado a Júpiter. A partir daí, Propércio explica os três casos em que isso aconteceu na história de Roma e tenta apresentar uma etimologia para o termo Ferétrio.

Depois de 4.9, em que o poder masculino derrota (arrasa) o feminino, temos nesta elegia (a mais breve do livro IV) o poema mais masculino de Propércio, com sua temática bélica adequada ao estilo, próximo do épico. Mesmo em 4.6, por exemplo, temos a presença não nomeada de Cleópatra, e o estilo elegíaco gerando contraste. Aqui, o contraste se dará com 4.11, o poema de encerramento, inteiramente na voz de Cornélia.

vv. 5-22: Nas míticas batalhas entre romanos e sabinos, Rômulo derrota Ácron, o líder dos ceninos, proveniente de Cenina, uma das antigas cidades do Lácio (cf. Tito Lívio 1.10 e 4.5, Ovídio *Fastos* 1.201-2), depois leva os espólios e funda o templo. Propércio apresenta Ácron como descendente de Hércules (hercúleo).

v. 6: Sigo *exuuiis*, de ς, no lugar de *exuuio*, de Ω.

vv. 19-22: Propércio retrata Rômulo como um resumo das virtudes romanas: ao mesmo tempo um bom guerreiro, mas um homem do campo (cf. Catão, *De agricultura* 1). O piropo era derivado de uma combinação de quatro partes de cobre para uma de ouro.

vv. 23-38: Cosso, que foi cônsul em 428 a.C., derrota Tolumno, líder inimigo nas guerras contra Veios, uma cidade da Etrúria (cf. Tito Lívio 4.18-20). Nomento e Cora são duas cidades do Lácio, mais próximas a Roma.

vv. 25-6: Hutchinson considera o dístico espúrio.

vv. 39-44: Nas guerras contra os gauleses ínsubres que invadiam a Itália, Marco Cláudio Marcelo, cônsul em 222 a.C., derrota Virdomaro (cf. 3.18.33-4 e nota). Os gauleses usavam bragas, um tipo de calça curta, bastante estranha para os romanos.

v. 39: Sigo *Eridano*, conjectura de Passerat, no lugar de *et Rheno*, de Ω. Sobre o Erídano, cf. nota a 1.12.4.

v. 41: Sigo *Brenno*, de ς, no lugar ed *Rheno*, de Ω. Breno foi o general dos gauleses que em 390 a.C. conseguiu atacar e capturar Roma.

v. 43: Sigo a proposta de correção de Schrader, incorporada por Goold, Viarre, Heyworth e Hutchinson: *illi uirgatas maculanti sanguine bracas*, no lugar de *illi ut uirgatis iaculantis ab agmine bracis*, de Ω.

vv. 45-8: A etimologia em jogo está entre *Feretrius* e dois verbos: *ferio* (ferir) e *fero* (levar, trazer). No segundo caso, utilizei um termo ligado etimologicamente "féretro", para recuperar o jogo de palavras.

4.11 – A última elegia do *corpus* properciano, conhecida como *regina elegiorum* ("a rainha das elegias"), é uma espécie de louvor fúnebre (*laudatio funebris*) da matrona Cornélia. Como tal, ela apresenta um grande problema de interpretação tanto do poema específico quanto de sua função como encerramento do livro IV. Difícil seria apresentar uma leitura unívoca da peça e da sua relação com os outros poemas; mas podemos anotar alguns detalhes importantes: 1) a descrição do Orco pode ser comparada com aquela contrastada por Cíntia em 4.7, onde a mulher elegíaca ocupa os Campos Elísios junto com outras mulheres famosas por seu amor; enquanto Cornélia parece estar num espaço desolador e indiferente aos seus apelos. 2) A elegia está inteira na fala da personagem, tal como em 4.2 e 4.3, e não temos um poeta comentando o que nos é apresentado, para que possamos preferir uma chave de leitura específica. 3) A elegia, ao modo de argumentação judicial, não recebe um veredito, e o leitor termina o livro nesse impasse; na verdade, podemos até imaginar que o poema não passe de um ensaio de Cornélia, ou de sua imaginação. 4) Cornélia em grande parte incorpora os ideais da *romanitas*, tal como se expressa nas elegias 4.6 e 4.10, mas isso não resolve o seu caso no mundo dos mortos. 5) Cornélia também (contraditoriamente) apresenta uma série de semelhanças com o comportamento elegíaco: ela permanece amando Paulo após a morte; ela manifesta ciúmes; ela se dirige ao amado após morta: todas essas características coincidem com a descrição de Cíntia em 4.7.

É importante também levar em consideração que a matrona Cornélia foi uma figura histórica: irmã do cônsul Cornélio Cipião (16 a.C.), esposa de Paulo Emílio Lépido (cônsul suplente em 34 a.C. e censor em 22 a.C.), sua família era próxima da de Augusto, o que aproxima esta elegia de 3.18, em homenagem a Marcelo. Sabemos ainda que Paulo, depois de viúvo, viria a se casar com a sobrinha de Augusto, e seu filho viria a se casar com a neta de Augusto. Cornélia era filha da primeira esposa de Augusto, Escribônia, e por isso ela pode servir como forma de exemplificar as legislações de Augusto, embora não saibamos ao certo a data da sua morte. Por outro lado, sua genealogia familiar alegada, ao que tudo indica, não procede: nem ela poderia ser descendente de Cipião, nem seu marido de Lúcio Emílio Paulo, o que problematiza sua aspiração à divindade nos vv. 101-2.

Por fim, poderíamos pensar que a função etiológica da elegia esteja na expansão e explicação de um epigrama, ou epitáfio funerário de Cornélia, que em sua argumentação também retoma origens familiares, dando um senso de história romana ao poema.

A edição desta última elegia diverge bastante entre os editores. Goold faz uma série de transposições, e Heyworth faz outras (que pouco coincidem) e apresenta uma lacuna. Hutchinson considera um dístico espúrio e ainda apresenta outra lacuna. Sigo, como sempre, Fedeli, mas neste poema aceitei mais alterações do que em qualquer outro.

v. 4: É comum essa representação do adamante indestrutível barrando o retorno do mundo dos mortos (Cf. *Anth. Pal.* 7.412.8). Sigo *exorando*, de Fruter, no lugar de *exorato*, de Ω.

v. 5: O deus em questão é Plutão, que rege o inferno.

vv. 7-8: Aqui Cornélia distingue entre as ações dos deuses celestes (*superi*) e dos infernais (*inferi*); estes não se comovem com preces. O barqueiro é Caronte (Cf. nota a 2.27.13-14).

vv. 9-10: Referências aos ritos funerários: eram originalmente celebrados à noite, por isso o uso de fachos, mesmo que o funeral fosse diurno. O cadáver era posto sobre um leito, com madeira por baixo; então, com um facho, o leito era incinerado, e assim era feita a pira fúnebre.

v. 11: O "carro arcaico" aqui simboliza os triunfos dos antepassados.

vv. 13-14: Sobre as Parcas, cf. nota a 2.13.43-4. Depois de queimada, as cinzas de Cornélia cabem numa mão apenas. Sigo *en*, de ς, no lugar de *et*, de Ω.

v. 18: Sigo *nec precor*, de Peerlkamp, no lugar de *det Pater*, de Ω.

v. 19: Sobre Éaco, cf. nota a 2.20.29-30 e Platão, *Górgias* 536c-d. Sigo *at*, de Nestor, no lugar de *aut*, de Ω.

v. 20: Sigo *is*, de Heinsius, no lugar de *in*, de Ω.

vv. 21-2: Sobre Minos e as Eumênides, cf. nota a 2.20.29-30. Hutchinson apresenta uma lacuna após este dístico.

vv. 23-4: Sobre Ixíon, cf. nota a 1.9.20; sobre Sísifo, cf. nota a 2.17.5-8; sobre Tântalo, cf. nota a 2.1.65-70. Sigo *corripere ore*, conjectura de Aurato, no lugar de *corripiare* de Ω; e mantenho *Tantaleo* de Ω.

vv. 25-8: Sobre Cérbero, cf. nota a 3.18.23-4; as irmãs são as Danaides, cf. nota a 1.13.31.

vv. 29-32: Cornélia argumenta ser descendente, por parte de pai, de Cipião Africano II, ou Cipião Emiliano, que venceu os Celtiberos e conquistou a Numância em 132 a.C., assim passou a ser conhecido como Numantino; entretanto, ele não deixou herdeiros. Por parte de mãe, ela era neta de Lúcio Escribônio Libão, cônsul em 34 a.C., mas esta família tinha muito menos glória que a dos Cipiões: igualá-las é um artifício retórico.

v. 30: Sigo *nostra*, conjectura de Palmer, no lugar de *regna* **L P**; e mantenho *aera*, dos manuscritos, no lugar da correção *Afra*, de Escalígero incorporada por Fedeli e Viarre.

v. 31: Sigo *materni hos*, de Heyne, no lugar de *maternos*, de Ω.

v. 34: Referência ao modo de usar os cabelos depois do casamento.

v. 36: Para os romanos, havia certo louvor à mulher que se casa apenas uma vez na vida (*uniuira*), por uma tradição arcaica que já não era muito seguida no tempo de Propércio. Sigo *ut*, conjectura de Graevius, no lugar de *in*, de Ω. Heyworth apresenta uma lacuna depois deste verso.

vv. 37-8: Aqui Cornélia ainda invoca ascendência de Cipião Africano I, que derrotou Cartago e Aníbal em 202 a.C.

vv. 39-40: Perses (ou Perseu) foi rei da Macedônia e se cria descendente de Aquiles. No entanto, foi derrotado por Lúcio Emílio Paulo em 168 a.C., e assim a Macedônia foi dominada pelos romanos; mas tudo indica que essa filiação também não seja procedente. Dístico muito problemático: Heyworth desconsidera o verso 39; Viarre e Hutchinson o imprimem entre *cruces*. Sigo a solução de Goold, que incorpora *stimulat* (Plessis), *dum* (Goold) e *qui tumidas* (Heyne), no lugar de *stimulantem ... quique tuas*, de Ω.

v. 41: Os censores eram eleitos a cada cinco anos e tinha dois atributos básicos: recensear a população pela renda e garantir as atitudes morais do povo.

v. 42: Sigo *nostros*, de ς, no lugar de *uestros*, de Ω.

v. 46: Os dois fachos são o do casamento e o do funeral.

v. 49: Sigo *quamlibet*, de ς, no lugar de *quaelibet*, de Ω.

vv. 51-4: Cláudia Quinta foi uma nobre romana acusada de adultério em 205 a.C., mas que provou sua inocência puxando uma imagem de Cibebe (Cf. nota a 2.22.15-16) que estava presa nas areias do Tibre (Cf. Tito Lívio 29.14). Emília foi uma vestal que deixou o fogo da Vesta se apagar; porém, depois de fazer um pedido à deusa e oferecer o seu vestido branco sobre as brasas, a chama se reacendeu, o que garantiu que ela não fosse punida (cf. nota a 4.4.45-6 e Valério Máximo 1.1.7). No verso 53, sigo *uel cuius sacros*, de Rothstein, no lugar de *uel cuius cassos*, seguido por Fedeli.

v. 55-60: Escribônia, mãe de Cornélia, foi esposa de Augusto e teve com ele Júlia, portanto meia-irmã de Cornélia. O César mencionado é Augusto, que aparece já divinizado aos olhos de Cornélia.

vv. 61-2: Referência a *ius trium liberorum* (estabelecida por Augusto em 18 a.C.), um prestígio para quem tivesse três ou mais filhos; como prêmio, a matrona usaria uma veste específica, a *stola*.

v. 63: Lúcio Emílio Lépido, cônsul em 6 d.C., e Lúcio Emílio Paulo, futuro esposo de Júlia (neta de Augusto) e posteriormente condenado à morte por tentativa de golpe de estado: são os dois filhos de Cornélia.

v. 64: Sigo *manu*, conjectura de Escalígero, no lugar de *sinu*, de Ω.

vv. 65-6: Há duas hipóteses para o irmão de Cornélia: Cornélio Cipião, que foi curul por duas vezes, como pretor e depois cônsul, em 16 a.C.; ou Públio Cornélio Lêntulo Marcelino, cônsul em 18 a.C. (Hutchinson considera esta última a hipótese mais plausível); assim podemos obter uma data aproximada para a morte de Cornélia. Hutchinson considera o dístico espúrio, e sua posição é um pouco estranha, mas preferi mantê-lo conforme a tradição.

vv. 67-8: Pouco se sabe da filha. Considera-se que teria nascido em torno de 22 a.C., por causa deste verso ("nasceste um símbolo"), mas não é necessário inferir uma data dessa informação. Poderia também ter sido a esposa de Lúcio Lêntulo, cônsul em 3 a.C.

vv. 71-2: Sendo o triunfo exclusivo para os homens, já que ligado ao universo bélico, está claro que se trata, em sentido figurado, da glória que poderia ser alcançada por uma mulher: a saber, cumprir suas obrigações como matrona e manter os valores tradicionais (*mos maiorum*). No verso 73, sigo *torum*, conjectura de Koppiers, no lugar de *rogum*, de Ω.

v. 75: cf. Eurípides, *Alcestes* 377.

vv. 81-2: Cf. Eurípides, *Alcestes* 354-5, e Meléagro, *Anth. Pal.* 5.166.5 ss.

v. 93: Sigo *lenire*, de Schrader, no lugar de *sentire*, de Ω.

v. 99: Após apresentar sua causa (*causa*, aqui em sentido jurídico, é o mesmo termo utilizado na etiologia), Cornélia, num típico ato de advocacia, convoca as testemunhas da sua virtude. Como leitores, ficamos sem resposta dessa figuras, bem como o resultado do júri.

Posfácio
A diversão tradutória

Any method is justified provided it is openly named.
(Willis Barnstone)

Teóricas

Não pretendo defender um método teórico tradutório específico para poesia, nem afirmar qualquer tipo de superioridade essencial que marque ou defenda minha própria tradução das elegias de Sexto Propércio, já que, como pretendo demonstrar, o que mais vale é uma criação tradutória e sua adequação aos seus próprios objetivos: ela não deve ser tomada como uma avaliação de algum crítico interessado apenas em procurar elementos de sua teoria favorita na obra traduzida, como se esse fosse o único critério sério possível – a tradução é vária, como a própria literatura, e não deve se valer de receitas para atingir seus fins, de modo que cada tradutor, por mais que tenha afinidades teóricas com tais e tais linhas, sabe, assumidamente ou não, que na sua prática é preciso largar dogmas de lado para alcançar sua meta material. Isso, por outro lado, não quer dizer que a teoria seja inútil, ou que é melhor largar todos esses textos de lado e partir logo para a prática, sem maiores reflexões: seria um tremendo engano. A teoria abre os olhos, joga luz sobre o assunto e nos faz refletir mais pormenorizadamente sobre as funções, os métodos, as consequências, etc., de nosso trabalho. Só é necessária certa cautela, porque o desvario teórico também é capaz de cegar no excesso de luminosidade ("O sonho da razão produz monstros" de Goya): pode nos dar uma confiança exagerada sobre ela e, assim, em vez de dialogarmos com ela, passamos a segui-la como um código, lei inquebrantável que só os ignorantes não conseguem seguir. Infelizmente, muitas vezes esse é o fim que se dá à teoria: a ocupação do espaço da verdade, como dogma que exclui os outros modos, as outras teorias possíveis.

Do mesmo modo, tende-se, por vezes, a comparar traduções em termos de melhor e pior, bem como de acertos e falhas. Ora, sabemos que nenhuma teoria é capaz de abarcar a realidade como um todo, e assim também o é na relação entre tradução e original; mas isso não precisa ser tomado como uma falha, um fracasso fundador do processo tradutório, pois é precisamente nessa divergência essencial que se abre a possibilidade da tradução. A tradução não pretende igualar o original (de certo modo, nem ele pode ser igual a si mesmo através dos tempos), tal como a teoria não quer – ou não deveria querer – igualar o mundo: ambas precisam ser diferentes dos seus pretensos objetos. Nesse sentido, *a teoria é a tradução do mundo*: não existe propriamente a melhor tradução, mas cada uma delas é capaz de recriar o todo anterior sem mostrá-lo diretamente, dando-lhe novos sentidos ao mesmo tempo em que se afasta.

É a partir disso que pretendo discutir o valor de uma tradução; somente dessa forma é possível dizer que, por um lado, as traduções hiperliterais de Sófocles feitas por Hölderlin e, por outro, as filológicas da nossa colonizadora francesa, *Les Belles Lettres*, são boas, sem uma necessidade de exclusão: "A avaliação simplesmente revelaria assunções prescritivas com as quais me aproximo das traduções" (Lefevere, 1997, p. 137). Entretanto, de qualquer maneira, também não se pode afirmar que sejam igualmente boas, uma vez que não há uma relação de igualdade entre obras ou entre traduções; de modo que toda tradução, em maior ou menor grau, é um ato de louvor à *diversão – divertimento e divergência*.

> **Diversão** s.f. (1660) ato ou efeito de divertir(-se) 1 algo que serve para divertir [...] 2 mudança de direção; diversionismo 3 MIL ação que tem a finalidade de desviar a atenção do inimigo. ETIM. Lat. Tar. *diversio, onis* 'digressão, diversão', do v. lat. *divertere* 'afastar-se, apartar-se, ser diferente, divergir' (Houaiss; Villar, 2001, p. 1064).

Esse duplo sentido etimológico da diversão em geral passa despercebido no cotidiano; mas busco, ao retornar a ele, uma síntese, de forma alguma dialética, de dois aspectos que tangem toda tradução, mais especificamente a literária ou poética: *a produção de prazer e de diferença em todos os campos possíveis*: essa duplicidade de campos também está na possibilidade de transição ou reflexão da diversão, já que alguém pode se divertir ou divertir outro alguém. De qualquer modo, a melhor diversão deveria ser aquela que envolve todos – leitor, autor e tradutor – sem impedir que todos possam divergir entre si. Como dizia Antoine Berman, "o espaço da tradução é babélico, ou seja, recusa a toda totalização" (1999, p. 20): somente aceitando a variedade, as muitas vias possíveis para o traduzir, é que se pode estabelecer uma convivência babélica, uma harmonia das diferenças. Talvez aí esteja uma ética da tradução: incorporar o outro, o estrangeiro, em nossa língua, ao mesmo tempo em que tentamos acolher o outro, o tradutor que diverge de nós, em nosso albergue.

Interferências

Traduzir nunca se deu segundo um método unívoco, ao mesmo tempo em que sempre se definiu como um dos fazeres primordiais do ser humano: todo encontro de culturas é, por si só, um encontro tradutório; assim, também poderíamos afirmar que todo ato de linguagem é um ato tradutório, pois nenhum povo, nem duas classes diferentes, nem mesmo duas pessoas diferentes, têm os mesmos usos de vocabulário e sintaxe, ou atribuem sentidos idênticos às mesmas práticas linguísticas. Desse modo, até a conversa cotidiana envolve, em certo grau, o ato tradutório, o "intralingual", tal como definia Roman Jakobson: "[...] intralingual ou *reformulação* (*rewording*) consiste na interpretação dos signos verbais por meio de outros signos da mesma língua" (1966, p. 233; 1975, p. 64). Nesse sentido, a tradução intralingual, como toda tradução, é um jogo de apontamentos infinitos para outros signos – cada signo pode ser traduzido por outro, bem como a frase, o parágrafo ou todo o discurso – para que se faça compreender por um falante da mesma língua. Assim, a criança que pergunta para a mãe o significado de determinada frase ou termo, ao receber a resposta, não faz outra coisa que adaptar esse novo signo ao seu mundo por meio de uma tradução para um signo que ele já conhecia anteriormente numa espécie de paráfrase. Afinal, se pensarmos mais a fundo, toda comunicação passa por esse passo, mesmo que já conheçamos os termos em questão, pois sabemos que cada pessoa, por ser de um determinado local ou classe, nunca dá o mesmo sentido que outras pessoas de outros locais ou classes. Essa tradução intralingual cotidiana não se dá de forma consciente, exceto em momentos específicos, quando precisamos refletir mais pausadamente sobre algo que nos foi dito. Assim, da forma como Jakobson a descreve, podemos concluir que não é necessário reescrever ou reenunciar por meio de paráfrase os signos verbais originais para se ter uma tradução: o próprio entendimento, de certa maneira, é esse ato tradutório segundo George Steiner.

> A tradução, propriamente entendida, é um caso especial do arco da comunicação que todo ato-de-fala bem-sucedido encerra dentro de uma determinada língua [...] Resumindo: *intra ou entre línguas, a comunicação humana se iguala à tradução*. Um estudo sobre tradução é um estudo sobre linguagem (1975, p. 47).

Se compreendermos a tradução nesse sentido mais amplo, realmente não podemos separá-la do próprio homem. "Traduzir é conviver" (GUIMARÃES ROSA, *apud* RÓNAI, 1976), e toda empreitada humana depende em maior ou menor grau desse trabalho, não importando tanto que seja perfeitamente acurado; pois ele é o próprio movimento da linguagem, entre ou intra línguas. "Digam o que quiserem sobre a inadequação da tradução, ela permanece sendo uma das ocupações mais importantes e válidas na totalidade dos afazeres do mundo" (GOETHE *apud* MORGAN, 1966, p. 276), porque ela não translada apenas obras ou falas – ela também importa maneiras de se existir no mundo, de vê-lo e de se posicionar diante dele: ela interfere sobre o mundo como um performativo.

Um exemplo dá ideia do que se pode fazer por meio de traduções: nos anos seguintes ao lançamento de *Os sofrimentos do jovem Werther* (1802), houve o desencadeamento de suicídios de jovens por toda a Europa, e vários desses jovens deixaram claro que sua motivação foi uma certa compreensão das ações do personagem Werther no desenvolver do romance epistolar de Goethe: não apenas seu suicídio (narrado pelo "editor"), como também sua própria relação conflituosa com o mundo que o cercava – sua dificuldade de relacionamento tanto com a classe nobre, ou burguesa, quanto com a trabalhadora, seu afastamento de um "estado natural" por que ele tanto ansiava, suas paixões, seu amor por Charlotte, etc. Mas esses suicidas, esses jovens que passaram a ver uma possibilidade viável na morte, sem o auxílio de salvações metafísicas, teriam eles lido Goethe, o texto alemão de Goethe? É pouco provável, mas "para os leitores que não podem contrastar a tradução com o original, a tradução *é*, ingenuamente, o original" (LEFEVERE, 1997, p. 137). Várias traduções saíram na época, em várias línguas; é isso que, de certo modo, garantiu o sucesso continental do romance: foi nessas traduções, por algumas soluções específicas que os tradutores de suas próprias línguas deram ao texto alemão, que os jovens foram tocados e passaram a compreender o mundo, um certo mundo diverso do seu e ao mesmo tempo tão próximo; foi por meio delas que se identificaram com o jovem Werther, associando seus próprios sofrimentos aos do personagem. Obviamente, alemães também se mataram, e isso é fato – decerto não foram só as traduções, e sim o próprio texto de Goethe –; mas teriam os outros europeus, se nunca tivessem tido a oportunidade de ler o romance, tomado tal escolha? Pergunta sem resposta. No entanto, *as traduções em várias línguas existiram e criaram um mundo para esses leitores*, assim como também criaram outros mundos para outros leitores que acharam outros aspectos interessantes da mesma obra.

Outro exemplo, também singelo: poderíamos, afinal, compreender a criação de algumas obras literárias nacionais modernas sem que houvesse previamente a introdução de certas traduções na língua, sem que essas traduções tivessem chegado aos olhos dos criadores – poetas, romancistas, ou pensadores? Nesse sentido, parece-me ainda muito forte a afirmação dos românticos e clássicos alemães, que defendiam que nenhuma cultura nacional é possível sem uma passagem pelo estrangeiro (BERMAN, 1999, p. 85). "On first looking into Chapman's Homer" de John Keats (1795-1821) é um caso exemplar dos efeitos dessa influência – um poema sobre *uma* tradução:

> Much have I travell'd in the realms of gold,
> And many goodly states and kingdoms seen;
> Round many western islands have I been
> Which bards in fealty to Apollo hold.
> Oft of one wide expanse had I been told
> That deep-brow's Homer ruled as his demesne:
> Yet did I never breathe its pure serene
> Till I heard Chapman speak out loud and bold:
> Then felt I like some watcher of the skies
> When a new planet swims into his ken;
> Or like stout Cortez, when with eagle eyes

> He stared at the Pacific – and all his men
> Look's at each other with a wild surmise –
> Silent, upon a peak in Darien.

Num texto sobre tradução poética, vale a pena dispor a versão de Péricles Eugênio da Silva Ramos para o poema de Keats – uma das mais felizes de todo o livro.

> Já por impérios de ouro eu muito viajara,
> Diversos reinos vira – e quanto belo Estado!
> Já muitas ilhas, a ocidente, eu circundara,
> As quais em feudo Apolo aos bardos tinha doado.
> Eu já sabia que em país mais dilatado
> Homero, o que pensava fundo, governara:
> Porém seu límpido ar não tinha ainda aspirado,
> Até que ouvi a voz de Chapman, brava e clara.
> Como o que espreita o céu e colhe na visão
> Algum novo planeta, assim fiquei então;
> Ou como quando – de águia o olhar – Cortez nem bem
> O Pacífico havia divisado, além,
> – Seus homens a se olhar, supondo com aflição –
> E ficou sem falar, num pico em Darien (1985, p. 92-3).

Keats compara a leitura de Homero na tradução de George Chapman (1616) à descoberta de um planeta por astrólogos (provável alusão à descoberta de Urano por Herschel, um fato importante da época) e ao desbravar de um continente, mais especificamente à chegada ao Pacífico pelo grupo de Cortez, após terem cruzado a América de Leste a Oeste. Assim, o ato da leitura, para Keats, está mais ligado às grandes experiências da vida e às descobertas que só se faz uma vez na vida do que à mera imagem de um homem solitariamente sentado numa poltrona com seu livro na mão: a leitura pode mudar seu mundo, e então a tradução encontraria novos mundos, tal como a descoberta física do Novo Mundo. O próprio Péricles da Silva Ramos aponta que os estudiosos veem que, nesse poema, Keats teria atingido finalmente sua expressão própria. Se for esse o caso, tal poema teria existido sem Chapman? Ou, numa linha ainda mais radical, haveria o poeta Keats – o romântico leitor dos clássicos, com temas mitológicos como o de Hipérion – tal como hoje o conhecemos, sem Chapman? Teria ele chegado à sua "expressão própria" sem tal leitura? Novamente, não se pode responder. Não obstante, o Homero de Chapman – e pouco nos importa o "verdadeiro" Homero grego nessas condições – foi influência direta para a produção poética de um dos maiores poetas românticos ingleses e europeus; foi uma fonte para sua poesia tal como foram as obras dos conterrâneos Spencer ou Milton. A tradução de Chapman, para além de ser muito famosa e respeitada até hoje por si só, também configurou uma determinada maneira de se ler

Homero e de se compreender não só o mundo grego como o próprio mundo dos séculos que se seguiram.

Partindo desse ponto, poderíamos refletir sobre outro poema de Keats que também trata de temas, por assim dizer, helênicos – a famosa "Ode on a Grecian urn". Se podemos afirmar que Chapman foi importante na formação de Keats, como não pensar que ele pode ter tido indiretamente alguma influência sobre o modo de o poeta mais jovem ver a função do belo numa urna grega? Com isso em mente, não seria exagero se nos perguntássemos até que ponto o Homero de Chapman tangenciou as margens da literatura brasileira através das traduções desse poema de Keats, como a de Péricles (*op. cit.*, p. 40-5), a de Augusto de Campos (1987) ou a de Alberto Marsicano & John Milton (1998): tal variedade de traduções para o poema é, por si só, uma prova de o quanto Keats vem tradutoriamente incorporado pela nossa literatura, e junto com ele também sua bagagem, as referências que ele traz consigo. Alguém poderia afirmar que esse tipo de discussão não passa de filigrana dispensável para uma reflexão estética ou crítica sobre determinada obra literária como essa ode, ainda mais em uma de suas versões para o português. Poderiam dizer que é um exagero incorporar a tradução de Homero feita por Chapman à tradição literária brasileira por causa de apenas um poema. Mas não podemos negar que a maneira como Homero foi traduzido num determinado período em língua inglesa pode ter alterado, por pouco ou ínfimo que seja, a produção poética em língua portuguesa, ou em outra língua qualquer, por qualquer outro poeta que possa ter recebido as leituras de Keats com maior entusiasmo: identificar de fato essa influência é tarefa hercúlea, mas não deve nos levar ao seu descarte por completo: mesmo sem confirmação empírica, é bastante plausível que algo da tradução de uma obra perpasse as obras que ela passa a influenciar, e destas para suas possíveis traduções para mais do que um mero mote poético, gerando em microfísica a possibilidade de novos meios de se viver. Se Chapman inventou Homero (*inuenio*, em latim, também significa "encontrar", ou "descobrir") para os ingleses no século XVII, é provável que também o tenha inventado um pouco para as periferias do Ocidente, como o Brasil. A tradução, à medida que se integra no sistema da língua de chegada, passa a conviver com a mesma força que um texto original da língua, mesmo que não o seja.

Da mesma forma, poderíamos nos perguntar se o mundo ocidental seria fundamentalmente aristotélico, caso não tivessem existido as diversas traduções medievais e renascentistas de Aristóteles para o latim ou, a partir da Modernidade, para as línguas vulgares, como o próprio português. Ou então seríamos, por acaso, realmente cartesianos, se Descartes tivesse ficado apenas em latim, ou em francês? Seríamos, por fim, modernos, ou pós-modernos, sem diversos outros textos? A tradução das obras, principalmente das grandes obras, traz novas maneiras de vida para as línguas que as recebem, mas esses modos de vida não funcionam em termos de igualdade com o texto original, de modo que, sem dúvidas, posso afirmar que o estagirita que Alexandre conheceu há mais de vinte séculos não é o mesmo que eu li em português há pouco tempo. Também não creio que sequer o Descartes dos franceses atuais seja o mesmo dos franceses do século XVII, ou dos italianos, ou dos búlgaros – mas atualmente somos todos, de certo modo, aristotélicos e cartesianos; o que não quer dizer que sejamos todos igualmente aristotélicos e cartesianos, pois dependemos de traduções diferentes e de culturas também diferentes, que vão receber cada tradução de uma determinada maneira e interferir, por conseguinte, sobre as leituras do original. Se, por um lado, o original exporta um mundo por meio de traduções que lhe garantem sobrevida, pode-se afirmar, por outro, que as traduções também alteram o próprio original, ao levá-lo ao estrangeiro e permitir novas leituras sobre ele: *a tradução tem seus dois gumes*.

Se, por um lado, nossa poética atual, sobretudo a teatral, ainda depende, em maior ou menor grau, das discussões feitas por Aristóteles há cerca de dois mil e quinhentos anos em sua *Poética*, não podemos, todavia, achar que a tradição derivada dessa obra esteja estanque e que, portanto, não haja divergências a produzir novos sentidos para o texto grego canônico. Muito pelo contrário, temos alguns problemas de tradução de trechos-chave que permanecem sem consenso. Tomemos de maneira sucinta o famoso trecho 1449b como exemplo, onde o estagirita explica a função catártica da tragédia: é possível dizer que o conceito de *kátharsis* pode significar tanto a "purgação completa", ou seja, a "eliminação" de algo, como também sua "limpeza" em busca de um equilíbrio, uma "purificação". Além disso, temos os dois objetos dessa catarse, *phóbos* e *éleios*, que são duas paixões para Aristóteles, isso é certo; mas seus sentidos não são exatos, principalmente o da primeira dessas paixões, *phóbos*, que tem gerado há séculos intensos e extensos debates entre os sentidos mais comuns de "medo" e "horror", sem que nem mesmo dois mil anos resolvam a questão.

Com isso, temos um texto que até hoje não se fechou em seu sentido interpretado nas traduções nem nas escolhas que são feitas; no entanto, a partir de algumas escolhas interpretativas e tradutórias, vários modos de se compreender a obra e o objeto de que ela trata são estabelecidos e acabam por influenciar toda uma geração. No século XVIII, o dramaturgo Gotthold Ephraim Lessing, para poder levar sua própria teoria dramatúrgica a cabo, teve de se debater contra uma tradição razoavelmente fixa da tradução de Aristóteles para o alemão, que vertia *phóbos* por *Schrecken* ("horror"). Lessing, por sua vez, julgava que o melhor termo em alemão seria *Furcht* ("medo"),[1] o que implicaria na própria teoria e, por fim, na prática o que se deveria buscar no teatro, sobretudo na tragédia. Vejamos como Lessing argumenta:

> A palavra que *Aristóteles* usa é medo (*Furcht*); compaixão (*Mitleid*) e medo, diz ele, devem provocar a tragédia; não: compaixão e horror (*Schrecken*). É verdade que o horror é uma espécie de medo; é um medo súbito e surpreendente. Mas é justo essa subitaneidade, essa surpresa

que a própria ideia encerra, que mostra exatamente que eles, de onde deriva a utilização da palavra 'horror' ao invés da palavra 'medo', não compreenderam o que *Aristóteles* tinha por medo ([s/d], v. 2, p. 200).

Embora eu não pretenda me deter sobre os detalhes da longa discussão de Lessing (muito menos sobre os problemas do texto aristotélico), já que meu tema não é a teoria do teatro iluminista alemão, ela é importante para constatarmos como as leituras que foram feitas de Aristóteles e de suas traduções afetaram a compreensão não só da obra do estagirita, mas da própria arte poética e teatral de cada época, de modo que recaíam sobre a maneira de se refletir sobre a própria função da tragédia, do teatro e da poesia: não se discutia somente se a *kátharsis* era necessária, mas também o que ela própria seria, de que modo ela afetaria essas duas paixões (e também quais seriam realmente essas paixões) tão importantes para o filósofo e como ela poderia ser produzida em novas peças teatrais. Tais discussões são imprescindíveis para se pensar uma determinada cultura, pois é inegável que haja uma diferença sensível entre, por exemplo, um teatro que busca "eliminar a paixão do horror" (ou do terror), ou outro que visa ao equilíbrio, por meio de uma "purificação do medo", que são duas leituras razoavelmente possíveis do texto grego. De que maneira cada povo, e mesmo os próprios gregos dos séculos posteriores a Aristóteles, compreendeu diferentemente esse vocabulário filosófico aplicado à arte literária, somente a tradução – mesmo que junto a outras áreas, como a sociologia, ou os estudos culturais – pode explicar ou justificar com maior eficácia. Cada época faz um uso das obras que foram traduzidas, atribuindo-lhes um sentido através da visão da tradição interpretativa e tradutória. Para exemplificar as diferenças entre as traduções possíveis, cito as escolhas, em português, na versão de Eudoro de Souza – terror (*phóbos*) e purificação (*kátharsis*) (1991, p. 205); na edição de J. Hardy, pelas *Belles Lettres* – *crainte* e *purgation* (1932, p. 37); e na versão de Halliwell – *fear* e *katharsis* (ou seja, não fez uma tradução do segundo termo). Para se tomar conhecimentos de algumas traduções para algumas línguas nos últimos séculos, é bastante esclarecedor ver as notas de Eudoro (1991, p. 241-3); e, para a interpretação da passagem, cf. o próprio Halliwell (1987, p. 88-98). Diante desses exemplos é mais fácil perceber que, assim como Aristóteles não é um texto fechado em grego, pois suas interpretações não param, também não o será em português; mas isso não deve impedir que trabalhemos sobre ele, ou que em sua movimentação de sentidos não possamos nos apossar de um deles para produzir o mundo em que vivemos.

Para findar os exemplos, temos as *Canções de Bilitis*, um livro que foi lançado por Pierre Louÿs na França no final do século XIX. Segundo Louÿs, os poemas teriam sido escritos por Bilitis, uma poetisa grega contemporânea de Safo e também habitante de Lesbos: após encontrar seus poemas, o estudioso os traduzira para o francês. Durante mais de trinta anos essas traduções revolucionaram os estudos filológicos (havíamos encontrado mais uma poeta mulher grega e com poemas muito mais completos que os de Safo!), até que, já à beira da morte, Louÿs assumiu que fora tudo uma farsa: nunca houve Bilitis, os poemas eram todos de sua própria autoria. Ainda assim, *a tradução de um original inexistente* passou décadas interferindo na maneira ocidental de se compreender o passado e de se pensar a posição da mulher na sociedade grega e a função do homossexualismo feminino, ao menos na ilha de Lesbos. Novamente alguém intervirá dizendo: "Mas isso não era uma tradução, como você pode afirmar sua força, se ela nem sequer se encaixa no conceito?" É bastante simples, na verdade: o feito de Louÿs, conscientemente ou não, pôs em xeque nosso saber sobre o passado, deixou claro que ele é reconstruído pelas criações do presente e pelas reinterpretações do passado que podem ser feitas através dos tempos. Apresentar uma tradução de um original inexistente é (apesar das diferenças óbvias e da má fé) um pouco como apresentar uma tradução séria de um original real: nos dois casos, o resultado não é mais o original exato, e sim uma recriação contemporânea, uma interpretação que altera tanto o presente quanto o passado; de modo que mais importante do que a verdade tradutória (um termo que é quase um pântano, onde tudo se perde) é o modo como a tradução pode produzir novas verdades no presente. Louÿs reinventou Lesbos de uma maneira que ninguém antes havia ousado; mas um tradutor de Safo também o faz, na medida em que lança aos olhos do presente uma leitura singular de cada poema ou fragmento. Existindo ou não o original, uma vez que a tradução está lançada como tal, ela é capaz de interferir no presente da mesma forma que os originais do presente; pois, como afirma Hugh Kenner, "uma tradução contemporânea é um poema contemporâneo" (1985, p. 146).

Até o momento tenho discutido a tradução em suas formas escritas, principalmente aquelas feitas em tempos muito próximos aos atuais, para exemplificar sua ação sobre o mundo; mas podemos constatar, desde os princípios da linguagem escrita, sua presença, sua força entre culturas diversas, levando e trazendo modos de vida, mitos, crenças, verdades necessárias para se dar sentido ao passado e ao presente e, por vezes, até ao futuro: no século XVIII a.C., já havia edições bilíngues do sumério para o acádico; do século XII a.C., temos pelo menos um exemplar trilíngue de um hino a Ishtur, com a transcrição silábica do texto sumério seguida das traduções para o acádico e outra para o hitita. Nenhuma cultura se forma sem algum tipo de tradução, pois nenhum povo se exclui completamente do convívio com outros povos: "Tem-se escrito com frequência que as literaturas hebraica e grega, em suas épocas clássicas, não praticavam a tradução. Mas deve-se entender essa afirmação como limitada à tradução explícita" (YERBA, 1994, p. 20).

Hoje já está comprovado, por exemplo, que o salmo 29 é uma adaptação de um hino ugarítico ao deus Baal (*ibidem*, p. 19-20); também, por meio de vários trechos de Heródoto, constatamos como, por um lado, a religião grega tem muitas bases na egípcia, numa espécie de tradução mitológica, e que, por outro lado, sua escrita vem dos fenícios (*ibid.*, p. 23-4): nem gregos nem judeus são totalmente originais – suas culturas são também derivadas e misturadas a partir de traduções, explícitas ou não, de outras tradições anteriores, pois se utilizam de dados que já estão formados em outros povos, como a escrita, os mitos ou os *topoi* estabilizados, mesmo que não tenham feito traduções *stricto sensu* nessas duas culturas de base do Ocidente (Cf. WEST 1997 acerca das influências asiáticas sobre o pensamento grego). O rio corrente não cessa, e seu fluxo não tem o menor interesse de estancar, já que é capaz de gerar diferenças e prazeres a cada um de nós: diversão.

Constatando essa integração essencial da tradução na própria vida diária bem como sua variedade em graus e modos, ao lermos criticamente uma obra qualquer traduzida, não deveríamos tratar como uma simples avaliação em termos de acertos e erros à medida que um tradutor translada o texto original para outra língua, porque esse tipo de lógica quase sempre chega à conclusão da impossibilidade tradutória,[2] por se convencer sempre de que não há completa equivalência entre duas línguas e acabar caindo num pessimismo ontológico inútil, na sua busca pelo frescor e pela "pureza perdida" do texto original. Pelo contrário, não há pureza a ser perseguida, nem razão para deferências metafísicas à obra original; pois a diferença não é necessariamente uma falha da qual a tradução tenta em vão se esquivar; ela é uma condição *sine qua non* para qualquer empreendimento tradutório. *É apenas mediante essa diferença inegável entre original e tradução que se estabelece o divertimento.*

Divertir-se é discordar em maior ou menor grau, pois a mera repetição, o reino da igualdade, anularia qualquer desejo ou necessidade tradutória; já que, se não fosse pela divergência intrínseca do ato de traduzir, toda tradução já estaria morta *a priori*: minada em seus próprios fundamentos, pela perda de seus objetivos. Todavia, o que se mostra é que nem mesmo a tradução "igual" – o texto reencenado identicamente, na mesma língua, palavra por palavra – pode alcançar essa "pureza" do original, pois o contexto em que surge a obra também a altera, bem como sua interpretação através dos tempos; além disso, nem mesmo a língua pode permanecer a mesma depois de vários anos. Assim, mesmo que tentássemos a tradução "perfeita" dessa não-tradução palavra a palavra, teríamos um *Dom Quixote* escrito por Pierre Menard, no conto de Jorge Luis Borges: um espelho impossível que não consegue gerar nada que não seja radicalmente outro, mesmo sendo o mesmo, ao operar uma suposta tradução perfeita, redundando sempre na mesma obra, sem nada de diferente, nem sequer a língua. No texto em questão, Borges finge uma crítica literária à obra de Pierre Menard, cujo trabalho principal, ainda inédito, seria ter escrito alguns trechos do *Dom Quixote* de Cervantes exatamente como constam no original espanhol! Além disso, não se trata de uma tradução, pois Menard, apesar de francês, reescreve o texto em espanhol, sem paráfrase. Mas, mesmo dessa forma, mesmo tendo escrito o texto idêntico ao de Cervantes, Borges nos lembra que o *Quixote* de Pierre Menard não é igual ao do romancista espanhol, pois as duas obras – a de Cervantes e a de Menard –, já que feitas por pessoas diferentes, em lugares e épocas diversas, ainda que idênticos, resultam diferentes, pois não podem mais funcionar da mesma forma! Percebemos ironicamente como o espanhol de Cervantes é fluente e se aproxima do frescor da língua falada de sua época, ajuntando-lhe os toques do estilo para lhe dar mais graça; enquanto o texto de Menard soa deveras antiquado, numa linguagem livresca, excessivamente erudita, longe do mundo cotidiano da fala espanhola do século XX (BORGES, 1992, p. 135). Mas como isso pode ser possível, se os dois textos são absolutamente idênticos? A historicidade das obras põe metaforicamente em xeque o estatuto de fidelidade de uma tradução, já que, se Cervantes escreveu na virada do século XVI para o XVII, aquele espanhol era muito próximo do de seu livro, pois estávamos num período de efervescência das línguas vulgares contra o latim; enquanto Menard escreve na França do século XX, e seu espanhol – exatamente o de Cervantes – já não existe mais na fala viva das pessoas, embora ainda seja perfeitamente compreensível; sua opção por imitar palavra por palavra não pode, portanto, produzir os mesmos efeitos do *Quixote* original – e eu arriscaria somar que, se o objetivo desse fictício Menard fosse realmente o de se aproximar do texto, e não uma aventura quixotesca de sua parte, as divergências geradas pelas escolhas poderiam surtir mais efeitos convergentes e, paradoxalmente, aproximar mais uma possível tradução do original do que poderia a mera repetição. Assim o anacronismo radical do Menard de Borges opera uma virada na visão histórica da literatura, uma vez que nos mostra como nem sequer o Mesmo pode permanecer assim, pois, na verdade, através dos tempos ele próprio se torna inevitavelmente Outro.

No entanto, Menard, sem fazer de fato uma tradução – uma vez que busca escrever o *Quixote*, e não traduzi-lo – sabe que nem sua reprodução pode assumir o mesmo lugar da obra original de Cervantes, como afirma, a respeito do processo de criação: "Assumi o misterioso dever de reconstruir literalmente sua obra espontânea" (1992, p. 123). O método por si só já revela a diferença fundamental: em Cervantes há uma espontaneidade do texto; o escritor, diante da obra ainda inteira por fazer, tem diversas escolhas não só quanto à forma, mas quanto ao próprio desencadear as linhas de sua obra: ele pode apagar, reescrever, rasgar, modificar, acrescentar à vontade. No caso de Menard, ou de um tradutor, é difícil haver essa espontaneidade: no lugar dela temos a reconstrução minuciosa, com limites previamente estabelecidos. Talvez este seja o limite mais óbvio entre a tradução e a produção de um novo original, ainda que, na prática, não tenhamos como determinar precisamente: este tem todo um percurso por fazer, que pode inclusive não ser feito, ser alterado por inteiro, enquanto aquela já tem todo um caminho traçado, resta-lhe escolher qual das vias possíveis seria mais interessante. Mas isso não deve servir para diminuir a força da tradução, ou retirar-lhe seu labor artístico e literário, já que, mais do que uma diferença fundamental, é uma diferença de método e de objetivo que pode servir para diferenciar um novo original (mesmo que feito por meio de uma ou várias traduções) de uma tradução (ainda que esta recorra a algo que não se encontre no original): conclui-se, um tanto tautologicamente, que tradução é aquilo que seu criador chamar de tradução, como conto é aquilo que ele chama de conto etc.: *é o discurso por trás da obra que dá também o sentido ao leitor.*

Um caso limítrofe entre os trabalhos de tradução e criação de um texto original é a obra do poeta americano Ezra Pound. Durante toda sua vida ele foi um tradutor prolífico, ao mesmo tempo em que criava obras originais. Mas seus originais também estão repletos de traduções ou paráfrases de trechos ou obras inteiras: e não só de poemas, mas de cartas, textos históricos, econômicos, etc. Com essa prática indissociada entre os dois atos poéticos, nos textos de Pound a tradução e a criação estão num mesmo patamar, num amálgama que dificulta a identificação do que seria um "texto original", no fim das contas. Todavia, ainda que apagasse as fronteiras mais determinadas dessas duas formas, muitas vezes podemos saber qual é qual, pois Pound deixa bastante claro, se lhe interessa, quando a tradução se apresenta como um próprio fim (ou seja, o texto busca realmente se apresentar como a tradução de algum autor) ou quando ela é um meio pelo qual se passa para se chegar a uma obra que apenas Pound visualiza. A *Homage to Sextus Propertius*, apesar de ter sido muito criticada por alguns filólogos da época como sendo uma péssima tradução, cheia de erros, não deve ser encarada como tal. É o que pensa J. P. Sullivan:

> Ele [William Gardner Hale] acusou-o [Pound] de cometer erros de iniciante, dos quais apresentou uma seleção. É perfeitamente verdadeiro que Pound é descuidado, quase desinteressado, em relação às minúcias e que ele era culpado por alguns erros sem intenção [...], mas muitíssimos dos exemplos selecionados por Hale para exame eram tentativas deliberadas e sérias de produzir certos efeitos poéticos (SULLIVAN, 1964, p. 5).[3]

Mais do que buscar nos dar um retrato fiel do Sexto Propércio latino, o poeta norte-americano estava fazendo duas operações: a primeira era uma revisão crítica de Propércio, que buscava demonstrar como uma certa ironia, chamada por Pound de logopeia, muito típica dos simbolistas como Laforgue e Corbière, poderia ser encontrada em nosso elegíaco, ainda que os filólogos não tivessem dado muita atenção a esse aspecto até o momento; a segunda operação era um ataque ferrenho ao imperialismo colonial britânico, que Pound identificara com o imperialismo romano de Augusto. Só que o efeito crítico da tradução deveria se dar de maneira indireta, já que faria diretamente apenas a crítica ao Império Romano, para que o leitor interpretasse seu próprio tempo a partir de suas comparações entre o mundo apresentado por Pound/Propércio e o mundo em que ele próprio vivia. Mais do que fazer um tradução, Pound tentava, na verdade, fazer uma criação crítica tanto de uma obra latina quanto da política externa da Inglaterra contemporânea, onde ele morava nesse período. Como ele mesmo comenta em uma de suas cartas:

> Ela (a *Homenagem*) apresenta certas emoções tão vitais para mim em 1917, em face da infinita e inefável imbecilidade do Império Britânico, quanto foram para Propércio alguns séculos antes, em face da infinita e inefável imbecilidade do Império Romano. Essas emoções são definidas largamente, mas não inteiramente, nos próprios termos de Propércio. Se o leitor não estabelecer uma relação com a vida definida no poema, ele pode concluir que não tive sucesso em meu interesse (apud DAVIDSON, 1995, p. 84).

Nesse autocomentário sobre os objetivos da obra, vemos que ele não buscava apresentar uma tradução *stricto sensu* de alguns poemas de Propércio; no entanto, apesar da clareza de seus interesses, o que confundiu seus contemporâneos foi o método: em vez de produzir um artigo, ou coisa do gênero mais científico, Pound traduziu poeticamente e com bastante liberdade alguns trechos de Propércio, realizando recortes, colagens, referências anacrônicas a Wordsworth e a William Butler Yeats, e operando alguns *misreadings* quando julgava necessário; o que se processou foi, de fato, uma espécie de ideograma poético a respeito de Propércio e do princípio do século XX na Europa. *Não compreenderam que Pound estava se utilizando da tradução poética como método, não como fim!* Esse poema nunca deveria ter sido lido como um poema de Propércio escrito em língua inglesa pelas mãos do poeta Ezra Pound. Deveria, sim, ser lido como uma espécie de homenagem ao poeta latino, uma escrita "ao modo de"[4] que faz uso de traduções de alguns trechos e depois os reorganiza dando-lhes sentidos que não aparecem no texto original: é assim que Pound faz de várias obras da tradução o próprio processo criativo de uma obra nova, aproximando-se mais do temperamento clássico de composição, que não via problemas em buscar nas obras anteriores modelos e fundamentos para seu novo texto. Assim:

> A totalidade da obra de Pound pode ser vista como um ato de tradução, como uma apropriação para um idioma que é radicalmente seu, de uma mistura fantástica de línguas, legados culturais, ecos históricos, modelos estilísticos. "Considerar o original e sua tradução separadamente", escreveu T. S. Eliot, "seria um erro que implicaria outro erro maior sobre a natureza da tradução" (STEINER *apud* MILTON, 1998, p. 83).

Ulisses numa *jangada*

Disso que foi exposto, dessa "natureza da tradução", que não se diferencia na prática da obra original com tanta clareza, pois também é criação, penso que a impossibilidade da tradução, tal como se tem afirmado infinitamente em vários círculos, seja, na verdade, a sua condição *sine qua non*. Tende-se a defender mais ainda a impossibilidade da tradução no caso da poesia; mas esse tipo de diferenciação não faz sentido, uma vez que implica um discernimento total, que é impossível, entre prosa e poesia, ou entre prosa poética e poesia prosaica, etc.: na verdade, todos os textos têm uma relação inseparável entre a forma e o conteúdo, de modo que cada termo tem tanto valor na prosa quanto na poesia, embora saibamos que os gêneros não são iguais. Assim, se a intenção é defender uma impossibilidade tradutória, creio então que ela deveria ser total, e não apenas para poesia (em relação à prosa), ou para a literatura (em relação aos textos técnicos e científicos). Nesse caso, deveríamos pensar que toda tradução é um romper comunicativo entre duas línguas que, paradoxalmente, é o próprio elo entre as duas. É somente nesse driblar o impossível que pode surgir uma obra que seja, ao mesmo tempo, um diálogo direto e uma recriação de outro texto.

> O objetivo de toda arte não é o impossível? O poeta exprime (ou quer exprimir) o inexprimível, o pintor reproduz o irreproduzível, o estatuário fixa o infixável. Não é surpreendente, pois, que o tradutor se empenhe em traduzir o intraduzível (RÓNAI, 1953, p. 3-4).

O melhor exemplo de "drible do impossível" que se pode operar numa tradução que tenho em mente é o aparecimento, na *Odisseia* traduzida por Odorico Mendes, de Ulisses numa jangada.

A jangada escorrega ao mar divino (p. 130).

Um filólogo muito purista ou empedernido, obviamente indisposto para a proposta do poeta maranhense, poderia discorrer horas sobre o absurdo de suas escolhas, já que σχεδίη (*skhedíe*), um tipo pequeno de embarcação grega, não é definitivamente a mesma coisa que uma jangada, embarcação bastante rudimentar de origem popular nordestina, ou seja, tipicamente brasileira; daí um anacronismo cultural e geográfico de pelo menos 2.500 anos, que, além de tudo, quase rebaixaria o grande e astucioso Odisseu a um navegante capenga pelas bordas do São Francisco, uma vez que nossa literatura sobre o sertanejo no geral é pouquíssimas vezes grandiloquente ao descrever os instrumentos e modos interioranos. Apesar dos perigos da escolha de Odorico Mendes, cada vez mais eu penso que a tradução seja Ulisses numa jangada, uma fusão cultural--estético-ideológica capaz de criar o novo a partir dos anacronismos necessários para ambos os lados das margens tradutórias; pois, quando se lê a *Odisseia* em português, não há um completo atravessar (*traducere*) entre as duas margens, e sim uma terceira margem, razoavelmente bem definida, na qual somos obrigados a aportar. Então nós nunca chegamos efetivamente ao mundo grego (como também não o fez o tradutor), mas ao ponto em que as duas diferenças produzidas, a da língua de partida (*skhedíe*, por "jangada") e de chegada (a imagem da nossa jangada no mundo grego), são capazes de produzir um divertimento no leitor. E mais importante: um divertimento diferente do original em grego ou de qualquer outra tradução para outra língua ou para o português; porém, ao mesmo tempo, diferente do que uma obra apenas brasileira poderia criar. Esse duplo divergir, ainda que sincrético, não opera uma síntese entre as duas literaturas, não cria um ponto central onde as duas culturas convivem harmoniosamente; o que ele faz é *forçar diversos fragmentos dos dois lados a se chocarem, criando imprevistos dos quais nem o tradutor tem completa ciência.*

Tentarei a partir de agora exemplificar como a maioria dos estudiosos tenta encarar algumas diversões, tomando o prefácio de Antonio Medina Rodrigues para a tradução de Odorico. Vejamos o que ele diz ao comentar o termo "jangada":

> [...] existe entre *skhedíen* e *jangada* uma falha de referência, já que a jangada de Ulisses não deveria ser exatamente a mesma usada pelos nordestinos do tempo de Odorico. Repete-se também a falha na impossibilidade de jangada soar como *skhedíen*. E, de certa forma, o texto tradutivo se caracteriza mais pela exposição de falhas, do que por uma impossibilidade ontológica de traduzir, defendida por alguns teóricos. Pois a tradução poética tem que conviver com o erro e a falha, duas coisas comumente desprezadas, mas que são das maiores glórias da história do saber. São falhas decorrentes da natividade transgredida da língua de quem traduz. Também no Original um autor não conseguiria traduzir plenamente o sentido de uma expressão que quisesse repetir com o mesmo sentido com que antes empregara (2000, p. 47).

A argumentação de Medina é afinadíssima, pois mostra a potencialidade poética da diferença na tradução; mas a insistência dos termos "falha" e "erro" mantém a discussão no campo da verdade, da reprodução factual, do querer dizer, quando se trata de fato de um *querer fazer*: a jangada tradutória torna-se barquinho grego sem que seja necessário muito esforço, e imediatamente se imagina o *skhedíe* a vagar, e não somente a jangada nordestina. Porém, isso acontece simultaneamente, e a grande força do traduzir se instaura em Ulisses sentado nessa jangada, numa intercultura instável que precisa se construir de novo a cada instante para não naufragar. Essa intercultura se dá de um modo parecido com o que Einsenstein entendia pelo processo ideogramático da montagem cinematográfica:

> A montagem não é um pensamento composto de partes que se sucedem, e sim um pensamento que nasce do choque de duas partes, uma independente da outra [...].
> Como na hieroglífica japonesa, na qual dois signos ideográficos independentes (quadros), justapostos, *explodem* em um conceito novo [...].
> Cada elemento sucessivo não está disposto ao *lado* do outro, mas *por cima* do outro (2002, p. 85-6).

Assim como duas imagens fotográficas inicialmente distintas e de certo modo independentes se encontram num choque ao ficarem justapostas em formato de filme diante do espectador, para gerar uma nova imagem sequencial, que diverge das duas anteriores, mas precisa delas para existir; do mesmo modo a sobreposição da jangada brasileira sobre a *skhedíe* num contexto de épica grega tende a funcionar por sobreposição nas imagens mentais formadas pelo leitor: ao mesmo tempo em que não pode evitar a imagem nacional da jangada, é preciso também ajustá-la ao contexto do que se imagina por grego – sabemos, ainda que intuitivamente, que devemos distingui-lo do Brasil. Inventa-se uma nova barca para abrigar Odisseu, uma barca que não pode ser nem brasileira nem grega propriamente, dado que se engendra apenas na mente do leitor como um conceito novo.

Além do encontro cultural das escolhas sintáticas e vocabulares de Odorico, é necessário ressaltar outra sacada reconfiguradora do original: a sua leitura de um texto grego por meio do referencial latino; e, nesse caso, não se pode dizer que quem está no barco seja sequer o Odisseu grego (que dá nome ao poema), e sim o Ulisses latino – o nome utilizado pelos romanos para designarem o mito grego: com isso, a tradução de Odorico se faz dupla e tripla. Se o texto é traduzido do original grego, seu referencial, por outro lado, se aproveita de toda sua cultura latinista, de tradutor de Virgílio, para encontrar espaço e buscar diálogo com uma cultura letrada de formação humanista e com o conhecimento mais detalhado da cultura, da língua e da literatura latina. De forma alguma, podemos pensar "Ulisses" como um erro ou uma falha para "Odisseu", assim como a jangada não é erro de *skhedíe*, mas sua reconfiguração diversa.

Se tivermos em mente as propostas de Walter Benjamin, na "Tarefa--renúncia do tradutor" ("Die Aufgabe des Übersetzers"), de se traduzir a forma sintática da obra literária, em detrimento das teorias mais conservadoras que buscam "uma transmissão inexata de um conteúdo inessencial" (BENJAMIN, 2001, p. 191) – com a qual Odorico concorda em muitos aspectos de sua prática – podemos refletir mais aprofundadamente sobre a questão da fidelidade tradutória desvinculada de uma mimese estritamente semântica; pois, na medida em que se assume o caráter escorregadio do conteúdo, pode-se observar melhor a potência física do signo literário: "A tradução é uma forma. Para compreendê--la como tal, é preciso retornar ao original, pois nele reside a lei dessa forma, enquanto encerrada em sua traduzibilidade" (*ibid.*, p. 190-1).

Mas se, por um lado, Benjamin – com um pensamento derivado do romantismo alemão – opera uma guinada nos modos de se entender a tradução por ir contra a busca pelo sentido do original, que caracterizava a tradição dos estudos tradutórios; por outro, acaba caindo numa melancolia da linguagem que não se resolve por meio de uma tradução redentora. Seu pensamento tradutório, bem como suas reflexões linguísticas, está profundamente ligado ao judaísmo (o que não quer dizer dogmatismo de sua parte); daí que se apoie na imagem de Babel como origem da perda, junto e sobreposta ao pecado original. Uma vez que não há mais aquela língua pura pré-babélica – a *Ursprache* – resta-nos buscar, por meio da tradução, minimizar a perda primordial: mas, para Benjamin, essa perda nunca poderá ser superada por meio de uma tradução, já que esta apenas toca, resvala, no texto original, sem conseguir trazer dele aquilo que está incomunicável em cada língua – o texto original fica sendo sempre um outro, mas num sentido negativo, um outro que se encontra perdido, praticamente sem mais nenhum diálogo com as suas traduções (para além do decalque formal), já que a tradução jamais poderá significar algo para seu original. Para Jacques Derrida, o ensaio benjaminiano

> [...] tem por horizonte a "reconciliação". E tudo isso dentro de um discurso, multiplicando os motivos genealógicos e as alusões – à transmissão de uma semente familiar. O tradutor é endividado, ele se apresenta como tradutor na situação da dívida; e sua tarefa é de *devolver*, de devolver o que devia ter sido dado (2002, p. 27).

Nessa situação de extrema perda em direção ao passado, resta ao tradutor apostar num messianismo da língua, jogar-se em sua tarefa com pensamento numa possível reunião futura das línguas; mas mesmo nesse futuro, nessa teleologia linguística, não se espera de fato o retorno da *Ursprache*, e sim uma nova experiência, sem volta ao estado paradisíaco original: busca-se o outro paraíso das línguas num estado que independe da comunicação. E é nessa inter-relação entre as línguas que se garante a sobrevida do original, que, como insiste Benjamin, deve ser tomada num caráter objetivo, e não metafórico (2001, p. 192-3); o que não quer dizer que a tradução diga algo ao original, que ambos possam se encostar por um longo período.

> Com isso, admite-se evidentemente que toda tradução é apenas um modo de alguma forma provisório de lidar com a estranheza das línguas. Uma solução não temporal ou provisória para essa estranheza, uma solução instantânea e definitiva, permanece vedada aos homens, ou pelo menos não pode ser aspirada diretamente. Indiretamente, contudo, a evolução das religiões é a responsável pelo amadurecimento do sêmen velado de uma língua mais superior (*ibid.*, p. 200-1).

Tem-se, portanto, que a absoluta diferença das línguas, inigualáveis de uma para outra, passa a ser o postulado fundamental da tradução – sua impossibilidade primordial é que lhe garante sua necessidade vital ao homem: a partir de um movimento descendente que tende a nos lançar no abismo, passamos a reverter o processo, numa ascensão ao futuro, numa exaltação da linguagem, no sentido em que, pelo movimento da história, reintegra as línguas para redimir, porém nunca por sua comunicabilidade, que está definitivamente perdida. Daí que, para Benjamin, não se faça uma tradução semântica com olhos no possível leitor: o que se busca numa tradução não é a comunicação do texto numa nova língua, e sim o futuro perdido nas brumas de uma metafísica. Susana Kampff Lages, em seu estudo já clássico sobre Benjamin, diz que,

> [...] se tal gravidade, peso do sentido inerente ao original é um dos obstáculos ao trabalho do tradutor, sua ausência no texto traduzido, produto precisamente de um contato fugidio com o original, é o motivo pelo qual ele deixa de poder ser traduzido novamente. Nessa dialética entre gravidade e fugacidade, peso e leveza, que se instaura entre original e tradução, entre língua e sentido, encontra-se um momento melancólico – grave, pesado – a que se opõe um outro movimento – fugaz, leve (2002, p. 226).

A melancolia dessa tradução passa, num avesso à famosa reflexão de Santo Agostinho (em que se apagam o sentido de futuro e passado, ao mesmo tempo em que minimiza o presente), a dar mais existência mística a um passado perdido para sempre, de onde nos chega o original quase intocável, ou a um futuro sempre adiado, messiânico, para onde a tradução deve se voltar, esquecendo-se do presente, do mundo imediato e das novas produções de sentido. "Tanto o original quanto a tradução ficam aquém desse momento final de reconciliação" (*ibid*. p. 222). Seu reencontro futuro está no sacrifício desse conteúdo inessencial em nome da intrusão da língua original sobre a língua de chegada; com isso, ao pensarmos no português, deveríamos, como Hölderlin – que nas traduções das tragédias de Sófocles greciza o alemão tomando-lhe a sintaxe e as expressões ao pé da letra –, brutalizar a língua pátria para anteciparmos esse reencontro tão adiado. É assim que as traduções de Hölderlin se tornam exemplares aos olhos de Benjamin – porque, seguindo uma literalidade que não é a da comunicação, e sim a da letra, a da sintaxe da língua grega, arrisca-se, sem medo de cair no abismo da linguagem, no silêncio da possível língua pura que se esbarra na verdade. Essas traduções, tidas por muito tempo como monstruosas, que antes foram objeto de chacota entre os próprios românticos contemporâneos, passam então a ser o melhor modo tradutório prático, aos olhos de Benjamin, porque se despedem de seus compromissos com o sentido claro do pensamento burguês e adentram numa linguagem de mística e mistério. Como compreende Derrida: "*pas-de-sens* [sem sentido], isso não significa pobreza, mas *pas de sens* [passo de sentido] que seja ele mesmo sentido, fora de uma 'literalidade'. E aí está o sagrado" (2002, p. 71). Essa ausência de sentido aparente se converte num passo do sentido que passa a se estabelecer num campo fora da comunicação imediata para levar a tradução ao campo do sagrado.

Como vimos, esse trabalho, ao se aproximar da interpretação dos textos sagrados, perde o interesse pelo sentido da obra original, já que não se trata de transmitir simplesmente uma ideia com clareza – o texto poético, como o sagrado, extrapola as barreiras do sentido unívoco para reencontrar um elo funcional entre a palavra e o sentido que já não seja mais arbitrário (como propunha a linguística saussuriana) – seu trabalho com a linguagem está em outros planos, para além do que é comunicado, rumo ao que é o inaferrável

(*Unfaßbare*), o misterioso (*Geheimnisvolle*) – (BENJAMIN, 2001, p. 188-191). Nessa negação da função comunicativa da poesia, Berman (1999) seguiu de perto a proposta de Benjamin, porém num viés mais imanente das línguas. O teórico francês percebeu com muita clareza que, no entendimento do filósofo alemão, a tradução não se desprende do sentido para ganhar uma espécie de liberdade; ao contrário, tanto para Benjamin quanto para Berman, é a radicalidade ao pé--da-letra que deve ser buscada, com a noção de que esse pé-da-letra extremo, em última instância, supera o sentido enquanto estatuto comunicativo e alcança outro patamar, em que a clareza deixa de ser um critério fundamental para se avaliar o sucesso de uma tradução, pois passa a dar lugar ao estrangeiro dentro da própria língua, o que para Berman ganha uma função política. À medida que a língua de chegada vai se dobrando mimeticamente em relação à língua de partida, os sentidos do texto original vão sendo jogados no abismo da incomunicabilidade, ao mesmo tempo em que surge a possibilidade ética de abrigar o estrangeiro e suas estranhezas, em nome de uma comunhão entre as línguas que precisa passar pelo estranhamento interno gerado pelas "monstruosidades" que esse tipo de escolha acarreta, para então se encontrar algo de "natural" de partilhável naquilo que nos é estranho. Por isso o conteúdo se torna inessencial – "um texto nunca é uma mensagem, e vice-versa" (*ibid.*, p. 70) – e reverte o falso purismo de uma tradução semântica que se julga mais fiel por desprezar a forma. Mas mesmo lutando contra o estatuto de clareza imediata do sentido, mesmo vendo na forma um escape à fugacidade do sentido, o esboço de tentativa antimelancólica de Benjamin não consegue, por fim, escapar de um messianismo que nunca abole o sentimento de perda.[5]

Já em outro paradigma, Haroldo de Campos defende que,

> [...] admitida a tese da impossibilidade em princípio da tradução de textos criativos, parece-nos que esta engendra o corolário da possibilidade, também em princípio, da recriação desses textos. Teremos, como quer Bense, em outra língua uma outra informação estética, autônoma, mas ambas estarão ligadas entre si por uma relação de isomorfia: serão diferentes enquanto linguagem, mas, como os corpos isomorfos, cristalizar-se-ão dentro de um mesmo sistema. [...] Numa tradução desse tipo, não se traduz o significado, traduz-se o próprio signo, ou seja, sua fisicalidade, sua materialidade mesma (2004, p. 34-35).

A proposta operada pelo concretista brasileiro, na teoria e na prática tradutória, ajudou no desprendimento em relação ao entendimento estritamente semântico das obras para sua concepção estética, retomando a força da forma que aparecera em Benjamin, ao mesmo tempo em que realizava uma crítica à "clausura metafísica" em que a mística do alemão poderia nos prender. O poeta brasileiro, a partir da ideia de "conteúdo inessencial", busca uma liberdade estética para o tradutor-poeta, em vez de procurar uma sintaxe que mimetize a língua do original: tal desleitura dos pressupostos benjaminianos não deve ser tida como um equívoco interpretativo sobre o ensaio de Benjamin, pois é, na verdade, uma apropriação muito pessoal do aparato teórico gerado pelas intervenções de Benjamin. Daí que Haroldo, anos depois do seu primeiro ensaio sobre tradução, pretendesse "converter, por um átimo que seja, o original na tradução de sua tradução" (1981, p. 180). Assim, ao seguir pelo mesmo viés da impossibilidade que garante o possível e ao defender a recriação da materialidade, ele, Haroldo, buscou se apoiar em outro ponto de semelhança entre sistemas: *a estrutura poética*. Para atingir esse objetivo, Haroldo de Campos uniu a teoria de Benjamin à linguística estruturalista de Roman Jakobson e às propostas poético-tradutórias implantadas por Ezra Pound, numa imanência da tradutibilidade pela semelhança estrutural da tradução do signo. Esse apoio poético sobre a crença da recriação da estrutura passa a dar grande valor à estética do original: essa, sim, se buscaria alcançar a qualquer custo, mesmo com alguns "sacrifícios semânticos", já que "o significado, o parâmetro semântico, será apenas e tão-somente a baliza demarcatória do lugar da empresa recriadora" (2004, p. 35). Enquanto as teorias que visam à tradução do conteúdo não passam de "concepções ingênuas" (1981, p. 179). Aqui vemos diferença em relação às propostas de Benjamin e mesmo às de Berman, já que ambos buscaram na hiperliteralidade (na manutenção da letra e da sintaxe do original) uma contraposição ao conteúdo, à tradução semântica, enquanto Haroldo visa à recriação estética do original em termos de uma poesia que esteja atenta ao seu próprio tempo.

Haroldo percebia as limitações da teoria de Benjamin, que insistira numa separação ontológica entre o original e a tradução, ao mesmo tempo em que, por sua metafísica, se apoiara termos como "língua pura", que nos lançaria numa melancolia irremediável: por meio de sua fusão com o pensamento linguístico mais físico de Jakobson, e prático de Pound, Haroldo de Campos tentou reverter essa melancolia da perda infinita pela possibilidade de a tradução, por um trabalho estético e poético, poder alcançar o estatuto de original. Essa questão está muito bem expressa na seguinte passagem:

> Tenho para mim [...] que o jogo conceitual benjaminiano é um jogo irônico (não por acaso o tema romântico da ironia reponta no seu ensaio, justamente quando ele assinala que a tradução transplanta o original para "um domínio mais definitivo da linguagem"). Sob a roupagem rabínica de sua metafísica do traduzir, pode-se depreender nitidamente uma física, uma pragmática da tradução. Esta "física" pode, hoje, ser reencontrada, "in nuce", nos concisos teoremas jakobsonianos sobre a tradução poética enquanto "transposição criativa"

[...], aos quais, por seu turno, os relampagueantes filosofemas benjaminianos darão uma perspectiva de vertigem (1985, p. 7).

Nessa mediação mais "física" de Benjamin, Haroldo de Campos pretende transformar a tarefa "angélica" – de levar a mensagem adiante – do tradutor numa "usurpação luciferina"; com isso, parte para a perversão de um dos corolários mais importantes da teoria benjaminiana – a impossibilidade de se traduzir uma tradução: creio que não por acaso Haroldo traduziu um trecho da tradução de Hölderlin (In: ALMEIDA; TRAJANO, 1997, p. 296-307), para demonstrar que a ousadia do poeta alemão na busca pela semelhança da forma foi capaz de produzir um novo original, que, por sua vez, é novamente traduzível, ou, nos termos de Benjamin, pede para ser traduzido. Traduziu ainda algumas das traduções de Pound; e aqui temos um imenso jogo de espelhos que continua a produzir sentidos novos – a tradução do primeiro dos *Cantos* (1993, p. 149-51) de Ezra Pound, que, por sua vez, já é uma tradução da cena da *nékyia* da *Odisseia* (Canto 11), a partir da tradução para o latim que Andreas Divus havia feito no período renascentista; ou alguns poemas de *Cathay*, traduzidos do chinês com apoio nas notas filológicas de Fellonosa. Desse modo, na verdade, o que Haroldo afirma – sustentado por Pound, Hölderlin e outros – é: "traduzir a forma estética" (1972, p. 98); a reprodução da fisicalidade do signo passa a ser um apego em busca da verdade da forma, por meio de sua recriação em outra língua.

No entanto, essa tradução, ainda que mais positiva do que a dos puristas semânticos e que a da teoria benjaminiana, também tem um certo respeito, ainda que luciferino, pelo original. Medina afirma a respeito da tradução de Odorico que ela

> [...] não se quer "fiel" ao sentido do sentido. Ela quer reproduzir mimeticamente os efeitos de palavra de uma outra língua, por tentar reproduzir a "perspectiva" particular mediante a qual uma palavra numa língua visa a seu objeto, o tradutor dedutivo realiza pelo avesso um dos ideais implícitos da grande tradução, segundo Walter Benjamin, que é o de inseminar na língua tradutora o sentido da língua do Original (*op. cit.*, p. 53).

Mas o que vem a ser esse "reproduzir mimeticamente os efeitos de palavra de uma outra língua", senão a adaptação dos valores de verdade transportados da semântica para a forma? *Não há reprodução de efeitos*, nem sequer pela reprodução total do texto (como no Pierre Menard de Borges), pois a igualdade formal está sempre ligada a uma descontinuidade histórica, e os efeitos da obra estão profundamente ligados com seu próprio mundo, embora se expanda para além das fronteiras do tempo e do espaço. A relação de "perversão luciferina" que a tradução instaura sobre o original põe os dois textos num combate pela posição mais elevada; instaura um *ágon* perpétuo entre as duas possibilidades imanentes dos textos, pois, mesmo que seja apenas durante um átimo, o deslocamento usurpador sobre o original produz uma fissura na diferenciação ontológica entre original e tradução que tanto angustiava os tradutores: com a possibilidade de se estabelecer como outro novo, o texto traduzido se sente capaz de produzir sentidos independentes do original e assim rompe a submissão que o lançava numa melancolia de perda do "original" intocável, por meio de uma simulação de ser – desde sempre – um original. Essa naturalidade, entretanto, não está ligada à simulação de uma inspiração por parte do tradutor, mas sim de uma criação que faça jus aos valores literários de seu tempo; e é dessa maneira que Haroldo de Campos busca uma tradução da diferença, instaurada em pleno século XX, ainda com a influência do desejo de novidade incorporado pelas vanguardas e pelo *make it new* de Pound – buscando adaptar, trazer o mundo original para o presente, para o gosto do presente e para uma estética que converte o texto do passado num texto do presente e o engloba na ideologia – se ainda posso usar esse termo – do mundo em que é traduzido.

A usurpação de Haroldo de Campos nos faz voltar ao tema da ética tradutória. Por isso, pretendo me deter sobre a teoria de Henri Meschonnic, que retoma e aprofunda a necessidade da discussão ideológica da tradução, ao inserir o tradutor politicamente dentro de um mundo com o qual ele dialoga, a partir das obras que escolhe traduzir e da maneira como traduz.[6] Para Meschonnic, não há mais diferença entre forma e conteúdo: ambos se interferem mutuamente em relação com o mundo em que a obra foi produzida e é lida. Então não se deve de maneira alguma estetizar uma obra:

> A relação poética entre texto e tradução implica um trabalho ideológico concreto contra a dominação estetizante ("a elegância" literária) que é marcada por uma prática subjetiva das supressões (de repetições, por exemplo), aumentos, deslocamentos, transformações em função de uma ideia preconcebida da língua e da literatura – que caracteriza a produção dos tradutores como produção ideológica enquanto a produção textual e sempre ao menos parcialmente anti-ideológica (1973, p. 315).

Com isso, para Meschonnic, não se deve embelezar o texto mediante o gosto contemporâneo da literatura (isso seria o etnocentrismo, nas palavras de Berman), o que não quer dizer, por seu turno, que não se deve pensar a estética na tradução para simplesmente privilegiar um sentido estritamente comunicável; assim, chega-se à conclusão de que não se deveria dar à tradução um aspecto simulado de obra original, na medida em que essa atitude puxa o passado para o presente, adapta-o ao mundo contemporâneo e exclui o que poderia chocar, tal como o mau gosto, preconceito, ou divergência em relação ao nosso próprio mundo: em outras palavras, sempre existe o risco de apagar o outro do texto original, quando tentamos torná-lo profundamente nosso. O que se torna necessário é revelar sua condição de tradução pelas suas diferenças com o tempo atual, ao destacar suas semelhanças com o mundo em que foi feita a obra original, pois essa pretensa ilusão de naturalidade reafirma o *status quo* do período e do local da tradução, em vez de questioná-lo por meio da diferença que se produz pela tomada de um texto não só linguisticamente diferente, mas também ideologicamente. Numa relação possível com a leitura do mito da desconstrução de Babel, é possível pensar nos termos de Derrida, quanto a uma das funções da diversidade dos povos e das línguas:

> Procurando "se fazer um nome", fundar ao mesmo tempo uma língua universal e uma genealogia única, os Semitas querem colocar a razão no mundo, e essa razão pode significar simultaneamente uma violência colonial (pois eles universalizariam assim seu idioma) e uma transparência pacífica da comunidade humana. Inversamente quando Deus lhes impõe e opõe seu nome, ele rompe a transparência racional, mas interrompe também a violência colonial ou o imperialismo linguístico (2002, p. 25).

Embora Derrida esteja comentando o ensaio de Benjamin, sua atenção para o fator "anticolonialista" da dispersão das línguas nos remete à necessidade da tradução como manutenção perpétua de uma dissonância dentro de cada uma das línguas, contra os fascismos das línguas, que podem acabar tentando recriar o seu império, negando as outras. Para Meschonnic, como para Berman, "O ato ético consiste em reconhecer o Outro enquanto Outro" (BERMAN, 1999, p. 74). Com isso, a tradução tem a função de trazer sempre um estranhamento para questionar o *status quo* da língua de chegada, seu viés político tenta abalar as estruturas dominantes e enrijecidas que toda sociedade tende a formar; e isso é feito quando a tradução traz, em maior ou menor grau, as estruturas da cultura e da língua de partida para dentro da língua de chegada. Se Benjamin buscava um golpe sobre a língua pela intromissão da língua do original, *Meschonnic quer inserir na tradução, de maneira não menos violenta que Benjamin, a ideologia que marca o texto do passado para que afete o presente*. Com tal questionamento, deve-se, então, fugir tanto do gosto estético como de diversos aspectos socioculturais do presente, para demonstrar que ele não é o gosto da verdade, mas uma construção histórica que sempre tenta apagar seus alicerces para garantir seu estatuto incontestável de verdade.

Nesse tipo de proposta tradutória, para se pensar num exemplo prático, Odorico Mendes provavelmente seria considerado excessivamente estetizante, já que apaga ou corta conscientemente as repetições orais das obras homéricas (epítetos, fórmulas, trechos inteiros) para adequar-se ao gosto literário escrito de seu próprio tempo; todavia, ao mesmo tempo, retomaria aspectos ideológicos da língua grega, ao grecizar/latinizar radicalmente o português; de modo que foi considerado "macarrônico" por muitos críticos, como Sílvio Romero ou Antonio Candido, que à primeira vista não perceberam a estratégia de tradução do maranhense. Para Meschonnic, "a relativização ideológica é uma poetização"

(p. 325); o que o faz se afastar um pouco, porém não completamente, da proposta de Haroldo de Campos – visto que o que este busca não é uma mera estetização ao estilo das *belles infidèles* francesas; entretanto, embora Meschonnic defenda uma imanência tradutória que abandone o idealismo estetizante, ele próprio acaba caindo no idealismo de acreditar que alguma tradução possa fugir ao seu próprio tempo a fim de poder criticá-lo, quando isso é na verdade uma ilusão do tradutor, um desejo de fidelidade que não é nem semântica, nem formal, mas ideológica.

> Alguns querem um texto (uma arte, uma pintura) sem sombra, cortada da "ideologia dominante"; mas é querer um texto sem fecundidade, sem produtividade, um texto estéril [...]. O texto tem necessidade de sua sombra: essa sombra é um pouco de ideologia, um pouco de representação, um pouco de sujeito: fantasmas, bolsos, rastos, nuvens necessárias; a subversão deve produzir seu próprio claro-escuro (BARTHES, 2002 p. 41).

E essa produção de claro-escuro (esse assumir de seu próprio tempo, ao mesmo tempo em que o critica) pregada por Barthes é ampliável para a tradução, pois ela não pode se dar numa esterilidade imparcial: é preciso fundir-se às mesclas flutuantes entre as ideologias, numa produção de ainda outra ideologia, não sintética – já que não encontra um ponto de equilíbrio –, mas ambivalente, uma vez que pode relativizar e criticar simultaneamente os ambientes de partida e de chegada da tradução. *Esse claro-escuro programático nos leva para um sincretismo entrespaço, entrelugar, o que não quer dizer ideologicamente nulo, nem politicamente mudo.* O mesmo é aplicável a todos os campos da obra literária, como a forma, o gosto, a semântica, etc., na medida em que a tradução nunca é pura, mas sempre uma perversora de todos os lados, sempre uma criação de um novo lado para o círculo (a quadratura do círculo, para Haroldo), só podendo inserir-se numa cultura na mesma medida em que se estrangeiriza. E esse é um momento em que o tradutor, tal como todo autor original, pode tornar-se um gago da língua, como propõe Deleuze:

> Se o sistema se apresenta em desequilíbrio perpétuo, em bifurcação, com termos que, por sua vez, percorrem, cada qual, uma zona de variação contínua, então a própria língua põe-se a vibrar, a gaguejar, sem contudo confundir-se com a fala, que sempre assume apenas uma posição variável entre outras, ou toma uma única direção (1997, p. 123).

Mas isso não precisa se dar exclusivamente pelo caráter bilíngue do tradutor, e sim pela constante interferência que sofre a tradução dos dois mundos que ela liga sem unir, pelo constante ranger produzido por esse encontro em diversão; e, na medida em que essa interferência e ranger podem pôr o sistema semântico-estético-ideológico em constante desequilíbrio, ameaçando ruir os edifícios construídos dos dois lados da ponte, ficando apenas ela, a tradução, planando sobre o abismo, somente na medida em que ela ameaça fazer isso, sem o fazer completamente, é que o gaguejar toma conta dela, que diverge de si mesma, enquanto incorpora o Outro sem deixar de ser o Mesmo. Desse modo, Meschonnic afirma a ideologia do original e sua potência crítica, reclamando à tradução a obrigação de trazê-las para a língua de chegada, diferenciando-as da ideologia dominante para melhor poder relativizá-la. A proposta de Meschonnic, apesar de carregar consigo uma proposta política ainda mais bem resolvida que a de Berman, acaba se perdendo a "necessidade de sua sombra", o gosto de seu próprio tempo, em nome de uma suposta semi-invisibilidade do tradutor.

Creio ainda que, do nosso ponto de vista – como brasileiros do terceiro mundo, numa língua pouco falada no mundo –, é preciso sempre questionar as posições de teóricos europeus como Meschonnic e Berman, quando estes se mostram "anti-ideológicos" ou "antietnocêntricos", se pretendermos utilizar essas ferramentas teóricas em nossas próprias traduções. Os pensadores que citei até o momento – com exceção de Haroldo de Campos – são todos europeus e têm consciência de sua posição dentro de um mundo pós-colonial (fora, é claro, Benjamin, morto durante a Segunda Guerra) e assumem com pesar sua posição do lado dos vencedores: eles percebem que é necessário um processo de descentralização europeia, que é muito bem representado pela desconstrução de Derrida e por outros movimentos do pós-estruturalismo. No entanto, em países periféricos como o Brasil, o que quer dizer etnocentrismo? Não se trata de negar que haja um etnocentrismo à brasileira, mas de nos perguntarmos sobre sua especificidade. Abrasileirar a Europa é um processo ideológico do mesmo modo que europeizar o Brasil poderia ser? Ou melhor dizendo, em outras palavras, um povo que ainda não se construiu, nem fixou plenamente suas bases, após estar submisso a longo império europeu, pode, ou deve, ser desconstruído? Em que ponto? Certamente a resposta não deve ser a mesma quando tratarmos de textos de origem africana e indígena no Brasil ou de textos das línguas centrais da Europa, nem de línguas menores de outras partes do mundo – cada embate pede uma nova reação e, portanto, uma nova política. Enfim, as questões não são de fácil resposta, e só as apresento para demonstrar uma angústia que deveria afetar nossa posição colonizada e colonizadora, uma vez que nos relembrasse que, apesar de sermos ocidentais, não somos iguais ao Velho Mundo e, com isso, devemos pensar com cuidado até que ponto as reflexões desse teóricos são efetivamente aplicáveis ao nosso contexto sem uma devida tradução.

De qualquer modo, após essa breve apresentação de três teorias da tradução poética, ficamos com cinco tipos principais de visão para a tradução:

1 - a primeira, absolutamente negativa, propõe a impossibilidade da tradução (o mais famoso comentário é o de Dante Alighieri; mas, como apontei, não é o caso de Jakobson, como alguns erroneamente entenderam), devido às "falhas essenciais" desse trabalho, para cair num pessimismo ontológico que não leva a nada, já que continuamos a traduzir;

2 - a segunda, a mais tradicional, propõe a possibilidade tradutória enquanto manutenção semântica máxima, sendo que a recriação em termos poéticos seria apenas adornamento vazio sobre o centro conteudístico, com isso ela se embasa no simplismo de que forma e conteúdo sejam completamente separáveis;

3 - a terceira, de Benjamin, dentro da tradição do romantismo alemão, se apresenta a favor de uma descentralização semântica pela recriação hipertextual da forma em nome de um messianismo das línguas, que acaba caindo na mesma dicotomia da segunda, embora radicalize os modos de diferenciação produzidos pela tradução e invista na possibilidade prática de uma expansão da língua para além dos seus limites usuais;

4 - a quarta, de Haroldo de Campos, espera uma recriação formal estética com base na maior convergência possível com a estrutura do texto original, com a possibilidade de sacrificar a semântica em nome da criação de uma nova obra, que pouco quer se desvelar enquanto tradução, mantendo uma relação agônica com o texto original, que, dessa maneira, acaba por conservar um pouco a dicotomia das duas anteriores (por certo, em menor grau), enquanto foge do sentimento incontornável de perda que marca a terceira;

5 - e a quinta, de Meschonnic, efetivamente apaga a separação entre forma e conteúdo, apega-se à ideologia do texto original e pretende que a tradução a retome para criticar a ideologia dominante em seu próprio tempo, de modo a relativizar as ideias do presente por meio de uma tradução que, como a de Haroldo, se torna texto vivo, porém sempre revelando seu *status* de tradução, mas esquece que a ideologia do presente também faz parte da fecundidade do texto, assim como da tradução, num entrechoque entre as duas ou mais ideologias que podem se envolver no processo tradutório.

Amar Babel

Todas essa visões apresentadas, mesmo que muito bem argumentadas, tentam negar que uma parte inerente à tradução é a produção de divergências de ambos os lados da tradução, já que, em maior ou menor grau, tendem a negar a possibilidade ou a força prática das outras para poder se afirmar. No entanto, como defendo, não há porque recuperar completamente o texto original, nem se manter por inteiro em sua própria terra natal ao traduzir: a tradução traz diferenças para ambos os lados, revendo a tradição e sempre propondo outros lugares, não pela reconstrução formal ou ideológica do original, mas pelo simples fato de que ela é uma ponte fragmentária entre dois pontos que passam a se tornar interdependentes sem nunca se tocarem – isso acontecerá quer tenhamos ou não consciência desse choque. A tradução passa a ser esse novo local, onde os pontos se interagem sem se tocarem, não numa síntese harmônica, mas numa potência de choques infinitos. É assim que as línguas se encontram, e a do texto original finalmente pode interferir no novo texto que se produz, mesmo que o tradutor não queira, mesmo que ele queira apagar a forma original; pois algo diverge a todo instante e escapa, mesmo que ele busque fazer apenas uma tradução semântica; então não se sabe mais onde se está, em qual forma se apoiar, ou se esse novo texto realmente pode ser afirmado como nova obra. De qualquer modo, como já dissera Derrida "nenhuma teorização, desde o momento que ela se produz em uma língua, poderá dominar a performance babélica" (2002, p. 26); pois, no fim das contas, resta sempre a diversão.

O que quero demonstrar, afinal, não é de forma alguma uma espécie de erro ou falha no argumento dos teóricos que comentei anteriormente – antes se deve avaliar uma tradução pela sua relação com seus próprios objetivos; e, se cada um desses teóricos estipula objetivos próprios, isso só pode ser melhor, pois produz mais diversão entre as traduções. Porém, se eu tomar apenas um deles como método de avaliação de traduções alheias, tenderei a um tipo de parcialidade que pode se tornar, essa sim, ingênua (e não, como julga Haroldo de Campos, as traduções em prosa ou semânticas), por ser prescritiva de um método alheio, enquanto toda produção de método deveria ser bem-vinda. Desse modo, eu poderia assumir a seguinte fala de Berman:

> Quero me situar inteiramente fora do quadro conceitual apresentado pelo par teoria/prática e substituir esse par pelo da *experiência* e da *reflexão*. A relação entre experiência e reflexão não é a mesma que entre a prática e a teoria. A tradução é uma experiência que pode se abrir e se (re)tomar na reflexão. Essa reflexão não é nem uma descrição impressionista dos processos subjetivos do ato de traduzir, nem uma metodologia (1999, p. 16).

Esse afastamento do eixo teoria/prática, por outro lado, também não quer instaurar o "vale tudo" sem critérios: eu aponto aqui a necessidade de o tradutor se afirmar como um criador que não repete o original, mas que também não se culpa pela produção de divergências que a tarefa tradutória acarreta, pois é apenas por meio dessas divergências que se torna possível qualquer tradução. Com isso, não teorizo, mas faço uma reflexão acompanhada de minha própria experiência tradutória, embora tome aspectos de cada uma dessas teorias da tradução, como a busca:

a) de um pouco que é estrangeiro em minha língua (Benjamin), mas descartando sua metafísica;

b) de uma revisão estética do original (Haroldo), mas sem um combate, e sim um debate agônico; e

c) de manter parte do que me passa, me transpassa, da ideologia romana de Propércio (Meschonnic), afastando-me de uma dicotomia entre forma e conteúdo, porém sem apenas receber ideologicamente.

Assim, não nego a busca de semelhança que toda tradução intenta – se não houvesse essa busca, isso seria uma criação de uma nova obra particular *ex nihilo* (o que não existe sequer na criação de um texto original), e a tradução também não é isso – mas defendo que é preciso buscar na diferença produzida também um louvor à tradução, deixando de lado a culpabilização babélica que nos leva a buscar uma unidade perdida entre os dois textos, em qualquer aspecto que seja. A unidade nunca se perdeu, pois ela seria o estado de perene estagnação, e somente graças à falta de unidade e de sua possibilidade é que podemos ter prazer na tradução, sem o mero interesse de comunicação verbal, ainda que o busquemos. "Então o velho mito bíblico se inverte, a confusão das línguas não é mais uma punição, o sujeito chega à fruição pela coabitação das linguagens, *que trabalham lado a lado*: o texto de prazer é Babel feliz" (BARTHES, 2002, p. 8).

Desse modo, penso e busco em minha prática uma tradução que se assuma como produtora de diferença e veja nisso sua única possibilidade, despida de todo purismo (semântico, formal ou ideológico), para se tornar um texto de prazer que abraça Babel, sem interesse na unificação entre as línguas, mas sim na diversão. Somente pondo abaixo a torre em que se protege o mito do *traduttori/ traditori*, somente renegando as normas de equilíbrio e de pureza às quais somos tão acostumados, poderemos fruir, livres da culpa, da diversão tradutória.

Práticas

Poesia é sempre um diálogo com a tradição: quer seja a partir de formas que se reapresentam dentro de uma lógica de diferença na própria repetição, na qual fôrmas previamente organizadas e uma série de *topoi* são reinseridos num contexto de ligeira reorganização da tradição que gera o novo, como na poesia antiga clássica ou na medieval; quer seja a partir de uma ruptura constante, em que não o descaso, mas a subversão das fôrmas preestabelecidas, está nos horizontes de expectativa do leitor, como é o caso dos movimentos de vanguarda e do final do século XX, em que se instaura o que podemos chamar de tradição da ruptura. Esse espelhamento do passado, contestatório ou não, se dá sempre à maneira de um diálogo com os antecessores, e não importa se é numa "angústia de influência" bloomiana, num paideuma poundiano, num jogo de máscaras browningiano ou coisa que o valha: todos acabam se assumindo inclusos num fluxo – heraclitiano, viconiano ou nietzscheano – da história literária de sua língua e desta com as outras línguas e literaturas estrangeiras. É claro que esse jogo não é simples: os redemunhos da criação literária não são facilmente analisáveis ou dissecáveis em partes anatomicamente perfeitas aos olhos do estudioso; na verdade, economia, história, política, filosofia, subjetividades, geografia e outros tudos formam uma gama de vetores amalgamados em maior ou menor grau, que a olho nu encontram-se infinitamente unidos, sem demarcações explicativas.

No caso específico da tradução, enquanto instrumento literário ou campo independente do saber, não poderia ser de outra forma – ou fôrma. A tradição tradutória também se faz presente numa obra poética em pelo menos dois aspectos que pretendo discutir no campo da recriação de obras da antiguidade: o de estabelecimento do cânone literário, que permanece em constante mutação, com fórmulas poéticas que podem reverter, perverter ou construir uma imagem do passado literário das outras línguas que se inserem dentro do campo de diálogo literário – em outras palavras, a tradução literária apresenta (ou reapresenta), literariamente, as obras do passado ou do presente de outras línguas no presente de nossa língua, constituindo imediatamente uma parte do fluxo que eu mencionei. Em segundo lugar, o aspecto de formulação poética em discussão imediata com o presente em que foi traduzida, pois a existência do tradutor nunca pode ser completamente apagada (por mais que alguns o queiram), já que ele também está inserido no fluxo da tradição, tomando um lugar – na maior parte das vezes, pouco definido – que irá interferir no seu processo tradutório; essa interferência é, ao contrário do que muitos imaginam, a diversão providencial para a manutenção e o questionamento da tradição. Uma vez que o tradutor nunca irá escrever uma obra idêntica ao original – e não há porque sofrer com isso –, sua recriação, tradução, transliteração, paráfrase, transcriação, ou como quer que a nomeemos, carregará no bojo, ao mesmo tempo, o texto original e o presente tradutório e literário. Esse deslocamento do passado aos olhos do presente, sem simplesmente impô-lo ao momento atual, é também um feito constante da crítica literária e da história em relação ao passado. Francesco della Corte deixa clara essa necessidade de se ligar o passado por meio dos pontos de vista do presente sem ver nisso um problema metodológico:

> Como vocês podem ver, é impossível falar dos antigos sem tocar de algum modo em nosso sentimento moderno. Não é que com isso eu faça uma crítica – é humano – a todos os outros historiadores. Peguemos Tácito, que dizia escrever *sine ira et studio*: tinha tanta *ira* e tanto *studium*! Entretanto, como historiador, é um mestre (In: *Colloquium propertianum tertium*, p. 31).

Como o estudioso italiano defende, essa transmutação do passado é inerente ao homem, pois não há possibilidade real de nos pormos no lugar do Outro e compreendê-lo por completo: resta-nos interpretá-lo a partir no nosso próprio espaço e, na medida do possível, impedir que nosso ponto de vista apague demais as diferenças trazidas por esse Outro. De qualquer modo, nossos interesses sempre estarão voltados para pontos específicos de nosso próprio mundo; como diz Alain Deremetz, "Sabemos muito bem atualmente que as interpretações dependem sempre das perguntas que fazemos às obras e que essas perguntas mudam com o tempo" (1995, p. 214), mas também mudam no espaço. Fica claro, assim, que o que buscamos nas obras – e nas suas interpretações e traduções – está em constante mutação, de modo que cada povo e, dentro de cada povo, cada geração apresentam perguntas diferentes aos textos do passado, que acabam por sempre lhes dar respostas diferentes.

Parto dessa ideia de que há diversas maneiras de rever a tradição por meio da tradução. E a diversão, como defendo, é justamente isso: encontrar pontos divergentes que possam produzir mais debates, críticas e poéticas que, ao mesmo tempo em que convergem em diversos pontos com o original, devem revê-lo e rever seu próprio presente. Após passar por um debate mais abstrato das teorias, por um caminho que busca passo a passo o mais concreto, pretendo me deter em algumas práticas de outros tradutores, tendo como base alguns eixos já consagrados: o primeiro eixo seria a dicotomia clássica entre a tradução em verso ou em prosa, por si só muito simplório, já que o simples ato de colocar a tradução em linhas uma embaixo da outra (mesmo que metrificado) não é a condição de se criar poesia, e, dessa forma, a diferenciação da apresentação visual por si só se torna vazia: é preciso que haja outros critérios, de ordem mais profunda na teoria literária, sobre o que constituiria a poesia. Vale aqui lembrar o exemplo mais básico dos poemas em prosa: seriam contos poéticos ou poesias visualmente dispostas como prosa, como o próprio nome sugere? A própria formação do gênero torna esse tipo de pergunta estéril, anulando a clássica separação *a priori* entre prosa e poesia. Caso essa tradução se proponha a ser em verso, ela poderia ser isométrica ou não, o que ainda não quer dizer nada, uma vez que a mera uniformização dos versos também não (re)faz poesia, e, por outro lado "nenhum verso é *libre* para aquele que quer fazer um bom trabalho" (T. S. ELIOT, *apud* POUND, 1988). E isso depende do objeto da tradução também: se o poema original tem versos livres, a tradução tende a manter esse caráter formal; mas mesmo esse caráter não é obrigatório, pois uma tradução isométrica poderia ser feita a partir de um original em versos livres. A questão maior, então, seria: de que maneira a isometrização tradutória é capaz de ressignificar literariamente?

Em seguida, mais uma questão: tradução linha a linha, com a mesma quantidade de versos que o original; ou não – uma recriação isométrica que obedeça seu próprio ritmo para acontecer o poema? Por fim, onde pretendo me deter (no caso de uma tradução decididamente isométrica), cabe ainda discutir qual métrica seria boa para recriar, visto que cada língua e pátria possuem sua própria tradição: o metro básico português, aquele que tipicamente dá ritmo ao nosso ouvido, é o decassílabo ou a redondilha maior, sendo que o primeiro mais ligado ao soneto e à epopeia desde Camões, e o segundo à tradição do verso popular, como os adágios e as canções; já na França, a epopeia toma o dodecassílabo, principalmente o alexandrino, como base rítmica; e, na língua inglesa, esse lugar é ocupado pelo pentâmetro jâmbico; ou seja, cada povo assume um ritmo como sua marca de regulação. Com isso, nossos ouvidos estão mais acostumados a versos um pouco mais breves do que os franceses, mas do mesmo tamanho que os ingleses, embora se diferenciem ligeiramente quanto ao ritmo; ao passo que os ritmos da literatura antiga nos parecem ainda bastante exóticos.

Seria no mínimo ingênuo pensar que as traduções de uma mesma obra deveriam seguir o mesmo critério para cada uma dessas línguas, partindo apenas do pressuposto básico da métrica; por outro lado, seria também precipitado afirmar que versos consagrados em outras tradições não poderiam funcionar poeticamente num ambiente que lhes é estranho: a métrica já traz sentido à obra, não é apenas a forma poética, nem somente uma fôrma (ainda que seja um tipo de enquadramento), mas, por assim dizer, um conteúdo formal que se apresenta imediatamente aos olhos e aos ouvidos. Com essa constatação da variedade de se compreender formalmente o ato poético, pretendo refletir sobre a pluralidade de opções de que podemos nos utilizar, desde que tenhamos ciência da particularidade de sentidos que a forma da tradução pode acarretar ao se inserir dentro de uma tradição milenar.

Como não seria possível discutir todas as questões pertinentes às escolhas tradutórias para uma recriação em verso, concentro-me numa das pontas desse *iceberg* no intuito de demonstrar de que maneira aspectos muitas vezes considerados "adornos", "filigranas" ou "mero suporte técnico", como a escolha da métrica, implicam leituras da tradição poética das próprias línguas de chegada, bem como de outras tradições que passam a entrar em contato por meio do ato tradutório. Essas escolhas do tradutor passam então a ser vistas como importantes, na medida em que posicionam sua tradução no mundo, no sistema literário de sua própria língua, ao mesmo tempo em que a põem em xeque, pelas diferenças que sempre importam em cada empreitada. Também, para restringir a discussão ao campo do possível, parto do pressuposto de que a tradução poética quer trazer para a língua de chegada algo diverso do que buscam as versões em prosa. O argumento de Paul Valéry é um dos mais convincentes:

> Quantas obras de poesia reduzidas a prosa, ou seja, a sua substância significativa, não existem mais literariamente! São preparações anatômicas, pássaros mortos [...]. É que os versos mais belos do mundo são insignificantes ou insensatos, uma vez rompido seu movimento harmônico e alterada sua substância sonora que se desenvolve em seu tempo próprio de propagação ritmada e que são substituídos por uma expressão sem necessidade musical intrínseca e sem ressonância (1957, p. 210).

Reduzir a poética de um autor a tais preparações anatômicas é um risco que a tradução em prosa pode correr, por romper a cadeia intrinsecamente ligada entre o conteúdo e a expressão, sentido e som, como se eles existissem separadamente em dois polos distintos, independentes um do outro; todavia isso não quer dizer que tais prosas sejam uma ingenuidade, ou apenas servilismo por parte do tradutor – mais do que tudo, são escolhas, tem-se outro enfoque; e é nessa possibilidade que reside uma força imensa também nas versões em prosa.[7]

Goethe, nos seus pequenos textos sobre tradução, chegou a uma tripartição das possibilidades tradutórias (assim como o fizera Dryden em inglês, mas de maneira diversa); e, embora tivesse suas preferências, compreendeu perfeitamente que as três possibilidades eram importantes, ou melhor, imprescindíveis e constituintes da tradição literária de um povo. Na sua proposta, temos os seguintes tipos: em primeiro lugar, a tradução singela em prosa (*schlicht-prosaiche*), que serviria para a iniciação de estudos e teria também a função de edificar o leitor por meio do jogo de familiaridade com a língua que ela instaura; já que apresenta o estranho – o mundo do original – à maneira do mundo em que se produz a tradução; e, nesse caso, o exemplar seria a *Bíblia* traduzida por Lutero. Num segundo momento, teríamos uma tradução em verso que adapta poeticamente tudo ao seu próprio mundo, num processo parodístico (*parodistiche*), como as "famigeradas" *belles infidèles* que por tanto tempo dominaram o gosto francês; adaptando as plantas, os animais, o gosto, o metro, enfim, tudo, para que funcione como uma obra poética pátria, e não estrangeira. O terceiro tipo, o melhor para Goethe, "procura tornar a tradução idêntica ao original, de modo que um não deva vigorar ao invés do outro, mas no lugar do outro" (2001, p. 20-1); nesse caso, opera-se um afastamento da literatura de chegada rumo à de partida, para desaguar num entrelugar, ao qual o povo terá de se acostumar, dada sua estranheza, num método que amplia as possibilidades da língua, em retórica, métrica, ritmo, etc., por tentar operar um lugar poético que, ao mesmo tempo, traria a forma do original.

De certo modo, a primeira opção se adequa à prosa semanticista com viés pedagógico, enquanto a segunda e a terceira opções estão interessadas em recriar poeticamente o original com metodologias diversas, na medida em que ambas entendem que é preciso superar uma certa dicotomia entre forma e sentido. Assim, cada uma à sua maneira, tenta fazer o movimento poético funcionar na língua de chegada, seja pela naturalidade, ou pelo estranhamento que suas escolhas possam gerar. Percebemos, portanto, que na criação literária não existe tal separação entre forma e conteúdo, a não ser num caso de "preparação anatômica" ou de "pássaros mortos", porque, *para se traduzir em termos de poesia, é preciso pensar em termos de poesia*. Para Valéry, é necessário endereçar o texto diretamente ao ouvido (e, eu incluiria, ao olho, já que esta é uma preocupação do nosso tempo), pois só assim se faz poesia: num "querer fazer", e não num "querer dizer" que se resumiria ao sentido e à comunicação pragmática de uma mensagem, porque um poema não se dá somente pela sequência de imagens, mas por diversos fatores simultâneos. A questão, até o momento, parece bastante simples, mas o problema do tradutor lusófono, especificamente de literatura clássica antiga, começa em como operar essa transformação em poesia: se determinar o que venha a ser poesia já não é fácil, fazer jus a uma obra literária não é uma brincadeira; já que, numa tradução literária, não basta o conhecimento da língua de partida e da de chegada, é necessário algo mais, não necessariamente metafísico, que passa pelo próprio trabalho poético do tradutor com sua língua, por uma vivência imediata da literatura.

Dentre os diversos problemas tradutórios referentes à tradução poética de textos antigos, a métrica é um dos mais básicos e, ainda assim, capaz de levantar as maiores divergências. Como é de conhecimento geral, a poesia clássica se erigia sobre uma métrica quantitativa que é muito diferente da silábica que se usa em língua portuguesa. O hexâmetro, o metro básico da épica, pode ter de 13 a 17 sílabas poéticas (fora as que podem ser "engolidas" pelas elisões), enquanto nosso decassílabo pode ter, no máximo, 12 sílabas, levando em conta que a última palavra seja esdrúxula; além disso, a diferenciação do ritmo que cada uma desses dois sistemas métricos impõe não deve ser ignorada, uma vez que a cadência é parte intrínseca de toda tradição literária. Assim, numa tentativa de tradução, instauram-se problemas sérios sobre as possibilidades do acontecer poético; dentro dessas possibilidades, escolhi três traduções poéticas, que considero paradigmáticas, da *Ilíada*: as de Odorico Mendes, Carlos Alberto Nunes e Haroldo de Campos. Cada um deles, partindo dessa diferença básica da métrica, alcançou, no meu ver, uma nova *Ilíada*, com preceitos poéticos básicos que põem em discussão a métrica contemporânea e o ouvido brasileiro: não se trata de forma alguma da mesma obra quando se leem essas três traduções, de modo que cada uma delas é capaz de reorganizar um paideuma próprio, de refletir sobre angústias de influência e de repor suas máscaras poéticas. Apresento, pois, os modos como os três traduziram os primeiros quatro versos e meio da épica de Homero:

> Μῆνιν ἄειδε θεὰ Πηληϊάδεω Ἀχιλῆος
> οὐλομένην, ἣ μυρί' Ἀχαιοῖς ἄλγε' ἔθηκε,
> πολλὰς δ' ἰφθίμους ψυχὰς Ἄϊδι προΐαψεν
> ἡρώων, αὐτοὺς δὲ ἑλώρια τεῦχε κύνεσσιν
> οἰωνοῖσί τε πᾶσι

Manuel Odorico Mendes (1799-1864) fez suas traduções partindo de um pressuposto métrico básico de diálogo: Camões. Camões, a partir de Dante, Petrarca e dos trovadores, instaurara o decassílabo como o metro básico da língua portuguesa; quase três séculos depois, seu verso já era a medida do ritmo de quase toda poesia lusitana e brasileira. O verso heroico, com variante no sáfico, configurou-se até os dias de hoje como o código máximo da épica de nossa língua, de modo que mesmo obras como o *Uraguai*, que fogem do esquema de rimas camoniano, não escapam do seu metro; ou mesmo *A invenção de Orfeu* de Jorge de Lima, apesar de suas variações métricas, volta, de tempos em tempos, ao decassílabo de Camões para instaurar seu diálogo épico. Odorico, inserido nessa tradição, introduziu Homero na *terra brasilis*:

> Canta-me, ó deusa, do Peleio Aquiles
> A ira tenaz, que, lutuosa aos Gregos
> Verdes no Orco lançou mil fortes almas,
> Corpos de heróis à cães e abutres pasto (1958, p. 23).

O que gerou, e para muitos ainda gera, desconforto na *Ilíada* de Odorico, como em outras de suas traduções de obras greco-latinas, são as esguias operações sintáticas, recheadas de hipérbatos e elipses. Mas cabe ressaltar que tais operações não se dão absolutamente por incompetência tradutória ou versificatória, e sim por uma proposta estética consciente de como se recriar um aspecto básico dessas línguas de partida: o grego, bem como o latim, são línguas com base morfológica numa estrutura de casos, e não de sintaxe, como o português; o que garante uma natural flexibilidade da ordem dos termos na oração. Porém essa liberdade sintática, ainda que natural à língua, nunca é gratuita quando se trata de poesia, pois os poetas sabem tirar proveito do posicionamento das palavras e de seu relacionamento mais profundo com todas as que as cercam. Odorico percebeu nessa particularidade da língua grega um aspecto estético importante das obras que pretendia traduzir; então buscou sua recriação em português, forçando a língua pátria aos seus limites – de certo modo, dentro de uma tradição já interna da língua, que remonta ao barroco. Isso fez com que Sousândrade não o chamasse à toa de "pai rococó". Além disso, no caso mais específico do grego, havia também a formação de palavras por aglutinação, que foram recriados em português, com neologismos que chocaram muitos, como "dedirrósea" ou "velocípede", ambos poeticamente muito bem-sucedidos, embora este último hoje provoque risos, por ser um brinquedo de crianças. Vale lembrar, no entanto, que esse estilo tradutório não foi utilizado em todas as suas traduções: no caso das versões de tragédias de Voltaire, por exemplo, o "macarrônico" português do maranhense se desfaz, aderindo à clareza iluminista do escritor francês; o que confirma como os efeitos presentes na *Ilíada* são parte de um projeto tradutório consciente. Com essas particularidades em mente, notamos que Odorico tem uma prática tradutória que se aproxima das propostas de Walter Benjamin, mas sem os contornos místicos do alemão. Para Benjamin:

> A verdadeira tradução é transparente, não encobre o original, não o tira da luz; ela faz com que a pura língua, como que fortalecida por seu próprio meio, recaia mais inteiramente sobre o original. Esse efeito é obtido, sobretudo, por uma literalidade na transposição da sintaxe, sendo ela que justamente demonstra ser a palavra – e não a frase – o elemento originário do tradutor. Pois a frase constitui o muro que se ergue da língua do original, e a literalidade, sua arcada (2001, p. 209).

Com isso, Odorico Mendes greciza a sintaxe portuguesa, mas sem buscar uma língua pura, para assim romper "as barreiras apodrecidas da própria língua" (*ibid.*, p. 211), em vez de aceitar soluções cristalizadas. "A língua estrangeira lhe é familiar, mas sempre continua estranha" (SCHLEIERMACHER, 2001, p. 48-9); ela torna-se então um manancial do qual se tiram novas experiências poéticas para sua própria língua, e, mediante esse estranhamento, surge o novo. O texto do maranhense realmente é de uma vitalidade sonora embasbacante: não é à toa que os ouvidos mais interessados em experimentações poéticas sobre a linguagem, como os do século XX, se apeguem tanto a esta tradução do "pai rococó". Porém, para muitos, sua *Ilíada*, como suas outras traduções, torna-se quase ilegível em muitos trechos, graças às suas inúmeras dificuldades sintáticas, que também se expandem na variedade do vocabulário e no fato de Odorico ter ainda por cima conseguido diminuir o número de versos do poema original (!), de modo que mesmo estudiosos têm assumido o gosto pela leitura de suas traduções, sem negar o árduo processo dessa leitura. Ao se tratar de tais traduções, é possível afirmar, como constata Benjamin ao discutir de traduções de Sófocles feitas por Hölderlin, que "nelas, o sentido precipita-se de abismo em abismo, até arriscar perder-se nas insondáveis profundezas da língua" (2001, p. 212-3). Mas nesse despencar do abismo, revigora-se a tradição camoniana, o verso decassílabo reveste-se de outra face, menos lusitana, sem cair num nacionalismo mítico, como em parte fizeram os nossos românticos: a tradição, no momento da tradução, encontra-se em outro lugar, sendo sempre recodificada.

Carlos Alberto Nunes, em contraponto a Odorico Mendes, preferiu, no lugar de retomar o decassílabo, reverter a tradição camoniana e inventar uma nova tradição pela emulação direta do verso homérico em português, uma língua que não tem o acento quantitativo como o grego. Para conseguir emular o hexâmetro datílico, Nunes criou um verso de 16 sílabas com tônicas na quarta, sétima, décima, décima terceira e décima sexta, dando uma cadência parecida com a do dátilo (uma longa duas breves), ao recriá-la em uma tônica e duas átonas. Com esse artifício, o tradutor reinventa a tradição épica, evitando a base rítmica somente de Camões, para gerar um estranhamento formal inicial. Esse estranhamento formal pode ser capaz de trazer aos ouvidos acostumados a um determinado tipo de verso a capacidade de desfrutar de outro tipo, bem mais longo do que o decassílabo pátrio. Além disso, o verso dá maior folga para as soluções tradutórias do que o de Odorico; pois, enquanto o "pai rococó" tinha apenas dez sílabas para verter um hexâmetro, o que lhe forçava a uma notável concisão poética, Nunes passou a ter seis a mais:

> Canta-me a **Có**lera – ó **deu**sa! – **fu**nesta de **A**quiles Pe**li**da,
> **cau**sa que **foi** de os **A**quivos so**fre**rem tra**ba**lhos sem **con**ta
> e de bai**xa**rem para o **Ha**des as **al**mas de he**rói**s nume**ro**sos
> e escla**re**cidos, fi**can**do eles **pró**prios aos **cães** ati**ra**dos
> e como **pas**to das **a**ves.
> (2002, p. 57-8, negritos marcam as tônicas obrigatórias)

A simulação do ritmo homérico busca resgatar uma tradição perdida para nossa língua; no entanto, como afirma Medina Rodrigues no seu prefácio à tradução da *Odisseia* de Odorico Mendes, "técnicas idênticas podem dar efeitos diferentes" (2000, p. 49). Não se pode imaginar que, apenas por emular a forma (ou seja, recriar a fôrma) do original, seria possível atingir os mesmos efeitos deste em outro contexto e numa língua tão diferente. Na verdade, o verso de Homero instaurou a cultura literária grega, sendo muito bem-aceito por quase todos os gregos e utilizado como base na educação das crianças, o que o fez se tornar a base sonora da poesia antiga; por outro lado, o de Nunes nos soa estranho, um tanto quanto alongado demais a nossos ouvidos ainda em grande parte camonianos, de modo que o mesmo Medina afirma:

> Privilegiando a estrutura silábica, naquilo que pôde, o tradutor imitou uma técnica, sem levar-lhe em conta o efeito, a saber, aquela velocidade colorida que Homero consegue com o hexâmetro grego e que a tradução de Carlos Alberto Nunes não consegue com o hexâmetro português, por ser este muito pesado, lento (2000, p. 50).

Medina comete um deslize em seus próprios argumentos sobre a questão do gosto como estabelecimento do juízo. Após criticar, por exemplo, os comentários de Sílvio Romero contra as traduções de Odorico Mendes e apontar que Romero não conseguiu se desfazer do gosto literário de seu próprio tempo para fazer seus comentários sobre Odorico, o próprio Medina, ao afirmar que o "hexâmetro" de Nunes seja em si "muito pesado, lento", acaba por expressar uma má reação ao estranhamento que o verso, por não estar inserido na tradição literária de língua portuguesa, pode causar; desse modo, Medina reage de maneira muito semelhante à de Romero. O ponto fundamental é perceber que *não é o verso em si que é muito longo, mas os nossos ouvidos que urgem, devido à tradição* (esta, sim, é a grande formadora do gosto), *por versos mais curtos*; de modo que, até pela nomenclatura versificatória básica, os versos de mais de 12 sílabas são considerados "bárbaros", num sentido que tende ao pejorativo. A ironia é que o versos de Homero não podem ter menos de 12 sílabas e, ainda assim, são os configuradores máximos da tradição literária ocidental, e ninguém tem a audácia de dizer que sejam pesados ou lentos, pois o hexâmetro em língua grega já se estabelece dentro dos padrões do gosto dos estudiosos.

Assim, Nunes não estabeleceu um verso "muito pesado ou lento"; ao contrário, seu verso é, no geral, bastante ágil e ritmado, embora pareça às vezes ser um pouco frouxo e perca amiúde sua veia poética pela obrigação de ser longo; da mesma maneira que Odorico tende a ser mais denso e difícil por sua extrema concisão. Assim, Nunes perde a concisão esperada na poesia do século XX por transladar hexâmetros por hexadecassílabos,[8] já que muitas vezes precisa fazer paráfrases e alongamentos para completar o metro escolhido; desse modo, o problema não está no verso em si, nem na impossibilidade de criar um ritmo ao qual não estamos acostumados, mas na realização prática de tal verso em certos trechos de uma tradução. Nesse sentido, é importante compreender que a empreitada de Nunes emula o verso homérico, mas não consegue escapar completamente dos critérios silábicos de versificação que dominam nossa tradição, enquanto o verso de Homero tem uma maior maleabilidade: Nunes imita o ritmo do dátilo, mas perde a possibilidade, constituinte do verso grego, de substituí-lo pelo espondeu (neste, duas sílabas breves são substituídas por uma sílaba longa). Assim, poderíamos afirmar que sua escolha, ainda que se aproxime bastante do hexâmetro, não consegue igualar sua flexibilidade. Além disso, se, por um lado, Nunes escapa de cair nos "abismos insondáveis da língua" e se torna mais comunicável, por outro, o resultado estético pode deixar a desejar por causar um efeito frouxidão e da excessiva linearidade do verso, arriscando--se, por outro lado, a cair no prosaico, aos olhos do leitor de hoje. No entanto também nesse aspecto estamos ligados a uma tradição contemporânea que vê na concisão um critério de poeticidade, enquanto tudo indica que na poesia homérica esse critério não era tão relevante. Do mesmo modo, o prosaísmo sintático do verso de Nunes pode se relacionar com as descobertas de Milman Parry e Albert Lord (Cf. PARRY, 1971) sobre o caráter oral de Homero (hoje reforçadas pelos estudos de Gregory Nagy, 1996): assim pode-se também buscar na poesia homérica uma poética mais oralizada sem concisão para o português, tal como a poética homérica não prima pela concisão, mas por outros efeitos, como sonoridade e imagem. De qualquer modo, o resultado reverte mais uma vez a tradição, inventando um novo ponto de partida cuja referência é direta ao grego, e não mais ao português; todavia, novamente se funda outro lugar, nem aqui nem lá, pois não há, ou não havia tradicional, hexâmetros em português, fora tentativas esparsas: o estranhamento rege a tradição e seria preciso que nós nos reconfigurássemos, como com Odorico, para esse novo que vem do passado, e não do futuro; retomando a tradição de outro lugar, a tradição daqui também se renova.

Por último, Haroldo de Campos, a partir dos pressupostos poundianos do *make it new*, da linguística jakobsoniana e da teoria benjaminiana da tradução, postulou durante toda sua carreira literária a transcriação como método tradutório, dando mais ênfase à recriação poética como a possibilidade da frutificação de uma nova obra. Nessa linha, nomeou Odorico Mendes como o "patriarca da transcriação", por seu método pouco ortodoxo. Daí já podemos inferir uma maior afinidade com o método do maranhense oitocentista do que com o de Nunes; para Haroldo, a tradução, como a obra poética, não tem na comunicação seu único fim; de modo que, na poesia, a linguagem se dobra sobre si mesma para a criação estética.

> Enquanto a informação documentária e também semântica admitem diversas codificações, podem ser transmitidas de várias maneiras [...]; a informação estética não pode ser codificada senão pela forma em que foi transmitida pelo artista [...]. A fragilidade da informação estética é portanto máxima (CAMPOS, 1992, p. 33).

Na sua tradução da *Ilíada*, terminada na virada do século passado e muito bem recebida pela crítica, Haroldo, divergindo ainda de seus dois predecessores, optou por outro metro: o dodecassílabo. Dentro da tradição lusitana e brasileira, o dodecassílabo nunca foi um verso dos mais usados até o fim do século XIX, por ser o metro básico francês. Entretanto, nessas duas tradições é utilizado o dodecassílabo alexandrino, caracterizado por uma cesura medial obrigatória na sexta sílaba, de modo que o verso se divide em dois de seis sílabas. Esse tipo de verso chegou à tradição brasileira principalmente por meio dos poetas parnasianos no século XIX, profundamente influenciados pela poesia francesa da época. Com isso, embora não nos seja tão comum quanto o decassílabo ou a redondilha maior, não nos soa tão estranho quanto o hexadecassílabo de Nunes, ficando numa posição intermediária:

> A ira, Deusa, celebra do Peleio Aquiles,
> o irado desvario, que aos Aqueus tantas penas
> trouxe, e incontáveis almas arrojou no Hades
> de valentes, de heróis, espólio para os cães,
> pasto de aves rapaces (2003, p. 31).

Mas não é somente na métrica que Haroldo se situa entre os dois tradutores anteriores: sua proposta é sintaticamente menos radical que a de Odorico, sem, por outro lado, se arriscar ao prosaico como Nunes; seu vocabulário é tão amplo quanto o daquele, mas sua proposta, como a deste, é a de espelhamento no número de versos, dando a entender que sua tradução, mais do que as que foram feitas antes, pretende dialogar não apenas com a tradição da obra original e da literatura de língua portuguesa, mas também com as literaturas estrangeiras e com a própria tradição da tradução, como pudemos depreender textos publicados por Haroldo a respeito da tradução da *Ilíada*, marcados por comentários sobre as traduções anteriores (cf. 1999). Dentro da obra de Haroldo tudo se torna espelho de outra obra, tudo reflete outro texto, num deslocar sem fim típico da literatura de final do século XX. Haroldo retoma assumidamente muitas das soluções antes propostas por Odorico, seu favorito, mas não se esquece de Nunes, ao afirmar que este

> [...] não alcança o mesmo nível de inventividade de seu coestaduano e precursor, Odorico Mendes, mas sua tradução é digna de estima, assinalando-se pela introdução de uma espécie de hexâmetro brasileiro (verso longo, de 16 sílabas). Lembro-me que Mário Faustino apreciava essa contribuição no plano rítmico (1999, p. 143, nota 3).

Como já se disse, Haroldo opta pela linha da inventividade poética, e não da reconfiguração semântica; a leitura não fica tão difícil e estrangeirizada quanto a de seu mestre Odorico, entretanto se recusa à singeleza e à frouxidão que marcam os trechos de Nunes. Como símbolo de sua ambição estética que tenta recriar aspectos sonoros do original, vale a pena ressaltar alguns aspectos aos quais Haroldo dá mais atenção do que os outros dois maranhenses: no primeiro verso, ele é o único que atenta para a importância narrativa de o primeiro termo do poema ser *mênin*, a ira de Aquiles, que será o fio que guiará toda a narrativa homérica. Mas Haroldo vai ainda mais longe, e recupera a paronomásia entre a *MÉNin* que abre o primeiro verso e *ouloMÉNen*, termo que abre o segundo e caracteriza a ira de Aquiles; de modo que, na solução do concretista, temos "IIR/IRAdo desvARIo". Esse tipo de atenção à letra do original guia a sua transcriação com muito mais força do que nos outros dois, de modo que ele tenta sempre manter a sintaxe, se não para grecizar o português, como Odorico, para atentar à importância da posição das palavras, ou seja, para aquilo que ele designa por materialidade sígnica do texto.

Sua reconfiguração da tradição acaba, portanto, por espelhar ainda mais uma fusão entre a colonização cultural pós-império no Brasil, tomando um verso de ascendência europeia não-lusitana, mas já aceito pelo gosto atual. Sua revisão passa também pela escolha técnica e prática de um verso que tenha um tamanho razoavelmente grande, para não se ver forçado a compressões radicais que reverberem no sentido do texto, mas sem se alongar na métrica do verso; e assim pode manter a isometria em relação ao texto homérico. Com isso, Haroldo de Campos capta soluções de ambos os tradutores que o precederam em determinados momentos, mas também imprimindo sua própria marca tradutória, já que a transcriação também dialoga com toda sua carreira de poeta, teórico da literatura e tradutor; assim, a sua tradução também se marca por estabelecer conscientemente uma tradição das traduções de Homero em português para em seguida delimitar o seu espaço dentro dessa tradição.

Onde fica um entrelugar?

Do mesmo modo que não defendi nenhuma linha teórica mais específica, embora demonstre afinidade com algumas, também não pretendo fazê-lo em relação às práticas de cada tradutor: cada tradução tem suas propostas e maneiras de tentar realizá-las com sucesso. Sendo assim, o melhor modo de avaliarmos se uma tradução é boa ou não seria o de compará-la na prática com suas próprias propostas (estejam elas esclarecidas abertamente ou não), sabendo que cada tipo de escolha não resulta numa pura estética aos sentidos: traduzir em decassílabos, em hexadecassílabos ou em dodecassílabos não é a mesma coisa apenas porque muda o ritmo do poema, mas porque *imprime na tradição uma nova maneira de se perceber a obra original*, maneira essa que pode vir a influenciar as gerações por vir no modo de encarar seu passado literário na sua própria língua, bem como nas línguas estrangeiras. Como já vimos, *as traduções criam tradições*. Como exemplo para as influências, ao menos formais, que uma tradução pode exercer sobre seu tempo, é possível ressaltar a versão de Johann Heinrich Voss para Homero, que introduziu o hexâmetro na língua alemã e teve vários adeptos; ou Edward

Fitzgerald que, com sua tradução dos *Rubaiyat*, também introduziu um forte gosto por quadras rimadas nos poetas vitorianos de língua inglesa. A cada tradução, o que está em jogo não é apenas a obra a ser traduzida, mas toda a tradição que pode ser retomada, negada, reafirmada, reestruturada ou reproposta, pois a tradição da tradução não está nem na língua ou cultura de partida nem na de chegada, mas em outro lugar: um não aqui, nem lá: um ponto instável, provável, passível de mudança: *num entrelugar de diversões.*

Entretanto, esse entrelugar não precisa significar um apagamento da função social do tradutor, como supõe Maria Tymoczko, ao afirmar cautelosamente que: "Se o lugar da enunciação do tradutor for um lugar exterior tanto à cultura de partida quanto de chegada, o tradutor se torna uma figura como os poetas românticos, alienado das relações com qualquer cultura, isolado pelo gênio" (2003, p. 199). De fato, para Tymoczko, o discurso de entrelugar obscurece a função política que se deve exigir do processo tradutório, porque, como ela atenta, nenhuma tradução se encontra afastada de seu mundo e dialoga com ele, trazendo propostas, reversões, críticas, etc. (p. 201). O que ela não observa é que um entrelugar não precisa ser necessariamente um lugar perdido ou uma falta de discurso próprio (como inclusive alguns defensores desse termo podem pensar): ele pode ser um novo ponto, que não pode se igualar às perspectivas previamente apresentadas devido à sua posição de desequilíbrio entre dois mundos. Como pude rapidamente demonstrar e exemplificar com as três traduções da *Ilíada*, ao contrário do que pensa Tymoczko, esse ponto pouco indeterminado, em vez de se ausentar de discussões, traz novas propostas, sejam elas conscientes ou não, porém não tão simples quanto a mera agregação político-partidária ou a explicitação de uma agenda política determinada – os efeitos de uma tradução são, em geral, muito mais sutis. Se me focalizei apenas na métrica, ainda assim demonstrei como a sua mera escolha já produz debates sobre uma política do cânone e da estética que move uma tradição literária. Isso poderia, à primeira vista, parecer vazio de posição política, mas apenas se tomarmos o termo "política" num sentido demasiado estrito; pois, se levarmos à frente uma discussão do movimento tradicional da estética em uma determinada sociedade, acabaremos por chegar aos alicerces que fundamentam cada estética e que não podem estar separados de diversos outros fatores socioculturais. Desse modo, esse tipo de cobrança que certa parte da linha sociológica da literatura vem fazendo empobrece a potência do discurso literário, por exigir dele um discurso político muitas vezes ingênuo e simplista. A tradução, ao não se apresentar num local muito determinado, é capaz de repensar (de maneira até inconsciente) a tradição na qual se insere, trazendo críticas e revendo todos os posicionamentos de maneira mais fluida do que poderia num engajamento propriamente dito, uma vez que é impossível ao tradutor se afirmar plenamente num determinado local ou perspectiva unívocos.

Nesse aspecto, Tymoczko acerta ao afirmar que não existe tradução que não se aproxime de discursos e que não ocupe seu espaço político e literário, que não se insira num contexto; porém se esquece de que o próprio ato tradutório implica a criação de novos lugares, que começam apenas semideterminados, em constante diálogo com os outros dos quais partiu. Uma vez criado o entrelugar, ele acabará por se moldar e dialogar com a tradição; então ele se tornará também passível de diversas críticas e de novas recriações político-literárias; enfim ele passará, à medida que pudermos dar sentidos e localizar essas escolhas tradutórias, a ter seu espaço cada vez mais visível, como qualquer outro lugar cultural preexistente.

Muitas vias

> *traducir es inhumano: ninguna lengua o rostro se deja traduzir. hay que dejar esa belleza intacta y poner otra para acompañarla: su perdida unidad está adelante.*
> (GELMAN, 2007, p. 18)

O ofício tradutório pressupõe a diversidade, a diversão, e isso implica que duas traduções de um mesmo texto não podem se igualar, mas sempre podem coexistir na sua diferença. Assim, mesmo com todos seus problemas poéticos, éticos e tradutórios, duas versões de uma mesma obra podem conviver pacificamente, em tempos diversos, como se fossem duas obras que bebem na mesma fonte, mas cujos resultados, como em todo empreendimento humano, teriam de ser múltiplos, por vezes contraditórios. No entanto, *o processo de diversão contraditória entre duas traduções cria um ruído, uma interferência entre os dois discursos*, pois, como duas críticas divergentes sobre um mesmo autor podem coexistir, sem conseguir esgotá-lo, da mesma forma, duas traduções, como duas leituras que são, podem nos levar a espaços diversos, sem que um anule o outro – o resultado é inevitavelmente o debate.

Após as discussões teóricas mais abstratas sobre as divergências tradutórias, chegamos ao ponto mais palpável da discussão: a comparação entre as escolhas feitas por diferentes tradutores de um mesmo texto de Sexto Propércio. Para tentar apresentar algumas de minhas soluções para os problemas de tradução do texto properciano, terei de me restringir a um *corpus* menor – no caso, apenas um poema, 2.15 – para tentar esclarecer como as opções, bifurcações, encruzilhadas, contornos e retornos de leitura se refletem nas múltiplas, quiçá infinitas, possibilidades do campo criativo. Para tanto, ao invés de me concentrar em minhas próprias soluções, pretendo contrastá-las a outras duas traduções poéticas em língua portuguesa: a do Curioso Obscuro (Aires de Gouveia), e a de Décio Pignatari. Não pretendo, por meio dessas comparações, demonstrar alguma superioridade em relação aos outros dois tradutores (trabalho ingrato e pouco produtivo é esse do descrédito alheio), mas sim expor, de maneira semelhante à que fiz no capítulo anterior com as versões de Homero, de que maneira as divergências geram novas e variadas leituras e, portanto, novas obras: se os objetivos de cada um de nós não se assemelham, tampouco o deveriam nossas traduções. Para tanto, darei enfoque à relação da tradução com a situação literária em que ela se insere, tentando compreender de que maneira o mundo que a cercou não pôde deixar de influenciar diretamente em algumas escolhas: a tradução, como modo de reescritura do passado, é capaz de alterá-lo, na medida em que o põe em diálogo com seu presente e permite que ambos interfiram um no outro.

> No passado, como agora, os reescritores criaram imagens de um escritor, de uma obra, de um período, de um gênero, às vezes até de toda uma literatura. Essas imagens coexistiam com as realidades com as quais competiam, mas as imagens sempre chegavam a mais gente que suas correspondentes realidades, algo que sem dúvida continua ocorrendo. No entanto a criação dessas imagens e sua influência não costumavam ser analisadas, ainda hoje continuam sem ser objeto de um estudo detalhado. Isso é estranho, sobretudo porque a influência exercida por essas imagens, e portanto por seus criadores, é enorme (LEFEVERE, 1997, p. 17).

Dessa forma, o estudo da relação dessas traduções (reescrituras) com suas próprias épocas pode ser um primeiro passo para depois refletirmos sobre sua capacidade de interferir nessa realidade; o que poderia dar início a um tipo de estudo que, embora exista e cresça a passos largos, ainda não se disseminou por completo no campo da literatura. Assim, estudaremos como cada esforço tradutório poético se refaz como nova leitura crítica da obra original, enquanto busca compreendê-la e fazê-la dialogar com o momento, o espaço e a língua do presente, ao mesmo tempo em que cria em sua própria língua uma nova obra que, de outra forma, não seria possível no contexto atual.

O critério de escolha da elegia a ser destinada ao estudo mais detalhado foi o mais simples imaginável: este é o único (!) poema de Propércio que foi traduzido por mais de um autor que tentasse recriá-lo também como poesia em nossa língua.[9] A constatação, ainda que não fira diretamente o princípio do método, pode gerar mais desgosto que elogios; mas, sem mais demoras, vamos ao texto.

Um texto irônico

Logo à primeira vista, o tema central da elegia 2.15 é uma noite amorosa (supõe-se que com Cíntia, embora seu nome não esteja citado no poema) com cuja lembrança o poeta regozija, em meio a exaltações típicas do gênero (vv. 1-10); da lembrança eufórica do começo, o poema abre espaço para tecer conselhos aos auditores/leitores e à amada sobre a técnica amorosa e a importância da visão para o sucesso sexual, passando por alusões míticas e afirmações de fidelidade para, por fim exortar o *carpe diem* (vv. 11-30); com uma sequência de exemplos impossíveis (*adynata*), o poeta reforça seu amor, para em seguida opô-lo ao mundo da guerra e então retornar ao tema do *carpe diem*, com o qual fecha a elegia (vv. 31-54). A mudança entre os temas pode parecer um tanto brusca, como se se tratasse mais de uma colagem de trechos do que de um todo orgânico e sistematizado; entretanto, como demonstrarei, o poema tem uma estrutura fluida, só que de forma alguma dispersa ou fragmentária; e mesmo os "brancos", os vazios que aparecem entre um trecho e outro, são funcionais e imprescindíveis para a organização geral da elegia (sobre a unidade do poema, cf. BENEDIKTSON, 1989, p. 65-77). Na verdade, é preciso compreender que Propércio não busca fazer um discurso unívoco que se assemelhe a uma oratória clássica passo a passo, e que mais imita a fala do amante, suas possíveis conexões entre assuntos, sem que para isso seja necessária uma explicação detalhada entre os trechos: sua conexão – assim o demonstra Gordon Wiliams (1985, *passim*), ao comentar não só Propércio, como os poetas romanos do século I a.C. – deve ser feita pelo auditor/leitor, para que ele consiga extrair o contexto e os sentidos da obra, bem como a sequência do que está sendo dito.

Antes de tudo, esta elegia funciona junto com 2.14, já que as duas têm o mesmo tema – o sucesso na conquista de uma noite amorosa; porém, como atenta Boucher, 2.15 é mais realista (segundo ele, seria o poema mais naturalista de toda a obra) e mais política que a anterior, que, por sua vez, se foca mais no aspecto sentimental do encontro (1965, p. 406). Ainda assim, até o décimo verso, temos uma descrição mais eufórica que minuciosa ou detalhista do encontro do casal. Como contraposição, em *Amores* 1.5 de Ovídio, seu encontro amoroso tem uma descrição muito mais detalhada, bem como a própria figura da amada, que, no poema de Propércio, não recebe adjetivos. Assim, logo chegamos ao tema da *militia amoris* (*rixa*, v. 4, *luctata*, v. 5), numa cena amorosa próxima à de uma luta, que resulta no desnudamento da amada, a começar pelos seios (*nudis papillis*, v. 5), entre in-vestidas e re-vestidas de Cíntia, que por vezes resiste ou aceita o ataque de Propércio: o relembrar torna-se um reviver que traz de volta o prazer do momento original, num frescor de sensualidade (LA PENNA, 1951, p. 97). A distinção do tempo passado e do presente se apaga: "Propércio é levado por suas memórias; passado e presente se misturam num só. Ovídio escreve com mais comodidade; ele tem a habilidade de experimentar emoções românticas e, meia hora depois, observá-las com distanciamento" (LUCK, 1959, p. 157).[10]

Nessa aparente névoa do início, podemos perceber que, embora provavelmente se trate de um encontro extraconjugal – tema geral da elegia – pela descrição dos atos e do local, ficamos um pouco mais próximos ao típico pudor romano. O sexo em Roma, como em toda sociedade, tinha suas regras morais que, se não foram seguidas no dia a dia por todo o povo, ao menos causavam constrangimento se passassem da prática secreta ao discurso aberto.

Como se reconheceria um autêntico libertino? Pela violação de três proibições: *fazer amor antes do cair da noite* (amar durante o dia devia continuar sendo privilégio dos recém-casados logo após as núpcias); *fazer amor sem criar penumbra* (os poetas eróticos tomavam como testemunha a lâmpada que brilhara sobre seus prazeres); *fazer amor com uma parceira que ele havia despojado de todas as vestes* (só as mulheres perdidas amavam sem sutiãs e nas pinturas dos bordéis de Pompeia as prostitutas conservam esse último véu) [...]. Um homem honesto só teria oportunidade de vislumbrar a nudez da amada se a lua passasse na hora certa pela janela aberta (VEYNE, 1990, p. 197, itálicos meus).

Assim, devemos atentar para o fator público dessas proibições mais do que para o privado: mais libertino do que quebrar as regras morais na prática do sexo é fazê-lo de maneira explícita ou se vangloriar publicamente, isto é, por o ato em discurso, e é assim que devemos encarar esta elegia. Ninguém duvida que tais normas fossem quebradas vez ou outra por alguns cidadãos, até por alguns dos mais graves e moralistas, mas com o silêncio típico da hipocrisia, como até hoje se faz, nos segredinhos sujos que cada sociedade constrói.[11] No entanto o ato de pôr a contravenção em discurso, de tirar do silêncio grave para uma *leuitas* jocosa, é que daria uma imagem libertinada ao indivíduo, mais do que sua prática particular, que quase ninguém poderia averiguar. De qualquer modo, entre os casados – o grupo de quem se esperava oficialmente o sexo para a manutenção do Estado –, "o respeito que o marido experimenta pela mulher envolve uma certa reserva do corpo [...]. É seu dever, de resto, amá-la por um acto de vontade deliberada, e não por um acto de paixão" (ANDRÉ, 2006, p. 51): o amor, portanto, no sentido passional que hoje lhe atribuímos, não precisaria existir dentro do casamento na sociedade romana; deveria, ao contrário, estar-lhe oposto. Nesse sentido, a encarnação do amor piedoso oficial é encarnada na figura do Eneias virgiliano: abandonar a amada Dido, como era bem sabido entre os romanos, é sobrepujar a paixão em nome da pátria e dos desígnios divinos, é símbolo da *pietas*, mesmo que isso suscite um sofrimento momentâneo no personagem e uma imensa compaixão nos leitores,

> é ponto para uma meditação sobre o sentido e o lugar da paixão amorosa, do fracasso, da dor e da morte na existência. A constatação é pessimista. Fora da via da renúncia, à qual Eneias é submetido, somente o caminho da morte se abre para aqueles que, como Dido ou Turno, se deixam guiar pelos sentimentos (FABRE-SERRIS, 1998, p. 61).

Na *Eneida* de Virgílio, a princesa Lavínia, ao contrário da rainha de Cartago, saberá viver dentro de um mundo que não inclui o reinado dos afetos, pois seu dever patriótico e familiar fala mais alto: o casamento não cabe em seus desejos – sequer os conhecemos no desenvolver da obra – e ela em momento algum faz objeções, pois sabe seu lugar e nunca o questiona. É em contraponto a essa lógica da contenção passional, cujo exemplo máximo é dado por Virgílio

– e muitas vezes por Horácio, embora em outro paradigma –, que se forma e se apresenta o discurso dos *neóteroi* e dos elegíacos: o poeta tenta então se pôr na posição afetiva de Dido, viver no modo de sua paixão, negando por sua vez a própria pátria e os deveres cívicos, em nome da perdição causada pelo amor.

Retornando ao contexto normativo sexual, das três proibições ligadas ao desregramento passional, às duas primeiras (noite e escuridão) Propércio obedece no princípio do poema, pois o tema é noturno (*o nox mihi candida*), e a luta amorosa só começa quando as luzes se apagam (*sublato lumine*); o terceiro quesito fica um pouco em aberto, pois não se sabe se a amada está toda nua, ainda que isso fique um pouco implícito pelo desnudamento dos seios, que, se confiarmos em Veyne, seria uma das partes mais veladas. Assim, nesta elegia, acabamos formando a imagem inicial de um Propércio que segue o regimento do pudor sexual mais difundido entre os romanos e trata sua amante como supostamente se trataria uma esposa, embora dê enfoque ao seu próprio prazer, e não ao fator obrigatório da procriação que um casamento implicaria. Novamente *Amores* 1.5 serve de contraposição, pois em Ovídio a cena se dá no início da tarde, numa leve penumbra e temos não só a nudez da amada, como também sua descrição para o público, o que devassa ainda mais o momento privado do sexo. A posição de Propércio é, portanto, um pouco ambígua, mas logo sabemos, pelo próprio gênero literário, que a situação não pode ser exatamente essa: o jogo está apenas se anunciando.

No verso 11, tem início uma longa exortação ao amor às claras e à grande importância dos olhos e da visão no erotismo, no seu jogo entre as vestes da amada:

> a expressão do jogo amoroso assente na simulação de um falso pudor, que ora leva a esconder, ora a desvendar o corpo desejado, assim mais atiçando o desejo do parceiro, entre sucessivos adiamentos impostos à consumação física que culminará a contenda (ANDRÉ, 2006, p. 60).

Sua conexão com os versos anteriores pode parecer um tanto abrupta em relação às recordações que dão início ao poema, no entanto está intimamente ligada à imagem já aludida do verso 6 (NASCIMENTO *et al.*, 2002, p. 328). Assim, embora a descrição imediata do encontro negue a presença da luz, a insistência do poeta lança a sexualidade no campo da sensualidade, no reino do prazer sensorial (PAPANGHELIS, 1987, p. 209). Com isso, somos levados a rever a "sinceridade" da descrição do início da elegia e a duvidar da pretensa moralidade sexual que se apresentava. Nessa releitura, reverte-se inclusive o sentido inicial de *nox candida*, que *a priori* parecia apenas uma metáfora para exaltar o prazer da noite num brilho sentimental e o cume do seu prazer na concretização carnal, mas passa também a descrever uma noite de fato luminosa, clara, em que o casal se revela sexualmente aos olhos, quer pela luz da lua, quer por uma possível lâmpada acesa, da mesma maneira que, noutro poema, o poeta também se alegra e passa a recordar abertamente que "ontem foi doce a luta à luz das lamparinas" (3.8.1).[12] Assim, de um primeiro momento mais pudico que era enganador, temos uma releitura do início da elegia, que a põe num tom mais libertino, e por fim todo o poema precisa ser revisto: a indagação de Cíntia "*Sicine, lente, iaces?*" ganha um novo contorno, mais erótico, pois *lentus*, que a princípio poderia se referir apenas à preguiça e ao ócio do homem que está deitado, também passa ter a acepção física de "mole" e, nesse contexto, de "flácido" e "broxa": a amada exige, após a primeira sessão amorosa, mais um esforço de seu amante fatigado, para novas e diversas posições (*uario amplexu*), o que nos dá uma imagem mais luxuriosa e insaciável de Cíntia do que a daquela semipudica a que a primeira leitura desse trecho nos havia induzido. Essa atitude apaixonada, patética, diante da amada, é o que se poderia esperar do homem romano fora dos limites matrimoniais:

> Para jovens romanos certamente o amor que podiam sentir por uma amante, fora do casamento, não era o mesmo que os levava a perpetuar sua raça nos braços de uma esposa. Nessa época não se esperava que o jovem esposo *amasse* sua mulher como tinha o direito de amar uma cortesã, com o mesmo ardor e o mesmo arrebatamento dos sentidos. [...] Mais do que nunca, o papel do marido era o de guia que devia ensinar a *pudicitia*, aquela reserva do corpo e da mente tida como a marca da virtude nas mulheres. Uma esposa legítima não devia conhecer todo o poder de Vênus, e seu marido cuidava de não o revelar (GRIMAL, 1991, p. 105).

Dessa maneira, na libertinagem garantida ao contato extraconjugal com alguma mulher, o tema do poeta cai numa insistência sobre o olhar no corpo nu da amada, passando por duas alusões mitológicas, a de Páris e Helena (a Lacena, *Lacaena*) e a de Endímion e Selene, personificação da Lua. Ambas as alusões mitológicas de Propércio aparecem com diferenciações em relação à tradição literária mais famosa: não se encontra a descrição de Helena saindo nua do tálamo de Menelau para imediatamente se encontrar com seu amante, Páris; nem há, segundo Moya & Elvira, nenhuma ocorrência do mito em que a consumação do amor de Selene com Endímion fique tão explícita quanto nesta elegia (2001, p. 295-6), embora o mito ateste que tiveram cinquenta filhas (GRIMAL, 2005, p. 134). Como contraponto, Butler & Barber apontam que nas artes plásticas tais imagens já haviam aparecido (1933, p. 216), e que daí o poeta estaria tirando suas alusões, num jogo mais complexo do que seria de se esperar à primeira vista, já que, mais uma vez, teríamos referência ao sentido da visão através da alusão a pinturas com cenas eróticas da mitologia. Importante é observar que as duas alusões fazem referência ao amor fora do casamento, a primeira de maneira direta pelo adultério e a segunda, indireta, com o intuito de persuadir Cíntia da força que a nudez tem para a sedução; assim, o contexto do olhar e do corpo nu exclui o sexo procriador e oficial, para instaurar o desejo e o prazer: o gozo de Propércio (*deliciis meis*) se põe ao lado do gozo furtivo e condenável de Páris e Helena e ao gozo noturno de Selene e Endímion, em contraposição à moral da sociedade em que vive.

Tal busca pode chegar a extremos, e é o próprio poeta quem nos apresenta esse risco, na ameaça de violentar a amada, caso ela recuse o desnudamento: ele irá marcar seus braços à força (*ostendes matri bracchia laesa tuae*) e rasgará suas vestes (*scissa ueste*). Esse furor quase destrói a cena harmoniosa do início, pois, além de apresentar os entraves ao prazer do homem, mostra como este se porta de modo violento com sua amada, o que nos relembra com mais clareza que essa relação não se passa dentro do casamento, e que a satisfação de desejos extraoficiais está em jogo nesse tipo de relação libertina. É curioso como a reação de Cíntia também nega a imagem lasciva da mulher que pede mais sexo para colocá-la num papel passivo e mesmo pudico em relação a seu amante: o *seruitium amoris* (servidão do homem que ama uma mulher, sua *domina*), tema recorrente em Propércio como em toda elegia erótica latina, se reverte; e o mundo patriarcal, com sua força bruta e sua dominação sexual, se impõe sobre a mulher que lhe nega o prazer pedido/exigido. Assim, mais uma vez, o poema nos convida a uma revisão, e o tom amoroso/harmonioso do início se desfaz na possibilidade infame da agressão e do estupro.

Nesse momento, a elegia passou da explosão eufórica voltada ao auditor/leitor e ao próprio eu-elegíaco para uma exortação sexual direta à amada. Do primeiro argumento, o do prazer e do gozo na visão, o poeta passa ao segundo – a violência – para convencer sua amante; por fim, passa no verso 21 a uma terceira tentativa, mais suave: o *topos* do *carpe diem* – sua amada deve se mostrar sem pudor, pois ainda não tem seios caídos (*inclinatae mammae*), é jovem e não pariu; portanto, ainda está autorizada ao jogo amoroso extraoficial e pode deixar a vergonha de lado para aproveitar sua juventude passageira. O desejo de aproveitar o presente introduz o tema da fidelidade amorosa, que se distingue da fidelidade marital, mas ao mesmo tempo faz uso desta, no seu sentido vitalício, e lhe dá também um sentido institucional irônico. Para compreendermos melhor isso, convém lembrar que, ainda que o casamento romano fosse dissolúvel e o divórcio não fosse estranho àquela sociedade, a moral valorizava a mulher *uniuira*, que só tivesse um homem em vida: o tema é mostrado pelo próprio Propércio na elegia de Cornélia, 4.11, em que esta, encarnando o ideal da matrona romana, se defende perante um julgamento no Orco com um registro mais elevado que o da média das elegias amorosas propercianas. Já na elegia em que estamos, deve-se notar o caráter um tanto "tosco" do argumento do amante, pois é feito não por meio de um elogio ao corpo da amada (como: "teus seios são belos e firmes", "adoro teus seios", etc.), mas pela negação da existência de um defeito ("seus peitos não estão caídos") que por si só já implica o pensar no futuro, numa efemeridade de sua condição atual, pois nos lança um estado incerto de "ainda": essa rudeza poética, se por um lado é cômica e pouco elevada, por outro parece se encaixar muito bem na lógica do argumento, pois toca a mulher naquilo que ela pode – e deve

– aproveitar enquanto há tempo, dado o seu estado passageiro e a inexorabilidade da velhice. Como é comum em Propércio, chega-se por fim à imagem da união até na morte e do amor como insanidade (*uesani amoris*) a tomar conta dos amantes, que passam a ficar submetidos ao seu jugo:[13] aquele medo da violência que fora invocada alguns versos atrás já começa a se apagar; e voltamos a outra tonalidade do poema, que tenta reconstruir a idealização dos amantes.

O eu-elegíaco, para confirmar seu amor – sem esquecermos que se trata de uma estratégia retórica persuasiva com o intuito de conseguir a visão do corpo nu da amada – evoca também a as pombas, que, "na literatura clássica, são com frequência o modelo da fidelidade conjugal" (NASCIMENTO *et al.*, p. 329), para afirmar um comprometimento maior do que a busca exclusiva de prazer carnal. Mas não se deve compreender esse tipo de declaração de fidelidade e lealdade como uma promessa matrimonial, e sim como um jogo refinado entre as instituições morais de seu tempo e os *topoi* literários com os quais a obra também dialoga; pois, como atenta Carlos Ascenso André, ao comentar a elegia 2.6:

> A inversão de Propércio em relação ao tradicional conceito romano vai ao ponto de rejeitar o casamento porque, se viesse a casar, isso poria em causa a lealdade do poeta para com a sua amada. [...]
>
> Esta será, aliás, uma atitude em larga medida comum aos vários poetas elegíacos: transplantar o conceito de fidelidade, de *fides*, da esfera do casamento para o amor extraconjugal (2006, p. 38).

Em seguida, reforçando a defesa de sua *fides*, o poeta descreve várias *adynata* (acontecimentos impossíveis) que aconteceriam antes que o poeta trocasse seu amor pelo de outra mulher, reafirmando com mais veemência a sua fidelidade até a morte, numa espécie de matrimônio. O amante ganha, por hipérbole, um ano em uma noite junto à sua amada; se são várias, ele se divinizará, o que atesta o valor sacro do amor, do prazeroso culto a Vênus. Propércio, partindo dessa elevação divina do amor, passa então a defender seu modo de vida em oposição ao pregado pelo Estado: o de que o homem deve seguir suas obrigações cívicas em detrimento de sua vida particular, pois a pátria e a família vêm primeiro, e a dissolução sexual é sinal de fraqueza e de submissão. Segundo o amante, se todos amassem como ele,[14] não haveria guerras, sobretudo as civis, como a batalha do Ácio: os amantes não ofendem nenhum deus em suas vidas, enquanto a violência generalizada e a ganância (com o fim de obter espólios de guerra), inclusive sobre os próprios compatriotas seriam os típicos males que a vida cívica traria para a cidade, o que é simbolizado pelo luto da própria Roma descabelada (*lassa foret crines soluere Roma suos*), após mais de um século de guerras civis, que são relembradas pelos triunfos sobre si própria (*propriis triumphis*), as vitórias sobre sua própria carne, sobre seu próprio sangue (BUTLER; BARBER, 1933, p. 217). Mas novamente uma ironia contesta o texto de Propércio, uma vez que, tanto na versão oficial de Augusto quanto na opinião geral que corria em Roma, a batalha do Ácio, em 31 a.C., havia sido provocada pela paixão desregrada de Marco Antônio e Cleópatra, o que, por si só contradiria a defesa do amor do poeta. Para solucionar esse problema, Butler e Barber defendem que a referência não está inapropriada, já que se trataria apenas da paixão do poeta, inofensivo (1933, p. 217). Entretanto, o fato de a referência não caber perfeitamente no contexto em que aparece é que garante sua força no poema: aqui não podemos separar de todo a paixão de Propércio da de Marco Antônio (como o podemos em 3.11), mas também é difícil aproximá-los no sentido político,[15] pois não há sequer uma citação direta dessa figura tão importante no decorrer dos últimos anos das guerras civis: a relação permanece ambígua, uma vez que também seria possível alegar, em favor de Augusto, que a elegia erótica latina seria uma espécie de corolário da *Pax Augusta* (ANDRÉ, 2006, p. 91), pois o ócio e a vida urbana só seriam possíveis sem tantas incursões bélicas. Entre a paz de Augusto e a paixão de Antônio, em algum lugar pouco demarcável, mas ainda assim posicionado, encontramos a *persona* elegíaca: o medo, a insegurança e o sentimento de desesperança que nos levam ao *carpe diem* são o mesmo no sentido erótico e no sentido político (BOUCHER, 1965, p. 127), pois as guerras constantes haviam minado aquela confiança perene no domínio romano, o fim da própria vida e mesmo o do império já não pareciam mais eventos tão distintos, e a certeza daquele começava a se incluir, destruindo a deste. Nesse contexto de insegurança, mesmo Virgílio era incapaz de ter uma convicção inabalável sobre Roma, como bem observa Jacqueline Fabre-Serris:

> Apesar dessa contribuição extraordinária à legitimação do Principado, a *Eneida* não é, enquanto tal, um livro cheio de certezas. O tom é dado desde a questão que abre o poema: [...] (I, 8-11) A falta de coragem, a dúvida, a amargura se sucedem, em seguida, no coração do seu protagonista, cujo percurso, semeado de armadilhas, cruza a de homens e mulheres, que também são joguete da indiferença e da irritação dos deuses (1998, p. 60).

Nesse sentido, é preciso compreender que a política de Augusto, ainda que bastante centrada na figura dominadora do *princeps*, não era tão repressora quanto se pode imaginar, e, no geral, muitas obras que não se adequavam às propostas do César não sofreram uma grande repressão imediata. Nem mesmo no campo da historiografia, onde as posições políticas ficam mais às claras, podemos afirmar que houve grande censura estatal:

> Com exceção de Veleio, os historiadores eram todos republicanos que condenavam [Júlio] César e louvavam seus assassinos, Bruto e Cássio. [...] Lívio era um partidário tão forte de Pompeu Magno contra César, que Augusto o chamava de pompeiano. As relações, entretanto, eram amigáveis entre eles, e Augusto apreciava bastante a glorificação de Lívio às antigas virtudes republicanas (JONES, 1970, p. 157).

Em resposta às poucas certezas desse mundo (políticas e privadas), o poeta, por fim, defendendo a vida de banquetes estabelecida pelos amantes, acaba sua elegia com uma brilhante imagem que compara a vida humana às flores secas, caídas das coroas usadas nos banquetes, que boiam nas taças de vinho (*ac ueluti folia arentis liquere corollas, / quae passim calathis strata natare uides*), já mortas. Nossa efemeridade e incerteza quanto ao futuro não podem ser contornadas, nem adivinhadas: só nos resta aproveitar o tempo que temos – no caso, amando, no sentido mais carnal que isso possa implicar. É preciso aproveitar o fruto da vida enquanto temos luz (*dum lucet*), enquanto é dia, antes da noite da morte cair sobre nós; mas também enquanto temos um pouquinho de luz, para que possamos ver os corpos nus, para gozarmos também desse prazer enquanto é tempo: é a ambiguidade de *lucet* nesse contexto que garante o funcionamento ambíguo e irônico da argumentação de Propércio, uma vez que, sob a capa de uma exortação geral, encontramos mais uma vez a obsessão pela nudez da amada, a busca pelo prazer pessoal que reina sobre o poema, junto com o *carpe diem* e suas implicações filosóficas: em seu discurso poético, mesmo a filosofia pode ser ironicamente utilizada para as metas mais físicas possíveis. O luzir do fim do poema, então, retoma todo o imaginário de luz que o poema vinha desenvolvendo, mas de modo discreto, para fazer uma composição circular em anel (*Ringkomposition*) que recorda e repensa o brilho inicial da noite, suas oposições com o dia, as lucernas e toda discussão sobre visão e nudez: do mesmo modo, a própria visão da morte entre as pétalas nas taças de vinho retoma, pela metonímia entre vinho e sexo, a imagem de amor e morte se unindo placidamente no fim do poema, que, como os Fados, também se acaba. Amor e morte cessam de ser polos opostos, como símbolos respectivamente da geração e do fim da vida. Como nota Papanghelis:

> Os poemas I, 19 e II, 15 definem uma sensibilidade que pode ver o potencial co-operativo sob o antagonismo superficial entre o amor e a morte e que pode, portanto, ver um em relação ao outro. Acho que é isso que dá às articulações propercianas sobre amor e morte sua qualidade única – e sua unidade essencial. Pois a divergência aparente entre o amor *como uma doença incurável, não como o único tipo irreversível de morte* em II,1 e o amor *como um morte luxuriosa e agradável* em II,13 é um assunto de ficção dramática e de tema herdado e tem pouco a ver com alguma grave ambivalência na atitude do poeta em relação à morte erótica (1987, p. 210, itálicos do autor).

Embora o final do poema possa nos levar de volta a um imaginário elevado e, de certa maneira, "romântico" ou "simbolista",[16] devemos ter cuidado e observar o poema como um todo. Um complexo jogo de ironias permeia toda a estrutura dessa elegia, de modo a nos deixar, de certo modo, confusos quanto aos seus objetivos finais. Se, por um lado, temos um início pudico para um elegíaco, logo essa imagem é quebrada pelo desejo de ver – um tabu do sexo romano – essa vontade de ver leva o poema de uma exaltação sobre a noite passada para uma argumentação imediata com a amada, que, por sua vez, o leva do louvor à agressão e de novo às promessas elevadas de amor eterno, incluindo o *post-mortem*. Só que, a partir desse momento, não podemos mais deixar de notar que todo esse discurso, se por um lado pode ser bastante sincero quanto ao sentimento poético, pode também, por outro, não passar de uma estrutura retórica que tem por único fim o desnudamento da amada, uma vez que as ameaças físicas podem não surtir efeito. Para maior eficácia argumentativa, o poeta expande seu argumento com o *topos* das impossibilidades, tornando-as mais fáceis do que o fim do seu amor, e argumenta sobre as loucuras a que o amor arrasta o amante – o que de certa maneira acaba por justificar seu furor de alguns versos antes. Levando ainda mais longe o louvor ao próprio amor, ele o opõe à vida pública e social de seu povo para lhe dar mais força e passa à audácia de criticar indiretamente o próprio Augusto e a guerra civil!

Aqui chegamos num ponto crucial para qualquer interpretação política da elegia romana: se levarmos em conta que o amor deixa o homem louco e fora de si, como podemos confiar tanto nesse discurso vindo de um libertino que critica a estruturação moral e política da Roma imperial? De qualquer modo, o poeta afirma que suas taças nunca lesaram os deuses, ao contrário do que fazem e fizeram as guerras. Por fim, o poema alterna entre o patético, o irônico e o refinamento estético, sem nos dar uma solução específica: diversos tons e temas são abordados da perspectiva do amante, que, ao mesmo tempo, abrem as portas para uma autocrítica, à medida que põem em xeque a confiança que podemos ter no eu-elegíaco; mas um discurso não se sobrepõe ao outro:

> Não diz uma coisa e significa outra; ele diz muitas coisas ao mesmo tempo. Emoções e atitudes contraditórias convivem lado a lado, de fato interpenetram-se umas nas outras ao ponto de não poderem ser definidas separadamente. Uma não cancela a outra. A ironia não invalida as emoções expressas. Nem a presença dessas emoções significa que não haja ironia (WARDEN, 1980, p. 77).

Assim, as ambiguidades convivem dentro do poema, sem resolução prévia – talvez mesmo sem nos dar qualquer resolução unívoca possível: mesmo nos momentos mais sentimentais, sente-se um altíssimo grau de autoconsciência e de reflexão sobre o labor artístico: "essa poesia, mesmo quando é poesia de amor, é em boa parte 'metapoesia', ou seja, 'poesia sobre poesia'" (PASOLI, 1982, p. 280).

Após minuciosas reviravoltas, a retomada do *carpe diem* nos lança no que molda o tema central do poema, já que, mais do que o gozo de uma noite específica, ou a oposição entre amor e vida pública, tem-se a exortação epicurista do momento presente: se isso é bom ou ruim, já não está mais em questão, pois a única constatação do poema é a certeza da irreversibilidade e inevitabilidade da morte. O poema se abre e fecha numa circularidade sobre o tema do amor e a visão do corpo, saindo de uma ocasião específica que o eu-elegíaco relata, passando por uma exortação que inclui a própria amada e o mundo que os cerca, para retornar ao amor de maneira mais ampla, como poderia acontecer num discurso; só que, em Propércio, o sentido desse discurso se torna muito mais volátil do que em outros poetas. Os sentimentos expostos não podem ser tomados sem uma certa malícia pelo leitor, sem uma atenção à argúcia literária de Propércio; só que, ao mesmo tempo, isso não implica dizer que todo o poema de Propércio seja frieza literária e domínio estético puro:

> Não pretendemos negar como absolutamente desprovida de sentido a opinião comum de um Propércio sentimental e passional. Mas estas elegias coloridas de sentimentalismo melancólico são poesia maneirista [...] quer dizer que o sentimento é superficial, não toca nem a intimidade lírica nem a intimidade humana do autor [...]. Isso não quer dizer que ele seja insincero, que se esforce para fazer sentir aquilo que não sente (LA PENNA, 1951, p. 19).

Assim compreendemos como o tom de Propércio alterna sem perder seu frescor: ao mesmo tempo em que temos uma descrição apaixonada, temos também uma ironia refinada e mesmo a presença do riso aberto:[17] desse modo, Propércio supera um pouco o gosto da poesia como jogo e atinge um maior grau de complexidade, buscando mais profundidade entre as ambiguidades produzidas pelo discurso.[18] Como recriar essa profusão de tons e como compreender essa elegia a partir de suas traduções (e, portanto, das novas visões que tais traduções implicam), enfim, como recriar essa poesia "indubitavelmente 'verbal', concentrada nos recursos da palavra" (PASOLI, 1982, p. 277)? A partir de vias diversas, é isso que pretendo discutir de agora em diante.

Um curioso

Oh! Fui feliz, oh! noite amada, e tu oh! Leito
por meu prazer sagrado a quanto o amor induz!
Como em falas á luz nos trasbordava o peito,
e quanta rixa foi depois de extinta a luz!
Se a tunica demora os gostos suspirados,   5
Luta seu peito nu entanto unido a mim:
Ao fechar-m'os o sono os olhos fatigados
Com beijos me abre e diz "pois já inerte assim?!"
E no vario abraçar! que modos! e que anhelo
de sorver-lhe em delicia o lábio sedutor.   10
Mas nas trevas gosar o amor é comrrompê-lo;
sabe que os olhos são seguro guia a amor.
Paris, diz-se, abrasou-se ao ver Lucena airosa
do tóro de Menelao surgir nua, sem veus;

e nu Endimião de Phebo a irman saudosa 15
enleva, e nua a deusa o toma em braços seus.

Se pois tentas, ó Cynthia, ao leito entrar vestida,
teu sendal rasgará a minha propria mão;
e até do braço a nodoa irás à mãe querida
mostrar, se a tanto o ardor me irar o coração. 20
A poma não-cahida o brinco inda não veda;
core de ver-se assim mulher que á luz já deu.

De amor os olhos farta, em quanto a sorte é leda;
a morte pronta vem, e ávida não volveu:
e oxalá com fervor em tal grilhão me prendas, 25
que nem do tempo o fim lhe quebre o elo leal;
e da amorosa pomba o terno exemplo aprendas:
olha do macho e femea o placido casal.

Erra quem busca fim do amor ao fogo insano;
o verdadeiro amor não sabe termo haver: 30
ver-se-ía antes a terra em messes dar engano,
e o sol negros frisões e mais veloz correr,
volver á fonte o rio a funda água corrente,
e no alveo seco andar o peixe que em si tem,
do que eu mudar para outra o fogo em mim ardente. 35
Vivo dela serei, serei morto também.

Se porém noites tais comigo inda me prestas,
darei por um só ano os dias todos meus:
imortal me farás com muitas noites destas;
pois se até uma só dum homem faz um deus. 40

Se amassem todos ter dest'arte a vida inteira,
e fartos bem de vinho os membros repoisar;
nem ferrea espada houvera, ou brava nau guerreira,
nem nossa ossada emfim de Actium volvêra o mar:
nem cançarás de unir, ó Roma, em dó aos loiros 45
de teus triunfos mil, sôlto o cabelo teu.
Disso podem louvar o merito os vindouros,
mas certo a deus nenhum ofende o copo meu.

Em quanto vives pois, da vida os frutos gosa;
com darmos todos, crê, teus beijos poucos são: 50
qual da grinalda nossa inclina e cai a rosa,
e, boiando na taça, as secas folhas vão;
a nós que hoje em amor 'speramos luz formosa,
tal ámanhan talvez meus dias findarão (1912, p. 218-9).

Pode-se notar logo à primeira vista que a tradução do Curioso Obscuro (pseudônimo de Aires de Gouveia), feita na segunda metade do século XIX, segue o número de versos de Propércio, mas o faz enquanto opera algumas alterações estruturais: em primeiro lugar, não há diferenciação entre o número de sílabas de cada verso a emular a estrutura de dístico que caracteriza a elegia latina: o Curioso usa apenas alexandrinos clássicos ligando-se à tradição lusófone do verso parnasiano, que tinha bastante força no gosto literário desse período, inclusive entre os poetas simbolistas e pré-modernistas; além disso, está presente o uso constante da rima com estrutura ABAB CDCD etc., que retoma também a tradição romântica de rimas simples (e por vezes pobres, como se constata nesta tradução, pelos finais em –ão, -eu, -er, -ado, etc.). Mas não se deve tão só criticar as escolhas do nosso Curioso, pois elas não são um reflexo de incompetência poética, e sim um modo possível de se ler a elegia latina, aproximando-a de seu próprio tempo e de uma determinada estética, de uma determinada maneira de se compreender o que é e o que deve ser a poesia em língua portuguesa. Essa meditação sobre a poesia apresenta uma profunda consciência do material sígnico que toda literatura apresenta e do contexto em que ela deve se inserir.

> Sendo a poesia governada pela paronomásia, ou seja, pela relação entre a unidade fonêmica e a unidade semântica, não poderia ser objeto de uma operação tradutora convencional, somente preocupada com a transposição do significado literal das sentenças, mas de uma operação que re-encene o drama da poesia, com suas tramas e teias, desde sua textura epidérmica até sua significação mais profunda (CARVALHO In: VIRGÍLIO, 2005, p. 105).

É numa busca similar por essa relação entre a unidade fonêmica e a unidade semântica que o Curioso Obscuro opera o remanejamento tradutório de Propércio, trazendo o poeta romano para aquilo que julga ser a melhor forma de se recriar a forma e o conteúdo da elegia latina em versos portugueses. Dessa maneira, Gouveia consegue trazer Propércio para um tom literário do século XIX, ligando-o esteticamente às correntes da tradição luso-brasileira de influência francesa. Na medida em que o faz, é possível perceber como sua releitura formal de nosso elegíaco também o leva a uma leitura do sentido da obra do poeta, aproximando-o muito do estilo romântico, de raiz mussetiana, de enunciação.[19] Nesse sentido, a linguagem tende a se elevar, saindo do chulo, e também a evitar alguns tipos de ironia, que caracterizariam o romantismo alemão ou inglês, o barroco brasileiro ou a literatura clássica como um todo. Assim, não encontraremos aqui o tipo de riso de Álvares de Azevedo, nem o de certas poesias de Machado de Assis. A ingenuidade de tom predomina dentro do poema, assim como o tom elevado, amenizando as frases de caráter mais agressivo ou sexual, para deixá-las menos perceptíveis ao leitor desatento.

No entanto, deve-se pensar o contexto de forte repressão sexual que marcou todo o século XIX, e deve-se ter em conta que nenhuma tradução renega por completo sua própria cultura e moral:

> William Cowper escreve na introdução à sua tradução da *Ilíada*: "É difícil matar uma ovelha com dignidade em uma língua moderna' (xix). Em minha opinião, a linguagem não tem nada a ver. Se o original goza de uma reputação muito positiva na cultura de chegada, a tradução será provavelmente tão literal quanto possível, o que quer dizer que, sem dúvida, se matará a ovelha, com dignidade ou sem ela. Ou, nas palavras de Madame Dacier: "tudo o que tem a ver com os costumes deve ser respeitado" (1714, p. 359). Quando a imagem do original já não é completamente positiva na cultura de chegada, a tradução tomará mais liberdades, precisamente porque o original já não é considerado como um texto "quase sagrado" (LEFEVERE, 1997, p. 115).

Como André Lefevere demonstra que o próprio Homero recebeu "acertos" para se entrar nas culturas de chegada, e de que maneira a *Lisístrata* de Aristófanes passou por diversas transformações em diversas culturas, devido aos problemas do costume e da moralidade (1997, p. 59-78), também podemos constatar que os modos do erotismo latino foram atenuados em traduções como as do Curioso. O verso 21 é um bom exemplo: "A poma não-cahida o brinco inda não veda" por "*necdum inclinatae prohibent te ludere mammae*". Enquanto no texto original fica bem claro que a amada ainda não tem peitos caídos e, portanto, pode participar dos jogos sexuais, a escolha vocabular do Curioso suaviza a sexualidade bastante escancarada de Propércio nesse trecho. Não se trata, é claro, de afirmar que o Curioso Obscuro trabalhe como Petrarca em suas criações de tons propercianos, que resumiam drasticamente os contornos eróticos para focalizar-se em exortações mais amplas sobre a vida (BENEDIKTSON, 1989, p. 118-120), pois o italiano estava criando poemas próprios a partir de temas propercianos, enquanto Aires de Gouveia sabe e afirma que o que faz é uma tradução: o que apresento é que, se ele não pode (ou não quer) excluir as partes que podem se tornar problemáticas na sua cultura, como fizeram com vários poetas, inclusive Horácio, Virgílio e Ovídio, é necessário, portanto, suavizá-lo para adequá-lo ao gosto e à moral sua própria época.

Se, por um lado, o Curioso Obscuro adequa o mundo latino ao seu, levando o original aos leitores, por outro, ele consegue manter um forte jogo aliterativo, que na época não era – e talvez ainda não seja – tão forte em nossa língua quanto no latim, tanto no verso properciano como em toda poesia latina clássica: no verso 21, "De Sorver-Lhe em DeLíCia o Lábio SeDutor", o jogo sutil entre sibilantes, líquidas e dentais alterna entre o movimento da língua no céu da boca e os sussurros exasperados do sexo, reproduzindo nos sons repetidos a alternação entre os ruídos e as tentativas de silêncio que o jogo do amor impõe aos casais, sobretudo aos que não podem ser flagrados, como é o caso do *affair* com Cíntia. Também no verso 44, "NeM NOSSA OSSAda eMfiM de ActiuM volvêra ao Mar", apesar do hipérbato (que vai contra as propostas elegíacas de suavidade antiépica), temos o reforço das consoantes nasais em diferentes posições – começo e fim de sílaba – variações para a repetição, ao mesmo tempo em que o duplicar de "*ossa*" em "nossa" e "ossada" retoma o termo como se ele estivesse em *ossa* do verso latino, além de nos dar duas ossadas, as dos dois amantes, unidos após a morte, assim como estão as palavras unidas pela proximidade sintática em português. Por fim, no verso 54, que acaba o poema, "TAL áManhan TALVez Meus Dias FinDarão" a trama de aliterações é mais variada, com uma sintaxe um pouco artificial que dá mais musicalidade ao verso e deixa para o fim o próprio findar dos dias, da vida, do poeta e da amada.

Com essas escolhas, Aires de Gouveia traz Propércio à língua portuguesa e, ao mesmo tempo, se desloca rumo ao latim. Recria o texto em versos de herança parnasiana francesa, mas com o tom romântico que teve muita força – mesmo na virada racionalista do fim do século dezenove. Cheio de rimas pobres, também ao estilo romântico, mas com um forte jogo de aliterações que se afasta da tradição do gosto do verso em português, o Curioso, entre tons e ritmos recriados do poema, dá-nos um Propércio próprio, próximo de seu tempo e de seu gosto. Não cabe a nós criticá-lo por não procurar uma ironia refinada no elegíaco latino – essa leitura só surgiu de fato entre os letrados a partir dos anos 20 do século passado, e até hoje não é unanimidade –, mas compreender o trabalho de aproximação poética por meio das diferenças culturais e estéticas que separam essas duas culturas. Nessa busca, ele tentou recriar um tom que, se pode ser julgado muito elevado diante do nosso gosto atual e, portanto, criticado por não compreender a leveza do original latino; pode também ser considerado bastante leve, se comparado ao texto mais pesado e erudito da tradução de Tibulo feita por Filinto Elísio em decassílabos. Basta observar o trecho inicial de uma elegia para compreendermos como esse poeta erudito português, um século antes do Curioso, recriava a elegia latina com muito mais rigor clássico:

> 3.4
> Melhor o volva o céu; que se não cumpra
> O que ontem me insinuou modorra infausta.
> Vai-te longe de mim; teu vulto arreda
> Falsário, e vão; de mim não 'speres crença.
> Vem de Deus a verdade; da vindoura
> Ventura anúncio vero dão entranhas,
> Que os etruscos carões qualificaram.
> [...]

Sem me deter em maiores comentários, a mera leitura do trecho já serve para a comparação: a sintaxe é muito mais artificial, mais latinizada e, para o gosto classicista de Filinto, mais clássica ("da vindoura / ventura anúncio vero dão entranhas" para "entranhas dão anúncio vero da ventura vindoura": quase uma inversão completa da ordem mais comum da frase); o vocabulário é mais erudito e rebuscado, por vezes pesado ("modorra infausta"); cheio de *enjambements* que quebram a fluidez típica do gosto elegíaco; com um ritmo voltado também para o gosto latino da aliteração; e, do mesmo modo, aparece o desprezo pela rima, considerada como atributo facilitador da elocução poética, para retomar em Portugal o gosto pelo verso em branco. O próprio Filinto comentaria sobre a rima:

> Muita plebe da têmpera velha, e consoanteira, me desprezam, desbaptisam de Poeta; por não verem nos meus versos a coleira de guizos da rima. Em alguns se acha ela (por meus pecados, e por minha inadvertência), mas se eles considerassem que é mais fácil o enxadrez da rima, que a energia do verso solto, quando se bem sustenta em suas próprias forças e que se faz esquecer aos Ouvintes, que lhe falta o zam-zam dos consoantes; não seriam então plebe literária: e diriam comigo, e com certo autor, que tenho diante dos olhos, e é Inglês: *O consoante é quem, nos versos maus os distingue da prosa; e ficam assim por maus não sendo verso, nem prosa. O consoante é capa de velhacos, que encobre um pensamento aleijado, uma frase desenxabida. Porque a gala da harmonia, o animado colorido da expressão, é quem dá preço ao verso, e não o retintim da rima. Tirai-lhe estes dois adornos, ei-lo o verso decaído em prosa* (apud AGUIAR, 1955, p. 155-6, itálico do autor).[20]

Assim, em contraposição ao neoclassicismo de Filinto Elísio, a tradução de Aires de Gouveia já não nos soa tão pomposa, ainda que não se compare à singeleza de suas próprias traduções de alguns poemas de Catulo. De qualquer modo, nesse entrecruzar entre dois modelos de discurso poético lusitano (o neoclassicismo – renascido, de certa maneira, no parnasianismo – e o romantismo), o próprio Curioso procura um modelo mais flexível, como o próprio latim de Propércio – e da elegia latina como um todo –, que alterna entre o elevado e o popular, mas sem nunca se estancar em nenhum dos dois, sem nunca desprezar o *sermo cotidianus*, quando este é capaz de recriar tons afetivos, mas também sem querer se alçar a alturas que seriam mais apropriadas a incursões épicas: assim é que o Propércio do Curioso se perde e se encontra entre dois polos conflituosos da poesia de língua portuguesa no *fin-de-siècle*.

A concretude

Noite de pedra branca! Como sou feliz!
Meu leito estreito, o meu prazer o faz ditoso!
Que palavras trocadas a luz da candeia!
E que transas transadas com luz apagada!

Ora seus seios nus lutavam com meu peito, 5
Ora me arrefecia, encoberta na túnica.
Quando o sono baixou e os meus olhos fecharam,
Abriu-os com a boca e: "Ah, muito bonito!
Você aí deitado e não faz nada?". Quantos
Abraços diferentes! E como os meus beijos 10
Se demoravam nos seus lábios! Só havia
Um porém: era o escuro, inimigo de Vênus.
Saiba, meu bem: os olhos são os guias do amor.
[...]
Mas se você insiste em se deitar vestida,
Vou rasgar sua veste e, se ficar possesso, 15
Sua mãe há de ver as marcas nos seus braços,
Não há nada que a impeça de ofertar-me os seios,
Que não estão caindo, ainda – e pudor tenha
Quem já pariu. Saciem-se de amor os olhos,
Se o Destino deixar, e se a noite sem dia... 20
[...] (1996 p. 69).

Logo se vê que Pignatari não traduziu o poema inteiro: apenas dois trechos – como também fez com os outros poemas de Propércio que aparecem na antologia *31 poetas, 214 poemas: do Rig-veda a Safo e Apollinaire*, de modo que nenhuma elegia aparece traduzida por inteiro. Tal tendência à tradução de apenas trechos de obras, em vez de tentar a recriação da obra integral (geralmente de livros, mas, muitas vezes, de poemas também, como neste caso), é bem típica dos três poetas concretistas – Pignatari, Augusto e Haroldo de Campos. Não obstante, esse gosto pela "amostra grátis" tradutória não deve ser considerado um desinteresse pelas obras como um todo; trata-se, na verdade, de um projeto poético de paideuma (importado de Ezra Pound) que vê na tradução de importantes poetas "mal traduzidos" ou ainda não traduzidos, uma necessidade para a formação de uma nova cultura literária, mesmo que esse paideuma se dê por meio de pequenos trechos: mediante essas traduções picotadas de diversos autores, como os russos (Maiakovski, Tsvetáieva, etc.) do século XX, de Mallarmé, Rimbaud, Safo, Horácio, Catulo, Rilke, Propércio, os provençais, Pound, Ovídio, etc., juntamente com suas próprias discussões literárias e estéticas, os concretistas julgavam poder operar uma revolução necessária à literatura brasileira. Assim, a fundação de tal paideuma se baseia em seleções críticas: em primeiro lugar, a seleção de poetas considerados relevantes e, em segundo, a de determinadas obras de cada poeta que possam exprimir concisamente o ponto mais importante da sua produção. As palavras de Augusto de Campos, sobre sua própria experiência nas traduções dos poemas de John Donne, esclarecem o método adotado também pelos outros concretistas para se chegar a um resultado significativo, quando não se trata de traduzir uma obra inteira:

A escolha dos poemas foi sendo feita a partir de critérios de qualidade (invenção) e de facticidade (nem tudo o que eu gostaria de traduzir se mostrou poroso às minhas tentativas). Traduzi e publiquei somente aqueles textos que me pareceram resultar em bons poemas em português (In: SÜSSEKIND; GUIMARÃES, 2004, 287).

Portanto, na seleção, não está em jogo apenas a escolha dos melhores poemas no original, mas também a possibilidade de o tradutor fazer uma nova versão de alta qualidade: os textos bons que não forem bem traduzidos são descartados. Mas esse trabalho de pílulas também tem suas exceções; há a tradução completa de Arnaut Daniel por Augusto de Campos e da *Ilíada* de Homero por Haroldo de Campos. Dentro desse contexto, a tradução de Propércio feita por Pignatari não deve ser minorizada em importância por seu tamanho em número de versos: a escolha de inseri-lo visava à ampliação do paideuma literário que se formava no Brasil, trazendo um poeta pouco conhecido, mesmo dos poetas brasileiros, a um contato poético mais abrangente.

No caso de uma antologia como a de Décio, está claro que a versatilidade de línguas traduzidas não se dá pelo domínio real de todas elas: os três poetas não só assumem como defendem a possibilidade de uma oficina tradutória em que poetas, tradutores, linguistas e conhecedores de línguas possam se unir para recriar textos originais com maior força poética e um mínimo de erros causados pela ignorância da língua e da cultura em questão: nesses casos, cada especialista atuaria na sua área e, portanto, ao poeta caberia o artesanato da poesia na tradução, uma vez que ganhasse o conhecimento técnico necessário para determinada obra. Um exemplo notável desse tipo de parceria são as traduções da poesia de Maiakóvski, feita com o apoio de Boris Schnaiderman, professor e tradutor do russo. Nesse contexto, caberia ao poeta-tradutor, mesmo sem compreender o poema original, dar uma forma poética final, a partir dos debates da oficina e das informações adquiridas com os outros estudiosos, como propõe Haroldo de Campos (1992, p. 47); ou mesmo a consulta de outras traduções, para suprir as falhas do tradutor.

> O conhecimento, senão o domínio, da língua do objeto original, é requisito óbvio da competência tradutória – mas não imprescindível, pois, em estado de necessidade e interesse, opera-se uma tradução mediada por outra ou outras, uma tradução indireta, por tabela e *by-passes*. Os exemplos são inumeráveis, a partir da *Vulgata*, do grande poeta tradutor de traduções, São Jerônimo, que gerou as demais traduções da Bíblia; até o canto XI da *Odisseia*, que Pound traduziu do latim de Andreas Divus; passando por Safo, que Catulo transpôs para o latim, e Eliot – do grego e do latim para o inglês – e o *Rubayat*, de Omar Khayam, que só circula na tradução de Edward Fitzgerald (2005, p. 11).

Na história da literatura de língua portuguesa, já tínhamos o caso famoso de Antônio Feliciano de Castilho, com sua tradução do *Fausto* de Goethe, feita sem conhecimento direto do alemão graças a uma primeira versão feita por seu irmão, José Feliciano de Castilho, e que foi criticada muitos anos por seu método nada ortodoxo, bem como tem sido, vez ou outra, a proposta de tradução "coletiva" dos concretistas (Cf. LARANJEIRA, 1993, p. 30-1). Esse poderia ser o caso aqui, já que Décio parece não ter um conhecimento de latim que ultrapasse muito o escolar de seus tempos de liceu. Mas isso não serve para que se iniba, muito menos para que essa tradução seja *a priori* considerada ruim, antes de uma observação mais cuidadosa: a tradução indireta, a *outradução*, nos termos do próprio Pignatari, pode ser capaz de atingir pontos marcantes na recriação de uma obra, mesmo que apresente "falhas", mesmo que não seja uma reprodução perfeita do conteúdo do original. Nesse sentido, as traduções acima citadas são exemplares: o nosso português *Rubayat* foi traduzido do inglês de Fitzgerald; e a *Vulgata* de São Jerônimo já foi a obra mais importante e lida do Ocidente durante séculos, chegando a ser considerada pela Igreja como superior ao próprio texto hebraico, de modo que, quem discordava disso poderia ser preso ou até morto. Caso famoso é o de Frei Luis de León, preso pelo Santo Ofício num calabouço durante quatro anos por alegar que o texto original hebraico era superior à tradução da *Vulgata* latina e por ter feito uma tradução do *Cântico dos cânticos* para o espanhol num período em que a vulgarização dos textos bíblicos era proibida.

Do mesmo modo que podemos comparar as propostas de método tradutório entre os concretistas, também podemos comparar seus estilos, sem que com isso devamos pensar que se trata de uma mesma proposta entre os três: certamente não é esse o caso, e cada um deles já usou termos diferentes para o seu ato tradutório, no intuito de marcar sua especificidade. Cada um tem sua linha, seu estilo – que também se diferencia ao longo dos anos e dos objetos a serem traduzidos –, embora possamos perceber uma influência constante do *make it new* de Pound, influência nunca negada, mas sempre apresentada e defendida mais de uma vez por todos os três. Nessa proposta comum, cada um deles busca uma recriação poética que dê nova vida ao texto na língua de chegada, com a atualização do vocabulário e das referências culturais, a fim de recriar o tom do original em português, utilizando essas adaptações culturais para evitar a necessidade das notas de rodapé explicativas e, por vezes, maçantes, que ameaçam anular o efeito estético. Numa linha parecida temos Rolfe Humphries, tradutor norte-americano de poesia latina, que apresenta um caso específico capaz de aclarar nosso ponto:

> Não faz muito tempo, falando sobre tradução aos estudantes da Faculty of St. John's em Annapolis, eu confessei que minha consciência não estava completamente limpa por ter transformado as corridas de carruagem de Ovídio (Amores, III, 2) em *flat races* americanas, trabalhando com as cores de estrebaria trazidas por Nashua. Isso horrorizou alguns

devotos dos Grandes Livros, não tenho outras palavras, mas quanto mais protestavam, menos ansiosa minha consciência ficava. Sentia-me cada vez mais seguro ao pensar que, se pudesse me sentar ao lado de Ovídio e dizer: 'Olha, cara, não temos mais esse tipo de corrida, mas temos algo mais ou menos equivalente; venha comigo até Belmont pra ver. E, de qualquer jeito, não é o tipo de corrida que importa, mas o que o garoto e a garota na arquibancada estão fazendo, não é isso? Você se importa se eu tentar?' – Eu receberia sua bênção (1966, p. 65-6).

A forma como esse tradutor, mesmo que para língua inglesa, explica suas escolhas se aproxima bastante de algumas que vemos tanto nessa tradução de Décio como em outras dos irmãos Campos, ou em Nelson Ascher e outros poetas brasileiros que incorporaram essa proposta tradutória de fazer certas adaptações culturais para dar mais vitalidade imediata ao texto traduzido. Em resumo, a técnica de renovar na tradução, segundo Sullivan, baseia-se na seguinte ideia:

> O mundo original do poeta nunca pode voltar, e, portanto, ficar completamente vivo para nós; o tradutor procede por analogia, substituindo situações e sentimentos remotos por alguns equivalentes contemporâneos para tornar o todo vivo. Atitude e tom são contemporâneos assim como a escolha de exemplos e situações (1964, p. 21).

Assim, opera-se uma adaptação ao gosto do presente por meio do passado, evitando as informações que não poderiam gerar no leitor contemporâneo pouco ou nenhum efeito por serem muito distantes. A poesia como um todo é renovada por meio de sua aproximação do mundo contemporâneo de todas as maneiras possíveis: pelo vocabulário, pela sintaxe, pelo gosto estético, pelos sentimentos, etc. E a tradução busca ocupar o lugar do original, por muitas vezes (mas não sempre) criar uma sensação de ter sido escrita originalmente na língua de chegada – um efeito disso é reparar como o estilo das traduções de um mesmo livro antológico (como *31 poetas...*) varia pouco: a presença do tradutor é muito clara, seu próprio estilo toma conta do estilo do autor do texto original, e o resultado é sempre uma fusão singular entre essas duas vozes, com uma certa manutenção da voz do tradutor ao longo de várias obras diferentes.

Voltando à tradução em questão, vemos que, como Aires de Gouveia, Pignatari deixa de lado a variação métrica do dístico elegíaco e opta pelo dodecassílabo (com tônicas na sexta e décima segunda sílabas, sem a cesura do alexandrino) como o único tipo de verso, sem fazer uso de rimas: a flexibilização da métrica de Pignatari também não é resultado de mera incompetência técnica, e sim um reflexo das operações estéticas que o modernismo, sobretudo o brasileiro, configurou, no seu questionamento às formatações exacerbadas da arte. Com isso, mesmo o verso metrificado passou a ter muito mais liberdade do que no período do Curioso

Obscuro, e a elisão do alexandrino muitas vezes deixa de ser uma exigência de apuro técnico, mas pode, sem maiores problemas para o leitor contemporâneo (de ouvido pouco acostumado às cadências métricas mais clássicas), ser utilizada com resultados semelhantes ao verso parnasiano. Além da métrica, percebe-se que o concretista aumentou um pouco o número de versos da elegia original de Propércio, se contarmos que traduziu em treze versos os seis primeiros dísticos (doze versos) do poema original. Para tanto, rompeu com uma característica marcante da poesia properciana, que é a unidade entre verso e sentido, principalmente no dístico:

> Enquanto os escritores de épica latina estavam preocupados em evitar a coincidência, ou ao menos a coincidência frequente, entre o sentido e o verso; os elegíacos (Tibulo, Propércio e Ovídio) quase sempre completam as sentenças, ou a cláusula, no fim do pentâmetro. [...] É perceptível uma tendência ligeiramente crescente de fugir do *enjambement* nesses três elegíacos (PLATNAUER, 1951, p. 27).

Propércio, como os outros poetas elegíacos, raramente faz um cavalgamento e, quando o faz, não ultrapassa a fronteira do dístico. Há casos em que uma mesma ideia segue por diversos versos, no entanto o dístico serve de base para a suborganização de ideias fechadas, restringindo-as, de modo que não se costuma achar mais do que dois dísticos sem a necessidade de uma marca maior de pontuação – ponto e vírgula ou ponto (*ibidem*, p. 29) – por parte dos editores; entretanto Décio só se mantém assim até o oitavo verso, para depois instaurar uma sessão de *enjambements* relativamente longa. Apesar desse distanciamento formal em relação à estrutura do texto original latino, na versão brasileira a euforia da leitura aumenta, torna-se mais explícita e contagia o próprio ritmo do leitor, pois é preciso se apressar para o próximo verso e não seguir as pausas visuais da linha versificatória: a velocidade do poema fica muito maior do que na versão de Aires. Assim, essa escolha tradutória ressalta o *pathos* do poeta por meio de um artifício retórico específico, o que, se pensarmos por outro prisma, se aproxima da tonalidade ambígua do poema; uma vez que a euforia rítmica do *pathos* "sincero" se contrapõe ao humor e à autoconsciência de uma poética autorreflexiva: a escolha de Décio não é um acaso ou constrangimento métrico para encaixar a ideia a ser traduzida: forma e conteúdo estão reunidos para a re-realização do poema em língua portuguesa, junto com sua diversão.

Além de uma sintaxe muito mais leve, mais próxima da língua cotidiana, suas escolhas vocabulares dialogam bastante com as incorporações da poesia modernista brasileira, quando esta chegou com seu rechaço ao parnasianismo do começo do século XX; e isso não se opõe ao fato de que Décio tenha escolhido uma métrica fixa. Desse modo, o verso branco evita a obrigação de rimas, além de o aproximar formalmente ainda mais do estilo leve de Propércio que as escolhas do Curioso, e as palavras estão num registro mais baixo do que as do Curioso, talvez por influência da leitura da *Homage to Sextus Propertius* de Pound. Como descrição de logopeia, o próprio Pound no seu livro ensaístico, *ABC da literatura*, já havia se referido à poesia de Propércio.

> Em terceiro lugar, você corre o maior risco de usar a palavra em alguma relação especial quanto ao "uso", ou seja, ao tipo de contexto em que o leitor espera, ou está acostumado, a encontrá-la.
> Essa é a última maneira a ser desenvolvida, só pode ser usada pelos sofisticados.
> (Se você quer mesmo entender o que estou falando, terá de ler, afinal, Propércio e Jules Laforgue) (1968, p. 37-8).

Vale lembrar que, em sua *Homage* a Propércio, Pound tentou recriar o que julgava ser a logopeia *avant la lettre* properciana por meio de um uso refinado das palavras populares junto a outras de uso erudito ou de jargões específicos, o que tende a gerar um certo riso no leitor, graças ao inesperado do vocabulário e ao seu uso em momentos insólitos fora do seu contexto esperado. Com isso, a ironia (como o próprio Pound também aponta na logopeia de Laforgue) passa a ser intensa no poema, não só pelo assunto, mas também pela própria trama vocabular, pela "dança do intelecto entre palavras". Deve-se ressaltar também que o trecho traduzido por Décio fora também um dos traduzidos por Pound, o que faz parte de um novo jogo de alusões que esta tradução pretende fazer com suas próprias influências como poeta e como tradutor.

Mas, comparado a Pound, Décio não lê Propércio numa chave tão irônica, tão logopaica. Suas escolhas tendem mais especificamente para o humor do que para a ironia:[21] a mistura entre termos cultos e populares é baixa, e na verdade temos a predominância de um registro popular literariamente estetizado como "oralizado". As traduções de Décio em *Retrato do amor quando jovem* seguem, no geral, a mesma lógica de adaptação estética que oraliza o original: a tradução de *Romeu e Julieta* é o melhor dos exemplos; num possível diálogo tradutório com Pound, uma vez que este também fez uma adaptação, junto com Rudd Fleming, da *Electra* de Sófocles, mas com gírias dos negros do sul dos Estados Unidos. Uma das características marcantes dessa proposta é o uso do pronome "você" para o tratamento da amada, o que aproxima a tradução do *sermo cotidianus* brasileiro, já que o "tu" só é usado em algumas partes do país ou em registros literários. Como já foi dito, a literatura brasileira já havia incorporado desde o modernismo esse gosto pelo popular na criação do belo: "você", então, tira o ar elevado que um texto poderia ter com o uso de "tu" e, principalmente, "vós". Dessa maneira, a versão de Décio se torna efetivamente mais leve e fluida: aproxima-se dos poemas amorosos ou eróticos de um Bandeira ou de um Drummond de *Corpo*, do "me dá um cigarro" de Oswald de Andrade, numa poesia cheia de sorrisos que, por vezes, chega a excessos, como no verso 4 ("e que transas transadas com luz apagada") em que o refinamento cai num gosto pelo chulo – também incorporado pelo modernismo –, não apenas pela palavra "transa", como por sua repetição que beira o *kitsch*. Ou na sequência dos versos 8 e 9, ("[...] Ah muito bonito! / Você aí deitado e não faz nada? [...]") para "[...] *Sicine, lente, iaces?*", em que a condensação do romano – meio verso – se perde no arrastar da tradução, ainda que Décio consiga insinuar a flacidez fálica do poeta e a exigência sexual da amada descontente com a performance do amante, assim como o termo *lentus* em latim.

Porém, de modo algum se deve afirmar que a ligação com o modernismo implique algum tipo de descuido estético, do mesmo modo que não se deve imaginar qualquer tipo de relaxamento formal nos poetas modernistas: sua escolha por aproximar-se da fala cotidiana não implica a ausência de um trabalho sobre a linguagem, e a fluência dessas obras é resultado de um cuidado que busca cativar pela aparente simplicidade do texto, que dá maior sensação de sinceridade ao leitor. Assim como o Curioso Obscuro, Décio também retoma os jogos aliterativos do original, adaptando aos sentidos possíveis em português. No verso 18, "que não estão cAINdo, AINda [...]" a repetição fonética de um hiato com nasalização final lembra o próprio balançar dos seios, talvez um pouco flácidos, mas não caídos – não ainda. Com isso, além de retomar de maneira mais escancarada o erotismo, o riso aparece mais forte, beirando mesmo a comédia, puxando o tom de Propércio – que realmente é irônico, mas com um certo riso de lado – para o de Ovídio, que é sempre o mais humorado, mais descarado (*lasciuior*, nos termos de Quintiliano) dos elegíacos amorosos.

Décio também tem menos pudor de fugir da letra latina e, logo no começo, já nos lança uma expressão "noite de pedra branca" para traduzir a simples *nox candida* properciana: seu efeito é mais próximo dos incorporados pelo simbolismo, e depois, no século XX, pelo expressionismo, surrealismo ou pelo hermetismo; nessa lógica, o termo não se explica racionalmente, como deveria se esperar na imagética clássica, e passa a se incorporar no jogo de imagem do novo poema em português: poderia ser uma leitura de *nox candida* como um símbolo para o costume romano de se marcar no calendário os dias mais felizes com uma pedra branca; no entanto, se for esse o caso, fugiria à proposta tradutória geral, uma vez que espera do leitor um suposto conhecimento específico sobre a cultura romana; também não se poderia argumentar em favor da ignorância de latinista de Décio, pois não há de onde tirar essa "pedra" do texto original; não há "falha" que justifique essa pedra de toque tradutória, essa pedra no caminho do sentido, essa educação de pedra, ou essa pedra que se cata do feijão: ou seu melhor funcionamento, para além de criar uma bela imagem para a claridade da noite, ao implicar na pedra branca um plenilúnio, é seu diálogo com essa rigidez pétrea da poesia de Cabral (tantas vezes elogiado pelos concretistas) ou com o famoso emperrar de Drummond.

O resto da tradução, em contraponto à pretensa imagem hermética do primeiro verso, tende a ser mais explicativa: tome-se, além do alongar da lentidão/lassidão do poeta, já comentada, o "ofertar-me os seios" pelo simples e saboroso *ludere* latino, pois o concretista prefere explicar o que vem a ser a tal "brincadeira" dos amantes. Uma crítica direta a um desvio efetivo em relação ao original, só poderia caber ao último verso, que se apresenta numa adaptação tradutória bastante livre ("noite sem dia") que nos dá uma sensação do inacabamento do próprio poema, já que nem sequer a frase termina em sua tradução e nós ficamos sem o verbo principal da oração e seu predicado. Mas talvez também se possa implicar algo na intervenção do acabamento do próprio poema antes de seu momento esperado como uma incorporação na própria forma poética, da imprevisibilidade: o poema acaba sem que nada possamos fazer; como quando acaba a vida de um ente querido, só nos resta o luto ou seguir em frente, sem nunca podermos saber como teria sido se não houvesse um final brusco e inesperado. Nesse sentido, a tradução estaria dando uma nova ideia sobre um tipo de estética mimética que não aparece em Propércio; e, como Pignatari apenas nos deixa com as reticências, sem termos o texto latino ao lado, já que a edição não é bilíngue, o leitor fica na dúvida sobre como compreender essa ruptura do pensamento e, sozinho com o texto, deve tentar compreender na própria ausência de continuidade uma possível significação: o que o *carpe diem* anuncia é que tudo que temos, inclusive a vida, um dia tem seu fim, e que não podemos sequer prevê-lo: pode ser o próximo, pode ser hoje; assim, só nos resta aproveitar o tempo, seja ele quanto for, que nos resta. Do mesmo modo, numa metapoesia, deve-se aproveitar a obra à medida que é lida, e não buscando apenas seu fim, numa busca teleológica que muitas narrativas criam: a própria obra pode ser inacabada, como *Os cantos* de Pound ou *O homem sem qualidades* de Musil; o que não nos deve impedir de lê-las, pois a própria vida sempre nos resulta inacabada. Dessa maneira, Décio se distancia do original muito mais do que Aires de Gouveia, com um gosto, muito típico do século XX, pela autorrefletividade, pela metapoesia muito mais aparente, o que acaba por dar à sua versão um caráter mais "aberto". O Propércio de Décio apresenta-se então como uma espécie de modernista após a fase heroica, resvalando entre a linguagem simples, popular, e uma métrica de tradição mais antiga, com um forte gosto para o humor aberto de quem já passou pelo simbolismo irônico de Laforgue e Corbière.

Mais, ainda

Chegamos, por fim, à minha tradução. Dando sequência ao movimento do abstrato ao concreto, finalmente pretendo desaguar nas minhas próprias escolhas. A tradução, como ato criativo, não pode ser descrita totalmente na sua criação, pois, a cada verso, a cada termo, diversas escolhas foram tomadas em maior ou menor grau de consciência – não há porque fingir um domínio total sobre a própria obra: ninguém o tem, e esse é o grande drama da poesia de Stéphane Mallarmé, por exemplo, ou de João Cabral de Melo Neto. Assim, como não posso descrever num total minhas escolhas, resumirei alguns aspectos que nortearam este projeto tradutório, na medida em que os tenho conscientemente escolhidos como metas que demarcam a empreitada. Nenhuma dessas escolhas é fácil, e não é por tomar um caminho apenas que se deve imaginar que outros, pelos quais não pude passar, não poderiam ter sido também produtivos, a ponto de poderem também me agradar – o fato é cada escolha exclui as outras; escolher, por fim, é um ato doloroso pelo qual se dá a criação; é o momento em que nos entregamos aos olhos do outro, ao seu julgamento. Como confessou T. S. Eliot num entrevista, "Nenhum poeta honesto jamais poderá ter certeza absoluta do valor permanente daquilo que escreveu. Ele pode ter desperdiçado seu tempo e complicado sua vida por nada" (1988, p. 103): o mesmo poderia ser dito sobre o tradutor, na medida em que desconhece o resultado efetivo de suas escolhas sobre os outros.

Para ser bem-sucedido nessa transformação poética, o primeiro passo é adotar uma postura de regularidade métrica que tente, à sua maneira, causar uma reação próxima ou convergente, embora nunca idêntica, à que poderia ser a do texto original sobre o leitor da língua materna. Para tanto, foi preciso encontrar primeiramente um caminho que pudesse recriar a constância rítmica e, ao mesmo tempo, a variação do dístico elegíaco, uma vez que a métrica quantitativa não funciona perfeitamente em português, já que nossa tradição métrica é silábica, e nossa língua não detém diferenças fonéticas entre sílabas longas e breves como o latim. Fiz questão de marcar o fato de a elegia ser escrita em dísticos, por isso descartei as soluções monométricas propostas por Aires de Gouveia e Pignatari, bem como as de Márcio Thamos e de Brunno Vieira, que transformam o dístico num terceto (dois decassílabos e um hexassílabo) de uso entre os nossos poetas árcades. Dessa forma, levando em conta a estrutura do dístico elegíaco (único metro utilizado por Propércio em toda sua obra), segui a solução métrica já utilizada por da Silva Ramos para traduzir o próprio Propércio (1964) e por João Angelo Oliva Neto, nas traduções em *Livro de Catulo* (1996) e em *Falo no Jardim* (2006): optei pelo dodecassílabo com tônicas na sexta e na décima segunda sílabas (com a possibilidade de variação para tônicas na quarta, oitava e décima segunda) como substituto para o hexâmetro datílico; e o decassílabo heroico com tônicas na sexta e décima (também com variante para o sáfico – tônicas na quarta, oitava e décima) para o pentâmetro datílico. Como suporte da tradição tradutória em língua portuguesa, com as quais minha tradução há de dialogar e formar uma espécie de unidade da lógica tradutória do verso, tenho ainda a *Ilíada* de Haroldo de Campos (cujos hexâmetros gregos foram vertidos também em dodecassílabos), bem como as *Bucólicas* de Virgílio, traduzidas por Raimundo Carvalho (que, por sua vez, utilizou alexandrinos para traduzir os hexâmetros latinos), além da *Farsália* de Lucano, vertida por Brunno Vieira, e das *Argonáuticas* de Valério Flaco, traduzidas por Márcio Gouvêa Júnior. Por fim, no trabalho com o dístico elegíaco ainda há as *Elegias* de Tibulo, que vêm sendo traduzidas por João Paulo Matedi

Alves com este mesmo metro. Com essa escolha, deixei de lado, por exemplo, a solução de José Paulo Paes, nas suas traduções de Ovídio, de usar um verso de quatorze sílabas para o hexâmetro e um de doze para o pentâmetro, por julgar que a reutilização de formas métricas incorporadas há mais tempo pela literatura brasileira poderiam surtir um efeito mais classicizante, na medida em que dialogassem com as obras dos séculos anteriores de nossa tradição literária, bem como por julgar que, tecnicamente, esses dois versos de Paes poderiam às vezes ser muito longos, o que me arriscaria a cair no prosaico, que não se aplica à poética específica de Propércio.

Restaria ainda o problema de como traduzir o pentâmetro pelo decassílabo. Depois, avaliar se haveria uma lógica interna no seu diálogo com o dodecassílabo, visto que o dístico elegíaco é o tipo de cadência mais próxima da repetição rítmica do hexâmetro, utilizado sobretudo para a épica, uma vez que sofre apenas uma alteração no pentâmetro. Segundo Ovídio, em *Amores* 1.1.3-4:

Par erat inferior uersus: risisse Cupido
    dicitur atque unum surrupuisse pedem.

Igual é o verso inferior – sorriu Cupido,
    dizem, assim que lhe roubou um pé.

Assim fica clara a ligação direta entre o pé do *epos* e o da elegia no modo como os romanos o compreendiam, sendo que este último seria quebrado e teria um pé a menos, que fora roubado pelo Amor, o que explicaria que ele passasse, por uma "falha", a alterar o centro temático do poema: no lugar das batalhas bélicas, vem a *militia amoris*, as batalhas na cama, contra e com a amada. A explicação ganha força se levarmos em conta que o ritmo do pentâmetro realmente se aproxima do hexâmetro, mas nos dá a sensação de acabar antes, e com o último pé "quebrado". Mas é esse mancar que dá o ritmo encadeado do pensamento elegíaco e insere uma certa variação dentro da métrica, variação essa que consegue muitas vezes driblar o risco da monotonia. De qualquer maneira, a reutilização do dátilo como pé básico cria uma eufonia rítmica que quase leva um ouvido menos treinado a supor uma unidade métrica constante, que não existe efetivamente. Dessa maneira, a relação entre o decassílabo e o dodecassílabo, do mesmo modo, cria a sensação de que o poema também seja "coxo" em português, enquanto a repetição da posição das tônicas internas (6, ou 4-8) nos dois tipos de versos nos dá uma sensação de unidade rítmica que no texto latino é gerada pela repetição do tipo de pé estruturante (o dátilo); porém, ao mesmo tempo, o ritmo fica quebrado pelo fato de o segundo verso sempre ser menor e acabar antes do esperado.

Com esse diálogo direto com a épica causado pela escolha do verso, poderiam retorquir o porquê de não se usar o decassílabo heroico como base para a tradução do hexâmetro (como fez Odorico Mendes, por exemplo), já que esse verso ocupou em língua portuguesa o lugar da épica, desde Camões; para depois procurar outro verso para a tradução do pentâmetro e encontrar outra simetria em português. Minha justificativa é simples: o decassílabo já é sensivelmente menor que o hexâmetro, o que acarretaria uma perda muito grande de informação semântica que impediria uma tradução com o mesmo número de verso que o original, a não ser que eu perdesse o caráter de espelho que busco na isometria e aumentasse então o número de versos. Dessa forma, busquei na tradição em língua portuguesa dos parnasianos, que muito se utilizaram do dodecassílabo, especialmente do alexandrino, e da tradição épica francesa, o que recria, como já argumentei a respeito da *Ilíada* de Haroldo de Campos, um jogo de referências literárias mais cosmopolita, interligando diversas tradições que atualmente têm um grande contato: não poderia ser muito diferente, pois, como era de se esperar, vivo ainda na mesma cultura em que viveu o concretista, traduzo menos de dez anos após a sua morte.

Assim, é possível criar, a partir da tradição métrica silábica de língua portuguesa, um emulador da variação constante do dístico elegíaco. Além disso, ainda na estrutura do verso, mantive os versos brancos do original, enfatizando, como é do costume da poesia latina, as aliterações e a paronomásia, visando a trazer parte do que caracteriza o espírito literário da época e de Propércio. Nesse jogo, a rima não faz sentido literário em termos de sistema, embora apareça esporadicamente (sobretudo na cesura do pentâmetro), e a atenção sonora fica principalmente nas tramas aliterativas, que aproximam sentidos pelas semelhanças sonoras entre duas palavras. Também, em muitos momentos, tentei recriar os poliptotos (o reaparecimento da mesma palavra em casos diferentes) tão comuns em latim e tão difíceis em português, com as variações possíveis em nossa língua, como a variação entre singular e plural, ou feminino e masculino, quando não me apoiei no uso de dois termos (substantivo, verbo, adjetivo, advérbio) com mesma raiz e sentido quase idêntico.

Também de forma semelhante a Haroldo de Campos, em muitos momentos busquei recriar um jogo pela posição das palavras dentro do verso, dando-lhes atenção e a tensão possível dentro de uma língua como o português. Por exemplo, em casos mais imediatamente perceptíveis, mantive o nome de Cíntia como o primeiro do poema de abertura, que julgo fundamental como a "ira" de Aquiles ou o *"arma uirumque"* da *Eneida*. Do mesmo modo, mantive a imagem de Calímaco na abertura do terceiro livro ("Calímaco e teus Manes"), por julgar muito sintomático um poeta abrir um livro seu com o nome de outro poeta – de modo que não é à toa que se julgava o Calímaco romano. Além desses dois exemplos, há vários outros que aparecem por toda a tradução, como a tentativa de manter palavras de sentidos opostos em relação de proximidade, e outras soluções que tentam dar mais valor às posições específicas das palavras na configuração do sentido do texto. Com essa busca, minha sintaxe se afastou um pouco da fala cotidiana do brasileiro, embora ao mesmo tempo eu também me tenha esforçado para dar uma dicção leve ao texto em português, para também me opor à elevação da tradição épica. Todavia, não quis deixar que essa leveza tornasse o texto excessivamente fácil e claro. Nesse sentido, deixar que o latim tomasse, por pouco que seja, conta do meu português foi uma solução importante como regra de se pensar os poemas. Em todos os casos, tentei sempre privilegiar uma informação estética, sem adaptar demais ao gosto estético do presente, num verdadeiro exercício de alteridade, por julgar que o estranhamento é capaz de produzir o belo, bem como por julgar que o novo pode estar precisamente no passado distante, que, por estar demasiado afastado de nós, se torna capaz de nos chocar como se nunca o tivéssemos visto antes, como se, de algum jeito, não fizesse mais parte de nossa tradição, ainda que sempre tenha estado lá. Outro aspecto que não quis deixar de lado é a confluência entre o sentido e o verso: em Propércio, como na maior parte dos elegíacos, o *enjambement* quase não ocorre, e o verso quase sempre ganha um caráter de adágio pelo ritmo que ao mesmo tempo fecha uma ideia. Em contraposição a esse tipo de gosto, a épica, sobretudo a latina, vê no cavalgamento uma solução contra o risco da monotonia de se utilizar apenas um verso em sequências muito longas. Assim, embora em português a crescente fragmentação do verso nos tenha levado a um gosto pela quebra do sentido em vários pontos, preferi retomar a unidade do gosto latino como uma das formas de divergir do presente.

Não quis fazer nenhuma adaptação cultural muito exacerbada, para não apagar as possíveis divergências que o mundo latino do império tenha em relação ao nosso. Outro fator difícil é o fato de que Propércio, como bom leitor de grego que era, com gosto alexandrino, fez muitas alusões, muitas vezes difíceis para os próprios romanos. Desse modo, também não quis facilitá-lo, o que me levou às notas. A cultura de um povo não deveria ser muito simplificada aos olhos do leitor, para não reforçar a ideia, que em maior ou menor grau todos os povos têm, de que sua cultura seja a mais correta, a melhor, a mais natural. Assim, se podemos, por um lado, encontrar num processo tradutório muitos termos cuja semelhança seria resolvida com uma pequena adaptação; inversamente, como aponta Dominique Aury:

> Num registro mais modesto, quando traduzirmos o *scone* escocês e o *muffin* inglês por pãozinho (*petit pain*), não teremos traduzido nada. Então, que fazer? Pôr um nota de rodapé, com descrição, receita de fabricação e modo de usar? A nota de rodapé é a vergonha do tradutor... (In: MOUNIN 1986, p. X-XI).

O que fazer nesses casos? Assumo essa vergonha de tradutor e passo pelo atravessar do texto; deixo na nota não uma informação que eu poderia ter passado poeticamente por meio de uma adaptação à minha cultura, mas uma informação sociocultural que ajuda a compreender um povo e que, por fim, também nos pode ajudar a compreendermos a nós próprios pelas diferenças que se nos apresentam. Nesse sentido, a nota não é simplesmente uma vergonha do tradutor, mas também o espaço da alteridade, um complemento de informações sócio-literário-culturais importantes para darmos sentido a uma obra.

Nessas possibilidades entre o latim de Propércio e meu português, várias soluções, que por sua vez ficam em várias posições e graus diferentes, foram tomadas, sem uma regra obrigatória, ou um dogma geral, que prescrevesse os limites da criação tradutória. Assim, em diversos pontos estive próximo do *make it new* e das propostas de Pound e dos concretistas; porém, como também tive como guias minha formação acadêmica e meus estudos filológicos, não operei exatamente uma transcriação radical: tentei, como via de regra, fazer uma poesia que não precise abandonar a semântica de estudo e achar esse lugar em que o texto em português pudesse produzir suas divergências sem deixar de ter um rigor acadêmico, sem deixar de produzir, como se deve esperar de todo trabalho, sua diversão. Deixar-me divergir ao mesmo tempo do poeta e do filólogo que trago em mim para poder criar, para poder também divertir, sem culpas.

De imediato, pela própria disposição visual dos versos, com um recuo nos pares, pode-se perceber a diferença métrica entre minha tradução e as outras duas anteriormente apresentadas: na minha versão tento recaptar, como demonstrei, a estrutura dupla do dístico elegíaco com uma metrificação também dupla; para que o ritmo, se não imitado, fosse ao menos emulado em língua portuguesa. Procuro, com minhas escolhas métricas, retomar duas tradições fortes na versificação de língua portuguesa: o dodecassílabo (como o de Décio, não é uma alexandrino, mas tende a uma flexibilidade) dos parnasianos e dos franceses em geral, para a tradução do hexâmetro; e o decassílabo, sáfico ou heroico, de tradição camoniana, fundamento da literatura portuguesa, para o pentâmetro. Desse modo, insiro-me na tradição métrica mesclada em que se encontra há quase dois séculos nossa literatura, se não contarmos que, no campo do gosto do estilo, já temos misturas desde nossa fundação com a literatura portuguesa de forte influência francesa e com a inglesa desde meados do século XVIII. Como o Curioso, tentei respeitar a relação entre verso e sentido, principalmente no dístico, e, se durante toda a tradução posso ter feito alguns *enjambements* que não constavam no original, por outro lado não operei nenhuma extrapolação do limite máximo do dístico para expressar uma ideia. Também no intuito de me manter mais próximo de Propércio em alguns aspectos, optei por descartar a possibilidade da rima, que, de qualquer modo, anda em baixa no gosto literário contemporâneo, mesmo que tenha tido uma pequena ressurreição na geração de 45 e entre os poetas marginais: centrei-me principalmente na recriação de um jogo aliterativo. Desse modo, tomei reverentemente de Décio a solução onomatopaica de "CAINdo, AINda" para os seios, por enquanto, rijos da amada; enquanto à sua solução juntei a do Curioso com seu "brINco", no sentido de brincar, que Macunaíma tanto usa para o jogo sexual, mas que sonoramente ainda lança mais um eco em fim de verso, mais um chacoalhar dos peitos de Cíntia, para retomar o riso que julgo ser bastante marcante nesse poema. No sexto verso, "e às vezes REsisTiu, RETendo a Túnica" tento, por meio de uma repetição de Ts e Rs recriar sonoramente a rixa amorosa com sons respectivamente de baques surdos e de roupas rasgadas, que só serão anunciadas alguns versos mais tarde.

Na escolha vocabular, tentei me posicionar entre Décio e o Curioso, pois julguei que, para o leitor contemporâneo, o gosto deste seria demasiado pomposo – ainda que não o fosse tanto para sua própria época –, e o daquele, demasiado baixo. Na minha leitura de Propércio, o gosto vocabular é variegado, como também são suas tonalidades;[22] assim, "peitos" (um registro mediano para "seios", esse sim um termo mais elevado, enquanto "tetas" ou "mamas" seriam mais baixos) convivem, por exemplo, com o "tu" por pronome de tratamento. Essa escolha se deu por quatro motivos: o primeiro era o de dar um tom um pouco mais afastado do *sermo cotidianus* e revelar que o texto lido não nos é contemporâneo, mas que tem mais de dois mil anos; desse modo, por meio de uma certa artificialidade, recordo que não se trata de um texto que foi escrito originalmente em língua portuguesa do século XXI. Em segundo lugar, a conjugação dos verbos na segunda pessoa permitem o apagamento do pronome sem gerar ambiguidade, coisa que não acontece se usamos "você". Em terceiro lugar, Propércio tem um gosto específico de alternar o tratamento entre segunda e terceira pessoas num jogo brusco de endereçamento do discurso que por muito tempo deu dor de cabeça aos filólogos e comentadores; assim, se eu optasse por "você", essa variação não poderia ser recriada efetivamente em português, pois a conjugação de pronome "você" é feita como a da terceira pessoa. Por último, o "tu" latino não é tal qual o "você" em português, dado que mesmo Virgílio em sua épica usa esse termo sem esse com isso mais popular; assim, também creio que o "tu" português, ainda que no Brasil se concentre mais num discurso literário, não nos é tão estranho como o *"thou"* inglês, que hoje está praticamente confinado às literaturas de mais de um século.

Esse mistura, que incorpora um linguajar modernista sem tirar o pé de nossa tradição clássica, é o caminho que encontrei para recriar Propércio. Penso, porém, que comentar passo a passo as soluções que encontrei para elegia 2.15 na minha tradução seria redundar nos argumentos que eu mesmo já apresentei anteriormente sobre o texto em latim. Como o analisei em prosa, não defini a única leitura possível para este poema, mas a única leitura que me foi possível enquanto tradutor-poeta – o que faço, portanto, na minha tradução em verso é recriar em poesia aquilo que já demonstrei em prosa. Cabe ao meu leitor apenas observar se pude igualar meu discurso filológico ao poético, ou se devo assumir que de dois registros meus já saem diversões – se será realmente possível traduzir-me "perfeitamente". De certa forma, espero que na tradução poética eu consiga dizer mais, ainda que de maneira menos direta, do que disse neste Posfácio. De qualquer jeito, já não caberá a mim pensar e traduzir para o que é meu Propércio: sei que não é o de nenhum outro tradutor, nem leitor, sei também que convive com todas as outras linhas, mesmo que em constante dissonância com algumas; mas me é impossível avaliar externamente o que faço, saber das influências todas que perpassam minha leitura e dissecá-las – enfim, não pretendo fazer minha autobiografia intelectual.

Mas posso afirmar uma coisa: não busco, traduzindo, fazer Propércio falar em português tal como ele próprio falaria, se houvesse nascido no Brasil, nesta época, como propunha Dryden: se fosse esse o caso, ele provavelmente não escreveria elegias eróticas, muito menos romanas. Como bem dissera Schleiermacher, "a meta de traduzir como o autor teria escrito originalmente na língua da tradução é não somente inalcançável, como também fútil e vazia" (2001, p. 66-7).

O argumento do escrever "tal como se" é um logro que pouco produz: o que busco é a "diversão" que a tradução de uma obra pode provocar pelas semelhanças e estranhamentos gerados no leitor: quais são eles, cabe a cada leitor buscar. O tradutor dá uma leitura, como criação e crítica – nos termos de Haroldo de Campos – da obra que tem à sua frente; mas, sobretudo quando se trata de textos antigos, não é uma leitura natural, sem problemas, fluente como na sua própria língua; de modo que o tradutor não sabe como funcionaria exatamente o texto na língua original – o seu trabalho, então, como demonstra Schleiermacher, é do campo do interpretativo. O que não podemos esquecer, entretanto, é que traduzir é também uma paixão criativa:

> Há uma diferença entre um leitor, um escritor, um intérprete, um tradutor, um compositor, etc.? Duvido que essas palavras queiram dizer grande coisa.
> Todo tradutor interpreta como se tivesse escrito. Todo intérprete traduz como se tivesse composto. Némie dizia que não deveríamos tocar o que não desejássemos violentamente escrever (QUIGNARD, 1998 p. 57).

Reencenar a cena da criação poética é criar de novo, criar o novo, e todo recriar implica o afastamento em relação ao já existente – é obvio que esse afastamento não é objetivo, nem subjetivo, é um ponto em que a objetividade da tradução mecânica dos termos está presa à sensibilidade subjetiva do *pathos* tradutório: observa-se o objeto – texto original – para se criar outro objeto – o texto novo – que é também sujeito do primeiro texto. Só uma relação de paixão entre o tradutor e o autor que os ponha em termo de igualdade pode permitir a tradução poética: não se deve traduzir aquilo que não se deseja violentamente escrever. Nesse sentido, traduzir é exercício de alteridade, é sair de si, para poder voltar ao próprio mundo em que se habita. Com isso, ser completamente "moderno" (como alguns um pouco desatentos avaliaram Pound poeta-tradutor) é operar o apagamento da divergência que o original pode ser capaz de gerar; é trocar o Outro e sua possível violência pelo Mesmo da apatia costumeira. Esse é um risco que a transcriação de Haroldo de Campos, dentro de sua radicalidade, corre ao trazer obras antigas ao gosto do presente: apagar a possibilidade de o antigo também trazer o novo para o presente; mas Haroldo não cai nessa tentação tão facilmente como se poderia esperar. E dessa necessidade de negar o Mesmo, vem a beleza, razoavelmente oposta, das tentativas radicais de Schleiermacher e Benjamin na teoria e de Hölderlin na prática poética: contra o reinado do Mesmo, ainda que, por sua vez, também corram o risco de, na fissura criada na própria língua, tornar por inversão o Mesmo no Outro – desidentificar a própria língua –, o que, de certa forma, não resolve a dicotomia entre expressão e conteúdo. Mas nem Hölderlin é tão outro na sua tradução, nem mesmo na sua loucura: algo nos lança nesse campo e nos une sem nos unificar, sem nos moldar no Mesmo nem no Outro:

> O tradutor também é um *antitheos* que violenta a divisão natural e divinamente sancionada entre as línguas (que direito nós temos de traduzir?), mas que afirma, através de sua negação rebelde, a unidade final, não menos divina, do *logos*. No choque e fulgor implosivo da tradução real, ambas as línguas são destruídas e o sentido entra, momentaneamente, numa "viva escuridão" (STEINER, 1975, p. 331-2).

Esse miasma da linguagem em abismo não é perene e mesmo na violência tradutória, nas suas divergências tanto do mundo de chegada quanto do de partida, o leitor pode reencontrar-se e reencontrar o autor que ele busca. Desse modo, não prescindo do leitor, como Benjamin, em nome de uma metafísica das línguas: busco nele a possibilidade imanente da expansão poética da língua de chegada, bem como da de partida. Talvez eu não possa dizer que busco a pessoa do leitor, já que não a conheço, mas busco nele as possibilidades da língua que falo e vivo, busco nele a continuação do que se escreve, não como mero ato comunicativo, mas como vida que segue, como prazer – estético, ético ou político –, como diversão entre Propércio, eu e o resto do mundo: não será perfeita, vá lá, mas não há motivo para culpas, para sofrimentos, divergir é a grande forma de diversão; é por meio dela que se importam novos meios de vida, que a vida segue sendo sempre outra, indecifrável.

E não comento isso apenas quanto a mim; nem Décio nem o Curioso tenham, na suas próprias experiências, buscado dar um Propércio completamente puro ao português: cada um de nós, tradutores, sabe que só pode dar sua própria leitura, e que esta, felizmente, nunca é definitiva, nunca deve apagar as outras; ela convive num debate eterno, no universo-biblioteca de Borges, onde existem todas as traduções possíveis de todas as obras, bem como todos os comentários e todas as traduções dos comentários e as críticas aos comentários e às traduções: tudo o que se fez e que se pode fazer está lá, na complexa diversão da convivência.

Guilherme Gontijo Flores
Vitória – Belo Horizonte – Curitiba – Morretes, 2005/2013

Notas

[1] Apresentar uma discussão sobre tradução grego/alemão gera um problema em segundo grau: a tradução das opções em alemão citadas por Lessing, pois poderiam ser vertidas para o português também de outras maneiras. Creio que, apesar desse problema, pode-se inferir pela argumentação de Lessing (Cf. abaixo) que os níveis de intensidade de *Furcht* e *Schrecken* podem ser retomados em português, sem grande perda, por "medo" e "horror" respectivamente.

[2] Roman Jakobson (1966, p. 238), que já foi citado erroneamente por alguns estudiosos como um dos defensores dessa impossibilidade, mostra como esta é contornável pela transposição criativa, ou seja, por determinado modo de se encarar a tradução; o que faz, na prática, com que ele afirme sua possibilidade.

[3] Para uma discussão sobre a recepção da *Homage* de Pound, conferir o primeiro capítulo do livro (*ibid.*, p. 3-16).

[4] Pound, quando explicava a seus detratores seus objetivos, afirmou que o termo *homage* era o que Debussy adotara quando fizer a sua "*Hommage à Rameau*", no sentido de que faria "uma peça musical retomando a maneira de Rameau" (POUND, 2003, p. 1305).

[5] Poucos lembram que o texto de Benjamin é um prefácio às suas próprias traduções dos *Tableaux Parisiens* de Baudelaire (1991, p. 22-63). Não tive acesso a nenhum comentário crítico sobre a prática tradutória do pensador alemão, mas creio que um estudo detalhado sobre o assunto seria bastante produtivo. Penso que Benjamin, no momento do seu trabalho tradutório, não segue a mesma radicalidade que propôs na teoria, não chega aos pincaros de Hölderlin – o que não tomo num sentido pejorativo. Aponto nesta nota apenas o que julgo ser essencial na comparação entre teoria e prática: que, se de algum modo, em suas traduções o sentido se dissolve por meio da sintaxe, esse processo não se arrisca nos abismos da linguagem até o fim – Benjamin prefere manter um grau de comunicabilidade, de contato com leitor e com o conteúdo inessencial do texto original francês. Talvez seja por esse motivo que Berman não tenha analisado as traduções de Benjamin em *L'auberge du lointain*, para dar preferência a Hölderlin, Chateaubriand e Klossowski no estudo sobre a prática, enquanto mantém o filósofo alemão apenas como seu principal referencial teórico.

[6] Meus breves comentários e críticas estão mais restritos a *Pour la poétique*, de 1973, e não seriam aplicáveis a obras posteriores de Meschonnic, como *Poética do traduzir*, de 1999, onde creio que a postura de Meschonnic sobre ideologia e tradução seja mais "flexível". Uma reunião de textos sobre ética pode ser encontrada em inglês (MESCHONIC, 2011).

[7] *Traducción servil,* a expressão espanhola para designar as traduções que se concentram sobretudo numa fidelidade ao campo semântico do original, tem sido muito usada no sentido pejorativo por estudiosos de outras línguas, ao ressaltar o caráter de servidão do tradutor, sem perceber que há, também nessa hipótese, uma escolha tradutória.

[8] A categorização do verso de Nunes é objeto de debate: há quem a compreenda como um hexâmetro datílico português (uma sequência de seis dátilos), e outros, como eu, que veem nesse verso uma construção silábica rígida para formar um verso de dezesseis sílabas, ou hexadecassílabo.

[9] Foi apenas depois de escrever este estudo que tomei conhecimento das traduções de Márcio Thamos e de Mario Domingues para a elegia 1.2, o que me permitiria também um contraste.

10 Georg Luck faz uma leitura romântica de Propércio ("O gosto de Propércio é despudoradamente vigoroso e romântico", *ibid.*, p. 123) da qual discordo em muitos pontos, contudo sua afirmação de que a reflexão não se diferencia por distanciamento da vivência parece apontar para uma característica marcante da poesia properciana. O que tento demonstrar nesta elegia é que esse embaralhamento, ao contrário do que julgava Luck, é premeditada parte da trama poética, e não uma explosão sentimental irrefletida.

11 O *segredinho sujo* a que faço referência é termo de D. H. Lawrence (*dirty little secret*), que aparece no ensaio "Pornografia e obscenidade", onde trata da relação entre calar o sexo e falá-lo, demonstrando como o típico silêncio hipócrita, bem como a idealização assexuada da mulher, num contexto cristão, pode ser mais pornográfico do que uma demonstração escancarada do sexo, se não for feita de maneira degradante (2010, p. 90-113).

12 *Dulcis ad hesternas fuerat mihi rixa lucernas.* O prazer de ver o corpo nu (o que implica também a luz) aparece com frequência em Propércio, 1.2.8; 2.1.13; 2.2.13 e ss.; 2.13.27; 2.19.15; 2.24.52; 2.26.43; 2.29.7; 3.8.8; 3.13.38; 3.14.4-19; e 4.3.43.

13 Nesse sentido, podemos perceber que Propércio não contesta o ideário do amor como uma doença, apresentado na cultura romana e retratado magnificamente por Virgílio, sobretudo o épico. Muito pelo contrário, esse tema é reelaborado constantemente por toda a obra do elegíaco, desde o primeiro poema do *Monobiblos*: o que diverge nas duas leituras é a posição dos poetas em relação à doença amorosa.

14 A condição do amor que se expressa no poema é significativa (*et pressi multo membra iacere mero*): segundo Gordon Williams, o vinho é um símbolo do ato de fazer amor, relacionado por contiguidade e metonímia, o que implica mais adiante, por relação a Baco, que o sexo extraconjugal, ainda que amoral, não ofende os deuses, o que não se pode afirmar em relação à guerra (1980, p. 164).

15 Em 3.11 Propércio, inclusive, critica (embora também haja ironias, nessa crítica) o casal Cleópatra-Antônio, ressaltando sua fraqueza viril e seus danos à pátria, em oposição, aqui sim, ao seu próprio amor, que seria, *a priori*, apolítico.

16 De certa maneira, é isso o que faz Papanghelis (*op. cit.*) ao aproximar o temperamento de Propércio, bem como aspectos de sua técnica com os do *fin de siècle*, principalmente francês. Desse modo, acaba por incutir um tom de *pathos* exacerbado que quase retorna à leitura problemática de um Propércio "romântico", bem como uma (também problemática) leitura de cultura romana extremamente voltada para esse *pathos*, em contraposição ao gosto pelo *ethos* grego (Cf. p. 200).

17 Do mesmo modo que os tons se alternam, também a própria linguagem properciana passeia do *sermo cotidianus* para refinamentos exclusivamente literários e arcaísmos; passeia entre um sabor popular e o gosto pela dificuldade estilística, numa maneira típica dos poetas helenistas, como também dos *neóteroi* (Cf. LA PENNA, 1951, p. 109). O assunto – que já foi desenvolvido com minúcia em *Die Sprachkunst des Properz und die Tradition der lateinischen Dichtersprache* de Herman Tränkle – é muito extenso e complexo para ser discutido aqui, embora de extrema importância.

18 Nesse sentido, creio que Paul Veyne (1985, *passim*), se por um lado ressalta bem a presença do humor e do riso, bem como do fingimento poético, exagera por outro no seu argumento de que a elegia erótica latina seja um grande jogo de máscaras e risos apenas: parece-me, ao contrário, que em Propércio, como em muitos momentos de Tibulo e de Lígdamo, é fácil perceber que essa trama de jogo e riso também abre espaço para uma certa seriedade, numa convivência paradoxal. Nesse sentido, julgo que a apresentação subjetiva (bem como um certo apagamento do olhar externo e

objetivo sobre as cenas invocadas) da elegia contribui para esse caráter ambíguo, sem resolução e de modo algum unívoco.

[19] Esse argumento talvez fique mais claro se nos lembrarmos de que, nas suas traduções de Catulo, o Curioso recorreu a trovas em redondilhas maiores rimadas, num gosto mais popular e simples.

[20] De defesa ao arcaísmo e aos latinismos, como o hipérbato, temos vários exemplos no famoso poema "Em defesa da língua", do qual, em todo caso, tiro um pequeno trecho: "Quantas vezes, quantas / O intrépido poeta arrisca o enleado / Hipérbato, que embaça a inteligência / À prima vista, mas que apraz, namora, / Quando abre todo o senso!"

[21] Essa afirmação pode ser perigosa, uma vez que, como demonstra Lefevère, os conceitos de humor e ironia não são tão facilmente discerníveis (1966, p. 16-8); não obstante, creio que, *grosso modo*, é possível perceber que nem toda ironia é necessariamente cômica (os românticos alemães em geral dão um bom exemplo disso), e nem todo humor é produzido por ironias (e aí teríamos boa parte das comédias hollywoodianas, como *Os três patetas*), embora haja vários casos em que ambos estão amalgamados, inclusive em diversos trechos de Propércio. Entretanto, numa definição simplória de ironia, creio que se possa alegar que aparece quando um determinado texto se abre para mais de um sentido ou discurso, sendo que um deles deveria ser capaz de anular o outro, por serem incompatíveis; nos casos mais radicais, como parece ser o de Propércio, ou o do Sócrates na leitura de Kierkegaard (*passim*, 2005), a incompatibilidade de sentidos ou discursos aparentemente não anula nenhum dos dois, de modo que convivem numa harmonia paradoxal.

[22] Nesse sentido, Aires de Gouveia apresenta na sua leitura um Propércio mais monocromático; e quanto a Décio é difícil fazer uma afirmação mais concreta, dado que só temos uma parte, menos de metade, do poema traduzida.

Referências

ACHCAR, Francisco. *Lírica e lugar comum: alguns temas de Horácio e sua presença em português*. São Paulo: Edusp, 1994.

AGUIAR, Martinz de. *Notas de português de Filinto e Odorico: transcrição e comentário*. Rio de Janeiro: Organização Simões, 1955.

ALLEN, A. W. Sunt qui Propertium malint. In: SULLIVAN, J. P. (Org.) *Critical Essays on Roman Literature: Elegy and Lyric*. London: Routledge & Kegan Paul, 1962.

ALMEIDA, Guilherme de; VIEIRA, Trajano. *Três tragédias gregas: Antígone, Prometeu prisioneiro, Ájax*. São Paulo: Perspectiva, 1997.

ANDRÉ, Carlos Ascenso. *Caminhos do amor em Roma*. Lisboa: Cotovia, 2006.

ARISTOTE. *Poétique*. Texte établi e traduit par J. Hardy. Paris: Les Belles Lettres, 1932.

ARISTÓTELES. *Poética*. 2. ed. Tradução Eudoro de Souza. São Paulo: Ars Poetica, 1993.

ARISTÓTELES. *Ética a Nicômaco; Poética*. Seleção de textos de José Américo Motta Pessanha. Tradução Eudoro de Souza. 4. ed. São Paulo: Nova Cultural, 1991. (Os pensadores; v. 2).

BARBER, E. A. *Sexti Propertii carmina*. Recognouit breuique adnotatione critica instruxit E. A. Barber. New York: Oxford, 1987.

BARTHES, Roland. *O prazer do texto*. Tradução J. Guinsburg. 3. ed. Perspectiva: São Paulo, 2002.

BENJAMIN, Walter. *Kleine Prosa/Baudelaire-Übertragungen*. Frankfurt: Suhrkamp, 1991. Gesammelte Schriften: Band IV-1.

BENJAMIN, Walter. *Die Aufgabe des Übersetzers* / A tarefa-renúncia do tradutor. Tradução Susana Kampff Lages. In: HEIDERMANN, Werner (Org.) *Clássicos da teoria da tradução*. Florianópolis: UFSC, 2001. (Antologia bilíngue, alemão-português; v. 1). p. 188-215.

BENEDIKTSON, D. Thomas. *Propertius: Modern Poet of Antiquity*. Illinois: Southern Illinois University, 1989.

BERMAN, Antoine. *La traduction et la lettre ou l'auberge du loitain*. Paris: Seuil, 1999.

BORGES, Jorge Luis. Pierre Menard, autor del Quijote. In: *Ficcionario: una antología de sus textos*. Edición, introducción y notas Emir Rodríguez Monegal. México: Fondo de Cultura Económica, 1992.

BOUCHER, Jean-Paul. *Études sur Properce: problèmes d'inspiration e d'art*. Paris: Boccard, 1965.

BUTLER, H. E.; BARBER, E. A. *The Elegies of Propertius with an Introduction and Commentary*. Oxford: London, 1933.

BUTRICA, J. L. *The Manuscript Tradition of Propertius*. Toronto: University of Toronto, 1984.

BUTRICA, J. L. The "Amores" of Propertius: Unity and Structure in Books 2-4. *Illinois Classical Studies*, v. XXI, p. 87-158, 1996.

BUTRICA, J. L. Editing Propertius. *Classical Quaterly*, Oxford, v. 47, n. 1, 1997.

CAIRNS, Francis. *Generic Composition in Greek and Roman Poetry*. Edinburgh: Edinburgh University, 1972.

CAIRNS, Francis. *Sextus Propertius:* The Augustan Elegist. Cambridge: Cambridge University, 2006.

CALLIMACO. *Inni, epigrammi, frammenti*. 2 vols. Traduzione e note Giovan Battista D'Alessio. Milano: Biblioteca Universali Rizzoli, 1996.

CAMPOS, Haroldo de. Da tradução como criação e como crítica. In: *Metalinguagem & outras metas*. São Paulo: Perspectiva, p. 31-48, 1992.

CAMPOS, Haroldo de. Transcriar Homero: desafio e programa. In: HOMERO. *Os nomes e os navios –* Ilíada *Canto II – Homero*. Tradução Haroldo de Campos. Rio de Janeiro: Sette Letras, 1999.

CAMPOS, Haroldo de. *Ilíada de Homero*. 4. ed. 2. vols. Tradução Haroldo de Campos, introdução e organização Trajano Vieira. São Paulo: Arx, 2003.

CAMPOS, Haroldo de. O texto como descomunicação (Hoelderlin). In: CAMPOS, Haroldo de. *A operação do texto*. São Paulo: Perspectiva, p. 89-102, 1976.

CAMPOS, Haroldo de. A palavra vermelha de Hoelderlin. In: CAMPOS, Haroldo de. *A arte no horizonte do provável*. 2. ed. São Paulo: Perspectiva, 1972. p. 93-108.

CAMPOS, Haroldo de. Para além do princípio de saudade. *Folha de São Paulo*, São Paulo, 1º de set. de 1985, Folhetim, p. 6-8.

CAMPOS, Augusto de. *Linguaviagem*. São Paulo: Companhia das Letras, 1987.

CAMPS, W. A. *Propertius Elegies, Book I*. Cambridge: Cambridge University, 1961.

CARDOSO, Zélia de Almeida. Propércio e a leitura dos sinais divinatórios. *Clássica: revista da sociedade brasileira de estudos clássicos*, São Paulo, v. 4, n. 4, p. 163-81, 1991.

CARDOSO, Zélia de Almeida. *As elegias de Propércio: temática e composição*. São Paulo: USP, 1984. Tese (Doutorado em Letras) – Faculdade de Filosofia, Letras e Ciências Humanas, Universidade de São Paulo, São Paulo, 1984.

CARVALHO, Amorim de. *Tratado de versificação portuguesa*. Lisboa: Edições 70, [s/d].

CATULO. *O livro de Catulo*. Tradução comentada dos poemas: João Ângelo Oliva Neto. São Paulo: Edusp, 1996.

Colloquium propertianum tertium. Assisi, 29-31 maggio, a cura di Salvatore Vinona. Assisi, 1983.

CERVANTES, Miguel de. *Don Quijote de la Mancha*. San Pablo: Real Academia Española, 2004.

CHOCIAY, Roberto. *Teoria do verso*. São Paulo: McGraw-Hill do Brasil, 1974.

DAVIDSON, Peter. *Ezra Pound and the Roman Poetry: a Preliminary Survey*. Atlanta: Rodopi, 1995.

DAY, Archibald A. *The Origins of Latin Love-Elegy*. New York: Georg Olms, 1984.

DELEUZE, Gilles. *Crítica e clínica*. Tradução Peter Pál Pelbart. São Paulo: Ed. 34, 1997.

DELEUZE, Gilles. *Diferença e repetição*. São Paulo: Graal, 2006.

DEREMETZ, Alain. *Le miroir des Muses: poétique de la réflexivité à Rome*. Villeneuve d'Ascq: Septentrion, 1995.

DERRIDA, Jaques. *Torres de Babel*. Belo Horizonte: UFMG, 2002.

EINSENSTEIN, S. M. Stuttgart. In: ALBERA, François. *Einsenstein e o construtivismo russo: a dramaturgia em "Stuttgart" (1929)*. Tradução Eloísa Araújo Ribeiro. São Paulo: Cosac & Naify, 2002.

ELIOT, T. S. T. S. Eliot. In: *Os escritores: as históricas entrevistas da Paris Review*. Selção Marcos Maffei, tradução Alberto Alexandre Martins e Beth Vieira. São Paulo: Companhia das Letras, 1988. p. 87-103.

ELÍSIO, Filinto. *Poesias*. Seleção, prefácio e notas José Pereira Tavares. Lisboa: Livraria Sá da Costa, 1941.

FABRE-SERRIS, Jacqueline. *Mythologie et littérature à Rome: la réécriture des mythes aux premiers siècles avante t après J.-C*. Dijons-Quetigny: Payot Lausanne, 1998.

FAUSTINO, Mário. *Artesanatos de poesia: fontes correntes da poesia ocidental*. São Paulo: Companhia das Letras, 2004.

FEDELI, Paolo (Ed.). *Propertius*. Edidit P. Fedeli. Leipzig: Teubner, 1994.

FEDELI, Paolo (Ed.). *Properzio, elegie libro II*. Introduzione, testo e commento Paolo Fedeli. Cambridge: Francis Cairns, 2005.

GELMAN, Juan. *Com/posições [Com/posiciones]*. Tradução, introdução e notas Andityas Soares de Moura. Belo Horizonte: Crisálida, 2007.

GOETHE, Johann Wolfgang von. *Drei Stücke von Übersetzen* / Três trechos sobre tradução. Tradução Rosvitha Friesen Blume. In: HEIDERMANN, Werner (Org.) *Clássicos da teoria da tradução*. Florianópolis: UFSC, 2001. (Antologia bilíngue, alemão-português; v. 1). p. 16-23.

GOOLD G. P. *Elegies*. London: Cambridge, 1990.

GOUVEIA, Aires de. *As elegias e os carmes de Tibullo e algumas elegias de Propercio e carmes fugitivos de Catullo traduzidos em portuguez por um Curioso Obscuro*. Porto: Typ. Da Emprêsa Litteraria e Typographyca, s/d [1912].

GOW, A. S. F. *Theocritus*. 2 vols. Cambridge: Cambridge University, 1952.

GRIMAL, Pierre. *O amor em Roma*. Trad. Hildegar Fernanda Feist. São Paulo: Martins Fontes, 1991.

GRIMAL, Pierre. *Dicionário da mitologia grega e romana*. 5. ed. Tradução Victor Jabouille. Rio de Janeiro: Bertrand Brasil, 2005.

GÜNTHER, Hans-Christian (Ed.). *Brill's Companion to Propertius*. Leiden/Boston: Brill, 2006.

HALLIWELL, Stephen. *The Poetics of Aristotle: Translation and Commentary*. London: University of North Carolina, 1987.

HARVEY, Paul. *Dicionário Oxford de Literatura Clássica: Grega e Latina*. Tradução Mário da Gama Kury. Rio de Janeiro: Jorge Zahar, 1987.

HERNÁNDEZ, Arturio Alvarez. *La Poética de Propercio (Autobiografia Artística del 'Calímaco Romano')*. Assisi: Accademia Properziana de Subasio, 1997.

HERNÁNDEZ, Arturio Alvarez. Horacio, la Elegia, los Elegíacos. *Euphrosyn, Revista de Filologia Clássica*, v. 23, 1995.

HEYWORTH, S. J. *Sexti Properti Elegos*. Critico apparatu instruxit et edidit S. J. Heyworth. New York: Oxford, 2007.

HEYWORTH, S. J. *Cynthia: a Companion to the Text of Propertius*. Oxford: Oxford University, 2009.

HEYWORTH, S. J. Notes on Propertius, Books I and II. *Classical Quarterly* 34, Oxford, p. 395-405, 1984.

HEYWORTH, S. J. Notes on Propertius, Books III and IV. *Classical Quarterly* 36, Oxford, p. 199-211, 1986.

HEYWORTH, S. J. Propertius 2, 13. *Mnemosyne*, v. XIV, fasc. 1, p. 45-59, 1992.

HEYWORTH, S. J.; MORWOOD, H. W. *A Commentary on Propertius Book 3*. Oxford: Oxford University, 2011.

HÖLDERLIN, Friedrich. *Anmerkungen zum Oedipus* / Observações sobre Édipo; *Anmerkungen zur Antígona* / Observações sobre Antígona; *Briefe an Böhlendorf* / Cartas. Tradução Márcia Sá Cavalcante Schuback. In: HEIDERMANN, Werner (Org.) *Clássicos da teoria da tradução*. Florianópolis: UFSC, 2001. (Antologia bilíngue, alemão-português; v. 1). p. 116-162.

HOLLIS, Adrian S. *Fragments of Roman poetry: c. 60 BC-AD 20*. Edited with introduction, translation, and commentary by Adrian S. Hollis. Oxford: Oxford University, 2007.

HOMERO. *Odisséia*. Tradução Manuel Odorico Mendes; edição Antônio Medina Rodrigues. 3. ed. São Paulo: Ars Poetica/Edusp, 2000.

HOMERO. *Ilíada*. Tradução Manuel Odorico Mendes, prefácio Silveira Bueno. São Paulo: Atena, 1958.

HOMERO. *Ilíada*. Tradução Carlos Alberto Nunes. Rio de Janeiro: Ediouro, 2002.

HOMERO. *Iliade*. Texte établi et traduit par Paul Mazon 4. v. Paris: Les Belles Lettres, 1946.

HOSIUS C. *Sex. Propertii Elegiarum libri IV*. rec. C. Hosius. Lipsiae: Teubneri, 1911.

HOUAISS, Antônio; VILLAR, Mauro de Salles. *Dicionário Houaiss da língua portuguesa*. Objetiva: Rio de Janeiro, 2001.

HUBBARD, Margaret. *Propertius*. New York: Charles Scribner's Sons, 1975.

HUMPHRIES, Rolfe. Latin and English Verse – Some Practical Considerations. In: BROWER, Reuben A. (Org) *On Translation*. New York: Oxford, 1966. p. 57-66.

HUTCHINSON, Gregory. *Propertius Elegies Book IV*. Cambridge: Cambridge University, 2006.

JAKOBSON, Roman. On Linguistic Aspects of Translation. In: BROWER, Reuben A. (Org.) *On Translation*. New York: Oxford, 1966.

JAKOBSON, Roman. *Lingüística e comunicação*. 8. ed. Prefácio Izidoro Blikstein e tradução Izidoro Blikstein e José Paulo Paes. São Paulo: Cultrix, 1975.

JONES, A. H. M. *Augustus*. London: Chatto & Windus, 1970.

KEATS, John. *Poemas de John Keats*. Tradução, introdução e notas Péricles Eugênio as Silva Ramos. São Paulo: Art Ed., 1985.

KEATS, John. *Nas invisíveis asas da poesia*. Tradução Alberto Marsicano e John Milton. São Paulo: Iluminuras, 1998.

KENNER, Hugh. *The Poetry of Ezra Pound*. London: University of of Nebraska. 1985.

KIERKEGAARD, Soren. *O conceito de ironia, constantemente referido a Sócrates*. Tradução Álvaro Luiz Montenegro Valls. Bragança Paulista: Vozes, 2005.

LA PENNA, Antonio. *Properzio, saggio critico seguito da due ricerche filologiche*. Firenze: La Nuova Italia: 1951.

LAGES, Susana Kampff. *Walter Benjamin: tradução & melancolia*. São Paulo: Edusp, 2002.

LARANJEIRA, Mário. *Poética da tradução: do sentido à significância*. São Paulo: Edusp, 1993.

LAWRENCE, D. H. Pornografia e Obscenidade. In: *O Livro Luminoso da Vida: escritos sobre literatura e arte*. Seleção e tradução Mário Alves Coutinho. Belo Horizonte: Crisálida, 2010.

LEFEVERE, André. *Traducción, reescritura y la manipulación del canon literario*. Traducción Maria Carmen África Vidal y Román Alvarez. Salamanca: Colegio de España, 1997.

LEFÉVRE, Eckard. *Propertius ludibundus*. Heidelberg: Carl Winter/ Universitätsverlag, 1966.

LESSING, Gotthold Ephraim. *Ausgewählte Werke*. In drei Banden. München: Carl Hans, [s/d].

LIDDELL, Henry; SCOTT, Robert. *Greek-English Lexicon*. 7. ed. Oxford: Oxford University, 1889.

LUCK, Georg. *The Latin Love Elegy*. New York: Barnes & Noble: 1960.

MAFRA, Johnny José. Problemas da tradução de textos clássicos. In: *Cultura clássica em debate: estudos de arqueologia, história, filosofia e lingüística greco-romana*. Belo Horizonte: UFMG, 1987. p. 259-64.

MARTINS, Paulo. *Sexto Propércio* – Monobiblos: éthos, verossimilhança e fides *no discurso elegíaco do século I a.C*. São Paulo: USP, 1996. Dissertação (Mestrado em Letras) - Faculdade de Filosofia, Letras e Ciências Humanas, Universidade de São Paulo, São Paulo, 1996.

MARTINS, Paulo. *Elegia Romana: construção e efeito*. São Paulo: Humanitas, 2009.

MEDINA RODRIGUES, Antônio. Apresentação In: HOMERO. *Odisséia*. Tradução Manuel Odorico Mendes; edição Antônio Medina Rodrigues. 3. ed. São Paulo: Ars Poetica/Edusp, 2000.

MESCHONIC, Henri. *Pour la poétique II: espitemologie de l'écriture – poétique de la traduction*. Gallimard: Paris, 1973.

MESCHONIC, Henri. *Poética do traduzir*. Tradução Jerusa Pires Ferreira e Suely Fenerich. São Paulo: Perspectiva, 2010.

MESCHONIC, Henri. *Ethics and politics of translating*. Translated and edited by Pier-Pascale Boulanger. Amsterdam: John Benjamins Publishing Company, 2011.

MESQUITA, Ary de (Org.). *Poesia*. Rio de Janeiro: Jackson, 1958. v. 1.

MILTON, John. *Tradução: teoria e prática*. São Paulo: Martins Fontes, 1998.

MORAES, Rubens Borba de. *Domingo dos séculos* – edição fac-similada. Apresentação José Mindlin. São Paulo: Imprensa Oficial, 2001.

MORELLI, Alfredo M. Sul papiro ossirinco LIV 3723: considerazioni sui caratteri dell'elegia erotica ellenistica alla luce dei nuovi ritrovamenti papiracei. *Rivista di filologia e istruzione clasica*, Torino, n. 122, p. 385-421,1994.

MORGAN, Bayard Quincy. A Critical Bibliography of Works on Translation. In: BROWER, Reuben A. (Org.) *On Translation*. New York: Oxford, 1966. p. 271-93.

MORWOOD, James. *A Latin Grammar*. New York: Oxford, 1999.

MOUNIN, Georges. *Les problèmes théoriques de la traduction*. Préface Dominique Aury. Paris: Gallimard, 1986.

MOURA, Fernanda. "Para uma tradução em verso do dístico elegíaco: Propércio: I, 14. *Cadernos de Tradução* v. XIX, 2007. Disponível em: <http://www.cadernos. ufsc.br/online/ cadernos19/fernanda_moura.pdf>. Acesso em 21/02/2012.

MOYA, Francisca; ELVIRA, Antonio Ruiz de. *Propércio: Elegías*. Edição e tradução Francisa Moya e Antonio Ruiz de Elvira. Madri: Cátedra, 2001.

MURGATROYD, P. *Militia amoris* and the Roman elegists. *Latomus: revue d'études latines*, tome 34, 1975.

MYERS, K. Sara. The Poet and the Procuress: the *lena* in Latin Love Elegy. *The Journal of Roman Studies*, V. LXXXVI, 1996.

NABOKOV, Vladimir. The Servile Path In: BROWER, Reuben A. (Org) *On Translation*. New York: Oxford, 1966. p. 97-110.

NAGY, Gregory. *Poetry as Performance: Homer and Beyond*. Cambridge: Cambridge University Press, 1996.

NERGAARD, Siri (Org.). *La teoria della traduzione nella storia*. Milano: Bompiani, 1993.

NERGAARD, Siri (Org.). *Teorie contemporanee della traduzione*. Milano: Bompiani, 1995.

NOUGARET, L. *Traité de métrique latine classique*. Paris: Klienseick, 1963.

NOVAK, Maria da Glória; NERI, Maria Luiza (Orgs.). *Poesia Lírica Latina*. São Paulo: Martins Fontes, 2003.

OLIVA NETO, João Ângelo. *Falo no jardim: priapéia grega, priapéia latina*. São Paulo/ Campinas: Ateliê Editorial/Unicamp, 2006.

OLIVA NETO, João Ângelo. O mito de Enéias e a elegia de Propércio. In: *Clássica: Revista da Sociedade Brasileira de Estudos Clássicos*, São Paulo, Ano 2, v. 2., p. 89-98, 1989.

OLIVA NETO, João Ângelo. *Dos gêneros da poesia antiga e sua tradução em português*. São Paulo: USP, 2013. Tese (Livre-Docência) – Faculdade de Filosofia, Letras e ciências Humanas, Universidade de São Paulo, São Paulo, 2013.

OVIDE. *Les amours, suivis de L'art d'aimer, Les remèdes d'amour et de la manière de soignier le visage féminin*. Traduction Èmile Ripert. Paris: Garnier, 1941.

OVÍDIO. *Poemas da carne e do exílio*. Seleção, tradução, introdução e notas José Paulo Paes. São Paulo: Companhia das Letras, 1997.

PAGANELLI, D. *Properce. Elégies*. Texte établi et traduit par D. Paganelli. Paris: Les Belles Lettres, 1947.

PARATORE, Ettore. *História da literatura latina*. Tradução Manuel Losa, S. J. Lisboa: Calouste Gulbenkian, 1987.

PARRY, Milman. *The Making of Homeric Verse: the Collected Papers of Milman Parry*. Edited by Adam Parry. Oxford: Oxford University Press, 1971.

PASOLI, Elio. *Tre poeti latini espressionisti: Properzio, Persio, Giovenale*. A cura di G. Giardina, e R. C. Melloni. Roma: Ateneo, 1982.

PEREIRA, Maria Helena da Rocha. *Estudos de história da cultura clássica: II volume – cultura romana*. Lisboa: Calouste Gulbenkian, 2002.

PEREIRA, Maria Helena da Rocha. *Romana: antologia da cultura latina*. 3. ed. Coimbra: Universidade de Coimbra, 1994.

PIGNATARI, Décio. *31 poetas, 214 poemas: do Rig-veda a Safo e Apollinaire*. 2. ed. Campinas: Unicamp, 2007.

PIGNATARI, Décio. *Marina Tsvietáieva*. Tradução e prefácios Décio Pignatari. Curitiba: Travessa dos Editores, 2005.

PLATNAUER, Maurice. *Latin Elegiac Verse: a Study of the Metrical Usages of Tibullus, Propertius and Ovid*. New York: Cambridge, 1951.

POUND, Ezra. *Poems and Translations*. New York: Library of America, 2003.

POUND, Ezra. *ABC of Reading*. London: Faber, 1968.

POUND, Ezra. *ABC da literatura*. Organização e apresentação de Augusto de Campos e tradução de Augusto de Campos e de José Paulo Paes. São Paulo: Cultrix, 2003.

POUND, Ezra. Translator of Greek: Early Translations of Homer. In: *Literary Essays of Ezra Pound*. Edited with an introduction by T. S. Eliot. New York: New Directions, 1968.

POUND, Ezra. *Poesia*. Traduções de Augusto e Haroldo de Campos, Décio Pignatari, J. L. Grünewald e Mário Faustino. Brasília/São Paulo: Hucitec, 1993.

POUND, Ezra. Ezra Pound. In: *Os escritores: as históricas entrevistas da Paris Review*. Seleção Marcos Maffei, tradução Alberto Alexandre Martins e Beth Vieira. São Paulo: Companhia das Letras, 1988. p. 67-86.

PROENÇA, M. Cavalcanti. *Ritmo e poesia*. Rio de Janeiro: Organização Simões, 1955.

PROPERCE. *Élégies*. Texte établi, traduit et commenté par Simone Viarre. Paris: Les Belles Lettres, 2007.

PROPÉRCIO. *Elegias*. Edição Paolo Fedeli, tradução A. Nascimento *et alii*. Lisboa: FLL, 2002.

Hodges, R. I. V.; BUTTIMORE, R. A. *Propertius' Elegies: book I*. Tradução R. I. V. Hodges e R. A. Buttimore [S.I.]: Duckworth, 2002.

PROPERCIO. *Elegías*. Introducción, traducción y notas de Antonio Ramirez de Verger. Madrid: Gredos, 2001.

PROPERZIO. *Elegie*. 6. ed. Edição Lenz, Galinsky e Namia, tradução Luca Canali. Milano: Rizzoli, 2001.

QUIGNARD, Pascal. *Vie Secrete*. Paris: Gallimard, 1998.

RANGEL, Maria Lúcia Silveira. Cíntia, a musa de Propércio. *Língua e literatura*, São Paulo, v. 16, n. 19, 159-64, 1991.

RAT. Maurice. *Elégies de Sexte Properce*. Tradução Maurice Rat. Paris: Garnier, 1931.

RÓNAI, Paulo. *Escola de tradutores*. 4. ed. rev. e ampl. Rio de Janeiro: Educom, 1976. (Coleção pingos nos ii).

SCLHEIERMACHER, Friedrich. *Ueber die verschiedenen Methoden des Uebersezens/* Sobre os diferentes métodos de tradução. Tradução Margarete Von Mühlen Poll. In: HEIDERMANN, Werner (Org.) *Clássicos da teoria da tradução*. Florianópolis: UFSC, 2001. (Antologia bilíngue, alemão-português; v. 1). p. 26-87.

SCMIDT, V. *Hic ego qui iaceo*: die lateinischen Elegiker und ihre Grabschrift. *Mnemosyne*, v. XXXVIII, fasc. 3-4, 1985.

SCHUSTER, Mauritius. *Sex. Propertii Elegiarum libri IV.* Edição Mauritius Schuster, editionem alteram curauit Franz Dornseiff. Lipsiae: Teubneri, 1958.

SILVA RAMOS, Péricles Eugênio da. *Poesia grega e latina*. São Paulo: Cultrix, 1964.

STEINER, George. *After Babel: Aspects of Language and Translation*. New York/ London: Oxford, 1975.

SULLIVAN, J. P. *Ezra Pound and Sextus Propertius: a Study in Creative Translation.* London: Faber and Faber, 1964.

SÜSSEKIND, Flora; GUIMARÃES, Júlio Castañon (Org.). *Sobre Augusto de Campos*. Rio de Janeiro: 7 Letras / Fundação Casa de Rui Barbosa, 2004.

TYMOCZKO, Maria. *Ideology and the Position of the Translator: In What Sense is a Translator "In Between"?* [s/l], 2003.

VALÉRY, Paul. *Oeuvres*. Paris: Gallimard, 1957. v.1.

VEYNE, Paul. *A elegia erótica romana: o amor a poesia e o ocidente*. Tradução Milton Meira do Nascimento e Maria das Graças de Souza Nascimento. São Paulo: Brasiliense, 1985.

VEYNE, Paul. O Império Romano. In: *História da vida privada, vol 1: do Império Romano ao ano mil*. Organização Paul Veyne, tradução Hildegard Feist. São Paulo: Companhia das Letras, 1990.

VIRGILE. *L'Énéide*. Traduction de Pierre Klossowski. Dijon-Quetigny: André Dimanche Éditeur, 1989.

VIRGÍLIO. *Bucólicas*. Tradução e comentários Raimundo Carvalho. Belo Horizonte: Crisálida, 2005.

WALIN, Daniel. *Cynthia serpens*: a reading of Propertius 4.8. *The Classic Journal*, v. 105, p. 137-51, 2009.

WARDEN, John. Fallax opus: *Poet and Reader in the Elegies of Propertius*. Toronto: Toronto, 1980.

WEST, Martin L. *Textual Criticism and Editorial Technique: Applicable to Greek and Latin Texts*. Stuttgart: Teubner, 1973.

WEST, Martin L. *The East Face of Helicon: West Asiatic Elements in Greek Poetry and Myth*. Oxford: Oxford University Press, 1997.

WEST, Martin L. *Studies in Greek Elegy*. Berlin: Walter de Gruyter, 1974.

WHITAKER, Richard. *Myth and Personal Experience in Roman Love-Elegy: a Study in Poetic Technique*. Göttingen: Vandenhoek und Ruprecht, 1983.

WILLIAMS, Gordon. *Tradition and Originality in Roman Poetry*. New York: Oxford, 1985.

WILLIAMS, Gordon. *Figures of Thought in Roman Poetry*. London: Yale, 1980.

YERBA, Valentin García. *Traducción: historia y teoría*. Madrid: Gredos, 1994.

Sobre o tradutor

GUILHERME GONTIJO FLORES nasceu em Brasília (DF), em 1984. Licenciado em Letras pela UFES, mestre em Estudos Literários pela UFMG, doutorando em Estudos Literários pela USP, com tradução das *Odes*, de Horácio. É professor de língua e literatura latina na UFPR. Coeditor do blog e revista *escamandro* (www.escamandro.wordpress.com). Autor de *Brasa Enganosa – poemas* [Patuá, 2013].

Além de Propércio, traduziu também *As janelas, seguidas de poemas em Prosa*, de Rainer Maria Rilke [Crisálida, 2009]. Sua tradução de *A Anatomia da Melancolia* (4 volumes), de Robert Burton [UFPR, 2011-2013] recebeu o prêmio APCA de Tradução 2014.

Prepara atualmente, para a Coleção Clássica, a tradução de *O Burlador de Sevilha*, de Tirso de Molina, e uma antologia de *Poesia homoerótica latina*, composta por poemas de vários autores romanos.

Imagens utilizadas:

p. 39: Afresco da Roma Antiga, Pompeia, Itália (50-79 d.C.). *Netuno (Poseidon) e Anfitrite*. Museu Arqueológico Nacional de Nápoles. Foto: Stefano Bolognini. Disponível em: <http://goo.gl/YDuCSZ>. Acesso em: 28 jul. 2014.

p. 50: Afresco da Roma Antiga, Pompeia, Itália (45-79 d.C.). *Narciso e Eco*. Museu Arqueológico Nacional de Nápoles. Foto: Stefano Bolognini. Disponível em: <http://goo.gl/n16O7z>. Acesso em: 28 jul. 2014.

p. 66: Afresco da Roma Antiga, Itália (45-79 d.C.). *Polifemo na presença de Galateia*. Museu Arqueológico Nacional de Nápoles. Foto: Stefano Bolognini. Disponível em: <http://goo.gl/WyUJcz>. Acesso em: 28 jul. 2014.

p. 83: Afresco da Roma Antiga, Casa do Bracelete de Ouro, Pompeia, Itália. *Jardim*. Foto: Stefano Bolognini. Disponível em: <http://goo.gl/10KuIx>. Acesso em: 28 jul. 2014.

p. 92: Afresco da Roma Antiga, Pompeia, Itália (cerca de 50 d.C.). *Detalhe do retrato de uma jovem mulher (supostamente Safo), com caneta e tabuletas de cera*. Museu Arqueológico Nacional de Nápoles. Disponível em: <http://goo.gl/c8KVtN>. Acesso em: 28 jul. 2014.

p. 97: Afresco da Roma Antiga, Pompeia, Itália. Foto: ho visto nina volare, 2012. Disponível em: <http://goo.gl/9dM4Uc>. Acesso em: 28 jul. 2014.

p. 110: Fonte em Pompeia, Itália. Foto:Velvet, 2011. Disponível em: <http://goo.gl/6FcyHl>. Acesso em: 28 jul. 2014.

p. 115: Afresco da Roma Antiga, Casa dos Dióscuros, Pompeia, Itália. *Zeus*. Museu Arqueológico Nacional de Nápoles. Foto: Olivierw, 2009. Disponível em: <http://goo.gl/qYrAeY>. Acesso em: 28 jul. 2014.

p. 126: Afresco da Roma Antiga, Casa do Citarista, Pompeia, Itália (10 a.C - 45 d.C.). *Eneias e Dido*. Disponível em: <http://goo.gl/dzgYKD>. Acesso em: 28 jul. 2014.

p. 150: Afresco da Roma Antiga, Casa de Terêncio Neo, Pompeia, Itália (45-79 d.C.). *Eros e psiquê*. Museu Arqueológico Nacional de Nápoles. Foto: Stefano Bolognini. Disponível em: <http://goo.gl/THpWg1>. Acesso em: 28 jul. 2014.

p. 157: Afresco da Roma Antiga, Pompeia, Itália. Gabinete Secreto do Museu Arqueológico Nacional de Nápoles. *Polifemo e Galateia*. Foto: Sailko, 2013. Disponível em: <http://goo.gl/tP4JRM>. Acesso em: 28 jul. 2014.

p. 171: Afresco da Roma Antiga, Casa do Meleagro, Pompeia, Itália. Gabinete Secreto do Museu Arqueológico Nacional de Nápoles. *Marte e Vênus*. Foto: Sailko, 2013. Disponível em: <http://goo.gl/7z9DD2>. Acesso em: 28 jul. 2014.

p. 174: Afresco da Roma Antiga, Pompeia, Itália. Foto: ho visto nina volare, 2012. Disponível em: <http://goo.gl/MdgH06>. Acesso em: 28 jul. 2014.

p. 185: Afresco da Roma Antiga, Pompeia, Itália. Foto: ho visto nina volare, 2012. Disponível em: <http://goo.gl/Za16vK>. Acesso em: 28 jul. 2014.

p. 201: Afresco da Roma Antiga, Pompeia, Itália. Foto: ho visto nina volare, 2012. Disponível em: <http://goo.gl/2VG8jj>. Acesso em: 28 jul. 2014.

p. 206: Afresco da Roma Antiga, Pompeia, Itália. Foto: ho visto nina volare, 2012. Disponível em: <http://goo.gl/f7k78l>. Acesso em: 28 jul. 2014.

p. 210: Afresco da Roma Antiga, Pompeia, Itália. Foto: ho visto nina volare, 2012. Disponível em: <http://goo.gl/hzPZoq>. Acesso em: 28 jul. 2014.

p. 239: Afresco da Roma Antiga, Pompeia, Itália. Foto: ho visto nina volare, 2012. Disponível em: <http://goo.gl/JM2prc>. Acesso em: 28 jul. 2014.

p. 244: Afresco da Roma Antiga, Casa de Menandro, Pompeia, Itália. Foto: Pradigue. Disponível em: <http://goo.gl/HHgKSP>. Acesso em: 28 jul. 2014.

p. 257: Afresco da Roma Antiga, Casa dos Cubículos Florais, Pompeia, Itália. Foto: sem informação. Disponível em: <http://goo.gl/xZhqya>. Acesso em: 28 jul. 2014.

p. 294: Afresco da Roma Antiga, Casa do Rei Da Prússia, Pompeia, Itália. Gabinete Secreto do Museu Arqueológico Nacional de Nápoles. Foto: Sailko, 2013. Disponível em: <http://goo.gl/IhXvk9>. Acesso em: 28 jul. 2014.

p. 301: Afresco da Roma Antiga, Casa dos Epigramas, Pompeia, Itália. Gabinete Secreto do Museu Arqueológico Nacional de Nápoles. *Sátiro abraçando ninfa*. Foto: Sailko, 2013. Disponível em: <http://goo.gl/24tsgm>. Acesso em: 28 jul. 2014.

p. 306: Afresco da Roma Antiga, Casa de Cecílio Giocondo, Pompeia, Itália. Gabinete Secreto do Museu Arqueológico Nacional de Nápoles. *Cena erótica*. Foto: Sailko, 2013. Disponível em: <http://goo.gl/kzuEsd>. Acesso em: 28 jul. 2014.

Esta edição das *Elegias de Sexto Propércio* foi impressa para a Autêntica pela Assahi em junho de 2019, no ano em que se celebram

2121 anos de Júlio César (102-44 a.C.);
3003 anos de Catulo (84-54 a.C.);
2089 anos de Virgílio (70-19 a.C.);
2084 anos de Horácio (65-8 a. C.);
2069 anos de Propércio (c. 50 a.C.-16 a.C.);
2062 anos de Ovídio (43 a.C.-18 d.C.);
1963 anos de Tácito (56-114 d.C.);
1954 anos do *Satyricon*, de Petrônio (c. 65);
1620 anos das *Confissões*, de Agostinho (399)

e

22 anos da fundação da Autêntica (1997).

O papel do miolo é Off-White 80g/m³ e o da capa é Supremo 250g.
A tipologia é Bembo Std.